HANGIL
GREAT BOOKS

인 류 의 위 대 한 지 적 유 산

HANGIL
GREAT BOOKS
184

역사를 바꾼 권력자들

인물로 읽는 20세기 유럽정치사

이언 커쇼 지음 • 박종일 옮김

한길사

Ian Kershaw

Personality and Power: Builders and Destroyers of Modern Europe

Translated by Park Jong il

러시아혁명의 지도자 블라디미르 레닌(1919년경).
1880년대 이후로 차르 통치에 대한 실망과 러시아제국 내에 전파된
마르크스주의가 미래의 혁명가들을 낳았다. 레닌은 날카로운 지적 통찰력과
놀라운 에너지와 넘치는 패기로 이들 가운데 단연 두각을 나타냈다.
그는 야망을 갖고 있었고, 열정적이며 확고한 집념을 가지고
러시아 사회의 혁명적 전환을 추구했다.

1920년 7월, 코민테른 제2차 세계대회에서 연설하는 레닌.
레닌은 1917년 혁명 초기부터 '사회주의 세계혁명'을 주장했다.
레닌은 혁명의 열정에 고무되었고, 자신의 구상을 탁월한 연설로 전달했다.
확고하고도 분명한 목표와 자신감은 그를 돋보이게 했다.

1922년 10월 3일, 마지막 소브나르콤 회의를 주재하는 레닌.
오래 병을 앓은 뒤 복귀한 레닌(가운데)은 많은 사람들이 참석한 가운데
소브나르콤(인민위원회) 회의를 주재했다. 레닌 뒤에는 훗날 스탈린에 의해
숙청된 알렉세이 리코프(왼쪽)와 레프 카메네프가 서 있다.
레닌은 1922년 12월부터 다시 위중해졌고, 1923년 중반에 이르자
더 이상 능동적으로 러시아를 통치할 수 없었다.
레닌의 절망적인 건강 상태를 감안할 때 권력투쟁은 필연적이었다.

파시즘의 창시자 베니토 무솔리니.
무솔리니는 끊임없는 역동성, 타협하지 않는 행동, 꺾이지 않는 의지,
대항할 수 없는 혁명적 변화의 정신을 보여주었다. 비효율, 부패, 당파싸움 등
부르주아 엘리트들이 주도하는 기존 정치에 실망한 동시대인들은
그에게서 급진적 새로움을 보았다. 하지만 무솔리니는 20년 이상 독재하며
이탈리아를 전쟁과 파괴의 소용돌이로 몰아넣었다.

1937년 9월, 베를린에서 만난 무솔리니와 히틀러.
무솔리니의 1937년 독일 방문은 히틀러와의 관계에서 그의 심리적 전환을
보여주는 표지였다. 그는 독일의 독재자와 독일에서 목격한 것들로부터
감정이 복받칠 정도의 깊은 인상을 받았고, 독일의 재무장 상태를 알고 나서는
이전에 갖고 있던 우월감은 열등감의 콤플렉스로 변했다.
그는 곧 히틀러의 가락에 맞춰 춤추기 시작했다.

1937년 9월, 뉘른베르크에서 열린 나치당대회의 히틀러.
히틀러 뒤 왼쪽이 친위대 지도자 하인리히 힘러, 오른쪽이 나치당
책임자 루돌프 헤스다. 1933년 1월 30일, 수상에 취임한 히틀러는
준군사 조직을 동원해 벌인 테러행위로 권력을 신속히 장악했다.
나치의 앞을 막아서는 자는 누구든 위험에 빠졌다.

1944년 4월 20일, 알프스 산속의 별장 베르그호프에서 히틀러.
자신의 55세 생일을 축하하기 위해 온 손님과 대화하고 있다.
이 무렵 군사적 상황이 급속히 악화하고 있어서 축하 인사는 귀에
들리지도 않았다. 사진 왼쪽에 서열 2인자 헤르만 괴링이 보인다.
괴링은 전쟁에 대비한 경제운용을 책임지고 있었다.

1946년 6월 5일, 최고 소비에트 의장인 미하일 칼리닌 장례식의 스탈린.
모스크바 붉은 광장에서 스탈린이 추모행렬을 이끌고 있다. 그의 뒤쪽에 있는 인물들은
(왼쪽에서 오른쪽으로) 라브렌티 베리야, 게오르기 말렌코프, 뱌체슬라프 몰로토프다.
이 사람들은 스탈린이 숨을 거둘 때까지도 그를 두려워했다.

1945년 7월, 독일 포츠담에서 만난 스탈린, 트루먼, 처칠.
미국, 영국, 소련의 세 영수는 세 차례 기념비적인 만남을 가졌다.
첫 번째는 1943년 11월에 이란의 테헤란에서, 두 번째는 유럽에서 전쟁이
종말을 향해가고 있던 1945년 2월에 흑해의 알타에서, 세 번째는 연합국이
유럽에서 승리한 후 1945년 8월에 독일 포츠담에서였다.
매번 만날 때마다 핵심 인물은 스탈린이었다.

총리 관저 집무실에서 윈스턴 처칠(1940).
처칠은 흔히 역사적인 위인, 자기 나라의 구원자, 나아가 서방세계의
자유의 구원자로 묘사되었다. 독재자들이 끼친 파괴적인 영향만큼이나
긍정적인 방향으로 역사에 결정적인 영향을 미친 정치인으로
영국의 수상 처칠을 제외하고는 찾아보기 어렵다.

1941년 8월, 전함 프린스 오브 웨일스호 갑판 위의 처칠.
이 전함은 대서양회담을 위해 뉴펀들랜드 해안에 정박하고 있었다.
루스벨트 대통령과 처칠은 이 회담에서 전략을 논의했다. 두 지도자는 전후 세계에서
영국과 미국의 목표에 합의했고, 그 내용이 대서양헌장의 바탕이 되었다.

망명지 런던에서 조직된 프랑스국가위원회 구성원들(1942).
왼쪽부터 앙드레 디텔름, 에밀 뮈제리에, 샤를 드골, 르네 카생,
르네 플레방, 필리프 오부노다. 이 기구는 1941년 9월에 12명으로
구성되어 망명정부로서의 외관을 갖추게 되었다.
드골은 리더십을 발휘하여 조직을 만들고, 프랑스와 식민지 양쪽에서
추종자를 모으고, 망명지에서 접촉을 유지하면서 군대를 건설하고,
연합국으로부터 인정을 받으려 애썼다.

1944년 8월 24일, 샤르트르에서 군중에게 연설하는 드골.
드골의 연설은 애국적 감성을 흔들어놓기 위해 완벽하게 계산된 행위였다.
처음에는 소수의 프랑스인이 호응했으나 뒤에 가서는 해방의 날을 기다리는
대부분의 프랑스인이 감동했다. 프랑스인들이 그가 어떻게 생긴 사람인지
알기 훨씬 전에 그는 해방의 목소리가 되었다.

1958년 6월, 알제리 첫 방문 때 군중에게 둘러싸인 드골.
알제리 위기를 해결할 수 있는 인물은 자신뿐이라는 믿음 때문에
드골은 한 달 전에 권좌에 복귀했다. 4년 후, 드골이 알제리 독립에 동의하자
그가 '프랑스령 알제리' 수호자가 되리라고 기대했던 사람들은
철저한 적으로 돌아섰다.

쾰른시장으로 활동하던 젊은 시절의 콘라트 아데나워(1930).
아데나워는 1917년에 프로이센 전체에서 최연소 시장이 되어,
나치 지배가 시작된 1933년까지 바이마르공화국 시대 내내 시장으로 일했다.
대도시의 현직 시장이란 자리는 그에게 광범위한 행정 권한을 행사할 수 있는
기회를 제공했고 중요한 권력의 기반이 되어주었다. 바로 그 때문에 이미
1920년대에 미래의 수상감으로 세상 사람들의 입에 오르내렸다.

1963년 6월 26일, 수상 임기 마지막 해의 아데나워(오른쪽).
서베를린을 방문한 케네디(왼쪽) 대통령을 환영하는 시민들에게 화답하고 있다.
가운데는 서베를린 시장(훗날 수상이 됨) 빌리 브란트. 아데나워는 1949년 73세 나이로
연방공화국의 첫 번째 수상이 되어, 14년 뒤인 1963년 87세에 수상 자리에서 물러났다.
그의 중요한 목표는 서방의 가치를 지지하고, 유럽의 이웃 나라와 협력하며,
미국과 긴밀하게 손잡은 민주적이며 경제적으로 안정된 서독을 건설하는 것이었다.

1936년 10월 1일, 국가수반으로 추대되는 프란시스코 프랑코.
웅장한 의식과 군중의 열광적인 환호 속에서 프랑코는
'국가의 절대권력'을 넘겨받았다. 며칠이 안 되어 국민파의 선전은
프랑코를 카우디요(Caudillo, 지도자)로 그려내고 있었다.
이런 아첨이 이미 부풀어 있던 프랑코의 자만심을 부추겼다.
그는 국민파의 구호와 자신을 무신론과 공화파의 야만성에 맞서
스페인과 가톨릭신앙을 지키는 십자군의 지도자로 선포한
교회 지도자들의 발표문을 요란스럽게 선전했다.

스페인의 독재자 프랑코와 그의 부인 카르멘 폴로(1968).
프랑코는 무솔리니와 히틀러를 찬양했고 그들을 닮으려 했다.
스페인내전이 끝난 후 30년 넘게 국가의 최고 지도자로서 프랑코가
보여준 주요 능력이란 기득권의 권력 카르텔을 이용하고 조종하여
자신의 권력을 유지한 솜씨였다. 스페인의 권력 엘리트 집단도 정권이
자신들의 이익을 지켜주는 한 프랑코의 통치를 지지했다.
프랑코는 1975년 11월 20일에 숨을 거두었다.

파르티잔 사령관으로 활동하던 시기의 요시프 티토(1942).
1941년 6월 22일에 독일이 소련을 침공하자 티토는 당의 활동을
무장투쟁으로 전환하는 데 성공했다. 6월 27일, 당 정치국은
유고슬라비아 민족해방전쟁을 수행하기 위해 파르티잔 총참모부를 설치했다.
당연히 당의 지도자인 티토가 최고사령관을 맡았다.

아드리아해의 유람선에서 함께 휴식하는 티토(왼쪽)와 흐루쇼프.
티토의 표정에서는 지루함이 드러난다. 1963년 8월 20일에서
9월 3일까지 흐루쇼프는 유고슬라비아를 공식 방문했다.
스탈린이 사망한 뒤 소련과 유고슬라비아의 관계는 회복되었으나
흐루쇼프의 방문은 전반적으로 부자연스러운 분위기 속에서 진행되었다.

1987년 총선거 전야의 마거릿 대처와 각료들.
영국을 다시 '위대하게' 만든다는 것이 대처의 정치적 목표였다.
1987년 6월에 대처는 세 번째 선거에서 완벽한 승리를 거두었다.
이때의 선거는 4년 전과 마찬가지로 정부에게 유리한 환경에서 치러졌다.
인플레이션은 잡혔고 실질임금은 올라갔다. 재무장관 나이절 로슨(가장 왼쪽)이
경제호황을 조종하고 있었다. 그리고 대처는 소련 방문에서 엄청난
환대를 받고 뛰어난 세계적 지도자로서 이미지를 굳혔다.

1985년 4월 17일, 모스크바 시민들을 만나는 미하일 고르바초프.
신임 소련 공산당 총서기 고르바초프는 평범한 시민들의
목소리에 귀를 기울이는 자세 때문에 엄청난 대중적 인기를 누렸다.
그러나 그 인기도 결국 1989-90년의 경제위기와
정치적 혼란 속에서 사라졌다.

영국에서 회담을 가진 뒤 환히 웃고 있는 대처와 고르바초프(1989).
대처는 고르바초프가 1985년 3월에 공산당 총서기가 되기 4개월 전에
그를 런던으로 초청했다. 정반대의 이념에도 불구하고
그녀는 그를 좋아하게 되었고 함께 일할 만한 상대로 평가했다.
대처는 서방과의 화해를 추구하려는 고르바초프의 진지한 뜻을
전달해주는 통로 역할을 했다.

기독교빈수낭 낭수 시절의 헬무트 콜.
1975년 6월 23일, 본에서 군중을 향해 콜이 손을 흔들고 있다.
그는 그다음 해 총선에서 헬무트 슈미트에게 패해 몇 년 더
야당 생활을 하다가 1982년에 마침내 수상이 되었다.

1989년 12월 19일, 드레스덴(동독)을 방문한 헬무트 콜.
군중의 열렬한 환영을 목격한 콜은 독일 통일의 '역사적인 시간'이
가까워졌다고 확신하게 된다. 독일 통일로 종착점에 이른 드라마에서
고르바초프를 조력자라고 한다면 부시는 후원자, 콜은 동력제공자이자
실행자였다. 결정적인 몇 달 동안 흔들림 없던 콜 자신은
대중의 정서라는 강력한 조류에 올라타고 있었다.

HANGIL GREAT BOOKS 184

역사를 바꾼 권력자들

인물로 읽는 20세기 유럽정치사

이언 커쇼 지음 • 박종일 옮김

한길사

책머리에

　두드러진 개성을 가진 정치지도자는 —민주적 지도자와 독재자를 포괄하여— 분명히 역사에 큰 흔적을 남긴다. 그런데 무엇이 강한 개성을 가진 인물을 권력의 자리에 오르게 하는 것일까? 그리고 무엇이 그들의 권력사용을 지지하거나 제약하는가? 정치지도자가 행사하는 권력유형을 결정하는 사회정치적 조건은 무엇인가? 권위주의적인 지도자가 많은 업적을 낼까, 아니면 민주적인 지도자가 융성할까? 권력을 획득하고, 권력을 행사할 때 개성 그 자체는 얼마나 중요한가? 텔레비전, 소셜미디어, 저널리즘은 모두 개성을 (개인의 의지를 통해 변화를 주도하는) 기초적이며 제약받지 않는 정치적 힘이 되도록 끌어올려주는가? 그런데 지도자는 겉으로는 힘 있어 보여도 사실은 그들의 통제 밖에 있는 힘에 의해 제약받고 있는 것은 아닐까?

　이것이 역사를 분석할 때 던지는 근본적인 질문이다. 그리고 최근에 목격하고 경험한 도널드 트럼프(Donald Trump), 블라디미르 푸틴(Vladimir Putin), 시진핑(習近平), 레제프 타이이프 에르도안(Recep Tayyip Erdoğan)과 그 밖의 '강력한 지도자들'의 리더십은 이런 질문의 타당성을 더해준다.

　예외적인 시대는 예외적인 ─ 흔히 가혹한 ─ 일을 해내는 예외적인 지도자를 만들어낸다. 그 예외성의 공통요소는 체세의 위기이다. 이 책은 그러한 예외적인 지도자들(한 사람만 제외하고는), 특수한 방식의 권력행사가 가능했던 예외적 상황이 만들어낸 20세기 유럽 지도자들에 관한 사례연구이다. 그런 유형으로 분류되지 않는 유일한 지도자인 헬무트 콜(Helmut Kohl)은 소련 진영 붕괴의 여파로 예상치도 못했던 독일 통일의 기회를 잡게 되었다는 점 때문에 예외적인 정치지도자의 명단에 이름을 올렸다. 그전까지 콜은 전혀 예외적이지 않은 민주적 지도자였다. 그의 경우는 체제의 위기가 없는 안정된 상황에서는 정치지도자가 (선거에서 유권자의 지지를 끌어낼 목적에서) 역사 전환의 지렛대를 약간만 건드려주어도 (최상의 경우라고 할지라도 부분적으로만 통제가 가능한) 광범위한 경제적·사회적 또는 문화적 변화를 유발할 수 있음을 입증해준다.

　필자는 사례연구의 대상으로서 명백하게 예외적인 정치지도자들을 주목했다. 20세기에 부분적이면서 점진적인 변화를 가져온 정치지도자들의 행위는 ─ 때로는 가치 있고 유익하지만 극적인 면이 떨어지는 ─ 고찰대상에서 제외했다. 예외적이라기보다는 '정상'에 가까운 지도자에 관한 얘기라면 다른 책에서 다루어야 할 것이다. 그래서 나는 대상을 선별해야만 했고, 중요한 ─ 흔히 극단적으로 부정적인 ─ 방식으로 유럽의 역사에 중대한 변화를 이끌어낸 인물들을 골랐다.

　그 결과물이 두드러진 정치지도자들의 업적과 권력행사에 관한 일련의 해설적 논문을 묶은 이 책이다. 이 책은 절대로 축소형 전기가 아니다. 여기에 선별된 지도자들은 그들의 중요한 위치와 지대한 영향 때문에 당연히 방대한 역사연구를 바탕으로 하여 쓰인 여러 전기

작품의 주제가 되었던 인물들이다. 필자는 그런 전기와 그 밖의 중요한 연구저작에 의존했다. 그러므로 필자는 이 책에 실린 각 인물에 대한 논문의 핵심적인 내용은 나 자신의 연구결과라고 주장하지 않는다. 그러나 히틀러의 경우는 다르다. 필자는 수년 동안 히틀러에 대해 깊이 연구했고, 그에 관한 상세한 저서를 냈다.

각 장의 서술방식은 유사하다. 필자는 먼저 개성의 특징, 특정한 유형의 개성을 지닌 정치지도자가 권력을 획득하는 데 유리한 전제조건을 살펴보았다. 그런 다음에 정치지도자가 권력을 행사하는 방식과 그것을 가능케 한 구조를 살펴보았다. 모든 장의 결론부는 지도자가 남긴 유산에 대한 평가로 마감했다. 서문은 연구의 얼개를 개괄하고, 결론부에서 제시된 권력행사와 그 조건에 관한 몇 가지 보편적인 가설을 제시한다. 주와 참고자료는 최소한으로 줄였다.

이 책은 최근의 역사, 돌이켜보면 아직도 고통스러운 역사에 관한 책이다. 어떤 기준에서 보든 유럽은 해결되지 않은 오늘날의 문제를 안고 있기는 하지만 (20세기 전반의 공포를 잠시나마 되새겨본다면) 이 책에서 묘사하고 있는 시대로부터 분명히 더 나은 방향으로 움직여왔다. 지난 세기와 비교하면 새롭거나 전혀 다른 형태로 표현되는 사회정치적 문제 ── 인종차별, 제국주의, 노예노동, 젠더와 정체성 ── 가 최근에 일어난 사건들을 통해 주목받고 있다. 그리고 매우 환영할 만한 일이지만, 이제 정치는 옛날처럼 더 이상 남성만의 세계가 아니다. 이 책이 다루고 있는 사례연구 가운데서 여성 정치지도자는 단지 한 사례뿐이다. 이것은 20세기의 정치가 압도적으로 남성의 전유물이었다는 증거이다. 우리 시대에 일어난 변화 그 자체가 가장 강력한 권력을 가진 정치지도자라도 어찌할 수 없는 장기적인 사회적 변혁을 일으키고 있는 어떤 힘이 있다는 표지이다.

역사가 미래를 위한 설득력 있는 처방을 제시하는 경우는 거의 없다. 그렇긴 하지만 역사는 현재의 질병을 고칠 수 있는 만병통치약이 있다고 주장하면서 상황을 급속히 개선시킬 철저한 변화를 제시하는 강력한 인물이 독난하는 정치는 결코 바람직하지 않다는 깃을 암시해주고 있다. '당신의 욕심에 휘둘리지 말라'——이 말은 정치지도자가 되고자 하는 사람들의 주장을 평가할 때 마음속에 간직해야 할 유용한 경구이다. 필자더러 선택하라고 한다면 카리스마 넘치는 개성 있는 인물은 가급적 피하고 개성은 덜 화려하더라도 (모든 시민의 생활을 개선하기 위해 집단토의와 건전하고 이성적인 의사결정을 기반으로 한) 실현가능하고 효율적인 거버넌스(governance)를 제시하는 인물을 택하겠다. 그런데 이것은 유토피아에 대한 또 하나의 정의(定意)일지도 모른다.

2021년 6월 맨체스터에서
이언 커쇼

역사를 바꾼 권력자들

인물로 읽는 20세기 유럽정치사

서론: 개인과 역사적 변화

　격동적인 유럽의 20세기가 결정되는 데 정치지도자의 행위는 어느 정도까지 영향을 미쳤을까? 정치지도자들이 유럽의 20세기를 만들었을까? 아니면 유럽의 20세기가 그들을 만들었을까? 이 질문은 더 폭넓은 질문—역사의 형성에서 개인은 얼마나 중요한가?—의 일부분이다. 정치지도자들이 역사의 진로를 근본적으로 바꾸는가? 아니면 개인은 기껏해야 역사의 물결을 잠시 새로운 물길 쪽으로 돌려놓을 수 있을 뿐인가? 우리에게는 이미 발생한 역사적 경로를 결정하는 데 있어서 정도의 차이는 있지만 개인이 주도적인—어떤 경우에는 순전히 개인 혼자서—역할을 했다고 맹목적으로 단정하는 경향이 있다.

　그런데 그 개인들은 어떻게, 왜 그 같은 행위를 할 수 있는 자리에 있게 되었을까? 그들이 마주했던 제약은 무엇이었을까? 무엇이 그들의 행위를 가로막거나 지지해주었을까? 어떤 환경에서 전혀 다른 정치체제의 지도자들이 성공하게 되었을까? 정치지도자들은 자신이 대변하게 된 변화에 어느 정도까지 개인적으로 (자유로운 의사결정을 통해) 영향을 미쳤을까? 그때 개성은 얼마나 중요한 역할을 했을까? 개성은 최종적인 정치적 결정을 내리는 데 어느 정도로 영향을 미쳤을까? 이런 질문들은 민주적인 지도자에게도, 권위주의적인 지도자에게도 나 같이 적용된다.[1]

　개인이 역사를 변화시키는 데 영향을 주느냐는 질문은 역사학자들이 흔히, 그리고 반복적으로 몰두해온 화두이다.[2] 그런데 역사학자만 이 화두에 몰두하는 것은 아니다. 레오 톨스토이(Leo Tolstoy)는 대작 『전쟁과 평화』(1869년 출간)에서 개인의 의지가 역사적 사건의 발생에서 어떤 역할을 하는지에 관한 철학적 고뇌를 서술하는 데 여러 페이지를 할애했다. 그는 역사적 사건은 '위대한 인물'에 의해 결정된다는 관점을 반박하면서 '운명'을 내세웠다.[3] 19세기에 역사가 전문적인 학문 분야가 된 이후로 이 질문은 역사학의 핵심 화두 근처에 자리 잡게 되었다. 그러나 이 질문은 흔히 이론적 또는 철학적 쟁점으로서 제기되었을 뿐 직접적이며 실증적으로 다루어진 적은 거의 없었다.

　1970년대에 독일의 역사학자 이마누엘 가이스(Imanuel Geiss)는 개인화된 역사에 대한 반감이 강하게 퍼져 있던 학계의 분위기에도 불구하고 역사에서 개인의 역할에 관한 포괄적인 연구에 몰두했다. 그 반감은 부분적으로는 독일의 역사진로가 결정될 때 비전을 제시한 강력한 인물의 역할을 찬양한 앞 시대 독일 역사저작의 전통에 대한 반응이었다. 대체적으로 그 반감은 한 인물(아돌프 히틀러)이 만든 작품으로 (흔히 암묵적으로) 인식되는, 가장 최근에 독일 역사가 경험한 대참사에 대한 반응이었다. 모든 '업적'을 지도자의 '위대함' 탓으로 돌린 제3제국의 지도자 숭배와 1945년 이후로는 기다렸다는 듯이 독일이 겪었던 모든 고난을 히틀러 개인의 탓으로 돌리는 역전된 태도는 1960년대가 되자 역사에서 개인의 역할에 대한 거의 전면적인 부인으로 귀착되었다. 구조역사학이 지배하게 된 서독은 물론이고 그것이 극단적인 수준으로 발전한 (경제의 주요성을 직설적으로 강조하는 마르크스-레닌주의가 지배하는) 동독에서도 상황은 마찬가지였다.

가이스는 개인의 역할을 부정하는 관점과 과장하는 관점 사이에서 중간노선을 찾아내려고 했다. 그러나 그는 그다지 명쾌하지 못한 추상적 관념의 수준에서 더 나아가지 못했다. 그가 내린 결론은 이러했다. "중요한 인물의 개성이 역사를 만들지는 않지만 개성이라고 하는 매개를 통해 역사를 더 잘 인식할 수 있다. …위대한 인물은 최상의 경우에 자신의 시대에 개인적인 흔적을 남긴다." 여기에 더하여 그는 역사에서 (위대한) 개인의 역할이란 문제는 "불가피하게 사회적 (다시 말해 집단적) 가능성과 제약의 문제, 우리 인간의 존재에 있어서 자유와 강제의 문제와 연결된다"고 했다.[4]

역사변화에서 구조적 결정요인이 특히 강조되고 개인의 역할이 축소 평가되었다는 것은 영·미 계통 역사저작에서 전통적 구성요소인 전기(傳記)가 독일에서는 역사를 해석하는 작업에서 오랫동안 의미 있는 자료로서 역할하지 못했다는 사실을 반영한다. 그런데 '철의 장막'이 걷힌 뒤로부터는 독일은 물론 다른 곳에서도 이런 상황이 바뀌기 시작했다. 소련 진영의 붕괴와 함께 마르크스주의의 지적 영향이 줄어들고, 역사적 변화의 배경으로서 '문화사'가 거시서사 또는 거대담론을 밀어내면서 (아직 확고한 논리나 선명한 개념을 갖추지는 못한 파편적 형태이긴 하지만) 개인의 의지, 행위, 영향력을 새롭게 주목하는 관점이 등장했다. '추상성에서 구체성으로의 전반적인 전환'이 '체계와 구조에서 주체와 개인'으로 옮겨가는 움직임을 자극했다.[5]

21세기의 시작을 앞두고 독일의 대표적인 역사학자 한스-페터 슈바르츠(Hans-Peter Schwarz)가 20세기의 '초상화 전시관'이라고 할 만한 방대하고도 멋진 저작을 내놨다. 이런 책은 한 세대 전이라면 독일에서는 나올 수가 없었다. 슈바르츠는 이 책을 '전기적(傳記的) 논문이라는 예술형식'을 통해 '매우 다양한 20세기 위대한 인물들의 초상화를 볼 수 있는 역사박물관을 관람하는 것, 일련의 초상화로 표현되는 한 세기의 초상을 보는 것'이라고 비유했다. 그는 "개성이란 요소는 많은 요소 가운데 하나일 뿐"이라고 인정하면서도 "그런데 개성의 중요성에 대해 진지하게 반박할 수 있는 사람이 있는가?"라는 질문을 던졌다.[6]

정치적 리더십의 이미지는 말할 필요도 없이 고착되어 있는 것이 아니다. 오늘날의 '강한 지도자'는 지지자들 사이에서도 19세기의 정치지도자들처럼 민족의 미래를 결정지을 '운명을 타고난' 존재인 경우는 거의 없다. 그 시대에는 지도자를 믿고 따르는 낭만적인 정신이 남아 있었다.[7] 1840년에 토마스 칼라일이 한 여섯 차례의 유명한 강연은 이런 정신이 확산하는 데 매우 중요한 역할을 했다. '영웅, 영웅숭배, 영웅적 행위에 관하여'란 제목의 그의 강연은 역사연구에서 '위대한 인물'—여자는 포함되지 않았다—중심의 접근방식이 확립되는 데 도움을 주었다. 칼라일의 관점에 따르면 역사란 "본질적으로 그 속에서 활약한 위대한 인물의 역사이다. …우리가 완성된 형태로 목격하는 이 세상의 모든 것들은 온전히 이 세상으로 보내진 위대한 인물들이 품고 있던 생각이 밖으로 드러난 물질적 결과이자 현실적으로 구현된 실상이다." 칼라일의 주장을 따르면 '위대한 인물'은 전적으로 완전한 존재였다. '위대한 인물'은 바로 "가까이 있으면 선하고 기분 좋은 살아 있는 빛의 샘 …타고난 독창적 통찰력, 남성다움, 영웅적인 고결함을 갖춘 인물이다."[8]

칼라일이 열거한 영웅은 대부분 종교 분야의 인물(모하메드와 루터)이거나 문학 분야의 인물(단테, 셰익스피어)이었다. 그는 마지막 강연에서 정치 분야에 초점을 맞추고 혁명의 혼란 속에서 질서를 회복한 크롬웰과 나폴레옹을 골라냈다. "왕권 자체가 죽었거나 폐기된 것처럼 보이던 반란의 시대에 크롬웰과 나폴레옹은 다시 왕으로서 나타났다"는 표현은 그가 어떤 생각을 갖고 있었는지 여실히 보여준다.[9] '영웅'(또는 '위대한 인물')이 의지의 힘을 통해 역사를 빚어냈다. 이것이 근본적인 메시지였다. 그로부터 한 세기가 지나 히틀러가 칼라일의 열정적인 찬미자로 등장한 것이나 또는 오늘날 칼라일이 거의 읽히지 않는 것은 그리 놀랄 일은 아니다.[10]

19세기 스위스의 저명한 문화사학자 야코프 부르크하르트(Jacob Burckhardt)도 '역사적으로 위대한 인물'이란 주제를 탐구한 학자이다. 그가 1870년에 행한 강의 원고를 바탕으로 한 저작이 그의 사후(1905년)에 출간되었다. 부르크하르트는 "진정한 위대함이란 수수께끼"라고 하면서도 우리는 "자신의 행위를 통해 우리의 특별한 존재를 지배하는 과거 또는 현재의 인물을 불가항력적으로 위대한 인물이라고 부르게 된다"고 주장했다.[11] 그는 '위대한 인물'은 독창적이며 대체 불가능한 특징을 갖고 있다고 말했다.[12] 부르크하르트의 주된 관심은 문화 분야(특히 예술가, 시인, 철학자)와 종교 분야(그가 선정한 인물도 모하메드와 루터였다)의 주요 인물이었다. 정치 분야에서는 그는 '위대함'과 '단순한 권력'을 구분하려 했으며, 그래서 '단순히 힘센 파괴자들'(die bloßen kräftigen Ruinierer) 가운데서는 '위대함'을 발견할 수 없었다.[13] 파괴만 하고 창조하지 않는 인물은 위대하다고 불릴 자격이 없기 때문이다. 부르크하르트가 생각하는 '위대한 인물'은 '진부한 삶의 방식'으로부터 사회를 해방시킴으로써 역사를 바꾸는 능력을 가진 인물이었다.[14] '위대함'의 결정요인은 개인의 의지를 집행하는 것이라기보다는 개인의 의지가 신의 의지, 민족의 의지, 또는 시대의 의지를 어떻게 반영하느냐는 것이었다.[15] 그런데 그는 이것을 어떻게 정의할 것인지 명확하게 밝히지 않았다.

칼라일과 부르크하르트 두 사람 모두 '위대함'을 개인의 개성에서 찾으려 했다. 그러나 그들의 '위대함'에 대한 정의는 모호했다. 예술과 문화에서 어떤 경지에 도달한 천재의 '위대함'을 객관직으로 징의할 수는 있을 것이다. 미켈란젤로, 모차르트, 셰익스피어를 '위대한 예술가'였다고 말한다면 객관적인 설득력이 있다. 그들의 천재성이나 예술적 수준에 대한 전문적인 미학적 평가가 그들의 작품이 동시대인의 작품보다 훨씬 높은 수준에 도달했음을 확인해주기 때문이다. 부르크하르트는 예술가, 시인, 철학자의 위대함은 자신이 살고 있는 시대의 정신을 포착해낼 뿐만 아니라 그것을 미래 세대가 이해할 수 있도록 소멸되지 않는 해석의 틀로 담아내는 능력에 있다고 말했다.[16] 범위를 좁혀서, 성적을 정확하게 측정할 수 있는 작은 운동장에서도 실력이 다른 사람보다 월등히 뛰어난 위대한 운동선수를 찾아낼 수 있다. 그런데 정치적인 '위대함'은 이런 것들과는 전혀 다르다.

이탈리아 근대사 연구자인 루시 리얼(Lucy Riall)은 최근 가리발디(Garibaldi)의 전기를 쓰면서 역사적인 위대함의 개념을 정치적·문화적으로 재검토하는 작업을 진행했다.[17] 그녀는 이렇게 평가했다. "이탈리아인에게든 아니든 가리발디는 탁월하게 위대한 인물이었으며 지금도 그렇다."[18] 그러나 그녀는 이것이 하나의 구성개념, 주요 부분을 가리발디에게 맞춘 이탈리아 사회의 '발명품'이란 점을 분명히 밝히고 있다. 그녀의 결론은 이렇다. "위대함이란 개념을 상세히 해부함으로써 정치 분야의 전기작가는 위대함이 획득, 조작되는 과정과 영웅을 향한 우리의 욕구를 설명해주는 방식을 밝혀낼 수 있다."[19] 특정한 시기에 한 사회가 정치지도자—이들은 자신에게 위대한 면이 있다는 것을 알면 너무 좋아할 사람들이다—의 위대함을 쉽게 받아들이는 이유가 무엇인지를 연구하는 것은 가치 있는 작업이란 사실을 부정할 사람은 많지 않다. 그리고 한 정권이 이런 태도를 어떻게 조종하고 이용할 수 있는지를 이해하는 것은 당연히 중요하다. 그러나 지도자 숭배주의가 형성되고 번성하는 조건을 살펴보면 특정한 정치지도자가 진실로 '위대하다'고 평가받을 수 있는 기준이 무엇인지는 여전히 분명하지 않다.

내가 보기엔 정치의 영역에서 '위대함'을 객관적으로 정의하기란 궁극적으로 부질없는 시도인 것 같다. 기준이 무엇인가? 부르크하르트는 칭기즈칸이 추종자들을 유목생활로부터 '세계정복'으로 이끌었다는 점에서 당연히 '위대'하다고 평가했다. 그런데 그는 자칭 칭기즈칸의 후계자였던 티무르(Timur)를 몽골을 더 나쁜 상태로 만들어놓은 '강력한 파괴자'로 평가했다. 이런 구분은 주관적인 평가가 아니라고 할 수 있을까? 칭기즈칸이나 티무르 둘 다 그들의 군대가 광포하게 약탈하고 지나간 자리에 수많은 희생자가 남았기 때문에 당연히 적에게는 두려움의 대상이었다. 도덕적인 관점에서 보자면 두 인물은 극단적인 잔인함의 혐오스러운 표본이었다. 이 두 인물에 대한 평가의 경우 부르크하르트가 적용한 '위대함'의 기준에는 윤리적 평가는 포함되지 않았다. 이런 평가는 (정복당한 자의 처지에서가 아니라 정복자의 입장에서 본) 정복의 효율성을 기반으로 한 듯하다. '위대함'이란 보는 자의 시각에 따라 완전히 달라진다. 그렇다면 칭기즈칸은 '위대하고' 반대로 티무르는 '위대함'이 부족하다는 평가가, 두 인물이 권력을 장악하고 행사한 과정을 이해하는 데 무슨 도움이 될까?

먼 과거를 평가할 때는 도덕성을 기준에 포함시키지 않을 수 있다. 평가기준으로서 도덕성은 더 먼 시대에 적용될수록 희미해지다가 결국은 완전히 사라진다. 그러지 않을 것 같지만 실제로는 그렇다. 몇 세기 전 정복자의 업적을 평가할 때, 그가 저지른 살육의 규모에 주목하는 사람은 거의 없다. 현대의 경우도 그런가? 현대 정치권력을 평가할 때는 예외 없이 도덕적 선택과 이념적 입장을 평가기준으로 앞세운다. 이런 태도는 찬양을 배제하면서 동시에 친양을 유도한다. '위대함'을 평가할 때 도덕적 독설은 어느 수준까지 올라갈까? 논란의 여지는 있지만 히틀러는 현대사에서 가장 강하게 매도되는 정치지도자이다. 오늘날 세계대전과 홀로코스트의 주요 창시자이자 자기 조국을 파괴한 인물을 묘사할 때 '위대하다'는 표현을 쓰는 사람은 없다. 그런데 '부정적인 의미에서 위대한 인물'이라고 평가하는 경우는 있다.[20] 이때는 그가 몰고 온 거대한 (또는 파국적인) 충격과 그의 명백한 역사적 역할에 대한 인식이 도덕적 혐오를 능가하기 때문이다. 이것은 잠재적이고 계획되지 않은 변명에 불과하며, 역사적인 '위대함'이란 개념의 공허함을 다시 한 번 드러내 보여준다. '위대함'을 적합하게 정의한다 하더라도 그것은 궁극적으로는 역사적 변화를 개인의 행위로 축소시키고 만다. '위대함'의 정의가 좀 더 깊고도 평이한 틀을 갖추지 못하면 역사의 개인화를 낳는 결과에 이르게 되어 설득력이 매우 제한적일 수밖에 없다.

'위대함'을 정의하는 데는 더 많은 장애물이 있다. 이 용어는 개념이 느슨할 뿐만 아니라 변하기 쉬운 가치관의 영향을 받는다. 서방세계에서 윈스턴 처칠(Sir Winston Churchill)보다 더 '위대하다'고 묘사된 현대의 정치지도자는 찾을 수 없다.[21] 제2차 세계대전에서 연합군의 승리는 서방세계에서 자유가 독재를 물리친 승리였으며, 그 승리의 주요한 원인 가운데 한 부분이 처칠의 리더십이었다는 평가는 무리가 없다고 할 수 있다. 그러나 그를 '위대한' 인물이라고 주장하려면 인종과 식민제국에 대한 그의 관점이 —웨스트민스터에 있는 그의 동상이 '흑인의 목숨도 중요하다'며 항의활동을 벌이는 시위대의 공격으로부터 보호받아야 할 정도로— 비난받아 마땅한 수준이었다는 사실과 마주해야 했다. 영국 식민지 원주민과의 관계에서 백인우월주의를 신봉했던 그의 관점은 동시대 지배 엘리트 — 영국뿐만이 아니라 — 의 특징이었다. 그가 활동하던 시대에는 흔한 일이기는 했지만 그는 혐오스러울 정도의 언급을 수없이 했다. (그러나 1943-44년에 발생한 벵갈의 참혹한 기근*은 그가 책임져야 한다고 주장할 근거는 빈약하다. 지독한 고통을 완화시키기 위해 그가 더 많은 조처를 취했어야 하는가는 아직도 논란거리인 문제지만 세계대전의 한가운데서 군대 수송선 운용의 우선순위를 바꾼다는 것은 가능한 선택 가운데서 분명히 한계가 있는 방안이었다.)[22] 뒷세대가 보기에 인종에 관한 처칠의 관점은 우생학을 지지한 그의 태도에서 알 수 있듯이 비난받을 만한 것이었다. (그렇기는 하지만 그는 많은 동시대인들과는 달리 변함없이 유대인을 지지했고, 유대인에게 나라를 만들어주자는 밸푸어 선언[Balfour Declaration]에 동의했으며, 반유대주의에는 전혀 귀를 기울이지 않았다.) 이것이 처칠의 뛰어난 업적을 훼손하지는 않는다. 그러나 그의 '위대함'을 판단하고자 할 때 도덕적 기준과 주관적 평가 사이에 균형을 맞추기 어렵다는 문제는 남는다.

필자의 생각으로는 정치지도자의 '위대함'을 찾아내는 일은 미루어 두는 게 상책일 것 같다. 문제는 모호한 정의(定意)를 바탕으로 하여 한 지도자가 '위대'했는지 여부를 판정하는 게 아니다. 초점은 전적으로 지도자가 역사에 던진 충격과 역사에 남긴 유산에 맞추어져야 한다. 그럴 때 도덕적 평가 — '위대한' 지도자는 반드시 선의의 힘을 가져야 하는지, '부정적인 위대함'은 존재할 수 없는지 — 는 사

---

* 영국령 인도의 벵골주(지금의 방글라데시)에서 제2차 세계대전 중에 발생한 기근. 이 지역 전체 인구 6,030만 명 가운데서 210-380만 명이 굶주림, 말라리아, 기타 질병으로 사망했다. 역사학자들은 이 기근이 전시 식민정책의 실패에 따른 인재(人災)라고 평가한다. 일부에서는 기근은 자연재해였다고 주장한다.

라진다(역사학자가 사용하는 언어 자체가 필연적으로 도덕적 색채를 띠고 있기는 하지만). 물론 그래도 역사에서 개인의 역할이란 문제는 남는다.

왜 어떤 개인은 출중하고 탁월하여 권력을 획득하고, 그 권력을 행사하여 정치적 변화에 영향을 미칠 수 있는가 하는 문제는 특정한 개인의 개성과 힘, 그리고 능력과 밀접하게 연결되어 있다. 흔히 말하기를 그런 사람을 카리스마가 있다고 표현한다. 그 표현 속에는 일반적으로 한 개인이 어떤 면—대부분의 경우 명확하지 않다—에서 설득력이 있거나 매력적이라는 의미가 들어 있다. 그러나 어떤 사람들에게는 매력 있는 것이 다른 사람들에게는 혐오감을 주는 경우가 많다. 특정한 인물의 성격상의 장점이 어떤 때에는 정치적으로 호소력이 없다가 다른 때에는 매우 호소력이 있는 이유는 무엇일까? 이것은 그 인물이 카리스마 있는 존재로 비쳐지는—그래서 그 인물의 정치적 효용성에 중대한 영향을 미치는—특정한 맥락 또는 환경이 있음을 보여준다.

독일의 사회학자 막스 베버(Max Weber, 1864-1920)가 제시한 '카리스마' 개념은 개인의 개성이 고도의 영향을 미치는 사회정치적 구조와 개인의 역할을 연결하는 데 유용한 도구가 될 수 있다. 분명히 어떤 정치지도자는 (예컨대 대중연설 같은) 특별한 재능을 갖고 있거나 매력적인 개인적 장점을 갖고 있지만 베버는 '카리스마'를 객관적으로 '카리스마'라고 불릴 수 있는 수준의, 개인이 반드시 갖추어야 할 비범한 자질이라는 의미로 사용하지 않았다. 오히려 그는 찬양하는 지도자의 뛰어난 자질을 믿고 따르는 '추종자들'(카리스마집단, charismatic community)을 강조했다. 그의 논리에 따르면 '추종'이 '선택받은 인물'의 카리스마를 만들어낸다(추종자들은 그 인물에게서 매력적인 영웅주의, 위대함, '소명의식'[또는 이념적 메시지]을 찾아낸다).[23] 현대의 정치 환경에서 '카리스마'는 정부가 장악한 미디어와 대중정당을 통해 생산되고 유지될 수 있으며 사실상 그 외의 다른 방식은 가능하지 않다. 그러므로 카리스마라고 하는 것은 한 개인이 정치적 동원, 미디어 프로파일링(media profiling) 또는 단순한 선전을 통해서 '마케팅'한 인위적 산물이다. 독재자가 많은 시간과 에너지를 투입하여 조성한 개인숭배는 강력한 억압기구와 함께 독재자의 권력을 강화하고 유지하는 데 이용된다.[24] 독재체제에서 지도자에 대한 대중적 찬양은 인위적으로 조성된 것이지 그 지도자의 진정한 개인적 자질의 반영이 아니다.

물론 '카리스마적인' 인물은 특수한 아우라를 획득하기도 하지만 (때로는 파국적인) 실책과 기대에 부응하지 못하는 무능 때문에 그것을 상실할 때도 있다. 영국의 우파 보수당 정치인 이넉 파월(Enoch Powell)은 '모든 정치적 경력은 실패로 끝난다'고 했지만 분명히 예외는 있다. 그런데 한때는 출중하다는 평가를 받다가 뒤에 가서 버림받는 정치지도자의 실패는 달리 보자면 개인의 역할은 일시적이며 개인의 통제를 벗어난 힘이 개인의 행동범위와 역사적 변화의 성격을 결정한다는 증거이다. 그러므로 '역사를 만드는' 일에서 개인의 역할에 관한 어떤 평가든 개인의 개성뿐만 아니라 개인의 행위를 결정하는 조건을 살피는 데서 출발해야 한다.

그런 방식 — '위대한 인물'론의 안티테제 — 가운데서 잠재적으로 많은 성과를 낼 수 있는 접근방식을 마르크스가 1852년 1월에 쓴 짧은 논문 『루이 보나파르트의 브뤼메르 18일』(*The Eighteenth Brumaire of Louis Bonaparte*)의 첫 줄에서 제시했다. 널리 알려진 그의 문장은 다음과 같다. "인간(men) — 지금은 '남성과 여성'이라고 바꿔야겠지만 — 은 자신의 역사를 만들지만 자신이 원하는 대로가 아니라 자신이 선택한 조건 속에서, 직접 맞닥뜨리고, 주어지고, 물려받은 조건 속에서 역사를 만든다."[25] 역사적 변화를 이해한다는 것이 어떤 의미를 가지는지를 알기 위해 마르크스주의자가 될 필요는 없다(필자는 마르크스주의자였던 적이 없다). 마르크스는 역사적 '위대함'에 주목하기보다는 보잘것없는 인물, 심지어 어릿광대 같은 인물——마르크스는 루이 보나파르트, 즉 나폴레옹 3세를 그렇게 평가했다——이 1851년의 쿠데타에서 독재적인 권력을 잡을 수 있었던 이유를 설명하려 했다. 그는 사회의 어떤 계급도 당시의 프랑스 사회에 자신의 통치를 관철시킬 수 없었던 무능——그는 이것을 비정상적이고 불가피한 일시적 상황이라고 보았다——에서 해답을 찾았다. 1848년의 혁명에서 노동자계급은 패배했고 부르주아지는 분열되어 정치적으로 허약했다. 프롤레타리아와 부르주아지 양쪽의 허약함이 루이 보나파르트——마르크스의 해석에 따르면 이 인물은 방랑자 기질을 지닌 모험가에서 입신하여 '심각한' 어릿광대가 되었다[26]——가 국가의 행정권을 장악하고 빈민가 프롤레타리아와 소규모 자경농민을 뇌물과 감언이설로 회유하여 자신의 독재를 위한 지지세력으로 만들었다.

그의 개인적 권력 행사의 범위는 권력을 장악할 수 있도록 구조적 기반을 제공해준 사회정치적 세력 사이의 균형에 의해 결정되었다. 그 균형 덕분에 루이 나폴레옹은 계급세력으로부터 '상대적인 자주성'을 누릴 수 있었다(한동안 그는 계급세력의 간섭을 받지 않고 행동할 수 있었다). 그러나 이미 존재하는 구조적 조건에 주목하면 지도자 개인이 위기와 비상상황에서의 혼란을 이용하여 개인적인——대부분의 경우 독재적인——권력을 행사할 범위를 크게 넓힐 수 있다는 사실이 분명하게 드러난다. 좀 더 일반화하여 표현하자면, 이런 분석은 역사적 변화에 영향을 미치는 개인의 제약받지 않는 역할을 지나치게 강조하는 전통적 관점을 교정하는 균형추가 될 수 있다.

그러나 인물의 개성과 업적이 아니라 사회적 맥락과 조건을 강조하다보면 개인의 역할이 부정되지는 않지만 그 역할이 가능했던 구조를 우선시하는 분석에 주력하게 된다. 이것이 현대의 정치적 리더십에 관한 아치 브라운(Archie Brown)의 흥미롭고도 예리한 분석의 기초이다. 그의 출발점은 '어디서나 지도자는 역사적으로 규정된 정치문화 안에서 움직인다'는 것이며, 그래서 그는 (권력이란 사다리의 맨 윗자리에 대한 고도의 집중이 보편화되어 있는 가운데서도) 특히 민주주의에서는 '최고지도자에 대한 제약이 많다'는 점을 강조한다.[27]

모든 사람이 개성을 갖고 있다. 그것은 유아기에 형성되어 양육, 교육, 생활경험, 사회환경의 영향을 받으면서 고유한 특징으로 자리 잡은 성격을 반영한다. 그러나 정치에서건, 기업 활동이나 인생행로에서건 모든 개성이 리더십으로 연결되는 기질로 발전하지는 않는다. 주로 기업 분야를 대상으로 한 개성의 유형과 리더십의 특색에 관한 연구가 아마도 정치적 리더십에 적용되었을 때는 효용이 줄어들 것이다. 신뢰성, 책임감, 포용력, 정서적 안정, 사회성, 근면함, 붙임성, 곤경에서도 흔들리지 않는 냉철함, 기꺼이 협력하는 태도 등은 말할 필요도 없이 기업의 지도자에게서 기대되는 기본적인 자질이다.[28] 그러나 이런 자질을 갖추지 않았고 이런 자질의 필요성도 인정하지 않았으면서 최소한 일시적이나마 아주 유능했던 정치지도자를 (과거는 물론 현재에도) 쉽게 찾아볼 수 있다.

특정한 유형의 인물이 유능한 정치지도자가 되는 상황은 다양하기 때문에 일반화하기 어렵다. 안정된 민주주의 사회에서는 작동하던 것이 중대 위기가 찾아온 정치적 혼란 속에서는 전혀 쓸모가 없어질 수 있다. 독재자는 풍요롭고 다원적인 사회에서는 대부분의 사람들이 배적하는, 그러나 독재자가 최고 권력의 자리로 부상하는 위기상황에서는 환영받는 개성을 갖고 있다. 예컨대, 제1차 세계대전과 대공황이 독일사회에 가져다준 고통스러운 충격을 알지 못하면 히틀러를 이해하기란 불가능하다. '유능함'은 단명으로 끝나고 궁극적으로 재앙을 몰고 올 수 있지만, 최소한 당분간은 존재할 수 있으며 거대한 성과를 낼 수 있다. 특정한 유형의 개성이 미치는 영향을 대체적으로 결정하는 것은 상황이다.

상황은 또한 행사될 권력을 형성한다. 마이클 만(Michael Mann)의 관점에 따르면 상호 연관성이 있지만 분리된 네 가지 권력의 원천을—이념적·경제적·군사적·정치적—생각할 수 있다.[29] 이 가운데 특정 시점에서 어느 것이 주도하게 될지는 상황이 결정한다. 상황과 구체적인 권력의 분포에 따라 어떤 특정 유형의 개성이 압도하고, 대중에게 호소력을 가지며, 제도적인 지지를 받을 수 있다. 역사적으로—예컨대 제도화된 이념이 대체적으로 도전받지 않는 때와 불안정과 정치적 위기 또는 전쟁 중일 때—전혀 다른 자질의 리더십이 요구되었다.

평화로운 곳, 번영이 지속되고 확산되고 있는 곳, 그리고 인권, 개방적인 자유, 다원적인 민주주의, 법치, 권력의 분립, 비교적 위기로부터 자유로운 자본주의 경제 같은 핵심가치가 안정된 문명사회의 기초로서 보편적으로 받아들여지는 곳에서는 지도자가 정치제도 자체의 변환을 시도하기보다는 대체로 행동에 대한 제도적 제약을 받아들이려 한다. 이런 조건들이 갖추어진 곳이 2차 대전 이후부터 최근까지의 서유럽과 미국이었다. 그런데 새로운 지정학적 긴장과 경제위기 때문에 급격한 세계화의 취약한 기반이 드러나자 다른 유형의 포퓰리즘 리더십—미국의 도널드 트럼프와 좀 낮은 수준에서는 영국의 보리스 존슨(Boris Johnson)이 대표하는—이 최소한 일시적으로나마 비옥한 지형을 만나 만개했다.

두 차례의 세계대전 사이에 유럽의 많은 부분이 그랬듯이, 주변과의 분쟁이 심하고 위기에 시달리는 정치체제에서는 광범위한 폭력 사용을 통해 급격한 변화를 추구할 준비가 되어 있는 전혀 다른 유형의 인물이 박수를 받고 권력을 장악할 것 같았다. 두 차례의 세계대전 사이에 군사 목표와 특권은 자명하고도 주된 결정요인이었다. 짧지만 광범위한 파괴를 불러왔던 시기에 군사 권력이 모든 것을 압도했다. 이런 조건에서는 히틀러, 무솔리니, 스탈린 같은 독재자도 상당한 정도로 군사 권력의 요구와 견제에 굴복했다. 군사 지휘관들은 정치지도자들과는 자질이 다르기 때문에 정치적 리더십으로부터 부분적으로만 독립적이었음에도 불구하고 불가피하게 사실상 많은 권력을 행사했다.

개인적 권력은 막스 베버에 따르면, 저항에도 불구하고 자신의 의지를 관철시킬 수 있는 지도자의 능력이라고 볼 수 있다.[30] 다원적이고 개방된 민주주의에서 그런 권력은 통상적으로 내각 또는 다른 국가 기구의 합의적 결정으로 표현되며, 제도와 조직이란 네트워크에 의해 사회 전체에 퍼져나간다. 반대는 일반적으로 의회, 매스미디어, 때로는 대중적 항의를 통해 표출되며 통치기구 내부에서도 있을 수 있다. 반대는 시끄럽고 더러는 격렬할 수도 있지만 합의를 기반으로 하는 체제 안에서 일어나기 때문에 정부 지도자는 사회를 널리 관통하는 구조적 제도를 통해 자신의 의지를 대개는 실천할 수 있다. 마이클 만의 표현을 빌리자면, 그러므로 권력은 '사회기반시설'이라 정의할 수 있다. 국가제도를 통한 권력이기 때문이다.

정반대의 방식으로 (독재체제에서) 행사되는 권력을 마이클 만은 '전제적인 권력' 또는 '국가 위에 있는 권력'이라고 불렀다. 이런 권력은 위에서 내리는 명령에 대한 완벽한 복종을 기대하고 요구하는 권위주의적인 리더십이 직접 행사하는 (고도의 강제력을 배경으로 하는) 권력이다.[31] 반대의견은 억압되고, 여론은 심각하게 왜곡되며,

지도자의 의지는 보다 더 선명하고 직접적으로 권력행사에 반영된다. 그런데 이런 상황에서도 독재 권력은 '사회기반시설적인' 권력으로부터 전석으로 독립적이시 못하다. 지도자는 군대, 보안기구, 경찰, 사법기관, 당 조직으로부터 강력한 제도적 지원을 받아야 한다. 전쟁 마지막 시기 히틀러의 경우에서 보듯이 지도자의 개인적 권력이 쇠퇴해가고 있을 때에도 지지 기관이 독재체제가 강력한 힘을 유지할 수 있도록 받쳐주었다. 개인과 권력 사이의 문제는 그러므로 지도자의 전기(傳記), 심리적 기질, 리더십을 규정하는 주변 환경에 대응하는 지도자의 개인적 특성뿐만이 아니라 그것을 넘어선 곳까지 연결된다.

남은 문제는 20세기의 특출한—좋은 의미일 수도 있고 나쁜 의미인 경우가 더 많지만—정치적 인물의 프리즘을 통해 유럽의 20세기를 관찰하는 일이다(그들은 국가의 지도자일 수도 있고 정부의 지도자일 수도 있다). 필자는 이 책의 범위를 자신의 나라를 넘어서까지 중요한 영향을 미친 유럽의 정치지도자들에 대한 사례연구로 국한했다. 다른 인물이 쉽게 떠오를 것이다. 나는 고심 끝에 이 책에 포함될 좋은 사례로 평가받을 수 있는 몇몇 유럽의 정치지도자—예컨대 빌리 브란트(Willy Brandt)와 프랑수아 미테랑(François Mitterrand)—를 생략했다. 그들은 다른 유형의 정치지도자 집단을 형성한다. 대체적으로 그들은 주로 20세기 후반에 사회정의와 인권신장에 중요한 기여를 한 사회민주주의 또는 진보주의 정치지도자이다. 필자는 위기상황, 위기상황이 배출하는 지도자, 중대한 변화의 시기에서 개인의 역할을 강조했기 때문에 불가피하게—어쩌면 실수로—그런 유형의 지도자는 초점에서 멀어졌다. 반면에, 필자가 포함시킨 인물들은 고려대상에서 제외되어야 할 이유가 많지 않을 것이다. 그들의 중요성은 자명해 보인다.

비유럽 지도자들을 포함시키면 범위는 분명히 쉽게 늘어난다. 우드로 윌슨에서부터 빌 클린턴에 이르는 미국 대통령들뿐만 아니라 마오쩌둥(毛澤東)이나 아야톨라 호메이니(Ayatollah Khomeini)도 유력한 후보이다. 이들의 행위는 간접적이긴 하지만 20세기 유럽을 형성하는 데 중요한 기여를 했다. 흥미롭고 또한 의문의 여지없이 중요한 역할을 한 미국 대통령 프랭클린 루스벨트(Franklin Delano Roosevelt)를 포함시킬지를 두고 필자는 오랫동안 고심했다. 제2차 세계대전 시기에 미국 역사뿐만 아니라 유럽 역사에서 그가 행한 역할은 강조할 필요조차 없다. 그러나 비유럽 지도자를 한 사람이라도 포함시키면 분명히 이런 문제 제기가 있었을 것이다. 왜 거기서 멈추는가? 그렇게 되면 정치의 경기장에 참여할 자격기준을 확대해야 하고, 따라서 개인의 역할은 유럽대륙을 넘어서까지 뻗어나가야 한다. 그 경우에 개별 지도자를 배출한 다른 나라의 국내정치를 고려하지 않을 수 없고, 다른 나라의 국내정치는 최상의 경우라도 유럽에 극히 부분적인 영향을 미칠 뿐이다. 그러면 이 책이 지킬 수 있는 경계는 쉽게 무너져버린다.

필자는 이 책에서 정치적으로 (반대, 항의, 저항운동을 통해) 중요한 흔적을 남겼지만 국가 지도자가 되지 못한 사람은 아무리 영향력 있는 인물이라도 다루지 않았다. 그래서 장 모네(Jean Monnet)와 로베르 쉬망(Robert Schuman)을 제외했다. 둘 다 정부와 국가의 수뇌는 아니었지만 유럽연합의 초기 설계자였다. 의심의 여지없이 20세기의 가장 중요한 발전이라고 할 수 있는 유럽연합은 한 개인의 창조력의 결과가 아니라 대체로 집단적인 노력의 산물이었다. 정치 분야 밖에서도 예술, 과학, 의학, 비즈니스, 경제 그리고 다른 많은 분야에서 필수불가결한 기여를 한 걸출한 인물을 쉽게 찾을 수 있다. 그러나 이 책은 그런 인물을 다루려는 것이 아니다.

이 책에서 다루고 있는 12명의 유럽 지도자는 모두 20세기 유럽의 역사를 여는 데 중요한 방식으로 명백히 영향을 미친 인물들이다. 그늘 대부분은 사신의 나라가 위기에 빠졌을 때 그렇게 했다. 위기는 권력을 행사하여 거대한 충격과 유산을 남긴 개인이 등장하는 배경이다. 레닌은 1차 대전 시기에 차르의 권위주의 체제가 위기에 빠졌을 때 등장했다. 볼셰비키 혁명 이후에 찾아온 파괴적인 내전의 위기와 레닌 사후에 찾아온 권력의 공백이 스탈린이 권력을 장악하는 플랫폼을 만들어주었다. 무솔리니는 전후 이탈리아의 정치적 혼란의 수혜자였다. 1차 대전이 끝나고 10년이 지나서도 끈질기게 남아 있던 트라우마가 1930년대 초 대공황 시기에 독일 민주주의의 붕괴를 불러온 국가와 사회의 복합적인 위기의 한가운데서 히틀러가 권력을 장악하는 기반을 마련해주었다. 프랑코는 위기에 빠진 나라의 잔혹한 내전에서 승자가 됨으로써 권력을 장악했다(스페인의 상황은 이 책에서 다룬 그 어떤 상황보다도 마르크스가『루이 보나파르트의 브뤼메르 18일』에서 단언한 계급간의 균형에 가장 근접했다). 처칠은 유럽의 대부분을 독일군이 휩쓸고 있는 (영국으로서는) 중대한 정치적 위기 속에서 수상으로 지명되었다. 드골의 권력은 두 개의 분리된 위기 — 전쟁에 져서 점령당한 프랑스와 훗날의 알제리전쟁 — 에서 나왔다. 티토는 전쟁으로 찢기고 점령당한 유고슬라비아라고 하는 다면적 위기 속에서 무장 저항운동을 이끎으로써 권력을 획득할 자격을 굳혔다. 고르바초프(Mikhail Gorbachev)는 소련이 경제와 정치체제가 흔들리는 뿌리 깊은 위기에 맞서 싸우고 있을 때 소련 공산당의 총서기로 선출되었다.

위기는 또한 전후 민주주의 국가에서 비범한 지도자를 배출했다. 아데나워의 리더십은 상당부분이 독일이 1945년 이후 파괴된 피점령국으로 전락한 위급한 상황과 냉전이란 첨예한 긴장 및 위험 속에서 골격을 갖추었다. 대처의 리더십은 1970년대에 영국을 옭아매고 있던 경제적 위기와 (어떤 면에서는) 문화적 위기 가운데서 형성되었다.

필자가 선정한 열두 번째의 사례는 유일하게 앞에서 열거한 여러 가지 국가적 위기가 아닌 상황에서 등장한 리더십이다. 헬무트 콜이 1979년의 (1973년의 첫 번째 석유위기를 이은 두 번째) 석유위기로부터 비롯된 경제적 어려움 속에서 서독의 수상 자리에 올랐을 때 밑바탕의 정치적 안정과 경제적 번영은 유지되고 있는 상황이었다. 냉전이 종식되고 독일 통일이 실현 가능한 목표로 변한 '우호적인' 위기를 맞았을 때 콜은 이미 7년째 수상직을——이론의 여지가 있기는 하지만 그의 전임자들인 헬무트 슈미트(Helmut Schmidt)와 빌리 브란트에 비해 뛰어나지 못하다는 평가를 받으면서——수행 중이었다. 그런데 이런 상황에서 콜은 20세기 유럽의 주요 인물이 되었다. 말하자면 줄서기 잘한 덕분이었다.

이 책의 사례연구는 다음과 같은 몇 가지 보편적인 명제를 검증하고자 한다.

- 기존의 통치구조가 흔들리거나 무너지는 거대한 정치적 격변 가운데서, 또는 그 직후에 개인의 영향력은 최고 수준에 이른다.
- 간단명료한 목표에 전념하고 확고한 이념이 전술적 통찰력과 결합되었을 때 특정 인물이 주목을 끌고 지지세력을 획득할 수 있다.
- 개인적인 권력의 행사 방식과 그 범위는 권력을 접수한 상황과 그 직후 권력을 강화한 방식에 따라 대부분 결정된다.
- 권력의 집중은 개인의 영향력을 강화하는데, 흔히 부정적이고

때로는 파국적인 결과를 불러온다.[32]

- 전쟁은 강력한 정치지도자조차도 군사 권력의 압박에 굴복하게 만든다.
- 지도자의 권력과 운신의 폭은 대부분 지지세력의 제도적인 기반과 상대적인 힘—무엇보다도 먼저 권력행사의 도구가 되는 부속 집단 내부에서, 그러나 또한 광범위한 대중 사이에서—에 의존한다.
- 민주적인 정부는 지도자 개인의 자유로운 행위와 역사적 변화를 결정할 수 있는 여지를 최대한으로 제약한다.

역사적인 변화를 평가할 때 인격적 요소와 비인격적 요소가 미친 영향의 비중을 측정하는 데 적용할 수 있는 수학적 공식은 없다. 그러나 개인의 개입이 중요한 영향을 미친 실제 사례—예컨대 초기 의사결정이나 최종적인 순간의 결정—를 살펴본다면 보다 포괄적인 결론에 도달하는 데 도움이 될 것이다.

이 책은 20세기의 역사적 리더십에 관한 책이지 21세기 전반 오늘의 지도자들에 관한 책이 아니다. 그럼에도 불구하고 이 책은 권력을 장악한 인물의 유형에 영향을 미치는 상황은 무엇인지, 권력행사의 방식을 결정하는 정부 구조는 어떤지, 역사적 변화에서 개인의 개성이 매우 중요한 역할을 하게 되는 환경은 우리 앞 세대의 시대에 그랬듯이 우리 자신의 시대와도 연관성이 있는지에 관한 질문을 제기한다.[33]

1

레닌
Vladimir Ilyich Lenin

혁명의 지도자, 볼셰비키 국가의 창시자

제1차 세계대전의 거대한 변화가 가져온 결과물 가운데서 70년 넘게 유럽 전체에 충격을 주고, 유럽을 넘어 세계에 영향을 미친 사건이 1917년의 볼셰비키 혁명이었다. 대지진과 같은 충격을 불러온 이 사건의 중심에 블라디미르 일리치 울리아노프(Vladimir Ilyich Ulyanov)가 있었다. 그는 역사에서는 (1902년 이후 사용한) 레닌이란 가명으로 기록되어 있다.[1]

유럽의 20세기를 만든 인물들을 한 줄로 세운다면 레닌은 맨 앞에 서거나 그곳과 아주 가까운 위치에 세워야 한다는 강력한 주장이 있다. 그런데 이 주장에 대한 무시할 수 없는 반론도 있다. 러시아혁명과 같은 중대한 사건(과 그것의 지속적인 영향)이 어느 정도로 한 개인에게 의존했을까? 볼셰비키 정권을 세우고, 강화하고, 지배를 지속하는 데 레닌 개인은 어떤 기여를 했을까? 결론을 말하자면, 당시 러시아에서 가장 강력한 혁명의 추진동력은 그가 아니었다. 혁명의 천재라고 불렸던 인물은 레온 트로츠키(Leon Trotsky)였다.[2] 그리고 레닌은 권력을 잡고 나서 6년을 채우지 못한 1924년에 세상을 떠났고, 마지막 15개월 동안은 거듭된 뇌졸중 발작 때문에 거의 아무것도 할 수 없는 상태에 놓여 있었다. 러시아를 혁명적으로 재구성하는 일을 끌어감에 있어서 그의 개인적인 역할은 무엇이었을까? 그는 이 거대한—나머지 유럽 전부를 합쳐놓은 것보다 넓은 나라에서 어떻게 자신의 정책을 관철시킬 수 있었을까?

그런데 어떻게 하여 레닌은 러시아와 유럽의 역사를 바꾸어놓은 혁명의 지도자란 평가를 받게 되었을까? 러시아를 바꾸겠다는 결심을 한 사람은 그 혼자만이 아니었다. 1880년대 이후로 차르 통치에 대한 실망과 러시아제국 내에 전파된 마르크스주의가 미래의 혁명가들을 낳았고, 이들 가운데 일부가 여러 파괴적인 정치 분파와 집단의 핵심 인물이 되었다. 레닌이 특별한 점은 무엇일까? 어떻게, 왜 레닌은 핵심적인 혁명 지도자로 받아들여지게 되었을까? 어떤 개성의 특징 때문에 그는 새로운 국가의 최고 권력의 자리에 오르고, 혁명 직후에 벌어진 야만적인 내전 시기를 헤쳐 나갈 수 있었을까? 역사의 비인격적 결정요소를 강조하는 철학을 숭배하고, 따라서 개인의 역할을 경시하는 국가에서 어찌하여 레닌은 소련이란 나라의 안팎에다 그토록 거대하고도 지속적인 유산을 남겨놓았을까? 이 질문은 레닌이란 인물이 역사에서 개인의 영향력에 관한 사례연구의 흥미 있는 소재임을 분명하게 보여준다.

권력의 전제조건

1917년의 러시아에는 혁명의 분위기가 무르익어 있었다. 1차 대전에서 대량의 인명손실이 발생했고, 전선에 나가 있는 병사들의 사기는 점차로 떨어지고 있었으며, 민간인은 참기 어려운 고통을 견디고 있었고, 임박한 반란의 조짐을 감지하고도 완고한 차르는 상응하는 개혁조치를 고려하지 않았다. 파업, 시위, 식량폭동과 함께 전쟁을 끝내자는 목소리가 터져 나오고 차르에 대한 불만과 비난이 높아져 갔다. 마침내 그해 2월에 혁명이 터졌다. 혁명의 폭발은 레닌과는 아무런 관련이 없었다. 그는 그때까지도 스위스에서 망명생활을 하고 있었다.

사실은 이미 1905년 가을에도 단명으로 끝나기는 했지만 혁명의 시도가 있었다. 러·일전쟁의 치욕적인 패전으로 내부 불만이 증폭되고 있었다. 정부의 탄압과 (대의제 정부를 수용했지만 대체로 장식에 불과한) 헌법을 제정하겠다는 약속이 위기에 처한 정권을 최악의 위험에서 구해냈다. 차르의 독재 권력은 온전하게 보존되었다. 그러나 혁명의 기운은 일시적으로 억제되었을 뿐 사라지지 않았다.

점진적인 개혁을 통해서는 정치체제가 근본적으로 바뀔 수 없는 상황이었다. 시민사회는 허약했고 법치의 독립적인 기초는 존재하지 않았다. 폭력은 일상이었다. 자산을 소유한 중간계층은 작았고 인텔리겐치아는 (국가의 탄압과 혁명사상의 전파 때문에 지나치게 과격화되어 있었지만) 소수였다. 사회경제 체제나 그것을 떠받치는 정권과 이해관계를 같이한다고 생각하는 사람은 소수의 엘리트 집단을 제외하면 없는 것이나 마찬가지였다. 절대적으로 빈곤한 국가의 80%를 넘는 인구가 농민이었고 이들은 국가와 국가를 대표하는 관료에게 깊은 적대감을 갖고 있었다.

농민의 대부분은 농촌공동체에서 원시적인 생활을 하면서 토지소유자들에게 종속되어 있었다. 앞선 20년 동안에 극적으로 규모가 확대된 공업도시에는 고통을 벗어날 법적 수단을 갖지 못한 프롤레타리아가 빈곤과 억압 속에서 살아가고 있었다. 규모가 훨씬 큰 독일의 공업노동자는 마르크스로부터 혁명의 원천이 될 것이란 기대를 받았고, 1차 대전 직전 무렵에는 그들의 이익을 대변하는 유럽에서 가장 큰 노동자 정당을 갖고 있었으나 러시아의 도시 프롤레타리아는 러시아 사회에서 발언권도, 사회를 바꿀 어떤 정치적 수단도 갖지 못했다. 그들에게 남은 수단은 혁명뿐이었다. 따라서 적절한 환경이 주어졌을 때 그들은 손쉽게 혁명에 동원될 수 있었다.[3)]

1차 세계대전이 그런 환경을 마련해주었다. 파국적인 인명손실—200만 명이 죽었고 그 두 배가 되는 숫자가 부상을 입었다—과 엄청난 전쟁의 고통이 1905년에는 존재하지 않았던 환경을 만들어냈다. 그때는 불만이 깊었어도 파업 노동자와 저항적인 농민집단이 이해관계의 차이를 극복하여 일관되고 통일된 혁명세력을 만들어내지 못했다. 1917년에는 공업노동자 계급의 혁명역량과 농민의 혁명역량이 최소한 일시적으로는 연합했다. 1905년에는 정권의 중심축인 군대가 일부의 소요와 일본과의 전쟁에서 패한 후 해군의 반란이 있었음에도 불구하고 전체적으로는 압도적으로 차르에게 충성했다.

또 하나의 매우 중요한 차이가 있었다. 1917년에는 러시아 군대 내부의 높아가는 위기를 제어할 수 없었다. 패배주의, 탈영, 사기 상실 때문에 평화가 절실히 필요했고, 여기에 더하여 차르와 그가 이끄는 정권에 대한 높아가는 분노가 자연스럽게 위기를 격화시켰다. 극단적인 불만을 품고 있던 최전선의 병사들이 이번에는 노동자와 농민의 혁명적 분위기에 동참했다. 이것이 차르 정권에 큰 타격을 주었다. 1905년에도 그랬듯이 어떤 사건이 생겼을 때 어느 정도의 단계에 이르면 혁명을 시도할 수는 있다. 그러나 차르 정권을 타도하기 위해 여러 세력들을 규합하려 할 때 전쟁이란 요인이 없다면 성공할 수 없다는 점을 1905년의 사례가 증명해주었다.[4)]

또 하나의 근본적인 차이가 있었다. 성공적인 혁명에는 리더십과 조직이 있어야 한다. 1905의 혁명에는 명확한 목표를 설정하고 흩어져 있는 저항집단을 강력한 하나의 세력으로 뭉치도록 자극할 리더십이 없었다. 그리고 조직도 없었다. 1917년에는 레닌과 그가 지도하는 소수이지만 확고한 신념을 가지고 단단하게 결속된 볼셰비키당이 있었다. 혁명 봉기와 혁명 지도자의 결합은 결코 필연이 아니었다. 실제로 레닌과 러시아혁명의 만남은 일어나기 어려운 ― 레닌의 통제 밖에 있는 ― 우연이었고 그 만남이 없었더라면 러시아혁명은 분명히 달라졌을 것이다. 이것이 모든 것의 가장 직접적인 전제조건이었다.

단지 놀라운 행운 덕분에 그는 1917년 2월의 마지막 주에 일어난 페트로그라드 봉기를 뒤이은 거대한 동란 ― 레닌은 전혀 예상치 못했다 ― 을 이용할 수 있었다. 그는 언젠가 혁명이 일어나리라 예상은 했지만 1917년의 시점에서 레닌은 살아있는 동안에 혁명을 보게 되리란 기대는 하지 않았다.[5] 그런데 3월 2일에 차르가 퇴위당하자 그는 오랫동안 갈망해왔던 혁명이 현실로 다가왔음을 알게 되었다. 이번에는 1905년과는 달리 그는 가능한 빨리 러시아로 돌아가야 했다. 유럽전쟁의 한가운데서 그것은 말처럼 쉬운 일이 아니었다. 이때 행운이 그를 도왔다. 그리고 그 행운이 유럽의 역사를 바꾸어놓았다 해도 지나친 말은 아니다.

독일 정부가 중재인을 통해서 그와 30여 명의 동료들이 스위스를 출발하여 러시아로 돌아가는 기차여행을 허락하지 않았더라면 레닌은 혁명이 일어난 페트로그라드로 돌아갈 수 있는 처지가 아니었다. 독일이 레닌을 돕기로 동의한 것은 물론 순전한 우연이라 할 수는 없고 이해하기 어려운 계산착오도 아니었다. 전쟁의 압박이 점점 커지는 상황에서 독일은 러시아의 혁명을 부추기면 동부전선에서 휴전을 성립시키는 데 유리하게 작용할 것이며, 그렇게 되면 서부전선에 전쟁수행 능력을 집중할 수 있다고 판단했다. 만약 독일이 동의하지 않아 레닌이 그해 봄에 러시아로 돌아가지 않았더라면 그가 10월에 일어난 더 과격한 혁명에서 다른 혁명가들을 제치고 지도자가 될 자격을 갖추었을지는 의문이다. 트로츠키도 마찬가지로 레닌이 현장에 있었기 때문에 그 혁명이 성공했다고 생각했다.[6] 레닌이 현장에 있게 된 데는 트로츠키가 몹시 혐오했던 독일 제국주의자들의 도움이라는 기괴한 아이러니가 작용했다.

1917년 4월에 러시아로 돌아왔을 때 레닌은 러시아의 대중에게 알려진 인물이 아니었다. 그의 이름이라도 아는 노동자는 거의 없었다.[7] 그는 10년 동안 주로 서유럽에서 망명생활을 했다. 그가 이끌었던 볼셰비키당은 광신적이고 냉혹했으며, 아직도 실질적인 대중적 기반을 갖추지 못한 소규모 혁명가들의 분파로서 많아봐야 2만 3,000명밖에 안 되는 당원을 거느리고 있었다.[8] 이 강경파 집단이 몇 달 사이에 국가를 움직일 수 있는 정당으로 급격하게 확장한 대전환에는 레닌의 집요하고 예리한 정치적 의지가 결정적인 역할을 했다. 1917년에 볼셰비키의 양대 적수였던 사회혁명당(Social Revolutionaries)과 멘셰비키는 어느 당도 레닌과 상대할 만한 뛰어난 조직운영 능력이 있는 지도자를 갖지 못했다.

처음에는 레닌이 권력을 장악할 수 있는 기회는 많아 보이지 않았다. 2월 혁명은 차르를 몰아낸 후 광범위한 사회적 자유를 도입하고 합헌적 통치체제의 수립을 목표로 하는 임시정부를 탄생시켰다. 얼마 가지 않아 그 목표는 환상이었음이 밝혀졌다. 거대한 정치적 혼란과 혁명의 열기가 입헌정부라는 합법적 구조를 기반으로 하는 안정된 사회민주주의의 꿈을 지워버렸다. 그러나 이것이 임시정부는 애초부터 두 번째―볼셰비키가 주도하는―혁명에 길을 비켜줄 수밖에 없었음을 의미하지는 않았다. 전쟁을 끝내자는 운동은 대중의 지지를 받고 있었고 그래서 임시정부에게 시간을 벌어주었다. 이것이 볼셰비키 혁명을 저지했다.[9] 반면에, 권위가 현저히 실추되고 있는 상황에서 임시정부는 새롭게 파멸적인 군사적 공세를 시작했다. 이 정책이 실패한다면 임시정부에 대한 신뢰는 소멸하고 혁명의 불길에 기름을 끼얹는 상황이 벌어질 것임은 예상되는 결과였다.

레닌의 볼셰비키당이 이끄는 혁명은 실제로 일어나기 어려워 보였다. 레닌은 4월 3일 밤에야 상트페테르부르크——지금의 이름은 페트로그라드이다——에 도착했다. 그는 10년 만에 처음으로 모국 땅에 발을 디뎠다. 그리고 일주일 안에 다시 떠났다. 체포를 피하기 위해 그는 7월 6일부터 잠적에 들어갔고 그로부터 3일 후에 변장한 채로 국경을 넘어 핀란드로 갔다. 그의 운은 여기서 끝난 듯했지만 사실은 그는 막 시작한 참이었다.

개성: 혁명 지도자의 등장

레닌의 외모는 호감을 주는 유형이 아니었다. 1917년의 혁명 동안 레닌을 가까이에서 지켜보았던 미국 기자 존 리드(John Reed)는 그를 땅딸막하고 대머리에다 '눈은 작고 튀어나왔으며, 들창코에 입은 크고 아래턱이 뭉툭하다'고 묘사했다. 그는 허름한 옷을 걸치고 '하층민의 우상처럼 매력 없는' 인물이었으나 '어려운 관념을 단순한 표현으로 설명할 줄 아는 지적인 능력 때문에 지도자가 된' 인물이었다.[10] 외모로는 '매력 없는' 인물이었지만 그를 만나본 사람은 누구도 그를 무시하지 못했다. 그의 날카로운 지적 통찰력에 대해 의문을 갖는 사람은 없었다(그는 이런 능력을 자신의 정치경력에서 뛰어난 정치적·조직적 수완과 결합시켰다).

그는 놀라운 에너지와 넘치는 패기를 갖고 있었다. 그는 청중을 흥분시키는 연설가, 예리한 직관과 공격적인 논쟁 스타일로 말이나 문장 어느 것을 통해서든 논쟁에서 승리하는 천부적 논객, 풍부한 저술을 통해 마르크스의 변증법을 훌륭하게 설파한 뛰어난 해설자였다. 그는 지적 능력만 뛰어난 인물이 아니었다. 그는 엄청난 의지력과 자신의 사상에 대한 확신을 갖고 있었다. 쉽게 화내는 기질, 불관용, 자신은 항상 옳다는 자부심 때문에 그는 보다 열린 마음으로, 보다 유연한 관점으로, 덜 공격적인 방식으로 그의 압도적인 자부심과 맞서려던 사람들과 마찰을 빚었다.

정치는 그의 삶의 목표였다. 그에게는 그것보다 중요한 것이 없었다. 그는 사귀기 어려운 인물이었다. 실제로 그에게는 진정한 친구가 없었다. 만년에 이르러 볼셰비키 지도자 집단 가운데서 그와 가까운 측근 그룹은 정치적 주장을 같이하는 동지였지 개인적인 친구는 아니었다. 그와 관계가 친밀한 소집단은 그의 아내, 누이들, 남동생, 한때 그의 연인이었던 이네사 아르망(Inessa Armand)뿐이었다. 아르망과 레닌의 2년 동안의 연인 관계는 1912년에 끝났고 아르망은 1920년 죽을 때까지 레닌과 가까운 관계를 유지했다.

그는 강박관념에 사로잡힌 인물이었고 세심하고 꼼꼼하게 형식적인 질서를 고집했다. 가지런히 정리해놓은 그의 연필을 누군가 흩트리기만 해도 그는 분노를 터뜨렸다. 그는 야망을 갖고 있었고, 열정적이며 확고한 집념을 가지고 러시아 사회의 혁명적 전환을 추구했다. 그는 마르크스주의라도 견해가 다른 이론가들을 용납하지 못했고, 그런 사람은 한때 긴밀한 동지였더라도 끝까지 굽히지 않고 대적했다. 언젠가 그가 한때의 동료에게 등을 돌리고 다른 마르크스주의 이론가와 사이가 틀어지리라는 것은 확실하게 예견할 수 있는 일이었다. 그리고 계급의 적—그 범위는 매우 신축적이었지만—에 대해서 그는 무자비했고, 그들을 공격하기 위해서는 테러도 마다하지 않겠다고 공개적으로 주장했다.

그는 평생 동안 좋지 못한 건강 때문에 시달렸다. 마비를 동반하는

볼셰비키 혁명의 지도자 블라디미르 레닌(1920).
레닌은 외모로는 호감을 주지 못한 인물이었으나
그의 뛰어난 지적 능력은 누구도 무시할 수 없었다.
레닌은 천부적인 논객이자 연설가였으며, 놀라운 의지력과
자기 사상에 대한 확신이 강했다.

두통, 불면증, 때때로 졸도로 몰고 가는 신경과민, 위장장애, (과도한 작업량에 비하면 놀랍지도 않은) 극도의 피로감은 반복적으로 찾아오는 문제였고 때로 화산처럼 분노를 폭발시켜야 이런 증상이 진정되었다. 또한 그는 고혈압과 동맥경화증을 앓고 있었음이 분명했다. 1924년에 그를 죽음으로 몰아간 뇌졸중의 원인은 이 두 가지 질병이었다. 1917년 러시아의 권력을 장악하기 이전에는 그는 장거리 산책, 수영 또는 다른 신체단련을 즐길 수 있는 긴 휴가를 통해 고질적인 질병의 압박에서 회복했다.[11] 휴식은 분명히 기력을 회복시켜주었다. 그러나 1917년 이후로는 휴식이 거의 불가능했다. 그가 자신의 아버지가 그랬듯이 일찍 죽게 될 것이란 예감을 갖고 있었다는 믿을 만한 추론이 있다. 그는 오랫동안 자신이 특별한 운명을 타고난 사람이라고 생각했다. 이른 죽음을 예감했기 때문에 그는 모든 수단을 다해 평생의 과업인 혁명을 서둘러 완성하려 애썼을지도 모른다.[12]

그의 이력을 언뜻 살펴보면 미래의 혁명 지도자가 될 만한 특이점은 보이지 않는다. 그는 1870년에 모스크바에서 동쪽으로 450마일 떨어진 볼가강변의 심비르스크(Simbirsk)란 마을에서 넉넉한 부르주아지 집안의 아들로 태어났다. 울리아노프 집안은 교양 있는 사람들이었고 문학, 예술, 음악에 관심이 많았다. 그들은 그 시대 보편적인 중산계급의 가치관인 질서, 위계, 복종을 좇았다.[13] 그들은 분명한 정치적 성향을 갖고 있지 않았다. 그들은 러시아를 더 개명된 서유럽처럼 만들기 위해서는 개방과 현대화 개혁이 필요하다고 믿고 있으면서도 스스로를 황제의 충실한 신민이라고 생각했다. 이러한 입장 때문에 마을 상류층 가운데서 보수적인 집단은 울리아노프 집안을 존경하면서도 곱지 않은 시선으로 바라보고 있었다.

블라디미르는 살아남은 여섯 아이 — 둘은 어려서 죽었다 — 가운데서 세 번째였다. 그는 가족에게 깊은 애착을 보였는데 그중에서도

1916년에 죽은 어머니, 누이 안나, 평생 레닌에게 헌신적이었던 여동생 마리아에게 특히 그러했다. 그의 부모는 자식들에게 큰 희망을 걸고 있었고 그들의 교육에 전념했다. 레닌은 영리하고 책에 파묻혀 지내는 아이였으며, 1887년에 중등학교를 졸업할 때는 모든 과목에서 예외적으로 높은 성적을 보인 최우등 졸업생이었다. 그해 가을 그는 심비르스크에서 볼가강을 따라 한참 상류에 있는 카잔대학(Kazan University)에 진학하여 법학을 공부했다. 그러나 입학한 지 넉 달 만에 레닌은 학생단체의 활동을 제한하는 교칙의 폐지를 요구하며 소란을 일으켰다는 이유로 몇몇 동료 학생들과 함께 학교에서 쫓겨났다. 그 무렵 그는 이미 혁명 활동가들과 접촉하고 있었고 정치혁명에 관한 이론을 공부하기 시작했다. 1886년, 상트페테르부르크대학에서 자연과학을 공부하면서 정치적으로 과격한 사상을 갖게 된 그의 형 알렉산드르(Alexander)가 러시아의 사회개혁을 꿈꾸며 차르 알렉산드르 3세(Alexander III)를 폭살하고 혁명을 일으키려던 학생단체에 가입했다. 그들의 아마추어 같은 암살음모는 1887년 1월에 (차르의 비밀경찰인) 오흐라나(Okhrana)의 체포와 심문으로 이어졌다. 알렉산드르는 범행을 자백했고, 사형선고를 받고 1887년 5월 8일에 교수대에 올랐다.

형의 처형은 블라디미르에게 로마노프(Romanov) 왕조에 대한 타오르는 증오심을 남겼다. 그는 차르 통치는 타도되어야 한다는 확신을 갖게 되었다. 알렉산드르의 죽음이 블라디미르에게 잠재적인 정서를 심어주었을 수는 있겠지만 우리는 단지 추측해볼 수 있을 뿐이다. 어떤 경우에도 이어지는 사건을 심리학적으로 해석하려는 유혹에 빠져서는 안 된다. 최초의 동기가 무엇이었든지 간에 블라디미르는 이때부터 파괴 활동을 찬양하는 문건들을 읽기 시작했다. 미래의 혁명을 위해 헌신하겠다는 그의 결심은 그 뒤로 30년 ─ 인생의 황

금기——동안 흔들리지 않았고, 마침내 1917년에 실제로 일어난 혁명 이후로 짧지만 극적인 실천가의 경험을 통해 꽃을 피웠다.

그는 마르크스주의를 공부하기 시작했고 직업적 혁명가들의 작은 모임에 가입했다. 이런 활동 탓에 1890년대 동안 그는 오호라나에 체포되었고, 환경이 쾌적한 시베리아 동부에서 편안한 유배생활을 하게 되었고, 그곳에서 그보다 먼저 혁명활동에 헌신해왔던 미래의 아내——둘은 1898년에 결혼한다——나댜 크룹스카야(Nadya Krupskaya)를 만난다. 앞으로의 체포와 투옥에 대한 두려움 때문에 1900년 이후로 자발적인 해외망명에 나선 그는 취리히, 뮌헨, 런던, 파리, 제네바, 크라쿠프에서 살았고 그 밖의 서유럽의 여러 도시를 방문했다.[14] 노동자의 미래 지도자는 전통적인 정규 직업을 통해 생계를 유지한 적이 없었다. 그는 (40대가 될 때까지도) 어머니로부터 재정적인 지원을 받았고 그 후로는 점차 부유한 당의 후원자들로부터 넉넉한 지원을 받았다. 그는 마침내 볼셰비키당의 자금에서 지원금을 받았다. 당의 지원금은 비교적 검소한 생활을 꾸려가기에 충분했고 그 덕분에 러시아로부터 멀리 떨어진 곳에서 러시아 혁명계획을 구상하는 데 전적으로 몰두할 수 있었다.[15]

초기 활동에서는 잘 드러나지 않았던 레닌의 개성은 오랜 기간 저술, 회합과 당 대회 참석, 논쟁 참여, (언젠가는 찾아오겠지만 어떻게 촉발해야 할지 알지 못하는) 혁명의 순간을 위한 조직적 준비를 하는 동안에 뚜렷한 형태를 갖추었다. 이런 생존방식이 뚜렷한 성과를 내지는 못했지만 그동안 스스로 평가하기에도 그랬고 그와 접촉하게 된 사람들로부터도 리더십을 인정받게 되었다. 그의 구상과 관점이 신뢰를 얻어가자 그는 미래를 꿈꾸는 혁명적 반대자들의 모임 내부에서 준비된 지도자로서 권위를 갖게 되었다. 그러나 한편으로는 그도 혁명가가 되고자 하는 무리 속에서 우위를 차지하려는 무자비한 경쟁에 동원되는 수많은 거래와 속임수에 대해서도 배웠다.

그가 처음으로 마르크스주의 혁명을 추구하는 러시아의 지도적 이론가로서 주목을 받게 된 계기는 1902년에 발표한 소책자 『무엇을 할 것인가?』(*What Is To Be Done?*)였다(소책자의 제목은 그가 청년시절부터 존경해왔던 반 차르주의 소설가 니콜라이 체르니셰프스키[Nikolai Chernyshevsky]의 작품 제목에서 차용한 것이었다). 이 논문을 발표하기 전까지는 그는 취리히에서 망명생활을 하고 있던 게오르기 플레하노프(Georgi Plekhanov)의 열렬한 추종자로 알려져 있었다. 플레하노프는 러시아혁명이 (농민공동체를 이상화하는 러시아 민중주의자들의 주장과는 달리) 농민이 아니라 동원된 공업노동자 계급으로부터 시작될 것이라고 주장해왔었다. 실제로 레닌은 1900년에 러시아를 떠나 스위스로 가서 플레하노프와 합류했다. 그러나 관계는 곧 틀어졌다. 『무엇을 할 것인가?』를 발표하면서 레닌—스위스로 온 이후로 그는 이 가명을 사용했다—은 플레하노프의 그늘에서 벗어났다. 그의 소책자는 계급투쟁에서 프롤레타리아를 이끌려면 직업적인 혁명가로 이루어진 조직적이고 중앙집권적인 음모가 집단(당)이 전위대로 나서야 할 필요가 있다고 강조함으로써 마르크스주의 이론을 정치적 행동으로 옮길 때의 기본지침을 제시했다. 혁명적 전위정당에는 지도자가 있어야 한다. 레닌은 바로 그 리더십을 자신이 갖겠다고 주장하고 있었다.[16]

그는 분파 간의 내부투쟁에서도 매우 값진 경험을 쌓고 있었다. 1903년 2월 런던에서 열린 제2차 러시아사회민주노동당(Russian Social Democratic Labour Party. 1898년에 마르크스주의 정강을 바탕으로 하여 창설된 혁명정당) 전당대회는 많은 상처를 남긴 모임이었다. 당원 자격문제를 두고 벌어진 비밀 토론을 거치면서 당은 레닌이 이끄는 한 분파와 (한때는 친구였지만 이 대회 이후 화해할 수 없는 정치

노동자계급 해방투쟁연맹 회원들(상트페테르부르크, 1897).
러시아사회민주노동당 창당 1년 전이다. 앞줄 가장 오른쪽이
율리우스 마르토프이고, 그 바로 옆이 레닌이다. 두 사람은 초기에
마르크스주의 운동을 함께 했지만, 1903년 제2차 당대회에서
멘셰비키(소수파)와 볼셰비키(다수파)로 갈라졌다.
마르토프는 정치적 술수에서 레닌의 상대가 되지 못했다.

적 반대자가 된) 율리우스 마르토프(Julius Martov)가 이끄는 다른 한 분파로 갈라졌다. 정치적 술수에서는 레닌의 상대가 못 되는 마르토프는 당의 기관지 『이스크라』(Iskra, 불꽃) ─ 1900년 12월에 소형 등 사판본으로 처음 나왔다 ─ 의 편집진을 구성하는 부차적인 문제를 두고 벌어진 투표에서 자신의 계산착오 때문에 패배했다. 투표에서 이긴 레닌은 (대부분의 표결에서는 소수파였던 그의 분파가 명맥을 유지하게 된 기쁨을 표시하기 위해) 자신이 이끄는 분파에 '다수파'(볼셰비키, Bolsheviki)란 이름을 붙였다. 마르토프는 우스꽝스럽게도 언어의 함정에 빠져버렸다. 이때 이후로 그의 분파는 대립적 호칭인 '소수파'(멘셰비키, Mensheviki) ─ 본래 이 말에는 대중의 지지를 잃었다는 의미가 함축되어 있다 ─ 로 불리게 되었다.[17]

멀리서 지켜보기만 할 수밖에 없었던 1905년의 러시아혁명에 대한 레닌의 반응은 이제까지보다 더 과격한 논평이었다. 그는 로마노프 왕조가 타도된 뒤 테러를 기반으로 한, 프롤레타리아와 농민을 주축으로 하는 혁명적 '임시' 민주독재체제를 수립하자고 주장했다.[18] 이 주장은 멘셰비키와의 분열을 더 넓혀놓았다. 멘셰비키가 사회주의로 가는 첫 단계로서 중간계급이 이끄는 '부르주아-민주주의' 혁명을 주장한 반면에 이때 레닌은 그런 단계를 생략해야 한다고 주장했다.[19] 분파 간의 대립은 1906년에 전술적인 이유 때문에 일시적이고 표면적으로 극복되었으나 이내 다시 머리를 들었고 더 심각해졌다. 결국 멘셰비키와 볼셰비키는 1912년에 공식적으로 완전히 갈라선다.

1917년 혁명 이전 대부분의 시기에 러시아 내에서 멘셰비키는 볼셰비키보다 더 많은 지지를 받고 있었다. 그러나 볼셰비키에게는 레닌의 극렬하고도 완강한 과격주의가 더 호소력이 있었다. 이론과 조직에 관한 논쟁에서 그가 보여주는 비타협주의와 호전성은 추종자들에게는 긍정적인 속성이었다. 신문에 끊임없이 등장하는 그에 관한 기사는 한편으로는 추종자들의 눈길을 사로잡았고 또 한편으로는 지도자로서 그의 위치를 돋보이게 해주는 장식이 되어주었다. 그러나 아무리해도 그는 소규모 혁명정당의 망명 지도자에 불과했다. 그가 혁명의 창끝이라고 평가하던 러시아 공업노동자는 이해할 수 없는 분파적 논쟁이나 이론적 선전물에 관심이 없었고 그의 이름을 들어본 적이 거의 없었다. 레닌이 해외에서 아무리 많은 말을 쏟아내어도 그가 끊임없이 설교하는 혁명이 현실이 될 수 있는 환경을 만들어낼 수는 없었다.

1917년 2월 혁명이 일어나고 차르가 폐위된 후 레닌은 마흔여섯의 나이에 러시아로 돌아왔다. 이때의 러시아는 레닌이 거의 20년 동안 살아본 적이 없는 나라였다. 그는 대부분의 러시아인에게 알려지지 않은 인물이었지만 가장 급진적인 형태의 혁명을 추구하는 사람들인 볼셰비키 당원들에게 거의 선지자에 맞먹는 인물, 이제 때를 만난 혁명사상의 스승이자 혁명운동의 정신적 창시자였다.

혁명을 이끌다

레닌은 1917년 3월 27일까지는 러시아로 돌아오기 위해 독일, 스웨덴, 핀란드를 거쳐 가고 있었고 페트로그라드에 도착한 때는 4월 3일 밤이었다. 이 여행을 하는 동안 그는 프롤레타리아와 빈농이 권력을 장악하기 위한 급진적인 전략의 청사진을 메모했다. 그것이 '4월 테제'였다.

그는 도착하자마자 환영하기 위해 기다리고 있던 지지군중에게 비타협적 급진적 전략을 발표했다. 그는 '사회주의 세계혁명'을 주장했다. 현지 볼셰비키 당원이 몰고 온 무장차량 위에 올라서서 그는

자신의 추종자들을 향해 임시정부를 지지하지 말라고 선언했다.[20)
오랫동안 밖에 있다 돌아온 레닌은 혁명의 열정에 고무되었고 다음
날부터 자신의 구상을 연속적인 연설을 통해 전달했다. 확고하고도
분명한 목표와 자신감이 그를 돋보이게 했다. 그러나 그 시점에서 심
지어 그의 가장 가까운 추종자들 가운데서조차도 그런 급진적인 전
략을 실천할 준비가 된 사람은 거의 없었다.

4월 4일에 볼셰비키 회합에서 '4월 테제'를 설명하면서 그가 멘
셰비키와 함께 일하기를 바라는 사람들을 공격했을 때 반응은 대체
로 비판적이었다. 볼셰비키당의 주요 인물 가운데 한 사람이자 훗날
10월 혁명 후에 정부의 지도자가 된 레프 카메네프(Lev Kamenev)는
레닌의 접근방식은 미친 짓이라고 생각했고 4월 8일자 『프라브다』
(Pravda)를 통해 레닌의 '일반노선'은 '수용할 수 없다'고 반대의견을
밝혔다. 20년 뒤 스탈린 치하에서라면 카메네프의 이런 처신은 자살
행위가 되었을 것이다. 그리고 실제로 카메네프는 스탈린에게 희생
당한 '원로 볼셰비키' 가운데 한 사람이 되었다.

그러나 1917년은 1937년과 달랐고 레닌은 스탈린이 아니었다. 레
닌이 페트로그라드로 돌아온 그 무렵에 볼셰비키 당원 가운데서 누
군가를 제거하려는 시도는 생각조자 할 수 없었고 아예 가능하지도
않았다. 혁명가로서, 정치인으로서의 경력을 통틀어 그는 강력한 반
대에 맞서 자신의 주장을 펼치기 위해 끈기 있게 싸워왔다. 1917년
시점에서 그에게는 이런 방식으로 계속 나아가는 이외에는 다른 선
택이 없었다. 그리고 얼마 안 가 그의 권위가 크게 높아졌지만 그가
권력을 장악하고 있는 동안 대립된 해석을 인정하는 내부적 다원주
의가 유지되었다. 이런 문화는 스탈린 치하에서 사라져버렸다.

최근에 러시아에서 일어난 사건을 경험한 많은 혁명가들이 너무도
빠른 사태 전개에 피로감을 느끼고 임시정부와 어느 정도의 타협을

원했다. 혁명 지도자로서 레닌의 탁월함 가운데 하나는 바꿀 수 없는 이념적 급진성과 전략적 유연성을 결합시킬 줄 아는 재능이었다. 그는 기본적인 전략은 심요하게 시기면서도 밖으로 드러내는 메시지는 조절했다. '혁명전쟁'과 '독재'의 표현방식을 완화하면서 그는 널리 대중적 지지를 받을 수 있다고 생각되는 정책을 요구했다. 예컨대 은행과 기업의 국유화, 농토의 몰수, 종전, 의회가 아닌 소비에트(soviet) — 노동자와 병사가 통제하는 위원회 — 에 의한 통치 같은 것이 그러했다.[21] 그는 기민하게 자신의 혁명 프로그램의 핵심을 간결하고 호소력 있는 구호로 요약하여 4월의 거리 시위 때에 가장 눈에 잘 띄는 현수막에서 제시했다. "모든 권력은 소비에트로!"[22]

그 후 몇 주 동안 레닌은 소용돌이치는 페트로그라드에서 집요하게 자신의 메시지를 각인시키려 노력했다. 5월 한 달 동안 『프라브다』에 48건의 기사를 실었고 5월과 6월 두 달 동안 21회의 연설을 했다.[23] 그의 투지는 수그러들 줄 몰랐다. 그는 줄기차게 소비에트 내에서 볼셰비키당이 주도세력이 되어야 한다고 주장했다. 당시까지는 볼셰비키와 대립하는 혁명정당인 멘셰비키와 사회혁명당 — 1901년에 창당했고 주로 농민의 이익을 대변했다 — 의 대표들이 소비에트를 장악하고 있었다.

그에게는 당내에서 지칠 줄 모르고 일하다 훗날 볼셰비키 정권에서 중요한 역할을 하게 되는 동지이자 유능한 참모들 — 레프 카메네프, 그레고리 지노비에프(Gregory Zinoviev), 니콜라이 부하린(Nikolai Bukharin), 이오시프 스탈린(Iosif Stalin), 그리고 멘셰비키에서 넘어와 합류한 중요한 인물인 레온 트로츠키 — 이 있었다.[24] 이들은 각기 혁명정당에 필요한 재능을 갖고 있다. 특히 트로츠키는 탁월한 연설가, 최고의 선동가, 뛰어난 조직가로서 두각을 나타냈다. 그러나 그는 멘셰비키였던 과거와 늦게(1917년에야) 볼셰비키주의로 전환했다는 이유로 신임을 받지 못했다. 또한 그는 까칠하고 거만하며 이기적이라 쉽게 적을 만들었다. 레닌의 기사단 가운데서 레닌의 자리를 노리는 인물은 없었다. 그들은 모두 레닌의 명백한 우위를 인정했다.

끊임없는 선전이 효과를 내면서 볼셰비키에 대한 지지가 늘어났다. 볼셰비키는 만연한 혼란, 폭발적인 인플레이션으로 인한 참담한 생활조건, 불안정한 식량공급, 늘어나는 탈영병을 활용할 수 있었다.[25] 7월 초순에 폭력적인 반정부 시위가 일어나자 볼셰비키 가운데서 성급한 사람들은 무장봉기의 기회가 왔다고 판단했다. 이때 레닌은 스트레스와 피로 때문에 휴식을 취하기 위해 핀란드 해변에서 짧은 휴가를 보내느라 현장에 있지 않았다. 분노에 차서 페트로그라드로 돌아온 레닌은 아직 충분한 조직도 갖추지 못했고 광범위한 대중의 지지도 확보하지 못한 시점에서 서둘러 권력을 잡으려 시도한 볼셰비키 지도부의 오판을 강하게 비난했다.

볼셰비키는 일시적으로 위신을 잃었고 정부가 반격엔 나섰다. 레닌은 독일의 스파이로 지목되어 임박한 체포에 직면했다(그렇게 되었더라면 처벌이 뒤따랐을 것이고 분명히 그는 볼셰비키의 전략을 지휘할 수 없게 될 것이다). 7월 9일에 그는 지노비예프와 함께 핀란드로 갔고 9월 말까지 그곳에서 신분을 숨기고 머물렀다. 피난처에서는 사태를 주도하거나 제어할 처지가 못 되었다. 그래도 볼셰비키는 어쨌든 그의 지침대로 움직였다. 그렇게 하지 않았더라면 레닌은 역사책의 각주에나 이름을 남기고 끝났을 것이다.

전쟁을 수행 중인 임시정부에 찾아온 가장 큰 재앙은 스스로 불러들인 것이었다. 7월 1일부터 서남전선에서 공세를 펼치기로 한 국방장관 케렌스키의 결정이 재앙의 시발점이었다. 명분은 서부전선의 (프랑스군의 항명 때문에 곤경에 빠진) 연합군을 돕는다는 것이었지만 주된 의도는 승리했을 때 대중의 지지가 올라가면 군대의 사기가 회복되고, 그것이 반대세력에게 둘러싸인 임시정부를 받쳐주리라는 희망이었다.[26] 그러나 전쟁의 피로감이 징점에 이르리 있고, 모든 사람이 전쟁을 끝내자는 선동에 귀 기울일 준비가 되어 있는 나라에서 그것은 순식간에 역풍을 불러올 수 있는 위험한 행동이었다.

그달 중순이 되자 공세는 실패로 끝났고 러시아군은 허둥지둥 후퇴했다. 케렌스키 자신이 대중의 지지가 빠져나가고 있는 모양이 뻔히 보이는 정부의 수상 자리를 맡았다. 총사령관 라브르 코르닐로프(Lavr Kornilov) 장군—차르 군대의 장교출신—이 8월 28일에 군대를 페트로그라드로 진입시키자 그의 문제는 더 커졌다. 그것이 쿠데타 시도였는지, 아니면 코르닐로프 장군이 케렌스키에게 볼셰비키에 대해 좀 더 강경하게 대처하라는 압박을 가하는 행동이었는지 분명치 않다. 목적이 무엇이었든 군대의 행동은 빠르게 실패했다. 케렌스키는 병사들에게 코르닐로프를 지지하지 말라고 설득하기 위해 볼셰비키의 도움을 청하지 않을 수 없었다. 볼셰비키는 군대는 반혁명 활동을 저지하기 위해 필수적인 존재임을 강조하는 선전전을 전개했다.

이 사건으로 임시정부의 기반은 한층 더 흔들렸고 볼셰비키의 영향력은 강화되었다. 볼셰비키에 대한 지지는 봄 이후로 크게 증가했다. 반면에 임시정부와 임시정부에 참여한 정당들에 대한 지지는 수직으로 떨어졌다. 노동자들—많은 수가 고용주들이 공장을 폐쇄했기 때문에 일터로 들어갈 수 없었다—이 직접 공장을 가동하고 있었고, 농민은 토지를 점유했으며, 병사들은 탈영하고 있었다. 레닌은 때가 되었다고 확신했다. '더 기다리다가 지금 이 순간을 놓쳐버리면 우리는 혁명을 망치게 될 것이다.' 그는 (핀란드 '망명지'에서 보낸 글에서) 이렇게 강조했다. 당 지도부의 동지들은 확신하지 못했다. 그런데 이때 레닌이 자신이 옳다고 그들을 설득하는 뛰어난 정치적 수완과 놀라운 확신의 힘을 보여주었다. 그는 봉기할 때 명심해야 할 전략적 핵심을 정리해주었다. 그리고 그는 이렇게 말했다. "지금 우리가 권력을 장악하지 않으면 역사가 우리를 용서하지 않을 것이다."27)

이제는 훨씬 더 급진적인 혁명이 터질 것 같은 뜨겁고 들뜬 분위기가 최고조에 이르렀을 때 레닌은 철저히 변장하고 위조여권을 이용해 페트로그라드로 돌아왔다. 10월 7일이었다. 모든 볼셰비키 당원이 그를 지도자로 인정했지만 레닌이 무장봉기의 날짜를 며칠 뒤로 미루자 당의 유력한 두 인물—카메네프와 지노비에프—이 반대했다. 그러나 그의 강한 주장, 확신의 힘, 지도자로서 인정받은 지위가 날짜를 옮겨놓았다. 케렌스키가 10월 23-24일 사이에 정부에 충성하는 군대를 시내로 불러들여 통제력을 다시 장악하려 한다는 소문이 돌자 그는 서둘러 움직였다.28) 긴장으로 예민해진 상태에서 레닌은 행동의 시간이 왔다고 결정했다.

페트로그라드 소비에트의 의장이자 볼셰비키당의 군사혁명위원회를 실질적으로 이끌고 있던 트로츠키가 봉기 전 며칠 동안 무장봉기를 준비하는 데 핵심적인 역할을 했다. 또한 그는 (대체로 엉겁결에 결정된) 거사 날짜를 10월 24-25일로 정할 때도 앞장섰다. 의심의 여지없이 그는 레닌을 제외하고는 혁명운동 전체를 통해 가장 중요한 인물이었다. 트로츠키 자신도 레닌의 우월한 지위를 인정했다. 당의 창건자로서 레닌의 리더십은 의문의 대상이 아니었다. 레닌이 총사령관이라고 한다면 트로츠키는 작전 지휘관이라는 평을 들었다.29)

권력 장악은 유혈사태 없이 10월 25일 하루 만에 근본적으로 완결되었다. 임시정부는 항복했다. 어떤 정부가 그 자리에 들어서든 오래 가리라고 예상한 사람은 거의 없었다. 권력을 장악한 이후 며칠과

1919년 11월 7일, 혁명 2주년을 맞아 모스크바
붉은 광장에 모인 소비에트 대표들(가운데 레닌과 트로츠키).
1917년 4월, 망명처 핀란드에서 돌아온 레닌은
"모든 권력은 소비에트로"라는 기치를 내걸고 혁명을 주도했다.
11월 7일(러시아 율리우스력 10월 25일), 무장봉기를 일으켜
임시정부의 항복을 받아냄으로써 마침내 볼셰비키는 권력을 장악했다.
레닌은 당에 전념하고, 봉기를 이끈 트로츠키가 정부를 책임지는
방안을 제의했으나 트로츠키는 그 제안을 거절했다.

몇 주 동안 레닌의 역할이 이후의 사태를 결정하는 데 핵심적이었다. 몇 년 동안 구상해왔던 혁명이 이제 실천의 길로 접어들었다. 첫 번째 단계는 소비에트 대회로부터 혁명정부 구성에 대한 동의를 받아내는 일이었다. 소비에트에는 볼셰비키뿐만 아니라 멘셰비키와 사회혁명당도 참여하고 있었다. 그러므로 레닌의 구상이 그대로 수용되는 체제는 아니었다. 그러나 볼셰비키 지배의 바탕은 갖추어져 있었다. 소비에트 대회가 혁명을 만났을 때 혁명은 이미 기정사실이 되어 있었다. 그리고 (레닌의 위세에 눌려 있던) 볼셰비키당 중앙위원회는 이미 원하는 정부를 결정해놓고 있었다.[30] 레닌은 봉기를 이끈 트로츠키가 정부를 이끌어야 한다고 제의했다. 레닌은 당을 이끄는 데만 전념하고 정부를 이끄는 것은 물론 정부에 참여하는 것조차도 원치 않았던 것 같다. 그러나 트로츠키는 레닌의 권위를 존경하면서도 그 제안을 거절했다.[31] 트로츠키가 레닌의 제안을 받아들였더라면 역사는 다른 경로로 나아갔을 것이다.

볼셰비키당 중앙위원회는 레닌이 인민위원회(정부의 내각. 러시아어 머리글자를 따서 소브나르콤[Sovnarkom]이라 불렀다)의 의장—실질적인 수상—이 되어야 한다고 결정했다. 볼셰비키는 670석의 소비에트 대회에서 가장 많은 의석을 가진 정당이었으나 다수당은 아니었다. 그러나 그들은 의도적으로 멘셰비키와 사회혁명당이 퇴장하도록 도발해놓고 그 틈을 타서 표결에 성공했다. 이렇게 하여 제헌의회가 소집되기 전까지 임시정부이긴 하지만 볼셰비키만으로 구성된 정부가 수립되었다.

레닌이 서둘러 만든 정부의 첫 번째 명령은 매우 중요한 의미를 지닌 것이었다.[32] '종전명령'은 동부전선에서의 전투를 즉각 중단시켜 평화협정 체결의 기반을 만들었다. '토지에 관한 명령'—대중은 '레닌명령'이라고 불렀다.[33]—은 보상 없이 토지소유권을 폐지했고 토지의 거래를 금지했다. 이런 명령과 함께 언론에 대한 검열제도가 시행되고 군대를 통제하기 위해 볼셰비키 정치위원이 파견되었다. 1일 8시간 노동, 무상교육, 러시아 인민의 권리(민족과 종교의 특권폐지, 소수민족 보호와 자결권 보장) 등 그밖에 여러 명령이 두 주 동안에 쏟아져 나왔다. 이런 명령은 전선의 병사, 소수민족, 가장 중요하게는 대다수 농민으로부터 볼셰비키에 대한 지지를 끌어내는 데 도움이 되었다(레닌으로서는 압도적으로 사회혁명당을 지지하는 농민을 자기편으로 끌어들일 필요가 있었다).

또한 레닌은 확장된 연립정부를 원하는 같은 당 동지 카메네프와 지노비에프의 반대도 극복해야 했다. 다시 한 번 그의 비타협성이 성과를 냈다. 지도체제의 핵심인 당 중앙위원회의 나머지 위원들이 그를 지지했다. 그는 페트로그라드 시 당에 대한 통제력을 확보했고 소브나르콤 내부에서 그의 리더십에 도전할 인물은 없었다. 혁명 이후 초기 몇 주 동안 볼셰비키는 거대한 나라의 전역에 걸쳐 지역 소비에트를 설치함으로써 권력을 지방까지 침투시키고 장악했다. 반대의 목소리가 나오는 곳에서는 붉은 수비대*가 순종을 강요했다.[34]

그런데 볼셰비키에 대한 지지가 어느 정도로 제한적이었는지는 11월 12일에 실시된 제헌의회 구성을 위한 선거에서 드러났다. 이 선거는 70여 년 동안에 공개적이고 복수의 정당이 참여한 마지막 선거였다. 볼셰비키에게 부정적인 결과가 나올 것을 예상한 레닌은 이 선거를 원치 않았다. 그러나 과거와는 달리 레닌은 이번에는 측근집단 전체의 반대에 굴복했다. 임시정부가 제헌의회를 민주적인 선거를

---

* 붉은 수비대(Red Guards, Красная гвардия)는 자원한 공장노동자, 농민, '소비에트 권력을 수호하는' 병사와 선원들로 구성된 준군사 조직이었다. 러시아제국 군대가 붕괴하고 볼셰비키 10월혁명과 내전 초기까지의 과도기 군사조직이었다. 일부는 1918년에 붉은 군대(Red Army)로 편입되었다.

통해 구성하겠다고 약속했었다. "결과가 아주 안 좋을 것 같아요." 레닌이 가장 신뢰하던 동지 야코프 스베르들로프(Yakov Sverdlov)는 아예 처음부터 선거를 막자고 주장했다.[35] 레닌의 예감은 현실이 되었다. 4,100만의 투표수 가운데서 볼셰비키를 지지한 표는 1/4을 넘지 않았다. 제헌의회는 1918년 1월 5일에 개원했다. 회의는 하루 동안 열렸다. 제헌의회의 개원을 축하하는 노동자 시위대를 향해 붉은 수비대가 발포하여 9명이 죽고 22명이 다쳤다. 다음 날 아침 붉은 수비대는 의원들의 등원을 막았다.[36] 다당제 민주주의의 꿈은 모조리 사라졌다. 볼셰비키는 권력을 잡았고, 권력을 확대하고 독점할 것이며 다른 정당에게 넘겨주지 않겠다는 결심이 확고했다. 그들은 나라 전체를 자기편으로 끌어들이기에는 역부족이었다. 정치적인 설득, 음모, 조작으로는 충분하지 않았다.

반대자에 대한 강화된 압박과 폭력, 테러를 동원한 직접적인 탄압은 정해진 수순이었다. 레닌은 1917년 여름 핀란드의 피난처에 머무는 동안 이전부터 해오던 『국가와 혁명』(State and Revolution) 집필에 몰두했고 이 책은 다음 해에 출간되었다. 이 책에서 그는 권력획득에 성공한 뒤에는 자본가 계급을 파괴하고 '프롤레타리아 독재'를 수립하기 위해 폭력이 필요하다고 주장했다. 이 국가는 상당한 기간 존속한 뒤에라야 '사라지면서' 진정한 공산주의 사회에 자리를 물려준다. 그때까지는 프롤레타리아의 적을 상대로 한 전쟁은 가능한 한 가장 무자비한 방식으로 수행되어야 한다. 레닌은 혁명이론가의 삶을 시작하면서부터 전략적인 무기로서 테러의 사용을 찬양했다.

1917년 12월 7일, 그는 소브나콤에 '비상위원회'를 구성하라고 촉구했다. 이 기구가 체카(Cheka)라는 이름으로 더 잘 알려진 국가비밀경찰이었다. 처음에는 펠릭스 제르진스키(Felix Dzerzhinsky)의 지휘 아래 소수의 요원으로 출발한 이 기구는 빠른 속도로 확장하여 다음 해 여름이 되자 국가 안의 국가로 변신했다. 이 기구의 임무는 혁명의 반대세력—누가 혁명을 반대하는 '적'인지는 명확하게 규정되지 않았다—을 제거하는 것이었다. 이런 임무라면 지의적으로 확장된 테러를 향한 초청장이 될 것이 뻔했다.[37] '우리는 테러의 에너지와 대중적인 영향력을 활용해야 한다.' 레닌은 1918년 6월에 이렇게 썼다.[38] 이 무렵 그는, 외국세력이 지원하는 조직적 반혁명 활동에 맞서 상상하기 어려운 치열한 내전을 치르며 생존을 위해 처절한 투쟁을 벌이는 혁명정부의 지도자였다. 이런 극단적인 상황에서 국가가 주도하는 테러가 폭발적으로 확장되는 건 당연했다.

국가 지도자

레닌이 거대한 나라 전체를 대상으로 권력을 무제한으로 행사한 것은 1920년 가을 내전이 끝난 때로부터 그가 1922년 5월에 뇌졸중으로 쓰러진 후 부분적인 마비상태에 빠지게 된 때까지 매우 짧은 시기에 한정된다. 그때로부터 죽음을 맞을 때까지 그가 대체로 지체부자유 상태로 지냈던 시기는 합해서 1년 반을 조금 넘었다. 10월 혁명 이후 몇 달 동안의 엄청난 혼란기에 레닌이 독재자로서 활동한 사실은 의문의 여지가 없고 또한 레닌 자신이 그렇게 하려고도 했다. 혁명 직후의 정부는 훗날 스탈린 시대의 정부처럼 독재자를 위해 고무도장이나 찍던 무기력한 정부와는 전혀 달랐다. 많은 일들이 즉석에서 처리되어야 했다. 그리고 레닌은 볼셰비키가 권력을 잡았을 때 이미 자리 잡고 있던 혁명정부의 태아적 구조에 적응해야 했다.

그는 초기에 여러 당이 참여한 (임시정부 때부터 이론상으로는 최고 통치기구였던) 전러시아 소비에트 대회의 혼란스럽고 격렬한 회의를 조종해나가야 했다. 소비에트 대회의 첫 회의는 1917년 6월에 열렸고, 볼셰비키 혁명이 일어나기까지 1917년 11월과 1918년 11월 사이에 다섯 차례의 회의가 더 열렸다. 1918년에 들어와서야 볼셰비키는 소비에트 대회를 완전히 장악할 수 있었다. 규모가 거대한 소비에트 대회는 기본적으로 볼셰비키당 중앙위원회에서 합의된 정책을 통과시켰다(처음에는 대회의 승인이 단순한 통과의례가 아니었다). 당 중앙위원회는 1898년에 설립되었고 의사결정은 다수결 투표로 이루어졌다. 당 중앙위원회에서도 치열한 토론이 벌어졌고, 이때 레닌은 일반적으로 일방적 결정이 아니라 설득과 정치적 수완을 통해 격렬한 반대를 이겨나갔다. 당내의 분파는 1921년 3월의 제10차 당 대회에서 당의 노선을 옹호한다는 명분으로 공식적으로 금지되기 전까지는 인정되었다.

그러나 점차로 당은 중앙집중식으로 바뀌어가고 미리 결정된 '당 노선'이 위에서 내려왔다. 중앙위원회는 처음 설치되었을 때는 작은 규모였으나 1919년 3월에 위원이 19명으로 늘어나 몸집이 커지면서 빠르고 효율적인 결정을 내릴 수 없게 되었다. 그래서 '정치국'(과 함께 조직국과 서기국)을 설치하자는 합의가 이루어졌다. 이것은 10월 혁명 이후 사실상 존재해오던 상황을 공식화하는 결정이었다. 1919년 4월부터 5인의 지도적인 인물로 구성된 '정치국' 회의가 매주 정기적으로 열렸다. 정치국원은 레닌, 트로츠키, 스탈린, 카메네프(충직한 볼셰비키였으나 트로츠키와 지나치게 가까워지면서 1921년에 자리에서 밀려난), 니콜라이 크레스틴스키(Nikolai Krestinsky) 등이었다.

정치국은 정책을 결정하는 핵심기구였고 사람들이 '초정부'라고 불렀다.[39] 토론의 주제는 제한이 없었다. 레닌이 정치국에 제안서를 미리 제출하는 경우는 거의 없었고 대체로 회의가 진행 중일 때 손으로 적은 작은 메모를 다른 위원들에게 보여주었다. 그러나 그는 언제든지 개인에 대한 격렬한 공격에 뛰어들 준비가 되어 있었다. 작은 몸집 속에 깃든 이념적 확신과 강한 의지력 때문에 그는 언제나 회의를 주도했다. 그리고 징지국에서 노선이 협의되고 나면 중앙위원회나 더 나아가 당 대회를 다루기는 훨씬 쉬워졌다.

당내에서는 모두가 그의 최고권위를 인정했지만 그래도 레닌의 결정은 치열한 도전과 토론을 거쳤다. 오랜 경륜을 갖춘 당의 이론가로서, 더 나아가 여러 차례 혁명의 시점을 정확하게 계산해낸 혁명 지도자로서의 권위는 그가 당내 토론을 주도하는 데 도움이 되었다. 1918년 그를 암살하려던 음모가 적발된 후 그가 죽었다는 소문을 씻어내기 위해 치밀한 계산 아래 '위대한 인물'을 내세우는 개인숭배가 시작되었다. 이때 그는 '인민의 차르'로 불리고 그의 노선이 미화되었다.[40] 또한 그는 뇌졸중으로 쓰러지기 전까지는 굽힐 줄 모르는 강인하고 영민한 토론자의 풍모를 유지했다. 그는 번번이 논쟁에서 이겼다. 지도적 위치에 있던 볼셰비키들—트로츠키, 스탈린, 지노비에프, 카메네프, 부하린—도 권력을 갈망했다. 그러나 그들은 분열되어 있어서 레닌에게 복종했었고 그들의 내부투쟁이 레닌의 권력과 권위를 강화시켜주었다.[41] 그들 자신의 무자비함, 그리고 볼셰비키 계층구조 안에서 그들 부하들의 무자비함이 나라 전체를 통틀어 하부의 반대를 진압하는 수단으로 발전했다. 그런데 그 과정은 시간이 걸렸다. 처음에는 반대가 널리 퍼져 있었다. 내전 기간에 혁명의 적들로부터의 위협과 볼셰비키 운동 내부의 충성심 부족에 대한 반작용으로 반대자에 대한 통제가 점차로 강화되었다.

러시아가 내전의 늪 속으로 빠져들기 전에는 국가의 지도자로서 레닌이 마주한 주요 과제는 세계대전으로부터 빠져나오는 것이었다. 1917년 10월 27일에 그의 첫 번째 정부가 첫 번째로 내놓은 포고는 평화의 약속이었다. 아직도 700만이나 되는 군대의 병사 대부분을

1920년 3월 29일, 볼셰비키 제9차 전당대회.
앉은 열에서 왼쪽 세 번째가 니콜라이 부하린,
가운데 안경 쓴 이가 레프 카메네프, 제일 오른쪽이 레닌이다.
레닌은 작은 몸집에 깃든 이념적 확신과 강한 의지력으로
언제나 회의를 주도했다.

포함하여 압도적인 대중이 전쟁의 종식을 간절히 바랐다.[42] 그러나 레닌은 12월 중순에 중앙 추축국(樞軸國)과 합의한 임시 휴전협정을 평화협정으로 전환하는 문제를 두고 딩과 다른 의견을 갖고 있었다.

그는 평화만을 위한 평화는 원치 않았다. 그는 숨 쉴 수 있는 공간을 확보하기 위한 평화, 일종의 국제적인 내란과 유럽 전체의 혁명의 승리로 나아가는 단계로서의 평화를 원했다. 스탈린, 카메네프, 지노비에프는 서유럽에서 혁명이 일어날 가능성에 대해 회의적이었다. 외교담당 인민위원 트로츠키는 혁명이 전체 유럽으로 확산되기를 기대했고 휴전기간이 길어지면 혁명의 기운이 무르익을 것으로 예상했다. 그러나 그는 중앙 추축국의 주요 구성국인 독일과 오스트리아-헝가리로부터 휴전기간을 연장하는 데 대한 동의를 끌어내는 데 실패했다. 오히려 추축국 측은 1918년 1월에 종전에 합의하든지 아니면 침공을 각오하라는 최후통첩을 보내왔다.

레닌은 추축국의 요구를 받아들이려 했다. 그러나 증오스러운 제국주의 세력과의 조약에 찬성하지 않는 당내 반대자들―부하린이 앞장섰다―이 거부했다. 문제의 해법이 보이지 않았다. 어떤 사람들은 '제국주의자들'로부터 자신을 지키기 위한 '혁명전쟁'을 지지했다. 그러나 대부분은 이것이 불가능하다고 생각했다. 그들은 경험이 부족한 소규모 혁명세력이 독일군의 힘에 맞설 수 없다고 판단했다. 트로츠키의 입장은 '전쟁도 평화도' 아니었다. 그의 목표는 유럽의 혁명을 조장하기 위해 시간을 벌고 유럽의 혁명세력으로부터 지원을 받자는 것이었다. 그러나 참을성을 잃어가고 있던 추축국이 2월 중순에 다시 최후통첩을 보내오자 이 정책도 끌고 갈 수가 없게 되었다. 추축국은 러시아가 평화협정에 동의하지 않으면 러시아를 침공하겠다고 위협했다.

침공 위협이 이미 실행에 옮겨지고 있는 상황에서 열린 2월 18일의 당 중앙위원회에서 레닌의 제안이 근소한 차이로 동의를 얻었다. 이때도 지체된 행동을 어떻게 서두를 것인지를 두고 의견의 분열이 있었다. 5일이나 걸린 결론이 소브나르콤에 전달되었을 때는 추축국이 제시한 시한이 불과 몇 시간 앞으로 다가온 시점이었다. 레닌의 제안은 마지못해 다수의 지지를 받았다(트로츠키는 기권했다). 레닌은 중앙위원회의 결정적인 회의에서 이렇게 말했다. "이 조약은 체결되어야 합니다. 여러분이 동의하지 않으면 3주 안에 소비에트 권력이 사망한다는 것을 보증할 수 있습니다." 이 말은 결코 과장이라고 할 수 없었다. 독일이 러시아의 핵심부를 점령하면 볼셰비키 혁명은 붕괴될 수밖에 없었다.[43] 또 한 번의 혁명의 파국이 머지않아 찾아올 수 있었다. 그것도 전혀 다른 모습으로.

레닌도 트로츠키도 이름을 남기고 싶지 않았던 브레스트-리토프스크조약(Treaty of Brest-Litovsk)은 1918년 3월 3일에 체결되었다. 러시아는 방대한 영토, 인구의 1/3, 공업과 농업자원의 절반을 잃었다. 레닌이 "부끄러운 평화"라고 한 말은 과장이 아니었다.[44] 그러나 그는 그 부끄러움은 사회주의 혁명을 통해서 제국주의 세력이 붕괴하기 전까지는 우월한 힘 앞에 무릎을 꿇어야 하는 일시적이고 불가피한 부끄러움이라고 생각했다. 그리고 그의 당내 반대자들도 더 나은 대안을 제시할 수 없었다. 트로츠키와 부하린은 레닌의 흔들림 없는 주장에 동조할 수밖에 없었다. 이때 트로츠키는 정권의 권력서열에서 레닌 바로 다음의 제2인자였다. 그는 수시로 레닌의 의견에 반대할 수 있었고 또 그렇게 했다. 그러나 그는 레닌의 우위를 인정했다. 그는 한 번도 자리를 차지하려고 시도한 적이 없었다.

1918년 여름 절정에 이르렀고 2년 이상 러시아를 황폐하게 만든 내전 기간 서방의 지원을 받는 반혁명세력이 새로운 정권을 파괴하려 하자 트로츠키는 군사담당 인민위원으로서 매우 중요한 역할을 했다. 그가 1918년 2월에 창건하고 지휘한 붉은 군대(Red Army)는 1920년에는 500만이 넘는 무시할 수 없는 전투력으로 성장했다. 그는 지칠 줄 모르는 에너지와 열정으로 러시아를 종횡으로 누비며 군대의 사기를 높였고 그의 굽힐 줄 모르는 결단력, 무자비함, 쌓여가는 경험과 군사전략적 기술은 붉은 군대의 최종 승리에 결정적으로 기여했다. 내전이 시작되었을 때 볼셰비즘은 생존의 위기에 빠져 있었으나 내전이 끝나자 장래를 꿈꿀 수 있게 되었다. 그렇게 되기까지 한 사람 레닌만 제외하고는 다른 어떤 인물보다도 트로츠키가 더 많이 기여했다. 레닌은 소브나르콤과 내부 의사결정 기구인 정치국과 중앙위원회 의장의 위치에서 전쟁의 정치적 방향을 결정했다.[45]

당 지도부의 다른 인물들 — 그 가운데서도 트로츠키와 직접 충돌하면서 자기 방식대로 볼가강변의 차리스틴(Tsaritsyn)을 방어해낸 스탈린 — 도 중요한 역할을 했다. 트로츠키와 스탈린의 반목 이외에도 볼셰비키 지도자들 사이에는 일상적인 충돌이 있었다(트로츠키는 오만한 태도 때문에 당 상층부에서 보편적인 비호감 인물이었다). 끊임없이 돌아다녔던 트로츠키와는 달리 레닌은 (1918년 3월부터 정부가 자리 잡은) 모스크바를 벗어나려는 시도조차 한 적이 없었다. 그는 권위주의적인 인물이 아니었고 중앙위원회에서 과열된 토론이 벌어질 때 항상 자기방식을 관철시키지도 않았다. 그는 부하들을 통해서 일할 수밖에 없었다. 그러나 그의 권위는 (때로는 사임하겠다는 위협이 뒷받침되기는 했지만) 보편적으로 받아들여졌다.

배급제도가 식량공급을 안정시켜주고 있던 상황에서 추축국이 러시아의 식량생산 지역의 많은 부분을 점령하자 식량 사정이 악화했다. 식량이 부족해지자 노동자들이 배고픈 도시를 빠져나갔고, 사재기와 암시장이 나타났으며, 농촌지역에서는 식량가격이 상승하는 상황에서 1918년 5월에 레닌이 '식량독재'를 성공적으로 도입했다.

무장부대가 농촌으로 급파되어 강제로 식량을 징발했다. 농민이 생산한 모든 잉여는 국가 소유로 귀속되었다. 잉여를 찾아내지 못한 곳에서는 '쿨라크'(kulaks, кулáк)——부유한 농민——가 곡물을 숨겼다는 비난을 받았다.

이것은 훗날 스탈린이 시행한 쿨라크 공격정책의 예고편이었다. 레닌이 직접 나서서 폭력적인 정책집행에다 공포의 표현을 가미했다. 그는 쿨라크를 '인민의 굶주림 위에서 성장한' '흡혈귀'라고 공격했다. 그는 이렇게 선언했다. "쿨라크를 향한 무자비한 전쟁을! 그들 모두에게 죽음을!"[46] 그는 1918년 8월 14일에 볼가강변 펜자(Penza) 지역의 볼셰비키 지도부에게 쿨라크를 시범적으로 처형하고 모든 곡물을 징발하라고 명령했다. '잘 알려진 쿨라크, 부유한 사람, 흡혈귀 백 명 이상을 목매달 것. 반드시 주민 모두를 모아놓은 장소에서 목매달 것.'[47]

식량배급, 철저한 노동통제, 대형공업의 국유화, 이와 함께 급속히 성장한 관료제도는 모두 '전시(戰時) 공산주의'의 한 부분이었다. 강제가 일상생활의 한 부분이 되었고 필연적으로 테러가 나선형의 상승곡선을 보였다. 이처럼 폭력이 고조되면서 8월 30일에 레닌을 겨냥한 거의 성공할 뻔한 암살시도가 있었다. 레닌의 어깨에 두 발의 총탄이 박혔다. 1918년 9월 5일, 체카의 책임자 펠릭스 제르진스키가 작성한 보고서의 부추김을 받은 소브나르콤이 '적색 테러에 관하여'란 포고문을 발표했다. 포고문은 '현재 상황에서 테러의 수단을 동원한 후방의 안전은 절대적으로 필요'하며 '계급의 적을 집중수용소에 격리시켜 소비에트공화국을 계급의 적으로부터 보호하는 것이 중요하다'고 밝혔다.

자신의 생명을 노린 암살시도로부터 회복한 뒤로 레닌은 소브나르콤의 회의에 참석하지 않았다. 그러나 소브나르콤의 결정사항은 그의 승인을 받았다는 것은 의문의 여지가 조금도 없는 사실이다.[48] 내전이 일어나자 그는 혁명의 적들에 대해 발작적인 분노를 보였고 그늘을 가혹한 테러로 응징하라고 요구했다. 그는 '반혁명분자들에 대한 광범위한 테러'를 요구했고, '법이 아니라 무력을 기반으로 한 제약받지 않는 권력'을 주장했으며, 체카가 죄수들을 다루는 방식을 배우라고 권고했고, 자신이 직접 체카를 지키겠다고 약속했다.[49]

체카는 수만 건의 약식처형을 집행했다(황실 가족도 7월 16-17일 밤에 총살되었다). 자의적인 체포와 총살이 일상사가 되었다. 내전 기간에 체카가 얼마나 많은 사람을 살해했는지는 알려져 있지 않지만 수십만 명은 될 것으로 추산된다. 테러는 볼셰비키의 의식 속에 처음부터 내재해 있었다. 내전 시기에 테러는 체제의 핵심이 되었다.[50]

레닌은 테러를 국가정책의 떼놓을 수 없는 한 부분으로 보았다.[51] 볼셰비키 지도자들 가운데서 반대의견을 말한 사람은 없었다. 볼셰비키 국가의 이익을 지키기 위해 테러를 사용해도 좋다는 생각은 그들의 DNA 속에 들어 있었다. 1920년에 트로츠키는 소비에트 체제의 역사적 중요성을 인정하는 사람이라면 '적색 테러를 허락해야 한다'고 썼다.[52] 이 점에 있어서는 스탈린도 자신의 최대 적수인 트로츠키와 전적으로 견해를 같이했다. 스탈린은 훗날 국가테러의 사용을 끝을 알 수 없는 수준으로 확대했고 (레닌과 대비했을 때) 볼셰비키 지도자들과 당원에게까지 테러를 사용했다. 그러나 볼셰비키 통치에서 일찌감치 테러의 핵심적 지위를 확립해둔 사람은 레닌이었다.

두 가지 분야에서 레닌은 중대한 반전과 맞닥뜨렸다. 첫 번째의 반전은 소비에트의 발전과정에 영속적이며 중요한 영향을 미쳤다. 그 반전은 레닌이 1920년에 혁명을 확산시키겠다고 결정한 직후에 일어났다. 반전의 방아쇠를 당긴 쪽은 폴란드였다. 유제프 피우수트스키(Józef Piłsudski) 원수가 지휘하는 폴란드군이 우크라이나를 침공했다. 폴란드의 목적은 폴란드-우크라이나 연방을 만드는 것이었다. 폴란드군이 5월 7일에 키이우(Kiev)에 진입했다. 그로부터 한 달 남짓 뒤에 붉은 군대가 피우수트스키 군대를 몰아냈다. 그러나 레닌은 거기서 멈추고 싶지 않았다. 그는 폴란드를 상대로 한 '혁명전쟁'의 다른 기회를 보았다. 폴란드가 혁명에 빠지면 혁명은 유럽의 다른 나라──특히 독일──에 도미노처럼 널리 퍼져나갈 것이다.

트로츠키는 세계혁명을 주장해왔지만 붉은 군대가 폴란드 침공 작전을 성공적으로 수행할 수 있는 능력을 가졌는지에 대해서는 회의적이었다. 스탈린은 붉은 군대가 폴란드와의 전쟁에 투입된 틈을 타서 백군(白軍, White Army)의 마지막 남은 주력이 남부 러시아를 위협할까 염려했다. 그밖에도, 애국적인 폴란드 노동자들이 국제혁명의 이름으로 자신들의 조국에 대한 공격을 지지할지 회의하는 의견도 있었다. 그러나 레닌은 흔들리지 않았다. 그는 자신이 옳다는 확신을 갖고 있었다. 이 문제를 두고 소브나르콤, 당 중앙위원회, 당 정치국 어디에서도 공식적인 회의는 열리지 않았다. 이때 당의 몇몇 주요 지도자들은 이런저런 이유로 모스크바에 있지 않았다. 그리고 최소한 피우수트스키에게 코피를 흘리게 해주는 게 좋겠다는 합의가 이루어져 있었다. 조율된 반대의견이 없는 상황에서는 레닌의 고집만으로 충분했다. 그리고 레닌이 결정하자 다른 볼셰비키 지도자들이 그의 결정을 지지했다.[53]

그런데 바르샤바를 향해 진군하던 붉은 군대가 1920년 8월 중순에 비스와강 위에서 폴란드군에게 궤멸적인 패배를 당했다.[54] 레닌은 트로츠키와 스탈린의 공개적인 정책대립 때문에 생긴 내부의 혼선을 이용하여 명백히 자신이 져야 할 이 재앙에 대한 책임을 회피하려 했다. 방향전환이 당연한 수순이었다. 적군의 심각한 패배와 함께

'유럽의 사회주의 혁명'의 꿈은 숨이 끊어졌다.[55] 그리고 스탈린이 앞장서 주장해왔던 '일국사회주의'(一國社會主義)로 가는 길이 열렸다.[56]

두 번째의 반전은 레닌이 세상을 떠난 후에 일어났고 일시적인 영향을 미쳤다. 전시 공산주의의 가혹한 조처로 인한 경제적 곤경은 심각한 혼란을 불러왔다. 도시에서는 파업이 일어났고, 농촌지역에서는 농민폭동이 일어났으며, 1921년 3월에는 페트로그라드에서 가까운 크론시타트(Kronshtadt)의 수비대──이 부대는 1917년에는 볼셰비키를 열렬히 지지했다──가 반란을 일으켰다. 트로츠키가 소요를 무자비하게 진압했다. 그래도 한 가지는 분명해졌다. 경제정책을 바꾸지 않고는 정권이 위험해질 것이다. 실제로 레닌은 크론시타트에서 반란이 일어났을 때 당 대회에서 (그전 달에 그가 당 정치국 회의에서 동의를 얻어낸) 경제정책의 유턴을 역설하는 연설을 하고 있었다.

극도로 대중의 인기를 잃었던 식량징발 정책을 종결한, 신경제정책(NEP: New Economic Policy)이라 알려진 반전은 이렇게 시작되었다. 20%를 세금으로 납부하고 나면 농민은 잉여를 자유 시장에서 판매할 수 있게 되었다.[57] 이 정책은 사실은 트로츠키가 그 전해에 레닌에게 제안했지만 레닌이 거부한 것이었다. 레닌은 사과도 반성도 하지 않았다. 이 정책의 결과는 전시 공산주의의 가혹한 조처의 폐지였을 뿐만 아니라 (농민에게 호의적인 적이 없었던) 레닌의 확고한 철학에 대한 반격이었다. 물론 레닌은 볼셰비즘의 가치로부터 이념적인 이탈은 없다고 부인했다. 그의 권위는 당내의 상당한 반발을 극복할 수 있을 만큼 충분히 남아 있었다. 반대자들은 실용적인 필요에 굴복했고 대안도 갖고 있지 않았다. 신경제정책은 승인되었다.[58]

신경제정책이 효과를 내면서 농민폭동은 점차 사라졌다. 신경제정책은 경제성장을 자극했다. 그런데 농민들이 시장수요에 맞추어 생

1920년 5월 5일, 스베르들로프 광장에서 연설하는 레닌.
소비에트-폴란드 전쟁(1919-21) 중 전선으로 떠나는 병사들에게
연설하고 있다. 연단 오른쪽에 정면을 바라보는 인물이 트로츠키다.
트로츠키는 세계혁명을 주장해왔지만, 레닌의 확신과는 달리
붉은 군대가 폴란드 침공 작전에 성공할 수 있을지 의심했다.

산을 보류하자 식량공급에 문제가 발생했다. 신경제정책은 당내에서 여전히 분쟁거리로 남았고 볼셰비키 지도층의 분열을 초래했다. 레닌은 신경제성책을 선택적 후퇴로 인식하면서도 한편으로는 향후 10년 정도면 혁명을 안정시켜줄 프로그램으로 받아들였다. 변함없이 목표는 적절한 식량공급을 보장하기 위해 국가와 계약관계에 있는 대형 경작조합(콜호스, kolkhoze)에 생산을 집중시키는 농업의 집단화였다. 장기적인 집단화 과정은 이론적으로는 점진적이며 자발적인 과정이었다.[59]

신경제정책이 채택되고 나서 몇 주 만에 한 번도 원기 왕성한 적이 없었던 레닌의 건강이 급속히 악화되었다. 1921년 여름이 되자 그의 상태는 심각해졌고 본인의 강력한 반대에도 불구하고 활동을 줄이는 조처가 취해졌다. 혁명적 노동자의 지도자는 모스크바에서 몇 마일 떨어진 고르키(Gorki)의 화려한 장원으로 옮겨졌다. 그곳에 머무는 동안에도 그는 롤스로이스 실버고스트(Silver Ghost)를 타고— 이 차에는 눈길에서도 운행할 수 있도록 탱크바퀴와 스키가 부착되어 있었다—나룻배로 강을 건너 크레믈린으로 가 일할 수 있었다. 1922년 5월 25일, 그는 심각한 뇌졸중을 경험했다. 그해 후반에 그의 신체는 붕괴상태에 빠졌다. 때때로 전혀 거동을 할 수 없었고, 오른쪽 반신은 마비되었으며, 말을 거의 할 수 없었고, 그가 쓴 글씨는 알아볼 수가 없었다.

그해 말, 그는 정치적 유언장이라 알려진 문건을 구술했다. 이 문건에서 그는 당 중앙위원회에게 스탈린을 경계하라고 권고했다. 연초만 해도 그는 스탈린에게 호감을 갖고 있었고, 스탈린을 당 총서기로 천거했다. 그러나 건강이 나빠지자 그는 화를 잘 내는 성격으로 바뀌었다. 그 뒤로 그와 스탈린은 비러시아민족 소비에트공화국의 위상을 두고 의견이 대립했다. (그 결과 1924년부터 소비에트사회주의 연방공화국[USSR: Union of Soviet Socialist Republics]이 법적 효력을 갖게 되었다. 이 명칭은 스탈린이 제안한 것이었다.)

스탈린과의 마찰은 악화되었다.[60] 남아있는 날이 얼마 되지 않는다는 사실을 알고 있었고 후계자 문제도 염려스러웠던 레닌은 자신의 자리를 차지할 수 있는 가능성을 가진 모든 인물들을 비판했다. 가장 각박한 비판은 스탈린의 몫이었다. 그는 스탈린이 자신의 손에 들어온 권력을 남용할 것 ─ 테러를 사용할까 걱정스럽다는 암시는 없었지만 ─ 이라고 경고했다. 아마도 스탈린이 레닌의 아내 크룹스카야에게 건 무례하고도 야비한 전화가 결과적으로 이런 비판을 촉발했던 것 같다. 유언장에서 암시되어 있는 바와 같이 어쩌면 유언장은 몸을 움직일 수 없는 레닌의 구술을 받아 적은 것이 아니라 크룹스카야 자신이 작성한 것이었는지도 모른다.[61]

여하튼, 생의 마지막이 다가오자 레닌은 스탈린이 자신을 계승할 수 있는 가능성을 신중하게 차단하고 있었음이 분명하다. 스탈린을 총서기 자리에서 밀어내려던 그의 시도는 실패했고 좋지 않은 결과를 남겨놓았다. 스탈린은 레닌이 병으로 참석할 수 없었던 1923년 제12차 당 대회를 교묘하게 조종하여 총서기직에서 밀려나는 위기를 막아냈다. 아무튼 레닌의 유언장은 레닌 자신의 권력이 종말에 이르렀을 뿐만 아니라 권력 전체가 국가로부터 소브나르콤(인민위원회)을 거쳐 당 ─ 당 조직은 스탈린에게 장악되어 있었다 ─ 으로 옮겨지고 있음을 인식하고 있다는 표지였다.[62]

레닌의 절망적인 건강상태를 감안할 때 권력투쟁은 필연적이었고, 레닌이 좀 더 버텨냈다 하더라도 마찬가지였을 것이다. 1923년 중반에 이르자 그는 더 이상 능동적으로 러시아를 통치할 수 없었다. 1924년 1월 21일에 마지막 뇌졸중이 찾아왔고 그날 이른 아침에 레닌은 숨을 거두었다.[63]

거동이 불편해 휠체어를 탄 레닌(1923).
세 번째의 뇌졸중이 있었던 1923년 3월 이후,
레닌은 자신의 의사를 표현하기 어려운 상태에 빠졌다.

남긴 유산

레닌은 짧은 기간 권력을 장악했지만 러시아, 유럽, 그리고 그 너머 세계에까지 방대한 유산을 남겼다. 공산주의──레닌은 1918년에 볼셰비키당을 러시아 공산당으로 바꾸자고 제안했다──는 지구상의 여러 지역에서 중심 세력이 되었다. 소련에서는 레닌이 세운 통치체계의 핵심이 70년 뒤에 소련이 붕괴할 때까지 온전하게 유지되었다.

이 체제를 받쳐준 이념──마르크스-레닌주의란 이름 자체가 이념의 창시자로서 레닌과 마르크스를 함께 열거하고 있다──은 역사를 결정하는 것은 비인격적인 경제적 힘과 계급관계라고 해석했다. 그러면서도 이 이념은 그 창시자를 찬미했다. 그런 행태에 모순은 없었다. 마르크스(와 뒤를 이은 레닌)는 계급관계를 변혁하기 위해서는 정치적 투쟁이 필요하다고 한결같이 주장했다. 러시아에서 그러한 투쟁의 지도자로서의 역할 때문에 레닌은 소비에트의 신전에서 특별한 자리를 차지했다.

그런데 레닌에 대한 유사종교적인 개인숭배 문화는 정도가 특별했다. 그의 사망 직후에 시신을 처리하는 문제를 두고 대중의 관심이 높아지면서 그에 대한 개인숭배가 시작되었다. '레닌을 영원히 추억하기 위한 위원회'가 구성되었다. 시신의 영구보존에서 정치적 효과를 기대한 분파가 반대파──그 가운데는 레닌의 아내 크룹스카야도 있었다──를 꺾었다.[64] 시신의 보존은 국가적 통일의 상징──영원한 진리의 대표, 역사법칙의 유일하고도 진정한 해석자인 인물──이 될 수 있었다.[65] 농민이 절대다수인 사회의 문화──공식적으로는 무신론 사회이지만 종교적 신앙과 미신이 뒤섞인──에서는 시신보존이 광범위한 호소력을 가질 수 있었다.[66]

레닌은 끝까지 소비에트 공산주의의 토템으로서 자리를 지켰다.

그의 말년에 그를 중심으로 하여 형성된 개인숭배는 그의 사후에 꽃을 피웠고, 스탈린 숭배의 모델로서 기능했다.[67] 미이라가 된 그의 시신은 신도들이 참배할 수 있도록 특별하게 조성된 묘에 전시되었다. 초상화, 동상, 도시이름의 개명(페트로그라드를 레닌그라드로), 그밖에 선지자의 신격화에 가까운 여러 가지 표현물이 감히 접촉할 수 없는 지도자의 신화를 만들어냈다. "레닌은 죽었지만 레닌주의는 살아있다." 장례식에서 지노비에프가 장엄하게 선포했다.[68]

스탈린도 사도들의 신전에 자신의 자리를 마련했다. 스탈린의 개인숭배는 레닌신화를 더욱 꾸미고 개작한 판본이었다. 괴이하게 과장된 스탈린 개인숭배는 결국은 볼셰비즘의 창시자를 가려버리는 지경에 이르렀다. 1956년에 흐루쇼프(Nikita Khrushchev)가 스탈린을 격하시키자 성자 레닌의 지위가 회복되었다. 사실상 레닌의 가장 직접적인 유산이라고 한다면 그것은 스탈린의 권력 장악이었다. 스탈린은 (유언장에 담긴 경고에도 불구하고) 오랫동안 레닌의 피후견인이었고, 레닌이 후계자의 이름을 밝히기를 꺼려한 탓에 덕을 보았고, 레닌의 통치방식과는 거리가 먼 방식으로 레닌주의의 틀 위에서 자신의 독재체제를 세웠다.

그런데 흐루쇼프가 등장하여 스탈린은 근본적으로 레닌의 유산과 단절된 인물이라고 주장했다. 스탈린의 독재는 진정한 복음의 길에서 떨어져 나온 사악한 이단으로 평가받았다. 이리하여 레닌의 도전할 수 없는 위상이 회복되었다. 레닌은 공산당의 무오류성(無誤謬性)을 대표했다. 그의 이념적 교훈은 혁명의 등대로 남았다. 1980년대에 들어와서도 고르바초프는 그를 파괴하지 않고 떠받듦으로써 자신의 권력을 강화하려 했다.

(1917년) 볼셰비키 혁명 100주년을 맞아 러시아인을 대상으로 실시한 여론조사에서 답변한 사람들의 절반 가까이가 (레닌이 실제로

한 일이 무엇인지 구체적인 정보를 갖고 있지 않으면서도) 그들 조국의 역사에서 레닌은 긍정적인 역할을 했다고 생각했다.[69] 이제 그는 오늘날의 러시아와는 관련성이 적은 먼 과거의 인물이다. 푸틴 대통령의 입장에서는 매장하지 않은 시신의 언짢은 모습을 계속 유지한다는 것은 내키지 않는 일이다. 레닌은 혁명을 상징했다. 푸틴은 혼란스러웠던 옐친 시대를 이어 자신이 세운 안정을 강조한다. 다른 한편에서는 많은 러시아인들이 소비에트 시절의 힘과 영광을 아직도 찬양하고 있다. 레닌을 묘지에서 옮기면 러시아의 과거에 대한 새로운 논쟁이 일어날 위험이 있다. 푸틴은 아마도 그런 위험을 피하려 할 것이다. 그래서 최소한 지금까지는 레닌은 그 자리에 머물고 있다.[70] 붉은 광장의 그의 시신은 소비에트 체제 자체보다도 더 긴 시간 동안 그곳에 머물고 있다.

러시아 밖에서 20세기 내내 여러 나라의 반란세력과 몇 군데 공산주의 정권은 최소한 부분적으로 레닌의 이념을 채용했다. 20세기 역사의 중심 주제인 자본주의와 공산주의의 대립을 창시한 인물이 레닌이다. 인류 역사에서 가장 파국적인 전쟁으로 치달은 파시즘과 공산주의 사이의 잔혹한 투쟁은 냉전이 끝날 때까지 지속된 대립의 결정적인 장면이었다. 레닌은 최소한 간접적으로는 20세기 말까지의, 그리고 그 너머의 역사 진로에 영향을 준 인물이라고 평가할 수 있다.

러시아혁명은 20세기의 획기적인 사건이었다. 역사의 중추적인 시기에 레닌은 결정적인 역할을 했다. 그는 자기 시대의 혁명적 흐름과 함께 살아갔다. 그는 혁명의 창시자가 아니라 혁명의 수혜자였다. 그러나 러시아혁명은 예정된 대로 전개되지는 않았다. 혁명이 러시아와 유럽을 바꾸어놓은 방식은 레닌의 리더십을 제외하면 상상할 수가 없다. 그는 이념적 목표를 한 번도 소홀히 한 적이 없으면서도 떠오르는 기회를 놓치지 않았다. 그가 없었더라면 20세기는 다른 모양이 되었을 것이고, 그 모양이 어떠할지는 다만 희미하게 상상할 수 있을 뿐이다. 레닌은 동시대의 이떤 인물보디도 역시에 큰 충격을 주었다. 그는 20세기를 만든 으뜸가는 작가였다.

무솔리니
Benito Mussolini

파시즘의 아이콘

거의 사반세기 동안 무솔리니는 이탈리아 역사, 더 나아가 (제국주의적 정복을 통해) 유럽 전체 역사와 (그리고 2차 대전 동안 독일과 일본의 동맹으로서) 그 너머 세계에 심대한 영향을 미쳤다. 그는 이탈리아에서 20년 이상 지속된 독재정권을 이끌었다. 전쟁이 나라를 황폐하게 만들기 전까지는 그는 수백만 이탈리아인들로부터 지지를 받았고 그들의 우상으로 떠받들어졌다. 1차 대전과 2차 대전 사이에 파시즘에 매료된 나라뿐만 아니라 여러 보수적인 나라에서도 그는 우상으로 대접받았다.[1)]

　그는 전쟁을 원했다. 무솔리니 치하의 이탈리아는 1920년대와 1930년대에 케르키라(Kérkyra, Corfu), 리비아, 에티오피아, 스페인에서 이러저러한 형태의 전쟁에 개입했다. 그러나 1940년 이후로 이탈리아는 유럽 전체를 휩쓴 전쟁이나 세계대전에 휘말렸다. 이때의 전쟁은 이탈리아와 그 속령에 빈곤, 고통, 파괴를 가져다주었다. 1943년에는 결국 무솔리니 자신까지 자리에서 쫓겨났고, 독일의 후견 아래서 짧지만 잔인한 권력탈환을 거쳐, 1945년 4월에는 파르티잔의 손에 폭력적인 죽음을 맞았다. 한때는 수백만을 노예처럼 부렸던 인물이 나라를 폐허로 만들어놓았다.

"한 사람, 오직 한 사람이 이탈리아의 운명에 책임을 져야 한다."[2] 윈스턴 처칠 — 한때 그는 무솔리니를 찬양했다 — 은 1940년 12월 23일에 이탈리아 국민을 상대로 한 방송에서 이렇게 선언했다. 이 말은 무솔리니와 이탈리아 국민을 갈라놓기 위해 강조한 과도하게 단순화된 표현이었다. 그래도 의문은 남는다. 무솔리니 개인의 역할이 파시즘의 발흥에서부터 2차 대전 시기의 재난에 이르는 과정에 절대적인 영향을 미쳤는가? 만약 그랬다면 곧바로 다른 의문이 제기된다. 어떤 조건이 무솔리니로 하여금 이탈리아의 권력을 장악할 수 있게 만들었으며, 그 권력을 조국을 파멸시키는 쪽으로 행사하게 만들었나? 그리고 그는 권력의 자리에 오른 후 어느 정도까지 개인적으로 정책을 결정했는가? 전쟁이 파국으로 치닫던 시기에 실제로 그의 권력은 얼마나 강했는가? 그는 자신이 통제할 수 없는 독일의 힘과 맞서다가 서서히 굴복했는가? 아니면 이런 시각은 마지막 순간까지 변함없었던 그의 개인적이며 잔인한 정책방향을 간과하거나 덮어주는 것이 아닐까? 남성우월주의, 남성만능주의 전형적인 태도를 보여줬던 무솔리니는 개인이 자신의 운명, 더 중요하게는 자기 나라의 운명을 어느 정도까지 결정할 수 있는지를 살펴볼 수 있는 흥미로운 사례연구의 소재이다.

개성과 정치적 부상

작은 키(5피트 6인치에 불과했다)*, 땅딸막한 체구, 대머리, 촌스럽고 연기하는 듯한 몸짓, 과장된 '남성다움', 거만하게 으스대는 태도,

---

* 대략 163센티미터.

싸움을 거는 듯한 얼굴표정, 쉴 새 없이 돌아가는 눈동자, 도전적으로 내민 아래턱, 다리를 쩍 벌리고 앉는 버릇, 부풀린 가슴 …풍자만화가에게 무솔리니는 이상적인 소재였다. 독재자로서 그의 이미지는 화려한 언변을 걷어내면 그 아래에 어리석고 우스꽝스러운 모습, '이상도 목표도 없는 어리석고 결함투성이의 허풍쟁이', 아무리 잘 봐줘도 '재능 있는 배우'나 선전가에 불과한 본모습이 자리 잡고 있으리라고 쉽게 추측할 수 있었다.[3] 그러나 이런 추측은 그가 얼마나 악의적이고 잔혹한 사람이었는지, 그의 기질의 천박함, 그의 정책의 야만성, 이탈리아의 지도자로서 그가 지휘했던 인간성에 대한 공격을 심각하게 과소평가한 것이다.[4]

그의 군림하려는 성격은 어릴 때부터 드러났다. 그는 자기 생각을 고집하고, 대립되는 관점을 용납하지 않았으며, 거만한 태도에다 화를 잘 내고 비꼬기를 좋아했으며, 정치적 수단으로서 폭력을 옹호했다. 그는 두뇌회전이 빠르고 기억력이 뛰어났으며 의심할 나위 없이 총명했다. 그는 지나치게 심각했고 유머감각이 부족했다. 스스로도 인정했듯이 그에게는 진정한 친구가 없었다. 나이 많은 세대에게는 그의 성격에 매력적인 면이 거의 없었다. 그러나 비효율, 부패, 당파싸움, 변할 줄 모르고 무기력한 저명인사들의 과두집단이 수십 년 동안 지배해온 정부에 실망한 동시대인들은 무솔리니에게서 활기와 에너지를 보았다.

그는 끊임없는 역동성, 타협하지 않는 행동, 꺾이지 않는 의지, 대항할 수 없는 혁명적 변화의 정신을 보여주었다. 그의 외모, 옷차림, 독특한 말투와 동작, 그가 취하는 자세, 그가 사용하는 정치적 수사(修辭) ─ 이 모든 것들이 무언가 급진적인 새로움, 부르주아 엘리트늘이 주도하는 음울하고 지루한 정치와는 극적으로 다른 정치, 절실하고도 결정적인 과거와의 단절을 제시했다. 그는 현대라는 시대, 대중의 시대를 대표할 것 같았다. 폭력적인 혁명을 꿈꾸는 추종자들에게, 특히 훗날 '운명을 타고난 인물'——무솔리니 스스로도 그렇게 생각했다——이란 '영웅적' 이미지로 포장되었을 때 그의 개성은 거대한 호소력을 가질 수 있었다. 그의 정교하게 연출된 남성답고 정력적이며 호전적인 거동은 널리 퍼져있던 강한 리더십의 이상과 들어맞았다.[5] 그의 주변에 여성 숭배자가 부족했던 적은 한 번도 없었다. 그는 스스로 섹스에 중독되어 있다고 생각했다.[6] 수도 없는, 주로 잠시 스쳐가는 관계는 젊은 시절부터 1945년 그와 운명을 같이한 여성——클라라 페타치(Clara Petacci). 이 여성과의 관계는 견실했다——에 이르기까지 그의 생애 동안 끊이지 않았다. 1915년에 결혼한 아내 라첼레 귀디(Rachele Guidi)는 그에게 다섯 아이를 낳아주었고 그의 성격과 행태 가운데서 고칠 수 없는 부분은 참고 살았다.

무솔리니는 가난한 집안 출신이었다. 그는 1883년에 북부 이탈리아 에밀리아 로마냐(Emilia Romagna)주 프레다피오(Predappio)군의 도비아(Dovia)란 작은 마을에서 세 아이 가운데 맏이로 태어났다. 이 마을은 오지여서 가장 가까운 도시인 볼로냐(Bologna)와 라벤나(Ravenna)에서도 접근하기가 쉽지 않았다. 가난하기는 했어도 그의 부모는 마을 안에서 어느 정도의 입지를 갖고 있었다. 대장장이이자 소규모 자작농인 아버지 알레산드로(Alessandro)는 일찍부터 열성적인 (아나키즘의 색채를 띤) 사회주의자여서 교회, 지주, 정치적 기득권층에 대해 비판적이었으며, 잠시 동안이기는 하지만 프레다피오 마을 의회의 의원으로 활동했다. 그의 사회주의자로서의 경향뿐만 아니라 급한 성격도 아들에게 영향을 끼쳤다. 어머니 로사(Rosa)는 온순한 시골학교 교사였으며 남편과는 달리 독실한 가톨릭이었다. 베니토는 책을 많이 읽는 총명한 소년이었고 음악에도 어느 정도 재능을 보였다. 그러나 학교 다니는 동안에 급우를 칼로 찌르는 두 차

파시즘의 창시자 베니토 무솔리니.
땅딸막한 체구, 대머리, 과장된 남성다움,
거만하게 으스대는 태도. 무솔리니의 연기하는 듯한
우스꽝스러운 모습 뒤에는 잔혹성과 폭력성이 숨어 있었다.
무기력한 정부에 실망한 동시대인들은 그에게서
한마디로 급진적 새로움을 느꼈다.

례의 작은 사건을 통해 이미 폭력적 성향을 보여주었다.

1902년부터 그는 사회주의 성향의 주간지 기자로서 경력을 쌓기 시작했다. 그는 노말석이고 선동적인 기사로 재능을 보여주었고 그 때문에 기자로 일하는 동안 경찰과의 충돌, 체포와 단기간의 투옥을 거듭했다. 정치적 기득권층을 날카롭고 격렬하게 공격하는 그의 기사 때문에 1차 대전 이전에 그의 이름은 사회주의 집단 사이에 널리 알려졌다. 그는 사회당의 혁명파를 (특히 미래가 어떻게 바뀌어야 하는 관점에서) 지지했고 이탈리아가 1911년에 리비아에서 벌이던 식민전쟁을 격렬하게 반대했다. 한 해 뒤 28살이 된 그는 밀라노를 기반으로 한 사회주의 성향의 대형 일간지 『아반티!』(*Avanti!*, 전진!)의 편집자가 되었다.

1914년 전쟁이 터졌을 때 무솔리니는 여전히 진지한 사회주의자였다. 그러나 머지않아 그의 신념은 바뀌게 된다. 그의 사회주의는 사실은 절충적이었다. 그는 마르크스를 자기 방식대로 해석했다. 그는 마음에 들면 다른 이념도 받아들일 자세가 되어 있었다. 그렇게 해서 받아들인 것이 빌프레도 파레토(Vilfredo Pareto)의 엘리트주의 이론, 프리드리히 니체(Friedrich Nietzsche)의 '권력의지', 조르주 소렐(Georges Sorel)의 '반데카당스 투쟁'이었다. 대중을 동원하거나 권력을 장악하는 도구가 못 된다면 이념 그 자체는 그에게 중요하지 않았다. 권력도 권력 그 자체로서 중요한 게 아니었다. 이탈리아는 1861년 이후로 민족 왕조가 지배하는 통일된 지 50년이 조금 넘는 나라였지만 정치 사회적으로 심하게 분열되어 있었다. 지배계급은 소수의 부패한 과두집단이었다. 사회주의자들의 입장에서는 부르주아 사회를 파괴하고 사회주의 혁명을 밀어붙이기 위해 권력이 필요했다.

세계대전이 시작되었을 때 무솔리니는 여전히 이탈리아의 중립을 지지하고 있었다. 그러나 유럽 전체에서 노동자들은 자기 나라의 군대에 입대하고 있었다. 사회주의 정당은 자기 나라의 전쟁을 지원하고 있었다. 그는 마르크스 국제주의가 실패했음을 깨달았다. 사회주의는 낡은 질서를 깨뜨리지 못할 것이다. 다른 한편으로는 전 유럽에 걸쳐 민족주의적 열정이 거대한 감성적 호소력을 발휘하고 있었다. 그는 깨닫기 시작했다. 전쟁 그 자체는 혁명적 변화의 행위자이다. 마르크스가 그렇게 주장했다. 좌파 진영의 일부 영향력 있는 인물들이 과거와 단절하고 더 나은 미래를 건설하기 위해 이탈리아는 전쟁에 참여해야 한다고 주장했다. 사회주의와 이탈리아의 중립에 대해 무솔리니는 점점 의문을 갖게 되었고 결국 그는 개입주의 쪽으로 극적인 전향을 하게 된다.

그의 내면적인 관점은 이제 공적인 입장과 직접적으로 충돌했다. 1914년 10월, 그는 갑자기 『아반티!』의 독자들에게 자신의 지금까지의 관점은 잘못된 것이었다고 밝혔다. 그는 당 지도부 ─ 당원 전체가 아니었지만 ─ 의 의견과 배치되는 결정을 혼자서 내렸다. 그는 편집자의 자리에서 물러났고 곧바로 사회당에서 제명되었다. 그는 재빨리 참전 ─ 1915년 5월 23일에 이탈리아가 협상국(영국, 프랑스, 러시아) 측에 가담하면서 시작되었다 ─ 의 열렬한 지지자가 되었다. 두 주 이내에 그는 참전을 지지하는 새로운 신문 『일 포폴로 디탈리아』(Il Popolo d'Italia, 이탈리아 인민)로 옮겼다. 이 신문은 처음에는 좌파의 논조를 띠었으나 재정적으로는 이탈리아의 참전으로 이익을 챙기려는 기업가들의 지원을 받았다. 1922년이 되자 이 신문은 파시스트당의 기관지가 되었다.

1914년 12월에 『일 포폴로 디탈리아』의 편집장이 그에게 영향력은 미미하지만 '혁명행동의 파시스트'라고 자처하는 작은 그룹 ─ 회원의 일부는 이탈리아의 참전을 지지하는 이전의 사회주의자였다 ─

의 대변인을 맡으라고 알려왔다.[7] (파시[Fasci]*는 넓은 의미로 '집단'을 가리켰다. 고대 로마에서는 막대기를 묶어놓은 다발이나 묶음을 파시라고 불렀고 여럿이 뭉치면 쉽게 부러지지 않는다는 의미에서 질서를 상징했다.) 무솔리니의 생각으로는 마르크스주의의 계급투쟁에 관한 해석은 당분간 민족혁명으로 대체되어야 했다. 그는 계급 사이의 투쟁이 아니라 프롤레타리아와 금권이 장악한 국가들 사이의 투쟁을 주목했다. 이탈리아 국내에서 프롤레타리아의 승리를 위해 싸울 것이 아니라 강대국으로서 이탈리아의 위상을 세우라는 것이 그가 내놓은 새로운 복음이었다.

팽창과 무력정복은 나라의 위대함을 증명하는 방법이다. 권력은 '퇴폐적인' 사회를 파괴하고 그 자리를 재생한 국가가 대체하기 위해 필요하다. 재생한 국가는 '새로운 인간'의 가치 —즉 힘, 활력, 의지, 지배욕— 의 기초 위에 세워져야 한다. 그런데 국가가 아니라 노동자 계급을, 강자의 지배가 아니라 평등을, 전쟁 준비가 아니라 국제평화를 중시하는 사회주의는 이제 이념적인 적이다. 무솔리니는 전쟁이 남겨놓은 극도의 방향감각 상실과 불만을 이용하는 새로운 운동의 잠재력을 감지했다. 1919년 2월이 되자 심각한 불만을 갖고 있지만 정치적인 기반이 없는 소수의 사람들 —대체로 제대군인들— 이 모여 스스로를 파시 디 콤바티멘토(Fasci di Combattimento, 전투 파시)라고 부르기 시작했다. 1919년 3월 23일 밀라노에서 무솔리니가 그런 사람들 50여 명을 불러 같은 이름의 모임을 만들었다. 이 모임은 당시 이탈리아 전국에 산재하는 37개의 유사한 집단 가운데 하나였다.[8] 그러나 이 모임은 무솔리니의 지도 아래서 파시스트당의 기초로 성장하게 된다.

---

* 파시(Fasci)는 복수형, 파쇼(Fascio)는 단수형이다.

그때로부터 1922년의 '권력장악'까지 가는 길은 길고도 곡절이 많았다. 그 길 가운데서 무솔리니가 개인적으로 장악하고 있는 길은 많지 않았다. 무솔리니의 권력 장악이 필연적이라고 할 만한 조건은 없었다.[9] 사회적 · 경제적 · 정치적 전제조건이 갖추어지지 않은 상황에서는 그의 독재는 가능할 수가 없었을 것이다. 이탈리아에서는 1차 대전으로 광범위한 파괴와 심각한 분열도 일어나지 않았고, 질서를 파괴할 사회주의 혁명의 위협도 감지되지 않았고, 심지어 보수적인 권력 엘리트들이 그를 수상으로 앉히겠다는 구상도 갖고 있지 않았다. 무솔리니는 결코 이탈리아의 독재자가 될 수 없었다.

권력의 전제조건

1차 대전이 일어나기 전까지 이탈리아를 지배했던 자유주의 과두 집단은 극단적인 민족주의와 제국주의가 정권에 위협이 되지 않도록 그 성장을 통제해가면서 쉽게 이용할 수 있었다. 정치 엘리트들의 사회 정치적 권력은 극도로 제한된 투표권 때문에 충분한 대중적 기반을 갖지 못했으나 좌파와 우파 어느 쪽으로부터도 혁명의 위험은 염려하지 않아도 되었다. 1890년대 초에 설립된 이탈리아사회당 (PSI: Partito Socialista Italiano)은 성장하고 있었으나 아직도 규모가 작았고, 활동범위는 북부의 신흥 공업벨트에 집중되어 있었으며, 내부에서 개혁파와 혁명파—이 무렵 무솔리니는 이 파에 속해 있었다—로 분열되어 있었다. 좌파는 정치질서에 도전할 처지가 되지 못했다. 우파 포퓰리즘 정당은 아직 흔적도 보이지 않았다.

전쟁이 이 모두를 바꾸어놓았다. 전쟁이 끝나자 허약한 군사력 때문에 수지심을 느끼고, 나라를 끌어가는 지도자들을 향하여 분노하며, 사기가 떨어진 대중이 등장했다. 자유주의적인 명사들이 주축인 지배계급은 대중적 정통성을 완전히 상실했다. 그들은 극도로 제한적인 투표권을 확대하라는 압력에 굴복하여 모든 성인 남성에게 투표를 허용했다(1918년 12월). 그 디 옴 헤에는 비례대표제가 도입되었다. 그러자 1919년 11월에 치러진 선거에서 사회당이 대거 득표하여 의회에서 최다 의석을 차지하고 부르주아 세력을 타도하겠다고 선언했다. 이 선거에서 또 하나의 승자는 새로 설립된 이탈리아민중당(PPI: Partito Popolare Italiano, 가톨릭교회의 이익을 대변했다)이었다. 결과적으로 이제는 자유주의-보수파 엘리트들이 더 이상 의회정치를 조종하고 통제할 수 없게 되었다. 혼란이 고조되고 불안정한 정부 체계는 대응할 수 없었다. 사회질서, 사회질서와 함께 가는 권력이 위협받았다. 많은 사람들이 괴물처럼 두려워하는 사회주의 혁명의 전망이 불안하게 확대되었다.

같은 시기, 1919년 7월에 연합국 지도자들이 베르사유조약에서 합의한 영토 재분할에 불만을 품은 우파의 분노가 끝을 모르고 끓어오르고 있었다. 민족주의자들과 파시스트가 이탈리아는 승전국으로서 정당한 몫을 속임수 때문에 빼앗겼다고 목청을 높였다(그들은 '불구가 된 승리'라고 불렀다). 실제로는 이탈리아가 받은 몫이 보잘것없지는 않았다. 이탈리아는 오스트리아로부터 (대부분의 주민이 독일어를 사용하는) 남부 티롤(Tyrol)과 트리에스테(Trieste)를 중심으로 한 북동부 해안지역을 획득함으로써 모난 국경이 둥글게 바뀌었다. 그러나 극단적인 민족주의 감정을 달랠 수가 없었다. 제국주의자들은 승리한 '강대국'의 위상에 맞게 요구한 만큼 몫을 챙겼다. 불만은 이탈리아 영토 밖에서 얻은 몫이 부족하다는 데서 나왔다. 이탈리아에서는 달마티아(Dalmatia)를 얻고, 알바니아를 보호령으로 편입시키고, 터키의 아드리아 해안지역을 '영향권'으로 확보하고, 아프리카에 식민지를 가질 수 있을 것이란 기대가 높았다. 1919년 9월에 초기 파시스트이자 시인인 가브리엘 단눈치오(Gabriele D'Annunzio)가 이끄는 이탈리아 군대가 피우메(Fiume, 지금은 크로아티아의 리에카[Rijeka])란 작은 항구도시를 점령한 뒤 이 도시는 파시스트가 발화점으로서 선동하려는 목표가 되었다. 이 도시 주민의 일부가 이탈리아계였고, 이들은 한때 오스트리아-헝가리제국에 속했을 때 누렸던 번영을 민족국가 이탈리아에 소속되면 재현할 수 있다는 희망을 갖고 있었다.[10]

전쟁이 낳은 정치적·이념적 혼란은 계급투쟁을 격화시켰다. 1919년과 1920년의 파업, 공장점거. 상점약탈, 토지점거—이른바 '붉은 2년'(biennio rosso)—는 정치체제가 통제 불능 상태에 빠졌다는 것을 의미했다. 중산계급은 인플레이션으로 자신들의 저축이 증발하고 재산권이 위협받게 되자 질서를 갈망했다. 우파 신문들이 전해주는 러시아의 볼셰비키 테러에 관한 과장된 기사는 중산계급에게 이탈리아에서도 사회주의 혁명이 일어날 수 있다는 공포를 심어주었다. 1921년 1월, 레닌의 러시아를 본받으려는 공산당의 창당은 이탈리아 사회의 신경과민을 달래주는 데 전혀 도움이 되지 않았다.

이것이 파시라고 자처하는 다양한 소규모 준군사 조직들이 두각을 나타내게 된 환경이었다. 제대군인들이 이탈리아 북부와 중부의 마을과 도시들에서 우후죽순처럼 생겨나는 파시스트운동 단체의 초기 핵심을 형성했다. 운동은 확산되면서 (도시 프롤레타리아 사이에서는 영향력이 강하지 않았지만) 사회계층 전반을 끌어들였고 운동의 지도자들은 중산층이 압도적으로 많았다. 준군사 조직의 구성원 가운데서 (대부분이 중산층 출신인) 학생이 주류를 형성했다. 초기 파시즘은 압도적으로 남성이 참여한 청년운동이었으며[11], 그리고 분명하고 일관된 이념은 없었지만 부패한 자유주의 기득권층에 대한 강렬한 분노로 뭉쳐 있으면서 지도층이 민족을 배신한 썩은 국가를 폭력으로 파괴하자고 주장했다.

파시즘의 이념을 요약하자면 낡은 정치 사회질서의 철저한 파괴, 민족의 재탄생과 영광에 대한 믿음을 바탕으로 한 새로운 (유토피아적인) 사회의 약속이었다.[12] 폭력이 중심이었다. 수천 건의 정치적 폭력행위, 수백 건의 살인이 파시스트 준군사 조직에 의해 저질러졌다.[13] 무솔리니의 밀라노 파시스트 집단은 좌파의 색채를 띤 공약을 선전했으나 그 내용은 실제로 추진할 의제라기보다는 반엘리트 대중선동이 목적이었다. 공약은 1921년에 폐기되었다.[14]

무솔리니가 이끄는 집단뿐만 아니라 수많은 파시스트 집단이 사회주의를 탄압하고 좌파가 유발한 모든 사회질서 교란행위를 공격하는 도구로 빠르게 변신했다. 애초에는 도시의 현상으로 출발했던 파시즘이 1920년이 되자 북부 이탈리아의 농촌지역으로 확산되고 있었다. 젊고 공격적인 지역 지도자들 — 예컨대 페라라(Ferrara)의 이탈로 발보(Italo Balbo) 같은 인물 — 이 지역의 지주, 기업가들과 손을 잡았다.[15] 지주와 기업가들이 파시스트 행동대(squadristi)에게 재정을 지원해주면 그들은 말썽부리는 소작인을 쫓아내고, 파업을 파괴하고, 반대자들을 구타하고, 사회주의자든 누구든 방해하는 자들을 테러하여 보답해주었다. 지주들은 초기의 반사회주의 '민방위대'와 협력했던 파시스트 조직의 회원인 노동자만 고용하기 시작했다.[16] 1921년이 되자 파시스트는 정부로부터 돈과 무기를 지원받고 있었다. 그들이 운 나쁜 반대자를 무섭게 구타할 때 경찰은 눈감아주었다.

무솔리니가 빠르게 확산되고 있던 파시스트운동에서 두각을 나타낼 수 있었던 것은 결코 당연한 일이 아니었다. 힘센 지역 파시스트 우두머리들이 그의 위상을 인정했지만 그의 권위가 누구로부터도 도전받지 않았던 것은 아니었다. 페라라의 발보, 볼로냐의 디노 그란디(Dino Grandi), 크레모나(Cremona)의 로베르토 파리나치(Robert Farinacci)는 무솔리니의 명령에 무조건 복종할 생각이 없는 강력한 지도자들이었다. 그들과 그들이 이끄는 무리는 파시즘의 확산에 무솔리니보다 더 중요한 기여를 했다.[17] 무솔리니는 1921년 무렵 농촌 파시즘에 대한 장악력을 잃어가고 있지 않은가 두려워했다. 그는 또한 지역 우두머리들이 지원하는 집단의 폭력이 비생산적이며 국가권력을 장악하려는 구상에 장애가 되어가고 있지 않은지 걱정했다. 1921년 5월에 실시된 선거에서 파시스트는 (전체 535석 가운데서) 35석을 차지하여 하원(Camera dei deputati)에서 작은 소수당이 되었다. 그해 7월, 무솔리니는 약세를 보완하기 위해 아무런 상의도 하지 않은 채로 중요하고도 예상을 뒤엎는 정책전환을 제안했다. 그것은 의회 내 활동에서 사회당과 인민당 — 양당은 아직 선거에서는 강한 힘을 발휘했다 — 과의 제휴였다. 이 제안은 8월에 (지역 유력자들과의 관계에서는 위기인) '평화협정'으로 결실을 맺었다.

협정은 지역 파시스트 지도자들을 경악하게 했다. 그란디는 '스스로 우리 운동의 파드로네(padrone, 보스)를 자처하는' 무솔리니의 주장에 공개적으로 도전했다.[18] 무솔리니는 지도자의 자리에서 물러났다. 무솔리니를 빼고 만난 지역 우두머리들이 피우메의 '영웅' 파시스트 시인 단눈치오에게 지도자의 자리를 제안했으나 그럴 생각을 해본 적이 없던 단눈치오가 거절했다. 위기는 타협을 요구했다. 무솔리니가 자세를 낮추었다. 그는 자신의 전략적 실수를 인정했다. 지역 지도자들도 각자의 영지에서는 자신의 힘이 강하지만 전체 파시스트운동을 묶어낼 전국적인 지명도를 가진 인물은 무솔리니밖에 없다고 인정했다. 그것이 무솔리니의 강점이자 그들의 약점이었다. 그들은 무솔리니의 권위를 공개적으로 인정했다. 반면에 무솔리니는 파시스트 행동대가 전국적인 민병대로 조직화되어야만 폭력사용을 계속할 수 있다는 조건으로 지도자 자리를 받아들였다. 이제 파시 자신들도 정치적으로 통합되었다. 1921년 11월, 극적인 행사를 통해 파시스트당이 공식적으로 설립되었다. 2주 후, 당 기관지를 통해 무솔리니는 '인민이 독재자를 원할지 모른다'고 암시했다.[19]

그러는 동안에 중앙정부는 무능과 대중적 지지의 부족을 지속적으로 드러냈다. 1917년 10월에서 1922년 10월 사이에 최소한 다섯 사람의 수상 밑에서 일곱 차례의 정부 교체가 있었다.[20] 자유-보수주의 우파의 분열이 성장하고 있던 파시즘에게 정치적 공간을 열어주었다.[21] 1922년 중반이 되자 무솔리니의 운동은 30만 명 이상의 당원을 거느렸다. 보수파 엘리트들이 무솔리니에게 정부를 넘길 준비가 된 시기가 이때였다. 무솔리니의 개성이나 정치적 수완이 아니라 엘리트들의 나약함이 그가 권력을 장악하게 된 결정적인 전제조건이었다.

내각의 구성원들은 파시스트의 지지가 없으면 나라를 통치하는데 필요한 안정을 확보할 희망이 없다고 판단했다. 그들은 파시스트 우파보다 사회주의 좌파를 훨씬 더 두려워했다. 1922년 8월, 사회주의자들이 꾸민 어수룩한 총파업 시도가 무솔리니의 세력 앞에서 힘없이 좌절되자 그들은 성급하게—무솔리니가 무장봉기를 준비하고 있다는 사실을 알고 있었음에도—파시즘을 법의 수호자로 평가했다.

보수파는 파시스트의 도움이 없이는 통치할 수 없다고 생각했다. 그러나 정부의 지원이 없이는 파시스트가 권력을 장악할 만큼 강하지 못했다. 무솔리니에게 권력을 넘겨줄 정치적 거래의 판이 짜여졌다. 정부 각료들은 무솔리니를 조종할 수 있다고 믿었다. 그로부터 약 10년 뒤에 독일의 정치 엘리트들도 히틀러를 상대로 똑같은 실수를 저질렀다.

무솔리니는 양면작전을 썼다. 정치적 이중성은 그가 성공한 중요한 밑천이었다. 그는 한 손으로는 파시스트 행동대의 폭력을 조장하고 투사들이 무력으로 권력을 장악하도록 부추겼다. 다른 한 손으로 그는 정부의 지도적 인물들에게 자신을 국가의 질서를 회복하고 경제를 재건할 수 있는 유일한 인물로 그려보였다. 그는 자신이 권력을 잡으면 준군사적 병력을 해산하겠다는 뜻을 내비친 적이 있었다. 그는 자신의 선택지를 계속 열어놓고 있었으며, 행동할 때 과격한 파시스트 지도자들 ─ 무엇보다도 무장봉기에 함께하겠다는 이들의 약속을 그는 액면대로 믿을 수가 없었다 ─ 을 거의 또는 전혀 고려하지 않았다. 지역 파시스트 지도자들 가운데서 무솔리니처럼 전략적으로 움직일 줄 아는 인물은 없었다. 그들은 폭력배의 거리싸움을 조직하는 데는 효율적이었으나 무솔리니처럼 기회에 민감하고 전략적인 재능은 갖추지 못했다.

1922년 2월에 취임한 자유주의 성향의 루이지 파크타(Luigi Facta) 수상은 10월 27-28일까지도 안절부절못하고 있었다. 파시스트 행동대의 폭력 ─ 22명이 살해되었다 ─ 은 이 무렵 위협적인 수준에 이르러 있었다. 그들은 (경찰을 지휘하는) 주정부 청사, 우체국, 대도시 철도역, 수도로 통하는 교통 요충지를 점령했다.[22] 파크타는 결국 로마 주둔군 사령관의 요청을 받아들여 국가비상사태를 선언하고 계엄을 실시했다. 군대는 원하기만 한다면 파시스트 폭도를 진압할 능력이 있음을 보여주었다. 밤사이에 점거당한 건물은 쉽게 탈환되었다. 결정적으로 국왕 엠마누엘 3세(Emmanuel III)가 국가비상사태 포고문에 서명하는 데 동의했다. 그러다가 국왕은 마음을 바꾸었다. 국왕은 군대가 파시스트 민병대의 공격으로부터 로마를 지켜내지 못할 것이란 잘못된 보고를 받고 있었다.[23] 실제로는 보잘것없는 무장을 한 파시스트 민병대는 병력이 3만 명을 넘지 않았고 로마 외곽

로마로 행진하는 무솔리니(왼쪽 두 번째)와 파시스트들.
1922년 10월 28일, 준군사 조직이었던 파시스트 행동대들은
무솔리니를 국가 지도자로 추대하며 로마로 행진했다.
이 시기 나약한 정부 각료들은 파시스트가 통치에 도움이 된다고
생각했으며, 무솔리니를 조종할 수 있다고 착각했다.

에 주둔하고 있었다.

독재체제에서 신화는 사실보다 더 강력한 경우가 흔히 있다. 군단의 맨 앞에서 백마를 타고 '로마를 향해' 승리의 행군을 하는 영웅적인 지도자의 이미지는 무솔리니 통치의 신화와 두체(Duce) 숭배의 핵심 요소가 되었다. 실제로는, 그가 국왕과 대등한 위치의 정부 수반으로 지명되는 것을 수락하고 수만 명의 파시스트 행동대가 귀향하기 전에 국왕 앞을 행진하며 경례하는 의식을 치른 후에[24] 무솔리니는 크리켓 선수의 옷과 모자를 착용하고 밀라노에서 로마로 가는 기차를 탔다. 그는 '권력을 장악'하지 않았다. 그는 권력을 가져가도록 초대를 받았다. 10월 29일, 국왕은 베니토 무솔리니를 이탈리아 수상으로 지명했다.

두체

무솔리니가 독재자가 되기 전에는 '두체'(Duce)는 특별한 중요성을 갖는 단어가 아니었다. 이 단어는 단순히 지도자를 가리켰고 훗날처럼 신화적인 함의를 갖고 있지 않았다. 무솔리니는 초기 파시스트 지지자들로부터 '두체'라고 불리었지만 다른 지역 지도자들도 같은 방식으로 불렸다.[25] 철저한 무솔리니 숭배가 시작된 것은 1925년 이후의 일이었다.

그전까지는 무솔리니는 역동적이며, 높아지는 자신감으로 과감하게 행동하는 새로운 정부의 스타일을 보여주고 있었지만 그래도 조심스럽게 행동했다. 이것이 가능했던 이유는 자유주의-보수파 엘리트, 군부, 국왕이 그의 통치에 대해 보여준 거의 완전한 신뢰 때문이었다. 그들이 보여준 태도는 수동적인 묵인에서부터 노골적인 공모(共謀)에 이르기까지 다양했다. 무솔리니가 수상직을 받아들이면서 제시한 목표 — 혼란의 종식, 균형예산, 기강의 확립 — 는 다른 보수 정부도 제시했음직한 목표였다. 그러나 목표를 달성하려는 수단은 그렇지 않았다. 쇄파라는 정치적 '문세아'를 단입하기 위한 깃이라면 '질서회복'을 내세운 어떤 폭력이든 용납될 수 있었다. 사회주의자들 — 위축되고, 야만적인 학대에 노출되어 있고, 침묵하도록 테러당하고 있는 — 은 사실상 진정한 정치적 위험이 되지 못했다. 그리고 의회의 제2당인 인민당은 성직자들에 대한 재정적 지원의 증가와 가톨릭 사회사업에 대한 지원을 통해 매수되어 있었다.

무솔리니는 정치 엘리트들을 다룰 때 조심스러운 태도를 보였다. 그는 다른 사람들에게는 적대감을 거의 감추지 않으면서 이들에게는 필요하다고 생각할 때는 온건한 표현을 사용했다. 그는 의회의 지지가 필요했고 파시스트는 하원에서 아직은 소수당이었다. 그는 수상이면서 외교업무를 책임지고 있었고 (경찰을 통제하는) 내무장관을 겸임하고 있었다. 그밖에도, 그의 정부는 비파시스트(민족주의자, 자유주의자, 인민당 출신)로 구성되어 있었다. 파시스트 동지들은 권력의 과실을 맛볼 수 없어서 화가 나 있었지만 무솔리니는 최소한 당분간은 비파시스트 세력의 지지가 없으면 안 된다는 냉철한 계산을 했다. 그의 이러한 계산은 1922년 11월 16일에 실시된 신임투표에서 상하 양원 모두의 압도적인 지지표로 보상받았고(사회주의자들과 공산주의자들만 반대했다), 그리고 그에게는 1년 동안 의회의 비준 없이도 행동할 수 있는 비상대권이 주어졌다. 정부에 참여하지 못한 중진 파시스트들을 달래기 위해 무솔리니는 1922년 12월에 중요한 제도개혁을 시행했다. 그 결과 '파시스트 대평의회'(Gran Consiglio del Fascismo, Fascist Grand Council)가 설립되었다. 이 기관은 무솔리니에게만 책임을 지며 무솔리니가 위원을 지명하고 의제를 결정했다. 이 기관은 정부의 정책 형성에 영향을 미치기 위한 파시스트당의 외곽기관이었다.

한편, 파시스트는 거리를 지배했다. 행동대는 민병대의 일부로 편입되어 사실상 악명 높은 정치경찰의 기능을 담당했다. 무솔리니는 사회주의자들과 기타 반대자들을 향한 무지막지한 공격에 가담했던 수천 명을 대상으로 사면령을 내렸다. 그는 이제 폭력은 멈춰질 것이라고 선언했으나 실제로는 폭력의 지속을 허가했다. 진실을 말하자면 그는 권력을 내놓을 생각이 없는 지역 파시스트 우두머리들이 거느리고 있던 행동대를 제대로 통제하지 못했다. 어쨌든 정권 초기에 시민을 억압하기 위한 고도로 중앙집권화된 국가통제의 기초가 마련되었다. 경찰은 무솔리니의 지시를 받았고 사법기관은 경찰이 저지르는 극심한 탄압과 대대적인 정치적 반대자 체포의 협력자가 되었다. 지방정부에서 반대당 출신의 선출직 관리는 철저하게 축출되고 그 자리를 파시스트가 차지했다. 언론검열 제도가 시행되었다. 비판적인 기자들에게는 큰 위협이 가해지기는 했지만 그래도 아직은 신문사를 문 닫게 하지는 않았다. 그리고 파시스트당 자체는 1년 동안에 당원이 두 배 이상 늘어나 사회통제의 촉수로 뻗어나갔고 동시에 무솔리니 권력의 받침이자 대중동원의 도구로 기능했다.[26]

무솔리니는 의회에서 확보한 신임을 바탕으로 1923년에 위협과 조작의 기술을 이용해 의회제 정부를 독재체제로 바꾸려는 중대한 시도를 했다. 7월에 의회의 비파시스트 다수파가 (가을에 새로운 선거법으로 등장하게 되는) 정치적 속임수를 통과시켰다. 이 법에 따르면 어느 당이든 유효투표의 1/4을 획득하면 그 당에게 하원 의석의 2/3가 주어지도록 되어 있었다. 실제로 다음 해 4월에 실시된 선거에서 파시스트가 주도하는 민족주의 진영이 폭력으로 정치적 반대자를 위협하는 선거운동을 벌인 끝에 총투표수의 2/3 이상을 얻었다. 반대당들은 하원에서 포위당한 소수파로 전락했다. 이제 의회는 파시스트 정부가 결정한 정책을 통과시켜주는 고무도장에 지나지 않았다. 그런 의회가 신경 쓰는 것은 무솔리니의 고압적인 성격과 독단적인 성책방향이있다.

　그런데, 선거를 치르고 두 달 뒤에 그는 중요한 위기를 맞았고, 이 위기는 1925년까지 지속되면서 한동안 그의 권력과 그가 이끄는 정부의 존재를 위협했다. 당시에는 이 위기가 파시즘의 위기로 비쳐졌다.[27] 사회당 지도자 자코모 마테오티(Giacomo Matteotti)가 1924년 7월 10일에 파시스트에게 납치된 후 살해되었다. 많은 사람들이 암살의 지휘자는 무솔리니라고 믿었다. 최소한 그가 간접적으로 관련되었음이 분명했다. 뒤이은 정치적 위기는 6개월 동안 지속되었다. 사회주의자들이 완전한 실수를 저질렀다. 항의의 표시로 인민당과 한께 선택한 등원거부는 파시스트에게 좋은 일만 시켜주었다. 무솔리니는 정치 엘리트들을 달래기 위해 내무장관 자리를 '존경스러운' 이전의 민족주의자 루이지 페데르초니(Luigi Federzoni)에게 넘겨주고 파시스트 민병대는 국왕에게 충성을 서약하게 했다.[28] 자유주의와 보수파 정치집단, 국왕, 군대와 기업가들, 교황은 어떤 형태로든 좌파가 부활하는 것보다는 무솔리니가 덜 나쁘다고 보고 지지를 철회하지 않았다. 무솔리니로서는 자신의 정당을 통제하는 것이 더 어려운 일이었다.

　9월에 파시스트당 하원의원이 살해당한 사건은 과격파의 분노를 자극하여 파시스트 혁명을 완수하자는 주장이 터져 나왔다. 긴장으로 가득 찬 가을에 무솔리니는 당내의 분열과 지역에서 재발한 폭력을 무시할 수 없었다. 그것은 힘의 시험으로 변했다. 그는 지역 파시스트 우두머리들을 통제해야 했다. 그러자면 방법은 당에 대한 국가의 궁극적 우위를 확립하는 것뿐이었다.[29] 1925년 1월 3일, 그는 상황을 해결하기 위해 행동에 나섰다. 그는 의회에서 모든 사건에 대한 책임을 공개적으로 받아들이고 과격파를 달래기 위해 '유일한 해법은 무력'이라고 인정했다.[30] 놀랍게도 무솔리니는 위기 속에서 약해지지 않고 더 강해진 모습으로 헤쳐 나왔다. 이렇게 하여 두 번째 '권력 장악'이 이루어지고 완전한 독재로 가는 길이 열렸다.

비파시스트는 내각에서 밀려났다. 1929년에는 무솔리니 자신이 여덟 개 이상의(두 번째 내무장관 겸직을 포함해서) 장관직을 겸임했다. 1926년에는 반대당들이 활동을 금지당했다. 엄격한 언론 검열제도가 도입되었고, 파업과 농성은 금지되었으며, 경찰서가 증설되면서 반체제 인사들의 체포도 늘어났다. 1929년에 교황청과 라테라노조약(Lateran Pacts, Patti Lateranensi)을 체결하면서 파시스트 국가의 완성을 가로막던 마지막 장애물이 제거되었다. 바티칸의 주권을 인정하며 가톨릭을 이탈리아의 국교로 확정하고 교황청과의 관계를 규정한 이 조약의 협상과정은 무솔리니 자신이 직접 주도했다. 쏟아지는 찬양—교황 피우스 11세(Pius XI)가 직접 무솔리니를 프로테스탄트의 자유주의 운동으로부터 나라를 구하기 위해 신의 '섭리'가 보내준 인물이라고 표현했다—이 이탈리아 지도자의 위신을 새로운 단계로 끌어올려주었다.[31]

안으로는 지속적인 불안의 원천이요 밖으로는 무질서의 원인이었던 파시스트당 자체는 지역 우두머리 가운데서 가장 말썽꾸러기이고 극단주의자이며 철저하게 폭력적인 로베르토 파리나치를 당의 전국 서기에 앉힘으로써 복종시킬 수 있었다. 밀렵꾼이 사냥터지기로 변했다. 파리나치는 강철 같은 규칙을 적용하려 시도했으나 끈질긴 폭력사태를 통제하지 못했고, 결국 1년을 조금 넘겨 무솔리니는 그를 해임하고 그 자리에 관리능력은 있지만 정치적으로는 맹목적인 아첨꾼인 아우구스토 투라티(Augusto Turati)와 아킬레 스트라체(Achille Starace)를 차례로 앉혔다.

파시스트당은 1927-28년이 되자 제도상으로는 정부에 도전할 수 없었고 정치적 조직과 동원의 중심 도구로 기능이 축소되었다.[32] 당은 지역 엘리트의 상승이동 통로였다. 그러니 당은 아드레날린을 상실했다. 초기의 '거친 남자들'과 다루기 힘든 요소들은 제거되거나 제한되었다. 폭력은 점차 국가의 통제 아래로 들어갔다.[33] 운동의 활기는 소멸되어갔다. 당은 대체로 두체를 찬양하는 도구, 주요 선전기관, 사회통제의 수단으로 변했다. 당은 무솔리니 권력의 주요 기반이었다.

당과 그 하부조직은 1930년대에 사실상 공공생활의 모든 영역——복지, 청년단체, 여가활동, 스포츠 모임 등——에 침투했다. 1939년 무렵, 인구의 절반 가까이가 파시스트당의 이런저런 외곽조직 한두 곳에 소속되어 있었다. 당과 국가의 경계가 어디인지 갈수록 명확하게 구분하기 어려워졌다. 전체적으로 원칙 없이 뒤섞인 당과 국가의 조직과 제도는 무솔리니 주변에서도 되풀이되었다. 그는 1930년대까지 제도적인 제약 없이 조직을 운용했다. 각료회의와 파시스트 대평의회는 무솔리니가 원할 때만 모였고 사실상 그의 지시사항이 거쳐 가는 대기소에 불과했다. 1939년에 하원은 '파시와 기업의회'(Chamber of Fasces and Corporations, Camera dei Fasci e delle Corporazioni)로 이름이 바뀌었다. 이때 무솔리니는 '최고지도자'로 헌법에 명기되었다.[34]

결정은 그만이 할 수 있었다(형식상으로는 국왕에게 보고하게 되어 있었지만). 결정을 내릴 수 있는 그의 권리는 모든 분야에서 인정받았다. 국왕과 군의 사령관들도 그의 권리를 인정했다(군사령관들은 유보된 권한을 갖고 있음에도 집단적인 목소리를 낸 적이 없고 한 번도 저항한 적이 없었다). 물론 많은 결정이 무솔리니 앞에서 간략한 설명——일반적으로 15분을 넘기지 않았다——을 하기 전에 그의 수하들에 의해 미리 만들어져 있었다. 하루에 10여 건 내려지는 결정은 대부분 신중하게 고려하지 않은 충동이었다. 그러나 그의 승인이 없이는 정부기관은 기능할 수가 없었다. 그는 하루 중 많은 시간을 정부업무를 처리하는 데 보냈다. 말할 것도 없이, 이론상으로는 그가 관장하고 있는 모든 부처의 업무를 세밀하게 살피기란 아예 불가능한 일이었다. 그는 누구에게도 위임하려 하지 않았다. 그래서 그가 처리해야 할 일은 광범위하게 널려 있었고, 그는 그의 관심을 기다리는 수많은 사소한 일들의 늪에 빠졌다.[35] 그 결과 필연적으로 관료주의가 만연할 수밖에 없었다. 무솔리니의 의중을 예측하거나 사후에 수정하기 위해 당과 정부의 관료들이 해야 할 일의 범위도 늘어났다.[36]

정권을 지켜보는 외부 관찰자들에게 가장 깊은 인상을 준 것은 비범한 에너지였다. 갖가지 성격적 결함에도 불구하고 무솔리니는 그치지 않는 활력을 보여주었다. '새로운 인간'을 만들어내고, 위대한 국가를 건설하며, 제국의 영광을 준비한다는 유토피아적 목표는 (무솔리니 자신이 체현하고 있는) 멈출 수 없는 추진력과 역동성을 강조하는 선전에 동원되었다. 그는 실질적으로 누구보다 먼저 매스미디어의 동원 잠재력—신문, 라디오, 영화 보급의 확산으로 점차 커지는 대중에 대한 영향력—을 알아차렸다. 어디를 가도 현수막이나 우편엽서에 박힌 그의 초상화가 널려 있었다. 라디오가 보급되면서 그의 방송연설은 도시와 마을의 광장 중심에 설치된 확성기를 통해 대중에게 중계되었다. 그는 매스미디어 시대의 첫 번째 대중 정치가였다.

선전수단의 독점은 파시스트 국가의 유일하고도 가장 중요한 통합 요소인 두체숭배를 만들어냈다. 이것은 그 무엇보다도 파시스트 국가의 체제를 유지시켜주는 강력한 접합제였다. 개인숭배는 유사종교의 수준에 이르렀다. 많은 이탈리아인의 눈에 무솔리니는 사실상 신과 같은 존재로 비쳤다.[37] 거대한 대중 집회에서 연설할 때 보여 주는 과장되고 극적인 그의 몸짓은 (후세대는 우스꽝스럽게 느끼겠지만) 힘, 결단력, 도전의식을 불어넣어주었다. 교과서에서 그는 인민을 위해 열심히 일하는 노동자의 모습으로 그려졌다. 웃통을 벗어젖히고, 말 등에 올라앉고, 수영하고, 달리고, 경주용차를 몰고, 새끼 사자와 놀고 있는 그를 묘사한 그림은 그의 '남자다움'을 강조했다. 평범한 이탈리아인들로부터 그를 하늘처럼 떠받들고, 그의 놀라운 능력을 찬미하며, 그의 영광스러운 업적에 감사하는 편지가 매일 쏟아져 들어왔다. 이 부조리한 개인숭배의 광란 속에서 그는 초인에 가까운 존재, 새로운 카이사르, 만능의 천재였다.[38]

얼마나 많은 사람들이 이 난센스를 믿었는지 알아내기는 불가능하다. 그러나 무솔리니 자신은 믿었다. 그리고 수백만의 다른 사람들도 믿었다. 파시스트당, 공무원, 정부는 일반적으로 인기가 없었지만 무솔리니는 분명히 인기가 있었다. 그의 대중적 인기가 정점에 이르렀던 때는 1936년 에티오피아 식민전쟁에서의 승리였다(이 군사적 승리로 대중의 불만은 일시적으로 무마되었다).[39] 전쟁계획은 1932년에 이미 시작되었다. 에티오피아는 기존의 식민지 에리트레아, 소말리아와 함께 수백만의 이탈리아 정착민들에게 '생활공간'을 열어주고 동부아프리카의 풍부한 광물자원을 이용할 수 있게 해줄 것이란 기대를 모았다.[40] 1935년 10월이 되자 무솔리니는 오랫동안 꿈꿔왔던 제국주의 전쟁을 시작할 때가 왔다고 판단했다. 대병력으로 장비가 훨씬 열악한 적을 상대한 이 전쟁은 무차별 폭격과 광범위한 독가스 살포가 동원된 극도로 잔인한 전쟁이었다. 그런데도 다음 해 5월에 가서야 승리를 선언할 수 있었다. 두체의 군사적 재능을 찬양하는 나팔소리가 울려 펴졌다. 무솔리니는 집권기간 중 최고의 순간을 맞

무솔리니 선전물에 환영을 표하는 에티오피아 사람들(1935).
1935년 10월, 무솔리니는 무기와 병력 모든 면에서
열악한 에티오피아를 상대로 잔인한 제국주의 전쟁을 벌였다.

았다.

그런데 그에게는 아킬레스의 발꿈치가 있었다. 그것은 뒤에 가서야 드러나게 되시만 실세로는 정권 초기부터, 그가 정권을 징익한 구조적인 조건 그 자체 안에 내재해 있었다. 1936년에 무솔리니가 아니라 이탈리아 국왕이 아비시니아(Abyssinia, 에티오피아)의 국왕으로 선포된 데서 그것이 드러났다. 이 일은 무솔리니가 정책을 독단하고 있지만 그의 권력은 절대적이지 않음을 보여주는 표지였다. 무솔리니보다 더 높은 권위, 정통성의 원천으로서 다른 권위가 있었다. 무솔리니가 절대 권력으로 향해 가는 길에 국왕이 조용히 서 있었다. 그리고 군대는 무솔리니의 지휘 아래 있었지만 충성을 서약한 대상은 국가의 우두머리인 국왕이었다.[41]

국왕 엠마누엘 3세는 실제로 나약하고 무기력하며 보잘것없는 인물이었으며 더 나아가 사회주의 탄압과 민주주의 파괴를 지지하고 권위주의적인 국가의 건설을 지지했다. 무솔리니는 국왕을 경멸했고 단지 기회주의적인 이유에서 내심의 공화주의를 감추었다. 국왕이 가끔 사전 설명회에서 정책의 유보를 요구하고 또 그런 사실이 알려지는 것을 무솔리니는 몹시 싫어했다. 그는 몇 번인가 화를 내며 애초부터 군주제가 없어졌으면 좋겠다고 말한 적이 있었다.[42] 그러나 그는 군주제를 폐지할 만큼 자신의 힘이 강하지 못하다고 생각했다. 그리고 전쟁이 임박해오자 국가적 단결을 무너뜨리고 정권의 정통성을 위협할 수 있는 큰 불화를 일으킬 수가 없었다. 그래서 기회는 찾아오지 않았다.

1930년대 중반처럼 정권이 강력했을 때는 충성을 바칠 대안적 대상으로서 군주는 짜증나는 존재 그 이상이 되지 못했다. 뿐만 아니라 에티오피아에서의 승리는 무솔리니가 옳았고 회의론자들—특히 군부 내부의—이 틀렸음을 증명해주는 듯했다. 그 결과 무솔리니의 권력은 강화되었다. 그러나 이 시점에서 무솔리니도 그랬지만 그 누구도 권력의 전성기가 머지않아 지나갈 것이라 예감하지 못했다. 1936년이 되자 무솔리니는 전략적으로나 이념적으로 독일에 매료되어 독일의 궤도 속으로 끌려들어가고 있었고, 얼마 지나지 않아서 훨씬 강한 국가의 주위를 도는 위성이 되어 파멸의 중심점으로 바짝 다가가게 된다. 이것을 알아차리지 못한 채 그는 나약한 독재자로 변하고 있었다. 그리고 그가 이탈리아의 국가적 생존에 장애가 되고 있음이 드러나자 권력의 대안적 원천인 국왕이 지금까지의 미약한 존재감을 깨뜨리고 나와 한때 강력했던 독재자를 손쉽게 쫓아냈다.

나약한 독재자

이 말은 모순이다. 이 표현은 히틀러에게 처음 사용되었지만 적절하지도 않고 현혹하는 개념이다.[43] 그러나 이 표현이 1930년대 중반의 무솔리니에게 적용된다면 훨씬 설득력이 있다. 물론 이 말은 그가 정책결정을 그만두었다거나 그의 권력이 도전받았다는 의미는 아니다. 어쨌든, 대안적 충성의 대상으로서 국왕의 존재는 독재자에게는 치명적 약점이었다. 아무리 늦어도 1936년부터 이탈리아가 점차로, 그리고 전쟁의 한가운데서 완전히 독일에게 의존하게 되자 무솔리니의 권력은 급격하게 약화되었다. 무솔리니는 점점 깊어지는 히틀러에 대한 종속상태에서 빠져나올 수가 없었다. 이런 상황에서라면 궁극적으로 그는 파멸할 수밖에 없을 것이다. 그런 뜻에서 그는 나약한 독재자로 변해가고 있었다.

그는 다른 길을 걸을 수 있었을까? 1930년대 유럽의 대부분 권위주의적 지도자들은 잘 무장한 서방 강대국과 자발적으로 군사적 충돌을 일으키려 하지 않았다. 이베리아 반도에서 스페인의 독재자 프란치스코 프랑코와 포르투갈의 지도자 안토니우 드 올리베이라 살라자르(Antonio de Oliveira Salazar)는 2차 대전에 발을 들여놓지 않았고 1970년내까지 살아남아있다. 히틀러의 파괴적인 손아귀를 피하기 위해 무솔리니도 뭔가 유사한 방법을 동원할 수 있지 않았을까? 그런 선택지는 없었다. 반사실적(反事實的) 추론은 무솔리니가 진심으로 독일과의 동맹을 원했다는 핵심 사실을 놓치고 있다. 그가 능동적으로 로마-베를린 추축(樞軸)을 제안했다. 그것은 비인격적 결정요인에 의한 압박이 아니라 이념적인 선택이었다.[44] 그리고 오만한 가식이 한몫을 거들었다. 그는 파시즘의 창시자로서 이탈리아를 15년 가까이 통치하고 있으며 히틀러와의 관계에서도 우월한 파트너—고참 독재자—라는 자부심을 갖고 있었다. 독일과 손잡았을 때 그에게 주어질 기회를 피하는 것은 그의 개성과 이념적 충동과는 완전히 반대되는 일이었다. 처음부터 그는 전쟁, 군사적 정복, 제국을 원했다. 1930년대 중반 국제정세의 격렬한 변화를 보고 그는 자신의 이념적 야망을 실현하는 데 유리한 지정학적 선택지가 주어졌다고 판단했다. 독일과의 동맹은 무솔리니에게 서방 강대국에 도전할 기회와 (파시즘이 출발점에서부터 추구했던) 지중해와 북아프리카에서 제국주의적 확장의 희망을 가져다주었다.

히틀러가 독일의 권력을 잡은 1933년에 긴밀한 제휴는 처음에는 어려울 것 같았다. 표면의 화려한 선전의 이면에서 두 독재자의 첫 만남은(1934년 6월, 베네치아) 오스트리아의 지위를 둘러싼 긴장 때문에 그렇게 순조롭지 못했다.[45] 독일이 중부 유럽을 지배하려면 오스트리아를 장악해야 하고, 그것은 무솔리니에게는 위협이었다. 1934년 7월, 오스트리아 나치스가 수상 엥겔베르트 돌푸스(Engelbert Dollfuss)를 암살하자 이탈리아 군대가 알프스 산맥의 브렌네르(Brenner) 관문을 방어하기 위해 동원되었다. 1935년 4월, 무솔리니는 '스트레사전선'(Stresa Front)*에서 프랑스와 영국 편에 가담했는데, 부분적인 목표는 독일이 오스트리아를 장악하려는 움직임을 막는 것이었다. 서부유럽 진영의 에티오피아 전쟁 반대와 독일의 중립이 국면을 크게 바꾸어놓았다. 무솔리니는 오스트리아가 독일의 방패 아래로 들어가는 것을 반대하지 않겠다는 신호를 보냈고, 1936년 독일이 라인란트(Rheinland)를 재점령**할 때 청신호를 보냈다. 그해 가을, 독일과 이탈리아는 스페인내전에서 국민파 세력을 지원하기 위해 무기를 시험하고 있었다. 무솔리니는 서방에 등을 돌렸고 1936년 11월이 되자 이탈리아와 독일의 새로운 추축조약 체결에 몰두했다.

무솔리니의 1937년 독일 국빈방문은 히틀러와의 관계에서 그의 심리적 전환을 보여주는 표지였다. 그는 독일의 독재자와 독일에서 목격한 것들로부터 감정이 복받칠 정도의 깊은 인상을 받았고, 독일의 재무장 상태를 알고 나서는 이전에 갖고 있던 우월감은 열등감의 콤플렉스로 변했다.[46] 그는 곧 히틀러의 가락에 맞춰 춤추기 시작했다. 그는 1938년의 오스트리아 합병과 체코슬로바키아 분할을 인정하지 않을 수 없었다. 다음 해 3월에 독일군이 체코슬로바키아의 나머지 부분을 점령하자 무솔리니는 이렇게 탄식할 수밖에 없었다. "히틀러는 한 나라를 점령할 때마다 내게 메시지를 보내오는군."[47] 1939년 4월 이탈리아의 알바니아 합병은 무솔리니의 상처난 자존심을 치료

---

* 1935년 4월에 영국, 프랑스, 이탈리아가 맺은 협약이다. 스트레사는 협약이 맺어진 이탈리아의 도시 이름이며 협약의 정식명칭은 '스트레사회담 최종선언'이다. 주요 내용과 목적은 독일의 위협으로부터 오스트리아의 독립을 보장하는 것이었다.

** 로카르노조약(The Locarno Pact. 1925년 10월 16일 영국, 프랑스, 이탈리아, 독일, 벨기에, 체코슬로바키아, 폴란드의 대표가 체결한 국지적 안전보장조약)에 의해 라인란트는 영구 비무장지역으로 규정되었다.

로마-베를린 추축국 동맹 선언(베를린, 1936).
1936년 10월 23일, 독일과 이탈리아가 군사동맹을 위한
의정서에 서명했다. 무솔리니는 의정서 체결 후에 "모든 유럽 국가는
앞으로 로마-베를린 축을 중심으로 회전할 것이다"라고 말했다.
이때부터 추축국이란 용어가 통용되기 시작했다.

하는 데 큰 도움이 되지 않았다.

이탈리아의 이익을 독일의 이익에 복속시킨 주역은 무솔리니였다. 그것은 의문의 여지가 없는 사실이었다. 그는 항상 거의, 또는 전혀 다른 사람의 의견을 듣지 않고 돌이킬 수 없이 이탈리아의 운명과 독일의 운명을 하나로 묶는 결정을 내리고 실천했다. 그의 개성 — 그의 자존심, 그의 자신감, 용솟음치는 과장된 낙관주의, 역사는 추축국의 이익을 위해 나아가고 있다는 확신 — 이 이 과정의 중요한 요인이었다. 비판은 물론이고 회의적인 견해도 수용하지 못하는 성급함, 이성을 압도하는 감성적 충동은 건전한 판단을 방해했다. 외교정책을 집행하는 과정은 그가 혼자서 할 수 있는 것도 아니고 내정문제에서처럼 순종적이지 않은 분야에 독재자의 의지를 강요한다고 되는 일도 아니었다.

지배계급 — 군대의 장교단, 당, 경제계 지도자, 대지주, 관료, 교회, 국왕 — 은 (열정의 정도에는 차이가 있었지만) 에티오피아 전쟁을 지지했고, 불안을 느끼면서도 독일과의 긴밀한 제휴에 동의했다.[48] 식민전쟁의 승리와 유럽의 주요 전쟁에서 싸운다는 것은 차원이 다른 문제였다. 에티오피아와 뒤이어 스페인에서 민간인을 폭격했던 장군들은 장기전이 되기 쉬운 서방 강국들과의 전쟁에 제대로 무기를 갖추지 못한 채 뛰어들기를 두려워했다.[49] 그들은 이탈리아의 느린 재무장 진척상황을 잘 알고 있었다. 공업 분야의 비효율성과 부족한 재정 문제는 신속한 무력 보강에 장애가 되고 있었다. 국내 경제상황은 군비확장을 허락하지 않았다. 심지어 1937-38년에 군사지출은 20%나 떨어졌다. 1938년 여름에 무솔리니는 주요 무기생산 계획을 승인했지만 그것이 하룻밤 사이에 약점을 보완해줄 수 없었다. 독재자는 전쟁을 갈망하면서도 "이탈리아는 10년 동안의 평화가 필요하다"고 인정하지 않을 수 없었다.[50]

히틀러의 공세가 유럽을 전쟁 직전까지 몰고 가자 이탈리아에게 그런 시간적인 여유가 주어지지 않을 것이라는 점이 분명해졌다. 군사 시도자들 사이에서는 너무나 준비가 안 된 전쟁에 끼어드는 데 대한 고민이 커졌다. 그러나 그들은 어쨌든 무솔리니의 정책을 따랐다. 집단적인 반대행동은 일어날 기미가 보이지 않았다. 무솔리니는 대중의 여론은 새로운 전쟁을 반대하고 있음을 알고 있었다. 경찰의 보고서도 파시즘에 대한 신뢰가 사라지고 있음을 지적했다. 독일에 대한 부속적인 위상은 정말 인기가 없었다.[51] 무솔리니는 히틀러처럼 광신적인 인종주의자는 아니었다. 그럼에도 반유대주의는 그의 인종주의적 정서의 한 부분을 형성했다. 그의 인종주의는 오래된 것이었고, 떨어지는 정권의 역동성을 소생시키기 위해 반유대주의 운동을 추진하는 데 그의 개인적인 역할이 크게 기여했다. 반유대주의 운동의 정점은 1938년에 제정된 반유대법이었다.[52] 이것이 이미 존재하고 있던 반유대주의 정서 — 이탈리아의 반유대주의는 독일과 비교될 정도는 아니었지만 파시즘이 권력을 잡은 후 눈에 띄게 성장했다 — 를 강화시켰다.[53] 그런데, 반유대주의를 부추겨도 널리 퍼져있는 새로운 전쟁에 대한 반감을 덮을 수는 없었다.

1939년 5월에 이탈리아와 독일 사이에 강철조약(Stahlpakt, Patto d'Acciaio) — 두 나라 가운데 어느 한 나라가 전쟁에 개입하게 되면 다른 한 나라가 군사적인 동맹이 된다는 조약 — 이 체결됨으로써 이탈리아는 독일과 한층 더 긴밀하게 얽히게 되었다. 이 조약으로 무솔리니는 자신이 전혀 통제할 수 없는 전쟁에서 무조건 독일을 지원했다. 8월 중순, 전쟁이 임박해지자 국왕 자신이 나서서 군대의 '초라한' 상황을 강하게 지적하면서 이탈리아는 전쟁에 개입하지 말아야 한다고 비판했다. 국왕은 '최고의 결정'에 간여하고자 했다.[54] 무솔리니는 군대가 싸울 준비가 되어 있지 않은 전쟁에 뛰어드는 위험을 무릅쓸 수 없었다. 독일군이 동원되고 있는 상황에서도 그는 매우 난처하지만 이탈리아는 아직 싸울 준비가 되어 있지 않다고 시인할 수밖에 없었다. 이것은 무솔리니의 위신에 대한 큰 타격이었다. 그는 '비교전국'(非交戰國) —— 절대로 파시즘의 군사적 가치관을 선전하는 표현이 될 수가 없는 —— 이란 새로운 지위에 만족해야 했다.

무솔리니는 전쟁에 참가할 수 없게 된 울분을 애써 억제했다. 그의 호전성은 조금도 줄어들지 않았다. 그러나 그는 향후 몇 년 이내에는 군사적 준비를 마칠 수 없는 상황을 받아들여야 했다. 1940년 5월과 6월에 독일이 프랑스를 상대로 놀라운 속도로 승리를 거두자 상황이 극적으로 바뀌었다. 지금까지 전쟁 참여에 반대해오던 국왕, 군 수뇌부, 무솔리니의 사위이자 (1936년 이후로) 외무장관인 치아노(Ciano) 공작이 이제는 독일이 분명히 이길 것 같은 전쟁에서 재빨리 한몫 차지할 기회를 보았다. 무솔리니는 5월 29일에 군 수뇌부에게 참전하겠다는 결정을 알렸다(이 결정도 누구로부터도 자문을 받지 않은 것이었다). 이탈리아는 6월 10일에 참전했다. 이때 이탈리아는 장기적인 분쟁에 끌려들지 않으면서 상당한 영토를 획득할 수 있을 것이란 희망을 갖고 있었다. 그러자면 승리는 빨리 찾아와야 했다.

이탈리아의 장기전에 대비한 준비 부족은 낮은 무기의 현대화 수준, 무기 생산능력과 원재료 부족, 취약한 경제적 기반에만 국한되지 않았다. 군지도부는 추가적인 장애물이었다. 1940년 5월 29일, 무솔리니는 국왕에게 정치와 군사 분야의 전시지휘권을 달라고 압박했다. 그런데 국왕은 최고 명령권을 자신이 갖고 있겠다고 고집했다. 국왕의 권한은 그 당시는 순전히 형식적이었다. 그러나 1943년의 상황에서는 결정적이었다.[55] 뒤에 밝혀진 바와 같이 무솔리니의 군 최고사령관으로서의 역할 수행은 아마추어 수준이었다.

그는 하루 6-7시간 전쟁에 매달렸다. 그러면서도 그는 시간을 내어 테니스를 치고, 승마를 하고, 독일어를 배우고, 1940년에는 아드리아 해변에서 여름휴가를 즐기고, 무엇보다도 줄어들지 않는 왕성한 성적 욕구를 채우기 위해 다양한 여성 파트너들을 불러들여 침대 위에서 오후 시간을 함께 보냈다.[56] 그는 각 부문의 의견이 반영된 전략을 세우려는 노력을 거의 하지 않았다. 육군, 공군, 해군의 현장 지휘관은 사실상 참모총장 바돌리오(Badoglio) 원수의 예리한 지시를 따르지 않았다.[57] 군대는 새로운 기동전의 요구에 적응되어 있지 않았다. 바돌리오와 현장 지휘관의 뿌리 깊은 보수주의와 느린 행동은 무솔리니의 충동성, 빠른 행동을 요구하는 성급함, 아마추어 수준의 작전 지식, 의지력이니 '최고의 에너지' 같은 모호한 개념에 대한 집착과 조화를 이루지 못했다.[58] 무솔리니가 괴멸적인 전쟁 수행의 최종 책임을 졌지만 군부도 자발적인 공모자였다. 예견할 수 있었던 파국은 오직 한 사람만의 몰락이 아니라 전체 체제의 붕괴였다.

누구나 지옥으로 가는 길을 알고 있었다. 군부의 경고에도 불구하고 1940년 10월 무솔리니가 혼자서 충동적으로 결정한 그리스 공격은 수모로 끝났다. (1만 명 이상의 주민이 거주하는 그리스 마을은 철저하게 파괴하라는 무솔리니의 지시는 다행스럽게도 이행되지 않았다.) 이탈리아군의 바다에서의 전쟁은 취약한 대공 방어 때문에 1940년 11월 중순 타란토(Taranto)에서 영국 폭격기의 이탈리아 전함에 대한 공격을 막아내지 못해 패배했다. 훨씬 더 나쁜 사태가 뒤를 이었다. 소련의 추운 황무지로 파견된 23만 명의 병사 가운데서 절반이 돌아오지 못했다. 북아프리카에서는 군대의 굼뜬 행동 때문에 결국은 영국군이 주도권을 잡았고 이탈리아군은 궤멸하여 40만 가까운 병사가 연합군의 포로가 되었다.[59] 크로아티아를 점령한 이탈리아군은 잔혹한 작전을 펼쳤음에도[60] 파르티잔 부대를 이기지 못했다.

방어능력이 형편없이 부족하다는 사실이 알려지면서 1943년 전반기에 이탈리아 도시를 겨냥한 공습이 강화되었다. 북부 이탈리아의 주요 공업 중심지 ── 제노아, 토리노, 밀라노 ── 에 대한 정치적인 목적의 강력한 공습이 대형 무기공장 노동자들의 사기를 떨어뜨리고 불안을 고조시켰다. 그 전해 가을부터 널리 퍼져 있던 반전정서와 무솔리니 정권에 대한 적개심이 생활수준의 급격한 저하와 함께 심각한 파업을 유발했다. 그 가운데서 가장 충격적인 것이 1943년 4월에 일어난 토리노의 대형 피아트(FIAT) 공장에서 일어난 파업이었다.[61] 7월 10일, 연합군이 시칠리아에 상륙했다. 7월 19일의 로마 폭격은 충격이자 동시에 무솔리니의 리더십이 이탈리아를 철저한 폐허로 이끌고 있다는 신호였다. 군부 지도자들과 국왕 자신이 이제는 임박한 파국을 바라보면서 자신들의 책임을 면하기 위해 모든 비난을 무솔리니에게 쏟아 부었다.

무솔리니 독재의 또 하나의 구조적 약점은 대안적 충성의 대상으로서 국왕의 존재를 넘어 이제는 그 자체에게서 드러났다. 파시스트 대평의회는 지금까지 실질적인 권력이 없는 박수부대에 불과했다. 국가의 부속 기관으로 편입된 1928년 이후로 대평의회는 단순히 무솔리니의 결정을 추인하는 고무도장이었다. 그는 대평의회를 부정기적으로 소집했고 회의가 열리면 질책만 했다. 그런데도 이 기구는 독립적인 행동을 취한다면 집단적인 반대의 중심이 될 수 있는 존재로 남았다. 바로 그런 일이 1943년에 일어났다.

그의 등 뒤에서 파시스트 지도부는 다가오는 파멸을 피할 방법을 찾고 있었고 당의 과격분자들과 함께 불길 속으로 뛰어들 생각이 없었다. 무솔리니는 대평의회의 소집을 반대하지 않았다. 그는 비판이 있을 것으로 짐작은 했지만 그 이상은 걱정하지 않았다. 그리고 회의가 열리면 누가 그의 비판자인지 드러나기를 기대했다. 놀랍게도 그는 무슨 일이 다가오고 있는지 알아차리지 못하고 있었다. 아마도 몇 달 전에 겪은 심각한 위장 장애가 그의 경각심과 에너지를 약화시켰던 것 같다. 어떤 시각에서 보더라도 그는 평소와는 달리 수동적이었다. 7월 24-25일 밤에 열린 열 시간 동안의 회의에서 외레적인 충성 서약이 있은 후 무솔리니의 지도력에 대해 강력한 비판이 쏟아졌다. 독재자는 국왕에게 최고사령관으로서 재신임을 물을 준비가 되어 있다고 큰소리쳤다. 볼로냐 지역의 파시스트 지도자였고 짧은 기간 동안 외무장관을 맡았으며 한때는 영국주재 대사였던 디노 그란디가 나서서 국왕의 권력 일부를 회복시키는 동의안을 제출하는 데 성공했다. 놀랍게도 무솔리니는 표결을 허용했고, 그리고 졌다. 파시스트 지도부 28명 가운데서 최소한 19명이 그란디의 제안을 지지했다.

이 시점에서도 무솔리니는 상황의 심각성을 알아차리지 못했던 것 같다. 25일 오후에 그는 파시스트당 대평의회의 회의 결과를 보고하기 위해 전혀 불길한 느낌도 없이 국왕을 만나러 갔다. 간략한 설명이 끝나자 국왕은 그에게 이탈리아에서 가장 미움받는 사람이 바로 그이며, 전쟁은 패배했고, 군대의 사기는 붕괴되고 있으며, 그를 수상에서 해임하고 바돌리오 원수를 수상에 임명한다고 말했다. 그 자리에서 물러나오자마자 무솔리니는 밖에서 기다리고 있던 경비대에게 체포되어 감금되었다. 이 계획은 얼마 전부터 비밀리에 진행되고 있었다. 두체를 구출하려는 파시스트의 봉기는 없었다. 그의 권력은 간단하게 증발해버렸다. 20년 이상 자발적인 부속물이었던 국왕은 한때 강력한 권력자였던 독재자를 이처럼 쉽게 제거할 수 있다는 사실에 놀랐다.

그런데 무솔리니의 정치적 부고장은 너무 일찍 씌어졌다. 이탈리아가 연합국에게 항복하고 4일이 지난 9월 12일에 아펜니노 (Appennino) 산맥 속의 스키리조트에 구금되어 있던 무솔리니를 독일군이 극적으로 구출해냈다. 그는 권력의 자리에 복귀했지만 그의

그란사소 디탈리아 근교에서 구출되는 무솔리니.
1943년 7월 무솔리니는 수상에서 해임되고 그란사소(Gran Sasso)
산속에 유폐된다. 1943년 9월, 히틀러는 공정대와 나치 무장친위대를 보내
무솔리니를 구출한다. 히틀러는 무솔리니를 괴뢰정부(살로공화국)의
수반 자리에 앉힌다.

본부는 북부 이탈리아 가르다(Garda) 호숫가의 살로(Salò)에 자리 잡았다. 그곳의 정부는 독일의 허수아비에 불과했고 그곳은 연합군이 아직 점령하지 않은 농촌지역에 불과했다. 그의 체중은 급격하게 떨어졌고, 끊임없는 위장 통증이 그를 괴롭혔으며, 신체적으로나 정치적으로나 모든 면에서 그의 모습은 위축되었다. 그래도 그는 스러지는 에너지를 어느 정도는 회복했다. 그는 파시즘에 다시 활력을 불어넣고, 배신자를 징벌하고, 이탈리아가 당한 모욕의 흔적을 지우는 것이 자신의 임무라고 생각했다.[62] 그는 자신의 지도력으로 민족을 재탄생시키겠다는 환상을 갖고 있었다.

최후의 몇 달 동안에 그는 결코 완전히 버린 적이 없는 과격주의의 뿌리로 돌아갔다. 그의 통치 아래서 살로공화국(공식 명칭은 이탈리아 사회주의공화국)은 가장 피비린내 나고, 가장 야만적이며, 가장 잔인한 파시즘의 모습을 보여주었다. 당연히 독일이 그의 정권을 받쳐주었다. 그러나 독일이 그의 행동을 강요하거나 명령을 내리지는 않았다. 그는 민병대, 경찰, 파시스트 극렬분자들에게 반파시스트 파르티잔을 무자비하게 처단하라고 지시했다. 위협이 되거나 잠재적인 반대자라고 판단되는 사람은 남김없이 살인부대의 테러에 노출되었다. 정권은 지독한 반유대주의 성향을 보였다. 1943년 11월에 유대인은 '적대국가의 구성원'이라는 선언이 나왔다. 몇 달 전부터 독일은 로마의 유대인들을 이송하라고 요구하고 실제로 그렇게 했다. 1942년 이후로 나치의 유대인 멸절 프로그램을 알고 있었던 무솔리니는 침묵을 지켰다. 그의 보안경찰이 유대인을 색출하여 독일인에게 넘겨주었다.[63]

무솔리니 독재의 마지막 단계는 수만 명의 파시스트와 반파시스트가 살해되는 내전으로 치달았다.[64] 독일의 군사적·재정적 지원이 없었더라면 살로공화국은 1944년을 버텨내고 1945년까지 이어질 수 없었을 것이다. 어렴풋이 보이는 독일의 패망이 살로공화국 붕괴의 분명한 신호였다. 막판으로 다가갈수록 생활조건은 말할 수 없이 악화되었고, 파르티잔이 주도권을 잡았으며, 무솔리니에 대한 지지는 와해되었다. 이것과는 별도로 범법자와 광신자들의 위험이 산재했다. 한때 강력했던 독재자는 이탈리아인들이 쓸모없어졌다고 비난했다. 그의 등 뒤에서 독일이 연합국과 이탈리아에서의 휴전을 추진하자 그의 운명은 결정되었다.

무솔리니는 독일 군복을 입고 북쪽으로 달아났으나 1945년 4월 28일 코모 호수 근처에서 애인 클라라 페타치와 함께 파르티잔에게 붙들렸다. 시신은 밀라노의 피아잘레 로레토(Piazzale Loreto)광장으로 운반되어 모여든 군중으로부터 모욕과 저주를 받은 후 근처의 주유소에 거꾸로 매달아졌다.

남긴 유산

무솔리니가 남긴 것은 폐허가 된 이탈리아였다. 그는 이탈리아에 국가적 재난을 가져오고 아프리카와 발칸반도의 일부에 죽음과 파괴를 불러온 전쟁 속으로 자신의 조국을 밀어 넣었다. 이탈리아의 정치적 기득권층 전체가 때로는 불안해하면서도 20년 넘게 그를 지지했다. 정확한 숫자는 알 수 없지만 그가 권력의 정상에 이르렀을 때에 파시스트당의 열성당원 이외에도 수많은 이탈리아인이 그를 지지했다. 이탈리아가 경험한 파국의 유일한 원인이 무솔리니라고 하기는 어렵다. 그러나 그가 핵심 동력이었다. 그러므로 그가 주된 책임을 져야 한다. 그가 아니었더라면 이탈리아 역사의 경로는 분명히 다른 쪽, 덜 비참한 쪽으로 나아갔을 것이다.

무솔리니의 등장을 가능하도록 해주었던 역사의 일부는 강대국이

광장에 전시된 무솔리니와 페타치 시신(1945년 4월).
무솔리니(왼쪽 두 번째)와 그의 정부 페타치(왼쪽 세 번째),
두 사람은 1945년 4월 27일 파르티잔에게 붙잡혔고,
다음날 처형되었다. 시신은 밀라노 피아잘레 로레토광장의
주유소 건물 지붕에 매달렸다.

되고자 하는 이탈리아의 허영심이었다. 그는 그런 욕망을 이용했고, 제국주의 확장을 통해 그것을 증폭시켰지만 결국은 그것을 완전히 지워버렸다. 전후 이탈리아의 미래는 사실상 무솔리니가 대변했던 모든 것을 부정하는 데 달려있었다. 대부분 미국의 도움으로 이루어진 전후 재건사업에서 군주제는 폐지되고 민주주의와 법치, 다당제, 이탈리아를 대외교역의 무대로 끌어낸 (여전히 국가가 넓은 범위에서 개입했지만) 시장경제가 수립되었다. 무솔리니가 정복과 지배를 추구했다고 한다면 전후의 이탈리아는 국제협력으로 방향을 바꾸었고 1951년에는 유럽경제공동체(ECC: European Economic Community), 더 훗날에는 유럽연합(EU: European Union)의 모체가 된 초국가적 기구의 창립회원이 되었다. 그런데 이탈리아 내부적으로는 무솔리니 이전부터 존재했었고 무솔리니 치하에서 꽃피웠던 정치와 공공 분야의 부패는 그대로 남았다. 마찬가지로, 무솔리니의 수사학적 무기였던 반공주의도 냉전의 부산물로서 지속되었다. 1948년에 공산주의자는 공직에서 추방되었고 보수적인 기독교민주당의 지배는 (파시즘이 그랬듯이 가톨릭교회의 지지를 받아) 계속되었다.

무솔리니가 남긴 직접적인 유산은 종전과 함께 찾아온 혼란이었다. 초기에는 파르티잔 세력이 야만적인 보복을 벌였다.[65] 그런데 1945년 말이 되기 전에 '거친' 숙청은 부분적으로는 미국의 압력 때문에 사법적인 통로를 거치게 되었다. 너무나 많은 사람들이 파시스트 체제에서 너무나 많은 기득권을 누렸기 때문에 파시즘의 공모자였던 얼룩을 지속적으로 지워나가는 일을 피하고 싶어했다. 1946년 6월에 내려진 일반사면령은 대부분의 전시 범죄에 대해 면죄부를 주었고 무솔리니 치하에서 복무했던 공무원, 경찰, 판사에게 공직생활의 계속하도록 광범위하게 보장해주었다.[66] 파시스트 통치에 가장 크게 협조했고 이탈리아란 나라의 최고위직에 있었던 국왕 빅토르 엠마누엘은 퇴위한 뒤 이집트로 망명했다. 바돌리오 원수는 연합국 측의 보호 아래 은퇴하여 고향집으로 돌아갔고 그곳에서 자기변명으로 가득 찬 회고록 집필을 마칠 때까지 살았다. '에디오피아의 백정'이란 평을 들었던 그라치아니(Graziani) 원수는 1950년에 19년 징역형을 선고받고 3개월을 복역한 후 석방되었다. 그 밖의 군부 지도자들과 재계 지도자들도 심한 처벌을 피해갔다.[67] 국가의 재건 — 정치적·경제적·사회적으로 — 이 과거에 대한 진지한 반성을 영속화(永續化)하려는 어떤 시도보다 우선했다. 이것이 국가적 분위기였다. 트라우마와 혼란을 겪은 후 대부분의 사람들은 '정상'이란 허상 속으로 돌아가기를 원했다. 대부분 이탈리아인은 파시스트의 과거에 베일을 씌워두기를 원했다.

국가 재건의 욕구는 좌·우파의 역사해석과 흥미로운 방식으로 연결되었다. 당, 정부, 군부에서 중요한 역할을 했던 인물들이 자신의 결백을 주장하고 무솔리니에게 책임을 돌리려는 목적의 회고록을 다투어 출간했다. 좌파 인사들은 무솔리니가 심각하게 더럽힌 나라의 명예를 구원한 반파시스트 레지스탕스의 '진정한' 이탈리아를 강조했다. 옛 독재자와 그가 이끈 정권에 대한 지지를 진지하게 분석하는 작업은 1960년대부터 출간되기 시작한 렌초 데 펠리체(Renzo De Felice)의 방대한 무솔리니 전기가 나오기 전까지는 없었다.[68] 데 펠리체의 저작은 무솔리니에 대해 동정적인 시각을 보여준다. 무솔리니는 심각하게 분열된 사회를 통합했고, 독일의 압력 때문에 지중해에 집중한다는 이성적인 전략을 포기했으며, 히틀러의 반유대주의 광기를 공유하지 않았고, 추축 동맹에 종속됨으로써 결과적으로 파괴의 길로 나섰다.[69]

수천 쪽에 이르는 이 전기를 독파한 이탈리아인은 거의 없었다. 그러나 펠리체 저작의 방대한 부피가 주는 엄청난 홍보효과 때문에 어떤 인상이 고착되었다.[70] 무솔리니는 여러 가지 실수를 했지만 본질적으로는 조국을 위해 최선을 다한 온건한 독재자로 보는 것이 편리했다. 정부가 산적한 위기에 빠졌을 때 강력한 인물이 나와서 부패한 정치 기득권을 뿌리 뽑고 질서를 세워주기를 바라는 흐름이 생기는 데는 다원적인 이탈리아 정치문화에서 (최소한 이론적으로는) 분명히 당연한 일면이 있었다.[71] 여론의 큰 흐름은 근본적인 개혁과 나라의 부흥을 약속한다면 포퓰리스트 지도자의 개인적 결함과 재앙에 가까운 결정을 문제 삼지 않겠다는 것이었다. 1990년대에 대규모 부패 스캔들이 터져 나온 후 이런 흐름이 실비오 베를루스코니(Silvio Berlusconi)라는 희화적인 인물에 대한 지지로 나타났다. 그의 화려한 사생활, 대중매체 조작, 포퓰리스트 스타일, 기득권에 도전하기 위한 정당—전진 이탈리아(Forza Italia)—의 창당, 네오파시스트의 기용은 지나간 역사를 떠올리게 했다. 2019년에 시행한 여론조사에서 절반에 가까운 응답자가 의회나 선거결과에 대해 책임을 지지 않는 강한 인물이 권력을 잡기를 바란다는 답변이 나왔다. 이것은 무솔리니의 유령이 지금도 완전히 퇴치되지 않고 있음을 의미한다.[72]

무솔리니의 정치적 유산은 1946년에 설립된 네오파시스트 정당—이탈리아 사회운동(Movimento Sociale Italiano)—에 직접 승계되었다. 이 정당은 선거에서 6% 이상을 득표한 적이 없었으나 이탈리아 정치에서 넓은 흐름을 형성했다. 이 정당은 지난 수십 년 동안 내부 분쟁과 정치적 조정을 통해 여러 차례 명칭을 바꾸었고 무솔리니와도 약간의 거리를 두고 있다. 네오파시즘에 대한 지지도는 대체로 비슷한 수준을 유지하고 있다.

생각이 바뀌지 않는 소수의 골수 파시스트 동조자들은 무솔리니에 대한 숭배를 계속하고 있다. 그늘 가운데서 수천 명이 매년 무솔리니의 출생지인 프레다피오를 순례한다. 그의 사후에 광신적인 네오파시스트들이 밀라노 공동묘지의 아무런 표지가 없는 무덤에서 그의 유해를 찾아냈다. 유해는 밀라노 근처의 프란치스코회 수도원에 몇 년 동안 극비리에 보관되다가 1957년에 고향 마을 가족 납골당에 다시 안치되었다. 그의 출생 100주년인 1983년에 3만 명이 넘는 네오파시스트들이 그의 고향을 찾아 경의를 표했다. 숫자는 이때만큼은 안 되지만 순례자의 행렬은 꾸준히 이어지고 있다. 프레다피오 마을을 위해 죽은 무솔리니가 좋은 사업밑천 역할을 해오고 있다.[73]

극소수 순례자의 프레다피오에 있는 무솔리니 성전 방문은 단순히 맹종자의 추억여행이거나 무솔리니와 관련된 여행상품일 뿐이다. 무솔리니는 흐려져가고 있기는 하지만 오늘날의 이탈리아에 여전히 그림자를 드리우고 있다. 능동적으로 그를 기억하는 이탈리아인은 거의 없고 이탈리아인의 일상생활에 그는 거의, 또는 전혀 관련이 없다. 2018년의 한 여론조사에 따르면 2/3에 가까운 응답자들이 무솔리니를 부정적으로 생각하고 있다.[74] 그들은 바깥세계의 사람들과 마찬가지로 무솔리니가 그들의 조국과 그 너머 아프리카와 유럽의 일부에 전쟁, 고난, 재앙을 불러오는 데 기여한 개인적인 역할을 기억하고 있다.

3

히틀러
Adolf Hitler

전쟁과 학살의 선동자

"개인적인 생각을 겸손하게 말하더라도 나를 대체할 사람은 없다. …제국의 운명은 나 한 사람에게 달려있다."[1] 1939년 11월 23일, 히틀러는 군 지휘관들을 상대로 지체 없이 프랑스와 영국을 공격할 준비를 하라고 강력하게 요구하고 있었다. 그는 자신이 '독일 역사의 위대한 인물들'이 걸어간 길을 따라가고 있다고 확신했다. 많은 독일인들이 누구도 히틀러를 대신할 수 없다고 믿고 있었다. 그리고 이듬해 6월에 프랑스를 상대로 놀라운 승리를 거두자 독일인들은 자신이 '위대한 인물'이라는 히틀러의 주장을 인정해주었다.

5년 후, 한때 그를 찬양했던 많은 사람들이 이제는 그를 비난했다. 뉘른베르크 재판(1945년 11월-1946년 10월)에서 주요 전범들이 처벌되자 대부분의 독일인들은 그에게 등을 돌렸지만 1950년까지도 여론조사의 응답자 가운데서 10%가량이 여전히 히틀러를 찬양하고 있었다.[2] 그 밖의 나치스 지도자들 — 일부는 히틀러처럼 전쟁 막판에 자살했지만 — 도 '독일 대파국'의 책임을 졌다. 그러나 살아남은 하위급 나지 지도자들은 '지도자 원리'(leadership principle, Führerprinzip)를 내세워 자신들은 명령을 따랐을 뿐이라고 주장했다. 군부 지도자들도 같은 변명을 내놓았다. 그들은 자신들은 반대했지만 히틀러에게 충성서약을 했기 때문에 '지도자의 명령'을 따르지 않을 수 없었다고 주장했다. 그들은 전쟁범죄와 학살에 군부는 간여하지 않았으며 그런 범죄는 히틀러, 히틀러에게 최고의 충성을 바친 경찰 우두머리 하인리히 힘러(Heinrich Himmler), 나치당 친위대(SS: Schutzstaffel)가 저질렀다고 반박했다. 고위 공무원들은 자신들은 단순히 지시받은 대로 임무를 수행했을 뿐이며 그 과정에서 비인도적인 결과를 희석시키기 위해 할 수 있는 모든 노력을 다했다고 변명했다. 일반 시민들은 히틀러가 세운 전체주의 경찰국가에서 아무것도 할 힘이 없었다고 주장했다. 어떤 경우이든 히틀러는 국가적인 알리바이로서 기능했다.

역사해석의 과도한 개인화에 반대하는 흐름이 1960년대에 등장했다. 그러자 히틀러의 역할이 희석되었다. 히틀러는 강력한 (정치적·경제적·사회적·군사적) 이익집단들을 대변하는 인물로 축소되었다. 이제 그는 어떤 속박도 받지 않고 혼자서 권력을 행사한 독재자와는 거리가 먼, 안팎의 구조적 압력에 수동적으로 대응한 인물로 비쳐졌다. 누구도 그가 선동 선전에 뛰어난 재능을 갖고 있었다는 점을 부인하지 않았다. 그런데 그 점을 제외하면 그는 '개성 없는 사람'(Der Mann ohne Eigenschaften)의 전형이었다. 그는 확고한 위신과 권위를 가진 것처럼 보였으나 사실은 주변 사람들의 영향 때문에 우유부단하고 결단력이 부족한, 근본적으로 '나약한 독재자'였다.[3]

그렇다면 히틀러는 절대 권력자였거나 전혀 쓸모없는 인물이었거나 둘 중의 하나이다. 해석은 모 아니면 도처럼 극단으로 나뉜다. 그런데 히틀러를 이런 논법으로 평가할 수 있는가? 히틀러가 외부와 내부 힘의 영향을 받았다 하더라도, 그의 독재가 결코 원맨쇼가 아니었다는 점을 인정한다 하더라도 정책수립에 있어서는 그가 결정적인 요인이었음은 분명하지 않은가? 핵심은 히틀러의 권력이 어떻게 작동했는가를 묻는 것이다. 히틀러 자신이 재가한 결정이지만 그것이 독재체제의 구조 속에서 중요한 집단의 이익을 배제한 결정이었는가? 아니면 중요한 이익집단의 압력에 굴복한 결정이었는가? 어떤 답변을 시도하더라도 그 속에는 히틀러의 개성이 한 부분으로서 포함되어야 한다. 그러나 개성이 유일한 답변이 될 수는 없다. 권력을 장악하기까지, 그리고 독재로 나아가기까지 그의 개성이 얼마나 중요한 역할을 했을까? 중요한 결정은 그가 스스로 내렸을까? 그렇다면, 이미 형성된 여론을 대변한 결정이었을까, 아니면 반대의견을 물리친 결정이었을까? 그는 주변의 세력을 통제할 수 있었을까? 그는 다른 행동을 취하거나 다른 정책을 채택할 수 있었을까? 그렇다고 한다면 그는 (1939년 11월에 말했듯이) 어떻게 혼자서 독일의 운명을 결정하는 자리에 오를 수 있었을까?

개성과 정치생활의 시작

히틀러는 20세기의 어떤 정치가보다도 이미지가 뚜렷한 인물이다. 그는 정치적 악을 대변하고 있다. 칫솔처럼 생긴 콧수염, 이마를 덮으면서 오른쪽에서 왼쪽으로 빗어 넘긴 곧은 머리카락, 노려보는 것 같은 눈, 딱딱하고 웃음기 없는 표정은 모두가 떠올리는 그의 모습이다. 반대자들에게 그의 얼굴은 언제나 조롱과 경멸과 풍자만화의 좋은 소재였다. 그러나 제3제국의 수백 만 추종자들에게 그것은 정치적인 위대함의 얼굴이었다. 그들에게 그 얼굴은 권위, 의지력, 남자다움, 담대한 용기, 근엄한 가부장주의의 표상이었다. 그것은 역경을 이겨낸 승리, 민족의 위대함, 독일 군사력의 의인화(擬人化)된 상징이었다. 그를 묘사한 초상은 모두가 현대의 암시적 선전기술이 만들어낸 시각적 이미지였다. 유년 시절의 사진을 보면 히틀러의 얼굴은 잘생기지도 않고 밉지도 않은, 뚜렷한 특징이 없는 얼굴이다.[4]

그의 키는 중간 정도였다(약 5피드 8인치*, 무솔리니나 스탈린보다 약간 컸다). 운동으로 단련된 몸매는 아니었고, 무솔리니와는 달리 웃음거리가 될 만한 운동선수 같은 포즈는 피했다. 1920년 초 뮌헨의 살롱에 모습을 드러냈을 때 각반을 친 바지에다 긴 트렌치코트를 걸치고 손에는 승마용 채찍을 든 기이한 옷차림이었다. 그 무렵 바이에른에서 휴식하고 있던 그는 전통적인 가죽바지를 즐겨 입었다. 군인다운 모습을 연출하기 위해 그는 군 예복을 즐겨 입었고 뒤에 가서 2차 대전 중에는 군복을 입었다. 군복이 아닌 경우 정장에 타이를 맨 그의 모습은 약간 어색했고 공식행사에 참석할 때 야회복을 입은 그의 모습은 더욱 그러했다.

그의 가족배경은 평범하지 않았다. 오스트리아의 하급 세관직원이었던 아버지 알로이스(Alois)는 아돌프가 태어난 1889년에는 독일과 오스트리아의 국경을 사이에 두고 바이에른의 맞은편 오스트리아 땅에 있는 브라우나우 암 인(Braunau am Inn)에서 근무하고 있었다. 그는 거칠고 화를 잘 내고 가족에게 군림하는 인물이었다. 온순하고 순종적인 어머니 클라라(Klara)는 그 보상으로서 어린 히틀러를 응석받이로 키웠고 남편이 세상을 떠난 1903년 이후로는 그런 경향이 더 심해졌다. 어머니가 암으로 세상을 떠난 1907년 이후 아돌프 히틀러는 빈에서 불행한 시절을 보냈다. 물려받은 돈이 다 떨어지자 그는 남성 부랑자보호소에 들어가지 않을 수 없었고, 1913년 뮌헨으로 가기 전까지 도시의 주요 풍경을 그린 그림을 노상에서 파는 일로 호구지책을 삼았다. 다음 해에 일어난 전쟁은 이미 열광적인 독일민족주

---

* 대략 173센티미터.

의자였던 그에게 민족주의를 신봉할 이유를 제공해주었다.

그에게 전쟁은 인종주의를 정당화시켜주는 명분이었다. 1915년에 그는 조국이 '외래 요소가 제거되어 더 순수해지고', '내부의 국제주의'가 파괴되기만 한다면 막대한 고난과 희생은 감수할 만하다고 생각했다.[5] 추측컨대 전쟁 첫날부터 일상적으로 목격한 죽음과 파괴가 훗날 그가 수없이 보여준 인간의 고통에 대한 무관심과 무자비함을 심화시켜준 것 같다. 훗날 스스로 인정했듯이 그는 전쟁 동안에 '일선의 병사'가 아니라 이선에서 전령으로서 복무했다. 일선 전투병들에게 전령은 편안하게 지내기 때문에 호감이 가지 않는 존재였다. 그러나 전선에 명령서를 전달하는 일은 때로는 위험하기도 했다. 히틀러가 성실하고 진지한 병사가 아니었다고 의심할 만한 이유는 없다. 1916년에 그는 부상을 입었고, 1918년에는 철십자 1급훈장을 받았고 겨자가스에 노출되어 일시적인 실명상태로 병원에서 종전을 맞았다. 병원에 있는 동안 그는 독일이 패배했다는 소식을 듣고 충격에 빠졌다.[6]

부대에 복귀한 후 혁명의 열기가 들끓는 뮌헨에 머무는 몇 달 동안 그는 정치에 눈을 떴다. 1919년 4월에 뮌헨에서 단명으로 끝난 소비에트 스타일의 '위원회 공화국'이 전환점이었다. 그때부터 그의 군대 상급자들은 사회주의에 대응하고 병사들에게 민족주의 정서를 주입하는 일에서 그가 가진 재능을 알아보았다. 그의 편견과 불만—핵심은 유대인에 대한 극단적인 증오였다—은 그의 정치활동의 방향을 결정하는 하나의 이념, 또는 '세계관'으로 응결되었다. 히틀러의 병적인 반유대주의가 어디에서 비롯되었느냐는 질문에 대한 명확한 해답은 찾을 수가 없다. 그 근원은 심리학적 해석으로 추정만 할 수 있을 뿐이다. 가장 유력한 해석은 다음과 같다. 빈에 있는 동안에 반유대주의에 노출되었고(당시 빈은 유럽에서 반유대주의가 가장 강한 도시였다), 독일의 패전과 1918년의 혁명에 대해 유대인이 책임져야 한다는 세간의 주장에 동조하면서 유대인에 대한 증오가 깊어졌고, 종전 후 1년 사이에 뮌헨에서 정치적 세계관으로 굳어졌다. 1919년 2월에 암살당한 바이에른 혁명정부의 수뇌 쿠르트 아이스너(Kurt Eisner)는 4월에 암살당한 좀 더 급진적인 동유럽 '위원회 공화국'의 지도자들——이들은 볼셰비키와 연관이 있었다——과 마찬가지로 유대인이었다. 유대인과 사회주의 혁명의 연관성이 히틀러의 머릿속에 결정적으로 각인되었다.

반유대주의의 근원을 추론하는 것보다 더 중요한 일은 훗날 그것이 히틀러의 당과 국가 리더십에 미친 영향을 밝혀내는 것이다. 의심할 필요도 없는 일이지만, 유대인의 권력——그는 그런 게 있다고 믿었다——을 파괴하고 궁극적으로는 유대인을 신체적으로 파괴하려는 집요한 시도가 그의 정치적 동기의 중심을 형성하게 되었다. 그는 독일 안에서 유대인의 힘과 영향력을 파괴해야만 국가의 잃어버린 영광을 되찾을 수 있다는 생각을 갖고 있었다. 그의 왜곡된 견해에 따르면 1차 대전 말기에 독일이 당한 국가적 치욕은 그 원인이 유대인에게 있었다. 그들이 국내에서 혼란을 선동했다. 탐욕스러운 '유대인 금융자본'이 독일 인민을 희생시키고 거대한 이익을 취했다. 그는 유대인의 권력이 미치지 않는 곳이 없다고 생각했다. 그러므로 유대인은 어디에서든 파괴되어야 했다. 파괴자들을 파괴하자면, 과거를 되돌리자면, 역사를 다시 쓰고 전 유럽에 독일의 지배를 수립하자면 또 하나의 전쟁이 필요했다. 이런 사고의 핵은 1차 대전이 끝난 직후에 형성되었다.

1919년 9월 무렵, 부대 내에서 이미 '유대인 문제'의 '전문가'로 인정받고 있던 그는 민족국가의 '최종적 목표'는 '유대인의 전면적 제거'라야 한다고 주장하고 있었다.[7] 그것이 홀로코스트의 청사진은

독일 나치 지도자 아돌프 히틀러(1938).
홀로코스트를 자행한 히틀러는 20세기 가장 극단의
정치적 악을 상징한 인물이 되었다. 그는 유대인의 힘과
영향력을 파괴해야만 국가의 잃어버린 영광을
되찾을 수 있다고 생각했다.

아니었다. 그러나 유대인이 모든 악의 근원이란 생각은 확고해졌다. 그는 모든 문제를 이런 사고의 틀로 해석했다. 유대인의 권력이 독일에 패배와 사회주의 혁명을 가져다주었다. 얼마 안 가 그는 연합국의 전쟁수행을 재정적으로 뒷받침한 영-미 자본주의의 배후에 유대인이 있으며, 위협이 증대되고 있는 볼셰비즘의 주도 세력이 유대인이라고 생각했다. 1924년과 1926년 사이에 두 권으로 된 소책자 『나의 투쟁』(*Mein Kampf*)을 쓰면서 그는 자신의 이념체계 속에 두 번째의 핵심 개념을 추가했다.[8] 독일은 경제적 미래를 확보하기 위해 동쪽에서 무력으로 '생활권'(生活圈)을 확보해야 한다. 유대인 정착지는 동유럽과 러시아에 널리 퍼져 있다. 히틀러는 수년 동안 명시적으로 밝히지는 않았지만 '생활권'을 확보하기 위한 전쟁은 암묵적으로는 유대인을 파괴하는 전쟁을 의미했다.[9] 유대인 파괴와 '생활권' 확보라는 두 개념은 그가 1945년 베를린 벙커에서 최후를 맞을 때까지 근본적으로 변함없이 이념의 핵으로 남아 있었다.

히틀러가 독일의 권력을 장악하자 이런 개인적 '세계관'이 시간이 지나면서 국가정책으로 탈바꿈하게 되는데 그 과정은 결코 일직선이 아니었다. 히틀러의 개성은 그 과정의 부분적인 요소에 불과했다. 그의 개성은 어떤 경우에도 유명해지고 나서 포장된 그의 이미지, 특히 국가권력을 장악한 뒤의 이미지와 구분되기 쉽지 않은 경우가 많다. 일부 영속적이고 본질적인 (아마도 아버지를 닮았을) 개성의 특징은 어쨌든 일찍부터 드러난다. 그는 일찍부터 고압적이고, 화를 잘 내고, 참을성이 부족하고, 이기적이었다. 그가 냉혹하고, 분노를 품고 있고, 쉽게 증오로 변하는 혐오감을 갖고 있었다는 흔적이 여러 곳에서 드러났다. 이런 성격은 개인적인 경험, 어쩌면 빈에서 유랑자 신세로 전락했을 때 받은 지워지지 않는 모멸감의 상처에서 나왔을까? 마음속에 그토록 깊고 집요한 증오심을 심어줄 정도로 그의 자존심에 상처를 준 것이 무엇이었는지 시간의 안개를 걷어내고 확인하기란 불가능한 일이다.

그 밖의 그의 개성은 호감을 준다고 할 수는 없지만 그렇다고 세상을 바꾸게 될 인물의 특징을 보여주지는 않았다. 그에게서 유머감각이라고는 전혀 찾아볼 수 없었다. 섹스에 관해서 그는 지나치게 근엄했다. 그는 병적으로 청결함에 집착했다. 그는 건축, 예술, 음악과 관련하여 웅장한―그리고 매우 독단적인―구상을 갖고 있었다. 한 번도 마음을 열어놓고 자기 의견을 밝히지는 않았지만 이 분야에 대해서는 그는 제대로 된 지식을 갖추고 있었다. 그는 분명히 지적이었고 뛰어난 기억력을 갖고 있었다. 그러나 그는 학교생활에서 부지런하지 않았고 잘 적응하지 못했다. 결국 1907년 빈 예술학교의 엄격한 선발기준을 채우지 못해 낙방한 이후 그는 자격을 갖추기 위한 체계적인 노력을 하지 않았다. 일부 독학자들이 그렇듯 그는 모든 주제에서 자기주장이 강했다.

그 시절 그는 상당히 사귀기 어려운 인물이었다. 그의 개성은 주변 사람을 끌어들이기보다는 반감을 불러일으켰다. 그러니 놀랄 일은 아니지만 그에게는 가까운 친구가 없었다. 아우구스트 쿠비체크(August Kubizek)가 소년시절 그의 유일한 친구였던 것 같다. 히틀러가 건축과 바그너의 오페라에 관한 얘기를 혼자서 끝없이 늘어놓을 때 감탄하며 들어준 친구가 아우구스트였다. 몇 년 후 히틀러는 또 한 사람의 가까운 친구 에른스트 슈미트(Ernst Schmidt)를 만난다. 에른스트는 전쟁 동안에 그와 함께 연락병으로 복무했고 히틀러의 '예술가적 기질'에 매료되었던 것 같다.[10] 연락병 무리 속에서 히틀러는 약간 특이한 인물로 취급받았으나 동료들과의 관계는 좋았다. 전쟁이 끝난 뒤 정치에 입문한 뒤에도 히틀러의 주변 인물은 거의 전부가 남성이었다. 1931년 에바 브라운(Eva Braun)이 등장하기 전까지는 그는 여성과 지속적이며 친밀한 관계를 맺은 적이 없었다(에바는 벙커에서 동반 자살할 때까지 그의 곁에 머물렀다). 어떤 관계이든—예컨대 1920년대 중반 마리아 라이터(Maria Reiter)외의 관계, 1931년 히틀러의 뮌헨 아파트에서 자살한 그의 조카딸 겔리 라우발(Geli Raubal)과의 관계—지속된 기간은 짧았고 상대는 히틀러보다 나이가 훨씬 아래였다(에바 브라운과도 나이 차이가 많았다). 정적들이 퍼뜨린 그의 성도착증에 관한 선정적인 주장이 얼마만큼이나 진실인지 알아낼 수는 없다. 히틀러의 성적 취향에 관해서는 지금까지도 여러 가지 억측이 끊이지 않고 있지만 분명한 해답은 찾을 수가 없다.[11] 어떤 경우이든 그런 추측은 독일과 유럽을 전쟁과 학살로 몰아간 정치적 과정에서 그의 개성이 미친 영향을 설명해주는 데는 의미 있는 도움을 주지 못한다.

정치에 발을 들여놓은 후 히틀러의 개성은 자산으로 바뀔 수 있었다. 생애의 전반기에는 드러나지 않았던 강한 주관, 불관용, 비범한 선동가적 재능이 정치적 스타로 떠오를 수 있었던 핵심적인 특징이었다. 그러나 1919년 이전까지는 히틀러에게서 좋은 인상을 받은 사람은 없었고 그가 하는 말을 중요하게 받아들이는 사람도 없었다.

머지않아 상황이 바뀌었다. 1919년 여름, 1차 대전에 동원되었다가 제대를 앞둔 병사들을 교육하는 부서에 배치된 히틀러는 처음으로 격정적인 연설을 통해 청중을 분발시키는 능력을 보여주었다. 두 번째로 이 능력이 주목을 받은 때는 군대 상급자들의 지시를 받고 참석한 (1919년 9월에 뮌헨에서 열린) 독일노동자당 집회였다. 그에게 주어진 임무는 이 정당의 동향을 파악해 보고하는 것이었다. 이렇게 하여 소규모 정당—당시 독일에는 이 정당과 유사한 성격의 정당이 73개나 있었다—에 가입하게 된 그는 얼마 안 가 뮌헨의 맥주홀에서 열린 이 당의 집회에서 스타 연설가로 등장했다. 1920년 2월 24일,

2,000여 명의 청중 앞에서 행한 신랄한 연설에서 그는 당의 25가지 계획을 발표했다. 그 계획 가운데 하나가 당의 이름을 국가사회주의 독일노동자당(약칭 나치[Nazi]: Nationalsozialistische Deutsche Arbeiterpartei)으로 바꾸는 것이었다. 히틀러의 정치 '경력'이 첫발을 내딛었다.

청중들로서는 그들이 귀 기울이고 있는 연사가 13년 뒤에 독일제국의 수상으로 지명되리라고는 상상할 수 없었다. 그런 일이 생기려면 독일이란 나라가 근본적으로 바뀌어야 했다. 그 변화가 일어났고, 그 과정에서 히틀러의 개성이 분명히 한몫을 했다. 그러나 독일을 휩쓴 변화가 없었더라면 그는 나라의 운명에 영향을 미치는 자리에 가 있지 못했을 것이다.

1차 대전이 독일에 안겨준 고통스러운 충격이 없었더라면 히틀러는 정치적으로 존재를 드러낼 수 없었을 것이다. 1930년대 초의 대공황이란 파멸적인 충격이 없었더라면 누구도 히틀러를 국가 지도자가 될 만한 재목이라고 생각하지 않았을 것이다. 그리고 제국대통령을 움직일 수 있는 영향력을 가진 소규모 정치 엘리트 집단이 받아들이지 않았더라면 히틀러는 제국수상에 지명되지 않았을 것이다. 이런 것들이 히틀러의 개성이 중대한 요소로 떠오르게 된 핵심적인 전제조건이었다.

권력의 전제조건

독일은 전쟁, 패전, (때로는 내전 직전에 이르렀던) 혁명의 후유증 때문에 트라우마에 빠졌다. 우파 신문들이 러시아의 공포에 관한 뉴스를 확산시키자 공산주의에 대한 두려움이 쌓여갔다. 정치는 양극화되었다. 새로 세워진 민주주의는 위험에 빠졌다. 1920년 3월, 총파업이 우파의 쿠데타를 막았다. 그 직후 루르(Ruhr)에서 군대가 노동자들의 붉은 군대를 잔혹하게 분쇄했다. 1921년, 작센(Sachsen) 공산주의자들의 봉기는 경찰에게 진입되었다. 의회 내에서 폭력시테는 일상사였다. 정치적 동기에서 수백 건의 살인이 일어났고 그 대부분은 극우파가 저지른 것이었다. 패전국에게 상당한 수준의 영토 포기와 막대한 전쟁배상금을 강요하는 베르사유조약(1919년 6월 체결)에 대한 증오심이 정치를 뜨겁게 달구어놓았다. 1923년, 독일이 전쟁배상금의 지급불능을 선언하자 프랑스가 루르 지역을 점령했고 초인플레가 발생했다. 정치는 끓어 넘쳤다.

반(反)공화국 극우파의 천국이 된 바이에른에서 히틀러의 개성이 영향력을 갖기 시작했다. 그곳에서는 정치가 끓어 넘쳤다. 인화성이 강한 그의 연설은 그곳의 분위기에 들어맞았다. 그의 연설은 뮌헨의 맥주홀로 사람들을 끌어모았고 그는 작지만 빠르게 확장하는 나치 운동에서 없어서는 안 될 인물이 되었다. 쉰 목소리로 새로운 민주주의를 비난하고 극단적인 인종차별적 민족주의를 찬양하는 그의 연설은 청중이 듣고 싶어하던 것이었다. 정치적 반대자에 대한 폭력과 독일이 앓고 있는 질병의 원인인 유대인에 대한 악의적인 공격을 부추기는 그의 연설은 청중의 마음속에 이미 존재하는 생각과 일치했다. 히틀러는 그들의 언어로 말할 줄 알았다. 히틀러의 연설이 갖는 힘은 그 자신의 영혼을 괴롭히는 분노, 불만, 증오를 단순하고 직설적이며 고도로 감성적인 어휘로 담아낼 줄 아는 능력에서 나왔다.

여주인공이 자신의 존재를 각인시키기 위해 짜증을 내듯 ─ 이것이 히틀러 개성의 특징이었다 ─ 히틀러는 1921년 당에 대한 절대적 통제권을 일찌감치 장악하기 위해 누구도 대체할 수 없는 자신의 위상을 이용했다. 1923년이 되자 히틀러는 바이에른에서 벌어진 상당한 규모의 준군사적 시위에서 직접 지도자의 역할을 맡았다. 실패로 끝난 9월 봉기의 시발점이 이것이었다. 히틀러는 체포되었고, 그를 기다리는 것은 정치적 종말을 의미하는 재판과 투옥이었다. 대역죄로 기소된 그는 최상의 경우라야 장기 징역형을 바라볼 수 있었고 사형까지도 가능했다.[12] 나중에 목격하게 되지만 바이에른 당국의 유연성 덕분에 히틀러는 재판정을 민족주의의 선전장으로 활용했고 과분하게 관대한 단기 징역형 ── 고작 5년, 그것도 8개월 복역 후 가석방 ──은 극우파 내에서 자신의 입지를 높이는 데 이용했다. 안락한 구금생활 동안 히틀러는 『나의 투쟁』 제1권을 썼고, 추종자들로부터 넘쳐나는 편지를 받았다. 이때 그의 마음속에 이미 자라고 있던, 자신은 독일이 기다리는 지도자란 생각이 확고해졌다. 그러나 실제로 기다리는 사람은 많지 않았다. 불법화된 나치당은 자기네들끼리 서로 싸우는 몇 개의 분파로 흩어졌다. 경제적 안정이 회복되었고 민주주의는 비틀거리면서도 온전하게 유지되었다. 민주주의의 미래가 있는 것처럼 보였고 히틀러가 권력으로 가는 관문에 접근할 전망은 까마득해 보였다.

만약에 1930년에 대공황이 시작되지 않았더라면 독일은 히틀러의 독재와 그것으로부터 파생된 모든 후유증을 피할 수 있었을 것이다. 경제상황의 호전이 지속되었더라면 ──1929년까지는 그랬다── 권력의 문은 히틀러에게 열리지 않았을 것이다. 위기가 그에게 산소를 공급해주었다. 위기가 없었더라면 그의 주장은 정치적 주류가 되지 못하는 과격한 집단에게만 호소력이 있었을 것이다. 그리고 가까운 장래에 권력을 장악할 가능성이 보이지 않았더라면 그의 자성(磁性)은 증발해버렸을 것이고 그는 잊힌 존재로 사라졌을 것이다. 민주주의가 확고해졌더라면 나치운동 ──1925년에 재건되었지만 늘 분파주의에 빠져 있었다── 은 분명히 와해되었을 것이다. 1928년 총선의 결과는 독일이 긍정적인 방향으로 나아가고 있다는 표지로 해석할

뮌헨 '맥주홀 폭동'으로 수감된 히틀러와 그의 추종자들.
히틀러는 1923년 11월 일으킨 이 쿠데타 실패로 징역형을 받고
란츠베르크 감옥에 갇혔다. 히틀러는 8개월여 안락한 구금생활을 하면서
자신의 구술을 기록하고 정리해준 루돌프 헤스(오른쪽 두 번째)의
도움으로 『나의 투쟁』 제1권을 완성했다.

수 있었다. 민주적 성향이 강한 정당들이 좋은 성적을 거두었고 민족주의자들의 성적은 시원찮았다. 나치당은 소멸의 길을 걷고 있거나 최소한 존재이유가 분명치 않은 정당으로 보였다. 파국적인 경제불황의 시작이 나치당을 구출해주었다.

대공황이 시작되기 전에는 히틀러의 주장은 거의 영향력이 없었다. 그가 한 일이라고는 재건된 나치당을 '지도자의 당'으로 단련시킨 것뿐이었다. 그의 의지에 의문을 제기하지 않는 복종과 유사 봉건주의적 충성이 나치운동 내부의 핵심적인 가치를 지켜주는 접착제였다.[13] 국가사회주의 ─ 히틀러는 의도적으로 국가사회주의를 구체적인 프로그램이 아니라 민족의 부활이란 미래의 방향으로 남겨두었다 ─ 는 히틀러 개인과 분리될 수 없는 '개념'이 되었다. 국가사회주의의 이념적 기초는 그때까지만 해도 당의 소수 열성 당원 사이에서만 통하던 철저한 지도자 숭배였다. 물론 지도자 숭배는 인위적인 산물, 당 지도층이 정교하게 개발해내고 끊임없는 선전을 통해 전파된 것이었다. 그러나 그것의 기초는 1차 대전 전부터 민족주의-포퓰리즘 진영 내부에 존재했고, 민주주의가 산고를 겪고 있던 1920년대에 우파들 사이에 널리 퍼져 있던 '영웅 리더십'에 대한 기대였다. 민족주의 프로테스탄트 신학자들이 1932년에 발표한 메시아주의에 가까운 선언에 그런 표현이 담겨 있었다. "진정한 정치인은 부성애, 상무(尙武)정신, 카리스마에 자신을 일치시켜야 한다. …그러므로 진정한 정치인은 영원한 지배자이자 전사이며 성직자이다."[14]

그러나 권력으로 가는 길은 완전히 안개 속이었다. 유일하게 가능한 수단은 언젠가는 유리한 방향으로 사태가 전개될 것이라는 확신을 가지고 끊임없이 벌이는 선동뿐이었다. 당 조직 또한 봉기 이전보다 상황이 나아졌으나 그것은 히틀러 자신의 공적이 아니라 그의 바로 아래 부하 그레고르 슈트라서(Gregor Strasser)의 노력 덕분이었다

(슈트라서는 1924년에 히틀러가 구금되어 있던 동안에 두각을 나타냈다). 당원 수는 늘어나고 있었고 대공황이 시작되면서 이 위기를 이용하려는 10만 명의 활동가들이 때를 기다리고 있었다.

1930년과 1933년 사이에 재난보다 더 심한 경제 불황이 찾아왔다. 경제, 사회, 문화, 그리고 국가 자체가 전반적인 위기에 빠졌다.[15] 1차 대전 후의 위기 속에서 첨예한 분열이 뚜렷하게 드러났으나 상황이 호전되면서 외관상으로는 전보다 더 나은 상태로 복귀했다. 좌파와 우파의 이념적인 균열은 날것 그대로의 민족주의-포퓰리즘이 활개칠 수 있는 정치적 공간을 열어놓았고, 빠르게 성장하던 나치운동은 준군사 조직의 활동을 통해 일상적으로 대중에게 나치의 이념을 주입했다. 나치의 준군사 조직이 행사하는 폭력은 매우 큰 효과를 냈다.

나치당의 득표율은 빠르게 올라갔다. 1928년의 득표율은 2.6%였으나 1930년에는 18.3%, 1932년에는 37.4%가 되어 나치당은 쉽게 독일의회(라이히스타크, Reichstag)에서 제1당의 자리를 차지했다. 1932년에 히틀러는 존경받는 전쟁영웅 파울 폰 힌덴부르크(Paul von Hindenburg)가 제국대통령으로 선출되는 것을 막으려 했으나 아주 근소한 표 차이로 실패했다. 그가 권력을 장악한 1933년 1월 무렵, 나치의 당원 수는 대략 85만 명이었고 준군사 조직 SA(Sturmabteilung: '돌격대')의 인원은 약 40만 명—모두가 당원은 아니었다—이었다. 이때 나치운동은 무솔리니가 권력을 장악한 1922년의 파시스트 당보다 세 배나 컸다.

대공황이 시작되자 히틀러는 포퓰리즘 선동가로서 본질을 드러내며 '체제'의 불공정과 내부의 적을 공격했다. 그는 "유일하게 안정적인 정서는 증오"라는 논리를 내세웠다.[16] 그의 운동방식은 현대적이었다. 1932년, 그는 정치가로서는 처음으로 집회에서 연설하기 위해

도시에서 도시로 이동할 때 비행기를 이용했다. 그가 연설하는 집회는 수만 명의 청중을 끌어모았다. 연설의 메시지 자체는 독일을 망치고 있는 사람과 그런 사람들을 대변하는 민주주의를 파괴하라, 나(히틀러)의 리더십 아래서 새로운 사회 — '인민의 공동체' — 를 건설하자는 등 의도적으로 공격의 대상을 구체화하지 않았다. 그는 10년 전보다는 유대인에 대한 직접적인 언급을 줄였다. 그러나 그는 자신의 관점을 숨기지 않고 독일 정치체제에 대한 극한적인 비난 속에 담았다. 대중은 그가 공개적으로 불관용과 민주주의를 쓸어버리겠다는 결심을 선전하자 환호했다. 그러나 그렇게 하자면 정부를 장악해야만 했다. 그런데 선거에서의 승리만으로는 정부를 장악할 수 없었다.

헌법 규정에 따르면 제국대통령(국가 지도자)이 제국수상(정부 지도자)을 지명하게 되어 있었다. 대통령은 형식적인 장식으로서가 아니라 실제적인 권력을 갖고 있었다. 1932년 8월, 나치당이 한 달 전의 선거에서 큰 승리를 거둔 후 대통령 폰 힌덴부르크는 히틀러를 수상으로 지명하기를 거부했다. 다섯 달 뒤 1932년 11월에 치러진 또 한 번의 선거에서 나치당은 200만 표를 잃어버렸고 그 결과로 깊은 위기에 빠졌다. 힌덴부르크는 마음을 바꾸어 1933년 1월 30일에 히틀러를 수상으로 시명했다. 히틀러는 바뀌지 않았는데 상황이 바뀌었다. 그 전 몇 주 동안 히틀러는 수상이 되기 위해 모든 것을 걸었고 바로 그것을 얻었다. 정치 기득권 집단의 핵심 내부인사들이 그가 원하던 수상 자리를 넘겨주려 하지 않았다면 그런 일은 일어날 수 없었을 것이다.

독일의 민족주의-보수파 지배계급은 1930년과 1933년 사이에 스스로 무덤을 팠다.[17] 하인리히 브뤼닝(Heinrich Brüning) 수상의 정책은 경제상황을 개선시키기는커녕 위기를 더욱 악화시켜놓았다.

민주주의는 작동불능 상태에 빠졌고 정부는 점점 더 대통령이 선포하는 비상사태에 의존하여 국가를 운영해나갔다. 위기가 깊어지자 대통령은 브뤼닝의 후임자로 공공연한 반민주적 인물들——처음에는 프란츠 폰 파펜(Franz von Papen), 다음으로는 쿠르트 폰 슐라이허(Kurt von Schleicher) 장군——을 수상으로 지명했다. 나치를 정부에 불러들이지 않고는 누구도 이 복합적인 위기에 대한 해법을 제시할 수 없었다. 그들은 그럴 생각이 있었지만 히틀러에게 수상 자리를 주고 싶지는 않았다. 그들은 결정을 내리지 못하고 망설였다. 그들은 민주주의의 토대를 무너뜨릴 수 있었고 실제로 그렇게 했다. 그러나 그들은 자신들이 원하는 대로 전통적인 소수의 정치적 특권계층이 운영하는 권위주의적 정부가 그 자리에 들어서게 할 수는 없었다. 히틀러는 그들에게는 없는 대중적 지지를 받고 있었다. 히틀러는 자신의 도움이 없이는 권력을 유지할 수 없는 보수 엘리트의 무력함을 이용했다. 그러나 그를 끌어들이기 위해서는 높은 가격을 지불해야 했다. 그는 국회의 동의를 받지 않고 비상사태를 선포할 수 있는 대통령의 권한을 가진 정부 지도자로서 자신을 지명하라고 강력하게 요구했다. 국가적 위기의 심연 속에서 이것이 주요 장애물이었다.

수상 자리를 차지하지는 못했지만 정부에 들어갈 수 있는 길이 열리자 나치당은 1932년 12월에 분열의 위기를 맞았다. 그레고르 슈트라서가 슐라이허 내각에 부수상으로 참여할 의사가 있다고 밝혔다. 히틀러는 수상이 아니면 안 된다는 강경한 입장을 유지했다. 슈트라서와의 담판에서 히틀러가 이겼다. 그에 대한 당의 충성이 재확인되었다. 이때가 역사가 다른 방향으로 나아갔을 수도 있는 결정적인 순간이었다. 패배한 슈트라서는 당직에서 사퇴했다. 그는 이제 어제의 인물이었다. 히틀러는 그답게 슈트라서가 만든 조직구조를 해체했다.[18] 그는 당의 목표는 지도자가 제시하는 이념을 위해 선전, 동원,

충성하는 것이라고 규정했다. 파시스트당 대평의회가 결국에는 무솔리니를 끌어내리는 조직이 되었던 이탈리아의 독재체제와 대비했을 때 나치당은 히틀러의 절대적 우위에 도전할 수 있는 어떤 제도적 틀도 용납하지 않았다.

정치적인 난국 속에서 벌인 1933년 1월의 담판은 결과적으로 히틀러가 원하던 것을 가져다주었다. 재계 지도자들, 대토지 소유자들, 군부 — 내란이 일어나면 끌려들어갈까 염려하고 있었다 — 는 꼭 나치정부가 아니더라도 권위주의적인 정부를 바라고 있었다. 결국 폰 파펜이 중재하여 히틀러에게 수상 자리가 돌아가고 그 대신에 취임하고 나면 그를 '길들일' — 또는 그럴 희망으로 — 보수파 각료를 임명하기로 했다. 1933년 1월 30일은 독일뿐만 아니라 유럽 전체에게 운명적인 날이었다. 이날 정오에 폰 힌덴부르크 대통령은 히틀러를 제국수상으로 지명했다.

독재자

히틀러가 권력 장악을 확고히 하려고 취한 조치들이 얼마나 신속했는지를 살펴보면 놀라지 않을 수 없다. 무솔리니가 몇 년을 걸렸던 일을 히틀러는 몇 달 만에 해냈다. 히틀러가 취임하고 첫 몇 주 동안에 경찰이 나치당 준군사 조직의 도움을 받아 벌이는 테러행위가 전국을 휩쓸었다. 법절차를 무시한 채 수만 명의 공산주의자와 사회주의자가 급조된 감옥과 수용소에 갇히고 그곳에서 온갖 가혹행위에 노출되었다. 나치의 앞을 막아서는 자는 누구든 위험에 빠졌다. 이때는 정적이 주 표적이었다. 그러나 유대인도 이때부터 나치 패거리의 공격에 노출되었고 곧이어 유대인의 상점에 대한 불매운동이 벌어지고 유대인을 차별하는 법률이 제정되었다.

1933년 1월 30일, 히틀러 수상 취임에 연호하는 지지자들.
사람들은 '민족의 부활'을 이뤄줄 정치가라는 것을 히틀러 자신이
증명해주기를 기대했다. 하지만 이날은 독일뿐만 아니라 유럽 전체에
암운을 몰고 오게 될 운명적인 첫 순간이기도 했다.

1933년 2월 27일 밤, 라이히스타크(Reichstag, 독일의회 의사당)가 방화범의 공격을 받아 소실되었다. 범인이 누구인지는 제대로 밝혀진 적이 없다.[19] 방화범이 누구냐는 것보다 더 중요한 문제는 이 사건의 결과였다. 다음날 시민의 자유를 무기한 제약하는 비상사태가 선포되었다. 3월 23일, 히틀러에게 1차로 4년 동안의 독재권을 부여하는 권능부여법이 통과되었다. 이틀 전, 극적인 '포츠담의 날'(Tag von Potsdam) ── 의회 개회식. 선전의 명수 요제프 괴벨스(Joseph Goebbels)가 연출했다 ── 에 참석한 히틀러는 힌덴부르크 대통령에게 온순하게 절하는 모습을 보여주었다. 애초에 히틀러에게 호감을 갖지 않았던, 나치당원이 아닌 많은 사람들이 생각을 바꾸었다. 그들은 '민족의 부활'(좌파에 대한 잔인한 공격을 포함하여)을 환영했고, 기꺼이 히틀러에게 더 이상 민중을 선동하는 편협한 나치당원이 아니라 신뢰할 수 있는 정치가임을 증명할 기회를 줄 생각을 갖고 있었다. 그 후 몇 달 동안 반대당의 해산, 노동조합의 활동 금지, (7월 중순에는) 유일한 합법정당으로서 나치당의 설립 등의 회오리바람이 불었다. 협박, 공갈, 새로운 정권에 대한 기대심리가 뒤섞여 지금까지 풍부한 다원적 사회생활의 기초가 되었던 조직과 단체가 강제로, 또는 스스로 서둘러 나치화되었다. 이처럼 극적인 독일의 변신을 실현하기 위해 히틀러가 해야 했던 일이라고는 행동의 준칙을 설정해주는 것 이외에는 없었다.

그런데 1934년 6월에 그는 행동에 나서지 않을 수 없었다. 그는 자신의 정권에게 남아있는 마지막 하나의 위협을 잔인하게 제거했다. 돌격대의 지도자 에른스터 룀(Ernst Röhm)이 나치혁명을 완수하라고 목소리를 높이기 시작했다. 그의 목적은 돌격대를 국가 무력의 핵심으로 만드는 것이었다. 거대한 준군사 조직을 민병대로 전환시키려는 그의 야망은 정권의 핵심 축인 군대(Reichswehr)에게 명백하고도 직접적인 위협이었다. 돌격대의 반란이 임박했다는 군부의 모함에 넘어간 히틀러는 단호하게 대처했다. 히틀러의 오랜 동지였던 룀은 200여 명과 함께 살해되었다. 200명 가운데는 그레고르 슈트라서, 전임수상 쿠르트 폰 슐라이허, 과거에 히틀러를 거스른 적이 있는 사람들도 포함되어 있었다. 히틀러는 '청소작업'의 책임을 공개적으로 인정했다. 놀랍게도 이 사건은 히틀러의 입지를 크게 강화시켜주었다. 그가 보여준 잔혹함은 이 정권이 무슨 짓이든 다 벌일 것이라는 약속과 같았다. 뿐만 아니라 이제 군부 지도자들은 히틀러에게 빚을 졌기 때문에 그에게 충성을 보여주려 안달이었다. 사법부는 불법적인 살인을 국가이익이란 이름으로 옹호해주었다. 뿐만 아니라 실제 행동에 나섰던 '친위대'는 정권 내부에서 자체적인 권력기반을 확장하는 데 성공한 조직으로 떠올랐다. 친위대의 광적인 지도자 하인리히 힘러는 헤르만 괴링(Hermann Göring)으로부터 비밀경찰의 지휘권을 넘겨받았고, 그리하여 친위대는 경찰과 강제노동 수용소를 관할하는 엘리트 조직으로 부상했다. 친위대의 이념적 목표는 내부의 적을 제거하고 인종적으로 깨끗한 사회를 건설하는 것이었다.

1934년 8월 초에 힌덴부르크 대통령이 사망하자 히틀러는 이때를 자신이 국가의 지도자가 되는 기회로 활용했다. 이제 히틀러는 절대적인 권력을 갖게 되었다. 가능성이 거의 없는 군대나 친위대의 쿠데타, 또는 예측 불가능한 개인에 의한 암살—1939년 11월에 거의 성공할 뻔한 암살 시도가 있었다—이 아니면 그를 제거할 수 없었다. 국가권력은 지도자의 권력을 의미했다. 어떤 법률도 그의 의지를 대체할 수 없었다.[20] 저명한 나치 헌법학자 한스 프랑크(Hans Frank)에 따르면 히틀러의 지도자로서 권위의 기반은 제도가 규정한 지위가 아니라 그의 '걸출한 업적'이었다.[21] 막스 베버의 표현을 빌리자면 그의 권위는 '카리스마적 권위'—추종자들이 지도자에게 부여한 '영웅적 리더십' — 였다. 이런 카리스마란 조작된 것이었다는 점은 강조할 필요도 없다. 그러나 그 효과는 대단했다.[22] 실제로 히틀러의 권력은 모든 법적 제약을 초월했다.

내정문제에서 정권의 역동성을 자극하기 위해 히틀러가 많은 일을 할 필요는 없었다. 나치 간부들이 제시한 '퓌러(Führer, 지도자)의 뜻을 따라 일하자'는 지침[23]은 높은 곳으로부터 끊임없이 지시가 내려올 필요가 없음을 의미했다. 정권의 모든 단계에서 히틀러의 의도를 미리 짐작해 적극적이며 자발적으로 행동에 옮겼다. 히틀러는 기질적으로 관료주의를 싫어했다. 그의 통치 스타일은 정치적 결정을 둘러싸고 빈번하게 일어나는 분열과 되도록 멀리 떨어져 있으려는 것이었다. 그는 자신의 의견에 의문이 제기될 가능성이 있기 때문에 어떤 형태이든 집단적인 토론을 싫어했다. 내각 — 정부의 중심 기구 — 의 회의는 드물게 열렸고 그나마도 1938년 이후로는 완전히 중지되었다. 정부업무의 조정은 수상실 비서실장 한스 하인리히 라머스(Hans Heinrich Lammers)가 처리했다. 그러나 라머스 자신도 히틀러에게 보고할 기회를 잡기 어려운 때가 많았다. 그러므로 의사결정은 비효율적이었고 정부업무의 많은 분야가 무계획적이었다. 당의 운영은 루돌프 헤스(Rudolf Hess)*가 스코틀랜드로 날아간 1941년

---

* 루돌프 헤스(1894-1987)는 1923년 뮌헨 폭동에 참가했다가 히틀러와 함께 체포되었다. 감옥에 있는 동안 히틀러의 구술을 받아 적어 『나의 투쟁』이라는 책으로 엮어냈다. 히틀러가 수상이 된 후에는 나치당의 책임자가 되었다. 1941년 5월 10일에 평화안을 전달한다며 직접 비행기를 조종해 영국으로 향했으나, 영국군에게 사로잡혀 종전 때까지 포로로 억류당했다. 나치당 지도자들은 헤스를 정신이상자로 몰고 독일 내에서의 흔적을 지우려 했다. 종전 후 뉘른베르크 전범재판에서 종신형을 선고받고 복역 중 1987년에 감옥에서 자살했다. 네오나치는 그를 우상화하여 매년 기일에는 묘소에서 정치 집회를 열었다. 독일 당국은 2011년 7월 묘지를 철거하고 그의 유골은 화장하여 강에 뿌렸다.

이전까지는 지나치게 관료적이면서 분산되어 있었으나 후임자인 마르틴 보르만(Martin Bormann)이 이념운동과 협력을 중시하는 쪽으로 바꾸어놓았다.

히틀러는 베르히테스가덴(Berchtesgaden) 위쪽의 알프스 산속 별장 베르그호프(Berghof)에 장기간 머물기를 즐겼다. 그곳에는 그의 장광설을 참고 들으면서 찬사를 바치는 '신하들'이 있었다.[24] 베르그호프의 화려함은 순박한 '보통사람'이라는 이미지와는 맞지 않았다. 『나의 투쟁』 판매에서 나온 거액의 인세 덕분에 그는 정부로부터 급료를 받지 않는다고 대중을 향해 큰소리칠 수 있었다. 오로지 독일 인민을 위해 생애 전체를 바친다는 허구를 유지하기 위해 연인 에바 브라운과의 관계는 베르그호프 '신하들' 이외의 사람들에게는 은폐되었다.

히틀러가 주장하는 광범위한 이념적 명제대로——국가의 재건, 내부에 있는 적의 파괴, 전쟁준비——사태가 흘러가고 있는 동안에는 그가 개입할 필요가 없었다. 그는 믿을 만한 총독——전담 영역에서의 권력을 히틀러의 신임에 의존하는, 그래서 충성스러운 핵심 부하들——을 곳곳에 앉혀놓았다. 오랫동안 신뢰를 받아온 조수 루돌프 헤스는 당을 관리했다. 요제프 괴벨스는 중요한 선전기관을 완전히 장악하고 있었다. 하인리히 힘러는 빠르게 성장하고 있던 친위대 제국을 운영했다. 헤르만 괴링이 (전임 경제부장관으로서 재정의 마술사라 불리며 전후 빠른 경제회복의 기초를 만들었던) 할마르 샤흐트(Hjalmar Schacht)의 뒤를 이어 전쟁에 대비한 경제운용을 책임졌다. 로베르트 라이(Robert Ley)는 거대한 독일노동전선(Deutsche Arbeitsfront)——노동조합을 통폐합하여 만든 어용노조——를 이끌었다. 조직적 동원능력과 미학적 안목이 뛰어났던 젊은 건축가 알베르트 슈페어(Albert Speer)가 히틀러의 총애를 받아 부상하고 있었다.

열병식에 참석한 히틀러와 그의 핵심 부하들(1933).
왼쪽부터 히틀러, 헤르만 괴링, 요제프 괴벨스, 루돌프 헤스다.
나치 간부들은 히틀러의 의도를 미리 짐작해 적극적이며
자발적으로 행동에 옮겼다. 히틀러가 기질적으로
관료주의를 싫어했던 탓이다.

히틀러는 강력한 통치도구들을 마음대로 동원할 수 있었다. 복잡하고 정교한 국가 관료제도가 히틀러가 의도한 정책을 충실하게 집행했나. 그동안 당은 거대한 규모로 성장했고 당의 하부조직이 사회모든 분야에 침투했다. 당은 거대한 동원력을 이용하여 끊임없이 지도자를 미화했다. 친위대는 인종적 엘리트를 자처하며 순혈주의와 내부 안보에 몰두했다. 군 지도부는 나치화되지는 않았지만 재무장을 위해 무제한의 재정을 투입하겠다고 약속한 지도자를 지지했다. 대기업은 경제가 활력을 회복하자 늘어나는 이익을 챙기고 있었고 호전적 좌파의 붕괴로부터 혜택을 즐기고 있었다. 교회는 자신의 영역이 침범당할 때는 저항했지만 정권에게는 정치적 위험이 되지 않았다. 대중은 불만—사회적인 환경, 노동정책, 교회에 대한 공격—이 있어도 조직적으로 표출할 방법을 찾을 수 없었고 다른 한 편으로는 히틀러 집권 초기의 일련의 극적인 외교적 성공 때문에 불만이 희석되어버렸다. 정교하고도 과열된 지도자 숭배는 1936년 3월의 라인란트회복 같은 떠들썩한 승리 때문에 더욱 강화되었다. 히틀러의 리더십에 대한 지지와 나치 통치체제 아래서 위축된 대의제도에 대한 무관심은 공존했다. 많은 사람들이 또 하나의 전쟁을 감지하고 두려워했다. 그러나 환호하는 사람들도 있었다. 특히 젊은층은 강하고 역동적인 독일이 가져다줄 기회를 고대하고 있었다.

히틀러는 수동적인 독재자가 아니었다. 나치 통치는 긴장과 압박감을 높여놓았다. 그러나 그것이 위험한 수준에 이르렀을 때 히틀러는 결정적으로 개입했다. 반유대인 운동으로 인명피해가 늘어났다. 1935년, 당내 급진파들이 벌인 반유대인 폭력행위가 경제에 손상을 줄 정도에 이르고 대중의 비판이 높아지자 히틀러는 예리한 유대인 차별법—악명 높은 뉘른베르크법(Nürnberger Gesetze)—을 만들어 공격의 물길을 돌려놓았다. 다음 해에 스위스에서 나치 간부가 유대인 청년에게 살해당하는 사건이 일어났다. 히틀러는 반유대인 폭력사건이 일어나지 않도록 하라는 명령을 내렸다. 새로운 독일을 보여줄 전시장인 베를린 올림픽이 열리는 해에 당의 과격파들은 감시를 받았다. 그러나 2년 후에는 얘기가 달라졌다. 1937년 9월에 뉘른베르크에서 열린 나치당대회에서 행한 선정적인 연설을 통해 히틀러는 유대인에 대한 공격의 새로운 기조를 밝혔다. 다음 해 여름, 외교문제에서 긴장이 높아지자 유대인에 대한 공격이 강화되었다. 1938년 11월 9-10일에 일어난 전국적인 유대인 학살 사건인 악명 높은 '수정(水晶)의 밤'(Kristallnacht)을 구상한 인물은 괴벨스였다. 그러나 이 계획은 히틀러의 승인을 받았다. 히틀러는 대중적인 지지를 받지 못한 그날 밤의 무자비한 재산파괴(유대교회, 유대인의 가옥과 상점이 파괴되었다)와 그리고 수백 명의 유대인에 대한 살상행위와는 세심하게 거리를 두었다. 그런데 바로 그 다음 달에 히틀러의 승인을 받은 극단적인 유대인 탄압조처가 시행되었다. 3만여 명의 유대인이 집중수용소로 보내졌고 유대인의 모든 생계수단이 박탈되었다. 유대인은 사회적으로 천민이 되었고 수만 명의 유대인이 국외로 달아났다. 반유대인 정책의 책임은 힘러의 오른팔인 라인하르트 하이드리히(Reinhard Heydrich)가 책임자인 친위대 국가지도자보안국(Sicherheitsdienst des Reichsführers-SS)에게 돌아갔다.

히틀러의 독단적인 정책결정은 외교정책 분야에서 분명하게 드러났다. 물론 그는 외교부, 군 지도부, 대기업을 대표하는 집단이 제기하는 안팎으로부터의 압력에 대응해야 했다. 외교정책에 영향을 미치는 요소는 많았다. 그러나 그중에서 가장 중요한 요소는 히틀러의 개성이었다. 히틀러 자신이 핵심적인 결정을 내렸다는 것은 의심할 수 없는 사실이다. 예컨대, 1939년 초에 이탈리아의 에티오피아 침공을 두고 서유럽 민주국가들이 분열된 대응을 보이자 히틀러는 라인란트를 재점령*할 좋은 기회가 왔다고 판단했다. 외교관들과 군 지도부가 주저하고 있음에도 불구하고 그는 자신의 구상대로 밀고나가는 결정을 내렸다. 서유럽 강대국들이 국제조약 위반이라고 목소리만 높이자 그들의 무기력이 고스란히 드러났다. 그의 승리에 대해 독일 국내에서 보여준 열렬한 반응은 국내외 양쪽으로 그의 입지를 강화시켜주었다.

외교정책을 결정하는 그의 행태는 (변치 않는 이념적 범위 안에서 이루어지긴 했지만) 기회주의적이었다. 그는 행동해야 할 순간을 잘 포착했다. 그러나 그의 결정은 한 방향만을 노렸다. 그 방향이란 가급적 전쟁을 늦추지 말고 앞당기는 것이었다. 1933년과 1935년 사이에 그는 공개적으로 평화를 지지했다. 그런데 그는 이미 전쟁을 준비하고 있었다. 1936년 여름, 그는 재무장 추진과 소비지출 사이에서 중요한 결정 ─ 총이냐 버터냐 ─을 내려야 했다. 그해 8월 4개년계획에 대한 비망록에서 히틀러는 총이 우선이라고 결정했다. 장래에 있을 볼셰비키와의 담판에 대비하도록 최대한 신속하게 독일의 군대와 경제를 준비시켜야 하는 책임이 괴링에게 주어졌다.

1938년 2월, 군의 구조와 인물을 바꾸기 위해 히틀러는 군 지도부의 섹스 추문을 이용했다(전쟁장관 베르너 폰 블롬베르크[Werner von Blomberg] 원수는 전직 매춘부와 결혼했음이 밝혀졌고, 육군의 최고 지휘관인 베르너 폰 프리체[Werner von Fritsch] 대장은 [나중에 사실이 아닌 것으로 드러났지만] 동성애자란 비난을 받았다). 히틀러의 군부

---

* 라인란트 진주(Rheinlandbesetzung) 또는 라인란트 재무장(Remilitarisierung des Rheinlandes). 제1차 세계대전 이후 맺어진 베르사유조약 및 로카르노조약은 독일군이 이 지역에 병력을 배치하는 것을 금지하고 있었다. 라인란트가 비무장지대일 때 동쪽에 신경을 쓸 수 없었던 독일은 라인란트 진주 이후로 공격적인 동방팽창 정책을 시작하게 된다.

장악력이 크게 강화되었다. 그리고 요아힘 폰 리벤트로프(Joachim von Ribbentrop)의 외무장관 임명은 전쟁의 가능성이 한층 더 분명해진 상황에서 완전한 아첨꾼이자 노골적인 전쟁지지자인 인물을 정부의 핵심 위치에 배치했음을 의미했다. 봄과 여름 사이에 전쟁이 거의 확실해지자 히틀러는 (오랫동안 유화정책에 매달려 허약해진) 서방 민주국가들에게 주데텐란트(Sudetenland)를 독일에 넘겨주고 체코슬로바키아를 해체하도록 강요하기 위해 오스트리아를 합병했다(체코슬로바키아 해체는 결국 1939년 3월 독일이 점령함으로써 완성되었다).

1939년 봄, 그는 그해 가을에 폴란드를 공격하여 파괴하기로 결정했다. 외교정책의 승리와 대중의 환호, 측근 그룹의 변함없는 아첨 ─촌스러운 지도자 숭배의 부산물─ 은 오래전부터 히틀러를 자기신화의 광신자로 만들어놓았다. 그의 웅장한 건축계획은 과대망상증의 신호였다. 그는 자신을 무오류(無誤謬)의 존재, 역사의 위대한 인물들과 어깨를 나란히 할 수 있는 천재라고 생각했다. 폴란드는 시작에 불과했다.

또 하나의 긴장으로 가득 찬 여름이 다가오고 있을 때 전쟁을 향한 히틀러의 의지를 가로막는 의미 있는 내부의 장애물은 없었다. 그 전해 여름에는 서유럽 강대국과의 전쟁을 두려워하던 군 지도부가 1939년에는 불안을 보이지 않았다(폴란드 침공에 대해서는 전혀 걱정하지 않았다). 전쟁의 필연성 ─8월에 소련과 불가침 조약을 체결한 후 누구도 의심하지 않게 되었다─ 은 히틀러가 지난 몇 년 동안 추구해온 정책의 결과였다. 그는 여러 차례 시간은 독일 편이 아니라는 주장을 펼쳐왔다. 이 말은 전쟁은 기다려주지 않는다는 의미였다. 경제적·군사적·외교적 압력이 사실상 전쟁을 막을 수 없는 수준에 도달했다. 그러나 방정식을 푸는 열쇠의 하나는 히틀러의 개성이었다. 그는 전쟁을 갈망했다. 이 갈망이 그의 마음속 얼마나 깊은 곳에서 나온 것인지는 몰라도 강렬한 호전성, 복수심, 위신을 잃는 것에 대한 두려움, 다협을 싫어히는 성창, 자신의 결정에 대한 비판을 경시하는 오만, 이 모든 것들이 전쟁으로 가는 결정을 부추겼다. 폴란드 공격을 앞두고 극도의 흥분에 빠져 있던 며칠 동안 나치당의 서열 2인자인 헤르만 괴링뿐만 아니라 여러 사람이 '모든 것을 한 곳에 걸' 필요는 없다고 충고했지만 히틀러는 이렇게 답했다. "나는 평생 동안 항상 모든 것을 걸어왔다."[25]

전쟁 지도자

1939년 가을에 히틀러의 두 가지 강박증 — 전쟁과 유대인 제거 — 이 정권의 중심 목표가 된 것은 결코 우연이 아니었다. 물론 그것은 히틀러 혼자만의 노력으로 된 일은 아니었다. 정권의 모든 분야에서 그동안 그 두 가지 목표에 몰두해왔다. 그러나 정권의 정점인 히틀러 자신에게서 나온 이념적 충동이 핵심적인 역할을 해왔다. 나치운동을 통일한 인물이 히틀러였고, 열성분자들을 동원한 인물도 그였고, 경쟁자들로부터 주도권을 빼앗아 온 인물도 그였다. 그의 개인적인 이념적 강박증이 정부 정책의 추동력이 되었다. 끊임없는 선전을 통해 극단적인 민족적 자기주장과 유대인에 대한 증오가 사회전 영역에 스며들었다. 이제 그가 바라던 전쟁이 눈앞에 다가왔다. 인종주의적 목표를 달성하고자 할 때 평화시에는 국제적 간섭 때문에 불가능했을 방식을 동원할 수 있게 되었다.

히틀러는 행동하고 싶어 조바심을 냈다. 서유럽 민주국가들이 아직 허약할 때, 중립국이지만 점차로 독일에 적대적인 쪽으로 기울어져가고 있는 미국이 개입할 수 없는 처지일 때 전쟁을 승리로 끝내야만 했다. 1939년 가을 폴란드가 항복하자마자 그는 전선을 서쪽으로 옮기려 했다. 그의 장군들은 이때까지만 해도 군대는 프랑스를 공격할 준비가 되어있지 않다는 이유를 내세워 그를 말릴 수 있었다. 폴란드 침공 작전에 그는 간섭하지 않았다. 1940년의 덴마크와 노르웨이 침공 작전에서는 그가 적극적으로 개입했다(이때 군부 지도자들은 히틀러의 군사적 판단력이 문제가 있을 것이라고 예상했지만 전쟁은 신속한 승리로 끝났다). 이때부터 전략과 더 나아가 전술적인 방향에 대한 그의 개인적인 간섭은 독일의 전쟁수행 방식에서 결정적인 요소가 되었다.

중요한 서부전선의 전략 수립에 불만을 가졌던 그는 1940년 봄에 과감한 대안을 채택한다. 프랑스를 공격할 때 적의 입장에서는 가능성이 가장 적다고 생각하는 아르덴(Ardennes) 숲을 통과하여 공격한다는 에리히 폰 만스타인(Erich von Manstein) 장군의 전략은 성공했다. 5주가 안 되는 치열한 전투 끝에 6월 중순에 독일군이 프랑스를 꺾고 승리하는 과정을 세계가 놀라움 속에서 지켜봤다. 이런 승리는 본 적이 없었다. 승리의 중대한 결과는 히틀러의 장군들이 그가 공격을 준비하는 과정에서 보여준 전략적 재능을 인정하지 않을 수 없게 된 것이었다. 히틀러의 군대 지휘를 비판하는 장군들의 목소리가 잦아들었다. 히틀러는 자신의 위대함에 대해 말할 수 없는 자부심을 갖게 되었고 그 자부심 밑에는 장군들에 대한 경멸이 깔려 있었다. 프랑스를 상대로 기념비적인 승리를 거두고 베를린으로 돌아온 뒤 한 달이 지나지 않은 6월 31일에 히틀러가 장군들에게 다음 해 봄까지 소련을 공격할 준비를 끝낸다는 자신의 결정을 알렸다. 일부의 장군들은 불만을 가졌지만 드러내놓고 말할 수 없었다. 그러나 그 자리에 있던 대부분의 장군들이 히틀러가 제시한 전략적 목표에 동의했다. 반대의견을 말한 사람은 한 사람도 없었다.

1940년 6월 중순, 파리를 함락시킨 히틀러.
히틀러는 5주도 안 되는 치열한 전투 끝에 프랑스를 꺾었다.
이 놀라운 승전으로 히틀러는 말할 수 없는 자부심을 갖게 되었고,
다음 해 봄에는 소련을 공격하라는 명령을 내린다.

히틀러에게 가장 중요한 것은 이념적 사명이었다. 그러나 그의 경제고문들은 독일은 장기전을 감당할 만큼 충분한 자원을 갖고 있지 않다고 말하고 있었다. 독자적인 제국의 지원을 받는 영국은 협상 테이블로 나오도록 설득할 수 없었고, 폭격으로 굴복시킬 수도 없었고, 군사적으로 정복할 수도 없었다. 그리고 머지않아 독일은 미국과 상대해야만 했다. 유럽 전체에 대한 지배를 확고히 하자면 소련의 자원을 장악하는 것이 핵심과제였다. 정당한 명분도 없이 1941년 6월 22일에 시작된 공격은 짧은 시간 안에 붉은 군대에게 강력한 타격을 주었고 한때는 완전한 승리가 눈앞에 다가온 것처럼 보였다. 그러나 12월 초가 되자 독일은 동부전선에서 장기전에 직면했다는 사실이 분명하게 드러났고 서부전선에서도 막강한 경제력과 군사력을 가진 미국이 참전했다.

1941년 12월 11일, 히틀러의 미국을 상대로 한 선전포고는 (전략적 의미가 없지는 않았지만) 본질적으로 절망적인 행동이었다. 히틀러의 바람은 미국이 일본과의 전쟁—12월 7일에 일본의 진주만 공격으로 시작되었다—에 묶여 있고 독일 U-보트가 영국으로 가는 보급로를 끊어놓는 것이었다. 1942년 말이 되자 이 희망은 증발해버렸다. 북아프리카 사막전에서 독일이 졌고, 스탈린그라드(Stalingrad)에서 소련의 승리는 동부전선의 결정적 전환점이었다. 독일은 패배를 늦추기 위해 치열하게 싸워야 하는 처지로 떨어졌다. 이때부터 전쟁이 끝날 때까지 히틀러의 리더십은 군 지휘관들에게 부담으로 바뀌었다. 군 지휘관 자신들도 내부적으로 분열되어 있어서 집단적인 도전은 물론이고 히틀러의 명령을 거부할 수도 없었다. 더 나아가 히틀러의 강고한 권력은 협상으로 전쟁을 끝낼 방도를 찾고자 할 때 넘을 수 없는 장애물이었다. 1944년 7월에 그를 암살하려던 절망적인 시도가 실패로 끝났을 때 히틀러의 전부 아니면 전무 식 도박의 결과로서 전면적인 군사적 패배가 다가와 있었다.

학살은 의도하지 않은 전쟁의 부산물이 아니었다. 학살은 전쟁의 주요 목표였다. 법치주의의 상실, 자의적인 경찰 권력의 성장, 전 유럽에 걸쳐 인종청소를 하겠다는 계획을 세운 친위대 책임자의 야망, 이 모든 것들이 나치가 권력을 잡은 6년 동안에 자체적인 동력을 발전시켰다.

학살로 진화하는 결정적인 단계에서는 명분을 갖추기 위해서뿐만 아니라 강도를 설정하기 위해서도 히틀러의 승인이 필요했다. 폴란드를 침공한 후 벌어진 극도의 야만적인 행위는 대체로 친위대가 구상하고, 선동하고, 실행한 것이지만 히틀러가 직접 승인했다. 히틀러는 1939년 10월 17일에 소수의 나치 지도부를 만난 자리에서 폴란드에서의 '힘든 인종투쟁'은 법률상의 이유로 제한되어서는 안 된다고 말했다.[26] 거의 같은 시기에 독일에서도 그는 수만 명의 정신적 신체적 장애인을 죽음으로 몰아간 '안락사 행동'을 문서로 승인했다. 폴란드에서 서둘러 마련되어 말할 수 없이 참혹한 방식으로 집행된 대규모 인종재배치 계획은 나치 지도부에 수습하기 힘든 조직 문제를 발생시켰다. 학살의 의문도 제기되었다. 유대인을 제거하기 위해 마다가스카르로 싣고 가 가둔다는 구상이 1940년에 잠시 부상했다가 폐기되었다. 그런데 소련에 대한 공격을 다음 해 5월에 개시한다는 계획을 히틀러가 승인하자 새로운 전망이 등장했다. 소련 침공을 준비하는 과정에서 인종 '청소'의 규모를 크게 확대할 수 있는 가능성이 발견되었다. 친위대 지도부가 히틀러의 승인을 받고 전쟁에서 이긴 후─전쟁은 단기전이 될 것으로 예상했다─'유대인 문제'의 '최종적인 해결책'으로서 유대인 수백만 명을 (이미 수백만 명이 살고 있는) 소련의 추운 황무지로 추방한다는 계획을 세웠다. 간단히 말하자면 그곳에서 죽도록 내버려두자는 것이었다. 1942년에 친위대는 동쪽에 인종제국을 세우고 슬라브인을 중심으로 3,100만 명을 추방하여 시베리아에서 죽도록 내버려둔다는 계획을 세웠다. 유대인은 여기에 포함되지 않았는데, 이미 제거되었을 것이기 때문이었다.[27]

히틀러가 힘러에게 동부지역에서의 광범위한 경찰, 보안 권력을 부여한 뒤 1941년 소련에서 유대인을 대상으로 한 대량 총살이 극적으로 늘어났다. 히틀러는 살육을 집행하는 일선 조직의 활동상황을 상세히 보고하라고 요구했다.[28] 그러나 나치 살육자들은 대량 총살의 방식이 만족스럽지 않았다. 그래서 '안락사 행동'에서 사용된 기술을 기반으로 하여 독가스를 활용한 실험이 여러 차례 실시되었다. 소련 밖에 있는 유대인을 어떻게 처리할 것인가 하는 문제는 아직 해답을 찾지 못했다. 동쪽에서의 전쟁은 신속하게 끝낼 수 없는 상황에서 나치 우두머리들에게 자기 관할지역에서 유대인을 빨리 제거하라는 요구가 빗발치자 '해결책'으로서 긴급하고 전면적인 학살이 제시되었다. 1941년 9월에 독일 내의 유대인을 동쪽으로 추방한다는 결정이 내려지자 학살계획은 새로운 단계에 진입했다. 유대인을 죽이기 위한 소규모 절멸시설이 폴란드에 여러 곳 세워졌다. 유대인을 대상으로 한 첫 번째 독가스 살포는 1941년 12월 초에 독일에 합병된 서부 폴란드의 헤움노(Chelmno, 독일어 Kulmhof)에서 실시되었다. 미국을 상대로 전쟁을 선포한 12월 11일 직후에 학살은 새로운 동력을 얻게 된다. 다음 날 히틀러는 당 지도자들이 모인 자리에서 이렇게 말했다. "세계대전이 시작되었다. 이 전쟁에서는 유대인의 멸절이라는 결과가 나와야 한다."[29]

히틀러는 또 한 번의 세계대전이 일어날 때는 '유럽에서 유대인은 멸절될 것'이라 위협했던 (자신이 1939년 1월 30일에 의회에서 했던) '예언'을 암시하고 있었다.[30] 그는 1942년에 전국에 중계된 네 차례의 라디오 연설에서 '예언'을 반복했다. 이때 폴란드의 죽음의 수용소는 12곳 이상이 완전가동 중이었다. 전쟁이 일어나면 유럽의 유대인은 완전히 제거될 것이란 확신 때문에 나치의 시도자들은 기꺼이 히틀러의 희망을 현실로 바꾸는 도구의 역할을 맡았다. '예언'의 반복도 비밀 프로젝트의 구체적인 진행내용을 드러내지 않으면서—아마도 유대인 대량 살육이 알려졌을 때 독일 대중의 반응이 어떨지 불확실했기 때문에—유대인의 운명을 계획적으로 알리려는 수법이었다. 히틀러는 측근들에게도 유대인의 운명에 관해서는 추상적인 용어로만 말했다. 모든 주요 조치는 그의 승인을 받아야 했다.[31] 그리고 그는 유대인 멸절정책에 관해서는 힘러하고만 직접 은밀하게 의논했다. 그런 힘러가 훗날 자신은 히틀러의 지시대로 움직였을 뿐이라고 거듭 주장했다.[32]

히틀러는 후세가 홀로코스트라고 부르게 되는 사건의 포괄적인 책임을 지고 있다.[33] 그러나 그도 그 사건에 직접 관련되었다. 그는 부하들이 벌이고 있는 일을 직접 지지하고, 승인하고, 인가하고, 확인해주었다. 1933년 이후로 과격해지는 복잡한 과정은 1941년이 되자 직설적인 학살로 정점에 이르렀다. 히틀러가 그것을 승인했다. 히틀러의 승인—그것은 단순한 승인이 아니라 정권의 모든 집행기관에게 이념적 정당성을 분배해주는 행위였다—은 중요한 단계마다 핵심적인 요소였다. 방정식은 간단명료하다. 히틀러가 없었으면 홀로코스트도 없었다.

힘러는 1943년 10월에 친위대와 당의 간부들 앞에서 한 연설에서 유대인 말살 프로그램에 있어서 그들은 공범관계임을 확인시켜주었다. 퇴로도 출로도 사라졌다. 군사적 상황이 돌이킬 수 없이 악화되고 패배가 보다 분명해지자 공범관계는 히틀러의 부하들을 그의 곁에 더욱 강하게 묶어주었다. 군부도 동부전선에서 벌어지고 있는 잔

나치 친위대의 총구 앞에 손을 든 소년(바르샤바, 1943).
이 사진은 유대인 학살을 기록한 가장 상징적인 자료로 알려져 있다.
게토 수색 때 발각되어 끌려 나온 이들이 어디로 끌려가
어떤 최후를 맞았는지 알려진 것은 없다.

인한 야만행위의 책임으로부터 빠져나올 수 없다는 사실을 알고 있었다. 패배했을 때 붉은 군대로부터 어떤 보복을 당할지에 대한 두려움이 패색이 섬섬 싶어가는 상황에서도 그들이 전투를 계속힐 수 있는 강력한 동기였다. 히틀러와 군부 지도자들과의 관계는 마지막 2년 동안에 파탄지경에 이르렀다. 전쟁이 진행되면서 히틀러는 전략 문제뿐만 아니라 전술문제에도 개입했다. 불가능한 명령을 이행하지 못하면 불같이 화를 내는 일이 일반화되었다. 유능한 장군들을 해임한다고 해서 군대의 상황이 객관적으로 개선되거나 독일에게 불리한 전세를 뒤집을 수는 없었지만 그래도 히틀러는 군사 지도자로서 자신의 부족함을 변명할 희생양을 찾을 수는 있었다. 패배가 분명해지자 그는 의지력에 의존하라고 강조하는 것 이외에는 어떤 해법도 제시하지 못했다. 그리고 그는 모든 주변 사람들에게 어떤 일이 일어나도 1918년과 같은 항복은 없을 것이란 결심을 밝혔다. "우리는 절대로 항복하지 않을 것이다. 절대로. 우리는 몰락할 수 있지만 세계와 함께 몰락할 거야."[34] 그의 공군 부관 니콜라우스 폰 벨로프(Nicolaus von Below)는 히틀러가 그에게 한 말을 회상했다.

1944년, 연합군의 프랑스 상륙이 성공하고 붉은 군대가 동쪽에서 중부 유럽으로 밀고 들어오자 7월 20일에 히틀러에 대한 암살 시도와 클라우스 솅크 폰 슈타우펜베르크(Claus Schenk Graf von Stauffenberg) 대령을 중심으로 한 장교집단의 쿠데타 시도가 있었다. 내부로부터 히틀러를 제거하려는 시도가 다시는 일어날 수 없도록 하기 위해 잔인한 보복이 뒤따랐다. 독일인 전체가 전쟁의 파국적인 마지막 단계를 참아내야 했다. 히틀러의 통치는 외부의 힘, 철저한 군사적 패배에 의해서만 끝날 수 있었다.

초기에 히틀러의 정책을 지지하여 혜택을 받았고, 전쟁범죄와 학살에 연루되었던 권력 엘리트들에게는 선택의 여지가 없었다. 연합국, 특히 소련의 보복에 대한 두려움 때문에 그들은 적군이 무서운 기세로 접근하여 독일이 나뉠 때도 히틀러의 곁을 떠날 수 없었다. 독일을 멸망의 길로 이끌고 있는 히틀러를 멈추게 할 제도적인 골격도, 권력구조도, 집단적인 의지도 존재하지 않았다. 테러의 탄압이 퍼져 있는 정도를 생각한다면 아래로부터의 봉기는 상상할 수 없었다. 그러므로 독일인은 전쟁 말기 몇 달 동안 최악의 고통을 참고 견디면서 불안한 마음으로 완벽한 패배의 결과를 기다릴 수밖에 없었다.

파국이 임박한 마지막 단계에서 히틀러가 늘 주장해온 철저한 승리가 아니면 철저한 패배라는 양극론은 이제 그 논리적 결말을 맞았다. 결말은 철저한 패배일 수밖에 없었다. 이런 상황에서 히틀러에게는 아까울 게 없었다. 히틀러 자아의 야수성이 고삐가 풀렸다. 약물과 정력제로 버티던 그는 이 시점에서 몸이 망가지고 정신은 균형을 잃었다. 그는 자신의 복수심으로 가득 찬 파괴본능을 독일국민을 향해 쏟아냈다. 히틀러는 이제 독일국민은 그에게 가치가 없는 존재라는 결론을 내렸다. 그들은 마땅히 파멸되어야 할 존재였다. 군수장관이며 주요 기업가들과 긴밀한 관계를 맺어왔던 알베르트 슈페어는 자기이익 때문에 히틀러의 '초토화 명령'이 집행되지 않도록 막았다. 마지막이 다가오자 다른 나치 지도자들은 달아나거나 히틀러처럼 자살을 선택했다. 대부분은 일찌감치 알리바이를 준비해놓고 있었다. 모든 것이 히틀러의 잘못이다, 우리는 히틀러의 명령에 따랐을 뿐이다. …베를린 벙커에서 히틀러는 현실을 직시하고 쉽고 분명한 해법을 택하기 전까지는 환상에 매달렸다. 자기파괴, 자살의 기질은 오랫동안 그의 개성 깊숙한 곳에 자리 잡고 있었다. 이제 적(소련)이 문자 그대로 문 앞까지 왔을 때 그는 남아 있는 유일한 출구를 선택하고 자살했다.

남긴 유산

2차 내전과 홀로코스트는 무엇보다도 분명한 20세기의 특징이었다. 히틀러는 두 가지 모두의 주저자(主著者)였다. 시대의 성격을 정의하는 기념비적인 사건을 한 인물의 행위로 축소시킨다면 터무니없는 짓일 것이다. 두 사건에서 히틀러의 중심적인 역할을 부정한다면 마찬가지로 어처구니없는 일이 될 것이다. 독일이 1차 대전에서 당한 민족적 치욕을 씻어내기 위해서, 말도 안 되지만 그로 인해 독일국민에게 닥친 재앙과 그 밖의 모든 질병의 원인인(히틀러가 그렇게 생각한) 소수 인종집단 유대인을 제거하기 위해서 2차 대전을 준비하는 시발점에서 추동력은 히틀러의 개성이었다. 그는 정치권력의 경쟁자가 되기 오래전부터 자신의 의도를 숨기지 않았다. 국가와 사회의 전체적인 위기 속에서 독일의 정치엘리트들은 이 사람에게 나라의 최고 권력을 허락했다. 그 후로 정치권력의 행사와 관련된 모든 기관이 그에게 철저히 복종했다. 수백만의 독일인이 전쟁의 막바지에 가서 그의 대중적 인기가 급격하게 하락하기 전까지 궁극적으로 지옥으로 인도하는 그의 여러 정책들을 정도의 차이는 있지만 환호하고 지지했다. 독일이 문명 민주사회에서 상상하기 어려운 반인간적 행위를 저지르는 사회로 그토록 짧은 시간 안에 가파르게 추락했기 때문에 그 후유증은 이해하기 어렵다는 말만으로는 표현하기에 부족하다. 그 유산은 독일뿐만 아니라 유럽 전체를 옭아매는 트라우마였다. 그 영속적인 트라우마는 명백하게 히틀러의 이름과 연결되어 있다.

히틀러는 한 세기 전 유럽의 정복자 나폴레옹과는 달리 건설적인 것이라고는 무엇도 남겨놓지 않았다. 1930년대의 경제현대화가 남긴 성과는 전쟁 준비에 소진되었다. 히틀러의 조국은 철저하게 파괴되었고, 그가 죽고 나서 4년 뒤에 적군이 점령하고 있는 상태에서 상호 적대적인 두 개의 국가로 재구성되었고, 그리고 40년이 지나서야 다시 합쳐졌다. 폭격으로 무너진 도시와 마을은 이 나라의 육체적 황폐를 보여주는 표지였고, 흩어진 인구와 해체된 가족은 정신적 상처의 반영이었다. 히틀러가 남긴 폐허와 고통의 유산은 유럽 전체에, 특히 동유럽과 소련에 널려 있었다. 그리고 거의 모든 나라가 또 하나의 무거운 유산, 히틀러 점령군에 협력한 자들을 처리하는 문제와 싸워야 했다.

히틀러의 이념적 중심이자 그가 일으킨 전쟁의 핵심이었던 유대인 제거가 유일하게 거의 달성될 뻔한 목표였다. 여러 세기에 걸쳐 유럽 문화를 풍요롭게 해주었던 유대인 공동체는 사라졌다. 유대인 강제 이주의 주요 수혜자는 이스라엘과 미국이었다. 이스라엘 건국은 홀로코스트를 경험하지 않고도 어느 시점에선가 실현되었을 가능성이 높았다. 그러나 히틀러의 유럽 유대인에 대한 치명적인 공격은 전후 세계사에서 도덕적 정통성에 대한 인식과 평가가 매우 중요하게 된 바탕이었다.

전쟁과 학살은 히틀러의 유산을 세계로 확산시켰다. 다른 독재자들도 흉악하고 잔인한 범죄를 저질렀으나 그 피해는 대부분 독재자가 통치했던 나라의 인민들에게 국한되었다. 히틀러의 범죄는 대륙에 미쳤고, 그래서 범위와 의미에 있어서 세계적이었다. 독일인보다 훨씬 더 많은 비독일인이 그의 통치하에서 고통을 받았다. 인종차별적 제국을 세우겠다는 욕망이 수백만 명을 나치 테러의 대상으로 만들었다. 모든 유럽국가의 역사, 그리고 유럽을 넘어 특히 미국의 역사에 2차 대전, 독일 점령통치, 가족해체의 지울 수 없는 상처가 각인되어 있다. 히틀러라는 이름은 인종증오, 극단적 호전적 민족주의, 우수인종의 지배, 말로 표현하기 어려운 반인간성의 동의어이다.

히틀러는 옛 독일을 완전히 파괴했다. 폴란드를 거쳐 러시아 국경에 이르는 독일의 동부지역은 완전히 상실되었고 그곳에 있던 독일 귀족의 넓은 영지도 사라졌다. 사라진 것은 그것만이 아니다. 한때 강국이었던 프로이센이 사라졌고 독일 정치문화의 강력한 기질이었던 프로이센의 상무정신도 사라졌다. 그 밖의 오래된 사회적 전통과 충성심과 구조도 파괴되거나 복원하기 어려울 정도로 손상을 입었다.[35] 히틀러는 결국 정치적·사회적 혁명을 이루어냈다. 그러나 그 혁명은 그가 유발한 파괴를 통해 등장했다. 혁명의 결과는 그가 바라던 것과는 정반대였다.

독일, 더 넓게는 유럽은 히틀러가 남겨놓은 폐허로부터 수십 년에 걸쳐 재건되었다. 히틀러시대 가치관의 직접적인 안티테제인 현대 독일은 이제는 유럽의 입헌적·개방적·민주적 가치체계의 초석이다. 1950년 이후로 서독(1990년부터는 통일독일)은 초국가적인 통합 유럽을 만들어가는 프로젝트의 중심, 유럽연합(EU)으로 진화한 프로젝트의 가장 헌신적인 동력이었다. 나치 과거를 청산하는 작업은 길고도 불완전한 과정, 서독에서는 나치 범죄에 대한 느리고 한정적인 사법적 처벌 때문에 지체된 과정이었다.[36] 그것은 고도로 복잡하고 힘든 과정이었고 지금도 그렇기 때문에 과거청산 문제는 정치적·사회적 전환의 핵심 요소였다. 대부분의 나라들이 각자의 어두운 과거를 청산하는 문제와 맞서왔지만 독일만큼 용기 있게, 그러면서도 더 신중하게 처리해온 나라는 없다.

그런데, 히틀러가 남긴 도덕적 상처는 그가 남긴 실체적 상처보다 지우기 어려웠다. 그가 죽고 나서 20년 가까이 그것은 서독에서는 머지않은 과거의 공포를 잊고 싶었던 대중들의 희망 때문에 의도적 또는 반의도적으로 은폐되었다. 한편으로 동독에서는 그것은 문명의 붕괴를 제국주의의 침략과 자본주의의 독점 탓으로 돌리고 소련 공산주의의 승리를 강조하는 마르크스-레닌주의 해석의 하부에 잠복해 있었다. 나치시대 범죄의 공범관계를 집중적으로 조명하고 (모든 범죄 가운데서도 가장 큰 범죄인) 홀로코스트의 핵심적인 의미를 해석하는 작업은 손자 세대에서나 가능할 것 같다. 1986년에 현대 정치문화에서 홀로코스트의 위치를 둘러싸고 벌어진 날카로운 '역사가들의 논쟁'이 몇 주 동안이나 서독 신문의 지면을 장악했다. 이런 논쟁이 벌어졌다는 사실은 히틀러의 긴 그림자가 독일의 정치적·사회적 의식 위에 아직도 드리워져 있다는 증거이다.

물론 신나치주의가 독일과 여러 나라에 아직도 존재하고 있다. 강경파들은 여전히 히틀러를 숭배하고 있다. 히틀러가 보여주었던 권력에 대한 감각과 열등(하다고 생각하는) 집단에 대한 지배욕은 아마도 사회의 소수파 집단 사이에서는 완전히 사라질 것 같지 않다. 히틀러와 나치즘에 대한 믿음은 미미하기는 하지만 선거를 통해서 목소리를 내고 있고, 비록 지하 정치세력이기는 하지만 여전히 골치 아픈 인종주의적 폭력을 일으킬 수 있다. 최근에 독일을 포함한 유럽 여러 나라에서 기반을 확보한 좀 더 규모가 큰 포퓰리스트 우파는 신나치주의와 지지기반이 겹치면서도 히틀러와의 공개적인 연결은 조심스럽게 피하는 행보를 보인다. 명시적인 연결은 정치적 목표를 달성하는 데는 오히려 부담이 될 것이기 때문이다. 독일뿐만 아니라 다른 나라에서도 히틀러란 이름이 아직도 언급되고 있다는 것은 도덕적으로 수치스러운 일이다.

도덕적 흠을 일깨워주는 일이 히틀러가 죽은 지 70년이 지난 21세기에도 수시로 일어나고 있다. 제3제국 시기에 유대인으로부터 강탈한 값진 그림이 반환되는 일이 그런 사례다. 정치인이 우발적으로 부적절한 언급을 하는 경우도 있다. 히틀러가 한 말이나 행동을 긍정적으로 평가하는 언급은 (사실은 직설적이고 포괄적인 비난인데도)

정치가로서, 또는 언론인으로서 경력을 단번에 끝나게 할 수 있다.

유럽의 20세기에는 긍정적인 면도 있고 부정적인 면도 있다. 그러나 그 전반부는 특별히 참혹했다. 그리고 히틀러는 다른 어떤 인물보다도 그 시대의 공포를 상징한다. 그 시대의 역사를 만드는 데 그가 유해한 방식으로 공헌했다는 것은 의심의 여지가 없는 사실이다. 그는 현대사가 목격한 가장 근본적인 문명의 몰락을 주도한 인물이었다. 유럽의 다른 지도자들—그중에서도 처칠과 스탈린—은 히틀러를 상대로 한 전쟁에서 승리한 결과로 유럽사에서 지울 수 없는 흔적을 남겼다. 그러나 히틀러는 어느 누구보다도 그 전쟁을 일으키는 데 중요한 역할을 한 인물이다. 그가 그의 시대에 유럽에 미친 거대한 충격은 누구에게도 뒤지지 않는다.

4

스탈린
Joseph Stalin

국민을 공포에 떨게 한 지도자, '위대한 조국방위전쟁'의 영웅

스탈린은 어떻게 평가하더라도 20세기 유럽을 만든 가장 중요한 인물 가운데 한 사람이다. 그는 2차 대전에서 나치독일을 상대로 승리를 이끌어내기 전에 소련의 사회와 경제를 개조했고, 그런 다음에는 냉전이 끝날 때까지 둘로 나뉜 대륙의 동쪽에 소련식 통치체제를 강제하여 유럽의 형태를 근본적으로 바꾸어놓았다. 개전 초기의 궤멸적인 패배로부터 부활한 붉은 군대가 이루어낸 비상한 승리, 거의 상상할 수 없는 고난과 엄청난 인명 손실을 극복해낸 소련 국민의 거대한 복원력은 둘 다 스탈린 치하에서 소련에 자리 잡은 (믿기 어려울 정도로 비인도적인) 통치체제의 산물이었다.

　주로 자기나라의 시민을 직접 겨냥한 거대한 규모의 테러가 스탈린 정권의 특징이었다. 처형되고, 투옥되고, 야만적인 조건의 노동수용소에 감금되고, 열악한 환경에 유배되고, 정치적으로 유발된 기근 때문에 죽어간 사람이 수백만에 이르렀다. 테러의 전성기였던 1937-38년에는 누구도 안전하지 않았다. 두려움이 온 나라를 뒤덮었다. 극단적인 잔혹함은 소련의 전쟁 수행방식의 한 부분이었다. 전쟁이 끝난 뒤에 대규모 탄압이 다시 한 번 급격하게 증가했다가 스탈린이 죽은 후에야 가라앉았다.

스탈린에 대한 비판은 1956년 2월 25일에 열린 제20차 소련공산당 대회에서 당 제1시기 니키타 흐루쇼프의 연설로 전격적으로 시작되었다. 흐루쇼프는 정권이 저지른 비인도적 범죄의 책임을 오롯이 독재자 자신에게 돌렸다. 그는 이렇게 선언했다. "모든 것을 한 사람이 멋대로 결정했다."[1] 역사에서 개인의 역할이 이처럼 적나라하게 평가된 적은 없었다.

그런데, 1929년부터 죽을 때(1953년)까지 소련의 통치자였던 인물에 대한 흐루쇼프의 신랄한 공격 ─스탈린을 제외한 당 지도부(자신을 포함하여)와 공포통치에 나름의 몫을 보탠 수없이 많은 소련의 시민들에게 간단히 면죄부를 주려는 시도─은 그처럼 극단적인 비인도적 행위를 어떻게 스탈린 한 사람이 '멋대로' 저지를 수 있었는가 하는 의문을 불러일으켰다. 통치구조에는 문제가 없었을까? 이 광대한 나라의 외진 곳에 살고 있던 많은 사람들이 어찌하여 흑해 연안 소치(Sochi)의 휴양소에 갈 때 말고는 모스크바를 벗어난 적이 거의 없었던 독재자의 명령을 기꺼이 수행했을까? 스탈린시대에 관한 논쟁에서 끊임없이 제기되었던 핵심적인 의문은 그것이 볼셰비키 혁명의 논리적 결과였는지 아니면 독재자의 개성에서 비롯된 일탈행동이었는지 하는 것이었다. 테러를 동원한 탄압은 소련체제의 내재적 본질이었을까? 아니면 (레닌이 고안한 소비에트 통치구조와는 단절된) 독재자의 왜곡된 심리의 분출이었을까?

개성

스탈린의 복잡한 개성은 동시대인에게는 잘 알려지지 않았고 후대의 분석가들도 온전하게 이해할 수 없었다.[2] 그에게 중대한 정서장애가 있었다는 것은 일반적으로 인정되고 있다.[3] 그러나 장애의 종류와 원인에 대해서는 아직까지 알려진 게 없다. 그래도 그의 편집증에 가까울 정도로 과도한 의심증을 가리키는 징후들은 셀 수도 없이 많다. 그는 만나는 사람 모두 자신을 배신할 것이라고 의심했고 암살의 위험을 병적으로 걱정했다[4](지금까지 알려진 바로는 그의 생명을 노린 시도는 한 번도 없었지만). 생의 마지막이 가까워졌을 때 그는 흐루쇼프에게 자신은 누구도 믿지 않으며 자신조차 믿지 않는다고 말했다.[5] 그런데 이 증언에서도 모순이 발견된다. 그는 공개된 장소에서 방탄조끼를 입지 않았고, 소치의 별장에서는 밖으로 나가 지지자들과 악수했다. 심지어 그는 1935년의 어느 날 저녁에는 외출하여 모스크바의 지하철을 타고 일반 승객들과 어울렸다. 경호원들은 놀랐지만 그는 이런 만남을 즐기는 듯했다. 그는 편집증이 심하기는 했지만 ─ 이상할 것 없는 얘기지만, 이걸 이용해 그에게 접근하려는 사람들이 많았다 ─ '테러의 절정기'였던 1937-38년에 외부 관찰자들이 추정했던 것처럼 정신이상은 아니었다.

그는 감정조절을 할 줄 알았다. 그가 목소리를 높이거나 화를 낸 적은 거의 없었다. 이해력이 뛰어났고 계산도 빨랐다.[6] 그런데, 어떤 방식으로 살펴보아도 모든 사람과 모든 일에 대한 편집적인 의심이 그의 개성의 중심이었고 소련의 지도자였을 때는 모든 행위의 결정요인이었다. 이런 성격은 또 하나의 핵심적인 성격과 짝을 이루었다. 그의 수많은 희생자들에게 그는 철저하게 보복하고 냉혹하고 무자비했다. 편집증과 복수심이 그의 태생적인 개성의 한 부분이라고 한다면 그것은 청년혁명가로서, 그 뒤로는 혁명과 내전 시기에 볼셰비키 지도자로서 오랫동안 불안에 노출되면서 심화되고 강화되었을 것이다. 이미 갖고 있던 경향과 권력의 자리에 올라가는 특정한 과정이 실재적일 뿐만 아니라 가상적인 위험과 결합하여 그의 편집증을

편집증 강한 독재자 이오시프 스탈린(1950).
스탈린은 권력을 잡으려는 야망, 권력을 획득한 뒤 그것을
지켜내려는 무자비함이 누구보다 강했다. 특히 그의 편집증은
타고난 개성이라고 할 수 있지만, 혁명과 내전 시기에
오랫동안 불안에 노출되면서 병적일 만큼 강화되었다.

극단으로 끌어올렸다.

그의 신장은 5피트 5인치밖에 되지 않았다.* 누르께하고 마맛자국
이 있는 얼굴—여섯 살 때 천연두를 앓았다—에서는 풍성한 콧수
염, 변색된 이빨, 노란빛이 도는 눈이 돋보였다. 머리카락은 이마에
서부터 뒤로 빗어 넘겼다. 회의에서 그는 말을 적게 했고 주의 깊게
들었다. 그는 일상적으로 노동자들이 입는 상의를 입었고(전쟁 시기
에 소련군 원수 제복을 입기 전까지는) 고향 그루지아 억양으로 조용
히 말했다. 그는 놀라울 정도로 일에 몰두했으며 지적이었고, 탐욕스
러울 정도로—이반 뇌제(雷帝)(Ivan the Terrible)의 잔인한 얘기를
포함하여—책을 읽었으며, 마키아벨리가 쓴 『군주론』의 냉소주의
를 높이 평가했다. 그는 마르크스-레닌주의의 변증법적 운율로 여러
권의 책을 쓴 자기 나름의 지식인이었다(그리고 변함없이 레닌의 제
자로 자처했다).

권력을 잡으려는 야망과 권력을 획득한 이후에는 그것을 지켜내려
는 무자비함은 끝을 알 수 없었다. 그러나 그는 권력 그 자체만을 탐
하지 않았다. 그는 깊이 있는 이론가였다. 청년시절에 그는 레닌이
해석한 마르크스주의의 교리에 심취했다. 레닌은 계급투쟁이란 중
심 교리에다 착취계급 지배의 제거를 추구하는 혁명 전위정당에 의
한 '프롤레타리아 독재'라는 매우 중요한 이념을 추가했다. 스탈린
은 이 교리를 독자적으로 재해석했다. 이 때문에 그는 초기에 (근본
적인 이론이아니라 실제적인 적용 문제에서) 레닌과 대립했고 뒤에 가
서는 권력의 자리에 오르고 권력을 공고히 하는 과정에서 경쟁자들
과 거칠게 충돌했다. 그의 생애에는 권력을 장악하고 그 권력의 이념
적 기반을 확보하려는 투쟁을 제외하면 남는 공간이 없었다.

---

* 대략165센티미터.

그는 혁명의 대의와 권력을 향한 야망을 위해 개인생활을 온전히 희생했다. 집안의 유일한 아들이었던 그는 청년 시절에 아버지와의 관계가 단절되었다(그의 아버지는 1909년에 죽었다. 술집에서 벌어진 싸움에서 칼에 찔렸다고 한다). 그 뒤로 그는 어머니를 거의 찾지 않았고(어머니는 남편이 죽고 나서 30년을 더 살았다) 어머니의 장례식에도 참석하지 않았다. 그의 첫 번째 부인 예카테리나 스바니제(Ekaterina Svanidze)는 결혼한 지 2년이 안 되어 1907년에 죽었는데 원인은 폐결핵이었다고 한다. 두 번째 부인 나댜 알릴루예바(Nadya Alliluyeva)는 결혼할 때 열여섯 살이었고 1932년에 남편의 모멸적인 무관심과 나빠진 건강 때문에 자살했다. 두 아들과의 관계는 좋지 않았다. 야코프(Yakov)는 독일군의 포로가 되어 죽었고 바실리(Vasily)는 공군장교가 되었으나 방탕한 인물이라 아버지를 실망시켰다.[7] 딸 스베틀라나(Svetlana)에 대해서는 지배하고 소유하려 했으며 때로는 거칠었기 때문에 관계가 원만하지 않았으나 유년시절의 딸에게는 숨 막힐 정도의 사랑을 쏟았다. 1930년대 후반 이후로 단순하고 조용하며 온순한 가정부 발렌티나 이스토미나(Valentina Istomina)가 그의 공인된 동반자였다. 이 여인은 언제나 뒷자리만 지켰다.[8] 그에게는 끊을 수 없는 관계란 존재하지 않았다. 그의 목적에 맞지 않은 사람이라면 누구든 희생시킬 수 있었다.

훗날 그가 저지른 대규모 비인도적 행위는 어린 시절의 양육을 통해 예정된 것이라고 한다면 지나치게 단순한 해석이다. 그는 그루지아 고리(Gori)에서 1878년에 태어나서 성장했다. 어린 시절의 이름은 이오시프 주가시빌리(Iosif Dzhughashvili)였다. '강철의 남자'라는 뜻의 스탈린(Stalin)이란 이름은 훗날 사용하게 된 가명이다. 아버지 비사리온(Vissarion)은 구두수선공이었고 어머니 예카테리나는 형편이 나은 집안을 위해 밥 짓고 빨래하고 바느질하는 일로 생계를 도왔다. 그의 가정은 가난하고 원시적이었으나 그 시절의 많은 가정과 크게 다르지 않았다. 대부분의 그루지아 사람들은 가난해도 그처럼 성장하지 않았다. 술주정꾼 아버지로부터 경험한 무서운 매질은 그의 잔인성의 배경이다. 그는 아버지에게서 잔인함을 물려받았다고 알려져 있지만 그런 아버지를 극도로 혐오했다. 반면에 그는 우상처럼 그를 떠받드는 어머니에게 최소한 당시에는 강한 애착을 갖고 있었다. 어머니는 그가 태어날 즈음에 이미 세 아이를 땅에 묻었고, 아들은 자신이 받지 못한 교육을 받고 성직자가 되기를 바랐다.

그는 학교에서 좋은 성적을 보여주었고, 열네 살이 되던 1894년에 트빌리시(Tbilisi)에 있는 신학교로 진학했다. 그는 신학교의 엄격한 규율에 저항했지만 1899년까지는 참고 견뎌냈다. 그 이후로 그는 신앙심을 잃어버렸고 마르크스주의에서 새로운 믿음을 찾았다. 마르크스주의 서적을 섭렵하던 그는 레닌의 글과 만나게 되었다. 레닌의 글을 무비판적으로 받아들이지는 않았지만 망명 중인 마르크스주의 지도자는 그에게는 영웅이었다. 세기가 끝나갈 무렵 그는 트빌리시에서 마르크스주의 선전활동에 뛰어들었다. 그때로부터 러시아혁명이 일어난 1917년 사이에 그는 무명의 존재로부터 처음에는 카프카스 지역에서, 뒤에는 더 넓은 러시아제국에 알려진 혁명운동의 주요 지도자 가운데 한 사람으로 변신했다. 그는 핍박받는 사람들을 위해 복수에 나선 그루지아의 낭만적인 영웅 범법자의 이름 코바(Koba)를 별명으로 선택함으로써 자신의 정체성을 설정했다.*

레닌 — 1900년 이후 서유럽에 살고 있었다 — 이 곧 스탈린의 조

---

* 그루지아 작가 알렉산더 카즈베기(Alexander Kazbegi)가 1882년에 발표한 소설작품 『부친살해범』에 나오는 주요 등장인물의 이름이 '코바'이다. 코바는 자신의 친구를 죽이고 친구의 연인을 능욕한 사악한 지방관을 죽여서 복수하는, 우정과 진실을 지키며 여성을 존경하고 정의를 실현하는 영웅이다.

직운용과 선전 능력을 칭찬하기 시작했고, 1912년에는 스탈린이 당의 중앙위원으로 선출되도록 추천했다. 중앙위원으로서 스탈린이 맡은 일은 새로운 일간지 『프라브다』의 편집이었다. 어둡고 폭력적인 혁명운동 내부의 분파적 분위기 속에서 그의 모난 성격이 둥글어졌다. 스탈린—1912년 이후로 이 이름을 계속 사용해왔다—은 폭압적인 차르 경찰과 충돌하여 감옥을 들락거렸고, 몇 차례의 유배를 경험했으며(가장 길게는 1차 대전 기간 동안 유배되어 있었다), 여러 가지 활동을 하는 중에 은행 강도를 조직했다. 그의 성격 속에 깊이 박힌 잔인성이 첫 번째로는 청년혁명가 시절 고리와 트빌리시에서 형성된 것이라고 한다면 그다음으로는 혁명과 내란 시기의 험난한 현실의 경험이 역사에 알려진 모습의 그를 만들어놓았다.

그의 역할은 대중의 주목을 받는 무대 위에서가 아니라 보이지 않는 무대 뒤에서 이루어졌지만 레닌의 후견 덕분에 그는 1917년에 볼셰비키 지도부에서 주목받는 자리를 차지할 수 있었다. 다른 혁명가들, 특히 레온 트로츠키, 그리고리 지노비에프, 레프 카메네프, 알렉세이 리코프(Alexei Rykov), 니콜라이 부하린 같은 활동적인 혁명가들이 그의 존재를 가렸다. 이들과의 대립관계는 볼셰비키가 권력을 잡게 된 10월 혁명 뒤에 표면으로 드러나게 된다. 트로츠키는 혁명에서 스탈린의 역할은 미미한 것이었다고 악의적으로 깎아내리면서 그에게 '우리 당의 뛰어난 보통 인재'란 딱지를 붙여주었다.[9] 스탈린은 혼자서 분노를 삭였지만 분노는 사라지는 것이 아니었다. 트로츠키는 소련에 유해한 내부의 적으로 지목되었다. 결국 그는 쫓겨다니다 1940년 멕시코에서 암살된다.

볼셰비키 혁명을 뒤이은 가혹한 내전은 이미 드러난 스탈린의 개성의 특징을 더욱 심화시키고 그의 이념적 확신을 더욱 강화시켜주었다. 1차 대전에서 승리한 연합군 측이 반혁명세력 '하얀 군대'*를 지원하자 세계는 제국주의와 사회주의 양대 진영으로 나뉜다는 그의 확신은 더욱 굳어졌다.[10] 스탈린은 저항하는 농민들에게 극단적인 폭력을 행사하여 식량을 징발하고 붉은 군대에 순종하도록 대중에게 테러를 가했다. 계급의 적을 향한 테러에는 볼셰비키 지도부 전체가 가담했다. 그러나 스탈린의 잔인함이 그중에서 가장 돋보였다.[11] 그는 가는 곳마다 내부의 적을 찾아냈으며 배신자라고 생각되는 사람들을 무자비하게 뿌리 뽑고 파괴했다. 그에게는 혁명에 역행하는 사람의 목숨이란 가치가 없는 것이었다. 그리고 그는 때로 모스크바로부터 오는 지시를 무시했다(그것은 트로츠키에 대한 경멸의 표시였다).

볼셰비키 지도부 내부에서 스탈린의 권력 남용을 염려하는 신호는 일찌감치 나왔다. 1장에서 언급한 바와 같이, 널리 알려진 대로 죽어가던 레닌 자신이 1923년 5월에 유언의 한 부분으로서 작성된 문서에서 다음과 같이 경고했다.

"스탈린 동지는 당의 총서기가 되어 거대한 권력을 그의 손안에 거머쥐었다. 나는 그가 언제나 이 권력을 충분히 신중하게 행사할 것이라고 확신할 수 없다."

이 문서의 추기는 그의 불길한 예감을 다시 강조했다. "스탈린은 지나치게 거칠다. 이 결함은 우리 공산주의자들끼리의 교류에서는 용납될 수 있지만 총서기의 직책을 수행하고 있는 인물이라면 그럴 수 없다"(당 조직을 통솔하는 막강한 총서기의 자리를 1922년에 스탈린이 물려받았다).[12] 이 문서의 진실성은 의문의 여지가 없지는 않았다.[13] 그러나 진위 여부를 떠나 결과는 마찬가지였다. 레닌을 승계

---

* 10월 혁명으로 집권한 볼셰비키에 대항해 러시아 내전에서 싸운 반혁명 세력을 말한다. 흰색은 원래 왕당파의 색깔인데 적색을 상징으로 삼은 볼셰비키와 붉은 군대와 대비하여 붙여진 이름이다.

했다는 스탈린의 주장이 위대한 지도자 자신에 의해 부정되었다. 레닌의 힘없는 인신공격은 5월에 열린 제13차 당 대회에 참석한 대의원들 앞에서 낭독되있다. 총서기로서 스탈린의 지위가 위험에 빠졌다. 트로츠키가 권력을 잡는 것을 막으려던 지노비에프와 카메네프가 나서주었기 때문에 스탈린은 핵심적인 자리를 유지할 수 있었다. 혁명적인 영웅의 자리를 물려받았다고 주장하는 스탈린에게 레닌의 결정적인 비난은 신변의 안전을 위협하는 지속적이며 중요한 요소이자 끊임없이 그의 편집증을 자극하는 또 하나의 요소였다.

권력을 향한 스탈린의 야망이 여기서 끝났더라면 역사는 다른 길로 나아갔을 것이며, 볼셰비키 혁명과 혁명 직후의 사태에 상대적으로 미미한 영향을 미쳤던 인물의 전기에 관심을 가지는 사람은 거의 없었을 것이다.[14] 그러나 다음 사반세기 동안 스탈린은 소련뿐만 아니라 유럽 대륙의 미래를 결정하는 데 중요한 역할을 했다. 하지만 정확하게 어느 부분에서, 어떻게 그의 개인적인 역할이 작용했는지는 간단명료하게 설명할 수가 없다. 스탈린이 역사에 끼친 영향은 그의 편집증적인 개성이 국가체제의 작동방식에 미친 영향으로 변환시켜 분석하고 설명하는 것 이상을 요구한다. 스탈린이 역사에 끼친 영향은 그가 통치했던 사회의 유형과 그가 권력의 자리에 오른 과정, 그 뒤 권력을 독점할 수 있었던 과정에 의해 결정되었기 때문이다.

권력의 전제조건

스탈린은 1924년 레닌의 사망 이후 5년 동안 벌어진 권력투쟁에서 승리함으로써 소련의 절대적인 권력을 차지할 수 있었다. 권력승계 투쟁에서 그가 승리할 수 있었던 선결조건은 1922년에 총서기가 됨으로써 공산당의 조직을 장악할 수 있었던 것이었다. 이것이 그의 경

1922년 9월, 투병 중인 레닌을 찾은 스탈린.
1923년 5월, 레닌은 유언의 한 부분으로 작성된 문서에서
스탈린의 권력 남용을 경고했다. "나는 그가 언제나 이 권력을 충분히
신중하게 행사할 것이라고 확신할 수 없다." 레닌의 이 비난은
스탈린에게 편집증을 자극하는 또 하나의 불안 요소였다.

쟁자들이 맞설 수 없었던 권력 최대화의 도구였다.

1929년 이후 스탈린이 권력을 행사할 수 있었던 전제조건은 30년 가까이 지속된 거대한 혼란과 동란으로부터 생겨난 사회의 유형이었다.[15] 이 시기에 차르 통치에 반대하여 일어났다가 실패로 끝난 1905년 혁명, 1차 대전에서의 대량 피해, 1917년 2월의 불완전한 혁명의 결과로 붕괴된 차르 정권, 1917년 볼셰비키 혁명과 이어진 계급의 적—부르주아지, 성직자, 부유한 농민(쿨라크)을 포함하는 느슨한 연합—에게 가해진 테러, 1차 대전보다 네 배나 많은 700만 가까운 러시아인이 희생된 3년 동안의 참혹한 내전, 1921-22년의 무자비한 강압에 의한 식량 징발로 빚어진 기근과 반항하는 농민의 대량 총살, 그 뒤로 초기의 극단적인 강압정책에서 벗어나 (농업생산에서 일정 정도의 시장경제를 허용하였으나 투기와 부패 때문에 도시지역의 혼란을 유발한) 신경제정책(New Economic Policy, NEP)으로의 후퇴 등의 사건이 일어났다.

이 시기의 소련은 유럽에서 유례를 찾아볼 수 없는 사회였다. 스탈린이 물려받은 거대한 분열과 혼란은 1930년대에 폭발한 테러의 기반이 되었다. 그의 통치가 시작되기 전에 이미 소련(소비에트 연방) 체제—1922년에 세워졌고 1924년부터 작동했다—는 인간의 목숨이 경시되고, 경찰의 자의적인 테러와 탄압이 횡행하며, 당과 국가가 풍토병 같은 역할을 하는 지극히 폭력적인 사회였다. 서방세계가 생각하는 법치는 그곳에서는 존재하지 않았다. 그곳은 새로운 소비에트 러시아였다. 그곳은 제약받지 않는 경찰 권력과 강제노동 형벌, 때때로 수천 명이 팽개쳐져 죽어가는 시베리아 황무지로의 유배가 일상화되어 있던 차르 국가가 존재했던 곳이었다. 그런 다음에 혁명이 일어나 수십만의 러시아인이 비밀경찰 체카의 테러에 희생되었다. 그리고 1920년대 말에는 당 간부와 관리(아파라치크,

apparatchiks)의 대부대가 엄청난 숫자로 늘어났고 이들은 이오시프 스탈린이 장악한 중앙조직의 지휘를 받았다.

레닌의 생전에는 누구도 이의를 제기하지 못하던 그의 지도력 때문에 제어되었던 분파 간의 내분이 레닌이 죽자 고삐가 풀렸다. 분파는 공식적으로는 금지되어 있었지만 볼셰비즘의 고질병이었다. 마르크시즘 내부의 논쟁은 중세의 신학논쟁처럼 치열했고 이단으로 몰릴 위험을 안고 있었다. 당내에는 혁명의 미래에 관한 몇 가지 중요한 견해 차이가 존재했다. 가속적인 공업화와 세계혁명을 주장하는 분파(트로츠키와 그 추종자들), 농업경제를 기반으로 하는 NEP를 주장하는 분파(부하린), 일국사회주의를 주장하는 분파(스탈린과 부하린)가 대립했다. 그러나 개인적인 대립과 권력을 향한 욕망이 분파주의와 겹쳐져 이념적인 분쟁보다 더 강한 충돌을 빚었다. 각자의 입장은 실제로는 유동적이었다. 레닌은 스탈린과 트로츠키의 반목이 당을 분열로 몰고 갈 것이라고 경고한 적이 있었다. 그리고 실제로 두 사람의 반목은 레닌이 사망한 후 자리다툼이 벌어진 원인의 일부였다.

트로츠키는 열정적인 연설가이자 뛰어난 조직가이며 당과 붉은 군대에서 인기가 많았기 때문에 강력한 적을 만들었다. 적은 일시적으로 제휴했다. 트로츠키가 레닌의 자리를 계승할 기회를 막자는 공감대가 스탈린, 지노비에프, 카메네프의 삼두체제 ──당시에 실제로 그렇게 불렸다──를 형성시켰다. 그러나 일시적으로 삼두체제를 형성한 부정(否定)의 제휴관계는 취약했다. 다른 분파도 있었다. 스탈린은 추종자가 상당한 부하린의 지지도 확보했다. 물론 이 관계도 순전히 전술적인 것이었다.

1924-25년 동안에 삼두체제는 트로츠키를 견제했다. 그런데 1925년 말이 되자 지노비에프와 카메네프는 트로츠키보다는 스탈린

을 더 걱정하게 되었다. 두 사람은 다음 해에 제휴 상대를 바꾸어 트로츠키와 손잡았다. 그래도 그들은 스탈린과 부하린의 강력한 동맹에 맞설 수가 없었고 결국 세 사람 모두와 그들의 추종자들은 1927년에 당에서 제명되었다. 지노비에프와 카메네프는 다음 해에 반성의 뜻을 밝히고 겸손한 태도로 당에 복귀했다.[16) 반면에 트로츠키는 1928년에 원격지로 유배되었다가 1829년에는 소련에서 추방되었다. 스탈린은 당 조직 장악력과 기민한 술책을 동원하여 남아 있는 주요한 장애물인 부하린과 그 추종자들을 겨냥했다. 1929년 말이 되자 부하린 지지자들은 당내의 모든 조직기반을 상실했다. 스탈린이 절대권력으로 가는 길에 남아 있는 장애물은 없었다.[17)

높은 곳에서 벌어지는 음모와 계략은 전반적으로 문맹인 농업사회의 절대다수 인구를 지나쳐 갔다. 그러나 그들의 삶은 권력투쟁의 결과에 따라 극적으로 바뀌었다. NEP는 1926년까지는 성공적으로 작동하고 있었고 공업생산은 1913년 수준을 회복했다. 그러나 소련은 얼마나 빨리 현대화되어야 하는지, 현대화는 강압적인 공업화가 더 효율적인지(이 경우 농업에 대한 착취는 필연적이다) 아니면 농업생산에 대한 투자로 이루어져야 하는지는 열띤 논쟁거리로 남았다. 그리고 그동안에 NEP가 문제를 일으키고 있었다. NEP의 지속을 지지하던 부하린은 세력이 약해졌다. 농민들은 식량을 낮은 공시가격에 파느니 감추어 두는 쪽을 택했다. 밀매자들이 식량부족 사태를 이용해 암시장에 식량을 내다 팔았다. 스탈린은 그다운 대응책을 내놓았다. 그는 내란 시기에 이용했던 잔인한 수단을 다시 끄집어냈다. 1928년에 그는 시베리아로 가서 숨겨둔 곡물을 압수하고 폭력을 동원해 농민들로부터 곡물을 탈취하는 작업을 감독했다.[18) 같은 해에 그는 신속한 공업화를 위한 첫 번째 5개년계획을 제시했고 이 계획은 1929년 당 대회에서 승인되었다.

소련 공산당 지도자들(크레믈린, 1925).
왼쪽부터 스탈린(공산당 총서기), 리코프(인민위원회 의장),
카메네프(인민위원회 부의장), 지노비에프(코민테른 집행위원장)이다.
1924년 1월, 레닌이 죽자 볼셰비키 지도부에서는 1929년까지
심각한 권력투쟁이 벌어졌고 최후의 승자는 스탈린이었다.
카메네프와 지노비에프는 스탈린 집권 후 모두 숙청되었다.

이 무렵 스탈린은 경쟁자들을 물리쳤고, 당으로부터 그의 지도력에 대한 지지를 확보했으며, 소련경제의 미래방향에 관한 논쟁에서 승리했다. 전면적인 개인통치와 사회 모든 영역에 선례 없는 테러를 가할 기반이 마련되었다.

누적적 과격화

나치 통치의 내부 발전과정을 설명하기 위해 고안된 '누적적(累積的) 과격화'(cumulative radicalization)란 개념[19]은 1930년대 소련의 스탈린 통치에 적용해도 똑같이 유용한 분석 도구가 될 수 있다. 혁명적 동란의 시기는 사회의 불안정을 가져왔다. 소련은 건국 때부터 실질적으로 영속적인 위기상황에 빠져 있는 나라였다. 스탈린은 이 상황으로부터 이익을 취했고, 이 상황을 확장했다. 자신을 붕괴시키려는 강력한 내·외부의 적과 맞서 싸우는 사회라는 인식이 유령—철저한 테러가 아니면 싸울 수 없는 적—에 대한 믿음을 강화시켜 주었다. 스탈린의 오랜 주적 트로츠키에게는 모든 가상의 음모 뒤에 도사리고 있는 마귀의 역할이 주어졌으며, 그의 지지자들은 틈이 있는 곳이라면 어디에서나 소련을 파괴하려는 계급의 적(제국주의적 자본주의)과 협력할 준비가 되어 있었다. 이것이 스탈린의 개성의 특징인 편집증이 국가체제 전체의 편집증—모든 가상의 적을 향해 유례없는 수준의 테러로 표출되는—으로 발전할 수 있었던 환경이었다.

수위를 높여가는 공포의 중심에 스탈린이 있었다. 준비된 많은 비인도적 행위를 과격화하는 여러 조처를 직접 선동하고, 고취하고, 승인하고, 확인해준 인물이 스탈린이었다. 그가 개인적으로 테러를 확산하라는 압력을 서서히 높여갔다. 그가 개인적으로 대규모 처형 명령을 내렸다. 그러나 이 거대한 나라에서 스탈린의 명령을 시행하는 일은 어떠한 비인도적인 임무일지라도 기꺼이 그의 명령을 따르려는 실행자들이 포진해 있던 (거대하게 팽창하고 있던 당과 국가 관료제도를 포함한) 정교한 권력기관이 맡았다.[20]

이것이 가능했던 까닭은 모든 계층에서 상부의 명령에 대한 맹종과 '당은 언제나 옳다'는 무비판적인 믿음을 요구하는 고도로 중앙집권적이고 하향식인 체제 때문이었다. 그리고 '프롤레타리아 독재'의 도구인 당이 국가를 지배했다. 스탈린은 1941년에 수상이 되기 전까지 어떤 정부 직책도 갖지 않았다. 그때 전임 수상은 스탈린의 충실한 부하인 뱌체슬라프 몰로토프(Vyacheslav Molotov)였는데, 그는 1930년 이후로 줄곧 그 자리를 지켰다. 스탈린의 영향력은 당 총서기란 자리에서 나왔다. 스탈린이 절대 권력을 굳혀나가자 당 기구는 쇠퇴했다. 레닌 시대에는 매년 열렸던 당 대회가 부정기적으로 열렸다. 스탈린은 당 대회를 단순한 거수기로 바꾸어놓았다. 당의 최고 의결기구인 중앙위원회는 스탈린의 결정을 통과시켜주는 고무도장으로 전락했다. 서방 국가 정부체제의 내각과 같은 권능을 가진 당 정치국은 점차로 스탈린이 구술해준 결정을 처리하는 기구로 변해갔다.[21] 정치국원들은 스탈린의 총애에 의존했고 그 총애를 잃을지 모른다는 두려움 속에서 살아갔다. 거미줄의 중앙에는 애완견처럼 주인의 비위를 잘 맞추는 정도에 따라 선발된 한 줌도 안 되는 스탈린의 오랜 시종들이 모여 있었고, 그들은 누가 주인인지를 너무나 잘 알고 있었다. 중요한 인물들로서는 몰로토프 이외에 라자르 카가노비치(Lazar Kaganovich, 농업 집단화의 책임자), 클림 보로실로프(Klim Voroshilov, 국방담당), 아나스타스 미코얀(Anastas Mikoyan, 대외교역담당 인민위원), 그밖에 스탈린의 후견이 없으면 아무것도 아닌 저명인사들이 있었다. 이 집단—그러므로 궁극적으로는 스탈린 자신—이 당과 정부의 주요 직책을 임명했다. 하향식 권력과 후견 관계의 피라미드는 거대했다.

피라미드의 밑바닥에는 거대한 관료집단, 생산라인의 고압적인 관리자들, 두려운 내무인민위원회(NKVD)의 요원들이 문자 그대로 명령을 수행할 만반의 준비를 갖추고 있었다. 불안과 그에 따른 불신이 광범위하게 퍼져 있었지만 당연히 그들은 오직 두려움 때문에 행동하지는 않았다. 공적을 쌓아 승진하려는 기회주의와 함께 (특히 당에 유입되는 거대한 청년당원 집단의 자신들은 새로운 사회 건설에 이바지하고 있다고 믿는) 이상주의가 작동했다. 그들은 스탈린 때문에 새로운 사회의 건설이 가능하다고 믿었다. 그들이 날조된 지도자 숭배에 완전히 심취했을 수도 있고 배제되지 않으려고 냉소하면서도 가식적으로 스탈린 숭배를 따랐을 수도 있지만 소비에트 체제의 정점에 신성불가침의 우상을 만들어 세웠다는 점에서 결과는 마찬가지였다.[22] 대규모의 당원 교체로—대부분 숙청, 처형, 투옥으로 인한—젊고 야심찬 당원들이 중요한 자리와 지방 권력을 장악하면서 무비판적인 명령이행을 기반으로 하는 자체적인 축소형 독재가 생성되었다.

신변에 대한 불안 때문에 스탈린은 정부 업무의 모든 단계에 세세하게 개입하는 강박적인 관리자가 되었다. 그의 개입은 소련의 구석구석에 퍼져 있는 정보요원들로부터 끊임없이 올라오는 보고서에 의존했다. 그중에서 가장 중요한 것은 비밀경찰 NKVD의 보고였다. 이 기관은 국가 안의 국가였다. 권위주의 국가라고 하더라도 대체로 (반드시는 아니지만) 이런 기관은 규정에 따라 운영되는데 NKVD는 법치는 논하지 않더라도 따르는 규정이 스탈린의 명령뿐이었다. 뿐만 아니라 스탈린을 만족시킨다는 것은 주도적으로 희생자를 찾아내어 제거되어야 할 '적'과 '배신자'의 할당량을 채우는 일을 의미했다. NKVD가 스탈린에게 올리는 보고서는 흔히 구체적인 내부의 적에 대한 고발, 내부의 적의 우려할 만한 성장세에 관한 극히 상세한 내용을 담고 있었다. 스탈린은 보고서의 세세한 내용까지 열심히 읽고, 대량 체포를 허가하고, 처형자명부 ─ 1937-38년만 하더라도 383건에 4만 4,000명의 이름이 실려 있었다 ─ 를 승인했으며[23) 경찰에게 그물을 넓혀 처형, 투옥, 또는 굴라그(Gulag) 노동수용소에 장기간 배치해야 할 숫자를 배가하라고 격려했다(굴라그는 NKVD 제국의 확장된 일부였다).

비밀경찰의 규모는 스탈린 치하에서 엄청나게 커졌다. 1938년에 그 인원이 100만 명가량이었다.[24) 요원들에 대한 보수는 크게 올랐고 그 지도부는 포상은 물론 금전적인 보상과 권한의 확대라는 특혜를 받았다. 테러 정권의 최고 테러집행자인 NKVD조차도 안전하지 않았다. 1930년대에 편집증이 체제 전체에 확산되면서 NKVD도 고발의 대상이 되어 자체 인원 다수가 체포, 처형되었다.

테러는 시발점에서부터 소련체제의 일부였다. 그러나 1930년대의 기이하리만큼 폭발적인 성장은 특수한 환경에서 스탈린의 리더십이 소련사회 전체로 테러를 확장시킨 결과의 반영이었다.

과격화 과정은 1930년대 초 농업 분야의 무자비한 집단화와 함께 시작되었다. 이 정책은 절대로 스탈린이기 때문에 강압적으로 시행한 것이 아니었다. 다른 지도자 밑에서도 같은 정책이 시행되었을 수 있다. 그러나 극도로 폭력적이고 무자비하리만큼 비타협적인 시행 방식에는 스탈린의 개성이 담겨 있었다.[25) 처형당하고, 유배되고, 투옥된 사람의 숫자는 400-500만 명으로 추산된다.[26) 수천만 명이 자신의 토지에서 쫓겨나 집단농장으로 끌려갔다. 곡물생산량이 갑자기 줄어들자 많은 사람들이 굶주림에 내몰렸다. 1932년에는 스탈린이 직접 집단농장의 창고에서 곡식을 훔치는 자는 사형에 처한다는

식량 징발(1930년 11월).
우크라이나에서 청년공산주의자동맹 조직원들이
'쿨라크'(kulak, 부유한 농민)가 묘지에 숨긴 식량을 적발하고 있다.
스탈린 통치의 과격화 과정은 1930년대 초 농업 분야의 무자비한
집단화와 함께 시작되었다. 극도로 폭력적이고 무자비하리만큼
비타협적인 시행방식에는 스탈린의 개성이 담겨 있었다.

규정을 발표했다.[27] 자연재해가 아니라 정책결정의 직접적인 결과인 기근 때문에 500만 명 이상이 죽었다. 자의적으로 규정된 쿨라크(kulaks, 부유한 농민)를 제거하기 위해 동원된 무제한의 폭력은 계급의 적으로 분류된 사람들을 뿌리 뽑는다는 명분 아래 이미 상처 입은 사회를 원초적인 잔인성 속으로 몰아갔다.

테러가 갑자기 강화된 두 번째의 주요한 동기는 1934년에 대중적인 인기가 높던 레닌그라드 공산당 서기(스탈린의 가까운 동료) 세르게이 키로프(Sergei Kirov)가 암살된 사건이었다(어떤 인물이 키로프가 자신의 아내와 불륜관계임을 알고 분노하여 그를 살해했다). 이 사건은 스탈린과는 관계가 없었다. 그러나 드러난 보안의 허점이 배신행위에 대한 그의 편집증을 자극했다. 스탈린은 NKVD에 필요한 조치를 취하라는 지시를 내렸고 NKVD는 예상할 수 있는 방식으로 반응했다. 레닌그라드와 모스크바에 테러조직이 존재한다는 시나리오가 황급히 만들어지고 이 조직은 스탈린의 오랜 경쟁자들인 지노비에프와 카메네프에게 연결되었다. 두 사람의 추종자들에 대한 마녀사냥이 벌어져 수백 명이 체포되고 수천 명이 유배되었으며 28만여 명이 당에서 쫓겨났다.[28] NKVD는 스탈린을 살해하려던 음모를 '자백'받았다. 멀리 떨어져 있던 트로츠키와 그 추종자들은 물론이고 가까이에 있는 부하린도 당연히 '테러행위'에 연결되었다. 이제 편집증이 체제 전체로 빠르게 퍼져나갔다. 당의 상층부와 군대, 그리고 비밀경찰 자신이 테러의 표적이 되는 데는 많은 시간이 걸리지 않았다.

유럽에서 전면전의 가능성이 높아지자 소련이 마주한 호전적인 '제국주의 강대국들'의 위협이 부각되면서 압도적으로 허구인 '내부의 적'을 향한 공격이 급작스럽게 강화되어 1937-38년의 '대숙청'—매우 합당한 명칭이다—으로 발전했다. 트로츠키에 대한 의심이 더욱 깊어졌다. '파시스트 간첩과 적'이라는 '제5열'*이 소련 안의 모든 틈에 숨어있는 존재로 떠올랐다.

열병을 앓는 깃 같은 분위기 속에서 낭의 엘리트와 군부 지도층에 대한 숙청이 시작되었다. 레닌 시대부터 활동해왔던 '원로'들이 제거되고 당의 엘리트는 파괴되었다. 카메네프와 지노비에프에 대한 재판의 뒤를 이어서(두 사람은 1936년에 총살되었다) 1938년에는 부하린을 내세운 전시용 재판이 열렸고 자연스럽게 처형이 따랐다. 약 3만 명가량의 붉은 군대 장교들이 숙청되었다. 뛰어난 군사전략가 미하일 투하체프스키(Mikhail Tukhachevsky) 원수를 포함하여 2만여 명이 처형되었고 붉은 군대의 지도부는 심각하게 취약해졌다(소련의 적들은 소련의 전투능력을 저평가하게 되었다). 숙청은 소련의 해외정보망으로 확대되었고, 결국 소련의 해외정보 수집능력은 저하되고 해외정보 보고에 대한 스탈린의 신뢰도 떨어졌다. NKVD 자체도 의심의 대상이 되었다. 국내외에서 일하던 수백 명의 요원들이 숙청되었다. 전임 책임자로서 혐오의 대상이던 헨리크 야고다(Henrikh Yagoda)는 해임된 지 2년이 지나서 NKVD 내부에 간첩과 배신자를 숨겨주었다는 기이한 혐의로 1938년에 체포되어 처형되었다. 그의 후임자이며 더 혐오스러운 니콜라이 예조프(Nikolai Yezhov)는 스탈린만큼이나 편집증이 심하고 '대숙청' 시기의 최고 집행자였는데, 이 인물도 자신의 부하 라브렌티 베리야(Lavrenti Beria)로부터 국가기밀을 외국 간첩에게 팔아넘겼다는 혐의로 고발된 후 베리야의 감독 아래 고문을 받다가 결국 1940년에 처형되었다.[29]

---

* 적집단 또는 적국을 위해 큰 집단의 내부에서 파괴활동(주로 사보타주, 역정보)을 하는 사람들의 모임을 말한다. 스페인내전 초기에 왕당파 보수언론에서 유포한 용어(quinta columna, fifth column)이며 이후 널리 해외에서도 사용되었다.

스탈린이 '대숙청'을 멈춘 1938년 말까지 70만 명 가까이 총살되었고, 150만 명이 체포되었다. 300만에 가까운 사람들이 수용소에서 고통을 받았다. 이 시점에서 당의 기층 간부뿐만 아니라 그보다 더 다급하게 붉은 군대의 지도부를 재건해야 할 필요가 있었고, 전쟁 준비가 최우선 과제가 되자 공업생산에 대한 더 이상의 타격을 막아야 했다.

1930년대 스탈린의 테러는 자기 국민을 겨냥했다. 그런데 간접적으로는 파장이 소련 국경 너머까지 미쳤다. 유럽 전역의 공산주의 정당과 그 동조자들, 그중에서 특히 몇몇 저명한 지식인들은 스탈린의 반인도주의적 범죄를 의도적으로 (또는 위기에 빠진 서방 자본주의와 파시즘에 대해 소련이 제시하는 급진적인 대안에 열광한 나머지) 무시했다. 그것을 인정하는 경우라도 그들은 사회주의 국가 건설이란 의미 있는 목표를 향해 가는 과정에서 유감스럽지만 불가피한 조처라고 합리화했다. 국제적으로 훨씬 더 유해한 부산물도 있었다. 스탈린주의에 대한 반발은 많은 유럽국가에서, 특히 독일에서 쉽게 극우파의 이념적인 무기가 되었다. 파시즘은 스탈린주의로부터 이익을 보았다. 나아가, 스페인 내란에 소련이 개입함으로써 보수파뿐만 아니라 파시스트 우파도 볼셰비즘의 확산 가능성에 대해 경계심을 가졌다. 특히 독일의 극우파들이 스탈린의 소련과 한 판 승부를 펼칠 기회가 왔다고 거친 목소리를 내기 시작했다.

1939년 여름이 되자 유럽에서 전쟁은 피할 수 없는 것처럼 보였고, 스탈린은 소련이 임박한 독일의 공격—아마도 다른 '제국주의 강대국'과 손잡은—을 막아낼 준비가 되어 있지 않다는 사실을 알고 있었다. 서유럽 민주 진영은 나치 독일과 타협하겠다는 태도를 보였다. 그러므로 서유럽으로부터 도움을 기대할 수는 없었다. 스탈린이 1939년 8월에 최대의 적과 불가침조약을 맺었던 이면에는 시간

스탈린과 NKVD 수장이었던 니콜라이 예조프(오른쪽).
스탈린의 대숙청 시기(1937-38)에 150만 명이 체포되고
70만 명이 처형되었다. 대숙청을 주도한 NKVD 자체도 의심의
대상이 되었고, 그 책임자였던 헨리크 야고다와
니콜라이 예조프도 숙청되었다.

을 벌자는 희망이 깔려 있었다. 독일로서도 서유럽과 전쟁을 벌이기 전에 폴란드를 점령해두는 것이 유리했다. 소련이 서둘러 마련한 공업화계획은 무자비한 집단화 덕분에 엄청난 무기생산의 증가를 가져왔다. 그러나 공업은 아직은 급속하게 늘어나는 무기수요를 만족시킬 수 없었다. 여기에 더하여, 숙청의 여파로 군대에서는 경험을 갖춘 장교가 부족했다. 붉은 군대의 약점은 핀란드를 공격한 1939-40년 전쟁에서 드러났고 스탈린은 1940년 12월에 국방담당 인민위원이 보내온 화급한 보고서를 보고서 군대의 심각한 결함을 알게 되었다.[30] 이때 무기생산은 빠르게 증가하고 있었고 병력은 1938년에 비해 3배 이상 늘어났다. 그러나 스탈린은 아무리 빨라도 소련은 1942년 이전에는 침공에 맞설 군사적 준비태세를 갖출 수 없다는 사실을 파악하고 있었다.

1941년, 침공이 현실이 되자 스탈린은 침공이 임박했다는 구체적인 경고를 여러 차례 받아왔음에도 큰 충격을 받았다. 독일의 의도에 대한 재난에 가까운 스탈린의 계산착오에는 정권의 구조적인 약점과 동시에 개인적인 약점이 작용했다. 체제 전체가 스탈린에 대한 비판은 상상도 못 하는 맹종 위에 수립되어 있었다. 그러므로 독일의 침공계획을 부정하는 그의 고집을 누구도 지적하지 못했다. 그리고 스탈린은 사실상 모든 정보보고를 '거짓정보'라고 생각했다. 체제 전체를 관통하는 불신은 그러므로 스탈린으로 하여금 제대로 작동하는 몇 군데 기관이 올리는 보고를 불신하게 만들었다. 그의 심각한 판단착오는 재앙에 가까운 결과를 가져왔다. 6월 22일에 침공이 시작된 이후 처음 한 주 동안 전례를 찾기 어려운 군사적 재난이 발생했다. 12월까지 붉은 군대에서는 266만 3,000명의 전사자와 335만 명의 포로가 나왔다(포로의 대부분은 독일의 수용소에서 죽게 된다).[31]

이 재앙에 대해서는 스탈린 개인뿐만 아니라 그가 이끈 체제의 고

질병 같은 결함이 책임을 져야 한다. 그러나 4년이 안 되는 기간에 소련은 논란은 있지만 역사에서 가장 위대한 군사적 승리를 거두게 된다. 1941년의 재앙에 대한 책임이 스탈린의 탓이라면 1945년의 승리에 대한 찬사도 그의 몫이 되어야 하지 않을까?

전쟁 지도자

소련의 놀라운 기여로 나치 독일을 패배시키지 못했더라면 1945년 연합국의 승리는 원자탄으로 베를린, 뮌헨과 몇몇 주요 도시를 초토화시켜 독일이 항복한 뒤에야 비로소 가능했을지 모른다. 소련이 감당한 손실은 그 규모를 상상하기 어려울 정도이다. 최소한 2,500만 명이 죽었고 그중에서 1,700만은 민간인이었다. 동원된 남녀 3,450만 명의 84%가 죽거나, 부상당하거나, 포로가 되었다.[32] 소련이 보여준 위업은 하나의 원인만으로 설명할 수는 없다. 그 중심에는 분명히 소련을 전멸시키겠다는 야만적인 침공에 맞서 가족, 고향, 조국을 지키려는 각오가 있었다. 좀 더 확대된 종교적 관용과 더불어 애국심 고취가 한몫을 했다. 잔혹한 적이 사랑하는 사람에게 한 짓을 갚아주겠다는 복수심이 강력한 추가적 동기였다. 이런 것들과 나란히 모든 병사의 가장 기본적인 동기인 살아남기 위해 싸워야 한다는 본능과 나를 살아남게 해준 곁에 있는 전우에 대한 동지애가 작용했다. 소련의 승리는 비상한 희생과 손실을 바쳐 얻어낸 사회 전체의 승리였다. 그러나 군사와 민간의 자원을 동원하기 위한 집단적인 노력에 개입한 리더십이 없었더라면 그 승리는 불가능했을 것이다.

그렇다면 이러한 리더십에 스탈린은 개인적으로 어떤 기여를 했을까? 소련의 승리에는 어떤 기여를 했을까? 그는 훗날 전쟁영웅의 영광을 자신에게 돌려 찬사를 독점함으로써 전설적인 군사령관 게오르기 주코프(Georgi Zhukov) 원수가 승리의 월계관을 '찬탈'하지 못하게 막았다.[33] 승리의 공적을 독점하려는 시도는 우스꽝스러운 짓이었다고 하더라도 그가 아닌 다른 지도자 아래서 승리를 일구어낼 수 있었을지 상상하기 어렵다. 특히 1941년 독일의 침공 후 초기의 거대한 손실이 발생했을 때 군사력을 결집시켜 임박한 패배를 훌륭한 승리, 궁극적인 승리로 바꾸어놓는 데는 최상층부로부터 나오는 강력한 개인적 리더십이 필요했다. 스탈린은 소련의 전쟁수행 과정에서 몇몇 중요한 분야——테러, 선전, 군사지휘, 외교적 협상——에서 직접적인 영향을 미쳤다. 이들 각 분야에서 지도자의 개성이 중요한 역할을 했다.

1930년대의 테러는 불복 또는 비순응에는 가장 가혹한 처벌이 내려진다는 두려움 때문에 복종하는 사회를 만들어냈다. 어떤 잣대를 적용하든 전쟁 기간에는 소련 시민을 겨냥한 테러가 놀랄 만한 수준에 이르렀던 1930년대에 비해 줄어들었다. 스탈린의 특별허가 때문이었다.

군대 내에서도 두려움이 아래로 스며들었다. 사령관들은 스탈린을 두려워했다. 그들에게는 그럴만한 이유가 있었다. 개전 첫 주 독일군이 무서운 기세로 공격해올 때 소련군이 막대한 인명손실을 내고도 모스크바로 가는 길목을 지키는 민스크(Minsk)가 함락되자 서부전선 최고사령관 드미트리 파블로프(Dmitri Pavlov) 장군과 3명의 직속 부하 장군들이 반역죄로 체포되어 고문을 당하고 처형되었다. 파블로프는 사실상 독일의 침공 경고를 무시한 스탈린의 재앙에 가까운 실수를 가리기 위한 속죄양이었다. 고위 사령관의 처형은 분명한 신호를 보냈다. 사령관들은 부하를 잔혹하게 다루었다. 스탈린그라드 전투를 지휘한 제62군단 사령관 바실리 추이코프(Vasily Chuikov)는 자신을 실망시킨 부하 장군들에게 개인적인 모욕을 주었다.[34] 장교

와 병사의 명령불복종은 가혹한 시범처벌의 적합한 대상이었다. '비
겁자와 배반자'로 고소되면 변명의 기회도 주지 않고 처형되었다. 그
러므로 병사들은 자신의 지휘관을 두려워하지 않을 수 없었다. 수백
수천 명의 병사들이 탈주하다 체포되어 처형당하거나, 형벌 대대 또
는 죄수캠프에 배치되었다(둘 다 사형과 동등한 처벌이었다). NKVD
부대가 최전선 바로 뒤에 배치되어 탈주자를 쏘았다. 병사들은 전진
하여 독일군의 총구와 마주하는 것이 후퇴하여 NKVD의 무기를 만
나는 것보다 덜 위험하다고 생각했다. 포로가 되었다가 구출된 자는
투옥되었고 처형되는 경우도 흔했다.[35]

 1941년 6월에 스탈린이 초토화작전 명령을 내린 후 가옥과 농장과
마을이 파괴되자 민간인은 집을 잃고 영양실조와 굶주림으로 고통
받았다.[36] '내부의 적'—부랑인, 매춘부, 집시, 좀도둑까지 포함되
었다—으로 지목된 사람들은 처형되거나 시베리아로 추방되었다.
수십만의 노동자들이 엄격한 노동관련법 때문에 사소한 일탈행위로
도 투옥되었다. 단순한 지각도 무서운 결과를 초래했다.[37]

 국경지역에 거주하는 비소련 시민은 안보에 위협이 된다고 간주
되어 심각한 위험에 빠졌다. 1940년, 스탈린은 폴란드군 장교 2만
5,700명을 사살하자는 베리야의 제안을 직접 승인했다. 이때 처형된
사람들 일부의 유해가 훗날 카틴(Katyn) 숲에서 발견된다. 1939년에
독일과 소련이 폴란드를 분할 점유하기로 합의한 뒤로 이때까지 수십
만 명의 폴란드인이 스탈린의 지시에 따라 폴란드 동부로부터 시베리
아나 중앙아시아로 유배되었다. 전쟁 후반에 스탈린은 독일에 동조할
우려가 있다는 이유로 소련 내의 소수인종—볼가강 유역의 독일인
과 크름반도의 타타르인, 칼미크인, 체첸인—가운데서 300만이 넘는
사람들을 중앙아시아의 척박한 지역으로 집단 이주시켰다.[38]

 스탈린의 전시(戰時) 테러는 전전(戰前) 정책의 중단이 아니라 지

속이었다. 그의 승인, 많은 경우에 그의 특별 지시가 있었음은 분명하다. 물론 테러가 소련 민중이 그처럼 끈질기게 싸운 유일한 이유는 아니었다. 그러나 논란의 여지는 있지만 테러는 소련의 전쟁수행에서 없어서는 안 되는 수단이었다. 진취적인 사고를 하는 사람들에게 나치독일의 패배는 스탈린의 테러가 없었다면 가능하지 않았을 것이란 해석은 불편한 진실이다.

스탈린은 대중의 지지를 유도하고 전투준비 상태를 유지하기 위한 선전사업도 주도했다. 그는 미국 대사 애버럴 해리먼(Averell Harriman)에게 이렇게 말했다. "인민은 세계혁명을 위해 싸우지도 않을 것이고 소련의 권력을 위해서 싸우지도 않을 것이다. 아마도 그들은 러시아를 위해 싸울 것이다."[39] 처음부터 외국침략자에 대한 저항을 고취하기 위해 민족정서에 호소하며 애국투쟁을 강조하는 선전사업에 주안점이 두어졌다.[40] 처음으로 소련 국민을 대상으로 하여 전쟁에 관해 언급한 1941년 7월 3일의 연설에서 스탈린은 '형제자매 여러분', '동지 여러분', '시민 여러분' 같은 전통적인 애국적 낱말을 동원해 '비겁자, 탈주자, 공포를 조장하는 자'에게 무자비하게 복수하자고 호소했다.[41] 그리고 다시 신을 찾는 말도 나왔다. 교회가 다시 문을 열었고, 성직자들이 수용소로부터 돌아왔으며, 병사들은 신의 축복을 받으며 전장으로 보내졌다. 스탈린은 심지어 러시아 정교회의 수장도 만났다. 정교회의 수장은 '우리 조국의 신성한 국경'을 지키는 전쟁을 공개적으로 지지했다.[42]

스탈린 숭배는 지도자와 대중을 일체화시키는 수준으로 윤색되었다. 단순한 구세대 농민들이 근엄하고 권위적이지만 많은 것을 베풀어주는 '아버지 차르'를 거의 신에 가까운 존재로 숭배했듯이 10월 중순 모스크바가 독일군의 수중에 떨어질 것이 분명해 보여 시민들이 공황상태에 빠져 있던 결정적인 순간에 정권을 안정시킨 스탈린의 결정적인 역할에 시민들은 환호했다. 안전문제 때문에 스탈린이 수도를 떠나 우랄산맥 너머로 옮겨갈 모든 준비가 끝났다. 모스크바역에는 그를 태운 열차가 수증기를 내뿜으며 출발신호를 기다리고 있었다. 마지막 순간에 그는 가지 않기로 결정했다. 스탈린이 모스크바에 남아 국민들 맨 앞에 서서 전쟁을 지휘하기로 결심했다는 뉴스가 순식간에 퍼져나가고 시민들의 사기는 빠르게 회복되었다. 좀 섣부르기는 하지만 이 일이 있은 직후에 몰로토프는 스탈린이 떠났더라면 소련은 붕괴되었을 것이라고 말했다. 여하튼, 남기로 한 스탈린의 선택은 결정적인 갈림길에서 애국심을 떠받치는 데 작지 않은 역할을 했다.[43]

1942년 이후로 스탈린이 붉은 군대의 작전계획을 세우고 붉은 군대를 지휘한 것은 소련이 승리하는 데 그가 기여한 중요한 업적이었다. 최고사령관으로서(1941년부터) 그는 전쟁 수행의 전반적인 책임을 졌다. 그와 군사령관들의 관계는 결정적으로 중요했다. 1942-43년, 이 관계에 중요한 변화가 생겼다.

전쟁이 일어난 후 대재난에 빠졌던 첫 달 동안에 스탈린이 보여주었던 심각한 실책과 군사적 무능은 적이 침공해왔을 때 지휘체계 내부에 조정기능이 없었고 작전계획 수립자와 야전 지휘관 모두 경험이 부족했기 때문에 더욱 증폭되었다.[44] 1942년, 붉은 군대가 독일군의 모스크바 진격을 차단한 후 스탈린은 또 한 번 값비싼 전략적 실수를 저질렀다. 이 실수는 순전히 스탈린의 고집 때문만은 아니었다. 군 지도자들은 전략수립에 있어서 마음을 하나로 합치지 못했다. 결국 총참모부는 장비와 동원 가능한 훈련된 예비 병력의 수준을 고려할 때 전략적 방어가 최선이며, 앞으로 몇 달 동안 전선의 '중앙부' (모스크바로 접근하는 통로)에 집중해야 한다는 결론을 내렸다. 스탈린은 이 권고를 물리치고 '넓은 전선에 걸친' 공세를 고집했다.[45]

결과는 (붉은 군대의 수적인 우세에도 불구하고) 1942년 5월 우크라이나의 도시 하르키우(Kharkov)의 참담한 함락이었다. 7월 초에는 전체 크름반도가 독일군의 수중에 들어가면서 상황은 더욱 나빠졌다. 하르코프에서 크리미아에 이르는 사이에 37만의 병력과 수량을 알 수 없는 무기를 잃었다.[46] 더 나아가 7월 23-24일에는 로스토프(Rostov)가 함락되면서 돈(Don)강을 건너 카프카스 유전지대로 들어가는 길이 뚫렸다. 여름의 군사형세는 너무도 심각하여 스탈린이 자신의 실수가 대참패의 부분적인 원인이라고 인정할 정도였다.[47] 스탈린은 특유의 방식으로 반응했다. 7월 28일, 그는 마지막 피 한 방울을 쏟을 때까지 싸우는 것이 모든 병사의 의무라고 선언했다. '한 걸음도 뒤로 물러나서는 안 되며', '공포를 조장하는 자', '비겁자', '배신자'는 제거될 것이다.[48]

1942년 8월 말, 스탈린은 주코프 장군을 최고부사령관—스탈린 바로 아래, 군대 전체의 지도자—에 임명하고 독일군이 금방이라도 돌파할 것 같은 중요한 스탈린그라드 지역의 지휘를 맡겼다. 주코프와 총참모장 알렉산드르 바실레스키(Alexander Vasilesky) 장군의 작전을 스탈린이 지지했던 것이 스탈린그라드에서 소련군이 승리한 결정적인 원인이었다. 그러나 스탈린 자신의 역할도 저평가되어서는 안 된다. 주코프는 스탈린의 집중력, 상황파악 능력, 세밀한 곳까지 살피는 배려에 탄복했다.[49]

스탈린그라드 이후로 그는 장군들의 건의를 받아들이려는 태도를 갖추었다(여전히 간섭하고 싶은 욕구를 누르지는 못했지만). 뿐만 아니라 동부전선에서의 이 전환점은 전쟁의 마지막 2년 동안에 연속적으로 놀라운 승리를 거두고 결국은 1945년에 베를린에 입성하게 되는 대역전극의 서막이었다. 개전 후 첫 1년 반 동안의 패배는 스탈린과 장군들 사이의 갈등을 높였다. 마지막 2년 반 동안의 승리는 당연히 훨씬 개선된 협업관계로 이어졌다. 스탈린은 핵심 지휘관들을 전적으로 지원했고, 전쟁이 승리의 국면으로 전환된 뒤에는 장군들을 거의 교체하지 않았다. 물론 성공적인 군사작전의 많은 공적은 붉은 군대의 사령관들, 그중에서도 특히 주코프에게 돌려야 할 것이다. 붉은 군대 지도부는 경험을 쌓았고, 실수로부터 배우며 기술, 무기, 조직 면에서 중요한 혁신을 이루어냈다. 스탈린은 이런 변화를 지지하고 필요한 보급, 인력, 화력이 언제든지 공급될 수 있도록 보장해주었다. 그는 여전히 전략과 중요한 군사적 결정의 최종적인 책임을 졌다. 그러나 그는 최상층 사령관들의 충고를 들을 준비가 되어 있었다.50)

독일의 패배가 점차로 분명해지자 연합국 지도자들이 전후 유럽의 모습을 결정하기 위해 만났다. 스탈린, 루스벨트, 처칠이 1943년 11월에 테헤란(Teheran)에서 처음 만났다. 이때 스탈린은 권력을 잡은 이후 처음으로 소련 밖으로 나왔다. 두 번째의 기념비적인 만남은 유럽에서 전쟁이 종말을 향해가고 있던 1945년 2월에 흑해의 얄타(Yalta)에서 열렸다. 세 번째는 연합국이 유럽에서 승리한 후 1945년 8월에 포츠담(Potsdam)에서 열렸다. 매번 만날 때마다 핵심 인물은 스탈린이었다.

이 세 번의 회담에서 다음 45년 동안의 유럽이 어떤 모습이어야 하는지 대체적인 합의가 이루어졌다. 얄타회담에서는 붉은 군대의 점령이 외교를 뒷받침해주는 엄연한 현실로 작용했다. 그러나 얄타에서 결정된 내용의 대부분은 테헤란회담에서 밑그림이 그려져 있었다.51) 테헤란에서 최종적인 결론이 도출되지는 않았지만 폴란드 국경을 재획정하는 중요한 문제는 기본적인 합의에 도달했다. 또한 전후 독일은 분할한다는 원칙도 정해졌다. 동유럽의 많은 부분을 소련이 장악하고 있던 시점에서 열린 얄타회담에서는 폴란드의 미래는

1943년 11월, 테헤란회담에서 스탈린, 루스벨트, 처칠.
독일의 패전이 분명해지자 연합국 지도자들이 전후 유럽의 모습을
결정하기 위해 만났다. 스탈린은 권력을 잡은 이후 처음으로
소련 밖으로 나왔다. 그는 영리하게 회담의 주도권을 쥐었고,
두 사람이 호감을 가지도록 훌륭히 연기했다.

실질적으로 모스크바가 결정한다는 원칙이 확정되었다. 포츠담에서는 독일의 분할이 확정되었다.

스탈린이 '3자 영수' 회담에서 주도권을 쥘 수 있었던 것은 물론 붉은 군대를 잘 활용했기 때문이었다. 그러나 그는 충분한 정보를 갖추고 영리하게 협상을 끌어가는 솜씨, 세부적인 사항까지 파악하는 주의력, 지정학에 관한 깊은 지식, 그리고 무엇보다도 집요한 개성 덕분에 목표를 달성할 수 있었다. 루스벨트와 처칠은 회담에서 만족스러운 결과를 얻었다는 생각을 가지고 테헤란과 얄타를 떠났다. 그들은 스탈린의 우정을 확보했으며 그를 신뢰할 수 있다고 생각했다. 두 사람은 실제로 소련의 독재자에게 호감을 갖게 되었다. 그러나 스탈린은 그때 날카로운 (어쩌면 우울한) 유머감각으로 무장하여 매력적이고 유쾌한 인물을 훌륭하게 연기했다. 그는 루스벨트와 처칠을 속였다.

스탈린은 그와 대화하는 사람에게 좋은 인상을 남겼다. 영국 외무장관 앤서니 이던(Anthony Eden)은 협상 상대를 고른다면 스탈린을 첫 번째로 선택하겠다고 말했다.[52] 1941년과 1946년 사이에 여러 차례 스탈린과 협상한 적이 있는 애버럴 해리먼은 스탈린이 루스벨트보다 더 많은 정보를 가지고 있고 처칠보다 더 현실적이라고 평가했다.[53] 영국 총참모장 앨런 브룩(Alan Brooke) 장군은 1942년 8월에 처칠을 수행하여 모스크바를 방문했을 때 스탈린에게서 받은 인상을 예리하게 분석하여 자신의 일기장에 남겨놓았다.

의심할 나위 없이 그는 뛰어난 인물이지만 호감이 가는 인물은 아니다. 그의 표정은 기분 나쁠 정도로 냉정하고 교활하며 무표정하다. 그를 쳐다볼 때마다 나는 아무렇지도 않게 국민을 죽음으로 내모는 그의 모습을 상상하게 된다. 그런가 하면, 그는 분명히 두뇌회

전이 빠르고 전쟁의 핵심을 현실적으로 잘 파악하고 있는 인물이다.[54]

스탈린은 자신의 이미지를 따라 만들어진 기형적인 정권을 이끈 기형적인 인물이었다. 그런데 바로 이 기형성이 소련이 독일을 꺾고 승리하게 했으며 더 넓게 보자면 연합국의 승리를 가능케 해주었다. 거대한 전쟁수행 과업을 완수하기 위해 민간과 군대를 끊임없이 테러로 압박하고, 조국해방을 위한 애국적 투쟁을 이끌어가고, 1942년 이후로 전쟁의 방향을 성공적으로 돌려놓는 데 깊이 간여하고, 소련의 영토를 확장하는 중요한 협상을 진행할 때에 그의 개인적 리더십은 없어서는 안 되는 요소였다. 전쟁이 끝나자 그의 위신은 국내외에서 정점에 이르렀다.

말년

1945년 6월 24일, 스탈린은 열광하는 거대한 군중의 찬양 속에 파묻힌 영웅정복자의 모습으로 레닌묘 발코니에 섰다. 주코프 원수가 백마를 타고 붉은 광장으로 들어왔다. 그의 뒤를 무수한 붉은 군대 병사들의 행렬이 따랐다. 병사들은 위대한 지도자에게 경례를 바치고 패배한 적으로부터 노획한 깃발들을 그의 앞에 내려놓았다.[55] 영광과 무한한 기쁨의 순간이었다. 그러나 그 순간은 전쟁으로 심각하게 파괴된 나라를 재건하는 거대한 작업을 시작하기 전에 잠시 맛보는, 그리고 순식간에 지나가는 기분전환의 시간이었다. 스탈린의 말년은 그의 조국에 더 많은 고난과 고통을 가져다주었다. 독재자 자신도 과거의 영광에 매달리려 하지 않았다. 그의 개성, 그의 직감, 뿌리 박힌 의심은 변하지 않았다. 그리고 무엇보다도 전쟁 전에 그가 이끌어왔고 개인독재로 변질시킨 체제도 변하지 않았다.

승리가 이미 충분히 기괴한 위대한 지도자 숭배를 새로운 불합리의 영역으로 끌어올렸다. 스탈린은 개인숭배가 과도하다고 지적하기는 했지만 그것을 줄이려는 어떤 노력도 하지 않았다. 레닌의 제자를 자처했던 그가 지금은 세상을 뒤덮는 선전을 통해 전설적인 볼셰비키 지도자보다 높은 자리에 모셔졌다. 영웅의 아우라에 흠집을 낼 수 있는 기억은 위험했다. 스탈린의 두 번째 부인 나다의 여동생 안나 알리루예바(Anna Alliluyeva)가 1946년에 (당국의 허가를 받고) 스탈린의 초기 시절에 관해 무해하지만 아첨하지 않는 내용을 담은 회고록을 출간했다. 이 여인은 스탈린의 명예를 훼손했다는 죄로 10년 동안 굴라그에 유배되었다.[56] 개인숭배는 독재자가 말년에 국민들로부터 유리되어 있던 현실을 가렸다. 그는 대중 앞에 거의 나서지 않았고, 연설하는 기회도 거의 없었으며, 누구도 들어갈 수 없는 개인 신변보안의 철벽 뒤에 숨었고, 보통 시민의 시야에서 사라졌다.

그의 쇠주먹이 당과 국가의 중앙집권화된 모든 권력수단을 움켜쥐고 있었다. 그런 가운데서 비밀경찰과 군대—그의 통치의 주요 버팀목—는 손상을 입지 않았다. 개별 경쟁자를 비방하거나 그들의 정치적 평판에 손상을 입히려고 기회를 노리고 있는 통치기구와 국가보안부(MGB) 요원들이 올리는 보고서에 의존하는 그의 습성도 바뀌지 않았다. 모두가 의심의 대상이었다. 정치국원의 집까지도 도청되었다. 누구든, 특히 위협이 될지도 모르는 고위직 인사들은 편히 잠들 수 없었다. 위대한 전쟁영웅 주코프 원수는 빛나는 업적이 스탈린 자신의 대중적 인기를 저해할 수 있다는 이유로 머나먼 오데사(Odessa)로 쫓겨났다가 결국 1947년 초에 해임되었다. 국가보안부의 책임자 베리야는 독재자에게 위험인물이 될 수 있다 하여 자리에서 밀려나 원자탄 개발 기관의 책임자로 옮겼다.[57] 몰로토프, 미코얀,

즈다노프(Andrei Zhdanov), 말렌코프, 카가노비치, 베리야는 스탈린 말년의 예측할 수 없는 변덕을 두려워했다.

탄압의 강도가 높아졌다. 노예노동 수용소가 다시 확장되었다. 그곳에 갇힌 500만 명의 죄수 가운데는 끔찍한 독일군 포로수용소에서 살아 돌아온 100만 명이 넘는 병사들이 포함되어 있었다. 이들의 유일한 '죄'는 적에게 붙들렸기 때문에 충성심이 의심스럽다는 것이었다. 잔혹한 탄압의 집행자들에게는 전과 마찬가지로 물질적인 특혜와 특권이 충성을 확보하기 위한 사탕으로 사용되었다. 1937-38년의 대숙청으로 돌아가지는 않았다. 그러나 레닌그라드시 당 지도부의 숙청 같은 지역 차원의 사례는 독재자의 예상할 수 없는 분노가 언제든지 폭발할 수 있음을 보여주었다. 스탈린이 죽기 직전까지도 당 위계의 상층부에서는 광범위한 숙청에 대한 두려움이 퍼져 있었다. 생애의 마지막 달에 스탈린은 한 번 더 위협을 보여주었다. 그의 편집증은 오히려 더 깊어졌다. 그는 가장 충실한 시종 가운데 두 사람인 몰로토프와 미코얀이 외국의 간첩이라고 의심했으며 크레믈린의 (유대인 티가 나는 이름을 가진) 전속 의사들이 자신을 제거하려는 음모에 가담하고 있다고 믿었다.

1953년 3월 5일, 스탈린은 심각한 뇌졸중과 다량의 위출혈로 사망했다. 그의 가장 가까운 측근들까지도 그때서야 두려움에서 벗어날 수 있었다. 그 후 벌어진 후계 다툼은 결국 흐루쇼프의 부상(浮上)과 그가 그토록 오랫동안 그토록 충성스럽게 모셨던 지도자, 그도 발 빠르게 동참했던 비인도적 범죄행위를 저지른 지도자에 대한 격하운동(1956년)으로 이어졌다.

남긴 유산

스탈린이 죽지마자 한때 충실한 부하였던 인물들이 정권을 개혁하기 위해 나섰다.[58] 권력투쟁은 단지 점진적으로 수그러들었고 마지막에 흐루쇼프가 승리자가 되었다. 1956년에 개인숭배를 비판한 후 흐루쇼프는 스탈린 시대의 숨 막히는 통제를 풀었다. 400만 명 이상의 죄수가 수용소와 유배지로부터 돌아왔다. 불안한 삶이 개선되었다. 서방세계와 비교하면 아직도 소박한 수준이기는 하지만 생활수준도 개선되었다. 레닌묘에 레닌과 나란히 누워 있던 독재자의 시신이 1961년에 치워졌다. 이것은 공식적이고 최종적인 스탈린 숭배와의 결별이었다.

그런데 과연 스탈린주의와의 결별이었을까? 몇몇 저명한 학자들은 스탈린주의는 '자체적으로 세워진 체제', 볼셰비즘의 목표로부터 급진적인 일탈이라고 주장했다.[59] 스탈린의 독재를 독자적인 '체제'라기보다는 볼셰비즘 속에 내재된 하나의 가능성이 영속적인 위기 상황—내부와 외부의 적에 대한 두려움, 증대되는 전쟁의 위협—에서 극단적이고 과격한 형태로 표출된 것이라고 보아야 맞을 것 같다. 스탈린주의는 볼셰비즘의 '진정한 길'로부터의 일탈도 아니었고, 우연한 진전도 아니었으며, 볼셰비키 혁명의 필연적인 파생물도 아니었다. 레닌이 죽은 후에 하나 이상의 경로를 생각할 수 있었다. 부하린이 지도자가 되었더라면 선택된 경로는 스탈린이 추구한 경로와는 달랐을 것이다. 집단화와 공업화는 스탈린과 같은 극단적인 방식을 동원하지 않고 추진되었거나 가혹한 방식이라고 할지라도 정도에 있어서는 스탈린과 비교가 되지 않는 수준에서 동원되었을 것이다. 통치기구가 (허황한 개인숭배에 휩쓸려) 개인적인 독재의 도구로 전락하고 당의 기층이 파괴된 것은 레닌의 리더십 아래서라면 예상하기 어려운 경로였을 것이다. 테러는 레닌체제에서 태생적인 요소였지만 스탈린이 그것을 새로운 차원으로 높여놓았다. 레닌은 당을 상대로 테러를 사용하지 않았다. 그런데 스탈린은 다름 아닌 그 당을 대상으로 테러를 구사했다. 스탈린 통치의 전제조건은 참으로 레닌 치하에서 마련되었다.[60] 스탈린 독재는 그가 물려받은 체제 안에 그 원형이 잠복해 있었다. 스탈린은 자신이 물려받은 체제를 새로운 체제나 레닌주의와 단절된 체제로 이끌지 않고 오히려 자신의 개성이 깊이 스며든 변형으로 만들어냈다.

스탈린이 사망하자마자 변화가 도입된 속도 자체가 오랜 집권 시기 동안에 그의 개성의 특징인 편집증이 얼마나 깊이 통치체제 안에 스며들었는지를 보여준다. 그가 죽고 나자 통치체제는 왜곡을 벗어날 수 있었다. 그의 죽음과 흐루쇼프가 취임한 후 추진한 개인숭배 청산과 함께 (공포를 기반으로 한) 체제의 역동성은 스러졌다. 그러나 체제의 구조적 핵심은 그대로 유지되었다. 브레즈네프 치하에서 체제는 강압적이지만 안정된 보수적 권위주의로 변했다. 대규모 테러로의 회귀는 일어나지 않았지만 스탈린 치하에서 모습을 갖춘 통치체제의 특색은 뚜렷하게 남았다. 마르크스주의의 용어로 표현하자면, 스탈린이 상부구조를 불구로 만들었지만 ─부분적으로는 파괴했지만─ 기초는 유지되었다. 그가 죽은 직후에 그 기초 위에서 상부구조는 개조되었고, 이 체제가 핵심을 온전하게 유지하며 소련이 붕괴할 때까지 거의 40년 이상을 더 지속되었다.

스탈린이 죽었을 때 소련은 더는 후진적 농업사회, 동쪽과 서쪽 두 곳으로부터 적국의 침공위협에 노출된 약한 국가가 아니었다. 소련은 2차 대전이란 용광로를 거쳐 신생 강대국으로 부상했다. 이것은 분명히 스탈린 혼자만의 업적은 아니었다. 그러나 적지 않은 부분이 그와 연결되어 있었다. 스탈린이 권력의 자리에 있지 않았더라면 소

스탈린의 유해(1953).
스탈린은 사망 후 시신이 방부 처리되어
붉은 광장 레닌 묘소에 함께 안치되었다. 흐루쇼프 집권 후
스탈린 개인숭배가 부정되면서 그의 유해는 레닌 묘소에서
크레믈린궁 담장 아래 국립묘지에 매장되었다.

런이 그처럼 신속하게 공업화, 군사화, 조직화되어 히틀러의 군대를 꺾을 수 있었을까? 그랬을 가능성은 매우 낮다. 상상하기 어려운 인명손실을 대가로 치르고 사회 경제적 대전환이 일어났다. 1953년이 되자 새로운 무력 핵무기를 보유한 소련은 국제무대의 거인이자 얼마 뒤 인간을 우주로 보내게 되는 미국의 맞수였다. 농업사회로부터 초강대국으로의 전환은 스탈린이 남긴 절대로 미미하다고 할 수 없는 유산이었다.

냉전도 물론 같은 유산의 일부였다. 한때는 전쟁에서 동맹이었던 나라들과 소련 사이의 불신은 불가피했고 또 빠르게 확대되었다. 소련의 영향권 안에 떨어진 중부와 동부 유럽 국가에는 곧 스탈린주의 위성국가가 들어섰고 소련의 확장에 대한 서방의 두려움이 커졌다. 1946년 처칠의 유명한 '철의 장막' 연설은 유럽 분할에 대한 소련의 책임에 관심을 집중시켰다. 서방의 우려는 커져갔다. 그러나 스탈린의 유럽에 관한 최우선 관심사는 확장이 아니라 안전을 위한 완충지대였다. 예를 들자면, 그래서 그는 그리스 공산당의 권력 장악을 지원하지 않았다. 또한 그는 상당한 규모를 갖춘 프랑스 공산당과 이탈리아 공산당에게도 현실적인 지원을 하지 않았다. (동아시아에서는 달랐다. 중국 공산당이 권력을 잡은 데는 스탈린의 지원이 중요한 역할을 했다.)[61] 2차 대전 직후에 그는 서방세계를 도발하지 않으려고 조심했다. 그는 전쟁의 상처가 깊은 소련이 미국의 군사력과 경쟁할 수 없다는 사실을 인식하고 있었고, 미국이 먼저 확보한 핵 우위를 이용해 소련을 공격하지 않을까 두려워했다. 옛 동맹국들의 상호불신은 굳어가고 1947년 이후로는 바위처럼 단단해졌다. 그해에 스탈린이 동유럽권에 대한 마셜 원조(Marshal Aid)를 거절하자 — 원조를 받아들인다는 것은 위성국가에 대한 소련 지배력의 붕괴를 의미했다 — 냉전이 분명한 모습을 드러냈다. 이때부터 냉전은 40년 넘게 세계평화를 위협하게 된다.

동유럽권 위성국가에 대한 스탈린의 개인적 영향력은 명백했다. 그가 살아있는 동안에는 '철의 장막' 안쪽 국가의 지도자들은 그에게 예속된 존재였고 그 나라의 국민은 탄압기구인 경찰과 당에 복종했다. 그가 죽자 상황은 급격하게 바뀌었다. 3년 이내에 소련의 지배에 반대하는 폭동이 독일민주공화국과 헝가리에서 일어났으며 폴란드에서도 심각한 혼란이 있었다. 스탈린이 떠난 후에도 스탈린의 강력한 영향 아래 수립된 체제는 1980년대까지 존재를 이어갈 만큼—어려움의 정도는 각기 차이가 있었지만—충분히 강력함을 증명했다.

스탈린 사후 수십 년 동안 스탈린의 역사적 위치에 대한 평가는 어느 곳에서나 거의 전적으로 부정적이었다. 서방세계의 소련 변호파는 스탈린을 소련 역사의 변이종으로 묘사하려 했다. 소련에서는 그를 역사에서 지우고 싶어했다. 어느 쪽의 시도도 효과를 보지 못했다. 스탈린은 갈수록 소련 역사의 단절이 아닌, 소련 역사를 구성하는 한 부분으로 인식되어갔다. 스탈린은 그의 독재가 소련에 엄청난 희생을 치르게 했던 1920년대의 독특한 환경의 산물이지만 소련을 역사적 승리로 이끌어간 인물, 소련이 붕괴될 때까지 그가 남긴 유산이 유지된 인물이었다. 스탈린을 역사상 가장 위대한 범죄자의 한 사람으로 지목한 고르바초프의 평가는 적절했다고 볼 수 있다. 옐친도 뒤를 이어 그를 폄하했다. 그런데 푸틴은 목소리를 바꾸어 (스탈린 자체를 복권시키지는 않았지만) 스탈린 시대에 소련이 성취한 업적을 찬양하고 러시아와 소련의 위대한 과거의 연속성을 강조했다.[62] 러시아—소련의 주요 상속자—를 세계적인 강국으로 복원하고 소련의 과거에 대한 평가를 바꾸겠다는 푸틴의 전략은 스탈린에 대한 태도에 영향을 미쳤다. 2003년, 독재자의 사망 50주기를 맞아 1,600명의 러시아인을 대상으로 실시된 여론조사에서 53%가 스탈린에 대해 긍정적인 인식을 갖고 있었다. 반면에 27%만 스탈린이 '수백만 명의 죽음에 책임이 있는 잔인하고 비인간적인 독재자'라는 평가에 동의했다.[63]

　이런 시각은 여론이 조작되었을 때 나타나는 엉뚱한 결과의 표본이다. 소련이 붕괴된 뒤로 방대한 자료에 접근할 수 있게 되었음에도 불구하고 스탈린에 대한 평가는 여러 면에서 덜 정직해지고 상반된 해석은 더 많이 나왔다. 논쟁의 추가 어느 쪽으로 기울든 분명한 것은 스탈린은 자신의 조국을 죽음과 피의 바다에 빠뜨린 공포의 인물이지만 (아마도 히틀러를 제외한다면) 누구보다도 20세기 유럽의 역사에 깊은 흔적을 남긴 인물이란 점이다. 구조적인 조건을 제공한 소련의 독특한 상황을 고려할 때 스탈린은 역사에서 개인의 역할이 얼마나 중요한지를 보여주는 분명한 사례이다.

5

처칠
Winston Churchill

영국의 전쟁영웅

유럽의 민주국가에서 1940년에서 1945년 사이에 처칠이 그랬던 것보다 더 많은 권력을 휘두른 정치인은 없었다. 처칠만큼 찬사가 쏟아진 사람도 없었다. 그는 흔히 역사적인 위인, 자기 나라의 구원자, 나아가 서방세계의 자유의 구원자로 묘사되었다. 독재자들의 개성이 끼친 파괴적인 영향만큼 긍정적인 방향으로 역사에 결정적인 영향을 미친 개성을 지녔던 정치인은 처칠을 빼고는 찾아보기 어렵다.

그런 처칠의 1940년 이전의 정치이력은 대체로 실패에 가까웠다. 그리고 1945년 이후 10년 동안 — 이 기간에 1951년까지는 야당이었고 그 뒤로 1955년까지는 다시 수상이었다 — 그의 리더십에 대한 평가는 직전의 업적이 없었더라면 정치 거물에 대한 진술한 찬사로 귀결되지 않았을 것이다. 처칠의 개성과 권력에 대한 평가는 그러므로 2차 대전 동안 그의 역할에 크게 의존하게 된다. 이 점을 가장 잘 알고 있던 사람은 처칠 자신이었다. 그래서 그는 다음 세대가 자신의 2차 대전 시기의 리더십을 알아보도록 6권으로 된 전쟁 회고록을 썼다.『2차 세계대전』은 1948년부터 1954년까지 출간되었고 전 세계에서 수백만 부가 팔렸다.[1]

개성과 리더십의 유형

처칠이 개성이 결정적인 역할을 할 수 있었던 이유는 영국 민주주의가 전시라는 예외적인 상황에 빠졌기 때문이었다. 전쟁이 일어나기 전에는 성과를 내지 못했고 전쟁이 끝나고 나서도 경제와 지정학적 결정요인에 밀려 빛을 내지 못했던 그의 개성이 전시라는 비상상황에서는 안성맞춤의 효과를 냈다. 처칠의 개성은 (위기상황을 헤쳐나가기 위해 매우 유연해지기는 했지만) 민주주의 안에서 작동했다.

처칠은 극도로 자기중심적이고 지나치게 자기주장을 내세우는 인물이었다. 이런 성격은 그가 속한 영국 귀족의 태생적이고 전형적인 자부심에서 나왔다. 지배엘리트 집단의 구성원이라는 타고난 특권의식과 권위의식은 그의 강한 책임감과 목적의식의 바탕이었다. 그의 기질은 호전성으로 흘러넘쳤다. 그는 본능적으로 방어가 아닌 공격을 생각했다. 그는 결단력이 있고 냉혹했으며 용감했다. 그는 태생적으로 과감했으며 빠르게 결정했다. 이런 개성 때문에 그는 오래전부터 무모하며 신중한 판단력이 부족하다는 평을 들어왔다.

그는 넘치는 자신감, 끊임없이 움직이는 분주함, 타고난 권위주의적 성향을 지니고 있었다. 그는 토론에서 날카로운 위트와 재빠르고 냉소적인 반박으로 상대의 공격을 제압했다. 그래서 그의 확신과 설득력에 맞서기는 쉽지 않았다. 그의 선천적인 에너지와 역동성의 다른 쪽 면은 성급함과 폭발적인 분노였다. 그의 아내 클레멘타인(Clementine)조차도 1940년에 그의 '거칠고 냉소적이며 위압적인 매너'와 '급한 성격과 무례함'을 나무랐다.[2] 그러면서도 그는 관대하고 고상할 줄도 알았다. 그의 주변사람들은 그에게서 매력을 느끼고 충성했다. '지금 행동하라'가 그의 표어가 되었다. 그는 정부를 가혹하게 앞으로 몰아붙였다.

모든 것이 전쟁수행에 맞춰지자 정부의 행정권력을 민주적으로 감시하고 통제하는 기구로서 의회의 활동과 특히 여론의 역할이 위축되었다. 물론 계속 의회는 열렸고, 내각의 위원회는 만났으며, 신문은 발행되었고, 라디오의 역할은 어느 때보다 중요해졌다. 그러나 검열 ── 공식 검열과 그보다 더 중요한 '자기검열' ── 이 비애국적이라 판단되는 목소리를 억압하거나 제거했다.

정부의 중심 기관인 내각의 회의는 정기적으로 열렸다. 그러나 처칠은 최근에 관심을 갖게 된 전문적인 주제에 관한 긴 논문, 또는 의제와 관련된 보고서를 사전에 읽고 오지 않았기 때문에 회의 시간을 낭비했다. 중요한 결정은 전쟁내각 ── 처음에는 5명으로, 뒤에 가서는 8명의 각료로 구성되었다 ── 에서 내려졌다. 전쟁내각에서 처칠은 주도적인 인물로서 빠르고도 완벽하게 권위를 확립했다. 그는 권고에 귀 기울였고 그것을 수용하는 경우가 많았다. 그런데 그가 전쟁내각의 구성원이 아니면서 개인적으로 오랜 친구인 두 사람 ── 비버브룩(Lord Beaverbrook, 군비생산 담당)과 브렌던 브래컨(Brendan Bracken, 정보장관) ── 의 자문에 과도하게 의존한다는 소문이 퍼져 있었다(이 소문은 근거가 있었다).[3] 그리고 그의 과학문제 자문 프레드릭 린드먼(Frederick Lindemann, 옥스퍼드 물리학 교수)의 강한 영향력에 대한 불만도 있었다. 전시 위기관리에서 그의 태생적인 독재 성향은 아무런 제약을 받지 않았다. 이전에는 충동적이거나 신중하지 못하다고 인식되던 개성이 이제는 과감하고 역동적인 개성으로 간주되었다.

전쟁의 방향을 결정하는 일은 국방장관을 겸직한 수상인 그의 영역에 속했다. 외교는 원칙적으로 앤서니 이든의 업무였다(1940년에 워싱턴 주재 대사로 옮겨간 핼리팩스(Lord Halifax)의 뒤를 이어 그가 임명되었다). 그런데 실제로는 처칠이 외교정책도 처리했다. 그는 내정문제에는 거의 관심이 없었고 이 분야는 그의 정부에 참여하여 협력하는 노동당 정치인 클레멘트 애틀리(Clement Attlee), 노동당 당수이며 내정문제를 매우 효과적으로 조정할 줄 아는 어니스트 베빈(Ernest Bevin, 처칠은 이 사람을 핵심적인 자리인 노동장관에 임명했다), 허버트 모리슨(Herbert Morrison, 1940년 10월부터 내무장관 겸 국내보안 장관)에게 의존했다. 국내 전선에서 이들이 수행한 결정적인 역할 덕분에 처칠은 전쟁을 수행하는 데 자신의 에너지를 집중할 수 있었다.

그의 전략구상은 결함이 많아 보좌관들이 교정해야 했다. 전쟁의 후반부에 가서 점차로 미국의 요구에 순응하지 않을 수 없게 되자 전략문제에서나 지정학적 구상에서도 그의 권위는 떨어졌다. 실제로, 유럽의 전후 질서를 결정하는 '3자 영수' 회담에서 현실적인 힘을 발휘한 사람은 루스벨트도 처칠도 아니고 소련의 독재자 이오시프 스탈린이었다. 그 자리에서는 개성보다 군사적 현실이 더 결정적인 요인이었다.

권력으로 가는 길고 굽은 길

윈스턴 처칠은 1874년 11월 30일에 옥스퍼드 부근의 블레넘(Blenheim)궁에서 태어났다. 이 궁은 그의 걸출한 조상 말버러 공작(Duke of Marlborough) ──훗날 그의 전기를 처칠이 쓰게 된다── 이 1704년에 프랑스군과 벌인 블레넘 전투에서 승리한 공로로 하사받은 것이었다. 윈스턴의 아버지 랜돌프 처칠(Lord Randolph Churchill)은 재무장관까지 올랐고 부주의와 정치적 실수 때문에 경력을 망치기 전까지는 미래의 영국 수상이 될 재목으로 촉망받던 인물이었다. 그는 겨우 마흔다섯의 나이에 죽었는데 원인은 매독과 관련된 질병으로 알려져 있다.

윈스턴의 미국 태생의 어머니 제니 제롬(Jennie Jerome)은 뛰어난 미모를 지닌 상류층 출신이었으며, 여러 사람과 연인관계였고(그중에는 웨일스공[Prince of Wales]도 포함된다), 랜돌프 경이 세상을 떠난 뒤에 두 번 더 결혼했으며, 1921년에 죽었다. 그의 부모는 아들(과 그의 동생 잭[Jack])과의 관계보다는 경력관리와 사교활동에 열중했기 때문에 자식들에게서 멀리 떨어진 존재였다. 윈스턴은 기숙학교에 다니던 시절에 집으로 보낸 슬프고 애처로운 편지에서 사랑과 관심을 갈구했다. 해로(Harrow, 영국의 저명 공립학교)에서 그는 말썽꾸러기였고 학업성적은 뛰어나지 않았다. 대부분의 편지에는 답장이 없었다. 그가 받은 답장은 냉담하고 배척적인 내용이었다. 그것은 정서적으로 놀라운 잔인함이었다. 윈스턴은 어머니에게 가까이 가지 않았다. 아버지로부터 인정을 받는 데는 실패했지만 아버지는 그의 우상이었다. 생의 말년에도 그는 아들이 실패작이 되리라 예단했던 아버지의 확신을 깨뜨리려 애썼다.[4]

아버지가 죽은 후 (1940년까지) 45년 동안은 실제로 성공을 인정받기 어려운 시기는 아니었다. 청년 장교와 종군기자로서 그는 전장의 실상을 주의 깊게 지켜보았고, 보어전쟁(Boer War)에서 포로가 되었다가 탈출에 성공해 세상에 널리 알려졌다. 1899년 정계에 진출한 후 그의 뛰어난 재능은 빠르게 인정받았고 고위층과의 친분관계에 있어서도 성장하기에 좋은 조건이었다.

1907년, 그는 앞으로 10년이 좀 넘으면 수상이 되리라 공언하고 있었다.[5] 이미 그 전해에 그는 자유당 행정부의 식민지관리부 차관이 되었다. (자유무역의 열렬한 지지자였던 그는 1904년에 제국 이외의 지역으로부터 수입되는 상품에 부과하는 관세정책에 반대하여 보수당과 결별했다.) 1907년에 무역위원회 의장으로 내각에 합류했고, 1910년

초선의원 시절의 처칠(1900년경).
1899년 정계에 진출한 후 그의 뛰어난 재능은
빠르게 인정받았고 고위층과의 친분관계도 있어서
성장하기에 좋은 조건이었다. 1907년, 그는 앞으로 10년이
좀 넘으면 수상이 되겠다고 공언하고 있었다.

에는 내무장관, 1911년에는 해군장관(그는 이 자리를 특별히 바랐다)이 되었다. 1917년에 그는 군비장관에 임명되었고 1919년에는 전쟁 및 공군장관, 1921-22년 짧은 기간 동안 식민장관에 임명되었다. 1924년부터 1929년까지 보수당 행정부에서 ─ 그는 1924년에 보수당으로 복귀했다 ─ 재무장관이란 중요한 자리에 올랐다.

1929년의 총선에서 보수당이 패배함으로써 야당이 되기 전까지 그는 오랫동안 예외적으로 광범위한 경험을 쌓았다. 그러나 판단력이 부족하다는 비난이 그를 따라다녔다. 1924년에서 1937년 사이에 세 차례나 수상을 지낸 스탠리 볼드윈(Stanley Baldwin)은 사적인 자리에서 다음과 같은 말을 남겼다.

윈스턴이 태어났을 때 많은 요정들이 그의 요람에 상상력, 말솜씨, 부지런함, 능력 같은 선물을 쏟아놓았다. 그리고 한 요정이 '누구도 이처럼 많은 선물을 가질 권리가 없다'면서 요람을 흔들고 비틀어놓았기 때문에 그는 이 모든 선물을 다 갖게 되었으면서도 판단력과 지혜는 받지 못했다.[6]

처칠이 많은 능력을 갖고 있으면서도 건전한 판단력이 부족하다는 평가는 널리 퍼졌고 그의 공직생활 기의 내내 따라다녔다. 외부환경이 극적으로 바뀌는 1930년대 말 이전까지는 이런 평판이 수상이 되려는 그의 야망을 가로막았다.

완고한 개성은 실제로 몇 가지 중대한 실수를 저지르게 했다. 1915년에 다르다넬스(Dardanelles) 해협을 통과하는 항로를 확보하기 위해 벌인 불운한 해양작전의 책임을 지고 그는 그토록 선망했던 해군장관 자리에서 물러났다. 이 작전은 10만 명 가까운 희생자를 낸 갈리폴리(Gallipoli)전투의 시발점이었다. 그해에 보수적인 신문들이 처칠을 '국가의 위험'이라고 보도했다.[7] 1925년에 재무장관으로서 그가 내린 금본위제 복귀 결정은 당시와 그 후에도 대체로 경제에 손해를 끼친다는 평가를 받았다. 훗날 처칠 자신도 시원찮은 재무장관이었다는 비판에 동의했다.[8] 그가 초기에 내놓은 풍성한 약속들은 실현되지 않았다.

그럼에도 불구하고 그가 10년 동안 정부에서 물러나와 있을 것이라고 예상할 만한 단서는 없었다. '초야에 묻힌 세월'—그 자신의 표현이다—은 그토록 높은 기대 속에 시작된 정치인으로서의 경력이 끝났음을 의미하는 것 같았다. 그래도 그는 최소한 말버러 공작 전기 제4권의 집필, 그림 그리기와 벽돌쌓기, 꿀벌 키우기 같은 취미 활동에 몰두할 시간은 더 많아졌다. 장관 급여가 없어졌어도 활발한 문필활동은 상당한 수입을 가져다주었다. 그 수입은 호사스러운 생활방식과 켄트의 차트웰(Chartwell) 저택—1920년대 초반 이후로 이곳이 그의 집이었다—을 유지 보수하는 비용, 호화스러운 유흥을 즐기고 14명의 하인에게 급여를 주는 비용, 가족(아내 클레멘타인, 이제는 다 자라 돈이 많이 들어가는 네 명의 자식) 부양에 들어가는 비용을 감당하기에 어려움이 없을 뿐만 아니라 어느 정도 여유도 있었다.

처칠의 성격 중심에는 역사인식이 자리 잡고 있었다. 빅토리아 시대와 에드워드 시대의 가치관에 매몰된 영국 귀족의 후예로서 그는 역사를 영국 의회제도와 영국제국으로 정점에 이른 문명화 과정으로 보았다. 그리고 그는 그 정점에서 성인이 되었다. 어떤 면에서 그는 20세기보다는 19세기에 속했다.[9] 그는 학생일 때에 영국을 강대국으로 끌어올린 위대한 영웅들의 행적을 배웠다. 제국에 대한 믿음은 그의 모든 행동의 초석이었고 제국의 방위는 그의 핵심 동기였다. 그는 '백인종'은 제국의 '원주민'보다 우월하다고 생각하고 원주민에 대해 일종의 가부장적 의무감을 느끼는 그 시대 대부분의 사람들 ─ 특히 지배계급 ─ 과 같은 관점을 갖고 있었다. 그는 전 생애를 통해 미래의 세대라면 저항감을 느낄 인종차별적 발언을 서슴없이 내놓았다.[10]

낡은 제국주의 정서에 사로잡힌 그는 인도에 대한 식민정책의 제한적인 개혁조차도 완강하게 거부했고 그 때문에 당의 지도자들 대부분과 관계가 좋지 않았다. 그는 1936년에 에드워드 8세의 퇴위 문제가 불거졌을 때 국왕의 의사를 지지함으로써 다시 한 번 정부의 주류와 반대편에 섰다. 그러나 그에 대한 대중의 비호감이 높아졌던 주된 원인은 그가 긴급하고도 광범위한 재무장을 거듭 주장했기 때문이었다. 독일의 재무장에 관해 비공식적이지만 믿을 만한 복수의 정보원(情報源)에서 그에게 보내온 정보는 강한 우려를 담고 있었다. 그의 경고에 귀 기울이는 사람은 많지 않았다. 정부는 야당의 지지를 받아 군비축소 정책에서 유화정책으로 태도를 바꾸었다가 늦게야 일어난 신속한 재무장 여론을 받아들였다.

모든 사람이 처칠의 달변을 인정했지만 그가 하원에서 영국의 국방정책을 비난한 연설은 효과적이지 못했다. 그의 주장은 소수의견에 머물렀다. 히틀러의 체코슬로바키아 주데텐란트(Sudetenland) 지역을 합병하겠다는 요구를 수용한 1938년 뮌헨회담을 마치고 체임벌린 수상이 귀국한 후 하원에서 벌어진 토론에서 처칠의 연설은 대체로 적대적인 반응에 부딪쳤다.

처칠은 히틀러가 권력을 장악한 1933년 이후로 일관되게 나치독일을 비난해왔다(그의 무솔리니에 대한 초기의 찬양도 파시스트 이탈리아가 독일과 동맹을 맺자 사라졌다). 그는 오랫동안 볼셰비즘에 대해 적대감을 보여왔지만 1930년대 말이 되자 유화정책과 전쟁을 막기 위해 소련과의 동맹이 필요하다는 쪽으로 태도가 바뀌었다. 그러나 그가 제시한 소련을 포함시키는 '대동맹' 구상은 성과를 내지 못했다.

1939년 3월에 독일이 옛 체코슬로바키아를 점령하자 유럽 전쟁이 임박했다는 위기의식과 나치의 위험을 경고했던 처칠이 진작부터 옳았다는 인식이 영국인들 사이에 퍼졌다. 영국이 독일에게 선전포고한 1939년 9월 3일, 정부는 다시 한 번 처칠을 불러들였다. 이때 그는 거의 사반세기 전에 명예롭지 못하게 떠났던 해군장관 자리로 돌아왔다.

만약 1939년 이전에 세상을 떠났더라면 처칠은 '해군을 2차 대전에 대비하도록 준비시킨 인물'로 알려졌을 것이다.[11] 어쩌면 다르다넬스의 패배로 더 잘 기억되는 인물이 되었을지도 모른다.

권력의 전제조건

처칠은 해군에 새로운 활기와 위기의식을 불어넣었다. 그런데 그가 체임벌린(Neville Chamberlain)을 대체하여 수상이 될 가망은 없었다. 그는 자신이 속한 당에서 국외자가 되었다. 1939년 7월이 되자 보수당 의원 가운데서 각료가 아닌 평의원의 4/5가 그가 내각에 들어가 있는 것을 못마땅하게 생각했다.[12] 전쟁이 시작되고 그가 정부에 복귀한 뒤에도 정부 내의 중진들은 판단력 부족 때문에 그를 미래의 수상 후보자에 포함시키지 않았다.[13] 그런데도 처칠은 본능적으로 권력 쪽으로 접근하고 있었다. 그는 스스로를 '운명을 지배하는 사람'이라고 생각했다. 수상에 지명된 순간에 관해 그는 훗날 이렇게 썼다. "내가 운명과 함께 걷고 있는 것처럼, 과거의 모든 삶이 이 순간을 위한 준비였던 것처럼 느껴졌다."[14] 그런데 1940년에 그가 수상 자리에 오른 것은 운명이 아니라 기회였다.

앞선 20년간 급격하게 악화된 국제관계 —독일 세력의 부상, 동아시아에서 증대되는 일본의 위협, 영국제국의 과도한 방위비 부담과 식민지의 독립운동 — 에 의해 결정된 구조적인 틀 안에서이긴 하지만 기회가 작동했다. 국제관계의 변화 과정에서 군비축소 정책이 나왔고 그것이 실패하자 유화정책이 나왔다.

볼드윈이 추진한 정책을 후임자 네빌 체임벌린이 이어받아 영국의 정치, 경제, 군사적 약점이 그대로 드러나고 영국에 대한 위협이 너무나 명백해질 때까지 끌고 갔다. 처칠의 일관된 반대는 1930년대에는 공격의 대상이었으나 이제는 예언으로서 찬미의 대상이었다. 그에 대한 태도가 바뀌기 시작했다. 그런 가운데서도 이상한 '가짜전쟁'*이 벌어지고 있던 몇 달 동안 체임벌린의 리더십에 대한 의미 있는 도전은 없었다. 체임벌린은 보수당 내에서 여전히 인기가 높았고 그의 수상 자리를 받쳐주는 권력구조는 흔들림이 없었다. 유화정책의 실패만으로는 그가 실각하기에 충분치 않았다.

변화는 예기치 않았던 사건으로부터 찾아왔다. 1940년 4월 4일에 체임벌린은 히틀러가 프랑스와 영국을 재빨리 공격하지 않았기 때문에 "버스를 놓쳤다"고 말했고, 이 어리석은 말은 곧 돌아서서 체임벌린을 물어뜯었다. 닷새 뒤에 독일군이 덴마크와 노르웨이를 빠르게 침공하자 '가짜전쟁'은 갑자기 끝났다. 노르웨이의 나르비크(Narvik)에서 독일로 철광석을 나르는 운송로를 차단하기 위해 노르웨이 해역에 기뢰를 설치하자던 (처칠이 강력하게 추진해왔던) 영국

---

* 독일이 폴란드를 침공하자 영국과 프랑스가 독일에게 선전포고한 1939년 9월부터 프랑스 공방전이 시작된 1940년 5월까지의 2차 대전 초기의 전황을 말한다. 폴란드 침공으로 2차 대전이 시작되었는데도 서방 연합국과 나치 독일 간에 전면적 충돌이 거의 없었던 시기를 가리킨다. 선전 포고도 있었고 영국-폴란드, 프랑스-폴란드 사이에는 자동 참진 조항이 포함된 방위조약이 체결되어 있었지만 독일과의 전면전을 우려한 영국과 프랑스는 폴란드에 대한 지원과 독일에 대한 공세 모두 시늉만 내고 있었다.

의 계획은 시작해보지도 못한 상태에서 무산되었다. 초기 해전─양측에서 희생자가 나왔다─은 노르웨이 북부에서 벌어진 재앙에 가까운 육상전투의 서곡이었다. 이 전투에서 패배한 연합국 군대는 치욕스러운 철수를 감행했다. 패배에는 전술적 실책, 조직상의 문제, 정보 부재가 골고루 작용했다. 영국군 지휘부에서는 원성이 터져 나왔고 나르비크 원정계획을 세운 처칠이 자연스럽게 그 대상이 되었다. 일부에서는 처칠의 해임을 주장했다. 그랬더라면 체임벌린의 후임자가 될 기회는 사라졌을 것이다. 그 뒤의 사태전개에서 보듯이 이 재앙에 대한 대중의 분노는 처칠을 비켜가 정부의 수뇌인 체임벌린을 향했다.

노르웨이 전투를 두고 5월 7-8일에 하원에서 벌어진 격렬한 논쟁은 체임벌린에게 유례없는 포격을 가했다. 토론은 온통 체임벌린에 대한 신임문제에 집중되었다. 노르웨이에서의 패배는 이제 장기적인 준비부족, 재무장과 유화정책의 전략적 실책과 연결되었다(덕분에 노르웨이 전투에서 처칠의 역할은 집중조명을 피하게 되었다). 리더십의 변화를 원하는 명시적인 요구가 나왔다. 처칠은 체임벌린에게 분명한 충성을 표시했지만 하원의 동료들은 처칠을 치켜세웠다. 정부는 재신임을 받았다(41표의 보수당표가 불신임에 찬성했고 그보다 더 많은 50표가 기권했지만).[15] 결과는 체임벌린에게는 심각한 도덕적 패배였다.[16] 그에게는 선택의 여지가 없었다. 남은 것은 사임의 시점과 후계자 결정뿐이었다.

처칠이 후계자가 될 가능성은 희박했다. 사실은 처음에는 그럴 가능성이 없어보였다. 하원 일부에서는 1차 대전 기간에 수상이었던 데이비드 조지(David Lloyd George)를 불러들이자는 얘기까지 나왔다.[17] 물론 얼토당토아니한 얘기였다. 어쨌든 다음 수상 후보로 떠오른 사람은 처칠이 아니라 외무장관 핼리팩스였다. 핼리팩스는 체임벌린과 대부분의 보수당원이 선호하는 인물이었다. 체임벌린이 이 끄는 정부에는 참여를 거부하던 야당 노동당 지도부는 핼리팩스 행 정부라면 참여하겠다고 분명하게 밝혔다. 그런데 문제는 (국왕 조지 5세〔George VI〕도 체임벌린도 극복할 수 없는 장애라고 생각하지는 않 았지만) 핼리팩스가 하원의원이 아니라는 점이었다. 더 큰 문제는 핼 리팩스 자신에게 수상이 되고 싶은 생각이 있느냐는 것이었다. 수상 은 핼리팩스에게는 생각만 해도 두통이 생기는 자리였다. 그는 자신 에게는 군사적 경험이 없다는 점을 심각하게 받아들였고, 국방을 맡 아 실질적으로 전쟁수행을 지휘하는 처칠이 주도할 행정부에서 자 신은 쓸모없는 존재와 다름없다고 판단했다. 핼리팩스의 부족한 자 신감──처칠이 실패할 것이란 숨은 계산을 하고 있었던 것은 아니었 을까?──과 처칠의 넘치는 자신감이 결정적 요인이었다. 핼리팩스 는 무거운 책임을 원치 않았고 처칠은 수상 자리 이외에는 아무것도 원치 않았다. 그래서 5월 10일 오후에 체임벌린이 버킹엄 궁을 방문 해 사직서를 제출하면서 영국의 최고위 공직에 추천한 인물은 핼리 팩스가 아니라 처칠이었다.[18] 네 사람──체임벌린, 처칠, 핼리팩스, 보수당 원내총무 데이비드 마지슨(David Margesson)──이 상의하여 나라가 전대미문의 위기를 맞았을 때 영국을 이끌 인물을 결정했다.

중대한 결정

영국의 역사──실제로는 유럽과 서방세계의 역사──는 처칠이 아 니라 핼리팩스가 영국을 이끌었더라면 크게 달라졌을 것이다. 핼리 팩스는 많은 장점을 지니고 있었다. 그러나 본인도 인정했듯이 그것 은 전쟁 지도자의 장점은 아니었다. 그는 1940년에 적합한 수상은 아 니었을 것이다. 온건하고, 나서기를 좋아하지 않는 성격과 냉정하고 합리적인 태도는 전시가 아닌 상황이라면 중요한 장점으로 인정받았을 것이다. 그런데 국가가 중대한 위기에 처한 상황에서는 그런 장점이 필요 없었다. 핼리팩스에게는 다른 사람을 분발시키는 능력이 없었다. 그리고 그는 실패한 유화정책을 추구했던 정부의 중심인물이었다. 이에 비해 일반적으로 (이제는) 처칠은 고립당하면서도 앞장서서 그 정책에 반대하며 옳은 길을 걸어온 인물로 비쳤다. 그의 열정적이고 굽힐 줄 모르는 정신과 호전적인 활력은 전망이 가장 암울할 때 사기를 불러일으킬 수 있는 장점이었다. 그에게는 희망을 불어넣는 능력이 있었다. 누구도 흉내 내기 어려운 웅변──웅장한 운율, 현란한(때로는 고풍스러운) 언어──에서 분출되는 그의 감성적인 애국심은 사람들의 용기를 자극했다. 압도해야 할 상황에서 논리적인 주장과 냉정한 분석은 그런 효과를 낼 수 없었다. 처칠의 개성의 특징은 그의 오랜 경력을 통해 약점인 때도 있었다. 그러나 이 중대한 시점에서 그의 개성은 결정적인 장점이었다.

권력을 잡기에 예순다섯의 나이보다 더 나쁜 조건은 생각하기 어렵다. 그가 수상으로 지명된 5월 10일 바로 그날에 독일의 서유럽에 대한 공세가 시작되었다. 독일군은 영국해협을 향해 무서운 속도로 진격해왔다. 2주 안에 네덜란드가 항복했고, 벨기에는 그러기 직전이었고, 프랑스의 함락은 피하기 어려울 것 같았다. 지금까지 강대국으로 대접받아왔던 대륙 쪽의 영국의 주요 동맹국이 재앙에 가까운 패배와 마주하고 있었다.

5월 25일이 되자 영국 원정군은 됭케르크(Dunkerque, Dunkirk)에 갇혔다. 군 지도부는 탈출의 희망이 거의 없다고 판단했다. 병력과 장비의 상실은 불가피한 상황이었다. 더 나쁜 상황도 고려해야 했다. 영국 정보기관은 독일의 침공이 임박했다고 판단했다. 제공권 확보가 현실적으로 유일한 해법이었다. 영국이 이처럼 극도의 위험에 빠진 적은 없었다. 급박한 상황의 전모를 알고 있는 사람들 사이에서 직설적인 패배주의의 목소리는 아닐지라도 의기소침한 목소리가 나왔다. 영국의 최종적인 패배와 영국제국의 종말에 관한 얘기, 모든 것이 끝났다는 말들이 나왔다.

거대한 위기가 다가오고 있을 때 처칠은 아직 주도적인 모습을 보여주지 않았다. 그는 체임벌린——11월에 암으로 세상을 떠날 때까지 보수당 당수의 자리를 지켰다——과 외무장관 자리를 지키고 있던 핼리팩스에 의존적인 자신의 위상을 의식하고 있었다. 처칠이 수상에 임명되면서 바로 구성한 소규모 전쟁내각의 다른 구성원들은 노동당 당수 클레멘트 애틀리와 아서 그린우드(Arthur Greenwood, 노동당 부당수)였다. 아치 싱클레어(Archie Sinclair, 자유당 당수이면서 공군장관)는 때때로 회의에 초대받았다.

이론의 여지는 있지만 영국 역사상 가장 중대한 결정이 내려진 때는 1940년 5월 말이었다.[19] 이때는 영국이 협상을 통해 평화를 모색해야 할 것인지, 아니면 명백한 군사적 열세를 무릅쓰고 계속 싸워야 할지를 결정해야 하는 상황이었다. 이 비상한 위기의 시기에 문제는 최후의 승리를 위해 싸울 것인지가 아니라 앞으로 몇 달 내에 영국의 운이 다하지 않으리란 희망을 가질 수 있느냐는 것이었다.[20] 협상조건을 마련하기 위한 전쟁내각 회의가 5월 25일부터 28일까지 연이어 열렸다. 핼리팩스 경은 이탈리아가 중재하는 평화회담을 통해 전쟁을 종결하는 조건을 찾는 방안을 지지했다. 핼리팩스는 싫으면 언제든지 철회할 수 있으니까 영토 일부(아마도 말타, 지브롤터, 수에즈)를 양도하는 방안을 고려해보자고 주장했다. 핼리팩스도 처칠만큼 애국심이 넘치는 사람이었다. 처칠과 마찬가지로 그도 영국의 독립을 목표로 삼았다. 그러나 영국의 군사적 열세를 냉성하게 분석한다면 외교를 통한 해법을 찾자는 그의 주장은 비논리적이라 할 수 없었다.

처칠의 기질은 전혀 달랐다. 그는 열정적이고 감성적이었으며 본능적으로 저항과 전쟁준비를 신호했다. 그는 미국이 늦기 전에 영국을 도우러 나서리란 희망을 갖고 있었다. 그는 감성적 희망과 이성적 주장을 함께 유지했다. 그는 무솔리니에게 접근하면 영국의 전투력이 붕괴된다고 주장했다. 히틀러는 분명히 영국을 크게 약화시킬 협상조건을 제시할 것이다. 히틀러가 제시하는 조건은 어느 것도 받아들일 수 없다. 영국은 아직 저항할 힘을 갖고 있다. 히틀러에게 영국을 정복하거나 굴복시킬 수 없다는 점을 보여주는 것이 유일하게 의미 있는 대안이다. 패배할 때까지 싸우는 것이 지금 제시된 어떤 조건보다 나쁘지 않다. 그는 핼리팩스의 제안이 무익하고 위험하다고 반박했다.

토론이 때로는 과열되었다. 핼리팩스는 '윈스턴이 가장 무시무시한 허튼 소리를 했다'고 생각했으며, '머리를 써서 생각하고 추론해야 할 때 감성적 열정에 빠져드는' 윈스턴의 모습을 보고 절망했다.[21] 그럼에도 불구하고 처칠의 주장을 애틀리와 그린우드가, 그리고 결국은 체임벌린도 받아들였다. 핼리팩스는 전쟁내각에서 외톨이가 되었다. 처칠이 자신의 도전적인 입장을 나머지 전쟁내각 구성원들에게 밝히고 그들로부터 지지를 받은 이후로 핼리팩스는 더욱 고립되었다. 외무장관은 단결을 해치고 싶지 않아서 결국 집단적인 결정에 머리를 숙였다. 그는 협상하지 않고 싸우기로 한 결정을 받아들였다.[22] 처칠은 근본적인 중요성을 갖는 결정에 도달하는 데 중심 역할을 했다.

전쟁내각에서 기념비적인 토론을 통해 결론을 도출하고 불과 한 주 뒤에 됭케르크 철수가 완료되었다. 모든 예상을 뛰어넘어, 모든 것을 잃었다고 생각하고 있을 때 33만 8,000명의 영국군, 프랑스군,

1941년 12월 30일, 캐나다 의회 연설 때의 처칠.
캐나다의 저명한 사진작가 유수프 카쉬(Yusuf Karsh, 1908-2002)는
자기가 찍은 이 사진에 '포효하는 사자'라는 제목을 붙였다.
처칠의 열정적이고 굽힐 줄 모르는 정신, 호전적인 활력, 탁월한 웅변은
암울한 국가적 위기 상황에서 큰 장점으로 작용했다.

벨기에군이 해협을 건넜다. 6월 4일, 처칠은 하원에서 됭케르크 '수송 작전의 기적'을 보고할 수 있었다. 그의 애국적이고 도전적인 연설은 당연히 유명해졌다. 그는 치욕적인 패배를 국가적인 승리로 바꾸어놓는 데 성공했다. 그의 위상은 치솟았다. 영국의 전쟁 지도자로서 그의 지위는 누구도 넘볼 수 없게 확고해졌다.

한 인물의 개성이 극히 중대한 결과를 가져온 결정을 내리는 데 미친 영향이 분명하게 밝혀진 사례는 많지 않다. 유능하고, 지적이며, 결점이 없는 인물이며 처칠 못지않게 자신의 조국을 위해 최선을 다하려는 의지를 갖고 있던 핼리팩스 경이 1940년 5월에 수상이었더라면 영국의 운명은 전적으로 달라졌을 게 분명하다. 전쟁을 끝내는 방안으로서 협상을 추구했더라면 결과는 패배와 다름없었을 것이다. 국민의 사기는 바닥으로 떨어졌을 것이다. 히틀러는 (처칠이 주장했듯이) 어떤 형태의 협상이든 영국의 항구적으로 종속적인 지위를 요구하는 조건을 제시했을 것이다. 합리적으로 추론한다면 영국의 처지도 (6월 21일에 체결된 휴전협정 이후의) 프랑스의 처지와 유사했을 것이다. 독립과 자유는 사라지고 영국은 실질적인 독일의 위성국이 되었을 것이다. 군대는 해산되거나 무력화되었을 것이다. 평화협상을 완수한 핼리팩스는 수상 자리에서 밀려나 투옥되거나 더 심한 처지에 빠졌을 것이다. 허수아비 정권—아마도 영국의 파시스트 지도자 오스월드 모즐리(Oswald Mosley)나 지난 전쟁의 전시 지도자였고 히틀러 찬미자인 데이비드 로이드 조지를 내세운—이 세워졌을 것이다. 퇴위한 국왕 에드워드 8세가 다시 불려나와 왕좌에 앉았을 것이다. 베를린에서 내려주는 방침—인종차별 정책을 포함하여—을 충실히 따를 준비가 되어 있는 정부가 세워졌으니 영국 전체 또는 일부의 점령은 필요하지 않았을 것이다.

중요한 영토 양보가 있었더라도 제국은 파괴되지 않고 남았을 것이고, 남은 부분은 독일의 이익과 영향력에 종속되었을 것이다. 왕실은 아마도 캐나다로 옮겨졌을 것이다. 처칠도 붙잡혀 처형되지 않았다면 그곳으로 갔을 것이고, 그곳에서 해외 레지스탕스를 조직했을 것이다. 어떤 기준에서 보아도 점령당해 자체적인 방어능력이 없는 친독일 성향의 영국을 미국이 도울 가능성은 전혀 없었을 것이다. 프랑스와 함께 영국도 전쟁에서 빠져나갔다면 미국은 무기 공급을 하지 않았을 것이고, 독일은 서유럽에서 승리했을 것이고, 히틀러는 원래의 전쟁목적대로 소련을 향해 모든 힘을 집중했을 것이다. 영국의 친독일 정부는 독일의 전쟁을 지지하고, 독일이 추구하던 소름끼치는 반인도적 범죄의 공모자가 되어 홀로코스트를 실천했을 것이다. 영국의 파견군이 춥고, 황량하고, 끝이 없는 러시아 초원지대에서 독일군을 도와 싸우고 있었을 것이다.

이런 운명을 피하고 2차 대전이 끝난 뒤 영국이 패배하고, 정복되고, 종속된 국가가 아니라 승전국 가운데 한 나라로서 등장할 수 있었던 것은 최소한 부분적으로는 한 인물의 개성의 힘, 핼리팩스가 아니라 처칠이 1940년 5월에 영국의 수상이었다는 사실 덕분이었다.

전쟁 지도자

9월의 영국본토 항공전(Battle of Britain)이 끝난 뒤 침공의 위협이 줄어들고 런던과 기타 도시를 겨냥하여 거의 매일 벌어지던 야간공습이 마침내 멈추었지만(전쟁 마지막 해에 재개된다) 1942년 말에 전세가 완전히 역전될 때까지 여러 차례의 반전과 힘든 시기가 거듭되었다. 전쟁 기간 동안 이때의 길고 어두운 시기에 처칠만큼 국민의 싸우겠다는 의지를 자극하고 고무하는 능력을 보여준 영국의 정치인은 찾아보기 어렵다.

그와 일반 대중의 주요 접촉 통로는 BBC였다. 절반에서 3/4 사이의 인구가 처칠의 중요한 전시 방송연설을 들었다. 실제로 많은 사람들이 그의 웅장한 연설에 감동하고, 분기하고, 열광하고, 용기를 찾았다.[23] 그러나 연설의 역할은 과장되어서는 안 된다.[24] 반응조사의 결과는 수상의 고상한 연설어법은 보편적인 칭송과는 거리가 멀었다. 싱가포르 함락을 알린 1940년 5월 19일의 연설을 듣고 고무된 사람만큼이나 두려움에 빠진 사람도 많았다. 놀란 사람들이나 고무된 사람이나 어느 쪽이든 우울한 뉴스 자체에 반응하고 있었던 것이지 처칠이 그 뉴스를 전한다는 사실에 특별히 반응하고 있지는 않았다. 그의 연설에 대한 비판은 군사적인 형세가 반전되어 그가 나쁜 소식을 전할 때 높아졌고 그가 군사적인 성공을 알릴 때는 크게 낮아졌다. 부정적이든 긍정적이든 그의 연설에 대한 반응의 생명은 짧았다. 좋은 소식을 전하는 연설은 대중의 분위기를 들뜨게 했으나 오래가지는 않았다.

독일에서는 전시 선전의 성과가 긍정적인 뉴스인지 부정적인 뉴스인지에 따라 기복이 있는 '분위기'와 높게 유지되는 (뒤에 가서는 점차로 떨어졌지만) '사기'로 나뉘어 나타났다. 상황은 영국에서도 비슷했다. 전세(戰勢)를 반영한 개별 연설에 대한 반응은 일시적이었지만 처칠의 입장과 태도, 영국 국민은 역경을 극복해내리란 그의 확신, 승리에 대한 흔들림 없는 그의 믿음, 그가 전하는 단결을 통한 저항정신은 국민의 사기를 유지하고 강화하는 데 실질적으로 기여했다. 그리고 개별 연설은 처칠의 리더십에 대한 신뢰를 심어주었다.

그의 외모—작은 키, 땅딸막한 체구, 호전성을 노골적으로 드러내는 얼굴표정—는 싸울 준비가 되어 있음을 몸으로 보여주는 듯했다. 그리고 그는 국민들 앞에 의도적으로 모습을 드러냈다. (히틀러는 전세가 독일에 불리해진 뒤로는 대중 앞에 모습을 드러내는 기회를 피했고 연설도 하지 않았다.) 그는 시민들의 용기를 북돋우기 위해 폭격으로 심하게 파괴된 지역을 방문하고 전선의 병사들을 찾아갔다. 그의 지팡이와 홈부르크 중절모(homburg hat), 어디에서나 입에 물고 있는 시가, 기회 있을 때마다 손가락으로 만들어 보이는 승리의 V자 신호는 투지의 상징이었다.

그는 현장 가까이에서 행동하려 했고, 그래서 때로는 위험에 노출되는 것을 개의치 않는 그를 곁에서 제지해야 했다. 1944년 D-Day 상륙작전에 동참하려는 그를 국왕이 직접 나서서 말리기도 했다. 그의 대중적 인기는 놀라울 정도였다. 전쟁 내내 영국인의 4/5가 그의 전시 리더십을 인정했다. 그에 대한 지지도가 90%를 넘는 때도 있었다.[25] 압도적인 다수의 영국인이 처칠은 전쟁 지도자로서 합당한 인물이라고 생각했으며 그런 믿음에는 정당한 이유가 있었다.

전후 복구에도 그가 합당한 지도자일지는 다른 문제였다. 전쟁에서 승리한 뒤에 국민들이 무엇을 기대하는지가 베버리지 보고서(Beveridge Report)에서 드러났다. 이 보고서는 미래 복지사회의 기본틀을 제시했다. 1943년 6월에 실시된 여론조사 결과 광범위한 변화를 실현하자면 노동당이 보수당보다 더 적합한 정당이라고 생각하는 국민 인식이 드러났다. 전쟁 마지막 2년 동안에 유권자 선호도 면에서 노동당이 보수당을 앞섰다.[26] 전시 연합내각에서 노동당 출신 각료들이 보여준 내정 정책의 효과적인 집행은 노동당의 집권가능성을 높여주는 좋은 광고였다. 반면에 보수당에게는 유화정책을 추진했던 과거의 흠이 지워지지 않고 남아 있었다. 1945년 선거에서 처칠이 패배한 것은 밖으로 드러난 만큼 놀라운 결과는 아니었다.

전쟁이 끝난 직후 처칠은 자신의 연설이 영국의 전쟁 수행에 결정적인 요소였다는 평가에 대해 분노를 표시했다. 그는 오히려 자신이 '모든 주요 군사적 결정을 내린' 사실을 강조했다.[27] 수상(이자 국방

1941년 9월, 폭격으로 무너진 코벤트리 성당을 둘러보는 처칠.
처칠은 국민들 앞에 의도적으로 모습을 드러냈다.
폭격으로 파괴된 지역을 방문하고 전선의 병사들을 찾았다.
영국인들은 전시 지도자로서 처칠을 압도적으로 지지했다.

장관)으로서 결정은 당연히 그의 몫이었다. 그러나 그의 주장은 그런 결정에 도달하기까지 군부 지도자들이 맡았던 역할을 저평가하고 있지는 않은가? 그는 군부의 권고를 무시했을까, 아니면 그대로 집행했을까?

그의 개성, 군사지식, 전략과 전투계획의 모든 단계에 참여하려는 강한 욕심, 사소한 전쟁 준비 작업까지도 간섭하는 세밀함 때문에 그와 군사자문들 사이의 충돌은 예정되어 있었다. 그는 새로운 리더십이 필요하다고 판단했을 때는 개인적으로 잘 알고 좋아하는 장군이라도 망설이지 않고 교체했다. 이렇게 교체된 장군들 가운데는 아이언사이드(Ironside), 고트(Gort), 다우딩(Dowding), 딜(Dill), 웨이블(Wavell), 오친렉(Auchinleck)이 있었다. 이런 변화에는 압박감에 시달리고 의욕이 줄어든 지휘관을 교체함으로써 전투부대의 사기를 되살리려는 의도가 깔려 있었다. 물론 결정은 군부 고위층—특히 본토군 사령관(1940-41년)이었다가 제국 참모본부장이 된 앨런 브룩(Alan Brooke) 장군—과 긴밀한 협의를 거친 뒤에 내려졌지만 처칠 혼자만의 선택이었고 책임도 당연히 그 혼자만의 몫이었다. 지휘관 교체는 대체로 성공적이란 평가를 받았다. 1942년 오친렉을 이어서 중동전선 총사령관에 임명된 해럴드 알렉산더(Harold Alexander) 장군과 며칠 뒤 사기가 떨어진 8군 사령관에 임명된 버나드 몽고메리(Bernard Montgomery) 장군은 북아프리카 사막전에서 롬멜(Rommel)을 수세에 빠뜨렸다.

브룩의 임명은 처칠이 휘하의 군 지도자로서 '예스맨'을 원치 않았다는 사실을 보여준다. 브룩은 유능한 전략가이며 뛰어난 조직가였을 뿐만 아니라 직설적이며 고집 세고 강한 투지와 독립적인 정신을 가진 인물이었다. 그는 처칠의 강력한 의견에 자신의 의견으로 맞설 준비가 되어 있었다.[28] 둘은 자주, 격렬하게 부딪쳤다. 브룩의 일기는 두 사람의 주기적인 충돌을 폭로하고 때로는 전쟁 지도자로서 처칠의 번쩍이는 모습을 그려 보이고 있다. 예컨대, 1944년 9월의 일기에 그는 수상이 "말도 안 되는 주장"을 하고 있으며, "상세히 알지 못하면서 그림의 반쪽만 보고 논리에 닿지 않는 말을 하고 있어서" "억지소리를 듣고 있자면 피가 머리로 몰리는 듯하다"고 적고 있다. 계속해서 브룩은, 영국인 대부분은 "그가 금년 내내, 그리고 현재도 공공의 위험인 사실을 알지 못한 채" 그를 전략의 천재라고 상상하고 있다고 적었다. 브룩은 분노하면서도 처칠의 도량과 독특한 개성을 인정했다. 그는 일기에 이렇게 적어놓았다. "이전에 나는 한 사람을 동시에 똑같은 정도로 찬양하면서 무시한 적이 없다."[29)

처칠은 상상력이 풍부하고 창의적인 정신을 갖고 있었다. 그의 몇 가지 제안 가운데서 1942년에 내놓은, 장래에 연합군의 상륙작전에 사용하기 위해 부유식(浮游式) 항구를 만들자는 구상은 가장 가치가 높은 제안이었다.[30) 군사 목표를 추구할 때는 그는 곧바로 매우 비정한 인물로 바뀌었다. 1940년 7월, 그는 (전쟁내각의 동의를 받아) 알제리 오랑(Oran)의 군항 메르스 엘 케비르(Mers el-Kebir)에 정박 중인 프랑스 함대가 독일군의 손에 들어가지 않도록 파괴하라는 명령을 내렸다. 이 공격에서 프랑스 수병 1,297명이 죽었다.[31) 잔인하기는 했지만 이 행동은 대체로 유감스러우나 정당한 이유가 있다는 평가를 받았다. 독일 민간인에 대한 무차별 폭격을 시작한 1942년의 정책전환의 경우에는 도덕적 정당성뿐만 아니라 군사적 효율성 면에서도 더 많은 논쟁의 여지를 남겼다. 처칠은 신임 전략폭격부대 사령관 아서 해리스(Arthur Harris)에게 독일의 도시를 신속하게 파괴할 수 있는 완전한 재량권을 주었다(1945년 드레스덴[Dresden]이 파괴된 뒤에야 도덕적 가책을 느꼈다).[32) 처칠은 한 번 이상 독가스 사용을 고려했다가 (도덕적 비난 때문이 아니라 실질적인 효율문제를 거론한)

군사참모들의 반대로 단념했다.[33]

그는 자신의 군사전략을 실행에 옮기고 싶어하는 강력한 욕구를 갖고 있었다. 그러나 언제나 자신의 생각을 관철시키지는 못했다. 전쟁 기간 동안 육군부 작전국장이었던 존 케네디(John Kennedy) 소장은 '결국 받아들여지지 않아서 폐기되기는 했지만' 그의 '구상은 거칠고 불합리하고 실현 불가능했다'고 평했다.[34] 처칠이 참모들의 조언을 받아들여 내린 그런 결정 가운데 하나가 1940년에 프랑스 방어를 위해 더 많은 비행기를 보내달라는 프랑스 정부의 요청을 거절한 것이었다.[35] 증파된 비행기는 틀림없이 잃었을 것이고, 그랬더라면 이어지는 영국본토 항공전에서 영국이 살아남을 가능성도 사라졌을 것이다. 그의 고압적이고 무분별한 의사결정 방식은 시험적인 질문조차도 매몰차게 내쳐버렸기 때문에 1941년 봄에 그리스로 군대를 보내는 실수—후에 가서는 본인도 인정한—로 이어졌다.[36] 그는 이 실수를 당시의 제국참모본부장 존 딜(John Dill) 장군 탓으로 돌렸지만 사실은 딜 장군—후임자인 브룩과는 개성이 달랐다—은 너무나 유순하게 처칠의 아이디어에 동의했을 뿐이었다. 중동전선 총사령관 아치볼드 웨이블(Archibald Wavell)도 마찬가지로 병력을 나누어 그리스로 보냈기 때문에 군대를 심각하게 약화시키는 실수를 서질렀다. 웨이블은 처칠이 자신을 무시한다고 느꼈으며 처칠로부터 압박감을 느꼈다.[37]

딜은 동아시아 보강을 선호하는 자신의 구상을 제쳐두고 북아프리카의 이탈리아군을 공격하기 위해 영국군을 강화하자는 처칠의 주장—영국이 임박한 침공의 위협에 직면해 있던 시점에서 이것은 모험적인 결정이었다—에 일찌감치 순응했다.[38] 몇 번의 심각한 좌절을 겪은 후 결국 거머쥔 북아프리카에서의 승리는 1943년에 그곳을 주전장으로 설정하겠다는 처칠의 결심에 힘입은 바가 컸다. 그해에 미국이 프랑스에 제2의 전선을 열기 위한 전초 작업으로서 프랑스에 교두보를 구축하자고 요구했지만 처칠은 참모장들의 건의를 받아들여 강경하게 거부했다. 그가 주장한 '횃불작전'—영·미연합군의 북아프리카 상륙작전—은 성공하여 지중해 지역에서 연합군의 우위를 가져왔다(이어지는 이탈리아 전투에서는 몇 달 동안 수렁에 빠졌지만).[39]

전쟁의 마지막 시기에 전략의 주도권이 미국으로 넘어가자 처칠은 미국 대통령 프랭클린 루스벨트를 최고 전쟁 지도자로 받아들이지 않을 수 없었다. D-Day를 설정하는 문제를 두고 그는 미국의 이익에 굴복하지 않을 수 없었고 이탈리아 전선에 치중하겠다던 약속을 철회해야만 했다. 그는 끝내 실행될 때까지 오버로드 작전(Operation Overlord)—노르망디 상륙작전—에 대한 열정을 잃지 않았다.[40] 또한 그는 미국이 요구했던 프랑스 남부 상륙을 받아들이고 자신이 강력하게 희망했던 발칸반도를 통해 북상하는 방안을 포기했다.[41] 이 두 작전에서 미국의 전략이 옳았고 처칠의 입지는 흔들렸다.

전쟁이 진행되는 동안에 극단적이고 끊임없는 정신적 압박이 그에게 미치는 영향이 나타나기 시작했다. 처칠은 쉽게 화를 터뜨렸다. 자신의 전시 리더십이 빛을 잃어가고 있는 사실을 인정하기란 심리적으로 어려운 일이었다. 1941년 12월에 미국이 참전한 후 영국은 점차로 냉혹하지만 제2 바이올리니스트의 지위로 떨어졌다. 처칠 자신의 실수도 그의 판단에 대한 미국의 불신을 키우는 데 한몫을 했다. 예컨대, 미국은 처칠이 브룩의 조언을 무시하고 1943년 10월에 시작한 에게해 지역 작전에 대한 지원을 거부했다. 이 작전은 수치스러운 패배로 끝났다.[42] 처칠의 개인비서 가운데 한 사람의 표현을 빌리자면 처칠은 "전쟁에 대한 흥미를 잃어가고 있는 듯했고, 그 원인은 더이상 그에게 군사문제에 관한 통제력이 남아 있지 않았기 때문이었다." 또 한 사람은 여기에 추가하기를, 처칠은 일찍부터 스스로를 "모든 군사적 결정이 자신의 심사를 받아야 하는 최고의 권위자"로 생각했지만 오히려 그는 "단순한 구경꾼으로" 전락했다고 했다.[43] 그동안 그는 분명히 속으로 곪아 있었다.

처칠은 전쟁이 일어난 첫해에 미국의 참전을 유도하기 위해 루스벨트 대통령에게 끈질기게 간청했다. 처칠은 사적인 자리에서는 미국 대통령을 비판하고 두 사람의 동반자 관계에서 자신이 2인자의 위치로 떨어지는 것에 대해 불만을 가졌다. 그런 가운데서도 두 사람은 우정과 상호존중의 관계를 발전시켰다. 오늘날까지도 영국과 미국의 '특별한 관계'라고 불리는 것이 이때 형성되었다. 두 사람 사이관계의 무게는 편지 왕래의 규모에서 드러난다. 처칠은 루스벨트에게서 받은 편지보다 373통이나 많은 편지를 루스벨트에게 보냈다.[44]

두 사람은 전쟁 기간 동안에 아홉 번을 만났는데, 이 역사적 만남의 첫 번째는 1941년 8월에 뉴펀들랜드의 플러센시아만(Placentia Bay)에 정박한 배 위에서 있었다. 이 만남에서 두 사람은 전후의 자유로운 세계를 만들기 위한 기본원칙에 합의했다. 처칠은 처음부터 승리를 위해서는 미국의 참전이 긴요하다고 인정했다. 그러나 루스벨트의 의도가 무엇이었는지는 알 수 없으나 처칠의 간청에도 미국은 참전을 결정하지 않고 있다가 1941년 12월 7일에 일본이 진주만을 공격하자 참전했고, 그로부터 4일 뒤에 독일이 미국에 선전포고했다. 그런데 두 사람이 만났을 때는 무기대여 프로그램(Lend-Lease programme)—루스벨트가 제안했고 1941년 3월에 미국 의회의 승인을 받았다—에 따라 중요한 군수물자가 영국에 이미 제공되기 시작했다.

동부전선에서 벌어진 지극히 야만적인 전쟁에서 1942년 가을부터 소련이 우세를 보이기 시작하자 처칠도 점점 높아지는 스탈린의 위

1941년 8월, 대서양 선상 회담에서의 처칠과 루스벨트.
두 사람은 전후의 자유로운 세계를 만들기 위한 기본원칙에 합의했다.
처칠은 처음부터 미국의 참전이 무엇보다 중요하다고 보았지만,
미국은 12월 7일 일본의 진주만 공습 이후 참전을 결정했다.

상을 인정해야만 했다. 독일이 소련의 카프카스 유전지대로 진격해 오고 있는 위급한 상황에서 1942년 8월 모스크바에서 소련의 독재 자를 처음 만난 처칠은 스탈린으로부터 서부에 제2의 전선이 열리지 않은 것에 대해 맹렬한 공박을 당했다(1944년 노르망디 상륙작전이 있기 전까지 소련의 상시적인 불만이 이것이었다). 스탈린의 아파트에 서 늦은 저녁을 먹으며 많은 술을 마신, 성장배경도 정치체제도 너무 나 다른 두 지도자는 헤어지기 전에 최소한 기능적으로 우호적인 관 계를 유지할 수 있는 토대를 만들었다. 실제로 두 사람의 관계는 기 능적인 우정을 뛰어넘어 일방적인 형태의 관계였다. 자기 국민의 대 량 살해에 대한 소련 독재자의 책임을 알게 되었으면서도—스탈린 자신이 처칠에게 말해주었으므로—처칠은 그를 좋아하는 감정을 품은 채 모스크바를 떠났다.[45] 3년 뒤에 처칠은 스탈린의 극악한 범 죄를 다 알고 있었지만 그래도 그를 좋아하게 되었다고 밝혔다.[46] 처 칠은 스탈린의 언제나 냉소적인 쾌활함에 매료되었다. 스탈린은 자 신의 가장 좋은 모습을 처칠에게 보여주려고 애썼다. 실제로는 그는 처칠(과 루스벨트)을 싫어했고 극도로 불신했다.

1943년 11월 테헤란과 1945년 2월 얄타의 두 차례 '3자 영수' 회 담 사이에 세계 지도자로서 처칠의 약화된 위상이 드러났다. 이미 1943년 1월에 카사블랑카(Casablanca)에서부터—스탈린은 참석하 지 않았다—루스벨트의 위상이 명백히 올라가 있었다. 사전에 내용 을 통보받기는 했지만 처칠은 루스벨트 대통령의 '항복은 없다'(no surrender) 정책을 좋아하지 않았다.[47] 그런데 루스벨트가 운전석을 차지하고 있었다. 테헤란회담에서는 처칠의 2인자 역할이 거의 다 드러났다. 이 회담을 두고 '3자 영수'가 아니라 '2.5영수'란 풍자적인 평가가 나왔다.[48] 프랑스 상륙보다는 지중해 전선을 선호하는 그의 구상은 루스벨트와 스탈린 두 사람 다 반대하여 결국 무산되었다. 스탈린의 환심을 사기 위해 애쓰는 루스벨트로부터 제대로 지지받지 못하고 있고, 전쟁 막판에 가면 스탈린이 '자기 좋은 대로 할 것'이란 점을 알고 있던 처칠은 '무턱삼으로 진저리를 쳤다.'49)

처칠은 테헤란에서 스탈린을 따로 만나 폴란드 국경을 좀 더 서쪽으로 옮기는 안을 제시했고, 1944년 10월 모스크바에서 스탈린을 만났을 때는 전후의 폴란드 국경문제는 해결되었다고 생각한다는 뜻을 밝혔다.50) 사실은 이 문제는 얄타에서 힘든 협상이 완료될 때까지는 해결되지 않았다(결과는 몇 달 전에 실질적으로 합의한 내용과 크게 다르지는 않았지만). 얄타회담은 전장에서 붉은 군대가 약진하자 모든 협상에서 스탈린이 주도권을 쥐게 된 기본적인 현실을 분명하게 드러내 보여주었다. 처칠과 루스벨트—대통령은 이때 신체적으로 허약한 상태에서 생의 마지막 몇 주를 남겨두고 있었다—는 스탈린을 믿고 그의 제안을 받아들일 마음을 먹고 있었다. 테헤란에서 그랬듯이 루스벨트는 개인적으로는 처칠을 비판하면서 필요하다면 스탈린과 따로 회담할 준비가 되어 있었다. 실제로 루스벨트는 스탈린과 일본과의 전쟁에 소련이 참가하는 조건을 합의했고 처칠에게는 서명하라며 합의내용을 알려주기만 했다.51)

3국 회담에서 처칠이 얻어낸 것은 상대적으로 적었다. 그는 열정적으로 협상에 참여했고 경험 많은 카드놀이꾼이 그리하듯 비교적 좋지 않은 패를 가능한 한 잘 활용했다. 그러나 그의 강한 개성은 다른 두 사람의 강한 개성과 부딪쳤고, 상대는 둘 다 더 강력한 군사력을 거느리고 있었다. 쉽게 예상할 수 있는 일이지만, 처칠의 후임으로 (선거에서 이겨) 수상이 된 클레멘트 애틀리—그는 처칠과 정반대로 과시적이지 않았고, 카리스마도 없었고, 오만하지도 않았다—는 유럽에서 전쟁이 끝난 직후 열린 포츠담회담에서 (처칠이 거둔 빈약한 성과에 비하면) 유연하게 처신했고 협상에도 잘 대처했다.

얄타회담의 세 영수 처칠, 루스벨트, 스탈린.
1945년 2월, 소련 흑해 연안의 얄타에서 연합국의
세 영수들이 만나서 패전국 독일의 공동 점령과
전후 유럽의 정비계획을 논의했다.

처칠의 성과라고 한다면 소련이 그리스에 개입하지 않도록 막은 것이었다(1944년 10월 모스크바를 방문했을 때 스탈린과 비밀리에 협정한 내용대로). 그러나 오히려 소련은 그리스에 대한 개입은 그들의 핵심이익과는 거리가 멀다는 결정을 이미 내려놓고 있었을 가능성이 많다.[52] 그리고 얄타에서 처칠은 전후 독일의 분할점령에서 프랑스에게 한몫을 주자고 루스벨트와 스탈린을 설득하는 데 성공했다. 그러나 이것은 부상하고 있던 두 초강대국에게는 압도적으로 중요한 문제가 아니었다. 오히려 그의 주요한 업적은 간접적인 것이라고 할 수 있다. 그것은 영국은 스스로는 강대국이라고 주장하고 있었지만 현실에서 그 지위는 급격하게 하락하고 있었는데도 전쟁이 끝나고 나서도 강대국으로 대접받았다는 것이다.

전쟁 지도자로서 처칠의 독특한 공헌이라고 한다면 논쟁을 벌일 것도 없이 전쟁을 수행한 것이며, 1940년의 가장 암울한 시점에서 국민의 사기를 고취한 것이다.[53] 남은 전쟁 기간 동안 모든 분야에서 자원을 동원한 그의 독특한 역동성과 끊임없는 에너지는 가치를 알 수 없을 정도였다. 그의 의사결정이 때로 왜곡되기도 했고, 그의 개입이 때로 비생산적이었고, 그의 고압적인 태도가 일상적으로 그와 접촉해야 하는 사람들에게 압박감을 주기는 했지만… 그가 해낸 일을 다른 사람도 해낼 수 있었을 것이라고는 상상하기 어렵다. 그는 방향과 동기와 희망을 제시했다. 자금과 핵심적인 물자를 제공하도록 꾸준히 미국을 설득한 그의 노력은 (전쟁의 후반기에 가서 미국과 소련의 역할이 확장되면서 그의 위상이 떨어지기는 했지만) 풍성한 성과를 냈다. 전쟁 말기에 가서 결국 부차적인 지위로 떨어지기는 했지만 그는 연합군의 승리에 주요한 공헌을 했다.

사라지는 권력

1945년 5월 8일, 유럽전쟁의 종결을 축하하기 위해 모인 런던의 거대한 군중은 처칠을 나라를 승리로 이끈 영웅으로 찬양했다. 그로부터 두 달이 되지 않아 아직도 일본과의 전쟁이 끝나지 않은 시점인 1945년 7월 5일에 치러진 총선에서 그는 패배했다. 외부세계에서 볼 때 이것은 충격이었다. 그러나 선거결과는 어떤 면에서는 기존의 정당정치로 복귀했다는 표지였다. 그것은 전쟁 지도자로서 처칠에 대한 판결이 아니라 보수당에 대한 판결이었다. 그리고 처칠은 국가의 전쟁 지도자로서 통합의 외투를 벗어던지고 분열을 좇아가는 정당 정치인으로 돌아갔다. 심지어 그는 노동당 정부는 — 이 당의 지도자들은 전시내각에서 5년 동안이나 그와 함께 일했다 — '게슈타포'(Gestapo)와 비슷한 기관에 의존할 것이라는 황당하고도 모욕적인 공격을 퍼부었다.[54] 전쟁이 일어나기 전에는 진심으로 처칠을 싫어했고 대공황으로 겪은 극도의 고통은 처칠과 보수당의 책임이라고 생각하는 공업노동자에게 이런 언급은 처칠에 대한 반감을 더욱 키웠다. 아직 군복을 입고 있는 많은 사람들은 슬프지 않던 옛 시절로 돌아가기 위해 싸우지는 않았으며 젊은 유권자들은 더 나은 미래를 기대했다. 전쟁 지도자로서 대중적 인기를 누리다가 정당의 지도자로서 선거에 패배했지만 청천벽력이라고 하기는 어려웠다.[55]

물론 그는 다음 20년 동안 세계 어디를 가나 '살아있는 가장 위대한 영국인'으로 칭송받았다.[56] 그러나 누구도 도전할 수 없는 국제적 명성에도 불구하고 매정하게도 그의 권력은 사라졌다. 그것은 처칠이 나이 먹고 허약해진 증거이자 또한 세계정치에서 영국의 추락한 위상의 반영이기도 했다. 그가 영국과 유럽의 역사에서 차지하는 중요한 부분은 주로 유럽전쟁 5년 동안의 역할이었지 그 뒤의 역할은 아니었다. 그래도 그는 1946년 3월 5일에 미주리주 풀턴(Fulton)에서, 9월 10일에 취리히(Zurich)에서 중요한 연설을 했다.

풀턴 연설에서 그는 많은 사람의 기억에 남게 되는, 유럽을 분리해 놓은 '철의 장막'에 대해 언급했다. 이 분리는 사실은 그와 루스벨트가 테헤란과 얄타에서 기본적으로 동의한 것이었다. 연설은 유명해졌다. 그런데 연설을 한 당시 미국에서는 비판적인 반응이 나왔고, 다음 해에 전면적으로 펼쳐진 냉전에도 실질적인 영향을 미치지 않았다. 처칠의 공산주의에 대한 본능적인 증오는 소련이 영국의 전시 동맹이었던 동안에는 잠복해 있다가 전쟁이 끝나자 전면적으로 복귀했다. 사실상 그는 전쟁이 끝나기 전에도 모스크바와 대립관계를 추구하는 정책 쪽으로 움직여가고 있었다.[57] 전시에 스탈린을 좋아했던 것은 기이한 변칙이었다. 루스벨트와 마찬가지로 그도 소련의 독재자를 '이해한다고' 생각했다. 그의 이상한 오독은 전시의 동맹관계로는 설명하기 어려웠다. 그것은 처칠의 자유와 인도주의를 추구해온 기록에 변명할 수 없는 흠이 되었다. 그가 생각한 자유와 인도주의란 서방(특히 앵글로-색슨)세계에서나 통하는 것이었다.

취리히 연설에서 처칠은 프랑스와 독일의 우정을 중심으로 한 유럽통합의 전망을 제시했다. 그는 두 나라의 관계가 미래 평화의 핵심 기반이라 생각했다. 1930년에 처음 밝혔던 의견을 되살린 이 꿈 같은 주장에서 그는 '유럽합중국'(United States of Europe)을 강조했다. 그의 연설은 민족적 불화와 전쟁으로 황폐해진 나라에서 영감을 불러일으켰다. 그러나 그 의미는 모호했고, 행동에 옮길 수 있는 청사진이라기보다는 희망의 상징이었다. 그는 미래의 유럽에서는 어느 정도의 국가주권의 합병은 필요하다고 생각했다. 그러나 그것은 영국에는 해당되지 않았다. 1930년에 밝힌 그의 구상도 그랬지만 영국은 유럽이 아니었다. "우리는 유럽과 함께하지만 유럽의 일부는 아니

'철의 장막' 연설을 하는 처칠.
종전 후 낙선한 처칠은 1946년에 미국을 방문한다.
3월 5일 웨스트민스터 대학(미주리주 풀턴) 연설에서 소련이
'철의 장막'을 치고 있다고 비난했다. 그의 주장은 언론으로부터
맹렬한 공격을 받았다. 당시는 소련과 서방의 관계가
아직 파열되지 않았기 때문이다.

다." 미래의 '유럽합중국'은 영국을 포함하지 않을 것이었다.[58]

그 뒤로도 처칠은 몇 차례 더 ─1948년에는 헤이그에서, 그다음 해에는 스트라스부르에서 ─유럽통합에 관한 중요한 연설을 했다. 스트라스부르에서는 처칠이 설립에 중요한 역할을 한 유럽평의회(Council of Europe) 창립총회가 열렸다(여기서 유럽인권조약 [European Convention on Human Rights]이 논의되었다). 그러나 유럽평의회는 초국가적 연방주의의 시작이 아니라 민주주의, 인권, 법치의 증진을 논의하는 민족국가들의 모임이었다. 이때의 연설에서도 처칠이 갖고 있던 미래 유럽이란 구상의 모호함은 여전했다.[59] 처칠 자신은 연방주의자가 아니었지만 처칠의 연설은 연방주의자들을 고무했다. 궁극적으로 그는 영국 예외주의, 영국제국, 대서양 연안의 '영어사용국가' 우선주의에 대해 철저한 믿음을 갖고 있었기 때문에 정치적으로나 경제적으로 새로운 유럽에 통합된 영국은 생각해보지도 않았다.

노동당 정부가 전쟁비용의 뒤처리를 위해 엄격한 긴축정책을 시행한 탓에 대중의 지지도가 떨어지면서 처칠은 그 반사이익을 누리기는 했지만 야당 정치인으로서 그는 그렇게 성공적인 인물은 아니었다. 처칠은 보수당 지도자로서 총선에서 승리한 적이 없었다. 1950년 총선에서 그는 근소한 차이로 패배했다. 그러나 다음 해(1951년) 10월 26일 ─그의 77번째 생일 한 달 전 ─에 치러진 총선에서 그는 넉넉한 의석을 확보하여 다우닝가 10번지로 돌아왔다(전체 득표수에서는 노동당에 졌지만).

정치는 그에게 마약과 같았다. 그는 국가의 일을 다루는 기회를 다시 갖기를 갈망했다. 어떤 시각에서 보자면 이것은 애처로운 일이었다. 그의 행정부 ─대체로 노동당의 사회, 복지정책을 그대로 유지했다 ─는 세계경제의 성장 덕분에 번영의 기반을 놓았지만 수상으로서 마지막 기회에 그의 성적은 볼 만한 게 없었다. 그는 내정에는 흥미가 없었다. 누가 수상이 되던 내정문제는 별로 변화가 없을 것이기 때문이었다. 그의 관심사는 주로 외교문제였다(외교문제 역시 기본적으로 노동당의 정책을 답습했다). 그러나 이 무렵 세계적 강국으로서 영국의 실질적 위상은 크게 떨어져 있었고, 따라서 누구와도 비교할 수 없는 국제적인 위신을 지니고 있는 처칠이었지만 그가 국제문제에 개인적 영향을 강력히 미칠 수 있는 범위도 크게 줄었다. 이 무렵 외교문제는 모두 처칠이 아니라 이든이 효율적으로 처리하고 있었다.[60]

　권력의 정수를 맛본 많은 지도자들과 마찬가지로 처칠은 권력을 내놓지 않으려 했다. 이것이 이든의 큰 불만이었다. 그는 왕좌를 계승할 날을 인내하며 기다리는 '왕세자' 역할을 오랫동안 해왔다. 수상이 되고나서 1년 만에 수에즈 위기를 다루면서 처칠이 저지른 재난에 가까운 실수를 보면 그가 이든을 그토록 오래 기다리게 했던 것이 어쩌면 축복이었을 수도 있었다.

　1953년 6월, 처칠은 심각한 발작을 일으켰다. 대중은 정부가 수상이 없이 작동하고 있다는 사실을 알아차리지 못했으나 처칠은 한 달 이상 마비상태에 놓여 있었다. 그는 약간의 기억상실증을 안은 채 회복했다. 그리고 그에게 1953년도 노벨문학상을 포함해 여러 가지 찬양이 끊임없이 쏟아져 들어왔다. 전시의 업적이 국내외로 그의 지속적인 대중적 지지도를 받쳐주었다. 그런데 나이가 발목을 잡고 있었다. 암페타민 덕분에 그는 계속 움직일 수 있었다. 이든에게 길을 열어주라는 압박을 그는 여전히 뿌리쳤다. 그는 거의 끌려나오듯이 다우닝가를 떠났다. 결국 1955년 4월 5일에 지난날의 영광을 뒤로하고 쫓겨난다는 잘못된 느낌을 안은 채 그는 수상 자리를 떠났다.[61]

　그는 (마지막에 가서는 하원 의사당에 모습을 나타내는 경우가 거의 없었지만) 1964년까지 국회의원 자리를 유지했다. 그의 놀라운 문학적 성과는 멈추지 않았다. 1930년대에 시작한 4권으로 된 작품—역사는 '위대한 인물'이 쌓은 업적이란 그의 관점이 반영된 『영어사용민족의 역사』(A History of the English-Speaking Peoples)—을 완성할 수 있는 시간이 그에게 생겼다. 그는 대부분의 시간을 차트웰에서 한가롭게 보내거나, 지중해에 장기 체류하며 따뜻한 날씨를 누리거나, 호화 유람선에서 휴가를 즐기는 데 사용했다. 핵전쟁의 가능성 때문에 그는 미래를 비관적으로 전망했다. 또한 그는 영국이 쇠락하고 있다는 믿음 때문에 우울했다. 국제무대에서 영국의 허약함은 1956년의 수에즈 위기에서 드러났고, 그가 정치경력의 핵심으로서 지키려 했던 제국이 부스러지고 있었다. 1962년 몬테카를로(Monte Carlo)에서 쓰러진 후 그의 기억력은 사라지기 시작했고 병마를 이겨냈던 뛰어난 체력도 마침내 사라졌다.

1965년 1월 24일, 심각한 발작으로 쓰러지고 두 주가 지나 그는 숨을 거두었다. 1965년 1월 30일에 치러진 그의 장례식에 112개국의 대표가 참석했다. 국장으로 치러진 웅장하고 근엄한 그의 장례식을 전 세계에서 3억 5,000만 명이 지켜보았다.[62]

남긴 유산

처칠이 남긴 가장 위대한 유산은 서방세계에서 자유와 민주주의와 법치를 지키는 데 도움을 준 것이었다. 사라지지 않는 명성의 정당한 바탕은 이것이었다. 역사에서 개인의 역할이 1940년의 결정적인 위기에서만큼 분명하게 나타난 적은 없었다. 그가 아니었더라면 역사는 다른 길로 나아갔을 것이다.

그런데 자유, 민주주의, 법치는 다양한 해석이 있을 수 있다. 서구 문명의 보호막 아래에서 얼마나 많은 처칠의 유산이 시간의 검증을 견뎌낼 수 있을까? 일시적인 것임이 증명된 그의 '세계관'과 영국인의 세계관, 특히 2차 대전을 보는 관점은 달랐다.

처칠의 장례식은 어떤 면에서는 한 시대가 끝났다는 표지였다. 제국의 시대가 끝나가고 있었고, 유럽 강대국의 시대는 벌써 끝났다. 처칠이 태어났던 90년 전 세계는 이미 먼 옛날로 흘러갔다. 그가 정치인으로서 활동한 세계와 그의 가장 웅대한 업적은 빠르게 변하고 있었다. 그러나 그 자신의 세계관은 1차 대전 이후로 큰 변화가 없었다.[63] 그의 정치목표는 그때에 형성된 것이었다. 그러므로 그의 유산은 단명할 수밖에 없었다.

그는 제국을 구하기 위해 싸웠다. 그러나 그것은 벌어진 상처에 석고반죽을 덮어씌우는 것과 같았다. 그가 세상을 떠날 무렵 식민제국 — 오래전에 영국연방(Commonwealth)이라고 이름을 바꾸었지만 처칠은 옛날 이름을 선호했다 — 은 제국의 후퇴를 압박하는 불가항력의 독립운동에 밀려 종말에 근접해 있었다. 그는 1947년 인도의 독립과, 자신도 오랫동안 예고해왔던 독립에 따른 불가피한 거대한 유혈사태에 대해 고통스러워했다. 1950년대 말이 되자 해외영토를 유지하기가 불가능하다는 사실이 증명되고 있었다. 그가 숨을 거두었을 때는 세계제국은 스러지고 부스러기만 남아있었다. 훗날 그가 아무것도 이루지 못했다고 말했을 때는 이런 모습이 그의 마음속에 자리 잡고 있었기 때문이었을 것이다.[64]

그가 죽었을 때 영국은 다문화 사회와는 거리가 한참 멀었다. 그 무렵 영국으로 유입되는 이민자 수는 적었다. 인종에 대한 처칠의 관점은 청년시절 이후로 실질적으로 바뀌지 않았다. 1954년 내각회의에서 그는 "많은 유색인종이 여기에 정착한다면 문제가 생길 것"이라고 예견했다. 다른 기회에 그는 "영국을 흰색으로 유지하자"가 좋은 구호라고 추천했다.[65] 많은 영국인들이, 어쩌면 대다수가 당시에는 같은 생각을 갖고 있었다. 그렇다고 하더라도 인종에 대한 태두는 이미 비뀌고 있었다. 그가 내각회의에서 밝힌 관점은 머지않아 주류 정치인의 경력을 끝낼 수 있는 관점으로 변했다. 이녁 파월은 폭넓은 대중적 지지를 받고 있었음에도 불구하고 1968년에 인종차별적 연설을 한 바로 다음날 각료직에서 해임되었고 그 뒤로는 다시 공직에 나오지 못했다. 처칠이 죽은 지 3년이 안 되어 그의 인종주의 관점도 마찬가지로 공식적으로 비판의 대상이 되었다. 인종적 편견이 여전히 존재했지만 사회 주류는 그것을 불편하게 받아들였다.

처칠의 인종주의적 관점은 빠르게 사라지는 그의 시대의 유일한 특징은 아니었다. 성평등, 섹스에 대한 태도, 줄어드는 차별, 약해지는 계급적 충성도, '녹색' 정치는 처칠이 세상을 떠난 직후에는 아직도 유아기에 머물러 있었지만 서서히 동력을 모아가고 있었다. 처칠이 갖고 있던 가치관은 곧 후퇴했다. 정치 분야에서 그가 강조했던 '보수당식 민주주의'—보수적 가부장주의에 그가 붙인 이름—는 1980년대 이후로 보다 공격적이며 날카롭고 거친, 19세기의 자유주의적 개인주의에 가까운 그 무엇으로 대체되었다.

처칠이 1946년 취리히에서 제기한 영국과 유럽의 관계 문제는 그의 유산 가운데서 오랫동안 모호하게 남게 되는 부분이다. 1949년 연설에서 밝혔듯이 그는 영국을 '유럽의 없어서는 안 될 부분'으로 보았다. 그러면서도 그는 미국과의 관계와 영연방과의 관계를 변함없이 우선순위에 두었다(그는 미국과의 관계강화를 영국의 강대국으로서 줄어드는 역할을 보전하는 핵심적인 방안으로 판단했다. 그리고 경제적인 면에서 영국에 대한 영연방의 중요도는 1950년대에 이미 줄어들고 있었다).[66]

1950년대에 보수당과 노동당의 유럽에 대한 정책이 모두 그의 관점과 일치했다. 1960년대 초, 1957년에 체결된 로마조약(Treaty of Rome)을 바탕으로 하여 설립된 유럽경제공동체는 처칠이 1946년에 구상했던 것과는 다른 형태의 유럽통합을 이루어가고 있었다. 보수당 정부는 당내 의견이 분열되어 있는 듯했으나 영국이 유럽경제공동체의 회원국이 되면 경제적으로 유리하다는 결론을 내렸다. 1963년 드골이 영국의 가입을 거부하기 2년 전에 처칠은 선거구 후원회장에게 보낸 편지에서 "정부가 유럽경제공동체에 가입신청을 한 것은 옳은 결정"이란 견해를 밝혔다.[67]

그런데 그는 영국의 가입신청에 항의하는 정반대의 견해도 내놓았다.[68] 그가 세상을 떠나고 오랜 시간이 흐른 뒤 유럽연합(EU: European Union) 가입문제가 영국 정치의 첨예한 논쟁 주제가 되었을 때 양쪽 진영이 다 같이 자신의 입지를 강화하기 위해 처칠의 견해를 선택적으로 인용했다. 유럽이 영국정치의 중심 관심사가 되었을 때 영국 자신의 세계정치에서의 위상은 극적으로 변해 있었다. 처칠의 견해가 그가 죽고 한참 지난 뒤의 사태발전에 따라 어떻게 변했을지는 순전히 짐작만 할 수 있을 뿐이다. 휴고 영(Hugo Young)이 말했듯이 처칠은 유럽에서 영국의 위상과 관련하여 '오해의 아버지', '영국식 모호성의 표본'이었다.[69] 유럽에 관해서는 모호성이 진실로 그의 주요한 유산이었다.

처칠이 남긴 가장 생명력이 강한 영향은 2차 대전에 대한 영국인의 인식에 미친 영향일 것이다. '홀로 서기', '해안에서 적을 맞아 싸울 것이다', '항복은 없다', '적에게는 지금이 최고의 순간이다'라는 말*은 영국인이 자신을 바라보는 관점의 본질이 되었다. 이런 묘사는

---

* 인용된 말들은 모두가 처칠이 전시내각의 수상으로 취임한 초기에 의회에서 한 연설의 제목 또는 연설 가운데서 나온 표현이다. 전반적인 내용은, 한편으로는 다가올 거대한 군사적 재난을 묘사하면서 세계를 향해 나치의 의도를 경고

2차 대전에서 처칠이 맡았던 중심적인 역할과 분리해서 생각할 수는 없으며 그가 쓴 6권으로 된 2차 대전사의 주요 내용이 이것이다.

2002년의 텔레비전 여론조사는—불합리한 전통적인 '순위채점표'를 사용했지만—지금까지 존재했던 가장 위대한 영국인으로 처칠을 뽑았다. 과거와 현재를 바라보는 영국인의 관점에서 그는 신전에 모셔진 존재였다.[70] 처칠은 영국인이 스스로를 보는 시각을 대변한다. 물론 1940년의 난관에 맞서 싸운 진정한 용기도 있었다. 그러나 그 후 수십 년 넘도록 2차 대전에 대한 미디어의 끝을 모르는 선입견이 역사의 영구적인 왜곡을 가져왔다. 처칠은 한편으로는 (영국인이 기억하고 싶어하는) 2차 대전에서 보여준 영국인의 저항과 불굴의 용기라는 '신화'를 상징하며, 다른 한편으로는 잃어버린 과거의 영광과 뒤따라온 돌이킬 수 없는 민족적 쇠퇴를 상징한다. 어느 쪽이든 중간 규모의 유럽 강국이 현대 세계에서 자신의 위상과 타협하는 데는 도움이 되지 않았다.

하는 것이며, 다른 한편으로는 영국민을 향해 지금은 전황이 영국에 불리하지만 최후의 승리에 대한 믿음을 잃지 말자는 호소이다.

6

드골
Charles de Gaulle

프랑스의 영광을 복원하다

1940년부터 1970년에 세상을 떠날 때까지 30년 동안 샤를 드골은 프랑스와 유럽에 지울 수 없는 흔적을 남겼다. 특히 2차 대전 동안에 그의 행동은 세계적으로 중요한 의미를 지녔다. 그는 프랑스의 비식민화, 특히 알제리에서 길고도 잔혹한 해방전쟁을 끝내는 데 결정적인 역할을 했다. 그리고 그가 1958년에 만든 헌법은 오늘날까지도 지켜지고 있다. 어느 면에서 보더라도 그는 유럽과 세계무대에서 우뚝 솟은 인물이었다.

　1940년 이후로 그는 자신을 프랑스의 구원이라는 숭고하고도 역사적인 임무를 수행하는, 누구도 대신할 수 없는 지도자로 생각했다. 스스로를 3인칭 — '드골' — 으로 부르는 버릇은 자연인 드골과 역사적 인물 드골을 구분하겠다는 그의 생각을 암시적으로 드러냈다. 2차 대전 시기에 형성된 '드골신화'는 전시 지도자가 전후 프랑스의 혼란 가운데서 정치생활로부터 물러났을 때에도 유지되었고, 1958년의 위기 가운데서 제5공화국을 세우기 위해 권력의 자리로 돌아왔을 때 다시 불려나왔다. 드골의 역사 속 이미지는 민족의 단결과 위대함을 나타냈다. 반면에 살아 있을 때의 드골은 엄청난 충성심과 함께 엄청난 증오를 유발하는, 적과 친구에게 다 같이 수수께끼인 고도로 분열적인 인물이었다.

개성과 이상

수수께끼의 일부는 이 비상한 인물을 구성하는 내면의 모순과 역설에서 비롯되었다. 드골—1890년 11월에 부유한 부르주아 가정에서 태어났고, 집안은 가톨릭 신앙과 애국주의적 가치관에 젖어 있어서 친왕당파적인 경향을 갖고 있었다—은 골수까지 보수주의자였다. 그는 구체제를 높이 찬양했다. 아마도 루이 14세(Louis XIV) 치하에서 프랑스 군부의 지도자가 되었더라면 그는 편안함을 느꼈을 것이다. 그의 이상화된 과거상은 많은 프랑스 보수주의자들 사이에서 공유되고 있었다. 그러나 드골은 낭만화된 과거에 완고하게 집착하거나 혁명의 결과 생겨난 프랑스라면 무조건 거부하는 사람들과는 거리가 멀었다.

역사는 그에게 영감을 주었다. 그러나 그는 새롭고 현대적인 변화—특히 기술변화—를 수용해야 한다고 생각했다. 그는 반동적인 전통주의자이면서 한편으로는 군사무기, 경제, 정치제도, 기술영역에서는 현대화론자였다(예컨대, 그는 텔레비전이란 새로운 매체를 멋지게 활용했다). 그는 제국주의자이면서도 프랑스제국을 해체했고, 민족주의자이면서도 프랑스를 유럽공동체라는 초국가적 틀 안에 뿌리내리게 했다. 그는 원칙에 있어서는 완고하면서도 실행방식에서는 유연했다. 그와 접촉해본 많은 사람들에게 그는 오만하고, 비관용적이며, 거칠고, 충직한 지지자들에게도 때로는 무례하리만큼 배타적이어서 참기 어려운 인물이었다. 그러면서도 동시에 그는 깊은 호감을 유발하는 매력이 넘치는 인물이었다. 그는 헌법을 신뢰하는 권위주의자, 자신의 본능적인 권위주의에도 불구하고 정당정치와 민주주의에 적응한 정당정치와 민주주의의 반대자였다. 좌파 반대자들은 그에게 파시스트란 딱지를 붙이는 실수를 종종 저질렀다. 그는 합헌적 통치를 매우 중시했기 때문에 그에게 그런 평가는 맞지 않다. 그러나 그는 헌법이 자신의 권위주의적 규범에 종속되기를 원했다(1958년 이후에 그랬던 것처럼).

그의 복잡한 심리구조의 중심에는 프랑스란 나라에 대한 자부심이 자리 잡고 있었다. 그에게 국가는 최고의 정치적 실체, 민족과 민족의 보편적 이익의 화신이었지만 정당들의 이익충돌로 위협받고 허약해진 (본질적으로 부스러지기 쉬운) 존재였다. 그는 국가에 대한 봉사는 "속세의 질서 속에서 할 수 있는 가장 중요하고 가장 고상한 행위"라고 생각했다.[1] 이런 철학에 따르면 국가는 평등을 기반으로 할 수 없었다. 국가는 사회 위에 존재해야 한다. 국가의 통치자는 프랑스의 역사적 위대함의 화신(化身)이 되어야 한다.

드골은 지적이었으며 고대 영웅들 ― 당연히 프랑스 역사에 등장하는 영웅들을 포함하여 ― 의 행적에 관해 조예가 깊었다. 그는 스스로를 샤를마뉴(Charlemagne)로부터 잔 다르크(Jeanne d'Arc)를 거쳐 나폴레옹(Napoleon)과 클레망소(Clemenceau)에 이르는 프랑스 역사의 영웅들의 반열에 올려놓아도 부끄러움이 없다고 생각했다.[2] 낭만적 애국주의로 포장되기는 했지만 그의 엘리트주의에는 프랑스의 평범한 국민에 대한 높은 평가는 들어있지 않았다.[3] 실제로, 전쟁 시기의 한가운데서 레지스탕스 지도자 한 사람은 드골과 하룻밤을 함께 보낸 후 그의 '인간에 대한 굉장한 경멸감'을 지적했다.[4]

드골의 수수께끼를 풀 수 있는 단서는 위대한 프랑스 역사에 대한 누구도 흉내 낼 수 없는 그의 믿음이다. 그는 이렇게 말했다. "위대하지 않은 프랑스는 프랑스가 될 수 없다."[5] 그의 관점에 따르면, 위대한 프랑스는 오랫동안 2류 정치가들이 이끌어 오면서 평범한 국가로 전락했고 그 결과가 1940년의 국가적 재난이었다. 청소년 학생 시절인 1905년에 쓴 작문에서 놀랍세도 그는 프랑스를 구해내는 '드골 장군'을 그려냈다.[6]

고난에 빠진 민족에게는 구원해줄 민족영웅이 필요하다는 의식은 성인이 된 뒤에도 변함이 없었다. 그는 잃어버린 프랑스의 영광을 되찾는 것이 자신의 사명이라고 생각했다. 황당한 얘기지만 그는 잔 다르크와 자신을 비교하면서 부끄러움을 느끼지 않았다.[7] 프랑스를 구원하자면 무엇보다도 1940년의 수치스러운 항복이란 불명예를 제거하고 정통성이 없는 비시(Vichy)정권을 프랑스 역사에서 지워버려야 했다. "비시는 과거에도 무효였고 앞으로도 무효이다." 1944년에 파리로 돌아오면서 그는 이렇게 선언했다.[8]

해방은 1944년 8월 26일에 찍힌 드골의 유명한 사진 속에 영원히 남아있다. 사진 속에서 주변 사람보다 머리 하나는 더 큰 키의 드골이 개선문(Arc de Triomphe)을 지나 샹젤리제(Champs-Elysées) 거리를 당당하게 행진하고 있다(드골의 신장은 6피트 4인치*, 그 시절 프랑스인 평균 신장보다 1피트나 더 컸다)[9]. 해방은 그에게 부활, 부흥, 재생을 의미했다. 그것은 1940년에 배반당한 공화국의 연속이 아니라 새로운 프랑스였다. 한편으로 해방은 분열적인 정당정치를 포함해 프랑스에게 해로운 것들을 극복하기를 요구했다. 프랑스의 구원은 정치의 일상적 분열을 초월하는 것, 국가의 영광과 위엄을 구현하는 것, 그리고 국가를 이끄는 것을 의미했다.

그의 엘리트주의 이상과 자신의 자격에 대한 고고한 자부심이 어쩌하든지 간에 1940년의 재앙에 가까운 프랑스의 패배가 없었더라

---

* 대략 193센티미터. 이보다 1피트 작은 키는 대략 163센티미터이다.

면 드골은 군 내부와 국방부 언저리를 벗어난 바깥 세계에 알려지지 않았을 것이다. 프랑스의 독일에 대한 항복이 역사 속 드골의 자리를 확보해준 첫 번째 전제조건이었다. 두 번째는 전쟁이 끝난 훨씬 뒤 1958년에 찾아오게 된다.

리더십의 전제조건

전면적인 군사적 패배와 국가의 위기가 드골이 무명의 존재를 벗어나고 또한 아무런 전망도 보이지 않는 망명자에서 프랑스를 독일 점령으로부터 해방시킬 주요 인물로 부상하기 시작한 배경이었다. 이것이 그가 국가 지도자로서 위상을 주장하게 된 핵심적인 전제조건이었다. 전임 총리 폴 레이노(Paul Reynaud) — 그는 런던으로 가지 않기로 결정하고 이내 페탱(Pétain) 정권에 체포되었다 — 가 프랑스의 항복 이후에 영국으로 왔더라면 영국정부는 틀림없이 '자유프랑스'의 얼굴로서 드골보다는 그를 선택했을 것이다. 드골을 제외하면 그를 대신할 인물은 찾기 어려웠다.

프랑스가 붕괴한 1940년 5월과 6월 무렵에 드골은 정치지도자가 될 생각은 하지 않았다. 그 시점까지의 그의 경력을 보면 결정적인 정치적 역할을 하게 되리라고 유추할 만한 요소가 없었다. 1909년 생 시르(Saint-Cyr) 사관학교 입학시험에 합격한 이후로 그는 오로지 군인으로서 살아왔다. 1차 대전에 참전하여 훈장을 받은 후 그는 독특한 군사전략가로서 명성을 얻었으나 동시에 거만하고 '다루기 어려운' 인물이란 평판도 따랐다. 그는 1932년에 중령으로 진급했고, 참모 장교로 일하는 동안에 미래의 전쟁에서는 탱크가 중요한 역할을 할 것이란 자신의 예상을 발전시켜 책으로 냈으나 상급자들의 인정을 받지 못했다. 그는 자신의 재능과 판단력에 대해 자부심을 갖고 있었다. 그러나 당시로서는 그에게 고급 군장교 이상의 자리를 바라볼 만한 전망이 보이지 않았다.

그는 1940년 5월 23일에야 준상으로 진급했다(앞이 보이지 않는 재난의 한가운데서 부대를 이끌고 상당히 뛰어난 전과를 낸 것이 인정을 받았다). 그리고 6월 5일에 폴 레이노 총리가 그를 국방차관에 임명함으로써 그는 처음으로 정부 고위관직에 나오게 되었다. 그런데 그 자리는 정부가 붕괴되기 직전의, 그것도 2인자 자리였다. 어쨌든 직위 때문에 그는 5월 10일에 영국 수상에 취임한 윈스턴 처칠을 만났다. 그의 강인한 투지가 분명히 처칠에게 깊은 인상을 주었을 것이다. 어떤 시각에서든 처칠은 프랑스 식민지를 근거로 하여 레지스탕스 활동을 지휘할 것으로 기대되는 드골에게서 좋은 인상을 받았을 것이다.[10] 아무래도 드골은 자신의 재능을 감추는 사람은 아니었던 것 같다. 프랑스가 패배하기 직전 6월 16일에 런던을 방문한 드골은 영국 각료들을 만나 당당하게 처신했고, 그러자 어떤 각료가 비꼬는 투로 그가 새로운 나폴레옹이냐고 물었다. 처칠의 비서 존 콜빌(John Colville)이 이렇게 답했다. "그냥 최근에 찾아낸 소장일 뿐입니다."[11]

그날로 런던에서 돌아온 드골은 레이노 내각이 사임했다는 소식을 들었다. 1916년 베르됭(Verdun) 방어전의 영웅 페탱 원수가 새로운 행정부 구성을 요청받고 휴전협상에 나섰다. 드골은 페탱이 1차대전에서 보여주었던 군사적 리더십을 찬양해왔으나 이전의 좋았던 두 사람의 관계는 그 뒤로 나빠졌다. 독일과 휴전협정을 체결하려는 페탱의 의지는 용서할 수 없는 배신행위이자 불명예였다. 그는 프랑스가 계속 싸워야 한다고 생각했다. 프랑스는 계속 싸울 수 있었고 필요하다면 프랑스 밖에서 그 싸움을 지휘할 수 있었다. 다음날 아침 레이노가 정부 자금에서 지원해준 10만 프랑의 돈을 가지고 가까운 보좌관 한 명과 함께 그는 런던으로 망명길을 떠났다.[12]

망명정부 시절의 드골(1942).
1909년 생시르 사관학교에 입학한 이후 오로지
군인으로만 살아왔던 드골은 1940년 5-6월 국가적 위기 앞에
국방차관직을 맡으며 전시 지도자로 부상했다.
독일과의 휴전협정을 체결하려는 페탱 원수와는 반대로 항전 의지를
불태우며 런던으로 망명했다. 드골은 잃어버린 프랑스의 영광을
되찾는 것이 자신의 사명이라고 생각했다.

지지자 모으기

런던에서 드골의 미래는 밝지 않았다. 그에게는 지지자도, 조직도, 명성도 없었다. 최근에 장군으로 승진한 것은 행운이었다. 대령으로 머물렀더라면 영국 측으로부터 프랑스의 망명 지도자로 인정받기 더 어려웠을 것이다.[13] 자신이 곧 침공당할지도 모르는 상황에 놓인 영국으로서는 어떤 경우에도 항복한 프랑스를 높은 우선순위에 둘 수 없었다. 그러므로 드골은 아직 그를 완전히 알지 못하는 초청자 영국과 프랑스 국민 양쪽 모두를 상대로 자신을 알리는 싸움을 벌여야 했다.

망명지에 도착한 다음날인 6월 18일 저녁에 드골은 BBC를 통해 "나 드골 장군은 지금 런던에서"로 시작되는 전설적인 연설을 방송했다. 이 연설에서 그는 프랑스인들에게 자신이 내세운 대의에 동참해줄 것을 호소하면서 승리는 결국 그들의 것이 될 것이라고 약속했다. 이 연설은 훗날 '드골신화'의 주춧돌이란 전설이 되었지만 당시에는 프랑스인 남녀 가운데서 이 짧은 연설을 들은 사람은 매우 적었고 그나마 그가 누구인지 알지도 못했다.[14]

이렇게 그의 절망스러운 영국 망명생활이 시작되었다. 그는 프랑스가 함락될 때 요행히도 영국으로 빠져나온 소규모의 프랑스 육군과 해군 병사들로부터도 지지를 확보하기 어려웠다. 그리고 그를 만나는 사람들은 흔히 그의 차갑고 접근하기 어려운 개성 때문에 저항감을 느꼈다. 어쩌다 그의 집단에 합류하게 된 한 사람은 처음 만났을 때 그의 모습에서 왜가리를 연상했다고 회고했다.[15] 프랑스 망명 작가들은 '권위를 가지고' 프랑스인에게 '계속 싸워나가자'고 말할 수 있는 사람은 아무도 없다는 드골의 주장을 무시했다.[16] 반면에 프랑스가 항복할 때 드골과 함께 왔던 사람들 대부분은──중요한 예외가 있기는 하지만—끝까지 그의 곁에서 그와 프랑스의 대의를 위해 충직하게 헌신했다.

그들 가운데 몇 사람은 자유프랑스를 찾는 운동에서 중요한 조언자이자 없어서는 안 될 동료가 되었다. 이 사람들은 해방 후에도, 그리고 1958년 드골이 권력에 복귀했을 때도 변함없이 그를 위해 헌신했다. 그러나 누가 지시를 내리며 방향을 제시하는지, 누가 결정하며 이론의 여지가 없는 지도자인지는 분명했다. 드골의 지배적인—그리고 위압적인—개성이 '자유프랑스'를 찾는 운동의 초점과 동력과 활력이 되었다. 분열적이고 이질적이며 잘 화합하지 못했던 초기 런던 지도부의 중심 그룹을 그만이 하나로 묶어세울 수 있었다.

드골이 식민지의 지원을 모으기 위해 1940년 가을 몇 주 동안 프랑스령 적도아프리카—프랑스제국은 대부분 북부, 서부, 중부 아프리카에 분포되어 있었다—를 방문했을 때 런던의 조직을 관리했던 3인 체제는 가망 없는 기능장애를 드러냈다. 기업가의 배경을 가진 쥘 아리스티드 앙투안(Jules Aristides Antoine)은 드골의 까칠한 성격과 극우적인 관점을 보완해주지 못했다. 성격이 불안정하고, 드골이 아니라 자신이 운동을 끌어가야 한다고 믿었던 에밀 뮈젤리에(Émile Muselier) 제독은 1941년 9월에 드골과 결별하지만 이미 그전부터 함께 일하기 어려운 인물이었다.[17] 훗날 '패시'라는 암호명으로 알려지게 되며 정보 업무를 맡았던 앙드레 드와브랭(André Dewavrin)은 나머지 두 사람을 견제할 수 있을 만한 중량감이 없었다.[18]

그밖에 초기에 그에게 뛰어난 지원을 해주었던 인물 가운데 조프루아 쇼드롱 드 쿠르셀(Geoffroy Chodron de Courcel)이 있었다. 이 사람은 드골의 측근 보좌역으로서 훈련받은 외교관이었으며 6월 17일 드골이 영국으로 날아갈 때 동행했다. 변호사 르네 카생(René Cassin)은 영국이 8월 7일에 드골의 조직을 공식적으로 인정하게 되는 협상을 이끌었다. 모리스 쉬망(Maurice Schumann)은 프랑스 국내에서 가장 자주 들을 수 있는 자유프랑스의 목소리였다. 그리고 중요도에서 걸고 경시할 수 없는 조기 지지자로서 르네 플레방(René Pleven)이 있었다. 재능 있는 청년 사업가로서 미국에 좋은 네트워크를 가지고 있던 이 사람은 1950년대에 프랑스의 총리가 된다.[19]

드골의 작고 미숙한 측근 집단의 첫 번째 임무는 프랑스를 합법적으로 대표할 수 있는 정통성을 확보하는 것이었다. 드골이 1940년 10월에 9명으로 구성된 제국방위평의회(Conseil de Défence de l' Empire)를 구성했을 때 처음으로 발생기 정치조직의 느슨한 외피가 갖추어졌다. 평의회는 이론적으로는 정상적인 국가가 행사하는 권력을 갖고 있었으나 실제로는 느슨한 자문기구에 지나지 않았고 결정권은 드골 자신이 갖고 있었다. 이 기구는 1941년 9월에 12명으로 구성된 프랑스국가위원회(CNF: Comité national français) ——플레방이 경제문제를, 카생이 법률문제를 담당했다——로 대체되었다. 이 기구가 망명정부로서 외관을 갖추었다. 그러나 드골이 모든 권력을 쥔 대통령이었다.[20] 1인극이라고 하기는 어려웠지만 그렇다고 1인극과 거리가 먼 것도 아니었다.

드골과 그를 따르는 초기의 소규모 헌신적인 추종집단이 힘들게 버티고 있다는 사실은 감출 수가 없었다. 프랑스 군대의 절대부분이 비시정권의 지휘 아래에 있었다. 영국이 메르스 엘 케비르(Mers-el-Kébir)에 있는 프랑스 함대를 궤멸시킨 공격*은 드골로서는 절대로

---

* 영국 해군이 1940년 7월에 프랑스령 알제리의 메르스 엘 케비르 군항에 정박 중인 프랑스 전함을 공격한 사건. 그 목적은 프랑스가 독일에 투항한 뒤 프랑스 함대가 독일군의 수중에 들어가는 것을 막기 위해 (프랑스 함대를) 마비시키거나 파괴하는 것이었다. 이 전투에서 프랑스군 1,300여 명이 전사하고 전함 6척이 침몰하거나 심각한 손상을 입었다.

광고할 만한 일이 아니었다. 그리고 식민지는 압도적으로 페탱에게 충성했다. 영국의 지원으로 자유프랑스가 시도했던 세네갈 다카르(Dakar) 상륙작전의 실패는 비시정권이 드골을 조국의 배신자로 선전할 수 있는 좋은 재료였다.

망명처를 제공한 영국과의 관계는 곧 힘들어졌다. 영국 정부는 자유프랑스에 재정지원을 해왔고 1940년 8월에는 자유프랑스의 병력을 공동참전군으로 공식 인정했다. 드골은 6월과 7월에 12차례나 BBC를 이용하여 프랑스인에게 호소하는 방송연설을 했다.[21] 그러나 드골의 연설원고는 영국 측의 수정을 거쳐야 했다. 실제로 드골에게 연설 기회를 줄 것인지, 준다면 시점을 언제로 할 것인지는 영국이 결정했다.[22] 영국의 입장에서는 프랑스 함락의 중대한 의미를 고려하더라도 영국 자신의 국가 존속이 문제로 대두된 전쟁의 초기 몇 달 동안에 자유프랑스는 부차적인 관심사였다. 이런 상황에서 영국은 드골을 어떻게 다루어야 할지 아직도 마음을 정하지 못했다.

드골은 영국의 이익에 종속적인 자신의 위상에 대해 크게 분개했다. 1941년 12월에 미국이 참전하자 그의 분노의 대상은 점차로 루스벨트와 미국 정부로 바뀌었다. 그러나 그 자신의 완고함과 오만하고 거친 태도가 그가 접촉하는 사람들을 소외감 느끼게 하고 화나게 만들었다. 드골의 입장에서는 '프랑스 우선'이 언제나 변함없는 원칙이었다. 동맹국과 넓은 범위의 전략을 협의할 때 그러므로 갈등은 피할 수 없었다. 그리고 드골과 처칠 사이의 성격상의 마찰도 피할 수 없었다.[23] 처칠은 프랑스의 군사적 실력과 관계없이 프랑스를 존경하고 프랑스의 미래에 대해 배려했다. 그런데 드골에 대한 처칠의 초기의 감탄은 전쟁이 진행되면서 그의 완고함과 부딪치면서 분노로 바뀌었다. 반면에 루스벨트는 처음부터 대체로 자유프랑스의 지노자를 무시했다. 전쟁 초기의 2년 동안 연합국은 드골과 자유프랑스

1941년 10월 30일, BBC 라디오 방송연설 중인 드골.
드골은 망명지 영국에서 방송 연설을 통해 프랑스인들에게
애국심을 고취했고, 항독(抗獨)에 동참해줄 것을 호소했다.

를 일종의 주변부적 존재, 전쟁 계획을 세울 때 성가신 요소로 생각했다. 이런 태도는 1942년 말 이후로 전세가 연합국 측에 유리하게 바뀌면서 같이 바뀌기 시작했다.

전쟁 초기에 드골은 프랑스 식민지로부터 지원을 받으려 애썼다. 다카르에서의 야심찬 계획은 실패로 끝났으나 그래도 프랑스령 적도아프리카와 인도에 있는 작은 속지(屬地)*, 그리고 태평양 지역에서는 (주로 이들 지역의 경제적인 영국 의존성 때문에) 성과가 있었다.[24] 프랑스제국 식민지 대부분은 1942년 11월 이후가 되어서야 비로소 드골 아래로 결집했다. 그 달에 전략적으로 매우 중요한 영국-미국군의 북아프리카 상륙이 있었다. 분노할 수밖에 없는 일이었지만 드골은 이 작전계획에서 배제되어 있었고, 그래서 자유프랑스는 비시정권의 군대가 연합군을 상대로 싸운 이 전투에서 아무런 역할도 할당받지 못했다.

북아프리카에서 연합군의 성공은 드골에게 완전히 새로운 기회를 가져다주었다(당시에는 즉시 알 수는 없었지만). 상륙작전에 대한 대응으로 독일은 프랑스에서 이전의 '자유지역'을 점령했다. 이로써 비시정권은 나치독일의 명실상부한 허수아비 정권이 되었다. 이제 드골에게 자유프랑스 군대보다 규모가 다섯 배나 큰 프랑스 군대 — 해군은 독일군의 수중에 들어가는 것을 막기 위해 11월 말에 함선을 스스로 침몰시켰다 — 의 남은 요소를 장악할 수 있는 길이 열렸다. 또한 그는 남아 있던 식민지 대부분으로부터 점차 지지를 얻게 되

---

* 프랑스 동인도회사의 상관(商館)으로 출발하여 프랑의 식민지가 된 인도의 도시(푸두체리, 카라이칼. 야남, 마에, 찬다나가르). 인도 해안 지역에 분산되어 있었으며 영국이 인도를 식민지배하던 시기에는 인도 안의 프랑스령으로 남아 있었다. 법적인 지위는 프랑스 식민지(1664-1946)였다가 프랑스 해외영토(1946-1954)로 바뀐 후 인도에 반환되었다(1954).

었다.

그러나 그 과정에서 처음에는 방해가 있었다. 미국은 비시정권을 (이 정권이 추축국의 전쟁 수행을 지원하지 않으리란 기대 때문에) 승인한 나라 가운데 하나였다. 그래서 루스벨트 행정부는 여전히 드골을 무시하면서 철저한 영국혐오주의자이자 오랫동안 비시정권의 실력자로서 연합국과 북아프리카 전쟁의 휴전협정을 체결했던 한 제독에게 판돈을 걸었다. 공교롭게도 프랑수아 다를랑(François Darlan) 제독이 크리스마스이브에 알제리에서 암살되자 미국은 새로운 상대로 앙리 지로(Henri Giraud) 장군을 점찍었다. 이 사람은 그 전해 4월에 독일군에 붙잡혀 있다가 극적으로 탈출해 나왔고, 어디 가서나 자신의 영웅적인 탈출기를 장황하게 늘어놓기 좋아했다. 프랑스의 지도자를 자처했다가 무능과 실수 때문에 궁지에 빠진 지로 장군보다 우위에 있음을 보여주기 위해 드골은 몇 달의 준비를 거쳐 1943년 5월에 본부를 알제리로 옮겼다.[25] 그해 말이 다 되어서야 드골은 연합국으로부터 프랑스의 정치뿐만 아니라 군사부문의 지도자로서 자신의 절대적인 우위를 인정받았다. 이때까지 '드골 신화'의 구축작업 ― 주설계자는 드골 자신이었다 ― 은 순조롭게 진행되었다.

민족영웅의 등장

드골은 대중의 환호와 마주했을 때 그것을 어떻게 이용해야 하는지는 알고 있었지만 결코 '대중적인 인물'은 아니었다. 그가 대중의 지지를 확보하는 데 사용한 유일한 무기는 처음에는 연설이었다. 처칠과 마찬가지로 그는 연설의 거장이었다. 처칠과 마찬가지로 그의 수사(修辭)는 구식의 울림을 갖고 있었다. 그의 연설은 그러나 애국

1943년 1월 14일, 카사블랑카회담.
망명정부의 주도권을 놓고 다투던 지로 장군(가장 왼쪽)과
드골이 루스벨트(왼쪽 둘째)와 처칠(가장 오른쪽)이 보는 앞에서
악수를 나눈 뒤 네 사람이 함께 자리했다.
루스벨트는 처음부터 드골을 무시했고, 처칠은 시간이 지나면서
드골과 반목했다. 1943년 말이 되어서야 드골은 연합국으로부터
전시 지도자로서 자신의 우위를 인정받았다.

적 감성을 흔들어놓기 위해 완벽하게 계산된 것이었으며, 처음에는 소수의 프랑스인이 호응했으나 뒤에 가서는 해방의 날을 기다리는 대부분의 프랑스인이 감동했다. 프랑스인들이 그가 어떻게 생긴 사람인지 알기 훨씬 전에 그는 해방의 목소리가 되었다.

1940년 이전까지는 프랑스에서 그는 사관학교, 군 총참모부, 파리의 정·관계 고위인사들 사이에서만 알려진 인물이었다. 그는 런던에 머물고 있던 동안에 좋은 의미에서든 나쁜 의미에서든 분명히 비범한 성격의 인물로 알려져 있었다. 그러나 그 무렵 그의 측근 그룹을 포함해서 누구도 그를 대중적 호소력을 갖춘 카리스마 넘치는 영웅으로 생각하지 않았다. 드골이 처음으로 '사람들이 드골이란 인물이 그들을 해방시켜주리라 기대하고' 있으며, '다른 사람들의 마음속에 나 자신과는 완전히 분리된 드골이란 이름의 인물이 존재하고' 있다는 사실을 알게 된 것은 1940년 가을 아프리카 식민지를 방문하면서 환호하며 그를 맞아준 군중을 만났을 때였다.[26]

비슷한 시기에 프랑스 언론인들이 런던에 세운 정규방송에서 그의 이름—프랑스 민족의 선조인 '골'(Gaul)과 발음이 비슷했기 때문에 프랑스 고대사를 상징하는 느낌을 주었다—을 프랑스 국내에 더 널리 퍼뜨리기 시작했다. 그리고 독일의 점령에 저항하는 소규모 고립된 레지스탕스 조직들과 드골의 결합을 바라는 조짐들이 나타났다.[27] 그러나 레지스탕스의 조직화는 느리게 진행되었다. 2년 동안 응집된 운동이 없었다.[28] 그리고 1942년까지는 드골도 레지스탕스 운동의 잠재력에 때해 어떤 기대도 하지 않았다.

1942년에 드골의 태도가 바뀌어 레지스탕스 운동과 관계를 맺게 된 중대한 변화는 드골 자신의 노력이 아니라 대체로 장 물랭(Jean Moulin)의 활약에서 비롯되었다. 이 사람은 1940년까지 샤르트르(Chartres)주의 주지사였고 그 뒤 분산된 발생기 레지스탕스의 조직을 연결하는 핵심인물로 빠르게 부상했다. 1941년 10월, 물랭은 이름과 신분을 숨긴 채 리스본을 거쳐 런던으로 갔다. 그는 드골에게 통합된 무장 레지스탕스 운동의 전망을 설득했다. 물랭은 자금을 모으고 있었다. 드골은 총체적인 주도권을 요구했다. 1942년 1월부터 물랭은 공식적으로 드골의 '대리인'으로 활동하기 시작했다. 그는 효율적인 레지스탕스 운동을 구축하는 데 있어서 중요한 상징으로서 드골의 존재를 인정했으나 훗날 정부의 지도자로서 적합한지에 대해서는 의문을 가졌다.[29] 물랭은 조직형태와 이념적 입장이 크게 차이나는 레지스탕스 운동단체들을 하나의 통합된 외피 아래 결합시키기 위해 엄청난 어려움을 겪었다. 그런데 독일의 요구에 철저하게 순종하는 비시정권의 자세가—특히 1943년 2월에 (프랑스 노동자를 독일을 위한 군비생산에 의무적으로 참여하게 한) 강제노동명령이 나온 이후로—레지스탕스 대원을 불러 모으는 모병관의 역할을 했다.

물랭은 해방이라는 공동의 목표를 앞세워 다양한 레지스탕스 운동의 대표들을 불러 모아 레지스탕스전국평의회(CNR: Conseil National de la Résistance)를 구성할 수 있었고, 1943년 5월 27일에 첫 번째 회의가 열렸다. 레지스탕스 운동의 통합은 아직 표피적인 수준에 머물러 있었지만 평의회는 드골이 임시정부의 지도자로 예정되어야 한다는 데 합의했다.[30] 레지스탕스 운동에서의 역할은 아직도 드골의 주요 관심사와는 거리가 멀었다.

이 무렵 그는 알제리에 마련한 새로운 기지로부터 지로 장군의 도전을 물리치고 자신의 주도권을 확보하는 일에 몰두했다. 1943년 가을, 드골이 프랑스민족해방위원회(CFLN: Comité français de libération nationale)를 장악한 뒤에야—처음에는 지로 장군과 공동으로 이끌었다—그는 프랑스 저항운동의 상징으로서 보편적인 인정을 받게 되었다.[31] 그때에도 공산주의 계열의 레지스탕스 운동단체는 파시스트는 아니지만 반동적인 보수주의자로 판단되는 인물에게 너무 많은 권위를 부여하는 데 대해 깊이 우려했다. 드골은 드골대로 공산주의자들이 레시스탕스 운동의 주도권을 장악할까 걱정했다. 이런 상황에서 비극적이게도 1943년 6월에 물랭이 게슈타포(Gestapo)에 붙잡혔고 고문 끝에 죽음을 맞았다. 이제 그의 용기 있는 활약도 막을 내렸다.

1943년 말이 되자 동포들과 연합국 사이에서 드골을 해방된 프랑스의 미래 지도자로 보는 인식이 점차 높아지고 있었다. 드골은 민족해방위원회—미래의 프랑스 정부라 자부하고 있었다—에서 집단적으로 미래의 계획을 세워야 한다는 주장에 실용적으로 대응했으나 위원회가 순전히 자문기구로 남아야 한다는 주장을 굽히지 않았다. 민주주의의 외관은 장식에 지나지 않았다. 그가 위원회를 장악하고 모든 중요한 문제에 결정권을 행사했다. 뿌리 깊은 그의 권위주의는 변함이 없었다. 연합국 지도자들과의 힘든 관계도 마찬가지였다. 이 무렵 연합국은 그만이 '자유프랑스'를 대변하는 권위를 갖고 있다는 점을 (항상 진지하게는 아니었지만) 인정하고 있었다. 그러나 드골은 연합국이 D-Day 계획을 세우면서 자신을 배제한다며 분노했고, 프랑스의 미래 정부에 관해 그들이 마음속에 품고 있는 생각을 의심했다(드골은 연합국이 프랑스를 공동관리 아래 두려 한다고 생각했고, 이런 의심은 전혀 근거가 없지는 않았다).

알제리에서 런던으로 돌아온 후 D-Day 직전인 6월 4일에 처칠을 만났을 때 드골은 신경이 날카로운 상태였다. 점심식사를 겸한 대화에서 드골은 프랑스 해방을 위한 계획을 세우는 자리에서 프랑스(와 영국)의 이익이 미국의 이익에 종속되었다며 목소리를 높였다. 처칠도 화를 냈다는 것은 그 자신도 품고 있던 불만이 (술이 들어간 탓에 쉽게) 터져 나왔다는 표시였다. 이어서 있었던 연합군 총사령관 아이젠하워(Eisenhower) 장군과의 만남에서 분위기는 좀 더 누그러졌다. 드골은 상륙작전에 프랑스가 참여하는 부분이 적다며 심한 불만을 표시했다.[32]

D-Day 당일이 되자 드골은 평온을 회복하고 심금을 울리는 애국주의 연설을 BBC 전파에 실어 동포들에게 보냈다. 그러나 프랑스 정부가 이미 실제로 존재하는 것처럼 연설 가운데에 '프랑스 정부가 내린 지시'라는 표현을 써서 처칠의 화를 돋우었다. 처칠은 루스벨트에게 지금 벌어지고 있는 위대한 전투에 프랑스는 한 사람의 병사도 보내지 않았기 때문에 드골의 연설을 주의 깊게 들여다보아야 한다고 지적했다(이 비난은 곧 시의에 맞지 않는 조소가 된다. 필리프 르클레르[Philippe Leclerc] 장군이 지휘하는 무장한 1개 사단의 프랑스군이 1944년 8월 1일 이후로 노르망디에서 연합군의 일원으로서 싸웠기 때문이다).[33] 처칠이 아무리 분개해도 대부분의 프랑스 국민들에게 드골은 이미 해방 그 자체, 해방과 함께 회복된 프랑스의 명예 그 자체가 되어 있었다.

'드골신화'—프랑스를 구한 영웅 이미지—는 6월 14일에 드골이 4년 동안 떠나 있었던 조국 프랑스 땅에 발을 딛자 한층 장식을 더하게 되었다. 이 시점에서 해방된 도시 가운데서 가장 큰 도시인 바이외(Bayeux)를 (잘 준비된 방식으로) 찾아가 시민들에게 그가 한 연설은 대체로 선전활동의 실습이었다. 환영 의식은 드골이 훗날 말했던 정도는 아니었지만 열광적이었다.[34] 드골은 해방 이후를 대비한 정치권력의 기초를 쌓고 있었다. 그 과정에서 8월 25일의 개선장군 같은 파리 입성은 중대한 사건이었다. 이때 파리는 해방되었고, 이것은 프랑스인들 자신이 만든 드라마의 마지막 장이었다. 며칠 전, 프랑스 전역에서 그랬듯이 프랑스 수도에서 레지스탕스 부대들이 손발을 맞추어 봉기했다. 그리고 아이젠하워 장군이 르클레르 장군의

1944년 6월 14일, 바이외 시민들에게 연설하는 드골.
드골은 연설의 거장이었다. 처음 대중적 지지를 확보하기 위한
유일한 무기가 그에게는 연설이었다. 드골은 조금씩 해방 이후를
대비한 정치권력의 기초를 쌓고 있었다.

부대에게 파리로 진격하는 군사적 영광을 선물했다. 프랑스군 부대는 24일 저녁에 파리에 입성했다. 다음 날 독일이 항복했다.

그날 8월 25일 저녁, 파리 시청에서 있었던 감동적인 연설에서 그는 파리는 "혼자 힘으로, 프랑스 군대의 도움을 받은 시민들의 힘으로 해방되었다"고 말했다.[35] 그는 실제로 프랑스의 해방을 가능케 한 연합군의 공적에 대해서는 아무런 수식 없이 간단한 사실만을 나열하여 짧은 감사 인사를 표시했다. 드골의 유일한 관심사는 스스로의 힘으로 해방된 영광스러운 프랑스를 강조하는 것이었다. 이것 자체가 악몽에 빠져 있던 나라를 재건하기 위해서는 중요한 메시지였다.

그리고 누가 해방의 영웅, 나라의 구원자인지 모두가 알고 있었다. 다음 날, 샹젤리제 거리에서 벌어진 승리의 행진에서 맨 앞에 서는 영광은 드골 몫이었다. 기쁨에 들뜬 거대한 군중이 미리 나누어 받은 깃발을 흔들었다. 깃발에는 '드골만세'라고 적혀 있었다.[36]

실패

드골의 리더십은 전쟁의 산물이었다. 조직을 만들고, 프랑스와 식민지 양쪽에서 추종자를 모으고, 망명지에서 접촉을 유지하면서 군대를 건설하고, 그러는 사이에 연합국으로부터 인정을 받으려 애쓴다는 것은 특별한 리더십을 갖추어야 가능한 일이었다. 드골의 개성이 그 일에 적합했다. 그의 의지력, 일상 정치의 소소한 다툼으로부터 초월한 고고한 자세, 오만한 태도, 군사 지휘구조에서 귀족적 통제를 중시하는 관점은 전쟁이란 위급상황에서는 비교할 수 없는 가치를 보여주었다. 그런데 이러한 개성의 특징은 전후 재건이란 집단적인 임무를 수행해야 하는 민주적인 정부에서는 잘 맞지 않았다.

샹젤리제 거리에서 승리의 행진을 마친 뒤 드골은 생각해두었던 일—그가 지명한 정부와 가능한 한 나라 전체에(일부 지역은 아직 해방되지 않은 상태였다) 자신의 권위를 강제하는——을 이어갔다. 정부는 공산주의를 포함하여 정치적 스펙트럼의 모든 영역을 포용했다. 그러나 드골이 권력의 고삐를 확실하게 잡았다.

초기의 성공을 보장해준 것은 그의 독특한 권위였다. 그는 자신의 권위에 도전이 될 수 있는 레지스탕스의 역할을 낮게 평가하고 자신에 대한 개인숭배를 조장했다. 엄청난 위험을 무릅쓰고 독일의 점령에 저항한 사람들과 자신을 미래 희망의 상징으로 받아들였던 사람들의 실망은 그에게는 부차적인 손실에 지나지 않았다. 국가적 통합을 추구하기 위해서 최근의 고통스러운 과거를 강조해야 했고, 그러자면 나치 협력자와 비시정권의 대표들을 본보기로 처벌해야 할 필요가 있었다. 그리고 1944년 12월 스탈린과 양자 회담을 위한 드골의 모스크바 방문은 (결과물은 아무 의미 없는 상호지원 조약이었지만) 프랑스 국내에서는 프랑스가 마땅히 차지해야 할 강대국의 자리로 복귀했다는 신호로 받아들여졌다.[37]

이것이 얼마나 큰 환상이었는지는 곧 밝혀졌다. 1945년 2월 얄타에서 열린 '3자 영수'(스탈린, 루스벨트, 처칠) 회담과 유럽전쟁이 끝나고 8월에 열린 포츠담회담에 프랑스가 제외된 것은 드골에게는 크게 분개할 만한 일이었다. 루스벨트는 드골에 대한 비호감을 버리지 않았고 스탈린은 1940년에 '전혀 싸우지 않은' 나라에 대해 거의 경멸에 가까운 태도를 보였다. 그러나 처칠은 프랑스를 서부 유럽에서 가장 중요한 영국의 동맹으로 대접했다. 처칠의 프랑스에 대한 지지는 독일을 분할 점령할 때 프랑스 담당지역을 설정한 협정——루스벨트와 스탈린은 '단지 친절의 표시일' 뿐이라고 지적했다——으로 나타났다.[38] 또한 프랑스는 연합국감독위원회(Allied Control Council)에도 자리를 차지할 수 있었고 새로 설립된 UN 안전보장이사회

1944년 8월, 파리 해방 후 샹젤리제 거리를 행진하는 드골 일행.
드골 스스로의 힘으로 해방된 영광스러운 프랑스를 강조했다.
그 점은 나라를 재건하기 위해서는 중요한 메시지였다.

(Security Council)의 상임이사국 자리도 차지할 수 있었다.

드골이 중요한 도전에 부닥친 곳은 국내였다. 공산당과 사회당이 재건되고 새로운 기독교민주당, 내중공화운동(MRP: Mouvement Républicain Populaire)이 등장하면서 정당정치가 빠르게 다시 모습을 갖추었다. 공화국운동의 지도부 주요 인사들은 드골과 관계가 긴밀한 사람들이었다. 조르주 비도(Georges Bidault)는 장 물랭이 죽은 후 레지스탕스전국평의회를 이끌었고, 모리스 쉬망은 1940년 여름부터 런던에서 자유프랑스 방송을 가장 자주 진행한 사람이었다. 1945년 10월에 치러진 전후 첫 번째 선거에서 3대 주요 정당이 거의 같은 비율로 지지를 받았다. 3당이 손잡은 어색한 연립정부가 출범했다. 그래도 긴급한 경제재건 문제를 두고는 정당 간에 빈번한 교차 지원이 있었다.

드골은 정부 최고 책임자로 재선되었다. 그러나 프랑스의 미래의 통치체제가 어떠해야 하는지, 정당—특히 좌파 정당—을 어떻게 수용해야 할 것인지에 대한 그의 구상은 예측했던 대로 머지않아 파열음을 내기 시작했다. 전쟁 기간 동안 드골은 항상 자신의 주도권을 관철시키는 데 성공했다. 그런데 이제는 정당의 힘이 더 강해졌다. 논의되고 있던 새 헌법안에서는 정부의 권한은 제3공화국 때보다 더 견제받게 되어 있었다.

드골은 해방 이후 자신이 이끌게 될 정부는 제3공화국의 직접적인 연속이며 비시정권은 불법적인 개입에 불과하다고 줄곧 주장해왔다. 그러나 드골은 헌법상의 연속성을 강조했지만 그 또한 정치적 변혁의 필요성을 언급했다. 제3공화국 헌법은 정부를 견제하는 의회의 권력을 우선시했다. 대통령에게는 대체로 의례적인 역할만 주어졌다. 그 결과는 허약한 정부였다. 정부는 의회 권력에 의해 구성되었다 무너지기를 반복했다. 정부 자체가 이합집산하는 정당간의 관계를 반영했다. 드골은 이런 약점이 1940년 붕괴의 주요 요인이라고 생각했다. 그는 프랑스는 강력한 정부——그런 정부를 만들 사람이 그였다——가 필요하다고 확신했다. 그가 마음먹은 체제는 대중의 직접적인 지지를 바탕으로 한 대통령중심제였다.[39]

좌파 정당들은 처음부터 드골의 의도를 의심하고 그에게 강력한 집행권을 주기를 꺼렸다. 헌법 초안은 그가 바라던 것과는 정반대였다. 벌써부터 의회와의 관계에서 문제가 생긴 그는 자신의 구상을 밀고 나갈 수 없었다. 1946년 1월 20일, 그는 단호하게 사퇴했다.[40] 아마도 그는 민족영웅의 행동이 국민의 관심을 집중시키고 자신을 다시 불러주리라 기대했을 것이다. 이것이 그의 희망이었다면 그 희망은 깨어지게 된다. 1940년 6월 이후 처음으로 그는 자신의 뜻대로 일을 끌어갈 수 없게 되었다.

드골은 스스로를 독재자라고 생각하지 않았다(많은 사람들이 달리 생각했지만). 그러나 그가 생각하는 자신과 그가 인식하는 자신의 역할은 프랑스의 전쟁영웅과 민족의 구원자로서의 업적을 기반으로 한——막스 베버가 정의한——카리스마적 지도자였다.[41] 그런데 이것은 정부의 집행 권력을 제약하고 통제하는 모든 민주주의 체제가 갖고 있는 반목하는 다당제, 특히 제3공화국 치하의 프랑스 체제와는 단연코 양립하기 어려웠다. 해방 후 임시정부의 권력을 잡았을 때 드골이 마주한 내재적 딜레마가 바로 이것이었다. 공산당의 영향을 제한하기 위해서도, 또한 자신의 대중적 지지도를 과시하기 위해서도 드골에게는 정당이 필요했고 그래서 다당제의 복원을 지지했다(좌파, 그중에서도 공산주의자들은 결코 손쉬운 상대가 아니었다).[42]

다른 한편으로는 좌파 정당도 그가 필요했다. 그들은 드골의 독특한 위상을 인정하지 않을 수 없었다. '카리스마적' 정치와 반목이 심한 의회민주주의를 결합하는 데서 오는 긴장관계는 현저하고도 극복 불가능했다. 자신의 '카리스마적' 권위를 정당정치의 제약에 종속시키지 않겠다는 드골의 완강함은 결국 12년 동안의 정치적 실패로 끝났다. 전생 시노자로서 그는 독보적이고 필수불가결한 존재였다. 평화로운 시대의 지도자로서 그는 극복할 수 없는 분열과 마주했다. 잠재적인 독재자는 자신의 길을 막는 정치구조를 파괴하고 싶었을 것이다. 그런데 드골의 방식은 오히려 정치로부터 전면적으로 철수했다가 마침내 체제의 근본적인 위기가 찾아올 때까지─그는 이것을 확신했다─기다리는 것이었다. 그때가 오면 사람들이 다시 영웅을 찾을 것이고, 그는 또 한 번 프랑스를 구원하기 돌아올 것이다.

1946년 1월에 사임한 후 그의 휴식은 오래가지 않았다. 몇 달 안에 그는 대중의 시선─정부의 시선은 아닐지라도─안으로 돌아왔다. 그는 잘 개발된 배우의 감각을 되살려 1944년에 귀국했을 때 무대로 활용했던 바이외를 선택했다. 6월 16일, 이 도시에서 그는 선출된 대통령이 행정권을 가져야 한다고 주장하는 연설을 했다. 그는 정부의 힘은, 일상적인 관리업무로부터 초월하여 정부 구성원을 임명하고 법률과 명령을 반포하는 권한을 보유한 국가의 우두머리─이것이 그가 그리고 있는 자신의 역할이었다─에게서 나온다고 보았다. 그래야 국가가 위기에 빠졌을 때 대통령이 국민의 자유를 보장할 수 있을 것이다.[43]

그의 호소에 반향은 없었다. 프랑스 국민은 1946년 10월에는 (어쩌면 내키지는 않겠지만) 제4공화국의 헌법을 승인했다. 제3공화국의 헌법이 그랬듯이 제4공화국의 헌법은 허약한 정부와 정치적 불안정을 조장하는 처방이었다. 정부는 의회의 취약한 다수당에 의존했다. 모든 정부가 단명으로 끝났다. 1945년부터 1958년 사이에 22차례 정부가 구성되었는데 수명은 1주일 이하짜리에서 15개월짜리까지 있었다.[44] 정부의 무능은 드골의 프랑스의 '영광'이란 개념과 전혀 어울리지 않았고 나라의 미래에 관한 그의 구상과도 반대였다. 그는 우울한 마음으로 프랑스에 다시 찾아올 파국을 예견했고, 지금의 상황이 1940년 6월의 상황보다 더 심각하다고 생각했다.[45] 그는 다시 한번 프랑스를 구할 준비를 하고 있었다. 1947년 4월, 그는 또 한 번 복귀한다.

그 달에 그는 열광적인 환호 속에서 국가를 위해 기존의 정당을 넘어서는 '운동'을 표방하는 프랑스국민연합(RPF: Rassemblement du Peuple Français)을 출범시킨다. 그런데 현실적으로는 국민연합도 자신의 정강을 내걸고 선거에서 경쟁한 하나의 정당이었다. 핵심적인 차이라고 한다면 국민연합은 드골의 카리스마적 리더십을 위한 정당, 그가 구상하는 프랑스에 적합한 정부형태를 추구하는 정당이란 점이었다. 초기에는 냉전이 시작되면서 생긴 반공주의 덕분에 당원 수가 빠르게 증가했다. 그러나 국민연합은 선거에서 다수당의 자리를 차지하지 못했고 사실상 우파의 표를 분산시켜 대중공화운동을 약화시켰다. 드골주의 우파와 공산주의 좌파 — 공산주의자들은 1947년 이후 정부에서 축출되었다 — 가 정치적 대역(帶域)의 양극단에 자리 잡았고 그 중간에 지속적인 행정부를 구성하려 애쓰는 불안정한 정당 연합이 자리 잡았다.

1951년, 국민연합은 창당 후 처음 맞은 총선거에서 공산당(26%)에 이어 22%를 득표했다. 드골은 이 상대적인 승리를 바탕으로 하여 자신에게 정부를 구성할 권리가 있으며 헌법 개정도 추진하겠다는 설득력이 떨어지는 주장을 내놓았으나 오리올(Vincent Auriol) 대통령에게 단박에 거부당했다.[46] 2년 후 1953년 5월의 선거를 앞두고 국민연합에 내부분열이 생기고 지지율이 크게 떨어지자 드골은 정권을 바꾸고 자신이 권력을 잡아 프랑스를 통치해야 한다고 주장했다. "그렇지 않으면 아무 일도 일어나지 않는다"는 게 그의 주장이었다.[47] 아무 일도 일어나지 않았다. 그는 다시 은퇴했다. 그리고 이번의 은퇴는 끝까지 갈 것 같았다.

영웅의 귀환: 알제리 위기

제4공화국의 본질적인 위기가 없었더라면 드골에게는 자신이 받아들일 수 있는 조건으로 프랑스 정치의 핵심으로 복귀할 기회가 없었을 것이다. 그의 정치적 경력은 끝난 것처럼 보였다. 예순세 살에 그는 프랑스 동부지역 콜롱베 레 되제글리즈(Colombey-les-deux-Églises)의 수수한 고향집으로 돌아갔다. 1934년부터 그와 아내 이본(Yvonne)의 소유였던 그곳에서 드골은 전쟁회고록을 집필하기 시작했다. 그는 이 작업을 1946년에 시작했으나 정치에 뛰어들면서 오랫동안 멈추고 있었다. 이제 그는 1940년의 몰락으로부터 조국 프랑스를 구원해낸 자신의 영웅적인 투쟁에 관한 기록을 후세에 남기는 일에 몰두할 수 있게 되었다. 1954년과 1956년에 첫 번째 두 권이 출간되자 엄청난 관심이 집중되면서 프랑스의 구원자로서 드골의 전설적인 위상은 다시 각광을 받았다(제3권은 그가 권력에 복귀한 뒤 1959년에 나왔다). 프랑스가 필요로 한다면 외로운 은둔으로부터 다시 한 번 돌아올 준비가 되어 있는 구원자의 이미지가 찬란한 빛을 냈다.[48] 그리고 1958년, 실제로 그는 돌아왔다.

드골의 자발적인 은둔 기간에 정부의 위기는 여러 차례 찾아왔다가 물러갔다. 헌법의 기본 정신에 비추어보면 그것은 당연한 일이었다. 그러나 정부의 무능은 기반이 되는 국가체제 자체가 안정되어 있고 경제가 번영하고 있다면 문제될 것이 없다. 드골의 '두 번째' 복귀(와 지속적이며 개혁적인 변화를 추구하겠다는 그의 야망)의 전제조건으로서 필요한 것은 단순히 또 한 번의 정부의 위기가 아니라 이번에는 프랑스란 국가 자체의 위기였다. 그것이 1958년에 일어났다. 위기의 원인은 알제리 문제를 해결하지 못한 정부의 무능이었다.

어디서나 식민제국이 무너지고 있었다. 그런데 알제리의 경우는 특이했다. 알제리는 식민지이면서 식민지가 아니었다. 1830년 이후 사실상의 프랑스 식민지인 알제리는 프랑스 정착민(전체 인구의 1/10)이 무슬림 인구를 지배하는 신분제도를 갖고 있었고 법률상으로는 프랑스 자체의 한 부분이었다. 알제리를 잃는다는 것은 그러므로 프랑스의 일부를 잃는다는 의미였다. 1954년 11월, 알제리민족해방전선(FLN: Front de Libération Nationale)이 독립을 쟁취하기 위해 무장투쟁을 시작했고 이것이 곧 양쪽에서 저지르는 잔인하고 야만적인 행위로 가득한 장기적인 전쟁으로 발전했다.

불안정하고 단명으로 끝난 프랑스 정부들은 난제의 해결책을 찾아내지 못했다. 프랑스 정착민들 — 피에 누아르(pieds noirs)라 불리었다 — 이 알제리 주둔군의 지원을 받아 정부에 반대하는 폭동을 일으키자 드골에게 개입하라는 압박이 높아갔다. 드골은 헌법을 개정할 권한을 준다면 정부를 구성하겠다고 밝혔다. 드골은 프랑스 국민들에게 과거에 자신이 프랑스를 구원했다는 사실을 상기시키면서 "극도로 중대한 국가적 위기"가 "일종의 부활"을 가져올 수 있다고 말했다.[49] 군대와 피에 누아르에게는 프랑스를 구한다는 것은 프랑스령 알제리를 구한다는 의미였다. 그들은 드골이 누구도 해낼 수 없는 일을 해내리라 믿었다.[50]

그 뒤로 드골은 4년 동안 더 지독한 유혈사태를 겪은 후 결국 알제리사태를 (피에 누아르가 원하고 예상했던 것과는 다른 방식으로) 해결했다.[51] 제4공화국의 여러 정부들이 해내지 못한 일에 드골이 성공할 수 있었던 것은 헌법 개정을 통해 그에게 강화된 권력이 주어졌기 때문이었다. 1958년 5월 말에 총리로 다시 지명된 그는 재빨리 의

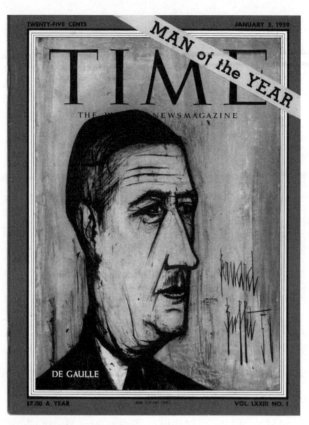

1958년 『타임』지 올해의 인물로 실린
드골 삽화(1959년 1월 5일자).
1958년은 드골이 두각을 보인 한해였다.
5월 말에 총리로 재지명되고 새로운 헌법에 따라
선거인단 투표를 통해 대통령에 선출되었다.
강력한 권한을 행사하며 앞선 정부들이 해내지 못한
알제리 문제를 해결했다.

회의 지지를 확보한 후 국민투표에 부칠 새로운 헌법안을 만들었다. 9월, 그의 제안은 79%의 찬성표를 얻었다. 12월 21일, 새로운 헌법에 따라 그는 선거인단 투표를 통해 강력한 권한을 가진 대통령으로 선출되었다(공식 취임은 1959년 1월 8일에 있었다). 헌법 개정은 이미 논의되고 있었고, 그 전해에 드골이 공직에 복귀하지 않았더라도 현실화되었을 것이다. 정부의 마비와 알제리 위기를 해결하지 못한 무능 때문에 대중은 질서회복을 갈망했고 정치엘리트들은 헌법 개정에 대해 열린 마음을 갖게 되었다. 그러나 제5공화국 헌법의 구체적인 조항은 드골의 공적이었으며 그 속에 그의 독특한 권위와 위신이 담겼다.

1962년의 알제리 독립으로 이어지는 드골의 위기관리는 지금에서 되돌아보면 하나의 전략적 걸작처럼 보인다. 실제에 있어서는, 그가 정치적으로 교묘한 줄타기에서 완벽한 기술을 보여준 것은 사실이지만 그것은 분명한 전략을 끈질기게 추구한 과정이라기보다는 '프랑스령 알제리'(Algérie française)를 지키려 한다면 피할 수 없는 패배에 실용적으로 적응한 과정이었다. 그것은 이길 수 없는 충돌에서 손실을 줄인 것과 같았다.[52]

1958년 6월 4일 알제리에서, 환희에 빠진 군중 앞에 선 그는 "나는 여러분을 이해해왔습니다"라고 말했다. 이 말은 계산된 모호성의 극치를 보여주는 표현이었다.[53] 청중은 이 말을 그가 그들의 편이며 알제리는 프랑스의 한 부분으로 남을 것이란 의미로 오해했다. 그러나 그는 책임져야 할 말은 하지 않았다. 프랑스는 군사적으로는 우위에 있으면서도 민족의 독립을 위해 싸운다는 확고한 신념으로 무장한 게릴라 부대를 이길 수 없었다. 뿐만 아니라 전투에서 보여준 프랑스군의 잔혹한 행위는 프랑스 국내와 국제사회에서 여론을 악화시키는 반(反)생산적 효과를 증명했다. 서서히, 그리고 신중하게 드골은 알제리 독립이 유일하게 가능한 해법이란 인식에 접근해갔다. 이 해법을 받아들인다는 것은 드골 자신에게 기대를 걸고 그가 구출해주리라 믿었던 십단인 피에 누아르와 알제리 주둔군을 적으로 돌린다는 의미였다. 드골은 예상되는 결과를 냉정하게 평가했다. 이기지 못할 전쟁을 계속하는 것보다는 그쪽이 훨씬 덜 나빴다. 그는 피에 누아르를 위해 눈물을 흘리지 않았다. 미래를 바라보아야 할 때이지 죽어가는 과거에 매달릴 때가 아니었다.

독립을 열망하는 압박이 역대 프랑스 정부가 알제리를 식민자산으로서 계속 유지할 수 없었던 분명한 원인이었다. 그러나 모든 가능성을 유추해볼 때, 정치적인 내전을 알제리는 더 이상 보유할 수 없다는 일반적인 인식으로 바꾸어놓을 수 있는 개인적인 권위를 가진 인물은 드골뿐이었다. 그는 오래전부터 알제리 전쟁을 해결할 에이스 카드가 자기 손 안에 없다는 사실을 인식하고 있었다. 1961년 가을에서부터 1962년 3월 18일까지 벌어진 민족해방전선 측과의 비밀 회담은 4월 8일의 휴전으로 결실을 맺었다. 휴전협정은 프랑스 유권자 90%가 찬성했다(7월 1일에는 알제리에서 유권자 99%의 지지를 받았다).[54] 알제리는 7월 1일에 독립을 선포했다. 잔혹한 충돌에서 수십만의 알제리인—대부분이 비백인 알제리인—이 살해되거나 불구자가 되었다. 대부분의 피에 누아르는 배신감을 안고 프랑스로 갔다. 드골은 그들을 동정하지 않았고, 알제리 독립전쟁에서 프랑스를 도와 싸웠고 알제리 독립 후에는 동족의 잔인한 보복을 피해 프랑스로 달아난 알제리 이슬람교도인 수십만 명의 하르키(Harkis)에 대해서는 전혀 관심이 없었다.

드골이 권력을 잡은 첫 해에 알제리는 모든 곳에 그림자를 드리우고 있었다. 전쟁을 끝내고 내전의 가능성을 피한 것 자체가 업적이었다. 그러나 다른 영역에서 거둔 체감할 수 있는 성공 덕분에 그의 국제무대에서 위상뿐만 아니라 그의 민주적인 권위가 올라갔다. 알제리의 특이한 상황과는 달리 나머지 식민지에 대한 정리는 1958년에서 1960년 사이에 신속하게 완료되었다. 제국의 시대에 태어나 식민지 보유는 강대국이 되기 위한 필수적인 요소라고 배웠던 사람들의 관점에서 보자면 드골은 식민지의 상실을 빠르고도 냉정하게 받아들인 인물이었다. 그는 그것을 불가피한 일로 받아들였지만 그렇다고 환영하지는 않았다.

그는 새로 독립한 나라와 그 국민을 경멸했다. "나는 탈식민화가 재앙이란 사실을 알고 있다." 그는 1962년에 사적인 자리에서 이렇게 말했다. "대부분의 아프리카 사람들은 우리의 중세와 같은 환경에서 살고 있으며" 머지않아 다시 "부족전쟁, 마녀, 식인풍습"을 경험하게 될 것이다.[55] 그럼에도 불구하고 그는 탈식민화 과정을 주도하고 비교적 순조롭게 독립할 수 있도록 도왔다(늘 프랑스의 경제적 이익을 지켜냈지만). 그의 공적은 과장되어서는 안 된다. 탈식민화를 요구하는 국제사회의 압박은 너무나 강력했기 때문에 프랑스 정부의 성격이 어떠했던지 간에 탈식민화는 일어나고야 말 사건이었다. 그렇다고 하더라도 드골의 리더십이 없었더라면 탈식민화는 훨씬 더 험난한 길을 걸었을 것이다.

권력을 잡았을 때: 개성의 흔적

제5공화국의 헌법 구조는 의회의 다당제 대표성이란 현대적 요구에 맞춰 대통령의 권한행사를 수용했다. 그렇기 때문에 제5공화국 헌법은 특이한 이종교배, 영국식 의회민주주의보다는 미국식 대통령제에 가까우면서도 독특한 프랑스의 창작품이었다. 어떤 면에서 대통령의 위상은 카리스마적 리더십과 비스마르크가 독일제국에서 시험했던 대의정치—물론 비스마르크는 카이저에게 책임을 져야 했지만—의 혼혈과 유사했다. 드골은 대중의 정치참여를—자신이 생각한 방식을 따르기만 한다면—수용하고, 인정하며, 심지어 환영했다. 프랑스에서 드골은 누구에게도 책임지지 않는 국가의 최고 정책집행자, 독재자가 아니면서 독점적인 권력의 합법성을 확보하고 의회를 견제하는 수단으로서 국민투표를 활용할 수 있는 존재였다. 드골 치하에서 프랑스 정치는 그의 개성과 역사적 업적을 배경으로 한 비상한 권위에 머리를 숙였다.

이론상으로는 대통령은 외교와 국방 정책을 지휘하고 (국가위기 상황에서는 독재자에 준하는 권력을 행사하고) 내정문제는 의회에 대해 책임을 지는 총리의 영역이었다. 실제에 있어서는 드골의 권한을 벗어난 정책영역은 없었다. 그는 뛰어난 정치인을 고위직에 임명하여 그들로부터 훌륭한 보좌를 받았다. 그런 보좌진 가운데 이름난 인물로서는 미셸 드브레(Michel Debré)와 조르주 퐁피두(Georges Pompidou)(두 사람은 이어가며 총리직을 맡았다), 모리스 쿠브 드 뮈르빌(Maurice Couve de Murville, 외무부장관), 앙드레 말로(André Malraux, 문화부장관) 등이 있었다. 그런데 중요한 것은 장관들은 의회가 아니라 드골에게만 책임을 졌다는 점이었다. 드골은 각료들과 의회권력 사이의 연결역할을 맡았다. 의회 자체가 매우 약화되어 있었다. 그런 가운데서 드골주의 정당 신공화국연맹(UNR: L'Union pour la Nouvelle République)이 1958년에 결성되어 의회 내에서 드골 정책의 강력한 대변자 역할을 맡았다.

중요한 정책 논의는 모두 드골이 지배했다. 내정문제도 마찬가지였다. 1958년의 재정안정 계획(경제학자 자크 뤼프[Jacques Rueff]의 구상)과 1963년의 인플레이션 억제 대책처럼 경제문제에 관한 결정에도 그가 직접 개입했다.[56] 그는 70대라는 나이에 맞지 않게 정책을

추진하는 데 있어서 자신이 직접 간여한 분야가 아닐 때에도 놀라울
정도의 추진력과 집중력을 보여주었다. 이것은 1958년 권력의 자리
에 복귀한 뒤로 그의 통치방식의 징표였다. 드골의 높은 업무집중도,
이해력, 세부내용을 파악하는 능력, 각료들의 업무에 대한 강한 호기
심, 비상한 기억력은 그의 통치방식의 특징이었고 그것이 그의 본능
적인 권위주의를 받쳐주었다.[57] 매주 열리는 장관위원회(Conseil des
ministres, 영국의 내각에 해당) 회의는 단순히 부처의 보고를 듣고 (드
골이 완벽하게 장악하고 주재하는) 특별위원회에서 미리 합의된 결정
에 승인도장을 찍어주는 역할만 했다.[58] 한 가지는 아주 분명했다.
그것은 드골이 결정한다는 사실이었다.

　1962년, 알제리 독립에 반대하는 극단분자들의 조직인 OAS
(Organisation de l'Armée Secrète, 비밀군대조직)가 시도한 드골 암살
이 실패하자 드골은 이를 이용하여 자신의 권력을 강화했다. 그는 의
회의 지지에 대한 의존도를 줄이기 위해 대통령을 선거인단이 선출
하도록 규정한 1958년 헌법의 조항을 폐지하고 직접선거에 의한 대
통령 선출 방식으로 바꾸고자 했다. 헌법 개정 운동은 격심한 논쟁을
불러일으켰다. 헌법 개정을 새로운 형태의 보나파르트주의 독재로
인식한 진영은 좌파만이 아니었다. 그럼에도 개정안은 10월에 실시
된 국민투표에서 통과되었다(찬성 62%, 기권 23%).[59]

　3년 후 1965년에 그는 55%의 지지율로 대통령에 재선되었다. 그런
데 좌파후보인 프랑수아 미테랑과 경쟁한 선거에서 그는 1차 선거의
득표율이 45%에 불과했기 때문에 다시 결선투표에 나가야 했다. 선
거 결과는 정당을 초월하여 국가의 통합을 구현하는 지도자로 자부
하던 드골의 입장을 확인해주는 것이 아니라, 심각한 위기가 아닌 상
황에서 불화를 일으키며 흔히 있을 수 있는 좌·우파 간의 분열을 치
유하기보다는 그대로 반영하는 인물로서 드골의 모습을 드러내 보

여주었다.[60)]

새로운 초강대국의 시대에 들어와 제국이 사라지자 드골은 프랑스의 강대국으로서의 위상을 수장하기 위해 새로운 방식을 찾아 나섰다. 이 시기 프랑스가 추구한 독자적인 외교정책에는 드골의 개성이 분명한 흔적을 남기고 있었다. 그의 뿌리 깊은 반미주의—부분적으로는 이전에 루스벨트로부터 받은 냉대의 유산—가 그를 소련과 공산주의 중국과의 관계개선으로 이끌었다. 그는 미국이 폴라리스 미사일을 제공하겠다는 제안을 거절했고 핵개발 프로그램—사실은 제4공화국 시기에 시작되었다—에 국가자원을 투입했다.

좌파의 커져가는 반대를 뿌리치고 프랑스는 1968년에 수소폭탄을 보유하게 되었다. 드골에게 이것은 없어서는 안 될 국가적 위신의 상징이었다. 1966년에 미국이 주도하는 나토(NATO) 군사지휘 체계에서 탈퇴한 것은 프랑스의 독자적인 국방과 외교 정책을 향해 나아가는 또 하나의 발걸음이었다. 국방 외교의 독립과 암묵적인 강대국 지위는 결코 신기루가 아니었다. 실제로 프랑스는 비동맹국가(어느 초강대국과도 관계를 맺지 않는 국가)에게 영향을 미치는 존재가 되었다.[61)] 그러나 진정으로 독립적인 중간 규모의 유럽 민족국가를 추구할 수 있는 시대는 오래전에 지나갔다(영국 또한 이것을 알아차렸다).

영국과는 달리 프랑스는 드골이 취임할 무렵에 유럽경제공동체 안에서 일찌감치 자신의 역할을 찾아냈다. 드골은 장 모네와 그가 주창한 초국가적 유럽통합 구상을 좋아한 적이 없었다. 여기서도 그의 관점은 국가들이 독립적이며 상호 대립하던 유럽의 과거에 닻을 내리고 있었다. 그러나 그는 현실주의자였다. 유럽경제공동체는 프랑스 농민에게 비대칭적으로 유리한 공동농업정책(Common Agricultural Policy)을 통해 프랑스에 큰 이익을 안겨주었다. 그리고 드골은 유럽의 평화는 서독과의 긴밀한 관계에서 결정된다는 점을 인정했다.

1961년 2월, 엘리제궁에서 회담한 드골과 케네디.
제국이 사라지고 초강대국 시대에 들어서자
드골은 프랑스의 강대국으로서의 위상을 다지는
외교정책을 폈다. 루스벨트에게 받은 냉대는 드골에게
뿌리 깊은 반미주의를 심어주었다.

1963년, 드골은 서독의 콘라트 아데나워(Konrad Adenauer) 수상과 함께 상징적인 프랑스-독일우호조약에 서명했다. 그러나 그는 프랑스가 우위를 차지하는 '소국 유럽'(Europe des patries)을 원했다. '프랑스 우선' 정책은 영국—유럽에서 프랑스 이익에 대한 위협으로 간주되었다—을 유럽경제공동체에서 배제하지 않을 수 없었다. 그런데 이것은 영국의 가입(과 드골이 예견했던 영국과 유럽경제공동체 사이의 피할 수 없는 이익충돌)을 몇 년 동안 유예시켰을 뿐이었다. 또한 드골의 프랑스 이익 우선주의는 유럽집행위원회(European Commission)의 초국가적 권력에 대한 비준을 7개월 동안 거부했다 (갈등은 1966년의 매끄럽지 못한 타협을 통해 봉합되었다). 이것은 프랑스의 국가이익과 유럽경제공동체라는 초국가적 목표 사이의 균형이 얼마나 어려운 것인지, 그리고 그 갈등관계는 드골이 권력의 자리에 남아 있는 동안에는 극복하기 불가능할 것이란 점을 집중적으로 보여준 사건이었다.

드골이 해낼 수 없었던 일은 1960년대에 프랑스와 유럽을 휩쓴 현대화와 문화적 변혁의 힘을 자신의 권위주의로 제어하는 것이었다. 처음에는 대학 울타리를 벗어나지 않았던 학생들의 항의 시위가 1968년 5월에는 프랑스 전체에 봉기의 수준으로 퍼져나가 한때 정치질서를 위협하는 수준에 이르자 드골은 예기치 못한 충격을 받았다. 그의 초기 반응—총리 퐁피두에게 사태수습을 맡기고 자신은 4일 동안의 루마니아 국빈방문을 떠난다—을 보면 상황파악에서 실수를 저질렀고 청년세대의 정서와 단절되어 있음이 드러났다. 한 달 동안의 폭력적 소란이 끝나갈 무렵에야 그는 사태수습의 주도권을 찾아왔지만 그러고서도 총리에게는 아무것도 알려주지 않은 채 며칠 동안 의문의 잠적에 들어갔다. 잠적의 이유는 유사시에 군대의 지원을 받을 수 있는지 확인하러 국경을 넘어 서독 주둔 프랑스군 사령관 자크 마쉬(Jacques Massu)를 만나러 간 때문이었다. 돌아온 그는 공세로 돌아서면서 전국에 독재의 위험과 공산주의의 위협을 경고하는 한편 50여 만 명의 추종자를 동원하여 파리에서 지지시위를 벌였다. 이때 퐁피두가 (위기 내내 그랬듯이) 중심을 잡고 나서서 개혁을 약속하자 점차 질서가 회복되었다.

한 달 후 치러진 선거의 결과는 드골에 대한 압도적인 신임이었다. 그러나 물결은 이미 그를 거스르고 있었다. 그가 제시한 정부개혁안은 1969년 4월 27일에 치러진 국민투표에서 거부되었다. 드골은 이 국민투표를 자신의 리더십에 대한 신임투표로 보았다. 선거결과에서 분명한 민심을 읽은 그는 즉각 사임했다. 떠나는 사람을 위한 노래도 춤도 없었다. 가장 가까웠던 조언자에게 그는 이렇게 말했다. "프랑스가 내 말을 듣지 않으려 한다면 내가 떠나야지. 훗날 국민들은 내가 옳았음을 알게 될 거야."[62]

진실을 말하자면, 그는 더 이상 시대의 흐름을 따라잡지 못했다. 1940년과 1958년 두 차례 위기에서 프랑스의 운명을 결정짓는 데 그의 개성이 결정적인 역할을 했다. 그러나 1968년 5월의 사건은 즉각적이며 가시적인 결과를 남기지는 않았지만 드골의 개인적 권력이라고 하는 특이한 상표를 버릴 때가 지났음을 알려주었다. 그는 누구도 따라할 수 없는 방식으로 그것을 깨달았다. 그는 사적인 자리에서 암시적으로 말했다. 프랑스는 그의 구상대로 살아오지 않았다, 프랑스는 '평범'을 선택했다.[63] 프랑스의 영광을 복원하겠다는 드골의 구상이 실제로는 환상이 아니었던 적이 없었던 반면에 그의 후계자 조르주 퐁피두는 평범 그 자체를 실현했다.

드골은 다시 한 번 은퇴했다. 처음에는 멀리 떨어진 아일랜드 서부 해안에서 휴가를 보내다가 다음으로는 콜롱베 레 되제글리즈에 은거하며 1958년 이후의 공직생활에 대해 3권으로 구상한 회고록 집필

에 몰두하면서. 이때의 은퇴는 생애의 마지막 은퇴였다. 드골의 시대
는 끝났다. 약 1년 뒤에 그는 세상을 떠났다.

남긴 유산

드골이 지울 수 없는 흔적을 남긴 프랑스 역사의 극적인 시대 —
1930년대의 '공허한 시절'[64]부터 전쟁의 트라우마와 해방, 제4공화
국의 혼돈과 알제리 전쟁을 거쳐 제5공화국의 훌륭한 안정에 이르기
까지 — 를 되돌아보면 분명한 의문이 떠오른다. 드골이 아닌 다른
인물이라면 이처럼 괄목할 만한 변혁을 이끌어낼 수 있었을까? 그
대답은 틀림없이 '아니오'일 것이다.

지금까지 살펴보았듯이 일부 업적은 쉽게 과장되었거나 아니면 최
소한 증명이 필요하다. 프랑스의 해방을 가능케 했던 것은 주로 미국
과 영국의 군사력이었지 드골이 이끈 자유프랑스나 (용기 하나는 의
심할 여지가 없는) 레지스탕스는 아니었다. 그러나 '또 하나의 프랑
스'를 바라보던 드골의 꿈은 프랑스 자체와 제국에서 결집의 결정적
인 핵심이었고, (루스벨트는 기꺼이 받아들이지는 않았으나 처칠은 받
아들인) 전후에 프랑스는 여전히 강대국으로 대접받아야 한다는 관
점의 기반이었음은 분명하다. 그의 꿈이 1940년에 붕괴된 프랑스로
하여금 해방 후 자존심을 회복하게 했다.

알제리의 독립, 좀 더 보편화하자면 탈식민화는 어떻게 해서든 일
어나게 되어 있었지만 드골 개인의 역할이 실제 과정에서 결정적이
었던 것은 사실이다. 또한 그는 프랑스의 외교와 국방 정책의 건설
에서 독자성이란 분명한 특징을 제시했다. 그런데 실제 성과 면에서
는 검증이 필요하다. 핵무기 개발계획은 그가 취임하기 전에 이미 존
재했었다. 그리고 강대국이란 자부심과 독립적인 국방정책의 가치

는 (프랑스와 NATO의 재결합이 보여주듯) 세월이 흐르면서 희석되었다.

프랑스와 독일(서독)의 화해는 드골의 업적이라기보다는 로베르 쉬망, 장 모네와 콘라트 아데나워의 초기 노력에 힘입은 바가 더 컸으며, 1963년에 아데나워와 함께 우호조약에 서명함으로써 드골이 새로운 관계를 상징적으로 완성하긴 했지만 1958년 무렵에는 이미 탄탄한 기반이 갖추어져 있었다. 그가 희망했던 '조국 유럽'은 모네가 구상한 초국가적 통합을 대체하지 못했다. 유럽공동체(European Community, 유럽연합〔European Union〕의 전 단계) 내부의 국가와 초국가적 이익의 불안한 균형은 지속되었다. 그래도 어떤 분야에서는 드골이 원하던 방향으로 진전이 있었다. 1974년 이후로 핵심 의사결정 기구는 개별 회원국을 대표하는 유럽정상회의(European Council)였다. 그리고 국가이익 우선의 원칙이 일반적으로 —— 특히 위기 시기에 —— 인정되어왔다.

마지막으로, 프랑스 경제는 의심의 여지없이 드골 치하에서 번영했다. 그러나 정부가 불안정하고 인플레이션, 알제리전쟁 비용, 주기적인 공공재정의 위기가 있었던 제4공화국에서도 놀라운 경제성장이 있었다.[65] 드골에게는 본질적으로 강한 경제를 물려받은 시기적인 행운이 따랐기 때문에 문세 해결이 좀 더 쉬웠다. 그리고 드골이 떠날 때도 경제성장은 멈추지 않았다. 경제성장은 '번영의 30년'(les trentes glorieuses)이 끝나는 1970년대에 세계경제의 중요한 변화가 프랑스뿐만 아니라 다른 나라에도 영향을 줄 때까지 유지되었다.

여기서 드골의 개인적 역할은 국가의 통제를 벗어난 비인격적 경제적 힘에 비해 부차적이었다. 그리고 경제 활황으로 유발된 현대화가 궁극적으로 드골이 꿈꾸던 프랑스를 무너뜨렸다. 유럽경제공동체의 공동농업정책은 분명히 프랑스 농업에 도움이 되었다. 농민계급 ─프랑스의 전통적인 이미지의 핵심─ 은 프랑스뿐만 아니라 유럽 전체에서 사라졌다. 그런 반면에 급격한 경제적 변화와 함께 등장한 현대적인 생활방식과 사상은 드골의 가부장적 리더십과 조화를 이루지 못했다.

드골은 민족적 '영웅'이 사라진 시대에도 그것에 대한 믿음을 품고 살았다. 드골은 스스로를 '위대한 인물'이라고 생각했던 유럽 정치인들의 계보를 잇는 마지막 인물이었다.[66] 민주적 다원주의, 시민의 자유, 인권이란 개념과 가치관이 특히 1960년대에 서부 유럽 전체에서 뿌리를 내리면서 19세기와 20세기 초를 압도했던 정치적인 '위대함'이란 관념을 구시대의 유물로 만들어놓았다. 위기의 산물이며 (고도로 복잡한 사회 정치적 문제에 대한 해법으로서) '위대한 지도자'의 '천재성'에 의존하려는 사회심리의 표현인 '카리스마적 리더십'은 더 안정적인 조건, 변화된 사상과 양립할 수 없었다.

여하튼, 그의 개성에서 나온 리더십이 드골의 가장 중요하고도 지속적인 업적이라고 할 수 있는 제5공화국의 헌법을 만들어냈다. 제5공화국의 헌법은 그의 권력에 대한 요구를 수용하도록 설계되었다. 권위주의와 민주적 다원주의를 독특한 구조 속에 융합시킨 이 헌법은 시간이란 시험을 거쳐 살아남았다. 논쟁의 여지는 있지만, 대통령의 자질에 크게 의존하는 이 헌법의 위기상황에서의 약점이 최근에 드러났다. 아직도 프랑스 정치는 극적인 장면을 자주 보여주고 있지만 (대혁명에서부터 드골에 이르는 시기의 프랑스 역사에서 숱하게 터져 나왔던) 헌법을 바꾸자는 목소리는 들리지 않는다.[67]

드골은 분명히 비범한 자질을 갖추고 뛰어난 업적을 보여준 지도자였다. 그런데 그의 개인적 역할보다 더 오래 살아남은 것은 '드골 신화', 위대한 인물에 관한 전설적 이미지이다. 드골의 영웅 이미지는 (때로는 후계자에게는 축복임을 증명하면서) 2차 대전 이후 수십 년 동안 프랑스 정치의 기상천외한 변덕을 성공적으로 초월했다. 프랑스에서 드골은 프랑스 역사의 중요한 인물, 나폴레옹보다 훨씬 앞선 인물로 널리 인정되고 있다. 파리의 주 공항에는 그의 이름이 붙여져 있다. 그보다 더 상징적인 것은, 파리의 심장부인 에투알 광장(Place de l'Étoile) ── 광장의 중심에 개선문이 있고 개선문 아래에 무명용사의 묘가 있다 ── 의 이름이 그를 기념하여 '드골광장'(Place Charles de Gaulle)으로 바뀌었다는 사실이다.[68] 프랑스의 마을과 도시 수백 군데 광장에도 그의 이름이 붙여져 있다. 오늘의 프랑스는 드골 시대 이후로 여러 방식으로 변화해왔다. 그럼에도 불구하고 그의 유산이 없는 프랑스는 생각할 수 없다.

7

아데나워
Konrad Adenauer

서독을 건설하다

콘라트 아데나워의 경력 가운데서 놀라운 점이 한둘이 아니지만 그중의 하나는 대부분의 사람들이 이미 은퇴생활을 즐기고 있을 나이에 그는 공인으로서 주요한 기여를 시작했다는 점이다. 2차 대전 종전 직후 주목받는 인물로 등장하기 전에 그는 주로 라인란트의 지방정치인으로 알려져 있었다. 그가 새로운 독일연방공화국(Bundesrepublik Deutschland, FRG: Federal Republic of Germany)의 첫 번째 수상이 되었을 때 나이가 73세였다. 14년 뒤에도 그가 여전히 수상 자리에 머물러 있으리라고 상상한 사람은 거의 없었다. 그는 87세의 나이로 마침내 수상 자리에서 물러났다. 수상 임기 마지막 해인 1963년 무렵 그는 국제적인 정치인 — 전후 시기 초기 서유럽의 뛰어난 정치인 가운데 한 사람 — 으로 인정받고 있었다.

아데나워는 전후 20년 가까이 독일과 유럽의 광범위한 변혁에 중심인물로서 참여했다. 그런데 그의 역할은 정확히 무엇이었을까? 서독 민주주의의 수립, 연방공화국과 서방세계의 연결, 통합된 유럽공동체의 수립에 아데나워 개인의 결정이 얼마나 많은 영향을 미쳤을까? 그가 역사를 만들었을까? 아니면 대체로 국제적인 정치 경제 세력의 도구로서 그 힘이 지나가는 통로 역할을 하면서 기껏해야 부분적인 제어만 했을까?

개성, 초기 경력, 정치적 목표

훗날 수상이 되었을 때의 리더십의 행태를 형성한 개성의 특징, 80대의 나이에 걸출한 지도자가 된 바탕으로서 개성의 특징을 청년 아데나워는 분명하게 보여주었다. 유년기 — 그는 1876년에 쾰른(Köln)의 독실한 가톨릭 중산계급 가정에서 태어났다 — 에 받은 교육을 통해 그는 모든 개인의 책임과 의무는 서유럽 기독교의 전통과 유산에 뿌리를 두어야 한다는 명확한 가치관을 갖게 되었다. 책임감의 중요성, 근면, 신뢰성, (질서와 합리성 위에 세워진) 사회를 위한 봉사의 의무 등이 그의 성격 속에 확고하게 자리 잡았다.[1] 그는 빌헬름 카이자 통치 시대에 자신과 같은 출신계급(과 종교단체)의 시민이 갖고 있던 정치관을 공유했다. 독일이 강대국이 되고 식민지 제국을 갖게 된 데 대해 그는 자부심을 가졌다. 가톨릭 교육방식은 그에게 '무신론'을 주장하는 사회민주주의 세력의 성장에 대한 공포감을 심어주었다. 19세기 후반 가톨릭교회의 사회적 계율이 그의 정치의식을 형성했다. 훗날 그는 기독교 교리에 바탕을 둔 민주적 보수주의를 받아들였다.

이러한 일반적 규범 위에 그의 개성의 특징이 더해졌다. 이 가운데 야망이라고 할 만한 것은 없었다. 법학 공부를 마치고 쾰른 법정에서 일을 시작한 직후에 그는 정치활동을 권유받았다. 1906년에 — 이때 그는 결혼하여 아이 하나를 두고 있었다 — 그는 첸트룸(Zentrum, 중앙당. 가톨릭의 정치적 이익을 대변했다)에 가입했다. 이 당은 자유당과 함께 쾰른시의 지배적인 정치세력이었다. 정당 활동은 경력을 높여가는 경로였다. 같은 해에 그는 시의원으로 당선되었고 그로부터 3년이 지나지 않아 부시장이 되었다.

1차 대전이 일어났을 때 그는 심한 기관지 질병으로 군대에 나가지 않았다(이미 몇 년 전에 병역면제 처분을 받았다). 이 무렵 서부전선에 가까운 주요 도시의 행정업무에 종사하던 직무 때문에 어떤 경우에도 그의 병역면제는 보장될 수 있었다. 전쟁 기간 동안에 쾰른시의 식량공급을 해결한 경력은 1917년에 프로이센 전체에서 최연소 시장이 될 수 있었던 초석이었다. 나치 지배가 시작된 1933년까지 바이마르공화국 시대 내내 시장으로 일하면서 그는 쾰른시의 생활환경의 현대화에 주력했고 그 과정에서 매우 값진 정치적 행정적 경험을 쌓았다. 대도시의 현직 시장이란 자리는 그에게 광범위한 행정 권한을 행사할 수 있는 기회를 제공했고 중요한 권력의 기반이 되어주었다. 바로 그 때문에 아데나워는 1920년대에 미래의 수상감으로 여러 차례 세상 사람들의 입에 오르내렸다. 쾰른은 이후에 그에게 벌어지는 모든 일들의 출발점이었다.

나치의 등장으로 그의 오랜 쾰른시장 경력은 예상 밖의 마침표를 찍었다. 그리고 고난과 분노의 세월이 따라왔다. 나치는 중앙당의 주요 지역 정치인으로서 오랫동안 그를 주목해왔다. 가톨릭 인구가 많은 쾰른시와 더 넓게는 라인란트 지역에서 중앙당은 나치가 돌파해야 할 주요 장애물이었다. 그를 향한 나치의 반대운동은 악랄하고도 장기적이었다. 그는 유대인에 동정적이며 그도 유대인이란 모함을 받았다. 나치의 과격분자들이 심지어 '아데나워를 죽일 총탄'을 마련하기 위한 모금운동을 벌였다.[2] 다른 사람들과 마찬가지로 그는 나치가 정부에 참여하는 것을 국가위기를 벗어날 수 있는 한 방법으로 받아들였지만 이런 판단착오는 나치가 추구하는 가치에 대한 지지 때문에 나온 것은 아니었다. 그는 나치의 주장에 혐오감을 느꼈다.

1933년 1월 30일 히틀러가 수상이 되고나서 몇 주 동안 그는 중앙당이 추구하는 '진실, 자유, 법치'를 옹호하는 발언을 멈추지 않았다.[3]

3월, 나치가 쾰른을 상악하자 그는 시상 자리에서 쫓겨났다. 어둡고 추운 시절이 시작되었다. 그는 직업도 주거도 빼앗겼다. 그는 몇 달 동안 아이펠(Eifel) 지역의 마리아 라흐(Maria Laach) 수도원에 피신했다. 그의 두 번째 아내 구시(Gussie)와 일곱 명의 아이들—첫 번째 아내 엠마(Emma)는 세 아이를 남겨놓고 1916년에 죽었다—은 임시로 쾰른의 카리타스 구호소(Caritas home)로 옮겨갔다. 1937년에 연금(年金)이 회복될 때까지—민법은 그때까지도 부분적으로 작동하고 있었다—그는 친구들의 재정적인 도움에 의존했다.

1935년부터 그는 본 남쪽 라인강 오른쪽 강변마을 린도르프(Rhöndorf)에 격리되어 있던 가족들과 함께 살 수 있는 허가를 받았다. 아데나워는 자식들 모두와 긴밀한 관계를 유지하고 있었지만 첫 번째 결혼에서 태어난 위의 아이 셋은 이 무렵 성장하여 집을 떠나 있었다. 가족은 이처럼 힘든 시기에 그에게 오아시스 같은 정신적 안정과 신체적 영양을 제공했다. 나치정권은 그에 대한 감시를 게을리 하지 않았다. 그는 두 차례나 체포되었지만 1944년의 히틀러 암살계획과는 거리를 유지했다. 그리고 운 좋게도 그와 그의 가족들은 제3제국 시대를 살아남았다. 그런데 아내 구시는 전쟁의 마지막 몇 주 동안 감옥에서 옮은 혈액 감염증으로부터 완전히 회복하지 못하고 1948년에 죽었다.

기대할 수 없을 것 같던 독일의 항복은 1945년에 현실이 되어 찾아와 아데나워에게 정치경력을 다시 시작할 수 있는 기회를 가져다 주었고, 그는 지역 정치인이 아니라 전국적인 지명도를 얻게 되었다. 연합군 지도자들이 1945년 초에 활용할 만한 인사들을 선정하여 정리한 '백색명단'(White List)의 첫 줄에 그의 이름이 올라 있었다.[4]

1945년 5월 4일에 미국인들이 그를 다시 쾰른시장에 앉혔다.[5] 그런데 몇 주 뒤에 영국이 점령지 관리를 인수한 후 다가오는 겨울에 대한 준비가 너무 부족하다고 비난하며 아데나워를 무능한 관리라는 이유로 해임했다. 이것은 엄청난 판단착오였다.[6] 3개월이 안 되어 그들은 실수를 인정했다. 그들은 자신들의 점령지역 안에서 새로운 정당 기독교민주연합(CDU: Christlich-Demokratische Union)을 만드는 데 아데나워가 중요한 인물임을 알게 되었다. 아데나워는 '무신론' 사회주의와 공산주의의 위협에 맞서기 위해서는 기독교의 부흥을 목표로 하면서도 가톨릭과 프로테스탄트의 분열을 초월할 수 있는 정당이 필요하다는 당시에 널리 퍼져 있던 인식에 동조했다. 그는 1945년 8월부터 라인란트에 기독교민주연합을 건설하는 일에 매달려왔고 1946년 3월에는 영국 점령지역의 이 당 지도자가 되었다.[7] 이렇게 하여 1949년에 독일연방공화국이 창건되었을 때 수상이 될 수 있는 길이 열렸다.

그동안 그의 야망은 간단해졌다. 그는 이렇게 선언했다. "나는 연방 수상이 되고 싶습니다."[8] 그는 자기관리에 철저했고 노령임에도 힘든 일을 해내는 스타하노프(Stakhanov)* 스타일의 역량을 갖고 있었다. 그는 동료와 조언자들을 흔들림 없이 신뢰했다. 그는 외모나 대중 연설로 카리스마를 뿜어내는 타입은 아니었다. 쾰른시를 운영할 때나 훗날 연방공화국의 내각을 끌어갈 때나 그는 본능적으로 권위를 드러냈다.

그는 의지가 매우 강하고 권위주의적인 성향이 눈에 띄는 인물이었다. 일찍이 쾰른 시절에 그를 독재자 스타일이라고 평하는 주변사

---

* 스타하노프(Alexey Grigoryevich Stakhanov, 1906-77): 소련의 광부, 사회주의 노동영웅 훈장을 받았다(1970). 1935년에 노동 생산성을 높이고 계획경제 시스템의 우수성을 알린 모범 노동자로서 레닌훈장을 받았다.

람들이 있었다. 좌파 반대자들은 그를 '독일의 무솔리니', '쾰른의 두체'라고 불렀다.[9] 어떤 사람들은 쾰른에서는 프로이센 국왕이나 독일제국의 카이서보나 그가 더 많은 권력을 누린다는 우스개를 만들어냈다.[10] 그는 민주적인 정부에 대한 신념을 갖고 있었다. 그러나 민주주의에도 조타수, 안내자, 신호수가 필요하다는 게 그의 생각이었다. 훗날 그가 '수상 독재'(Kanzlerdemokratie)를 하고 있다는 비난을 들은 데는 이유가 없지 않았다. 그의 통치 스타일은 가부장적 국가와 다당제 민주주의를 넘나든다는 평가가 많았다.[11]

그는 권력을 받쳐주는 정치적 현실에 대해 뛰어난 감각을 갖고 있었다. 그는 책략과 술수가 필요할 때는 무자비한 마키아벨리주의자가 될 수 있었다. 그는 목표를 달성하기 위해서는 단기적인 적응과 타협에 능숙하면서도 장기적인 관점으로 바라보았다. 그런 중에서도 그의 중요한 목표는 서방의 가치를 지지하고, 유럽의 이웃 나라와 협력할 준비가 되어 있으며, 미국과 긴밀하게 손잡은 민주적이며 경제적으로 안정된 서독을 건설하는 것이었다. 한 번 행동방향을 결정하자 그는 단호하고 흔들림 없이 목표를 위해 싸울 태세를 갖추고 나아갔다. 여기다가 정책의 세부사항까지 숙달한 전문지식, 명쾌한 논리, 설득력까지 갖추었던 그는 만만찮은 정치적 수완가로 부상했다.

수상이 된 첫 해에 그의 명백한 우선순위는 연합국의 점령을 끝내고 연방공화국의 주권을 확립하는 것이었다. 그는 나치 범죄와 독일의 파괴로 이어진 호전적인 민족주의를 철저히 배격했다. 그러나 그는 애국심이 깊었고 독일 국민의 복지와 이익을 모든 정치적 고려의 맨 위에 두었다. 당연히 그는 (거의 모든 독일인과 마찬가지로) 독일이 다시 통일된 민족국가로 거듭나기를 원했다. 사적인 자리에서 그는 전쟁이 끝나갈 무렵 붉은 군대가 점령했다가 전후에 폴란드의 일부가 된 오데르-나이세(Oder-Neisse) 선(線)* 이동의 옛 동부 주들

서독을 재건한 초대 수상 콘라트 아데나워.
아데나워는 2차 대전이 끝난 후 새로운 독일을 건설할
인물로 주목받으며, 1949년 독일연방공화국의 첫 번째 수상이 되었다.
그의 가장 중요한 목표는 14년 나치 치하에서 물리적으로, 경제적으로,
도덕적으로 폐허가 된 독일을 재건하는 것이었다. 당연히 그는
독일이 다시 통일된 민족국가로 거듭나기를 원했다.

은 상실한 것이라고 인정했다. 공식적인 자리에서는 그는 독일의 국경은 1937년 독일제국의 국경에서 바뀐 것이 없다는 허구를 믿는 것처럼 행동하지 않을 수 없었다. 더 나아가 그는 정치적 현실주의의 관점에서 보자면 1945년의 국경 ─ 포츠담회담에서 합의된 ─ 을 기준으로 한 통일조차도 언제 이루어질지 알 수 없다는 결론을 일찌감치 내려놓고 있었다. 지금으로서는 알 수 없는 먼 훗날 어느 시점에, 그것도 서방세계가 군사적으로 소련에 비해 압도적으로 강해졌을 때 통일은 가능할 것이다.

제2주제가 그의 제1주제를 강화시켜주었다. 성장기에 받았던 가톨릭 교육이 첫 번째로 그에게 사회주의에 대한 강한 저항감을 심어주었다. 1차 대전이 일어나기 전에는 다른 독일인과 마찬가지로 그는 러시아의 힘을 두려워했다. 이 두 가지가 훗날 소련 공산주의에 대한 혐오와 소련의 핵 위협에 대한 불안으로 발전했다. 이것은 그가 필연적으로 독일 안보의 열쇠는 서방 강대국, 무엇보다도 미국과의 긴밀한 결합이라는 생각을 하게 되었다는 것을 의미했다. 그랬을 때 조기 통일의 전망은 사라지지만 아데나워는 그렇다고 민족 정체성이 약해진다고 보지는 않았다. 오히려 소련 공산주의 독재와 선명하게 대비되는, 개방적이고 헌법을 기반으로 한 서방세계 민주주의의 한 부분으로 민족 정체성이 재정립된다는 것이 그의 생각이었다.

이런 전제에서 출발하여 그는 서유럽 통합을 초기 단계에서부터 강력히 지지했다. 이미 1945년 가을에 동서독의 분할은 되돌릴 수 없다고 예견한 그는 소련군 점령지역 이외의 지역(서독)이 서유럽 국

---

* 오데르-나이세 선(폴란드어로는 Granica na Odrze i Nysie Łużyckiej)은 2차 세계 대전이 끝나면서 확정된 독일과 폴란드의 국경선이다. 전쟁 이전의 이 선 동쪽의 독일 영토 ─ 이른바 수복령(바이마르공화국 영토의 23.8%) ─ 는 전쟁 이후 폴란드와 소련의 영토가 되었으며 이곳에 거주하던 독일인은 추방되었다.

가들과 경제적으로 통합된 모습을 그리기 시작했다.[12] 라인란트 사람으로서 그에게 독일의 서쪽 이웃 나라와 긴밀한 경제협력은 자연스러운 일이었다. 프랑스가 루르 지역을 점령하고 있던 1923년에도 그는 분리된 라인란트공화국이 프랑스와 산업, 금융, 안보 분야에서 상호 연결된 모습을 시험 삼아 구상해보았다.

2차 대전 직후에 그는 독일과 프랑스 사이의 오랜 불화를 제거하기 위한 방법으로서 경제협력 구상에 전향적인 태도를 보였다. 그가 1950년에 쉬망이 제시한 석탄강철공동체(Coal and Steel Community) 구상과 프랑스가 내놓은 유럽방위공동체(EDC: European Defence Community) 제안을 신속히 지지했던 것도 유사한 출발점—독일의 미래는 경제적 군사적으로 서부유럽과의 통합에 달려 있다—에서 시작되었다. 그러나 통합은 그 자체가 목적이 아니었다. 목적은 독일의 국가이익에 도움을 주는 것이었다. 프랑스와의 화해는 오랜 적대관계를 제거하기 위해 바람직하긴 하지만 안보 면에서 소련 공산주의로부터 독일을 지켜내기에는 결코 충분하지 않았다. 그래서 그는 미국의 지속적인 지원이 필수적이라고 보았다.

서방 강대국(특히 미국)과 긴밀한 관계를 유지하고 이웃 나라(어느 나라보다도 프랑스)와 더 긴밀한 통합을 추구한 동기는 내정에도 직접적인 영향을 미쳤다. 그의 목표는 12년 나치 치하에서 물리적으로, 경제적으로, 도덕적으로 폐허가 된 독일을 재건하는 것이었다. 무너진 사회를 통합한다는 것은 재건 과정의 절대적이고 불가결한 기반이었다. 극단적인 민족주의, 제국주의, 인종주의 독재체제에서 형성된 위험스럽고 남에게 상처 주기 쉬운 사고방식은 평화에 대한 의무, 민주주의, 자유, 법치, 가치관을 공유하는 나라들과의 우호적인 협력으로 대체되어야 했다. 그러자면 시간이 걸릴 것이다. 좌·우파를 가릴 것 없이 이런 가치를 거부하는 정치운동은 금지해야 할 필요가 있었다. 그러나 다른 한편으로는 그것은 국가사회주의의 공범이었던 사회의 큰 부분을 은폐하고, 정치적 통합을 우선시한다는 핑계로 도덕적 평가와 처벌을 미루는 것을 의미했다.

새로운 독일(서독)을 건설하자면 외부의 도움, 서방 연합국과 다른 유럽국가의 도움이 필요했다. 그러나 그 무엇보다도 독일 국민의 새롭고 민주적인 가치의 수용이 필요했다. 민주주의가 대중에게 이익이 되는 방향으로 작동한다면 이것은 어려운 일이 아니었다. 여기서 좋은 운을 만나고 좋은 정책을 선택했을 때 '경제 기적'은 보너스로 따라왔다. 쾰른 시절부터 산업계 지도자들과 긴밀한 관계를 맺어왔던 아데나워는 본능적으로 국가통제의 경제보다는 개방적인 경제정책을 지지했다. 경제회복 정책을 이끌고 갈 루트비히 에르하르트(Ludwig Erhard)가 그의 곁에 있었다는 것은 행운이었고, 외부적 요인으로서도 한국전쟁이 막 나래짓을 시작한 경제에 자극이 되어주었다. 이런 긍정적인 경제 환경에서도 국가의 빠른 통일의 가능성을 희생시키고 논란이 많은 서방세계와의 통합정책을 추구한다는 것은 정치적 용기, 고도의 결단력, 개성의 힘과 토론능력을 통해 회의론자들에게 확신을 심어줄 수 있는 능력이 있어야 가능한 일이었다.

권력의 전제조건

아데나워의 경력에서 전후 초기의 몇 년만큼 운이 나쁜 상황은 찾아보기 힘들다. 1945년부터 두 개의 독일 ─독일연방공화국(FRG)과 독일민주공화국(GDR)─이 수립된 1949년 사이에 '독일'은 그냥 4대국(영국, 미국, 프랑스, 소련)의 점령지로 구성되어 있었다. 아데나워가 3개 서방 점령지역에서 가장 중요한 정치지도자로 부상했을 때 마주한 것은 한 국가의 위기가 아니라 한 나라를 완전히 새롭게 건설하는 어려운 과제였다. 그는 나치정권의 죄과로부터 자유로웠다. 그러나 그는 아직도 나치의 가치가 널리 퍼져 있는 나라에서 점령국에 완전히 종속된 위치에서부터 시작해야 했다.

1946년에서 1949년까지 아데나워는 영국 점령지역에서 신속하게 기독교민주연합(CDU) 조직을 건설했다. 미국 점령지역에는 통합된 지도부가 없었다. 미국 점령지역 내에서 가장 큰 주이며 가톨릭 인구가 압도적인 바이에른(Bayern)에서는—바이마르공화국 시절에 중앙당이 아니라 바이에른인민당(BVP: Bayerische Volkspartei)이 가톨릭 정치이념을 대변했었다—기독교 민주주의의 독자적 변형인 기독교사회연합(CSU: Christlich-Soziale Union)이 결성 중이었다. 4대국 공동점령 지역이면서 소련 점령지역 안쪽 깊숙한 곳에 자리 잡은 베를린—1946년까지 공산주의자들의 강력한 영향 아래 놓여 있었다—은 당 본부를 둘 장소로서는 적절치 않았다. 그래서 영국 점령지역 내에 자리 잡은 쾰른(아데나워의 강력한 기반)이 서북 독일지역에서 발생기의 당에 대한 그의 장악력을 넓히는 데 유리한 거점이었다.

냉전의 긴장이 고조되고 있는 가운데 1948년 6월 서방 연합국은 서독에 새로운 국가를 만들기로 합의했다. 이때 아데나워는 의회평의회(Parlamentarischer Rat)—헌법을 기초하기 위해 6월에 본(Bonn)에 설치되었다. 헌법은 1949년 9월에 반포되었다—의 의장으로 선출될 수 있는 가장 유리한 위치에 있었다. 의회평의회는 그가 당의 지도자일 뿐만 아니라 미래에 정부의 지도자로 부상하게 되는 계단이었다.[13]

1949년 8월 14일에 치러진 연방의회(Bundestag)를 구성하기 위한 선거에서 아데나워는 기독교민주연합을 이끌었다. 근소한 차이지만 사회민주당(SPD: Sozialdemokratische Partei Deutschlands)을 누르고

기독교민주연합의 선거 포스터(1949).
1949년 8월 14일, 연방의회를 구성하기 위한 선거에서
아데나워는 기독교민주연합(CDU)을 이끌었다.
사회민주당(SPD)을 근소한 차이로 이김으로써 새로운 국가는
자유로운 시장 경제를 바탕으로 세워질 것이란 원칙이 정해졌다.
그것은 서방 진영으로의 근본적인 전향이었다.
"독일의 평화, 자유, 통합을 위해 아데나워와 함께,
따라서 CDU." 포스터의 문구가 이를 잘 말해준다.

기독교민주연합이 승리함으로써 새로운 국가——1949년 9월 20일에 출범했다(독일민주공화국은 이어서 10월 7일에 출범했다)——는 사회민주당이 바라는 사회주의 계획경제가 아니라 자유로운 시장경제를 바탕으로 세워질 것이란 원칙이 정해졌다. 사회민주당과 경쟁함으로써 아데나워는 자매정당 기독교사회연합, 최근 창당한 시장지향적인 자유민주당(FDP: Freie Demokratische Partei)과 함께 반사회주의 연합전선을 형성할 수 있었다.

연합전선을 만들기 위한 소란스러운 토론이 끝나자 다음으로는 수상자리 문제가 떠올랐다. 이 문제는 의회의 다수 의석이 필요했다. 반대당들도 연합 집권당과 같은 의석을 갖고 있었다. 9월 15일 투표에서 아데나워가 한 표 차이로 수상으로 선출되었는데, 그 한 표는 아데나워 자신이 행사한 표였다. 수상으로서 봉사할 준비가 되어 있음을 밝히면서 아데나워는 이렇게 말했다. "내 주치의는 내가 이 직책을 최소한 1년, 어쩌면 2년은 수행할 수 있을 것이라고 말해주었습니다."[14] 그런데 그는 14년 동안 그 자리를 지켰다.

서방세계와의 결속: 주권국가로 가는 길

1955년, 10년 동안의 연합국 점령이 끝나고 연방공화국은 주권국가가 되었다. 6년 전이었다면 거의 상상할 수 없었던 일이 이루어지기까지는 아데나워의 개인적인 리더십이 크게 작용했다. 주요 외교정책 조언자들, 외무부 차관 발터 할슈타인(Walter Hallstein), 노련한 외교관 헤르베르트 블랑켄호른(Herbert Blankenhorn) 등이 막후에서 실무를 집행했지만 빠짐없이 방향을 설정한 사람은 아데나워였다. 1951년부터 1955년까지 아데나워가 연방 수상과 외무부 장관을 겸직했다는 사실은 당시 서독에게 대외관계가 비상하게 중요한 과제였던 상황을 반영하고 있다.

주권을 빠르게 회복할 수 있었던 것은 1950년대 초에 아데나워가 연방공화국을 서방세계와 확고하게 결속시켰기 때문에 가능했다. 시간이 흐르고 나서 보면 서방세계로의 근본적인 전향은 눈에 띄는 일도 아니었고 어떤 면에서는 필연적이기까지 한 일로 보인다. 1950년대 초에는 그렇지 않았다. 중립 비무장 국가로 나아감으로써 조기에 정치적인 통일을 도모하고 사회주의 경제를 추구하는 사회민주당으로부터 거대하고 강력한 반대운동이 있을 것임은 확실하게 예견할 수 있는 일이었다. 반면에, 서방세계와의 결합은 독일의 영구적인 분단을 받아들이고, 자본주의 경제에 몰입하며, (재무장을 포함하여) 서방세계의 군사동맹에 참여한다는 것을 의미했다.

독일의 재무장만큼 예민한 화제는 없었다. 이 문제는 연방공화국 자체 내에서도 심각한 분란을 일으키는 화두였고, 당연한 얘기지만 1870년과 1940년 사이에 라인강을 건너온 독일에게 세 번이나 침공당한 프랑스는 매우 불쾌한 화두였다. 그래서 뇌관을 제거하자는 시도가 프랑스가 제안한 유럽방위공동체였다. 프랑스의 구상은 프랑스가 지배하는(암묵적인 추정이지만) 체제 안에 소규모의 서독 파견군을 포함시킨다는 것이었다. 아데나워는 유럽방위공동체의 회원국이 되면 독일연방공화국이 주권국가로 인정받게 되는 길로 한 걸음 더 나아갈 수 있다는 판단에서 이 제안을 환영했다. 이 목표는, 1951년 가을에 서방 연합국과의 새로운 관계를 수립하여 점령조건을 개정하고 연방공화국에 포괄적인 주권을 부여하는 것을 주 내용으로 하는 '일반조약'에 관한 논의가 시작됨으로써 좀 더 가까워졌다. 서방세력과 보다 긴밀한 정치적·군사적 결합을 원하는 이런 움직임에 경각심을 갖게 된 스탈린은 그 대응책으로 1952년 3월 10일에 자신의 제안을 내놓았다.

서방 연합국에게 보낸 '스탈린 노트'는 1945년에 합의된 국경(오데르–나이세 선 이서지역)을 기준으로 한 독일의 통일, 중립, '민주적인 정당과 단체의 자유로운 활동', 자위에 필요한 수준의 군사력 보유를 기반으로 하여 독일과의 평화조약 준비를 논의할 4대국 회담을 제안했다. 스탈린의 솔직한 의도는 연방공화국을 서방 연합국의 품에서 떼어놓겠다는 것이었다. 위험을 감지한 아데나워는 즉각 부정적인 반응을 보였다. 그는 '노트'가 연방정부의 정책에 아무런 영향도 미치지 않을 것이란 뜻을 연합국 측에 전달했다. 서방 강대국은 이후 몇 주 동안 외교경로를 통해 소련과 의견교환을 한 후 스탈린이 받아들이기 어려운 추가 조건(예컨대, 자유로운 선거 수용. 평화조약의 몇 가지 부대조건)을 제시했다. 아데나워는 자신의 견해——서방세력이 소련보다 더 강할 때가 협상에 나설 때이다——를 굽히지 않았다. 그런 때는 빨리 올 것 같지 않았다. 그래서 아데나워는 유럽방위공동체를 향한 움직임, 무엇보다도 '일반조약'을 매듭짓기 위한 움직임을 가속화했다.[15]

충분히 이해할 수 있는 일이지만 아데나워는 서독 국민들의 반응을 염려했다. 스탈린의 제안은 표면적으로는 매력적이지 않다고 할 수는 없었다. 최소한 가능성만이라도 탐색해보자며 스탈린의 제안을 지지하는 강력한 목소리가 사회민주당의 존경받는 지도자 쿠르트 슈마허(Kurt Schumacher), 기독교민주연합 내의 오랜 경쟁자이면서 아데나워 내각의 양독관계부 장관인 야코프 카이저(Jakob Kaiser)에게서 나왔다. 그러나 아데나워는 언론 발표문을 통해 강한 부정적 어조로 스탈린의 제안은 독일을 (자기방어 능력을 갖추지 못했을 때) 소련의 영향력에 노출시킬 수 있으며 동부지역을 영원히 상실할 수 있는 위험을 내포하고 있다고 강조했다. 여론조사는 그의 입장이 대중의 지지를 받고 있다는 사실을 보여주었다.[16]

스탈린의 '제안'을 받아들였더라면 독일의 행로는 달라졌을 것이다. 그것은 서독이 전환하지 않은 전환점이었다. 놀라운 일은 아니지만, 그래서 그때부터 평화롭고 자유로우며 통일된 독일을 만들 수 있는 기회를 이미 1952년에 놓쳐버린 게 아닌가 하는 질문이 제기되어왔다. 역사의 '만약에'는 본질적으로 명쾌한 답을 찾을 수가 없다. 그러나 대부분의 역사적 기회는 허비된 적이 없었다.[17]

스탈린은 중부유럽 국가들을 장악했다고 해서 미래의 독일로부터의 위협이 해소되었다고 확신할 수 없었다. 소련 점령지역인 동독을 공산주의자들이 완전히 지배하고 있다는 것도 좋은 예언은 아니었다. 스탈린이 '노트'에 적힌 대로 약속을 지켰을지는 분명히 의문이다. 어떤 경우든 '자유로운 선거'와 '민주주의'는 소련이 생각하는 의미와 서방세계가 생각하는 의미가 달랐다. 독일 전체가 소련의 지배 아래로 들어갈 수 있는 위험도 있었다. 이런 위험이라면 결코 감수할 수 있는 정도라고 할 수는 없다. 서방 연합국(특히 미국)의 지위는 크게 약화되었을 것이고 서유럽은 결과적으로 무방비 상태에 노출되었을 것이다. 독일 내부에서는 아데나워가 분명히 사임하거나 강제로 물러났을 것이다. 독일 정부는 소련에게 우호적으로 구성되었을 것이고 그랬더라면 공산당이 확고한 발판을 마련했을 것이다. 소련 지배의 위험이 어떤 것인지를 보여주는 사건이 얼마 뒤 일어났다. 공산당 지배에 반대하여 1953년 6월에 일어난 동독의 대중봉기가 소련 군대에 의해 무자비하게 진압되었다.

아데나워가 총리였든 아니었든 관계없이 서방 연합국은 소련의 제안을 받아들이지 않았을 것임이 분명하다. 그들은 연방공화국을 서방 진영에 통합시키겠다는 확고한 생각을 갖고 있었다. 독일로부터 미군을 철수시키지 않겠다는 미국의 의지는 확고했다. 그것은 중립화된 독일은 받아들일 수 없고, 소련과의 협상은 할 생각이 없으며,

독일과 유럽의 무기한 분할을 수용하겠다는 의미였다.[18] 소련의 독일 전체 지배는 그들이 바라보고만 있을 수 없는 위험이었다. 스탈린의 '제안'을 호의적으로 검토해보려는 정부는 서방 강대국들에게는 문젯거리였을 것이다. 적어도 아데나워 같은 강한 리더십이 없는 정부, 친서방적 입장이 덜 확고한 정부였더라면 커다란 난관에 부닥쳤을 것이다.

스탈린의 '노트들'─1952년에 세 차례의 '노트'가 더 있었다. 내용은 첫 번째 것과 실질적인 차이가 없었지만─은 연방공화국과 서방 세 강대국 사이에 매우 중요한 일반조약의 체결로 나아가는 길을 막은 것이 아니라 더 재촉했다. 조약을 준비하는 과정에서 아데나워는 연합국과의 복잡한 협상에 몇 달이나 매달렸다. 놀랍게도 그는 내각의 각료들에게도 진행상황을 알려주지 않았다.[19] 조약(그동안에 이름이 독일조약[Deutschlandvertrag]으로 바뀌었다)은 1952년 5월 26일 본에서 체결되었다.

그런데 연방공화국이 주권국가의 자격을 갖게 되는 1955년 5월 5일까지 효력발생은 오랫동안 연기되었다. 이런 일이 생기게 된 원인은 프랑스 국내에서 유럽방위공동체 가입에 대한 반대여론이 커져갔고 결국 1954년 8월에 프랑스가 자신이 제안한 유럽방위공동체 설립구상 자체를 거부했기 때문이었다. 그러나 처음에는 아데나워에게 큰 실망을 안겨주었던 이 일이 (그로서는 훨씬 더 좋은 해법인) NATO 회원국이 되는 문을 열어주었다.[20] NATO 가입은 1955년 5월 9일에 이루어졌다. 연방공화국은 병력 50만 명의 군대를 보유할 수 있게 되었으나 (아데나워 자신의 제안에 따라) 핵무기와 생물화학무기의 보유는 금지되었다.[21]

영국과 특히 미국은 1950년대 초에 재빨리 주권국으로서의 연방공화국이 서방 진영의 군사전략에서 서부지역의 방어를 담당하는 데 결정적으로 중요하다는 사실을 알아차렸다. 유럽방위공동체의 실패는 프랑스가 이전에는 받아들이지 않으려 했던 진실을 받아들이지 않으면 안 된나는 교훈을 수었다. 서독은 프랑스에 종속된 위치에서 유럽방위공동체에 가입해야 할 존재가 아니라 서방 연합국과 실질적으로 대등한 위치를 차지했다. 서방 강대국의 이익이 우선적인 결정요인이었다.

아데나워는 자신의 희망을 서방 강대국의 이익과 철저하게 조화시켰다. 그러나 아데나워의 영민함, 예리한 분석, 결단력은 그와 서방 강대국이 다 같이 달성하려던 목표를 추구함에 있어서 헤아릴 수 없는 가치를 지녔었다. 그가 아닌 다른 서독 정치인이 연방공화국을 이끌고 있었더라면 이 과제는 해결하기가 훨씬 더 어려웠을 것이다. 사회민주당은 아데나워와는 완전히 다른 정책을 추구했다. 자신의 내각 안에서도 아데나워는 반대의견과 싸워야 했다. 냉전시대라는 구조가 서방 전략의 결정요인이었음은 부인할 수 없다. 그러나 그 길을 따라갈 때는 아데나워의 든든한 안내가 필요했다.

프랑스와의 우호관계: 새로운 유럽의 기초

1950년 5월 8일, 아데나워는 다음 날 발표되는 로베르 쉬망의 석탄강철공동체—회원국은 프랑스, 서독, 베네룩스 3국, 이탈리아였다—설립구상에 대해 개인적으로 찬사를 보냈다. 40년 뒤에 이 기구는 결국 유럽공동체로 진화하게 된다. 몇 세기를 이어온 프랑스와 독일의 낡은 적대관계의 제거는 쉬망이 말했듯이 새로운 유럽의 전제조건이었다.

아데나워의 수상으로서 첫 번째 해외여행은 1951년 4월 18일 유럽석탄철강공동체조약 서명식이었다. 사회민주당의 반대를 물리치고

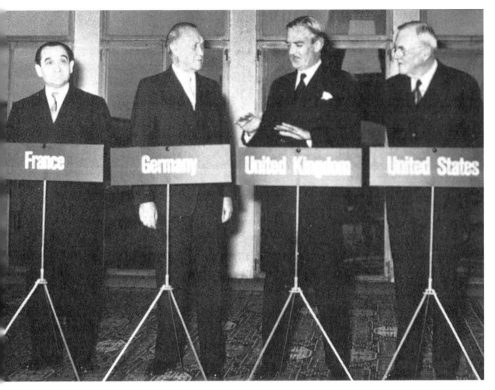

1954년 10월 23일, 파리협정 뒤 가진 기자회견(1954).
왼쪽부터 프랑스 총리 피에르 망데스-프랑스, 아데나워,
영국 외무장관 앤서니 이든, 미국 국무장관 존 포스터 덜레스이다.
아데나워는 이 협정을 통해 연합국인 미국, 영국, 프랑스로부터
서독의 주권 회복과 재무장, 나토 가입을 승인받게 되었다.
협정은 다음 해 5월 5일 발효되고, 나토 가입은 5월 9일 이루어졌다
이로써 아데나워는 서방 강대국 편에 확실히 섰다.

이 조약은 1952년 1월 11일 의회에서 비준되었다. 사회민주당 당수 쿠르트 슈마허는 석탄철강공동체가 조직된 노동자를 겨냥한 자본주의자들의 음모라고 비난했다.[22] 그러나 한국전쟁 때문에 철강 수요가 늘어나자 서독 경제는 1950년대 초반에 활황을 맞았고 이것이 나머지 서부유럽의 수출을 견인했다.[23] 그러자 직접적인 반대는 논거가 취약해졌다. 1956년, 연방의회가 아데나워에게 공동시장과 핵에너지에 관한 공동정책의 수립에 관한 협상권한을 승인하면서 유럽통합이 미래의 안정과 안보의 핵심이라는 양당 간의 합의가 이루어졌다.[24]

1954년의 유럽방위공동체 실패 이후로 아데나워는 처음에는 프랑스가 주도하는 대규모 프로젝트의 전망에 대해 회의적이었다(프랑스 정치의 지속적인 불안정을 감안하면 이해할 수 있는 걱정이었다). 그리고 그의 경제담당 장관 루트비히 에르하르트는 그 누구보다도 '경제기적'을 이끌어 오면서 큰 기여를 한 인물로서 유럽관세동맹보다 국제적 자유교역을 지지했다. 에르하르트와 원자력에너지 장관(1956년 이후로는 국방장관)이던 프란츠 요제프 슈트라우스(Franz Josef Strauss)가 다 같이 원자력에너지 공동정책의 계획을 반대했다. 두 사람은 공동정책은 유아기에 처해 있는 독일의 핵산업에 불리하다고 주장했다. 그러나 전임 벨기에 수상이자 유럽통합운동의 주요 인물인 폴-앙리 스파크(Paul-Henri Spaak)의 설득을 받아들여 아데나워는 공동시장의 장점에 대한 회의를 풀었다. 1956년 4월에 에르하르트에게 보낸 편지에서 그는 유럽통합이 연방공화국의 국제적 입지에 미치는 긍정적인 영향의 가치를 강조했다. 그는 유럽통합이 유럽과 연방공화국 둘 다를 위해 필요하다고 생각했다. 그는 미국이 통합을 대(對)유럽정책의 기반으로 인식하고 있음을 특별히 강조하면서 "미국의 도움은 우리에게 절대적으로 필요하다"고 추가했다.[25]

그러나 내각 내에서의 이견은 해소되지 않았다. 프랑스와 서독 사이에서 논의되던 원자력산업이나 공동시장의 설립에 관한 합의도 순조롭게 진행되지 않았다. 프랑스와의 관계는 수에즈 위기 때문에 더 복잡해졌다. 1956년 11월 5일에 영국-프랑스-이스라엘 군대가 수에즈 운하—운하는 이집트 지도자 가말 압델 나세르(Gamal Abdel Nasser)가 국유화했다—를 다시 장악하기 위해 이집트를 침공했으나 실패했다. 수에즈 운하 위기가 진행 중일 때 아데나워가 파리를 방문하여 돌파구를 열었다. 11월 6일 프랑스 총리 기 몰레(Guy Mollet)와의 회담에서 두 나라 사이의 긴밀한 협력에 관한 합의가 이루어졌다. 이제 작은 길이 열렸다. 1957년 3월 25일, 아데나워는 유럽경제공동체와 유럽원자력에너지공동체를 설립할 로마조약—서독의 주요 양당이 지지했다—의 서명자 가운데 한 사람이었다. 그보다 몇 주 전 그는 기자들에게 로마조약의 체결은 "전후의 가장 중요한 사건"이 될 것이라고 말했다.[26]

로마조약이 결실을 맺게 된 데는 당연히 집단적인 노력이 있었기 때문이지 아데나워 한 사람의 작품은 아니었다. 만약 한 사람을 꼽아야 한다면 스파크였다. 그렇지만 내각의 이견을 해소하고 프랑스의 합의를 끌어낸 아데나워의 수완이 없었더라면—서독이 유럽경제공동체(EEC) 발전기금으로 낸 상당한 금액의 돈은 프랑스에게 이익이 되었다—1957년에 유럽통합으로 나아가는 중요한 걸음은 아마도 시작되지 않았을 것이다.

자르(Saar) 지역의 독일주권을 돌려주는 문제는 더 넓은 유럽정치에서는 부차적인 문제였지만 서독 국내정치에서는 중요한 요소였고 프랑스-독일 관계에 직접적인 영향을 미쳤다. 인구의 대부분이 독일인이고 중요한 공업지대인 이곳은 1947년 이후로 프랑스가 관리하는 '보호령'이었다. 자르 지역의 이런 위상은 연방공화국의 입장에서는 매우 유쾌하지 못한 주제였지만 프랑스는 자르 지역을 계속 쥐고 있으려 했다. 1955년 10월 23일에 실시된 주민투표에서 2/3 이상의 투표자가 서독과의 합병을 원했다. 프랑스 측은 이 결과를 받아들이는 것 말고는 선택의 여지가 없었고, 1957년 1월 1일에 자르 지역은 연방공화국의 한 부분이 되었다. 이렇게 하여 프랑스와 연방공화국 관계의 쓰라린 부분이 제거되었다. 아데나워 정부는 연방공화국 시민들의 신임을 받았다.[27] 그런데 실제로는, 아데나워는 프랑스의 기분을 상하게 하지 않기 위해서, 그리고 유럽통합의 분위기를 깨뜨리지 않기 위해서 필요하다면 자르 지역을 프랑스에 남겨둘 생각이었다.[28]

프랑스-독일 관계는 1950년대에 크게 개선되었다. 그러나 보다 깊은 화해는 샤를 드골이 권력을 잡은 1958년 이후에 이루어졌다. 화해는 프랑스와 연방공화국의 전략적인 공동이익이 바탕이 되었다. 두 나라의 긴밀한 관계는 드골의 입장에서는 유럽에서 미국의 영향력을 제한할 수 있는 핵심 수단이었다. 드골이 생각한 우선적인 과제는 미국과 영국으로부터 독립적인 유럽 방어 전략을 세우고 소련과는 현상을 유지하는 협정을 맺는 것이었다. 본의 입장에서는 서유럽 안보의 기반으로서 연방공화국의 미국에 대한 의존을 프랑스와의 제휴로 대체한다는 것은 승산이 있는 방정식이 아니었다. 아데나워도 서독 외무부도 그런 계산을 해본 적이 없었다. 그들이 염려하는 것은 유럽통합 문제였다. 여기서 서독과 프랑스의 구상은 달랐다. 드골의 입장에서는—그는 유럽경제공동체 구상을 극도로 싫어했다— 유럽경제공동체의 초국가적 목표는 프랑스의 국가이익에 종속되어야 했다. 아데나워의 입장에서는 독일의 이익은 좀 더 통합된 서유럽의 이익을 위해 절제될 때 달성될 수 있었다.[29]

아데나워와 드골은 1958년 9월에 처음 만난 후 5년 동안 몇 차례 더 만났다. 1960년 5월—이 해에 프랑스는 핵무기 보유국이 되었다—에 드골은 아데나워에게 NATO에 대한 안보 의존도를 완전히 대체할 수는 없더라도 줄이기 위해서는 프랑스와 연방공화국의 안보와 외교정책의 통합을 심화시키는 것이 중요하다고 설득했다. 이런 시각에서 볼 때 유럽경제공동체의 역할은 경제협력에 한정될 수밖에 없었다. 미래의 정치적 통합은 의제에 포함되지 않았다. 정치는 드골에게는 국가의 지배와 관련된 일이었다. 그런데 아데나워는 연방공화국의 이익은 한편으로는 유럽경제공동체로부터 나오는 이점과 깊이 연관되어 있었고 다른 한편으로는 미국의 힘이 주도하는 NATO가 제공하는 안전이라는 확고한 생각을 갖고 있었다.[30]

1962년에 드골은 여전히 유럽경제공동체와 NATO란 틀 안에서이긴 하지만 연방공화국과의 양자 관계를 제안했다. 그는 '유럽 통합의 희망'은 프랑스와 독일의 연대에 달려있다고 선언했다.[31] 이러한 연대의 표현이 화려하고 웅장한 의식을 치르며 아데나워와 드골이 1963년 1월 22일에 체결한 '엘리제조약'(Élysée Treaty)이었다. 프랑스와 연방공화국은 특히 외교와 국방정책에서 상호 긴밀히 협의하기로 합의했다.[32] 아데나워로서는 프랑스-독일 화해조약의 체결은 외교정책의 마지막 성공이었다. 그의 수상직 임기는 조약을 체결한 그해에 끝났다. 그러나 진실을 말하자면 이 조약은 내용보다는 형식이 더 강했다. 조약은 유럽경제공동체 중심부의 균열을 가렸다.

드골이 제안한 유럽 발전의 방식은 베네룩스제국의 영향력을 줄일 뿐만 아니라 영국을 회원국에서 배제하는 구상이었다. 그가 1963년 1월 14일에 영국의 가입을 거부한 것은 논리적인 결과였다. 그러나 그것은 영국의 가입을 지지해온 다른 유럽경제공동체 회원국에게는 충격이었다. 아데나워는 한때 유럽의 재건을 위해서는 영국의 개입이 중요하다고 생각했지만 유럽경제공동체에 대한 영국의 부정적

독일 본에 있는 프랑스 대사 관저에서 만난
아데나워 총리와 드골 대통령(1963년 7월 4일).
그해 1월 22일, 파리 엘리제궁에서 두 사람은
양국의 화해와 연대를 선언하며 '엘리제조약'을 맺었다.
아데나워로서는 외교정책의 마지막 성공이며,
같은 해 그의 수상직 임기도 끝났다.

인 태도를 보고 생각을 바꾸었다. 1963년에 그는 드골이 영국의 가입을 거부한 것은 옳았다고 생각했다. 영국의 가입은 유럽경제공동체에 도움이 되지 않는다는 것이 그의 판단이었고, 영국이 미국과 지나치게 가깝다는 프랑스 대통령의 견해에 그도 동조했다(이 시점에서 그는 미국이 유럽방어를 위해 장기적인 약속을 해주지 않아 불만이었다).[33]

그가 이끄는 기독교민주연합은 오히려 영국의 가입을 기다리고 있었다. 국내에서 아데나워의 권위가 떨어지자 기독교민주연합의 주요 인사들이 프랑스와의 양자관계에 지나치게 몰입하고 결국 영국의 유럽경제공동체 가입을 반대하는 방침을 공개적으로 비판했다.[34] 에르하르트는 영국의 가입을 반대하는 것은 '유럽의 암흑시대'를 불러온다고 말했다.[35] 그로부터 몇 달 안에 에르하르트는 아데나워를 이어 수상이 되었다. 그 전에, 연방의회는 5월에 엘리제조약을 비준했다. 아데나워의 비난 때문에 에르하르트는 유럽통합의 수단으로서 연방공화국과 미국의 동반자관계, NATO에 대한 약속, 유럽경제공동체에 대한 지지를 강조하는 내용의 조약 전문(前文)을 받아들였다.

이미 서명이 끝난 국제조약에 일방적으로 전문이 삽입된다는 것은 비정상적인 과정이었다.[36] 그것은 수상으로서 아데나워의 시간이 끝나가고 있다는 의미이면서 한편으로는 드골에 대한 명백한 모욕이었다. 그러나 유럽경제공동체를 막다른 길로 몰아넣은 것은 프랑스 대통령의 정책이었다. 드골의 노선을 따를 수도 없고 프랑스의 참여 없이는(1960년대 중반에 프랑스는 한때 완전히 철수했다) 앞으로 나아갈 수도 없는 상태에서 유럽경제공동체는 전체적으로 향후 몇 년 동안 정체하게 된다.

아데나워는 심각한 반대를 물리치고 1957년에 유럽경제공동체 설립에 성공했다. 유럽경제공동체의 가장 힘찬 동력으로서 서독의 경제는 계속 성장해왔지만 1958년 이후 긴 시간 긴밀하게 유지되어온 아데나워와 드골 양자관계의 주관심사는 방어 전략이었고, 이것이 거의 사반세기 동안 유럽경제공동체가 정치적 통합으로 발전하는 것을 막았다.

민주주의의 안정화

제3제국이 끝난 뒤 겨우 4년 만에 수립된 독일연방공화국의 민주주의는 매우 취약했다. 여론조사에 따르면 독일인 둘 중 하나는 국가사회주의는 좋은 사상인데 단지 시행방식이 잘못되었을 뿐이라고 (그리고 공산주의보다 좋은 사상이라고) 생각하고 있었다. 1951년의 여론조사에서 20세기에 들어와 독일에게 최고의 시기는 언제였다고 생각하느냐는 질문에 전체 답변자의 4/5 이상이 1914년 이전의 시기나(아직 카이저가 통치하고 있던 시절) 2차 대전이 일어나기 전 제3제국 시기인 1933년과 1939년 사이(히틀러 치하)를 가리켰다. 단지 7%만 바이마르 민주주의 시절이 가장 좋은 시기였다고 생각하고 있었다. 지금이 가장 좋은 시절이라고 생각하는 사람은 2%뿐이었다. 질문에 답한 사람들 가운데서 1/3이 1944년 히틀러 암살 시도에 참여했던 레지스탕스 대원들을 비난했다.

다음 해에 실시한 여론조사에서도 답변자의 1/4이 여전히 히틀러에 대해 '좋은' 생각을 갖고 있었다. 대다수가—놀랍지만 아마도 2차 대전 이전의 '좋은 시절'만 생각하기 때문인 듯—아데나워보다는('경제기적'의 성과로부터 이득을 보고 있으면서도) 히틀러가 독일을 위해 더 많은 일을 했다고 평가하고 있었다.[37] 그런데 1950년대 중반이 되자 비약적인 반전이 일어났다. 아데나워는 독일을 위해 가장 뛰어난 기여를 한 지도자로서 비스마르크 다음의 인물이라는 대중의 평가를 받았다. 수상 직을 떠나는 1963년에는 드디어 비스마르크를 앞질렀다. 1958년에는 인구의 절반 이상이 이미 '20세기의 진정으로 위대한 인물' 가운데 한 사람으로 그를 꼽고 있었다.[38]

아데나워가 수상으로 연속 네 임기를 마치고 사임했을 때 다당제 의회민주주의는 ─ 핵심 특징은 아직도 보수적이며 가부장적이고 엘리트 중심이었지만 ─ 훌륭하게 정착해 있었다. 대부분의 정치엘리트나 유권자들로부터 받아들여지지 못했던 바이마르 공화국(Weimar Republic)과는 달리 연방공화국은 불확실한 출발에서부터 정치엘리트와 유권자 양쪽의 압도적인 지지를 받았다. 정치적 분열에도 불구하고 개인의 자유와 법치의 원칙 위에 자리 잡았고, 또한 바이마르공화국 헌법의 취약점에서 배운 교훈을 받아들여 강화된 헌법은 전폭적인 지지를 받았다. 바이마르공화국은 1920년대 초에 민주주의를 위기로 몰고 간, 그리고 10년 뒤에 실제로 민주주의를 붕괴시킨 장기적이고 복합적인 위기에 대응하지 못한 무능 때문에 몰락했다.

반면에 본 공화국(Bonn Republic)은 장기적인 내부 위기에 시달리지도 않았고 서방 연합국(특히 미국)으로부터 강력한 지원도 받았다. 1차 대전이 끝난 뒤에는 널리 부당하다는 평가를 들었던 전쟁배상금이 부과되었고 이것이 바이마르공화국 정치의 독이 되었지만 2차 대전이 끝난 뒤에는 그런 부담이 없었다. 그리고 물론 파괴적인 경제위기도 없었다. 그 대신 연방공화국은 곧 급속한 번영을 가져온 경제호황을 경험했다. 그 무엇보다도 1950년대의 '경제기적'이 민주주의의 정착을 뒷받침해주었다. 수백만의 서독 사람들이 더 낳은 환경에서 더 안전한 삶을 누렸다. 놀라우리만치 폭발적인 경제성장을 가능케 한 정치적 틀을 만드는 데 아데나워가 중요한 역할을 했음은 분명했다. 그러나 '경제기적'의 설계자는 아데나워가 아니라 루트비히 에르하르트였다. 에르하르트는 사회복지의 원칙과 병행하는 시장경제를 발전시킬 틀을 짜기 위해 국가를 이용했다.

두 사람은 서로 눈을 마주치지 않는 경우가 많았다. 1960년대 초에 에르하르트는 앞에서 말한 것처럼 프랑스와의 긴밀한 협력을 추구하고 영국의 가입을 거부하는 아데나워 노선을 공개적으로 비판해왔다. 아데나워는 아데나워대로 이제 에르하르트가 수상으로서 자신을 대체할 적절한 인물이 아니라는 생각을 숨기지 않았다. 두 사람의 지금까지 관계는 편의상의 결혼이었다. 그런 관계가 서독을 위해 잘 작동해왔던 것은 아데나워가 경제정책에 관해서는 에르하르트에게 맡겨놓고 간섭하지 않았기 때문이었다.[39] 민주주의의 안정에 결정적 요인인 경제 분야에서 에르하르트는 아데나워보다 더 중요한 인물이었다.

핵심적인 경제정책에서 에르하르트의 중요한 위상은 아데나워처럼 신념이 확고하고 자기주장이 강한 지도자일지라도 능력 있는 장관의 역할에 의존했다는 사실을 보여주는 증표이다. 에르하르트 이외에 다른 장관들도 — 대표적인 예를 들자면 하인리히 폰 브렌타노(Heinrich von Brentano, 외무장관), 게르하르트 슈뢰더(Gerhard Schröder, 내무장관, 외무장관), 테오도르 블랑크(Theodor Blank, 국방장관, 노동장관), 프란츠 요제프 슈트라우스(국방장관) 등 — 연방공화국의 초기 발전과정에서 아데나워 정책의 단순한 고무도장 역할이 아니라 실질적으로 중요한 역할을 했다. 그러나 핵심적인 결정은 수상실(Bundeskanzleramt)에서 나왔고 정치적 수완이 뛰어난 아데나워가 그들을 이끌고 갔다.

외교문제와는 달리 아데나워는 내정의 주요 정책에서는(통일문제는 제외하고) 여론의 흐름을 따랐다. 예컨대, 그의 강경한 반공주의

아데나워 내각의 경제 담당장관 루트비히 에르하르트(1956).
에르하르트는 1950년대 서독의 '경제 기적'을 이끈 실질적인 설계자였다.
두 사람의 관계가 언제나 좋았던 것은 아니지만, 아데나워 곁에
누구보다 그가 있었다는 것은 행운이었다. 1963년 에르하르트는
아데나워에 이어 제2대 수상이 되었다.

는 대중의 정서를 충실하게 따랐다. '철의 장막'이 독일의 중앙부에 드리워지고, 독일민주공화국이 대부분의 서독인이 혐오하는 체제의 선명한 표본이 되어준 것은 아데나워에게는 가치를 헤아릴 수 없이 귀중한 일이었다. 1953년의 동독 봉기가 소련군에 의해 진압되자 폭발한 대중의 분노는 그해 선거에서 아데나워가 압승하는 데 큰 도움을 주었다. 봉기가 일어난 6월 17일은 곧 서독의 공식 기념일이 되어 소련 공산주의의 공포를 정기적으로 상기시켜주게 된다.

반공주의는 서독사회의 이념적 접착제였다. 그것은 극좌파를 제외한 모든 정치세력을 결합시켰다(이미 선거에서 의미 있는 성적을 내지 못하고 있던 공산당은 1956년에 불법화되었다). 그것은 독일 통일에 관한 아데나워의 줄타기 정책에 갈수록 도움을 주었다. 1950년대 중반이 되자 소련은 독일을 통일하려던 자신의 노력이 실패했다는 사실을 받아들이고 독일의 분단 상태는 바꿀 수 없다고 인식하게 되었다. 1960년이 되자 서방세계와의 통합이 더 중요한가 아니면 민족통일이 더 중요한가라는 초기의 논쟁은 끝이 났다. 그해에 사회민주당은 통일문제에 관한 지금까지의 입장을 바꾸고 서방세계와의 통합, 재무장(서독의 핵무기 보유는 강력하게 반대했지만), NATO 가입을 받아들였다.[40]

베를린과 관련된 1958-1961년 사이의 마지막 주요 위기가 1961년 8월 13일의 베를린장벽 설치로 끝나면서 독일의 분단이 분명하게 고착되었을 때 아데나워의 정치적 안테나는 이때는 제대로 작동하지 않았다. 그가 자신이 이끄는 정부는 소련과의 관계를 손상시키거나 국제정세를 위험에 빠트리는 행동은 하지 않을 것이라고 발표하자 대중의 지지가 떠나갔다. 베를린장벽이 올라가고 나서 9일 뒤에 베를린을 찾았지만 아무런 도움이 되지 않았다. 그러나 장벽은 독일 통일이란 주제를 희석시켰다. 통일은 먼 훗날의 희망으로 남게 되고 앞으로 상당 기간 동안 아데나워의 서방과의 통합정책이 우선순위를 차지하게 된다.

그의 강력한 반공주의, 친서방 보수주의는 그것이 없었더라면 극우 민족주의의 부활을 고대했을 사람들을 불러 모을 수 있었다.[41] 나치 시대의 극렬한 반볼셰비즘은 아데나워 시대의 반공산주의로 변신했다. 나치 군대가 동부에서 벌인 전쟁은 명예로운 전쟁으로 묘사될 수 있었다. 여론이 연합국에 의해 전범으로 처벌받은 고위 장교들의 조기 석방을 강력하게 지지했다. 대중의 지지를 가장 많이 받은 아데나워의 업적 가운데 하나가 1955년 9월 모스크바를 방문하여 그때까지도 소련에 억류되어 있던 독일군 포로 수천 명의 석방을 성사시킨 협상이었다.[42] 사람들이 나치 군대는 '깨끗하다'고 굳게 믿었다. 나치의 범죄는 모조리 나치당 친위대(SS)에게 뒤집어 씌워졌다. 이렇게 구분하면서도 90만 명가량의 무장친위대(Waffen-SS, 나치당 친위대 내부의 무장조직)에게는 면죄부가 주어졌고, 좌파 지지자들도 여기에 동조했다. 사회민주당 지도자 쿠르트 슈마허는, 그들은 "범죄를 저지르지 않았으며" "새로운 세계에서 자신의 길을 개척해나갈 기회"가 그들에게 주어져야 한다고 말했다.[43]

히틀러 시대에 대한 아데나워의 접근방식은 가장 최근의 과거에 벌어진 범죄행위를 들춰내기보다는 미래의 평화, 안정, 번영을 원하는 사회적 분위기에 철저하게 맞춰져 있었다.[44] 나치 시대를 베일로 가리는 것은 독일을 덮쳤던 재난의 책임을 더 이상 히틀러와 나치 지도부에게 물으려 하지 않는 많은 사람들의 희망과 일치했다. 미국 점령지역에서 실시된 여론조사의 결과는 뉘른베르크(Nürnberg) 전범재판이 나치 지도자들에게 내린 판결은 정당하다는 대중의 인식을 보여주었다.

그러나 이 여론조사가 전체 인식을 말해주지는 않았다. 많은 사람

아데나워의 손에 입 맞추는
독일군 귀환 포로의 어머니(쾰른/본 공항).
1955년의 모스크바 방문을 통해 아데나워는 독일군 포로의
송환을 성사시켰다. 이 일은 아데나워가 대중의 지지를
가장 많이 받은 업적이었다.

들이 그때와 그 이후로 전범재판은 '승자들의 정의'를 구현했을 뿐이라고 생각했다. 소련도 용서받지 못할 범죄를 저질렀으며 서방 연합국은 민간인에게 무자비한 폭격을 퍼부었지만 지금은 독일인을 심판하는 자리에 앉아 있다는 지적이 있었다. 그리고 시간이 흐르면서 전범재판에 대한 관심도 줄어들고 있었다. 일상의 경제적인 문제가 옛 나치 지도자들의 운명에 대한 관심을 능가했다.[45] 그러나 피라미는 전혀 다른 문제였다. 수백만의 독일인이 나치 당원이거나 여러 가지 산하조직의 조직원이었고 셀 수 없이 많은 사람들이 히틀러를 찬양했거나 이런저런 방식으로 나치의 공범자였다. 나치에 가담했던 정도가 어땠든지 간에 과거에 일어났던 일에서 자신의 유죄를 기꺼이 인정한 사람은 거의 없었다. 그들은 또한 독일사회 전체를 대상으로 연합국이 내린 정의롭지 못(하다고 생각)한 판결에 대해 집단 죄책감을 갖는 것도 거부했다. 대부분이 전체주의 경찰국가의 선전에 속았고 탄압받았다고 생각했다.

놀라운 일은 아니지만 연합국의 탈나치화 프로그램은 완벽에 가까운 실패였다. 그리고 독일인들이 인수하고 난 뒤로 그 프로그램은 코미디 수준으로 전락했다. 그러므로, 민족주의 정서와 집단범죄라는 비난에 대한 불만이 아직도 강하게 남아있는 상황에서 아데나워가 나치 시대의 가장 죄질이 나쁜 범죄로 처벌받은 소수에게 사면을 시행하자 대부분의 독일인이 그를 지지했다. 일반사면을 요구하는 압력이 부분적으로는 나치 출신들로부터—그들 중 일부는 떳떳하지 못한 과거를 감춘 채 아데나워의 연정 파트너인 자유민주당에 스며들어와 있었다—나왔다. 또한 압력은 점차로 영향력을 키워가고 있던 국외(체코슬로바키아, 폴란드 등)에서 추방된 수백만의 독일인들로부터도 나왔다.[46]

그러나 1952년에 사회주의제국당(SRP: Sozialistische Reichspartei)

이 불법화되면서 나치즘이 부활할 가능성은 제거되었다. 옛 나치 동조자들이 모인 이 당은 그 전해에 북부 독일 일부에서 4만 명의 당원을 보아 만만치 않은 세를 과시했다. 위험은 곧 지나갔다. 경제적 번영 덕분에 아데나워의 인기가 높았던 1953년에 실시된 총선거에서 극우파의 득표율은 1% 미만이었다.[47]

그 무렵, 히틀러 정권에서 일했던 많은 사람들 — 일부는 고위직 출신 — 이 공무원으로서, 그리고 사법제도 안에 복귀했다. 1951년, 탈나치화의 결과로 해임되었던 전직 공무원과 직업군인들에게 원직 또는 대등한 지위의 자리로 복귀를 허용하고 완전한 연금을 보장하는 법이 통과되었다. 예를 들자면, 1952년 현재로 외무부 고위 공무원의 1/3 이상이 나치당원의 경력을 갖고 있었다.[48] 제3제국에서 정치범에게 사형판결을 내렸던 판사들이 원직에 복귀했다. 히틀러 정권에서 복무했던 사람들의 복귀율은 놀라울 정도였다.[49]

이런 면에서 논란의 소지가 가장 많은 곳 가운데 하나가 아데나워의 측근 집단이었다. 한스 글롭케(Hans Globke)는 1953년부터 1963년까지 연방수상실에서 국가비서(장관 바로 아래 직급)로서 근무했다. 그는 매일 수상과 직접 대면했고, 거미줄의 중심에 앉은 거미처럼 수상의 모든 개인사를 처리하고 정부 업무의 모든 영역에 걸쳐 포괄적으로 '아데나워의 뜻'이 담긴 도장을 찍어주었다.[50] 뛰어난 업무능력 때문에 그는 아데나워에게는 없어서는 안 될 인물이 되었다. 그러나 그의 과거가 큰 문제였다. 그는 나치 당원이었던 적은 없었지만 제3제국 내무부의 공무원으로서 반유대인 법을 입안하고 제국시민법(악명 높은 1935년 뉘른베르크법의 부분)*의 주석서를 공

---

* 1935년 9월 15일 나치당 전당대회에서 발표된 반유대주의 법이다. 『독일인의 피와 명예를 지키기 위한 법률』(*Gesetz zum Schutze des deutschen Blutes und der deutschen Ehre*)과 『제국시민법』(*Reichsbürgergesetz*)의 총칭이다. '뉘른베르크법'이

동 저술했다.

그의 존재는 정치적으로 난처한 문제였다.[51] 아데나워는 공개적인 비판, 특히 좌파의 공격에도 불구하고 글롭케에 대한 지지를 철회하지 않았다.[52] 이 때문에 그의 대중적 인기가 떨어지지는 않았다. 글롭케 문제는 정치적으로 뜨거운 논란거리였지만 역설적이게도 독일인 대부분의 기억 속에 남아있지 않았던 것 같다. 1960년에 실시된 여론조사에서 3/4이 글롭케란 이름을 들어본 적이 없다고 답했다.[53] 아마도 글롭케 문제는 알고 싶지 않은 경우였던 것 같다.

이보다 좀 더 공개적인 사례가 1953년 이후 아데나워 정부에 참여한 오버랜더(Theodor Oberländer)였다. 오버랜더는 1923년에 히틀러가 주도한 뮌헨폭동에 참여했고 2차 대전 전에 동유럽의 인종재배치 계획에도 참여했다. 아데나워는 오버랜더가 골수 나치임을 인정했다. 그러나 오버랜더는 상당히 규모가 큰 난민단체의 대표였다.[54] 그래서 전 독일 블록/추방민과 권리박탈민 연맹(Gesamtdeutscher Block/Bund der Heimatvertriebenen und Entrechteten)이 1953년 선거에서 27석의 연방의회 의석을 갖게 되자 아데나워는 그를 추방민·난민·전쟁희생자 담당장관으로 임명했고 그의 임명에 반대하는 큰 목소리는 나오지 않았다. 1957년 선거에서 이 단체의 득표율이 낮아져 연방의회의 의석을 갖지 못하게 되었는데도 아데나워는 오버랜더를 계속 각료로 남겨두었다. 오버랜더는 그동안에 때를 놓치지 않고 기독교민주연합에 합류했다. 1960년, 정부 내의 옛 나치 인사들에 대한 비판이 (특히 학생들을 중심으로) 높아가자 불필요한 부채가 되어버린 오버랜더는 사임했다. 그러나 아데나워는 끝까지 그를 감싸면서

라고 총칭된 이유는 제정 당시 뉘른베르크에서 나치당의 전당대회가 열리고 있었으며, 특례로 그곳에서 의회가 소집되어 제정된 법률이기 때문이다.

"그는 불명예스러운 짓은 한 적이 없는 사람"이라고 주장했다.[55]

이 무렵 아데나워의 대중적 인기는 떨어지기 시작했다. 1957년 총선에서 아데나워는 놀라운 승리를 거두었다. 이 선거에서 기독교연합(기독교민주연합과 기독교사회연합)은 50.2%란 압도적인 득표율을 보여주었는데 연방공화국 역사에서 유례가 없는 득표율이었다. 그의 선거구호 '실험은 그만'(Keine Experimente)은 경제성장의 풍요로운 성과를 반영하는, 그 시절의 사회적 분위기와 완벽한 조화를 이루었다. 그는 유권자들에게 매우 매력적인 확장된 사회복지 프로그램(생활비 상승률과 연계한 연금보장)을 제시했고 사회민주당도 이 프로그램을 지지했다.[56] 그러나 1957년은 그의 대중적 호소력이 정점에 이른 시점이었다. 1961년 총선거에서 기독교연합의 득표율은 1949년 이후 처음으로 하락했고(1957년에 비해 5% 하락) 연방의회 의석 26석을 잃었다.

아데나워가 국내의 변화하는 분위기로부터 멀어지고 있다는 명확한 표지가 '슈피겔 사건'이었다. 시사잡지 『슈피겔』(Der Spiegel)이 1962년 10월 10일자에 독일 국방태세의 비효율을 지적하며 국방장관 프란츠 요제프 슈트라우스를 공격하는 기사를 싣자 경찰이 이 잡지사의 함부르크 본사를 습격하여 편집자와 기자 몇 명을 체포하는 일이 벌어졌다. 아데나워는 기사내용이 반역행위에 해당한다고 비난했다. 학생층과 지식인 중심으로 언론의 자유에 대한 공격이자 나치 수법의 부활이라며 거센 항의의 물결이 일어나자 결국 슈트라우스가 사임했다(그는 정치적 기반이자 아직 대중의 인기가 식지 않은 바이에른으로 돌아갔다). 아데나워는 이 사건으로 권위가 약화되는 손상을 입었다. 몇몇 기독교민주연합 소속 장관들은 슈트라우스와 함께 일하기를 거부했고 자유민주당 소속 장관 다섯 명은 사임했다. 넓게 보자면 이 사건은 아데나워의 장기집권으로 드러난 권위주의적 보수주

의에 대해 대중이 등을 돌리기 시작했다는 분명한 신호였다.[57]

아데나워는 이미 1962년 말에 1963년 가을이면 수상직을 사임하겠다는 뜻을 밝혔다. 주요 정치인들은 그가 없는 미래를 생각하지 않을 수 없었다. 사회민주당과의 '대연정'도 언급되기 시작했다. 이런 구상은 몇 년 전이라면 상상도 할 수 없는 것이었지만 머지않아 현실이 될 터였다. 그의 소속 당 내에서도 후계자 선정이 다급한 문제로 떠올랐다. 아데나워는 자신이 선호하는 후보가 수상 자리에 오르도록 상황을 정리하는 데 실패했다. 내키지는 않았지만 1963년 10월 15일에 그는 적합하지 않다고 생각하는 후계자에게 자리를 물려주지 않을 수 없었다.

남긴 유산

아데나워가 떠날 때 국내외로부터 끝없는 찬사가 쏟아졌다. 그에게 비판적이던 진보적 신문『디 차이트』(Die Zeit)는 이렇게 선언했다. "아데나워는 역사의 심판을 두려워할 필요가 없다. …그는 우리 시대의 가장 위대한 인물이었다."[58] 1967년 아데나워가 (91세에) 세상을 떠났을 때는 더 많은 찬사가 쏟아졌다. 그의 명성은 수십 년 더 지속되었다. 2003년, 300만 명의 독일인이 '모든 시대를 통틀어 가장 위대한 독일인'으로 그에게 투표했다. 그의 업적은 잿더미 속의 독일을 세계무대에 올려세운 것이었다.[59] 그러나 쉽지는 않겠지만 '위대한 독일인'이란 공허한 문항을 좀 더 구체적으로 '역사발전에 큰 영향을 미친 독일인'이란 질문으로 바꾼다면 좀 더 깊이 있는 평가가 나올 수 있다.

1950년대에 연방공화국을 서방세계와 결합시키는 데서 그가 했던 역할이 아마도 그가 남긴 유산의 가장 중요한 부분이라 할 수 있을 것이다. 냉전의 진앙지(震央地)에서 당시 독일의 미래는 완전히 불확실했다. 야당 사회민주당과 그의 당 일부에서 지지하던 조기통일론의 압박은 의식하지 못하는 사이에 독일과 유럽을 불안정하게 만들고 소련이 독일 전체에 침투하는 길을 열어주었을 것이다. 연방공화국의 수상이 누구이든 서방 연합국은 이 사태를 막아냈을 것이다.

그러나 상상컨대 1952년 스탈린의 제안을 받아들였더라면 독일의 정치지형은 서방 연합국의 개입을 어렵게 (어쩌면 아예 불가능하게) 했을 것이다. 아데나워가 연방공화국이 미래의 안보를 위해 서방세계, 그중에서도 특히 미국을 바라보도록 방향을 잡았다. 이후로 국제정치의 급변에도 불구하고 ─ 아데나워 자신의 임기 동안에도 미국과의 관계에 순탄치 않은 굴곡이 몇 차례 있었다 ─ 서방과의 통합은 수십 년 동안 지속되면서 연방공화국에 유리하게 작용했다. 아데나워가 아니었더라면 독일과 유럽의 역사는 아주 다른 방향으로 전개되었을 것이다.

아데나워는 연방공화국의 미래는 상호이익, 우호, 긴밀한 협력을 바탕으로 좀 더 통합된 서부 유럽의 한 부분이 되어야 한다는 인식을 가졌다는 점에서도 역사적으로 중요한 인물이었다. 그는 프랑스가 초기에 제안한 석탄철강공동체와 유럽방위공동체의 설립을 강력히 지지했다. 그리고 1957년 이후로는 유럽경제공동체의 설립과 성장을 후원했다. 그러나 만년에 가서 그는 드골에게 지나치게 기울었고 프랑스와의 양국관계를 강조한 그의 정책은 공동체 자체를 분열시킬 수 있을 정도로 부작용이 컸고 유럽 통합의 과정에 장애가 되었다.

아데나워가 연방공화국에 남긴 유산은 간단명료하지는 않지만 몇 가지 중요한 업적을 열거할 수 있다. 그는 서독 민주주의의 안정화에 결정적인 역할을 했다(가장 강력한 기둥이었던 '경제기적'은 주로 에르하르트의 작품이었지만). 초기에는 취약했던 민주주의가 견고한 기

죽음 1년 전인 1966년 3월, CDU 당대회에서 연설하는 아데나워.
그가 세상을 떠났을 때 국내외로부터 많은 찬사를 받았다.
그는 어려운 조건에서 민주주의를 뿌리내리게 했고,
서방세계에 편입되어 연대를 형성했으며, 경제 기적을 이뤄냈다.
그야말로 잿더미 속의 독일을 세계무대에 올려놓았다.
나치 인사들을 복귀시킨 그의 결정은 아쉬운 점이다.

초 위에 자리 잡게 되었다. 그리고 아데나워는 해외순방과 국제사회 지도자들과의 — 처칠, 아이젠하워, 드골을 포함하여 — 회담을 통해 연빙공화국과 신생민주주의에 대한 서방세계 전체의 존경을 확보했다. 이런 성과를 거두기까지는 아데나워 개인에 대한 존경심 — 결국은 연방공화국에 대한 존경심으로 진전한 — 이 결코 작지 않은 도움을 주었다. 1951년 12월 이스라엘 방문에서 아데나워가 유대인을 박해한 나치 범죄에 대해 상당한 재정적 보상을 하는 데 합의하자 이스라엘까지도 그에게 존경을 표했다.[60]

초기의 서독 민주주의는 아데나워의 권위주의적인 개성이 반영된 특징을 보여주었다. 이것은 아직도 권위주의 정치의 관습이 많이 남아 있고, 흔들림 없는 리더십을 기대하며, 나치 통치시대와 완전하게 단절하지 못한 사회의 대중적 주류 정서와 일치했다. 그러나 새로운 민주체제에 나치의 복귀와 수용을 받아들인 아데나워의 결정은 그가 남긴 유산 가운데서 가장 수긍하기 어려운 부분이었다. 글롭케의 등용은 정말 불가피한 일이었을까? 글롭케는 분명히 아데나워에게 매우 유능한 조수였을 것이다. 그러나 글롭케만큼 유능하면서 도덕적 오점이 없는 다른 인물은 찾아낼 수 없었을까? 그리고 골수 나치였던 오버랜더를 장관에 임명하고 난민문제의 중요성이 줄어든 뒤에도 그를 정부 내에 남겨둔 것은 절대적으로 필요한 일이었을까?

공무원, 법원판사, 의료전문가, 교사, 학자 사회에서 정리되지 못한 제3제국과의 강력한 인적 연속성은 의심의 여지없이 아데나워 유산의 얼룩진 부분이었다. 그는 그들의 기능이 연방공화국에 꼭 필요하다고 판단했다. 더욱 중요한 것은, 그가 가장 최근의 과거에 관한 치열한 갈등으로 분열되는 사태를 피하고 민주주의를 가능한 한 빨리 정착시키자면 그들을 포용하는 것이 절대적으로 중요하다고 판단했다는 점이었다. 당시에도 그랬고 그 뒤에도 그랬지만 비판자들은 매우 불쾌한 과거를 가진 ─ 심지어 일부는 나치 비밀경찰의 경력을 갖고 있었다 ─ 그토록 많은 사람들을 빠르게 복귀시키는 것은 도덕적으로 비난받아 마땅한 일이라고 지적했다. 당연히 그것은 아데나워의 명성에 지워지지 않는 오점을 남겼다.

대결보다는 수용과 통합을 통해 새로운 정치체제를 건설하기 위해 떠올리기 괴로운 최근의 과거에 가림막을 치는 일은 결코 서독에서만 일어났던 일이 아니다. 사실상 그것은 2차 대전 이후 대부분의 서유럽 국가들(과 일본)에서 하나의 규범이었고 프랑코 체제가 끝난 뒤 스페인에서도 마찬가지였다. 실질적으로 어디에서나 과거에 대한 평가는 지연되고만 있다. 연방공화국에서 과거에 대한 평가는 1960년대 초의 아이히만(Eichmann)과 아우슈비츠(Auschwitz) 재판으로 시작되었고 1968년 학생 항의운동으로 본격화했다. 그 후 수십 년 동안 나치 과거에 대한 열띤 대중적 논쟁이 주기적으로 재현되었다. 그런데 아데나워가 이미 떠나고 없는 상황에서 그가 반영했던 가치는 효용을 잃어가고 있었다. 숨 막히고 권위주의적인 보수주의는, 일시적이긴 하지만 처음으로 좀 더 진취적인 규범에게 밀려나기 시작했다. 이것은 유럽 전역에서 일어나고 있던 사회적 변화의 한 부분이었다.

이런 상황이 반영된 것이 1969년 선거에서 아데나워의 당(CDU)이 20년 전 연방공화국이 수립된 이후로 처음으로 패배한 사건이었다. 카리스마 넘치는 빌리 브란트가 이끄는 사회민주당이 새로운 시대를 상징하는 정부를 구성했다. 이런 변화의 중요한 한 단면이 독일 민주공화국과의 관계에서 아데나워 정책의 폐기였다. 독일 통일문제와 관련한 논의가 직접 영향을 받았다. 1955년, 아데나워는 '할슈타인 원칙'(Hallstein Doctrine)이란 이름이 붙게 되는 정책을 제시했다(아데나워 외교정책의 주요 참모이자 훗날 유럽경제공동체 집행위원회[EEC Commission] 초대 위원장이 된 발터 할슈타인의 이름을 따랐다). 이 '원칙'의 목표는 독일민주공화국이 국제적으로 승인되는 것을 막고 1937년에 성해진 국경 내에서 독일민족의 유일한 대표는 연방공화국임을 주장하는 것이었다. 그러나 아데나워의 강경노선은 1970년 브란트의 동방정책(Ostpolitik)이 도입되면서 폐기되었다. 보수 야당의 강력한 반대에도 불구하고 동방정책은 독일민주공화국을 인정했고, 두 독일국가 사이에는 외교관계가 수립되었으며, 원칙적으로 오데르-나이세 선을 영구적인 독일의 동쪽 국경으로 받아들였고, 그러므로 옛 독일의 동쪽 주들의 상실을 인정했다(법률적으로는 1990년에 가서야 확정되었지만).

그토록 혼란스러운 시기의 그토록 긴 정치경력은 모순으로부터 자유롭지 못한 유산을 남길 수밖에 없었다. 그 가운데는 당연히 부정적인 면이 있는데, 대표적인 것이 중요한 나치 인사들의 복귀였다. 반면에 매우 어려운 조건에서 평화롭고 민주적인 서독을 세우고, 서독을 다원주의와 법치를 주류 가치로 받아들이는 서방국가 네트워크의 일부로 정착시킨 것은 아데나워의 거대한 업적이었다. 다른 사람이 아닌 처칠이 1953년에 아데나워를 "비스마르크 이후 독일의 가장 현명한 정치인"이며 "끊임없이 마주치는 복잡하고, 변화무상하며, 불확실하고, 예측 불가능한 상황을 용기, 침착함, 뛰어난 수완으로 헤쳐나간 그의 업적은 대단한 찬양을 받아 마땅하다"고 평했다.[61] 아데나워는 이념적 경직성과 위대한 방법론적 통찰력을 겸비하고 민주주의 체제의 속박을 뛰어난 정치적 수완, 자기 확신, 권위주의적 돌파력으로 헤쳐 나갔다. 그가 없었더라면 독일의 역사, 더 넓게는 유럽의 역사는 다른 경로로 나아갔을 것이다.

8

프랑코
Francisco Franco

국민파 십자군

프랑코는 '20세기 유럽을 만든 사람'의 반열에 오르기는 힘든 주변부의 인물, 당연히 그 시대 스페인의 중심인물이었지만 그 이상의 중요성을 갖지는 못하는 인물이라고 생각하기 쉽다. 물론 프랑코의 영향은 히틀러와 무솔리니, 또는 레닌이나 스탈린과는 비교하기 어렵다는 것은 분명한 사실이다. 그는 역사에서 역할과 영향력이 좀 더 낮은 급수의 인물에 관한 사례연구의 소재가 될 수 있다. 그리고 스페인은 20세기를 통틀어 유럽 발전과정의 핵심에서 떨어진 변방이었다는 점도 부인할 수 없다. 프랑코는 '기껏해야 1930년대에 어느 정도 세계사에 영향을 미쳤을 뿐, 20세기는 그가 없었어도 크게 달라지지 않았을 것'이란 평가를 받아왔다.[1]

　　이런 평가는 놓치고 있는 부분이 너무 많다. 스페인의 역사는 물론이고 유럽의 역사는 1936년 이후에도 공화국이 살아남았더라면 분명하게 그려낼 수는 없지만 다른 모습이 되었을 것이다. 공화국이 살아남지 못한 이유의 대부분은 의심의 여지없이 내전 기간 동안 프랑코의 리더십 때문이었다. 더 나아가, 스페인내전의 중요한 의미는 유럽의 주요 강대국이 개입했고 유럽대륙 전체에서 자발적인 전투원이 모여들었다는 점에 있었다. 더 나아가 그의 긴 독재통치가 스페인을 넘어서까지 중요한 의미를 지니는 이유는 2차 대전 기간 중에는 프랑코와 추축국 간의 거래가 있었고, 냉전 기간 중에는 프랑코와 서방국가 간의 거래가 있었기 때문이다. 뿐만 아니라 그 후 스페인의 다원적 민주주의로의 이행과정, 프랑코 시대가 스페인의 집단기억과 정치문화에 미친 영향, 유럽에서 가장 큰 나라 가운데 하나인 스페인에서 벌어지고 있는 지역적 분리주의 문제는 프랑코라는 인물이 단지 스페인 역사뿐만 아니라 유럽의 역사와도 연관성을 갖게 되는 배경이다. 무엇보다도 프랑코는, 군사지휘관으로서 능력을 인정받았지만 정치지도자로서 경험은 없는 인물이 권력을 장악할 수 있었고, 더 나아가서는 '자신의 역사를 만들 수 있었던' 역사적 조건이 무엇이었는지를 보여준다.

개성

프란시스코 프랑코 바아몬데(Francisco Franco Bahamonde)가 받은 교육은 군사적 경력에 집중되어 있었다.[2] 그는 1892년에 마드리드에서 400킬로미터 떨어진 갈리시아(Galicia)의 해군기지 엘 페롤(El Ferrol)에서 태어났다. 넉넉한 군인 가정에서 태어난 그는 고위 해군 장교였던 할아버지와 아버지가 걸어간 길을 따르도록 교육받았다. 그의 아버지 니콜라스(Nicolás)는 집을 떠나 있는 시간이 많았고 집에 있어도 갑자기 화를 내고 아내와 자식들을 때리는 버릇이 있었다. 다섯 아이 가운데서 둘째였던 프란시스코는 억압적인 아버지로부터 사랑을 받지 못했다. 그의 아버지는 도박과 바람피우기에 빠져 있었고 1907년 마드리드로 발령이 나 떠난 뒤에는 가정을 돌보지 않았다. 아버지와의 관계는 개선되지 않았다. 그는 어머니에게 애착이 많았다. 어머니 필라르 바아몬데(Pilar Bahamonde)는 독실하고 매우 보수적인 가톨릭 신자였고 독재자 아버지가 아들에게 해주지 않았던 것들을 채워주기 위해 최선을 다했다. 어머니는 남편이 떠난 후로 어려워진 살림살이에도 불구하고 그에게 좋은 교육을 받을 수 있는 기회를 만들어주었다. 1907년, 아버지가 집을 떠나기 직전에 프란시스코는 톨레도(Toledo)에 있는 사관학교 입학시험에 합격했다.

그곳에서 그는 엄격한 규율, 의무, 용기, 금욕주의적 신체단련, 스페인의 과거의 영광 같은 군대의 가치를 흡수했다. 사관학교에서 그의 성적은 돋보이지 않았고 1910년에서 1912년 사이에 모로코(몇 군데밖에 남지 않은 스페인 식민지 가운데 하나) 배치를 신청했다가 자격미달로 실패했다. 그의 결심은 확고했다. 2년 가까이 고향 마을에서 복무한 뒤 그는 모로코의 스페인군대로 전출되는 데 성공한다. 이곳에서 그는 뛰어난 군사적 재능을 보여주었다.

반란을 일으킨 베르베르족을 진압하는 잔혹한 식민지전쟁에서 그는 용감하고, 전술적 기능이 뛰어나며, 전투에서 냉철한 장교로 인정받았다. 그는 용기와 리더십 덕분에 빠르게 진급할 수 있었다. 1912년에 중위, 1914년에 대위로 진급한 그는 1916년에 소령으로 진급하면서 본국으로 배치되었고, 1922년에는 중령으로 진급하고 다음 해에 모로코 주둔 스페인군단 사령부로 배치되었고, 1926년 서른세 살의 나이에 준장이 되었다. 그사이에 그는 1923년에 오비에도(Oviedo)의 명문가 출신인 마리아 델 카르멘 폴로(María del Carmen Polo)와 결혼했고, 3년 뒤에 유일한 자식인 딸 카르멘이 태어났다. 그러나 그의 가정생활은 바쁜 군생활 때문에 뒤로 밀렸다. 모로코에서 원주민 부족의 반란을 몇 차례 진압한 후 그는 많은 명성을 쌓아 스페인의 유명인사가 되었다. 1923년에는 국왕 알폰소(Alfonso) 13세가 훈장을 수여하고 그를 엘리트 군사참모 집단에 불러들였다. 밀려드는 칭송과 찬미에 둘러싸인 프랑코는 스스로를 국가적인 중요 인물로 여기기 시작했다(주로 군사적 경험만 쌓았을 뿐 정치 분야에서는 경험이 없으면서도).

그의 이념적 성향은 이른 나이에 형성되었다. 쿠바의 독립과 스페인 식민지 거의 전부를 상실하게 되는 1898년 스페인-미국전쟁의 패배 이후 군사 분야에서는 오랫동안 심한 민족적 모욕감이 퍼져 있었다. 이런 분위기 속에서 청소년기를 보내며 성장한 프랑코는 민족적 수치심에 물들었고 정치인이 군대를 실망시켰다는 믿음을 갖게 되었다. 이런 믿음은 얼마 안 가 스페인은 국내외의 적에게 포위되어 있다는 생각으로 발전했다. 그는 스페인이 모로코에서 벌인 식민지 전쟁에 반대하여 1909년에 1주일 동안의 무력 항의시위를 벌인 무정부주의자들과 사회주의자들을 경멸했으며, 무력으로 시위를 진압하는 것에 찬양했다. 그가 평생 동안 지녔던, 스페인 파괴분자들의 활동 뒤에는 국제적인 프리메이슨단의 음모가 자리 잡고 있다는 편집광적인 믿음—히틀러의 유대인 증오만큼 비합리적이고, 끈질기며, 어디에나 적용되는—은 이 무렵에 형성된 것 같다.[3]

성격 면에서 프랑코는 자제력이 강하고 사소한 이익에 초연하며, 정서적으로 냉정하고 신중하게 계산하며, 즉흥적이지 않고, 지나치리만큼 의무·규율·충성심을 중시하고, 감정을 겉으로 드러내는 일이 거의 없고, 패배한 적에게 무자비했다. 그리고 그는 야망을 갖고 있었다. 그는 자신이 지휘하는 부대가 모로코 식민전쟁에서 투항한 무어인의 마을을 상대로 가혹행위를 저지를 때 이를 승인했다. 훗날 그는 스페인에서 정적을 다룰 때도 똑같이 인도주의에 대한 무감각을 보여주었다. 외부의 적이든 내부의 적이든 냉혹하게 적에게 보복하는 것은 그의 개성의 일관된 특징이었다. 그가 작성한 내부의 적의 긴 명단에는 (그가 보기에) 스페인을 망치는 모든 부류—혁명적 좌파, 반왕정파, 반군부파, 평화주의자, 자유주의자, 가톨릭교회를 파괴하려는 자, 중앙집권적 스페인 국가로부터 이탈하려는 카탈루냐 분리주의자와 바스크 자치주의자──가 다 올라와 있었다. 그는 그들의 뒤에 숨어 있는 모스크바, 유대인, 국제 프리메이슨단을 알아보았다. 그중에서도 특히 프리메이슨단이 스페인의 곤경에 대해 책임을 져야 할 존재였다.[4]

권력의 전제조건

프랑코는 예외적인 환경, 1차 대전과 2차 대전 사이 유럽 전역에 깊고 넓게 퍼져 있던 불안감의 스페인판이 만들어낸 인물이란 점은 논란의 여지가 없다. 1931년에서 1936년까지 5년 동안 존속했던 극도로 혼란스러운 제2공화국 시기에 스페인을 뒤흔들었던 사회적·정치적·이념적 격돌은 결국은 파멸적인 내전으로 치달았고, 이때 프랑코는 국민파 반란을 이끄는 군사 지도자로 떠올랐다. 내전이 일어나지 않았더라면 프랑코가 스페인의 최고 권력자가 될 기회는 없었을 것이다.

그는 스페인이란 정체(政體)의 몸속에서 오랫동안 곪고 있던 궤양(潰瘍)의 수혜자였다. 1874년부터 국왕 알폰소 13세가 퇴위한 1931년까지 스페인을 지배한 입헌군주제 아래서 스페인의 정치체제는 대체로 심각하게 부패한 지배계급의 이익에 따라 작동했다. 바스크(Vasco)주, 아스투리아스(Asturias), 카탈루냐(Cataluña), 마드리드 인근지역에 공업이 발달한 이후에도 지역 '명망가들'──통상적으로 오래된 세도가문──이 보호-피보호관계와 후견관계를 통해 정치를 지배하고 선거를 통제했다. 부패는 사회의 모든 영역과 단계에 걸쳐 만연한 전염병이었다. 취약한 중앙정부는 사회적 혼란이나 반란의

겨울 외투를 걸친 프란시스코 프랑코(1930).
프랑코는 1931년 이후 제2공화국의 극심한 혼란기,
국민파 반란을 이끄는 군사 지도자로 부상했다. 내전이 시작되었을 때
그는 마흔세 살이었고, 나폴레옹 이후 유럽에서 가장 젊은 장군이었다.
그는 감정을 겉으로 드러내는 일이 거의 없었고, 외부의 적이든
내부의 적이든 적이라면 누구에게나 무자비했다.

낌새가 보이면 이기적인 지역 세력가들과의 협력을 통해 진압했다. 공업화로 제조업 부르주아와 상업 부르주아가 성장했지만 이들 집단의 영향력은, 1931년 국왕이 축출되고 공화국이 수립되면서 자신들의 이익이 도전을 받게 되는 (국왕, 가톨릭교회와 함께 권력을 움켜쥐고 있던) 주요 지주들의 영향력에 비하면 상대적으로 미약했다.[5]

인구의 절대다수는 정치적 의견을 대변해줄 통로를 갖지 못했다. 빈곤은 깊고 넓게 퍼져 있었다. 원시적인 환경에서 살아가며 지주의 농장에서 허리가 부러지도록 노동하는 중부와 남부 스페인의 농업노동자들, 가련할 정도로 빈곤한 환경에서 살아가며 노동하는 마드리드, 바르셀로나, 북부 스페인의 증가하는 공업 프롤레타리아들에게 정부는 적대적이고 위협적인 존재이자 외계인과 같은 존재였다. 사회주의와 노동조합이 공업노동자들에게 국가의 권력에 도전할 수 있는 이념적·조직적 기반을 제공해주었다. 북부에서는 카탈루냐나 바스크에서 성장한 계급투쟁이 마드리드 중앙정부에 대한 적대행위로 발전했다. 빈곤한 농업지역 남부에서는 노동자 자주경영주의 (anarcho-syndicalism)가 때때로 산발적인 반정부 폭력시위와 손을 잡고 토지를 갖지 못한 농민들 사이에서 많은 지지자를 모았다. 국가권력과 '부르주아 지배'에 반대하는 파업, 폭동, 지역적인 반란이 점차로 스페인 정치의 특징적인 모습으로 되어가고 있었다.[6]

교회의 정치 간여를 반대하는 요구도 계급투쟁과 결합하여 폭풍을 불러오는 또 하나의 요소가 되었다. 충분히 근거가 있는 관점이지만 공업노동자 계급과 농업 프롤레타리아는 성직자들을 경제적·정치적 탄압체제의 일부로 보았다. 교회재산에 대한 공격은 제2공화국 시절에 극적으로 증가했지만 그 전에도 드문 일은 아니었다.[7] 한편으로는, 특히 스페인 농촌지역에서는 대다수의 인구가 여전히 가톨릭 신앙과 전통을 굳건히 지키면서 교회를 민족적 정체성의 중심으

로 받아들이고 교회가 죄파라는 위험한 세력의 위협을 받고 있다고
생각했다.

스페인의 사회와 징지체세의 균열은 1차 대전 후에 더욱 깊어졌다
(스페인은 1차 대전의 중립국이었지만 커다란 경제적 곤경에 빠졌다).[8]
빠르게 성장한 사회주의 운동과 직설적인 혁명적 구호를 내건 공산
당이 권력을 내놓지 않으려는 자유주의 엘리트와 보수파 엘리트로
구성된 허약해진 정치적 과두집단과 맞섰다.[9] 미겔 프리모 데 리베
라(Miguel Primo de Rivera) 장군이 사실상 모든 분야의 스페인 보수
파의 지지를 받아 비효율적이고 중립화된 노동자 계급의 저항을 꺾
고 권력을 장악한 1923년의 쿠데타는 19세기 초까지 거슬러 올라가
는 군부의 정권탈취 연속극의 가장 최신 회(回)일뿐이었다. 쿠데타
는 스스로를 혁명적 좌파라는 강력한 내부의 적으로부터 국가의 통
일과 사회질서를 지키는 유일한 보호자로 인식하는 군부 지도자들
과 군대를 국가의 가장 중요한 탄압도구로 보는 노동자 계급 사이의
근본적인 분열을 드러내 보여주었다.[10]

프리모의 반혁명은 단명으로 끝났지만 이념적으로 그 유산은 프
랑코의 독재체제에 전달되었다.[11] 1930년, 월스트리트 붕괴의 영향
으로 경제문제가 심각해지고 대중의 불안이 높아지자 프리모 장군
은 사임하고 파리로 망명했다. 몇 달 뒤 국왕 알폰소 13세도 퇴위했
다. 1931년 4월에 실시된 선거를 통해 새로운 민주공화국이 출범했
다. 스페인의 강력한 반동세력은 일시적으로 사기를 잃고 수세에 몰
렸다. 그러나 그들은 곧 조직을 정비하고 권력탈환과 민주주의 파괴
를 준비했지만 소용이 없었다.

1931년 선거에서 공화주의 좌파의 승리는 겉으로 드러난 것만큼
인상적이지 않았다. 민주주의는 모래 위에 세워져 있었다. 스페인의
대부분을 차지하는 농촌지역은 대체로 여전히 군주제를 지지했다.

대부분의 사람들은 새로운 체제에 대해 미적지근하고 제한적인 지지를 보냈다. 공화국 통치는 다만 상대적으로 소수인 공업노동자로부터 견고한 지지를 받았다. 뿐만 아니라 공업노동자는 대도시와 특별한 지역 ─ 카탈루냐, 아스투리아스, 바스크 자치주 ─ 에만 분포되어 있었고 정치적인 충성도 사회주의, 무정부주의, 모스크바를 추종하는 공산주의로 나뉘어 있었다. 온건한 사회주의자와 대체로 중산층 자유주의자들로 구성된 정부는 명확하고 진보적인 의제를 제시하지 못했다. 농업 분야의 제한적인 개혁, 노동자 보호정책의 개선, 국가와 교회의 분리 ─ 특히 교육 분야에서 ─ 를 통한 가톨릭교회의 영향력 축소는 지지자 층에게도 만족스럽지 못한 수준이었다. 새 정부는 지배 엘리트 집단을 엄청나게 비난했으나 그들의 권력, 부, 영향력은 대부분 온전하게 보존되었다.[12] 1932년에 카탈루냐의 자치를 인정하려는 정부정책은 공화국과 군대 사이의 대립관계의 특별한 원천이었다. 군대는 국가는 중앙집권적이어야 한다는 생각에 사로잡혀 있었고 군대의 규모와 영향력을 줄이려는 계획에 분노했다.[13]

2년이 안 되어 공화국은 곤경에 빠졌다. 1933년 11월에 치러진 새 선거에서 좌파세력은 크게 패했다. 공화국의 마지막 2년 동안 계급투쟁은 격화되어 결국 파국으로 이어지게 된다. 우파 정당이 선거에서 승리하자 지주, 기업가, 군부, 가톨릭교회의 사회적 힘이 커졌다. 초기의 개혁조치들이 새로운 우파 정부에 의해 번복되었다. 새로 구성된 스페인자주우익연맹(CEDA: Confederación Española de Derechas Autónomas)이 주도세력이었다. 호세 마리아 길 로블레스(José Maria Gil Robles)가 이끄는 이 거대한 조직의 회원 수는 73만 5,000명이었고 마르크스주의로부터 기독교를 지키자는 게 그들의 구호였다. 이름만 파시스트가 아니었을 뿐 철저한 파시스트 조직이

었다.[14)

좌파는 1934년 10월에 총파업으로 맞섰다. 아스투리아스와 북부 스페인이 2주 동안 완전한 폭동상내에 빠졌다. 파업을 일으킨 광부들이 주축인 폭동 참여자들은 몇 개의 소도시를 점거하고 소량의 무기를 탈취한 후 아스투리아스주의 수도인 오비에도에서 성직자와 수도승 몇 명을 살해하고 교회와 수녀원을 파괴했다.[15)

프랑코가 스페인의 깊어지는 위기에 처음으로 자신의 족적을 남긴 때가 바로 이 시점이었다. 그는 1928년에 사라고사(Zaragoza)의 종합군사학교장으로 임명되었다. 그러나 1931년에 공화국이 들어서자 그의 경력은 멈추었다. 1931년의 왕정 몰락은 못마땅한 변화였으나 그래도 그는 불만을 누르고 현실적으로 처신하기 위해 공화국에 충성을 맹세했다. 그것은 순전히 이름만의 충성이었다. 정부 지도자들은 그를 의심의 눈초리로 바라보았고 그를 권력의 중심부에서 먼 곳에 떼어놓으려 했다. 1932년, 그는 라코루냐(La Coruña)의 여단장에 임명되었다가 1933년 2월에는 발레아레스제도(Islas Baleares)의 군사령관으로 좌천되었다. 1933년 선거의 결과로 정부가 교체되자 그의 경력은 부활했다. 프랑코를 만나보고 깊은 인상을 받은 신임 국방장관 디에고 이달고(Diego Hidalgo)가 그를 소장으로 진급시켜 자신의 군사참모로 불러들였다.

이 자리(사실상의 비공식 참모총장)에 있었기 때문에 그는 아스투르아스주의 폭동을 진압하는 임무를 수행하게 되었다. 계엄령을 빌려 프랑코는 잘 단련된 모로코인 용병부대를 데려와 무자비하게 폭동을 진압했다. 1,100명 이상의 민간인이 살해되었고 4,000여 명이 부상을 입었으며 1만 5,000명 이상이 투옥되었다.[16)

보수 우파 진영에서 프랑코의 명성이 치솟았다.[17) 쿠데타설이 나돌았으나 그는 아직은 공화국을 상대로 군사적인 개입을 할 때가 아니라고 판단했다. 아스투리아스 폭동을 진압한 보상으로 그는 모로 코군 총사령관에 임명되었다가 곧 스페인으로 돌아와 1935년 3월에 정식으로 참모총장으로 승진했다. 극도의 혼란 속에서 쿠데타 소문이 끈질기게 나돌았다. 군대가 한 차례 그런 시도를 했을 수도 있겠지만 정부를 전복시키려는 움직임은 1936년 2월에 새로운 선거가 치러지고 나서 더 활발해졌다. 완전히 분열된 나라의 상황은 선거에서 좌파 인민전선(Frente Popular)의 승리 ─ 근소한 표차로 선거에서 이겼으나 의회 의석수로는 큰 차이가 났다 ─ 로 반영되었다.

우파 진영의 두려움은 확대되었다. 파업, 토지 점유, 교회 방화가 공산주의 혁명의 전조로 묘사되자 그들의 두려움은 발화점에 도달했다. 사실 혁명이 일어날 가망은 없었으나 국민파 우파의 위기의식은 충분히 현실적이었고 좌파와 우파 양쪽에서 저지르는 정치적 살인은 나라가 처한 심각한 혼란을 반영하고 있었다. 사회적·정치적·이념적 양극화는 그 간극을 메울 수가 없었다. 공화국이 존속할 수 있을지가 문제였다. 강력한 세력들, 그중에서 특히 군부가 공화국을 파괴할 결심을 굳혔다. 우파의 지도자들이 서둘러 쿠데타를 일으키기로 합의했다.

정부는 무르익어가고 있던 쿠데타 음모를 전혀 알지 못했다.[18] 정부는 예방조처로 프랑코를 참모총장에서 해임하고 카나리아제도(Islas Canarias)로 파견했다. 쿠데타의 지도자로 그의 이름이 이미 거론되고 있었다. 그러나 몇 주 동안 그는 망설였고 준비과정에 거의 간여하지 않았다. 본능적인 신중함 때문에 그는 정부를 무너뜨리려는 쿠데타가 성공할 수 있을지 확신하지 못했다. 모호한 문구로 쓴 1936년 6월의 수상 산티아고 카사레스 이 키로가(Santiago Casares y Quiroga)에게 보낸 편지에서 공화국의 질서를 유지하기 위해서 쿠데타보다는 계엄실시를 선호하는 태도를 보여주었다. 수상은 그의 편

지를 무시했다. 프랑코의 동기가 무엇이든 그는 이제 공화국 전복 음모에 합류했다.[19]

음모 가담자들 가운데서 호세 산후르호(José Sanjurjo) 장군은 왕당파이자 모로코 식민전쟁에 참여했고 민방위군(Guardia Civil)의 책임자였으며, 실패한 1932년의 쿠데타(프랑코는 간여하지 않았다)에 참여했다가 포르투갈로 망명했다. 그는 스페인의 미래 지도자로 평가받고 있었다. 쿠데타 계획의 주모자인 에밀리오 몰라(Emilio Mola) 장군은 근거지가 북부 스페인의 팜플로나(Pamplona)였다. 몰라는 프랑코를 스페인령 모로코의 봉기군 사령관으로 점찍어 두고 있었다. 그러나 6월 말까지도 프랑코는 쿠데타 참여를 확신하지 못했다. 마지막에 참여를 결정했을 때도 프랑코는 자신을 스페인의 준비된 지도자로 생각하지는 않았다. 그의 희망은 모로코 총독이 되는 것이었다.[20]

1936년 7월 13일에 칼보 소텔로(Calvo Sotelo)가 암살당하자 프랑코는 더 이상 계획된 반란으로부터 초연할 수 없다는 결심을 하게 된다.[21] 소텔로는 왕정주의 우파의 카리스마적인 인물로서 권위주의적 군주제를 선호했고 쿠데타가 성공한 후 중요한 역할을 맡기로 언질을 받았다. 나흘 뒤, 7월 17일에 모로코에서 봉기가 시작되었다. 프랑코는 다음날 카나리아제도에서 모로코로 날아가 아프리카 군단—스페인의 군대 가운데서 가장 잘 훈련되고 가장 잔인한 부대—의 지휘를 맡았다.

이념의 전사

프랑코는 위대한 민족영웅의 역할을 맡을 생각이 전혀 없었다. 그는 위엄과는 거리가 먼 인물이었다. 키는 작고(5피트 4인치에 불과했다), 나이에 비해 일찍 대머리가 되었고, 약간 비만이고, 목소리는 호감가지 않는 고음인 그에게서 카리스마의 광채는 찾아볼 수 없었다. 무솔리니나 히틀러와는 달리 그는 선동가적인 자질도 갖추지 못했고 추종자들을 모아 대중운동을 조직하지도 않았다. 실제로 그는 정당정치에 전혀 간여하지 않았다(1936년 5월에 아주 잠깐 그럴 생각을 해본 적은 있었지만).[22] 그러나 그에게는 뛰어난 군사적 재능이 있었으며 그가 지휘한 부대는 그에게 깊은 충성심을 보였는데, 그중에서 가장 주목할 만한 부대가 10년 전에 식민지 전쟁에서 지휘하여 승리를 거둔 아프리카군단이었다. 일단 군사봉기가 시작되자 그는 그것을 주도하고 싶은 야망이 생겼다. 그 야망을 달성하자면 그의 능력을 초월한 다른 요소들의 도움이 있어야 했다. 같은 야망을 가진 경쟁자들도 있었다. 여하튼 그는 빠르게 국민파 세력의 최고 지휘자의 자리에 올랐다. 일단 봉기군의 지도자로 인정받게 되자 그는 곧 스페인의 최고 국가 지도자란 말을 듣게 되었다. 그가 이처럼 빠르게 지위가 올라가기까지 당연히 그의 뛰어난 군사적 재능이 받침이 되었을 뿐만 아니라 행운도 따라주었다.

행운은 경쟁자의 소멸이었다. 봉기군의 지도자로 예상되던 산후르호 장군이 반란이 시작되고 사흘 만에 포르투갈로부터 그를 태운 경비행기가 이륙하자마자 추락하여 사망했다. 이 사건은 프랑코에게는 안성맞춤이었다. 그것은 사고였지 반칙행위가 아니었다. 프랑코의 경쟁자가 되었을 뻔한 다른 두 지도자 ─ 호아킨 판훌(Joachín Fanjul) 장군과 마누엘 고데(Manuel Goded) 장군은 마드리드와 바르셀로나에서 반란을 일으킨 초기에 체포되어 처형당했다. 군부 내에 남은 유일한 경쟁자 몰라 장군은 상대적으로 위상이 취약했다. 그의 지휘 아래에 있는 북부 스페인 군대는 결정적인 돌파구를 만들 수 없었으나 모로코에서 프랑코의 아프리카군단이 도착하자 남부 스페인 군대는 신속하게 세력이 강화되었다. 뿐만 아니라 몰라는 군주제를 지지하는 장교들을 배제했고 이들은 프랑코를 장래의 지도자로 받아들였다. 결정적인 것은 외국으로부터 무기 원조를 받아들이는 문제에서 몰라는 프랑코에 비해 덜 적극적이었다는 점이었다.

잠재적인 민간인 지도자 가운데서 길 로블레스는 1936년 선거에서 자주우익연맹이 참담한 성과를 내자 인기가 떨어졌다. 소텔로는 앞서 말한 바와 같이 쿠데타가 일어나기 전에 암살당했다. 팔랑헤 (Falange)당─급진적 파시스트 운동. 처음에는 온건한 정당이었으나 공화국 말기에 (특히 자주우익연맹의 청년 지지자들을 흡수하여) 빠르게 성장했다─의 카리스마적인 창립자 호세 안토니오 프리모 데 리베라(독재자 리베라의 아들)는 1936년 3월에 투옥되었다가 11월에 처형되었다. 이제 프랑코만 남았다.

그런데 그의 상승세를 행운 탓으로만 돌린다는 것은 사실과는 너무 거리가 먼 설명이다. 내전이 시작되었을 때 프랑코는 마흔세 살이었고, 나폴레옹 이후로 유럽에서 가장 젊은 장군이었다.[23] 아스투리아스 폭동을 무자비하게 진압한 경력 때문에 그는 군대를 벗어나 스페인의 우파로부터도 높은 평가를 받아왔다. 그는 영리할 뿐만 아니라 집안도 좋았다. 그는 개인적인 관계와 뛰어난 발상으로 기민하게 외부세계의 도움을 확보했다. 무솔리니와 히틀러가 신속하게 비행기 제공을 약속했고 비행기는 아프리카군단을 스페인 본국으로 이동시키는 데 결정적인 역할을 했다. 1936년 8월 말이 되자 3만여 명의 잘 훈련된 전투원─모로코 원주민으로 구성된 '충성부대'와 스페인인으로 구성된 '군단'─이 스페인에 상륙했다.

공포의 대상인 아프리카군단의 도착은 남부 스페인의 국민파의 운을 바꾸어놓은 반면에 몰라는 스페인 북부에서 강력한 공화국 군대와 맞서 고전하고 있었다. 모로코 병력은 가는 곳마다 포로를 학살하고 여자들을 강간하는 테러를 저질렀다.[24] 이것은 프랑코의 계산된 전략이었다. 이념 때문에 찢긴 사회에 이미 깊이 뿌리내린 폭력은 한쪽 진영에서는 받아들일 만한 난폭 행위였으나 다른 진영에서는 혐오스러운 잔혹 행위였다. 8월 중순에 남쪽 군대와 북쪽 군대가 만나 국민파 진영의 단일 지대를 형성했다. 프랑코의 초반의 성공으로 몰라가 아니라 그가 군부의 중심인물로 인정받게 되었다. 뿐만 아니라 그는 중요한 무기를 받아들임으로써 독일이 선호하는 인물이 되었다.

9월 21일에 열린 주요 장군들의 회의는―일부 참석자는 그렇게 적극적이지는 않았으나―프랑코를 국민파 세력의 최고사령관(Generalísimo)으로 선출했다. 한 주 뒤에 프랑코는 중요한 선전전에서 승리하여 국민파 진영으로부터 열광적인 박수갈채를 받았다. 그의 모로코 병력은 군대의 논리대로라면 당연한 순서인 수도 마드리드 공격을 미루고 공화파 군대에 포위된 톨레도(Toledo)의 알카사르(Alcázar) 요새를 (많은 피를 흘리고) 구원했다. 카를로스 5세 황제 때에 건설된 이 요새는 스페인의 지나간 영광의 상징이었다. 그 다음날 열린 장군들의 회의에서 (몰라와 몇몇 장군들은 마지못해 받아들였지만) 최고사령관 프랑코를 '내전이 지속되는 동안' 국가의 최고지도자로 추대하고 '새로운 국가의 모든 권력을 (그에게) 부여하자'는 제안이 나왔다. 10월 1일, 웅장한 의식과 군중의 열광적인 환호 속에서 프랑코는 '국가의 절대권력'을 넘겨받았다.[25]

며칠이 안 되어 국민파의 선전은 프랑코를 카우디요(Caudillo)―지도자. 프랑코를 스페인의 역사적 영웅과 연결시키는 표현―로 그려내고 있었다.[26] 이런 아첨이 이미 부풀어 있던 프랑코의 자만심을 부추겼다. 그는 국민파의 구호와 자신을 무신론과 공화파의 야만성에 맞서 스페인과 가톨릭신앙을 지키는 십자군의 지도자로 선포한

프랑코주의자들의 시위(살라망카, 1937).
프랑코의 군대가 도시를 점령한 뒤 프랑코주의자들이
그의 초상화를 들고 시위를 벌이자 군중들이 고대 로마식
경례를 보내고 있다. 국민파의 선전은 프랑코를
영웅적인 지도자, 즉 '카우디요'(Caudillo)로 그려냈다.

교회 지도자들의 발표문을 요란스럽게 선전했다.[27] 선전은 자신은 신으로부터 애국적 사명을 부여받았다는 그의 강한 믿음과 조화를 이루었다. 그는 거룩한 섭리에 의해 스페인의 구원자로 선정되었다는 자부심을 갖고 있었다.[28]

프랑코의 세계관과 일반적인 군사적 신분제도에 따르면 군대는 허약한 정부가 막아낼 수 없는 혁명적 혼란과 스페인의 구원 사이에 서 있었다. 스페인 정치에서 독을 제거해야 했다. 내부의 적은 패배시켜야 할 뿐만 아니라 파괴되어야 했다. 그때야 비로소 스페인의 영광이 돌아올 것이다. 군대가 스페인의 운명을 결정해야 한다는 것은 그에게는 자명한 도리였다. 그가 보기에 1931년 이후 제2공화국의 혼돈은 이런 믿음을 확인시켜주는 사례였다. 1936년의 봉기로 군대가 신속하게 권력을 넘겨받으리란 기대는 사라졌다. 잔혹한 투쟁이 3년 동안이나 지속되었다. 이때 프랑코의 진가가 드러났다.

내부의 적을 진압하겠다는 정도가 아니라 완전히 뿌리 뽑겠다는 프랑코의 결심이 잔혹한 투쟁이 장기화된 중요한 요인이었다. 그는 빠르지만 표면적인 승리는 바라지 않았다. 그의 군대는 천천히, 끊임없이, 그리고 무자비하게 진군했다. 지독한 잔학행위를 양쪽이 다 저질렀지만 대다수는 국민파가 저질렀다.[29] 전체 인구 2,500만 정도인 나라에서 100만 명 이상이 감옥과 노동수용소에 갇혔다. 프랑코의 군대는 수만 명의 공화파를 처형했다. 그는 수많은 처형명령서를 직접 읽고 서명했다.[30]

절망적인 공화파의 방어는 점차로 약화되면서 무자비해졌다. 해외로부터의 무기공급의 불균형이 결정적인 요인이었다. 추축국의 무기제공──볼셰비키의 스페인 침투를 막고 자신들의 군사기술(민간인 폭격을 포함하여)을 검증하는 것이 목적이었다──은 국민파 반란군에게 큰 이점이었고 서방 민주국가들의 비개입 정책은 이 이점을 더욱 확대시켜주었다.[31] 소련의 공화파에 대한 원조는 판을 돌려놓기에는 너무 적었고 소련의 개입은 매번 공화파 내부의 분열을 유발했다. 스페인내전의 국제적인 파급효과는 유럽 강대국의 수도를 넘어 뻗어나갔다. 3만여 명의 자원자들이 파시즘과 싸우기 위해 유럽 대륙을 가로질러 스페인으로 모여들었고, 그중에서 많은 사람들이 영웅적으로 죽어갔다. 그러나 그들의 헌신은 점차로 벌어지는 전쟁의 불균형을 뒤집기에는 턱없이 미약한 것이었다. 1939년 초가 되자 내전의 종말이 시야에 들어오기 시작했다. 공화파의 주요 방어거점이 하나씩 무너졌다. 3월 26일, 국민파 군대는 마드리드를 공격하려던 첫 번째 시도가 실패한 후 거의 3년이 지나 수도에 입성했다. 4월 1일, 프랑코는 내전의 종결을 선언했다.

수십만 명이 전장에서 죽었고, 수만 명을 양쪽에서 처형했다. 50만 명의 공화파가 해외로 망명했다(그중에서 다수가 프랑스의 수용소에서 질병으로 죽었다). 양쪽의 희생자를 합하면 100만이 넘었다.[32] 내전의 종식으로 살육이 멈추지는 않았다. 징벌과 "우리의 적을 완전히 뿌리 뽑기 위한" 조처로서 —프랑코가 임명한 정치책임청산위원회(Comisión Liquidadora de Responsabilidades Políticas) 위원장 엔리케 수녜르 오르도녜즈(Enrique Suñer Ordóñez)가 1938년에 한 말— 악마화된 좌파에 대한 테러에 가까운 청산은 1940년대 중반까지 계속되었다.[33] 프랑코의 언론담당 부관 곤살로 데 아귈레라(Gonzalo de Aguilera) 대위 —그 자신이 지주였다— 는 1939년에 '나라를 청소하고 프롤레타리아를 뿌리 뽑기' 위해 '스페인 남성인구의 1/3을 제거하는' 정화작업을 시행할 '프로그램'에 관해 언급했다.[34] 이런 프로그램이 만들어진 적은 없었다. 그런데도 2만여 명의 공화파가 내전이 종료된 후에 처형되었고 수천 명이 감옥, 수용소, 강제노동부대에서 더 죽고 나서야 마침내 피 흘림이 멈추었다.[35]

스페인내전에 참여한 미국의 링컨여단(1937).
미국의 노동자와 지식인 중심으로 조직된 링컨여단이
스페인내전에서 공화파를 지원했다. 사진은 링컨여단 예하
톰 무니(Tom Mooney) 중대의 모습이다(스페인 하라마, 1937).
이 시기 파시즘과 싸우기 위해 각국의 군대와 많은 지식인들이
스페인으로 모여들었다.

국민파의 승리에서 프랑코의 개인적인 공헌은 무엇이었을까? 스페인내전의 발생 원인과 프랑코 개인의 연관성은 거의 없었다 그의 이념적 성향은 평범했다. 그에게서 공화파에 대한 강한 반감을 찾아볼 수 있고, 그는 좌파에 대해 기꺼이 잔혹한 행위를 저질렀으며, 군부 내 우파가 쿠데타를 준비하고 있다는 것을 알면서 그들에게 동정적이었음은 분명하다. 그는 우파와 이념적 증오를 공유했다. 그래서 반란이 시작되었을 때 그는 여전히 음모집단의 주변에 머물고 있었다. 쿠데타에서 그의 중요한 기여는 아프리카군단을 스페인으로 실어 나르기 위해 이탈리아와 독일의 도움을 끌어낸 것이었다. 그 뒤로 그는 전쟁에서 능동적으로 야만적인 행위를 장려하지 않았다는 점으로 자위(自慰)했다. 그런데 프랑코가 아닌 다른 국민파 장군, 예컨대 몰라―1937년에 비행기 추락사건으로 사망함으로써 절묘한 때에 프랑코의 부상(浮上)에 도움을 주었으나 사건 자체는 분명한 사고였다―가 내전을 지휘했더라도 야만으로의 퇴행은 틀림없이 일어났을 것이다.

몰라는 프랑코와 이념적 편향성을―프리메이슨과 유대인에 대한 증오를 포함하여―공유했다. 몰라는 내부의 적을 찾아내고 스페인의 '정화'를 추구함에 있어 극단적 폭력, 테러, 시범적 처벌을 선호했다.[36] 프랑코 통치의 특징이었던 복수의 갈망이 내전이 끝난 후 다른 장군이 권력을 잡았더라도 그만큼 지독하고 오래 지속되었을지는 물론 알 수 없다. 프랑코의 군사적 수완이 공화파 세력을 꺾는 데 중요한 역할을 했음은 의심의 여지가 없다.[37] 그러나 추축국들의 무기원조가 없었더라면 사령관 프랑코의 용맹만으로는 충분하지 않았을 것이다. 그리고 그런 무기가 있다면 다른 국민파 장군이라도 승리를 거머쥐었을 것이다. 그러므로 어떤 면에서는 프랑코는 분명히 운이 좋아 월계관을 차지했다고 할 수 있을 것이다. 승리가 확정되었을 때 스페인 내부에서 그 몫을 두고 다툴 수 있는 자격을 갖춘 인물은 없었다.

국민파가 승리하자 프랑코 숭배는 과열상태에 이르렀다. 이 무렵 군사 분야를 뛰어넘어 위대한 지도자로서 그의 위엄을 전파하고 이용하는 정치적 대중운동이 일어났다. 1937년, 우파의 여러 분파─왕정복고파, 보수파, 옛 CEDA(자주우익연맹), 기타 우익─가 연합하여 팔랑헤당을 재건했다. 프랑코는 이 당의 확고한 숭배 대상이었지만 당의 재건에 직접적인 역할은 전혀 하지 않았다. 한때의 소규모 운동이 새로운 정권이 들어서자 거대한 국가정당이 되었고 수십만의 당원은 카우디요를 찬양하는 도구가 되었다.[38]

팔랑헤당의 방대한 당원은 파시스트 이탈리아나 나치 독일과 유사한 장엄한 선전 수단의 한 부분이었다. 국민파의 승리를 축하하고 무엇보다도 카우디요의 이미지를 스페인의 영광스러운 영웅으로 받들어 올리기 위한 대규모 군중집회가 1939년 5월 18일부터 20일까지 사흘 동안 마드리드에서 열렸다. 프랑코가 개선장군으로 마드리드에 입성하는 장면은 전설적인 중세의 스페인 영웅 엘 시드(El Cid)의 이미지를 연상하도록 설계되었다. 다음 날 그는 다섯 시간에 걸친 승리의 퍼레이드를 주재하고 행사 마지막에는 '대자본과 마르크스주의의 결합을 허용하는 유대인의 정신'을 경고하는 연설을 했다. 5월 20일에는 대규모 농민무리가 무어인을 물리친 스페인의 중세 십자군과 스페인의 영광스러운 군사적 과거를 찬양하는 행진을 벌였다. 이어지는 대미사는 프랑코의 승리에 대한 가톨릭교회의 감사를 전달했다.

3년 동안의 스페인내전은 유럽 대부분을 옭아맸다. 스페인내전은 점차 분명하게 다가오는 더 넓은 범위의 전쟁의 서곡이었다. 유럽 전체가 매달렸다가 세계로 확산된 전쟁이 일어났을 때 그것은 스페인과는 별 관계가 없었다. 그럼에도 불구하고 프랑코의 정복은 스페인 국경 안에만 한정되지 않는 결과를 가져왔다. 독일과 이탈리아는 스페인내전을 테러 폭격을 시험하는 기회로 활용했다. 서방 민주주의 진영은 비개입 정책을 통해 소련에 대해서뿐만 아니라 추축국에 대해서도 무기력한 모습을 드러냈다. 그들은 프랑코가 승리를 위해 동원한 수단에 대해서는 혐오하면서도 그래도 스페인에서 공산주의가 승리하는 것보다는 낫다고 생각했다. 스페인에서뿐만 아니라 좌파는 패배하고 사기를 잃었다. 그러나 유럽 대부분이 임박한 2차 대전에 몰두하게 되면서 스페인은 시야에서 멀어지고 더 이상 유럽 국가들의 관심을 집중시키는 중심사건이 아니었다. 그렇기는 해도 2차 대전과 냉전 시기에 주요 강대국의 전략계획에서 프랑코는 작기는 하지만 한 부분을 차지했다. 그러나 프랑코가 상상했던 부분은 아니었다.

세계대전과 냉전: 프랑코의 두 얼굴

스페인내전 동안 프랑코는 무솔리니를 경외했고 히틀러에 대해서는 더욱 그러했다. 추축국이 승리를 거둘 것처럼 보이던 2차 대전 첫해에 프랑코는 두 독재자를 숭배했다. 프랑코는 그들과 이념적으로 동지의식을 느꼈다. 그뿐만이 아니라 그는 전쟁 그 자체로부터, 그리고 거의 확정적인 서방 민주주의 국가의 패배로부터 스페인이 기대할 수 있는 이점을 보았다. 그는 스페인이 교전 당사국으로 2차 대전에 참여하기를 원했고 그리하여 예상되는 승리로부터 한몫을 차지하기를 바랐다.

2차 대전이 끝난 뒤에는 당연히 그는 이런 생각을 품었던 자신의 모습이 스페인 국민은 물론이고 더 중요하게는 승리한 연합국에게 알려지기를 원치 않았다. 전세가 추축국에게 불리하게 돌아가고 추축국이 패배할 가능성이 더 확실해지자 프랑코의 열정은 시들었다. 그러자 스페인의 선전은 카우디요의 이미지를 열렬한 추축국 지지자로부터 뛰어난 외교정책 덕분에 스페인을 전쟁에 말려들지 않게 하고 고상하게 중립을 지켜낸 현명한 지도자로 바꾸어놓았다. 이것은 종전 직후의 세계에서 서방의 적대감을 극복하고 국제관계에서 스페인의 고립을 면하려는 시도의 시작이었다. 그러나 프랑코 자신의 능력이나 노력이 아니라 2차 대전 후의 전략적 필요가 스페인에게 부분적인 재활의 돌파구를 열어주었다. 2차 대전은 물론이고 냉전시기에도 프랑코 자신이 아니라 외부적 요소가 스페인의 국제관계를 결정했다. 프랑코는 그런 요소의 상충되는 모습을 공개적으로 드러내 보여주었다.

프랑코가 스페인의 정책을 결정했다는 것은 의문의 여지가 없는 사실이다. 최종적인 책임은 그의 것이었다. 그러나 그가 '통상적인 수준 이상으로' 책임감을 느끼고 있었음을 보여주는 증거는 없었고, 스페인 권력엘리트들의 집합적인 목소리 이상을 표현했다는 증거도 없었다. 뿐만 아니라 전쟁에 참여하지 않겠다는 결정도 스페인의 경제적 군사적 약점을 반영한 것뿐이었다. 그 밖의 결정은 거의 불가능했다. 그가 아닌 다른 군사독재자가 스페인의 미래를 책임졌더라도 정책은 동일했거나 최소한 비슷했을 것이다. 프랑코는 약한 지도자가 아니었다. 그는 실질적인 권력을 장악하고 있었고 그의 권위는 스페인의 모든 지배계급으로부터 인정받고 있었다. 그러나 그의 행동은 비인격적 결정요인으로부터 제약을 받았다. 프랑코의 개인적인 결정에 맡겨졌더라면 스페인은 추축국과 함께 싸우는 교전국이 되었을 것이다.

프랑코는 군사적으로나 경제적으로 전쟁에 참여할 형편이 안 되는 스페인에게 2차 대전이 너무 일찍 찾아왔다고 아쉬워했다. 영국이 머지않아 강화를 요청하리라고 확신했던 그는 수하의 경제 '전문가들'에게 스페인이 서방과의 관계를 끊고 자급자족할 수 있는 방안을 찾아보라고 지시했다. 그 결과 이미 대부분의 스페인 사람들이 느끼고 있던 경제적 어려움이 더 악화되고 식량과 다른 생활필수품의 재난에 가까운 부족현상이 발생했다.[39] 프랑코가 전쟁에서 이길 것으로 예상한 독일 측에 가담하려 했던 핵심적인 이유는 두 가지였다. 그 가운데 하나는 독일로부터 폭넓은 군사적 지원뿐만 아니라 심각한 스페인의 경제를 구해줄 경제적 지원을 기대한 때문이었으나 이 기대는 무너지게 된다. 다른 하나의 이유는, 1940년 6월 프랑스가 항복한 후 프랑코가 프랑스령 모로코를 스페인에 넘기라고 요구한 때문이었다. 그는 궁극적으로 영국이 지브롤터를 스페인에게 떼어주어도 (독일의 입장에서도 스페인의 참전은 필요했기 때문에) 히틀러와 협상하는 데는 장애가 되지 않을 것으로 판단했다. 스페인의 참전 여부는 그러므로 이 두 가지 요구의 해결 여하에 달려 있었다.

그런데 1940년 여름에 이 두 가지 요구를 중심에 놓고 벌인 외교협상은 성과 없이 끝났다. 독일이 스페인의 과도한 '희망사항 목록'에 호의적인 반응을 보이지 않았던 이유는, 스페인이 참전하여 지브롤터를 장악함으로써 지중해의 목을 틀어쥔다고 해도 그 전략적 가치는 무시해도 좋을 만한 수준이라고 평가한 때문이었다. 간단하게 말하자면 프랑코가 참전을 놓고 부르는 값이 너무 비싼 때문이었다. 독일은 스페인내전이 일어나기 전부터 추축국에 대한 스페인의 전략적 가치에 대해—스페인의 전쟁수행 능력은 제한적이며 지속가능한 기간도 매우 짧다는 계산에 근거하여—낮은 평가를 내려놓고 있었고 그 뒤로 본질적인 변화가 없었다.

그럼에도 불구하고 1940년 여름, 다음 해 봄에 소련을 상대로 전쟁을 벌일 준비를 하라는 히틀러의 지시를 받은 독일 군부의 전략적 고려 요소에는 영국을 지중해에서 몰아내는 '주변부 전략'이 포함되어 있었다. 스페인의 참전을 포함하여 지브롤터 장악은 그러므로 드러나 있던 문제였다. 그래서 독일은 스페인을 시험해볼 생각이었다. 그러나 1940년 9월 중순 베를린에서 열린 독일 외무장관 요아힘 폰 리벤트로프(Joachim von Ribbentrop)와 라몬 세라노 수녜르(Ramón Serrano Súñer) ── 프랑코 손아래 동서, 정권 내부에서 독재자의 바로 아래 2인자 ── 의 회담과 그다음 달에 스페인 국경에 가까운 프랑스 마을 앙다이(Hendaye)에서 열린 히틀러와 프랑코의 회담은 성과 없이 끝났다. 프랑코는 결과를 보고 실망했지만 그래도 추축국에 대한 지지를 밝히는 데는 망설이지 않았다.

추축국이 지중해에서 수세에 몰리고 영국을 지중해에서 몰아내는 것이 불가능해지자 그는 독일의 이른 승리를 회의하기 시작했다. 군사 조언자들은 그에게 추축국이 수에즈 운하를 점령하기 전에 스페인의 참전을 결정하는 것은 위험하다고 경고했다. 독일의 관점에서 보자면 스페인이 참여하지 않는 지브롤터 공격계획은 위험한 모험이었다. 소련 공격을 준비하면서 지브롤터 점령계획은 결국 1941년 2월에 폐기되었다. 프랑코의 과도한 경제적·군사적·영토적 요구를 베를린에서는 스페인이 참전하지 않으려는 핑계로 받아들였다. 1942년 가을 이후로 전세가 추축국에 불리하게 돌아가고 다음 해에 연합국이 지중해와 북아프리카를 장악하자 프랑코는 군부 주요 지도자들의 지지를 받아 판돈을 나누어 걸기로 결정했다. 스페인의 중립을 활용하여 연합국에 저항하기 위한 무기를 독일로부터 공급받으려던 시도가 실패로 끝나자 그는 영국과 미국에게 화해의 첫 번째 신호를 보냈다.[40]

1941년 여름에 4만 7,000명의 스페인 자원병으로 구성되어 동부

1940년 10월 23일, 히틀러와 프랑코의 앙다이회담.
회담의 목적은 영국을 상대로 하는 전쟁에서 스페인이 독일 쪽에
참여하는 조건을 논의하는 것이었다. 프랑코는 승리할 시 지브롤터를,
프랑스령 모로코와 알제리(일부)를 넘겨줄 것, 프랑스 식민지 카메룬을
스페인 식민지 기니아에 병합해줄 것, 내전 후 경제위기에 빠진
스페인에게 독일이 식량, 석유, 무기를 제공해줄 것을 요구했다.
히틀러는 프랑코의 요구가 지나치다고 생각했다.
스페인의 2차 대전 참전은 무산되었다.

전선으로 가서 독일군과 함께 싸우던(전사율이 50% 가량) 푸른 사단 (División Azul, Blue Division)이 1943년 10월에 소환된 후 다음 달에 공식적으로 해산했다. 일부 열성분자는 소환을 거부하고 남아서 계속 싸우다가 몇 달 후 잔여 병력은 나치 무장친위대(Waffen-SS)에 흡수되었다.[41] 이 무렵 물결의 흐름은 완연하게 바뀌었다. 1944년 가을, 프랑코는 처칠에게 볼셰비키와 맞설 영국-스페인 동맹을 제안하고 있었고, 개인적으로는 미국을 기반으로 하는 프리메이슨 음모의 환상을 믿으면서도 루스벨트 행정부에 밀사를 보내고 있었다. 두 가지 제안에는 모두 적대적인 반응만 돌아왔다.[42]

국내에서 프랑코의 권력은 흔들림이 없었으나 이제 그의 이미지는 정권의 파시스트 색채는 줄이고 가톨릭교회와 왕실의 신임을 강조하면서 2차 대전 동안 비교전국으로 남는 정책을 추구한 지도자로 재구성되었다. 그중에서도 왕실의 신임은 1947년 왕위계승법의 제정과 함께 왕정이(왕은 없는데도) 선포되자 더욱 강조되었다. 사치스러운 카우디요 숭배는 부조리의 극치를 보여주었다. 1949년의 공식 보도는 알렉산드로스 대왕과 율리우스 카이사르보다 프랑코의 순위를 높게 매기면서 그를 '하느님의 사람', '하늘과 땅의 세력을 주도하는 사람', '전 세계의 스타', '바티칸, 워싱턴, 전 세계가 축복하는 사람'이라고 묘사했다.[43] 바티칸이 그를 기꺼이 가톨릭국가 스페인의 최고의 반공주의 지도자로 지지해주는 동안[44] 프랑코는 2차 대전 직후 시기에 서부 유럽에서 첫손가락 꼽는 기피인물이었다. 그런데 얼마 안 가 이런 평가는 냉전의 영향을 받아 바뀌기 시작했다.

스페인이 국제적 고립과 부랑자 취급으로부터 벗어나게 된 조건은 프랑코와는 거의 또는 전혀 관계가 없었다. 냉전이 시작되자 미국은 남유럽에 공산주의가 전파되는 것을 막기 위해 적극적으로 나섰다. 서유럽도 미국에 비하면 망설이는 편이었지만 곧 미국을 따랐다. 1947년, 미국인은 프랑코를 여전히 부랑자로 취급하고 마셜계획(Marshall Plan)에서 스페인을 제외했다. 1949년 무렵, 냉전은 단단한 얼음으로 발전했나. 소련은 핵폭탄을 실험했고 중국에서는 마오쩌둥(毛澤東)이 새로운 공산주의 정권을 세웠다. 1년 뒤 한국전쟁이 일어났다. 국제적인 위험에 대한 평가가 달라지면서 미국의 프랑코에 대한 태도도 바뀌었다. 프랑코에 대한 미움이 어떻든 간에 그의 정권이 끝날 조짐은 보이지 않았고, 공산주의가 남유럽에 침투하는 것보다는 프랑코의 유사 파시즘이 유지되는 것이 낫다는 인식이 퍼졌다.

프랑코는 '파시스트 짐승'에서 '서방의 파수꾼'이 되었다.[45] 스페인에 군사기지를 설치하기 위해 도덕적 비난과 정치적 반대는 뒷전으로 밀렸다. 1951년에 스페인이 군사기지를 대여해주고 미국은 스페인에 상당한 재정지원을 해주는 협정이 맺어졌다. 2년 뒤 이 거래는 미국 의회의 비준을 받았고 스페인에서는 프랑코의 승리라는 찬사가 쏟아졌다. 이제 그는 미국의 가치 있는 동맹이 되었다. 1955년, 스페인은 UN에 가입했다. 스페인은 냉전 덕분에 무대에 올랐다.

이런 과정을 겪으며 프랑코 정권의 목표는 장기적인 생존의 확보로 좁혀졌다. 정권의 파시스트적인 요소는 희석되었고 한때 갖고 있었던 역동성이란 것도 사라졌다. 이제는 더 이상 내전 초기에 그랬던 것처럼 직설적인 테러를 사용하지는 않지만 정권은 여전히 억압적이었다. 그리고 경제정책은 완전히 바뀌어 스페인은 나머지 서유럽 세계와 제휴하고 세계경제와 보조를 맞추기 시작했다.

경제적 지속가능성의 위기 ─국가를 파산 직전으로 몰고 간 심각한 재정적자와 인플레이션 ─가 프랑코의 초기 반대에도 불구하고 방향전환을 강요했다.[46] 1959년에 경제적인 자급자족 정책은 폐기되었다. 2차 대전의 파괴로부터 서유럽 국가 대부분이 놀라운 전환과 회복을 경험하고 있을 때 자급자족 경제를 고집하던 스페인은 인

프랑코와 아이젠하워 대통령(마드리드, 1959년 9월).
미국과 스페인 사이에 체결된 마드리드 협정(1953년 9월 23일)은
2차 대전 이후 스페인의 국제적 고립을 해소하는 중요한 전기가 되었다.
추축국 측에 우호적이었던 스페인에 대해 전후 서방 연합국은
거부감을 가지고 있었다. 마드리드 협정으로 미국은 스페인에
군사기지를 가질 수 있게 되었고 스페인은 미국으로부터
거액의 재정지원을 받게 되었다.

구의 대다수는 지독한 가난에 빠져 있었고, 낮은 생활수준과 활력을 잃고 변화에 둔감한 독재체제를 감내할 수밖에 없었다.[47]

그런데 1950년내 말이 뇌사 상력한 성장을 경험하고 있던 스페인은 유럽경제협력기구(OEEC: Organization for European Economy Cooperation)─1961년부터 경제협력개발기구(OECD: Organization for Economic Cooperation and Development)─에 가입했고 세계은행(World Bank), 국제통화기금(IMF: International Monetary Fund), 관세무역일반협정(GATT: General Agreement on Tariffs and Trade)에도 가입했다. 1959년에 '안정화계획'(Plan de Estabilización)이 도입되면서 오푸스데이(Opus Dei, 하느님의 사업)─신학적으로는 보수적이나 경제적으로는 진보적인 엘리트 가톨릭 평신도들의 조직─와 긴밀하게 협력하는 경제전문가들('테크노크라트'라고 불렀다)에 의해 개혁 작업이 진행되었다. 좋은 교육을 받은 오푸스데이 회원들은 기업과 금융 분야와 긴밀한 관계를 맺고 있었다.[48] 그들이 추진한 신속한 경제구조 개편과 자유화는 빠르게 성과를 냈다. 스페인은 늦게나마 대부분의 유럽 국가들이 경험했던 유례없이 빠른 경제성장을 보여주었다.[49] 외국인 관광객의 유입은 스페인 경제를 급격하게 성장시켰다.[50]

이러한 근본적인 구조변경은 프랑코의 개성─스페인에 대한 국제적인 평가에서는 여전히 부정적인 요인이었다─이나 재능으로부터 영향을 받은 게 없었다. 그것은 내부가 아닌 외부로부터 가해진 현대화에 대한 압력의 결과였으며 실제로 처음에는 프랑코가 반대했다.[51] 그리고 현대화 정책이 성과를 내고 대부분 스페인 사람들의 생활조건이 현저하게 개선되기 시작하면서 갈수록 프랑코와 그의 정권이 지나간 시대의 낡은 유물임을 드러냈다. 그래도 정치적 변혁은 독재자의 죽음을 기다려야 했다.

권력 카르텔

1939년 이전까지는 프랑코는 정치적으로는 초보적인 책임만 지는 군사령관이었다. 그 뒤로 그는 국가 최고 권력자로서의 새로운 역할에 적응해야 했다. 1939년 8월 8일, 프랑코에게 최고의 권력, 아무런 제약도 받지 않는 입법권을 부여하는 법이 통과되었다. 헌법적인 제약이 없어졌다.[52] 그는 정부도 군대처럼 명령과 복종의 체계로 운영되어야 한다고 생각했지만 스스로를 독재자로 인식하지는 않았다.[53] 그런데 프랑코는 내전이 끝난 후 30년 동안 실제로 어떻게 스페인을 통치했을까? 그는 능동적으로 혼자서 정책을 만들었을까? 아니면 실제로는 정책을 만들어주고 정권을 받쳐주는 강력한 이익집단을 대변하는 목소리만 낸 것일까? 그리고 장기간 독재체제를 유지하면서 어떤 변화가 있었을까? 특히 프랑코가 늙어 점차 우유부단해졌을 때 그 혼자만의 통치는 어떻게 작동했을까? 좀 더 추상적으로 표현하자면 한 개인이 스페인의 역사경로를 결정했을까? 아니면 더 폭넓고, 비인격적인 정치적·경제적·문화적 구조와 압력이 스페인의 역사를 만들었을까?

내전 동안에 국민파의 대의는 전통적으로 스페인의 권력엘리트를 구성해온 지배계급 — 군부, 지주, 대기업, 가톨릭교회 성직자집단 — 의 지지를 받았다. 같은 세력이 내전이 끝난 후 새로운 정권의 중추를 형성했다. 이탈리아와 독일의 권력엘리트 집단이 무솔리니와 히틀러에게 그랬듯이 스페인의 권력엘리트 집단도 프랑코에게 권력을 위임했다. 그들은 정권이 자신들의 이익을 지켜주는 한 프랑코의 통치를 지지했다.[54] 이탈리아와 독일에서 정권의 이념적 역동성은 점차로 보수적인 엘리트의 이익과 충돌했다. 그런데 프랑코 정권은 집권 기간 중에 중요한 변화가 있기는 했지만 핵심 지지자인 보수 세력의 이익을 침범하지 않았다.

이런 의미에서 프랑코 정권은 권력 카르텔이라고 할 수 있다. 기업주와 시주는 성권을 지지했지만 정책수립에 직접 간여하지는 않았다. 사회주의가 파괴되고 독립적인 노동조합이 금지됨으로써 노동자들의 권리가 제거되자 기업가들이 기뻐했다. 그들은 노사관계를 정부가 통제하는 파시스트 이탈리아와 같은 기업국가가 세워지자 환영했다. 지주는 농업보호정책과 농업노동자에 대한 통제 확대로부터 이익을 보았다. 가톨릭신앙이 독실한 나라에서 교회 지도자들이 정권의 이념적 정당성을 확인해주었다. 교회 지도자들은 교회가 파괴되고 성직자가 공격받던 공화국시대를 거듭 상기시켰다. 그들은 성직자에게 방패막이가 되어주는 지도자, 무신론으로부터 종교를 지켜주는 보호자, 교회의 전통적 권리를 옹호해주는 후견자에게 감사의 뜻을 표시했다. 국가 관료체계는 유럽의 몇몇 국가에서 그랬듯이 권위주의 정권의 정책을 충실히 수행했고 국가 물리력의 집행기관—경찰, 법원, 민병대—은 강제적인 수단을 기꺼이 활용했다. 카우디요 숭배의 선구자이자 중요한 전파자인 팔랑헤당은 정책형성에 미치는 영향력은 미약했지만 방대한 규모와 촘촘한 조직망을 통해 일상적인 감시활동, 동원, 통제의 도구가 되었다. 군부는 그들 자신이 출생에 큰 역할을 맡았던 정권의 최대 수혜자였다.

정책설계는 프랑코가 선발했고 지속적으로 프랑코의 시혜에 의존하는 비교적 소수의 군장교와 민간 각료들이 주도했다. 가족구성원도 영향력이 있었다.[55] 정권 초기에 가장 중요한 인물은 1937년에 다양한 국민파 분파를 한데 모아 '스페인 팔랑헤당'을 만들었고 이어서 이 당의 유능한 수장이 되었던 라몬 세라노 수녜르였다. 그는 내전 말기에 권위주의 국가의 권력기구를 만드는 데 중요한 역할을 했다. 내무부 장관으로서, 그리고 1940년 10월부터는 외무부 장관으로서 그는 프랑코 다음가는 중요 인물이었다. 그러나 그가 가진 권력은 독재자를 정기적으로 만날 수 있는 위치에서 나왔다. 1942년 9월에 팔랑헤당과 왕정주의자들 사이에 심각한 충돌이 일어나자 프랑코는 세라노 수녜르에 대한 신임을 거두어들였다. 그는 해임되었고 팔랑헤당은 급격하게 위축되었으며 권력 카르텔 내부의 군사부문이 반사적으로 이득을 보았다.

정부는 국가 최고지도자에 대한 공개적인 반대를 당연히 금지했다. 각료들은 (어느 정도 자율적이기는 했으나) 의미 있는 정도의 자율성을 누릴 수 없었고 늘 압도적이며 공인된 프랑코의 개인적 권위에 복종했다.[56] 내각 회의 — 장관위원회 — 는 흔히 몇 시간, 때로는 아침부터 저녁까지(중간에 긴 점심 휴식을 포함해서), 어떤 때는 다음날 새벽까지 이어지는 경우도 있었다. (프랑코의 방광 조절능력은 비상했다. 1968년 12월까지도 그는 화장실에 가기 위해 회의를 멈춘 적이 없었다. 이 때문에 몇몇 각료들은 큰 고통을 받았다.) 초기에 내각회의의 주요 특징은 프랑코의 두서없이 긴 연설이었다. 그러나 말년에 가서 그의 말수는 줄어들었다. 그는 각료들이 자신의 권위에 도전하는 것으로 비칠까 두려워하지 않고 마음껏 길게 발언하도록 허용했다. 이견이 있을 때는 — 본질적인 문제에 관한 이견인 적은 없었지만 — 어떻게 해서든 합의가 이루어질 때까지 결정이 보류되었다.[57]

그러나 내각에는 진정한 권력이 없었다. 어떤 경우에도 가장 중요한 결정은 프랑코가 신뢰하는 장군들, 특별히 총애하는 인물들, 마드리드의 독재자 관저 엘 파르도(El Pardo) 궁을 수시로 드나드는 소수의 친구들로 구성된 측근 그룹이 토의를 거쳐 내렸다. 팔랑헤당의 최고 의사결정기구인 운동전국위원회(Consejo Nacional del Movimiento)의 100인 위원은 형식상으로는 팔랑헤 지도부의 중요한 목소리를 대표했다. 실제로는 전국위원회는 훗날 완전히 거세되기 전에도 실질적인 영향력이 없었다. 1942년에 설립된 허울뿐인 의회(Cortes)도 내각에 대한 도전은 고사하고 견제조차 할 수 없는, 단지 합법성을 갖추기 위한 장식품에 지나지 않았다.

프랑코는 아무도 도전할 수 없는 권력 카르텔의 정점에 서 있었다. 초기에 그는 정책의 세세한 부분에 간여하며 법률이나 포고문의 초안까지 첨삭 수정했다. 그는 수시로 장관을 임명하고 해임했다. 그리고 최종 결정은 자신의 몫으로 남겨두었다. 그러나 어떤 경우에도 정권의 지지기반과는 중요한 갈등을 일으키지 않았다. 그는 정권의 주요 인물 또는 주요 파벌 사이의 이익충돌을 좋은 결과를 내는 방향으로 통제해 나가는 데 기민한 감각을 보여주었다. 특히 왕정주의자들을 외곽에 묶어두는 뛰어난 솜씨를 보여주었다. 1947년에 왕위 계승법을 제정하여 언젠가는 왕정을 복구하겠다는 약속을 하였으나 구체적인 시간계획을 제시하지 않았고 누가 다음 왕이 될 것인지 결정하는 권한은 프랑코 자신이 쥐고 있었다. '분할통치'는 그가 오랫동안 지켜온 잠언이었다.

거대한 뇌물과 부패 위에 세워진 체제에서 거의 무한한 치부(致富)의 기회와 승진의 약속은 엘리트들을 프랑코 주변에 묶어두는 중요한 요인이자 핵심적인 당근이었다.[58] 제한도 징벌도 없이 치부의 기회가 주어진 권력 엘리트들은 정권이 유지되어야 자기 몫을 차지할 수 있었다. 정권을 온전하게 유지하고 정권과 화해할 수 없는 세력을 감시하기 위해 보안, 첩보, 무장 기관에는 충분한 재정지원이 주어졌다.

1960년대 중반 이후로 프랑코는 정부의 일상적인 업무를 해군 장교 카레로 블랑코(Carrero Blanco)(당시 계급은 대장)에게 위임했다. 카레로는 중위였던 1941년부터 프랑코의 신임을 받아온 충직한 부하였다.[59] 그러나 프랑코는 그에게 권력을 나눠주지는 않았다. 역동성을 잃은 권위주의 체제는 자기 주변을 참호로 둘러쌌다. 경찰과 민방위대가 반대자들을 철저하게 짓밟았다. 반대자들은 대부분 모진 굴종을 강요당했다. 전국운동(Movimiento Nacional)—1970년에 바뀐 팔랑헤당 이름—이 여전히 풀뿌리 시민들의 침묵을 강요하는 역할을 맡았다. 그런 가운데서도 독립적인 시민사회가, 특히 노동자와 학생층에서 (정권과 맞서기에는 턱없이 역량이 부족했지만) 싹을 틔우고 있었다.

스페인은 서유럽 전체에 영향을 미치고 있던 경제적·사회적·문화적 변화를 서서히 경험하다가 이제 강압의 굴레를 벗어나려는 시발점에 섰다. 자생적인 테러리즘이 곧 서유럽 어디에서나 나타나게 되지만 바스크 독립을 요구하는 무장투쟁은 스페인의 특색이었다. 1973년에 바스크 분리주의자들이 카레로 블랑코를 암살하자 프랑코 통치하의 스페인에서 마지막이 될 발작적인 폭력 진압이 시작되었다. 그러나 이 무렵 정권은 수명을 다한 뒤 빌려온 시간을 살아가고 있을 뿐이었다. 독재체제는 멈출 수 없는 자유화와 민주화의 요구를 수용하기에는 턱없이 낡아 있었다. 그런데 독재자가 살아 있는 한 진정한 변혁은 불가능했다. 여기서 우리는 한 인물이 스페인과 유럽의 20세기 역사에서 다른 요인들 못지않게 중요성을 지녔다는 사실을 깨닫게 된다.

남긴 유산

프랑코는, 1920년대 모로코 식민전쟁과 훗날 내전에서 국민파 세력을 이끌면서 보여주었듯이 의심할 나위 없는 뛰어난 군사 지도자였다. 그러나 그의 정치적 지도력은 1930년대 말 이전에는 알아볼 수가 없었다. 당시의 스페인이 갖고 있던 특수한 조건이 아니었더라면 그것은 그냥 묻힌 채 넘어갔을 것이다.

좌·우파 어느 쪽도 상대 세력을 제압할 수 없었던 제2공화국의 계급적 균형상태 때문에 그에게 권력을 장악할 수 있는 기회가 주어졌다.[60] 내전이 그를 국민파 반란군의 군사 지도자로 끌어올렸다. 30년 넘게 국가의 최고 지도자로서 그가 보여주었던 주요 능력은 권력 카르텔의 구성요소를 분할 조종하여 자신의 권력을 유지한 솜씨였다. 그의 도전할 수 없는 권위는 그를 둘러싸고 만들어진 '영웅적인' 개인숭배 덕분에 형성되고 유지되었다. 프랑코에 대한 믿음이 진실한 것이든 꾸며낸 것이든 (계량화하기는 어렵지만) 상당한 비율의 인구가 카우디요 숭배에 참여했고, 엘리트들은—분명히 냉소적이면서도—독재체제로부터 무언가를 얻기 위해 참여했다. 대중의 이미지가 진실을 가렸다. 프랑코란 인물은 다른 시대였더라면 역사에 흔적을 남기지 못했을 것이다.

2차 대전이 끝난 후 권력유지는 그 자체가—거대한 규모의 부패를 기반으로 한 체제에서 그가 축적한 방대한 부와 함께—독재체제가 도달할 수 있는 목표였다. 내부의 적이 무자비하게 파괴되자 독재체제에는 위대한 이념의 역동성이 더 이상 남아 있지 않았다. 남은 것은 애국심, 신앙, 통합과 질서였다.[61] 프랑코는 무솔리니와 히틀러를 찬양했고 그들을 닮으려 했다. 추축국에 가담하려던 희망은 연합국의 승리가 점차로 분명해지면서 생산적이지 못하다는 평가가 내려지고 공식적으로 지워져버렸다. 프리메이슨의 국제적 음모라는 환상은 프랑코의 기묘한 발상의 반영이었을 뿐 실질적인 내용이 없었다.[62] 상황이 미국과의 화해를 요구하게 되자 그가 믿던 모호한 프리메이슨의 권력과 그의 편집증은 지정학적 현실에 적응하려고 정책전환을 시도할 때 아무런 역할을 하지 못했다.

몇 년이 지나고 몇십 년이 흐르면서 프랑코의 권력욕은 권력을 장악하고 있을 때부터 사그라졌다. 일상적으로 번잡한 정부 업무에 대한 흥미는 사라지고 그는 취미인 사냥, 심해 다이빙, 그리고 건강이 나빠진 말년에는 텔레비전 보기와 축구도박에 더 많은 시간을 쏟았다(이 도박에서 가끔 돈을 땄다).[63] 독재체제는 그래도 계속 작동했다. 그 이유는 정권이 스페인 지배계급의 이익을 여전히 보장해주어서가 아니라 늦게야 시작된 경제성장이 그동안 순종해온 대다수 인구의 생활수준을 향상시켜주었기 때문이었다. 그리고 프랑코는 충분한 보상을 받은 군부와 보안기관의 충성을 계속 확보했다.

몇 주 동안의 의학적 위기를 겪은 후 프랑코는 마침내 1975년 11월 20일에 숨을 거두었다. 헨리 키신저는 1970년에 이렇게 말한 적이 있다. "스페인은 지금의 삶이 끝나야 유럽의 역사에 다시 참여할 수 있다."[64] 프랑코의 죽음과 함께 재참여의 과정이 시작될 수 있었다. 그러나 민주주의로의 이행은 1981년에 민병대가 시도한 마지막 쿠데타가 실패로 끝난 후 자리를 잡았다. 프랑코가 선택한 후계자 국왕 후안 카를로스(Juan Carlos)는 지속적인 민주주의를 수립해가는 중요한 과정에서 결정적인 역할을 해냈다.[65]

1980년대에 스페인은 1936년 이후 처음으로 사회주의 정권이 지배했다. 그때 스페인은 NATO에 가입했다. 그리고 스페인은 유럽공동체에 가입했고, 유럽공동체는 유럽연합으로 발전한다. 그러나 프랑코는 스페인 역사에 지울 수 없는 흔적을 남겼다. 스페인이 독재체제에서 민주주의로 이행하는 전환기를 맞고 있을 때 프랑코 시대가 남겨놓은 분열의 상처는 너무나 깊었기 때문에 새롭게 떠올리기가 위험스러웠다.[66] 민주주의는 아직도 취약했다. 경찰, 법원, 민병대는 여전히 개혁되지 않은 상태로 남아 있었다. 새로운 독재체제가 들어설지 모른다는 좌파의 두려움, 더 나아가 새로운 내전에 대한 두려움은 유령처럼 맴돌고 있었다.[67] 어떤 형태의 실질적인 정치적 합의를 만들어냈을 때는 과거 청산에서부터 시작했다(1950년대에 독일이 그렇게 했듯이).

새천년이 시작되고 난 뒤에야 '역사적 기억의 회복'이 진지하게 시작되었다.[68] 프랑코의 위상도 무너지기 시작했다. 2006년, 스페인 내란이 일어난 지 70주년이 되는 '역사적 기억의 해'에 프랑코 시대에 관한 광범위한 대중적 토론이 벌어졌다.[69] 점차로 내전 기간 동안의 여러 가지 —전부와는 거리가 멀지만—고통과 탄압, 독재체제 아래서 저질러진 잔학행위들이 햇볕 아래로 불려나왔다. 2008년부터 사회당 정부는 프랑코 시대에 처형된 사람들의 집단 매장지를 찾는 작업을 지원했다.

프랑코 지지세력이 완전히 사라지지는 않았다. 독일군과 함께 동부전선에서 싸운 팔랑헤당원들의 무덤이 2011년에 복귀한 보수정권의 부분적인 지원을 받아 관리되고 있다.[70] 전몰자계곡(Valle de los Caídos)—내전 기간 중의 전사자를 기념하기 위해 만든 묘지. 1940년대에 내전의 포로와 정치범을 동원하여 건설되었다—의 교회당에 있는 프랑코의 무덤은 2007년에 사회당 정부가 옛 독재자를 추모하는 정치적 집회를 금지하기 전까지는 프랑코 추종자들과 옛 팔랑헤당원들이 해마다 찾는 순례지였다. 이곳은 사회당 정부에 의해 2009년에 폐쇄되었다가 3년 뒤 보수당 정부가 들어서면서 다시 문을 열었다. 그런데 프랑코의 유해는 몇 년 동안의 정치적 논쟁을 거친 후 2019년에 전몰자계곡에서 옮겨졌다. 이것은 내전의 분열이 아직도 치유되지 않았다는 증거이다. 프랑코를 대중의 시선이 닿지 않는 가족묘지에 매장했다고 해서 그가 남긴 유산을 둘러싸고 벌어진 수십 년 동안의 분열과 대결이 종결될 수는 없었다. 그렇기는 하지만 나름대로 하나의 매듭은 지어졌다고 할 수 있다.

이 모든 것들이 무슨 의미였을까? 그의 오랜 독재통치 시기에 프랑

전몰자계곡의 프랑코 묘지.
내전 동안 국민파 전사자를 기념하기 위해 건설되었다.
교회당 안에 있던 프랑코의 무덤은 2007년 사회당 정부가
옛 독재자를 추모하는 정치적 집회를 금지하기 전까지는
프랑코의 추종자들과 옛 팔랑헤당원들이 해마다 찾는 순례지였다.
프랑코의 유해는 몇 년 동안의 정치적 논쟁을 거친 후
2019년에 전몰자계곡에서 옮겨졌다.

코의 군대, 경찰, 법원은 스페인 사회에 질서를 가져다주었다. 그 질서는 무정부주의와 공산주의에 두려움을 느꼈던 사람들, 좌파 탄압에 박수를 보냈던 사람들이 지지하는 질서였다. 나머지 스페인 사회에게 그 질서는 엄격한 사회통제, 매스미디어의 검열, 조직적인 지지자 동원을 기반으로 하는 강압에 의해 유지된 질서였다. 프랑코의 재난에 가까운 자급자족 정책은 1960년대까지 인구의 대부분을 지속적인 빈곤에 빠트렸고, 반면에 스페인의 지배계급은 과거 어느 때보다 부유해졌다.

프랑코가 죽은 1975년 무렵부터 스페인은 서서히 유럽의 경제성장을 따라가기 시작했다.[71] 프랑코 통치 말년의 주목할 만한 경제성장은 프랑코 자신이 주도한 정책적 성과라기보다는 국제적인 추세의 반영이었고 장기간의 경제적 후진상태 뒤에 찾아온 '격차해소'의 효과였다.[72] 경제성장은 자유화정책, 오랫동안 (프랑코가) 지녀왔던 파시스트 스타일의 자급자족 경제에 대한 믿음을 버리고 피할 수 없는 현대화 개혁을 추진한 결과였다. 그의 가톨릭 중심주의조차도 결국에는 가톨릭교회 자체의 진보적인 개혁과 동떨어진 반동적 이념이 되어버렸다(교회 자체는 자기 이익을 계속 지켰지만).[73] 그리고 프랑코가 죽고 나서 10년 이내에 스페인은 서유럽의 다원적 민주체제 가운데 한 국가가 되어 '정상적인' 국가로 빠르게 발전했다.

프랑코의 긴 그림자는 한 번에 다 사라지지는 않았다.[74] 2000년에 실시된 여론 조사에서 응답자의 3/4 이상이 프랑코가 남긴 유산은 거의 없어졌거나 완전히 사라졌다고 생각하고 있었다.[75] 그러나 역사적 기억에 관한 논쟁을 극복했다고 할지라도 스페인은 프랑코주의의 과거로부터 완전히 벗어날 수는 없었다. 고위층의 부패 ― 일부는 보수정당 국민당(Partido Popular)의 지도부와 관련되어 있다 ― 는 결코 사라지지 않았다.[76] 그리고 보수파가 집권한 스페인 정부가 강력하게 반발하고 있는 (상대적으로 번영을 누리고 있는) 카탈루냐 지역의 독립 요구와 관련된 위기는 초국민파를 기반으로 한 극도로 중앙집권적인 프랑코 정권 하에서 벌어졌던 카탈루냐 정체성에 대한 잔인한 탄압에 관한 기억을 다시 떠올리게 한다. 그럼에도 불구하고 스페인은 프랑코 시대에 비해 극적으로 변화했다. 2008년 금융위기의 충격 때문에 생긴 문제, 카탈루냐 독립 문제를 둘러싸고 벌어진 분열, 포퓰리즘의 대두 등을 헤쳐 나오면서 스페인 사회는 유럽의 가치—프랑코가 추구했던 것들과 대립되는—와 단단하게 결합되었다. 스페인이 유럽연합의 한 축으로 변신했다는 것은 프랑코의 오랜 독재체제가 기대하지 않았던 여러 결과 가운데 하나였다.

어두운 독재시대의 기억은 어떻게 하든 완전히 지워질 수는 없다. 그 기억은 어떤 형태로든 살아남는다. 독일의 끈질긴 나치시대의 유산처럼, 지울 수 없는 현재의 한 부분으로서, '과거는 사라지지 않을 것이다.'[77] 내전에서 프랑코의 역할, 오랜 독재와 그 유산은 20세기 유럽을 만든 한 부분이었다.

티토
Josip Broz Tito

사회주의 유고슬라비아의 왕관 없는 왕

요시프 브로즈(Josip Broz)는 전후에 단순히 '티토'라는 이름으로 세계에 알려졌다. 이 이름은 1934년에 처음 사용하기 시작했다. 다른 정치 활동가들과 마찬가지로 그는 체포를 피하기 위해 가명을 사용했다. '티토'란 이름은 그의 설명에 따르면 특별한 의미는 없었다.[1] 그러나 이 이름은 평생 그를 따라다녔다. 다민족 연방공화국인 유고슬라비아가 존속하는 데 있어서 티토가 얼마나 핵심적인 역할을 했는지는 그가 세운 이 나라가 그의 사후에 얼마나 빠르게 민족갈등으로 와해되어버렸는지를 보면 알 수 있다.

　그는 2차 대전 시기에 온갖 어려움에도 굽히지 않고 독특하게도 외부로부터 군사적인 도움이 거의 없이 레지스탕스 운동을 벌여 조국을 적의 점령으로부터 해방시킨 파르티잔 지도자로서 처음으로 세계에 이름을 알렸다. 그 후 그는 정치적 수완과 무자비함을 통해 35년 동안 유고슬라비아에서 절대 권력을 행사하다가 재임 중인 1980년에 사망했다.

　그는 1948년에 스탈린의 엄청난 압박에 맞서서 유고슬라비아를 소련 진영으로부터 벗어나 독립한 유럽 유일의 공산주의 국가로 세우는 데 성공했다. 그 결과 소련의 발칸지역으로 지배력 확장에 제동이 걸렸다. 티토는 섬세한 외교정책을 통해 냉전시기 동서긴장의 한가운데서 국세적으로 중요한 죽의 위치를 확보하고 소련과 미국의 이익충돌을 이용하여 그 가운데서 이익을 취할 수 있었다. 그는 미국과 소련 두 초강대국 어디에도 충성을 원치 않는 아시아, 아프리카, 남미 여러 나라들의 방어막으로서 비동맹운동을 건설하는 데 주도적인 역할을 했다. 국제무대에서 티토는 경제력과 군사력이 약세인 유럽 공산주의 국가의 지도자로서는 기대할 수 없는 영향력을 가졌었다. 내정문제에서 (때로는 티토 자신도 겨우 통제할 수 있을 만큼) 원심력이 강한 다민족 국가의 민족적 통합을 유지할 수 있었다.

티토는 국내와 국제사회 양쪽에서 어떻게 그처럼 큰 영향력을 행사할 수 있었을까? 그가 전시와 평화시에 걸출한 인물로 설 수 있었던 리더십의 특징은 어떤 것이었을까? 권력을 장악하고 굳힐 수 있었던 조건은 어떤 것이었을까? 어떻게 그토록 오래 권력을 유지할 수 있었을까? 완벽한 지배의 뒤쪽에는 어떤 통치구조가 자리 잡고 있었을까? 그가 세운 나라는 왜 그토록 그 개인에게 의존적이었을까? 왜 그 나라는 그가 죽은 지 겨우 10년 뒤에 그처럼 철저하게 붕괴되었을까?

개성

요시프 브로즈는 놀라운 인물이었다. 그는 지적이며, 자신감이 넘치고, 과단성이 있고, 역동적으로 행동하는 인물이었다. 그에게서는 태생적인 권위가 넘쳐났고, 그는 스스로 모범을 보여서 주변의 지지를 모았다. 전쟁 시기의 업적이 보여주듯이 그는 정치적으로도 신체적으로도 용감했고, 스스로 곤경을 이겨내며 다른 사람에게도 인내심을 불어넣어주었다. 1950년대에 결별하기 전까지는 그의 가장 가까운 동지 가운데 한 사람이었던 밀로반 질라스(Milovan Djilas)에 따르면 티토는 '활기 넘치고, 자발적이며, 격의 없는' 사람이었다. 그는 말주변이 뛰어나지는 않았지만 개념을 쉽고 직설적인 말로 표현할 줄 알았고, 메시지를 자신감 있고 과감하게 전달할 줄 알았다. 그는 확신과 신뢰를 주는 사람이었다. 그는 추종자들에게 자신의 역사에 대한 인식과 자신이 역사적 사명을 실현해야 할 운명을 타고났다는 점을 확신시켜주었다. 가까이에서 그를 본 사람들이 가장 크게 감동받는 것은 그의 정치적 본능과 '권력에 대한 집요하고도 만족을 모르는 열정'이었다.[2] 만년에 이르러 티토는 처칠이 그에게 해준 말을 회상했다. "중요한 것은 권력, 그다음에도 권력, 처음부터 끝까지 권력이다."[3]

권력에 대한 그의 갈망은 독재자(그리고 어느 정도는 모든 정치 지도자들)의 개성에서 또 하나의 핵심 요소라고 할 수 있는 무자비함과 섞여 있었다. 그에게는 스탈린이 갖고 있던 병적인 잔인함은 없었다. 그러나 파르티잔 지도자에게는 적에 대한 단호한 가혹함이 필요했다. 승리는 야만적인 보복을 불러왔다. 1945년 5월에 일어난 악명 높은 코체브스키 로그(Kočevski Rog) 학살사건에서 티토의 부대는 오스트리아를 점령한 영국군이 송환한 대략 1만여 명의 나치 협력자를 처형했다. 그밖에도 수만 명의 전쟁포로들이 그해 안에 살해되었다.

종전 후 초기, 새로운 국가가 세운 수용소에 '내부의 적'을 가둘 때도 그는 전혀 망설이지 않았다. 필요하다고 생각되면 그는 가까운 동지도 단호하게 해임했다. 그는 단일 정당이 통치하는 국가 체제를 반대하는 사람은 철저하게 처벌해야 한다는 신념을 끝까지 버리지 않았다. 권력을 유지하고 자신의 권위를 지키자면 표면적인 쾌활함과 선량함 아래에 냉혹함을 숨겨두어야 했다. 그는 자기 개성의 난폭한 핵심은 잘 드러내지 않았다.

1943년에 영국의 군사고문단 책임자로 파르티잔 부대에 파견되었던 피츠로이 맥클린(Fitzroy Maclean)은 쉰두 살 당당한 체구의 티토를 만났다. "그는 보통 정도의 키에 수염은 말끔하게 잘랐고 약간 그을린 피부에 머리카락은 은회색이었다. 굳게 다문 입술에 눈은 경계심이 많은 푸른색이었다." 그는 "언제 어디서든 결정을 내릴 준비가 되어 있는" "완벽한 자신감"을 갖고 있었다. 맥클린은 그의 조직운용 능력뿐만 아니라 "정곡을 찌르는 유머감각, 생활의 작은 즐거움에 솔직하게 기뻐할 줄 아는 모습", "자연스러운 친밀감"과 호쾌한 음주 매너에 충격을 받았다. 그러나 한편으로는 그의 "폭력적인 성격, 느닷없이 터뜨리는 분노"도 볼 수 있었다.[4]

멋진 외모뿐만 아니라 티토의 권력과 명성이 여성들을 끌어 모았다. 그는 만년에 이르도록 성적 욕구가 강했다. 그는 세 번 결혼했고, 두 번의 장기적인 여성관계가 있었고, 짧은 연애사건은 여러 번 있었다. 그는 나이 차이가 많이 나는 여성을 특별히 좋아했다(히틀러와 스탈린도 같은 취향을 갖고 있었다). '젊고 예쁜 아내'가 그의 허영심을 채워주었는지, 다른 심리적 이유가 있었는지, 단지 젊은 여인의 육체적 매력 때문이었는지는 알 수 없다.

첫 번째 아내 펠라기이아(Pelagiia)는 상트페테르부르크 노동자의 딸이었고 1918년 그와 결혼했을 때 열네 살이었다. 둘 사이에서 다섯 아이가 태어났으나 살아남은 아이는 아들 자르코(Zarko)뿐이었다. 두 사람은 1936년에 이혼했고 티토는 스물두 살의 독일 여성 엘자 요한나 쾨니히(Elsa Johanna König)와 다시 결혼했다. 엘자는 결혼한 지 1년 만에 게슈타포의 첩자로 오인되어 스탈린의 비밀경찰에 체포된 후 처형되었다.[5] 만년의 티토는 이 여인에 대해서는 한 번도 언급하지 않았다. 열렬한 스탈린주의자였던 티토가 그녀에게 씌워진 혐의

유고슬라비아의 절대 권력자 요시프 티토(1961).
티토는 정치적 수완과 무자비함을 통해 35년 동안
유고슬라비아에서 절대 권력을 행사했다.
그는 '언제 어디서든 결정을 내릴 준비가 되어 있는'
'완벽한 자신감'을 갖고 있었다.

를 기꺼이 인정하고 처형을 받아들였는지는 알 수가 없다. 2년을 넘기지 않고 그는 새로운 파트너를 찾았다. 그녀의 이름은 헤르타 하스(Herta Haas), 오스트리아의 변호사 딸이었으며 나이는 스물다섯이었다. 두 사람 사이에는 아들 하나(알렉산더[Alexander], 미샤[Miša]란 애칭으로 불렀다)가 있었고, 두 사람은 1941년에 헤어졌다. 그 무렵 티토는 자신의 비서 즈덴카(Zdenka)—다보르얀카 파우노비치(Davorjanka Paunović)의 애칭—와 관계를 맺고 있었고 이 여인은 1946년, 스물일곱의 나이에 폐결핵으로 죽었다.

티토의 마지막 부인 요방카 부디사브예비치(Jovanka Budisavljević)는 농부의 딸이었고 1942년 겨우 열일곱의 나이에 파르티잔이 되었다. 이 여인은 자신보다 나이가 두 배도 더 되는 티토의 연인이 되었다. 요방카는 몸매가 풍만했으나(최소한 처음에는 그랬다) 의지가 강하고 간섭하기를 좋아했으며, 오만하고 거친 태도로 곧 티토의 측근들을 배제하기 시작했다. 두 사람은 1952년에 결혼했다. 티토는 자주 다투면서도 갈수록 아내에게 의존하게 되었다. 그때문인 듯 그는 최측근 동지조차도 의심하게 되었다. 그러나 두 사람의 다툼은 점점 심해져 결국 1977년에 공식적인 결별에 이르게 된다. 요방카는 만나는 사람 대부분이 싫어했지만 티토보다 더 오래 살았다.

정치지도자 수업?

요시프 브로즈는 군사 지도자가 되기 전에 정치지도자였다. 지도자가 되기까지 그는 길고 굴곡진 길을 걸었다. 그는 노동 현장에서 차별과 고통의 경험을 통해 처음으로 사회주의에 끌리게 된 뒤로 점차 자신의 방식으로 이념을 해석해냈다. 그의 정치적 신념은 가정교육을 통해 흡수한 것도 아니었고 마르크스주의 고전을 깊이 공부해서 도달한 것도 아니었다. 이쨌든 궁극적으로 마르크시즘이 그에게 사회적 고통에 대한 해석과 보다 나은 미래에 대한 전망을 제시해주었다. 그러나 그가 헌신적인 공산주의자가 되는 길에는 사도 바울이 '다마스쿠스로 가는 길'에서 예수를 발견한 것 같은 대전환은 없었다. 티토의 길에는 몇 번의 단계가 있었다.

그는 1892년에 자고르예(Zagorje) 지역의 쿰로베츠(Kumrovec)라는 마을에서 태어났다. 그곳은 슬로베니아(Slovenia) — 당시에는 오스트리아–헝가리제국의 일부였다 — 와의 국경에 가까운 크로아티아(Croatia)의 가난한 지역이었다. 그의 아버지는 소규모 농지를 소유한 농민이었고 술을 많이 마시는 버릇이 있었으며 농사만으로는 많은 가족을 부양할 수가 없었다. 독실한 가톨릭신자였던 그의 어머니는 15명의 아이를 낳아 8명은 어려서 죽고 남의 집 허드렛일로 7명을 키웠다. 열여덟 살이 되자 요시프는 자그레브(Zagreb)에서 자물쇠공으로 일자리를 찾았다. 그는 정치에 관심을 갖기 시작했고 1910년에 금속노동자조합과 사회민주당에 가입했다. 정치적 각성은 이렇게 시작되었다.

그러나 이 시기에 사회주의자 또는 반전주의자로서 한 활동에는 4년 뒤 그가 오스트리아–헝가리제국 군대의 원사(元士)로서 복무하는 데 결격사유가 될 만한 흔적이 없었다. 1915년, 카르파티아 전선에서 전투하던 중 그는 부상을 입고 러시아군의 포로가 되었다. 이 일로 그의 이념적 급진화의 두 번째 단계가 시작되었다. 그는 전쟁포로로서 큰 고통을 겪지는 않았다. 1년 가까이 병원에서 치료받고 나온 후 그는 처음에는 수용소 근처 마을 방앗간에서 일하다가 시베리아 횡단철도 공사에 투입되어 일했다.

1917년이 되자 그는 볼셰비키 동조자가 되어 있었다. 러시아 왕정이 붕괴된 뒤의 혼란 속에서 그는 페트로그라드로 흘러들어가 그곳에서 혁명의 열기를 목격했고, 7월에는 시위에 참여했으며, 잠시 투옥되었고, 우랄로 실려 가던 기차에서 탈출하여 시베리아의 옴스크(Omsk)로 실려 갔고, 그곳에서 붉은 수비대에 들어갔다. 러시아 내전기간 동안 반혁명 백군파(白軍派)가 옴스크 지역을 장악하자 그는 다시 한 번 탈출한다. 1920년, 그는 열렬한 공산주의자가 되어 있었고, 우여곡절을 겪으며 6년 동안 떠나 있었던 고향으로 돌아갔다.[6]

새로 수립된 매우 불안정한 세르비아·크로아티아·슬로베니아 왕국(1929년에 유고슬라비아로 이름이 바뀐다)에서 그는 좌파의 처형을 목격했고, 이것이 그의 정치적 성장의 세 번째 단계였다. 탄압과 폭력이 정치무대를 휩쓸었다. 1921년, 왕당파 정부는 새로 조직된 공산당의 활동을 금지했다. 체포와 투옥이 시작되자 당은 이후 몇 년 동안 지하로 잠적한다. 브로즈는 정치활동에 뛰어들었고 1928년에는 자그레브 지역 당서기가 되었다. 그해에 그는 다섯 명의 동지들과 함께 불법적인 공산당 활동과 두 개의 폭발물 소지 — 그는 경찰이 심어놓았다고 주장했다 — 혐의로 체포되었다. 대담하고 화려한 법정투쟁 끝에 그는 5년 중노동형을 선고받았다.

그가 감옥에서 지내는 동안 유고슬라비아의 부패한 왕국은 노골적인 독재체제로 변했다. 불법화된 공산당은 지지를 상실했고 조직은 대부분 파괴되었다. 출옥하자마자 티토 — 이때부터 여러 가지 가명 가운데서 이 이름을 사용하기 시작했다 — 는 험난한 당 재건작업에 몰두했다. 1934년 말이 되자 — 이때 그는 당 중앙위원이자 정치국원이었다 — 그를 모스크바로 파견한다는 결정이 내려졌다(코민테른 [Communist International]에서 유고슬라비아 담당).[7] 이때가 그가 유고슬라비아 공산당의 지도자가 되는 중요한 단계였다.

그가 모스크바에 도착한 1935년 2월은 소련 국내에 있기에는 분명히 위험한 시기였다. 그전 해 12월에 레닌그라드의 당 서기이자 스탈린의 가까운 동지였던 세르게이 키로프가 암살되자 대규모 숙청이 전국을 휩쓸고 있었다. 의심과 불신의 위험스러운 분위기가 소련 사회를 뒤덮었다. 코민테른에서 일하는 사람을 포함하여 외국인은 스파이 또는 (그 못지않게 나쁜) 트로츠키주의자란 의심을 받았다. 거대한 테러가 정점에 이른 1937년, 소련에 있던 유고슬라비아인의 3/4이 트로츠키주의자란 의심을 받았다.[8] 수백 명이 체포된 후 신속하게 처형되었고 그 가운데는 유고슬라비아 공산당 총서기 밀란 고르키치(Milan Gorkić)도 포함되어 있었다. 티토는 운 좋게도 소련을 벗어나 있었다.

그는 모스크바에서 시범재판이 시작되는 것을 목격했고 그 직후인 1936년 가을에 소련을 떠났다. 아마도 코민테른의 재정지원을 받아 2년 동안 해외에서 잠행하며 당 조직 재건작업을 한 것 같다. 그는 빈, 파리를 거쳐 유고슬라비아로 돌아와 당 재건작업을 했고 내전 중인 마드리드에도 잠시 다녀왔다(소련 정보기관과 협력하며 트로츠키주의자 제거활동을 했던 것 같다).[9] 가명을 사용하면서 위조된 서류를 들고 여러 주소지를 옮겨 다니면서 당내의 분파활동과 대립을 조정한다는 것은 힘들고도 위험한 ─ 그래도 모스크바에 머무는 것보다는 덜 위험했을 ─ 일이었다.

그가 모스크바로 소환되어 5명으로 구성된 적대적인 위원회 앞에서 유고슬라비아 공산당의 상태에 대해 비판을 받았던 1938년 8월 무렵은 숙청의 정점이 지난 뒤였다. 그럼에도 불구하고 그의 지위는 불안정했다. 그가 재난에 가까운 ─ 어쩌면 치명적일 수도 있는 ─ 결과를 피할 수 있었던 데는 코민테른의 책임자 게오르기 디미트로프(Georgi Dimitrov)가 막후에서 지원했기 때문인 것 같다. 그는 두 번째의 위협적인 문제와도 맞서야 했다. 1936년, 모스크바를 떠나기 직전인 그해 10월에 티토는 독일 여성 루시 바우어(Lucie Bauer)와 결혼했다. 독일 공산당원인 이 젊은 여성은 1934년에 모스크바로 파견되어 독일에서 비합법적 당 활동을 벌이기 위한 훈련을 받고 있었으나 1937년에 스파이 혐의로 체포된 후 처형되었다. 티토가 위원회의 비판을 받았을 때 이 문제가 그를 위험에 빠뜨렸다. 그는 루시 바우어를 변호하지 않았고(그랬더라면 자살행위였을 것이다), 그녀를 신뢰할 만큼 자신은 경각심이 부족했고 이것은 자신의 오점으로 남을 것이라고 스스로 비판했다.[10] 소련 공산당의 신분체제 안에서 아내를 부정한다는 것은 시험을 통과했다는 의미였다.[11] 그는 시련 가운데서 온전하게 살아남았다.

다시 한 번, 거의 확실히, 디미트로프의 영향력 덕분에 그는 1939년 1월 5일에 유고슬라비아 공산당 총서기로 공식적인 인정을 받았다.[12] 디미트로프는 티토에게 그가 "마지막으로 남은 사람"이라고 말해주면서 당이 와해되지 않도록 분파주의를 뿌리 뽑아 당을 재건하라고 지시했다. 티토는 "오물을 청소하겠다"고 약속했다.[13] 스탈린이 이런 조처를 승인했을 것이다. 이때 스탈린이 티토의 임명 또는 티토 개인에 대해 어떤 생각을 갖고 있었는지는 기록이 남아있지 않다. 그는 티토를 개인적으로 알지 못했다. 두 사람이 처음 만난 때는 1944년이었다.[14] 어쨌든 티토는 소련을 떠나 유고슬라비아로 돌아갈 수 있는 허가를 받았다.

여러 동지들과는 달리 티토가 어떻게, 더군다나 그의 아내가 체포된 뒤에 소련 비밀경찰(NKVD)의 손아귀를 벗어날 수 있었는지 분명하지 않다. 그가 암암리에 NKVD와 함께 일하고 있었을까? 만약 그랬다면 그는 숙청에 어느 정도까지 관련되어 있었을까? 두 가지 질문에 대한 답은 어디에서도 찾을 수가 없다. 질라스는 그가 숙청과 관련되었지만 '관련 정도는 제한적'이었다고 추측했다.[15] 질라스가 저술하고 있던 시점은 그와 티토의 관계가 완전히 단절된 지 오랜 시간이 흐른 뒤였다. 그리고 질라스는 숙청이 진행되고 있을 때 티토와 함께 모스크바에 있지도 않았다. 그런데 분명한 것은 티토는 유고슬라비아 동지들을 변호한 적도 없고 스탈린의 테러를 비판하지도 않았다. 질라스가 지적했듯이 그 시절에는 스탈린에 대한 완벽한 충성이 생존의 필수조건이었다. 그 무렵 티토는 충실한 스탈린주의자였다. 1935년에 모스크바로 가기 전에 스탈린이 통치하는 소련의 강력한 추종자였던 그는 스탈린 시대의 숙청은 정도는 지나쳤을지라도 원론적으로는 옳다고 인정하고 있었던 것 같다.[16) 실제로 그는 유고슬라비아의 권력을 장악했을 때 스탈린만큼 야만적이지는 않았지만 숙청이란 방식에 기꺼이 의존했다.

유고슬라비아로 돌아온 뒤에 전쟁의 폭풍이 밀려오자 티토는 흐트러진 당을 통합하기 위해 과감한 개혁을 시작했다. 엄청난 열정, 단호한 결단, 반대파에 대한 무관용으로 그는 점차로 유고슬라비아 공산당을 고도로 중앙집권적이고 전국적인 조직을 갖춘 당으로 바꾸어놓았고 이념적으로는 모스크바의 노선을 철저하게 추종했다. 그러면서도 그는 재정 면에서는 모스크바에 의존하지 않고 수입이 빈약한 당원들이 내는 후원금에 의존하는 당으로 만들었다. 해외에 망명 중이던 당 중앙위원회를 그가 나서서 유고슬라비아로 복귀시켰다. 그리고 그는 스탈린의 소련으로 대표되는 강령(綱領)에 헌신하면서 동시에 티토 자신에게 충성하는 신진 청년 혁명가들로 내부 핵심지도부를 구성했다. 그 지도부 가운데서 세 사람이 ─ 에드바르드 카르델(Edvard Kardelj), 알렉산다르 랑코비치(Alexsandar Ranković), 밀로반 질라스 ─ 파르티잔 투쟁시기뿐만 아니라 2차 대전이 끝난 후 신생 유고슬라비아의 권력구조 안에서도 그의 최측근 지지그룹을 형성하게 된다.[17)

1940년까지도 정규 당원 수는 6,500명(과 1만 8,000명의 청년조직원)을 넘지 않았다. 그리고 당은 여전히 불법단체였다. 티토는 반란을 일으키려 안달이었으나 모스크바가 제지했다. 코민테른은 정부를 전복하려는 시도는 재앙을 불러올 것이라고 확고하게 주장했다. 그럼에도 불구하고 티토는 유고슬라비아에 대한 외부의 위협이 증가하자 이제는 기율을 갖추고 당원도 늘어난 당을 동원하여 무장봉기를 준비했다. 그런데 상황이 급격하게 바뀌었다. 1941년 4월 6일, 유고슬라비아가 3국(독일, 이탈리아, 일본) 동맹조약에 가입하려는 계획에 반대하는 군부의 쿠데타가 베오그라드에서 일어나자 독일이 침공해왔다.

유고슬라비아 군대는 싸우지도 않고 붕괴했다. 35만 명에 가까운 (주류는 세르비아인) 병력이 포로가 되었고 30만의 병력이 도주했다. 정부 인사들과 왕실은 망명했다. 유고슬라비아는 해체되었다. 독일이 세르비아를 지배했고 동맹국인 이탈리아, 헝가리, 불가리아가 해체된 나라의 나머지를 점령했다. 4월 10일, 파시스트 정당인 우스타셰(Ustaše)*가 통치하는 크로아티아독립국이 수립되었다. 크로아티아독립국이 보스니아-헤르체고비나(Bosnia-Herzegovina)를 장악하고 2차 대전이 끝날 때까지 표현하기 어려운 테러 통치를 펼쳤는데 이때 30만 명 이상의 세르비아인, 수만 명의 유대인과 롬인(Roma)**이 살해되었다.

티토는 극도의 비밀을 유지하며 활동하기 위해 크로아티아와 세르비아 사이의 국경이 폐쇄되기 전에 자그레브에서 베오그라드로 옮겨가지 않을 수 없었다. 그는 곧 이곳저곳, 주로 먼 산간지역을 돌아다니는 생활을 시작했고 이런 생활은 전쟁이 끝날 때까지 지속되었

---

* 정식명칭은 우스타셰-크로아티아혁명운동. 이념적으로는 파시즘, 로마 가톨릭, 크로아티아 민족주의를 내세웠고 세르비아인, 유대인, 롬인을 학살했다.
** 인종적으로 인도계인 집시종족.

다. 당 내의 일부에서는 당이 산발적인 사보타주 이상의 활동은 할수 없다고 주장했다. 그러나 1941년 6월 22일에 독일의 소련 침공이 시작되자 티토는 당의 활동을 무장투쟁으로 전환시키는 데 성공했다. 6월 27일, 당 정치국은 유고슬라비아 민족해방전쟁을 수행하기 위해 파르티잔 총참모부를 설치했다. 당연히 당의 지도자인 티토가 최고사령관을 맡았다.

권력의 전제조건

전쟁 덕분에 티토의 통치가 가능했다. 전쟁, 침공, 나라의 해체, 독일과 이탈리아의 잔인한 점령기, 무시무시한 우스타셰(Ustaše)의 테러, 레지스탕스운동에서 공산당이 이끄는 파르티잔과 왕당파 체트니키(Četniki)운동의 분열이 없었더라면 티토는 분명히 유고슬라비아의 권력을 장악할 수 있는 자리에 오르지 못했을 것이다. 1941년 이전에는 공산당은 소규모 운동집단이라 대중의 인지도가 낮았다. 인종 간의 분열과 민족 간의 대립 때문에 유고슬라비아에서 인종과 민족에 우선하는 계급적 정체성을 확립하기란 불가능했다. 모스크바는 유고슬라비아에서 혁명적 봉기의 가능성은 존재하지 않는다고 판단했다. 더 나아가 유고슬라비아—1차 대전 뒤에 대충 기워 맞춰 세워진 나라—는 어떤 지점에 이르면 몇 개의 민족국가로 분해될 것이 분명했다.

이 책에서 살펴본 인물들 가운데서 티토는 세계대전과 그것과 동시에 벌어진 내전의 승자로서 권력의 자리에 오른 유일한 지도자였다. 레닌, 무솔리니, 히틀러(간접적으로), 처칠, 드골은 최소한 부분적으로는 세계대전의 결과로(드골은 비시정권과 자격을 다투어야 했다) 권력을 장악했다. 프랑코는 내전에서 승리한 덕분에 권력을 장악했지만 세계대전에는 참여하지 않았다. 오직 티토만 세계대전이 진행되는 가운데 벌어진 내전에서 (직접적인 위험으로부터 상대적으로 안전한 본부에서가 아니라 치열한 전투가 벌어지는 전선 그 자체에서) 싸운 뒤 권력을 장악했다. 그가 이끄는 파르티잔은 강력하고 치명적인 독일(과 이탈리아) 점령군뿐만 아니라 체트니키 부대의 무자비한 공격, 왕당파의 무력, 붕괴된 유고슬라비아 군 출신인 드라자 미하일로비치(Draža Mikhailović) 대령이 이끄는 세르비아 민족주의 무력과 맞서야 했다. 피가 피를 부르고 야만이 야만을 불렀다. 파르티잔도 자기방식의 잔혹함을 보여주었다. 티토가 직접 스파이, 제5열, '인민 해방투쟁에 적극적으로 반대하는 무리'를 제거하라는 지시를 내렸다.[18]

세르비아에서 내전이 시작되었을 때 파르티잔 병력은 4만 명을 넘지 않았다. 그들은 매일 잔인함, 처형, 보복, 가혹행위와 마주했고 한편으로는 엄청난 위험을 무릅쓰고 파르티잔의 대의(파시스트와 제국주의로부터 조국의 해방)를 위해 모든 것을 희생할 각오가 되어 있는 소수의 열성분자를 찾아다니는 모병 활동도 했다. 1943년 무렵 티토가 지휘하는 파르티잔 병력은 15만 명 정도였다. 그해 말 전쟁이 침략자들에게 불리한 형세로 돌아서자 파르티잔의 병력은 두 배로 늘었다. 1944년 10월에 베오그라드를 해방시켰을 때 이 숫자는 최소한 80만 이상으로 증가했다[19](직접 전투원은 아니지만 파르티잔의 동조자로서 여러 형태의 지원을 했던 가족을 포함한 숫자).[20]

히틀러의 군대와 한판 승부를 벌이기 위해 동원할 수 있는 자원은 무엇이든 절실하게 필요한 때에 소련이 최소한의 지원만 해주는 데 대해 티토는 분개했다. 1943년까지도 파르티잔은 영국이나 미국으로부터 유형의 지원을 받지 못했다. 처칠이 처음 관심을 가졌던 대상은 체트니키였다. 그에게 중요한 것은 독일을 패배시키는 것이었고 차츰 그는 잘못된 말에 판돈을 걸고 있다는 사실을 깨닫게 되었다. 체트니키는 독일과 이탈리아와 협력했고 그래서 대중의 지지를 잃어가고 있었다. 체트니키의 강한 반공주의 성향 때문에 미국은 그들에게 계속 희망을 걸고 있었으나 처칠은 파르티잔에게 원조를 늘려갔다. 1943년 11월에 테헤란회담이 열릴 무렵 연합국은 파르티잔을 유고슬라비아의 민족해방 세력으로 인정할 준비가 되어 있었다. 귀족 출신인 영국 지도자 처칠이 공산주의 지도자 티토의 등장을 직접 도왔다. 영국제 무기를 제공받은 파르티잔이 1944년까지 독일군 15개 사단을 발칸에 묶어두고 있었다.[21]

훗날 질라스가 지적했듯이 티토는 군 최고지휘자로서 결함이 전혀 없는 사람이 아니었다.[22] 그러나 그의 수하에는 뛰어난 지휘관들이 있었다. 그리고 그는 부하들에게 영감을 불어넣어주는—결단력이 있고, 위험 앞에서도 냉정하며, 부하들과 어려움을 나눌 준비가 되어 있고, 원칙을 지키며, 승리에 대한 의지와 확신을 가진—지도자였다. 30여 명으로 구성된 참모들은 그와 함께 유고슬라비아 전국 수백 마일을 종횡으로 끊임없이 이동하는 본부를 따라다녔다.[23] 그러나 중요한 결정은 그 자신이 내렸다. 모든 지휘계선은 그를 통하도록 되어 있었다. 그의 권위는 의심받지 않았다.

파르티잔 사령관으로서 3년 넘게 극단적인 생존환경 속에서 병력을 이끌어온 그의 행적을 오늘 시점에서 살펴보면 마치 청소년 공상 모험소설을 읽는 듯하다. 그러나 그것은 현실이었다. 예컨대 1943년 3월, 매우 위험한 작전을 통해 그는 병자와 부상자가 포함된 파르티잔 부대를 이끌고 병력 규모에서는 비교할 수도 없는 체트니키 군대의 추격을 피해 네레트바(Neretva)강을 건너 안전지대로 들어갔다. 뿐만 아니라 이때 파르티잔 부대는 체트니키 군대에 큰 타격을 입혔다. 체트니키 군대는 이때의 충격을 회복하지 못했다. 체트니키의 지

1944년 5월, 파르티잔 산악 근거지에서 티토와 지휘부.
티토(오른쪽 첫째)는 유고슬라비아 민족해방전쟁을 수행하기 위해
파르티잔 총참모부를 설치했다. 그의 수하에는 뛰어난 지휘관들이 있었고,
그는 3년 넘게 극단적인 생존환경에서 뛰어난 지도력을 발휘했다.
이때의 전설적 이미지가 티토 숭배의 핵심 요소로 작용했다.

도자 미하일로비치에게 이 전투는 결정적인 패배였다.[24]

6월, 치열한 전투를 치르던 중에 티토는 간신히 죽음을 면했다. 가까이에서 폭발한 수류탄 파편에 맞아 왼팔에 부상을 입은 그는 수트예스카(Sutjeska) 강 부근에서 포위망을 뚫고 탈출했다. 7,000명이 넘는 파르티잔이 전사했으나 다시 한 번 티토는 동부 보스니아의 숲으로 탈출할 수 있었다. 1944년 5월, 그와 측근 동지들은 독일군의 공격을 피하다가 동굴에 갇혔으나 말라붙은 강바닥을 따라가며 결국 숲으로 달아났다. 이때의 행적은 훗날 전설적인 파르티잔 지도자라는 강력한 이미지를 만드는 소재가 되었고 티토 숭배의 핵심 구성요소로 활용되었다.

1944년 9월, 티토는 모스크바로 날아갔다. 스탈린은 유고슬라비아 해방을 돕기 위해 병력을 보내겠다고 약속했다. 베오그라드로 진격하는 마지막 전투에서 40만의 붉은 군대가 파르티잔과 함께 싸웠다. 그러나 붉은 군대의 야만적인 행태 — 기록에 따르면 1,219건의 강간사건, 111건의 살인, 1,204건의 약탈사건을 저질렀다 — 는 유고슬라비아 대중으로부터 커다란 원성을 사는 중요한 원인이었다.[25] 이 단계에서 소련의 군사적 지원은 결코 의미가 작지 않았다.[26] 이 무렵 파르티잔은 앞에서 언급했듯이 1년 가까이 영국으로부터도 무기원조를 받고 있었다.

그럼에도 불구하고 파르티잔운동 3년 가운데서 파르티잔이 가장 뛰어난 성과를 냈던 때는 혼자서 난관을 극복해가며 독일군, 이탈리아군, 우스타셰 군대, 체트니키 군대와 맞서 싸웠던 때였다. 조국을 해방시켰다는 파르티잔의 주장은 그러므로 대체적으로 설득력이 있는 것이었다. 동유럽에서와는 달리 붉은 군대는 늦게야 보조적인 역할을 했을 뿐이었다. 파르티잔이 치열한 전투를 치르고 베오그라드로 입성한 5일 뒤인 1944년 10월 20일에 티토는 이제 승리한 지도자이자 유고슬라비아의 해방자가 되어 수도로 돌아왔다. 그는 영웅이었고, 전후 유고슬라비아의 지도자로서 누구도 그에게 도전할 수 없었나.

티토의 독재정치

4년 동안의 전쟁으로 찢기고 흩어진 유고슬라비아를 하나의 국가로 융합하는 일은 티토를 제외하고는 생각할 수가 없었다. 그는 유고슬라비아란 국가의 설립자이자 영감이며 기둥이었다. 그는 죽을 때까지 유고슬라비아 통합의 필수불가결한 구심점이었다.

정부의 구조와 미래 헌법의 얼개는 1943년 11월 29-30일에 142명의 대표가 참석한 반파시스트위원회 회의에서 이미 확정했다. 유고슬라비아는 민주적 연방공화국이 되기로 결정되어 있었다. 망명정부는 정부구성에서 배제되었다. 약 1년 뒤인 1944년 11월 1일에 임시정부가 구성되었다. 당연히 수상은 티토였지만 적과 협력하거나 타협하지 않은 전쟁 전의 '부르주아' 정치인 몇 명도 참여했다.[27] 뒤이은 몇 달 동안의 상황 전개는 민주적인 자유와 다당제 정부를 기대했던 서방 연합국의 희망과는 거리가 먼 것이었다.

1945년 11월에 제헌의회를 구성하기 위한 선거가 실시되었고 투표용지에는 티토가 이끄는 (사실상의 공산당인) 인민전선만 이름이 올라 있었다. 이 당은 순조롭게 96%를 득표했다.[28] 왕정은 폐지되었다. 이 무렵 (앞에서 언급했듯이) 협력자들에 대한 청산작업이 벌어졌고 티토의 특별허가를 통해 수천 명이 처형되었다. 우스타셰의 지도자 안테 파벨리치(Ante Pavelić)를 포함하여 수천 명은 망명지를 찾아 오스트리아, 아르헨티나, 스페인, 미국으로 탈출했다. 체트니키 지도자 미하일로비치는 1946년 7월에 처형된다.[29] 티토 통치의 기반은 전시의 리더십뿐만 아니라 종전 직후에 가혹한 보복행위를 지시하거나 묵인한 자의성이었다.

헌법 규정에 따르면 새로운 유고슬라비아는 6개 공화국(세르비아, 슬로베니아, 크로아티아, 보스니아-헤르체고비나, 몬테네그로, 마케도니아)과 자치권을 갖는 세르비아공화국 내의 주(보즈보디나〔Vojvodina〕와 코소보〔Kosovo〕. 둘 다 비슬라브계 소수민족 거주지)로 구성된 연방이었다.[30] 그러나 최소한 이론상으로도 서방 스타일의 다당제 민주주의는 존재하지 않았고 헌법상으로 존재하는 자치주란 것도 실제로는 스탈린 노선을 추종하는 공산당 일당 지배체제에 종속되어 있었다.

전쟁 기간에 공산당은 통합된 유고슬라비아 국가를 재창조하려는 목표를 가진 유일한 정치세력이었다. 숫자는 점차 줄어들었지만 왕당파는 재건된 왕조가 통치하는 다른 모습의 유고슬라비아를 꿈꾸었다. 그러나 체트니키는 '위대한 세르비아'를 위해 싸웠다. 그리고 우스타셰는 인종적으로 청결한 크로아티아를 원했다. 체트니키와 우스타셰의 조직은 파괴되었지만 세르비아와 크로아티아에서 공산당이 절대적으로 환영받은 것은 아니었다. 공산당이 유고슬라비아 전체의 집권당을 자처할 수 있었던 이유는 티토의 엄청난 인기 때문이었다. 티토 개인숭배의 시작은 1946년 5월 25일에 열린 티토 생일 축하 집회에서 쏟아져 나온 거대한 찬양의 물결에서 분명하게 드러났다. 지도자 티토를 전쟁영웅, 위대한 정치인, '인민의 아들'로 칭송하는 요란스러운 선전활동이 벌어졌다. 그보다 3주 전에는 7만여 명의 군중이 붉은 깃발을 들고 베오그라드 시가를 행진하면서 '티토-스탈린', '붉은 군대 만세', '공산당 만세'를 외쳤다.[31]

그런데 얼마 지나지 않아 티토와 스탈린이 나란히 찬양되는 일이 사라졌다. 두 사람의 관계는 서서히 날카로운 비난으로 바뀌어갔다. 핵심 화두는 발칸지역의 지배권이었다. 스탈린은 유고슬라비아가 '발칸연방'의 한 부분으로서 소련의 수종적이 위성국이기를 바랐나.[32] 티토가 불가리아, 알바니아, 그리스로 영향력을 확대하려는 외교적 움직임을 보이자 모스크바는 용납할 수 없었다. 뿐만 아니라 티토가 독자적으로 추구하는 유고슬라비아의 5개년 공업화 계획은 발칸지역(유고슬라비아를 포함한)을 소련 자체와 소련 진영의 공업화된 지역에 식량을 공급하는 농업경제 위주로 묶어 두려는 소련의 계획과 맞지 않았다.

1948년 초가 되자 스탈린의 인내심은 바닥을 드러내고 있었다. 3월에 스탈린은 티토에게 장문의 편지를 보내 그의 '수정주의'와 트로츠키주의적 경향을 비난했다. 티토는 끄떡도 하지 않았다. 그는 유고슬라비아 공산당 지도자들의 모임에서 장문의 당당한 답신을 공개했고 참석자들로부터 거의 만장일치의 지지를 받았다. 스탈린은 다시 두 차례나 더 편지를 보내 분노를 숨김없이 드러냈다. 그는 티토에게 부카레스트(Bucharest)에서 열리는 코민포름 ─ Cominform: Communist Information Bureau, 코민테른(Comintern)의 후신으로 모스크바가 주도하에 각국 공산당의 협력 체제를 구축하기 위해 1947년에 세워진 기구 ─ 회의에 참석하라고 요구했다. 티토가 볼 때 그 회의에 참석한다면 모스크바의 노선을 따르도록 강요당할 것이고 어쩌면 훨씬 심각한 상황에 빠질지도 몰랐다. 회의는 티토가 참석하지 않은 상태에서 그를 '제국주의의 스파이'로 지목했고 유고슬라비아 공산당을 형제 당들의 모임에서 축출하기로 결정했다.

두 사람의 강력한 의지가 충돌했을 때 티토는 흔들리지 않았다. 그는 비교할 수 없이 강한 소련의 힘에 위축되지 않았고 개인적인 용기뿐만 아니라 정치적인 용기도 보여주었다. 소련 언론은 그에게 저주를 퍼부었다. 그를 암살하려는 소련의 시도까지 있었다. 그래도 티토는 스탈린의 협박에 굴복하지 않았다. 스탈린이 죽은 뒤에 집무실 책상 서랍 안에서 티토가 스탈린에게 보낸 쪽지가 발견되었다. 거기에 이렇게 적혀 있었다. "암살자를 자꾸 보내면 나도 모스크바로 암살자를 보낼 거요. 나는 두 번은 보내지 않습니다."[33]

유고슬라비아 내부에서는 붉은 군대가 진군해 들어와 유고슬라비아를 소련의 속국으로 만들지도 모른다는 우려가 가득했다. 스탈린은 여러 가지 위협적인 행위를 보이면서도 이 시점에서 유고슬라비아(뿐만 아니라 그 어떤 나라) 때문에 서방 연합국과 긴장이 고조되었을 때 세계대전도 마다하지 않겠다는 생각이 없었다(아직까지는 미국이 유일한 핵무기 보유국이었다). 그런데 아마도 스탈린을 망설이게 했던 가장 중요한 원인은 그가 직접 목격했듯이 파르티잔이 독일군을 상대로 벌인 게릴라전쟁에서 승리한 경력이었다. 아무리 우월한 무력을 동원한다 하더라도 철저한 애국심으로 무장한 게릴라부대를 상대로 하는 침공은 장기전의 위험을 감당하지 않고서는 시도할 수 없었다. 그래서 티토가 당당할 수 있었다. 그리고 유고슬라비아 내부에서는 스탈린에 대한 도전이 안 그래도 높은 티토의 권위를 솟구치게 만들었다.

독일을 상대로 한 전쟁에서 승리한 뒤에 소련과의 대결에서 승리는 티토의 카리스마적 호소력의 두 번째 원천이 되었다. 그는 2차 대전에서 유고슬라비아를 해방시켰을 뿐만 아니라 이제는 나라의 독립을 지켜냈다. 아직도 티토에게 충성하지 않으면서 공산주의에 대해 표면적인 지지를 보내며 관망하고 있던 사람들도 이때부터 그를 국가적 영웅으로 받아들였다. 유고슬라비아의 공산주의는 곧 소련 진영과는 다른 노선으로 발전하게 되지만 스탈린과의 결별—모스크바가 유고슬라비아를 배척하게 되는 또 하나의 원인—은 유고슬라비아 공산당의 조직을 강화시켜주었다. (뒤에 가서는 어느 정도 약화되기는 하지만) 유고슬라비아 공산당은 실제로 유일당—전적으로 티토에게 충성하는—의 입지를 굳혔다.

티토가 직접 두 사람의 주요 비판자 안드리야 헤브랑(Andrija Hebrang, 경제부 장관, 스탈린이 티토의 후계자로 지목한 인물)과 스레텐 주요비치(Sreten Žujović, 재정부 장관이자 철저한 스탈린 지지자)를 해임하고 '인민의 적'으로서 당에서 축출하여 투옥하는 결정을 내렸다. 당 내부의 적을 뿌리 뽑자는 선전 캠페인이 벌어졌다. 5만 5,000명 이상의 친모스크바 파가 숙청되었다. 티토는 아드리아해의 섬 골리 오토크(Goli Otok)에 수용소를 설치하자는 제안을 승인했고, 이곳에서 1949년부터 1956년 사이에 약 1만 3,000명의 죄수가 지옥 같은 환경에서 강제노동을 했다. 그밖에도 수천 명이 노동수용소에서 '재교육'을 받았다.[34] 부족한 당원 수는 쉽고 빠르게 채워졌다. 모스크바와 결별한 뒤 몇 년 안에 거의 50만 명에 가까운 새로운 당원이 가입했고 이들은 거의 모두 티토에게 충성했기 때문에 사회적 경력을 쌓을 수 있었고 물질적 혜택도 받은 티토 추종자들이었다. 정부의 모든 단계의 중요한 자리는 이런 당원들이 차지했다. 그러므로 티토의 독재는 수백 수천의 충성분자들을 통해 유고슬라비아 국가의 모든 분야에 스며들었다.

무소불위의 공산당 내부에서 중앙위원회의 12개 분과위원회가 정부 정책을 집행했다. 그러나 권력의 핵심적인 공개토론장은 정치국(10명으로 구성)의 서기처였다. 서기처의 구성원은 티토 자신을 제외하면 세 사람—카르델, 랑코비치, 질라스—뿐이었다. 카르델은 외교정책을, 랑코비치는 국내보안을, 질라스는 선전과 교육문화 정책을 담당했다. '4인조'(질라스의 표현)가 정책을 결정하고, 정치국이 그것을 승인하고, 당의 하부기관—주로 젊은 파르티잔 열성분자 출신들로 구성되었다. 이들은 교육수준은 낮았으나 티토에게 열정적

티토와 그의 핵심 측근 3인방(1953).
1953년 11월 29일, 유고슬라비아 야이체(Jajce)에서
제2차 반파시스트 평의회(AVNOJ) 결의 10주년 기념식에 함께했다.
왼쪽 두 번째부터 질라스, 티토, 카르델, 랑코비치이다.
세 명은 정책을 결정하는 티토의 최측근 인물들이다.

으로 충성했다—에서 집행했다.[35] 서기처 내부에서는 누가 진정한 권력자인지 의문의 여지가 없었다. 카르델, 랑코비치, 질라스는 모두 2차 대전 시기에 티토를 따라다녔다. 그들은 티토의 행적을 알고 있었고, 티토의 지도자 자격을 인정했으며, 다툴 수 없는 그의 권위 앞에 머리 숙였다.

헌법이 뭐라고 규정하든 티토의 통치는 실제로는 독재체제였다. "내가 여기서 결정하고, 내가 유고슬라비아에 대해 책임진다!" 티토는 간결하게 밝혔다.[36] 이 말은 헛된 자랑이 아니었다. 그는 타인의 의견을 거의 또는 전혀 듣지 않고 중요한 결정을 내렸다.[37] 그리고 한 번 내려진 결정은 되돌리는 법이 없었다. 파르티잔 지도자였을 때 그는 질문을 받지 않고 지시를 내리고는 했다. 이제 그는 전쟁영웅으로서 독특한 권위를 국가의 독재적인 지도자의 권위로 전환시켰다.

그의 화려한 생활방식에서 절대적인 권력과 권위가 뿜어 나왔다. 그것은 함부로 접근할 수 없는 우위를 보여주기 위한 의도된 행위였다. 오랫동안 험난한 생활조건을 이겨냈던 그가 사치를 더욱 즐겼다. 이것은 사회주의적 이상의 기이한 역설이었다. 돈이 목적이 아니었다. 그는 국가재정을 개인 수입처럼 다루었다(시작할 때는 소박했던 급여가 뒤에 가서는 넉넉해졌다). 그는 유사 군주였다. 권력과의 근접성과 물질적 특권에 물들어 부패한 시종들의 보살핌 속에서 사회주의 방식의 호사를 누리는 그는 축소판 루이 14세였다. 어제의 혁명가들이 신흥 부자로 변신하여 부와 권력의 횡령에 다투어 참여했다.

티토는 서둘러 왕궁 가운데 한 곳으로 주거를 이전했고, 또 하나의 왕궁은 수리하여 국가연회장으로 사용했으며, 머지않아 추가로 옛 왕실 주거 한 곳을 수렵장으로 수집품 목록에 올렸다. 그가 좋아하는 곳은 브리오니(Brioni) 섬의 여름별장이었다. 그곳에 그는 죄수들을 동원하여 화려한 빌라와 정부와 당의 관리들을 위한 숙박시설을 지었다. 그곳에는 그의 개인 동물원도 있었다. 머지않아 그는 무장 메르체데스, 롤스로이스, 화려한 요트, 예술작품 진열실도 갖추었다. 그는 지위에 대한 욕심이 많았다. 그는 1943년에 스스로에게 원수 계급을 수여했고 공식적인 모임에는 반드시 훈장으로 번쩍거리는 원수 제복을 입고나왔다. 그의 저속한 과시욕은 라틴 아메리카의 독재자를 연상시켰다.[38]

국가의 지도자, 군총사령관, 당의 지도자로서 그의 지위는 1980년 그가 죽을 때까지 신성불가침이었다. 그의 권력을 떠받치는 세 가지 기둥은 당, 군대, 보안기관이었다. 당의 많은 충성분자들이 파르티잔 운동을 모태로 하여 형성된 군에 복무하고 있었고 이들은 티토와 강력한 연대의식을 갖고 있었다. 사실상 모든 장교가 당원이었다. 군대의 훈련에서 이념교육은 중요한 부분을 차지했다. 1950년대 초, 군의 병력은 150만가량이었다. 티토는 급료와 국가가 공급하는 주택의 분배에서 군대에 특혜를 주었다. 군대의 충성은 한 번도 의심받아본 적이 없었다.[39]

보안경찰—티토의 측근 동지로서 내무장관에 이어 부총리가 된 알렉산다르 랑코비치가 관할했다—은 정치적 일탈자의 복종과 처벌을 책임졌다. 모든 독재체제가 그러하듯 통합과 충성을 강화하기 위해 '내부의 적'이 만들어지고 복종을 강요하기 위해 허구의 '배반자'를 상대로 자의적인 체포와 처벌이 가해졌다. 보안경찰(UDBA)이 건물에 도청장치를 설치하고, 우편물을 가로채고, 전화통화를 도청했다. 그들의 활동은 소련이 시행한 테러와 비교할 수준은 아니었지만 어쨌든 티토 정권에 대한 반대는 투옥되거나 노동수용소에 억류되는 등 강한 처벌의 대상이었다. 대부분의 평범한 시민들은 개인적인 정치성향이 어떠하든지 간에 그들이 바꿀 수 없는 체제에 순종해야 했다.

그렇다고 해서 이 정권이 순전히 강압과 위협으로 유지되지는 않았다. 티토 정권은 오랫동안 대중적 독재체제였다, 물론 얼마나 대중적이었는지는 측정할 수 없다. 그리고 대중적 정통성도 최소한 부분적으로는 통제된 매스미디어와 당과 군대의 세뇌에 의해 만들어졌다는 것은 분명한 사실이다. 티토 숭배를 전국에 신속하게 퍼뜨리기 위해서 온갖 수단이 동원되었다. 거대한 티토 초상화가 공공건물에 내걸렸다. 거리와 마을 광장에 그의 이름이 붙여졌다.[40] 영웅적인 지도자의 아우라가 정치무대를 지배했다. '인민의 영웅'의 대중적 인기를 한참 뒤떨어져서나마 따라가는 정치적 인물도 없었다. 선전의 역할이 아무리 중요하다고 해도 초기에 티토가 전쟁 시기의 전설적인 공적과 소련의 겁주기로부터 나라를 방어해낸 업적 때문에 진정한 의미의 대중적 인기를 누렸던 사실을 부인할 수는 없다. 그는 국가적 자존심의 표상이었다. 그리고 그것은 단순히 심리적 고조만이 아니었다. 거대한 사회적 정치적 에너지가 터져 나왔다. 새로운 건물, 건축공사 현장, 대형 사회기반시설 공사는 중요한 변화의 실체적 표지였다. 미국은 물론이고 서유럽 부국들과 비교하면 별거 아닌 수준이겠지만 대부분의 사람들이 지금껏 경험한 것보다는 높은 생활수준을 누렸고 더 나은 미래를 바라보는 희망이 넘쳤다.

1950년대에 대규모 국가투자가 이루어졌고 인상적인 경제성장—기저효과 덕분에—이 나타났다. 공업생산의 연평균 증가율은 13%, 소득증가율은 6%에 이르렀다. 이런 수치는 농업으로부터 공업으로의 거대한 전환이 일어나고 있음을 의미했다. 그러나 농업 집단화의 초기 효과는 (스탈린식의 살인적인 압력이 없었는데도) 1953년이 되자 역전되기 시작했다. 농업 집단화는 너무나 인기가 없었고 경제적으로 가능하지도 않다는 사실이 밝혀졌다. 비생산적인 협동농장은 폐기되었고, 토지는 농민에게 반환되었으며, 농업투자는 증

가하여 다수인 농업 인구에게 더 많은 소득과 만족감을 가져다주었다.[41]

소련과의 관계가 단절되면서 최소한 초기에는 희망적이고 매력적이었던 경제운용 방식의 변화가 있었다. 1949년에 카르델(당의 최고 이론가), 보리스 키드리치(Boris Kidrič, 주요 정치국원, 경제담당), 질라스(선전전문가)가 티토에게 경제운용의 새로운 방식을 받아들이도록 설득했다. 최소한 이론상으로는 '자율관리'는 소련식의 국가에 의한 '하향식' 지시가 아니라 노동자위원회가 공장 운영을 책임지도록 하고 사회주의 건설을 위한 자원을 밑으로부터 동원하도록 허용했다. 곧 문제가 쌓이기는 했지만 초기에는 이 방식이 노동자뿐만 아니라 정부에게도 매력적으로 보였다. 티토는 카르델처럼 이론에 매달리지 않았다. 그의 입장에서는 체제의 우수성을 선전할 수 있는 정치적 이점이 편협한 경제적 이점을 압도했다. 그에게 중요한 문제는 당의 전반적인 통제 — 대체로 그 자신에 의한 통제와 같은 의미 — 가 '자율관리'에 의해 붕괴되지 않는 것이었다. 긴장이 겉으로 드러났다. 그러나 궁극적으로는 당의 권력독점이 훼손되어서는 안 된다는 티토의 주장이 관철되었다. 민주화는 한계에 부닥쳤다.[42]

그 한계가 드러난 것은 1953년 밀로반 질라스 — 티토의 가장 유력한 후계자로 평가받고 있었다 — 가 그 자신이 도와서 세워진 체제를 공개적으로 비난했을 때였다. 질라스는 자신의 주장을 굽히지 않고 당이 발행하는 주요 신문 『보르바』(Borba)에 발표했다. 그는 해임되었고, 당 내의 직책에서 물러나도록 강요받았으며, 끝내는 7개월 동안 투옥되었다. 훗날 그는 사면 받았고 티토와 함께 일한 경험을 글로 쓸 수 있었다. 그러나 티토의 주장에 순종하지 않으면 그일지라도 희생될 수 있었다. 티토가 그에게 말했듯이 그는 '정치적으로 사망했다.'[43] 스탈린 치하였더라면 틀림없이 목숨까지 잃었겠지만 그는 최소한 목숨을 잃지는 않았다.

1960년대가 되자 티토의 절대 권력은 정점에 올라 있었다. 그러나 티토 아래에서는 (질라스의 자폭 이후 10여 년 동안) 후계 자리를 두고 경쟁하던 에드바르드 카르델(슬로베니아인, 체제 개혁을 지지)과 알렉산다르 랑코비치(보수 강경파, 세르비아인) 사이의 균열이 깊어지고 있었다. '자율관리' 체제의 문제점 ─ 비효율과 부패 ─ 이 점차로 분명해지자 처음에는 이 정책의 추진자인 카르델이 티토의 분노의 표적이었다. 그는 적지않게 전략적 교활함 덕분에, 그리고 고향인 슬로베니아(유고슬라비아에서 가장 부유하고 발전된 지역)에서 누리고 있던 인기 때문에 살아남을 수 있었다.

1960년대 중반이 되자 랑코비치의 위상이 더 위험에 노출되었다. 그는 티토를 위해 지저분한 일을 도맡아 처리해온 충실한 하수인이었다. 그는 수백만 명의 신상명세를 수집해온 정보기관의 책임자였다. 그리고 그는 당 내에서도 조직담당 서기라는 또 하나의 강력한 직책을 갖고 있었다.[44] 그러나 그는 같은 세르비아인 동료 당원 사이에서도 적을 만들었다. 뿐만 아니라 티토는 정권 상층부 내부의 음모와 내부분열은 물론이고 보안기관이 그 자신을 제거하려는 계획을 세우고 있다고 의심했다. 티토에게 그의 사적인 주거지와 심지어 그의 침실에도 비밀 정보기관이 도청장치를 설치해놓았다고 설득하기란 어려운 일이 아니었다. 랑코비치는 1966년 6월에 열린 당 중앙위원회에서 위협에 굴복하여 도청장치는 자신의 사무실과 연결되어 있다고 고백하고 모든 직위에서 사임했다(그는 자신이 음모에 걸려들었다는 사실을 알고 있었다). 훗날 그는 사면을 받았고(역시 스탈린 치하에서라면 전혀 다른 운명을 맞았겠지만) 공적 생활에서 모습을 감추었다. 그는 은밀한 사석에서 티토의 비행을 고발했다.[45]

랑코비치의 이전 지지자들은 보안기관에서 숙청되었고 집중화되어 있던 조직은 분산 배치되었다(중요한 방첩 분야는 제외). 보안기관에 대한 통제권은 개별 공화국으로 이관되었으나 반란행위에 관한 정보는 여전히 베오그라드로 집중되었다. 티토에게 위험이 될 만한―현실이라기보다는 대부분 상상이었지만―보안기관은 해체되었다. 당은 중앙통제의 정도를 낮추어야 한다는 제안에도 불구하고 기본적으로 티토의 권력도구로서의 기능은 변함이 없었다. 언제나 그랬지만 군대는 그의 권력의 보루로 남았다. 그리고 티토는 군정보기관(KOS)을 확실하게 장악했다.[46] 국방장관 이반 고슈냐크(Ivan Gošnjak) 장군―이전 파르티잔 지휘관이었고 티토와 긴밀하게 협력했다―은 언제나 확고한 충성을 보여주었다. 두 사람의 관계는 랑코비치 사건 이후로 변화를 요구하는 목소리가 터져 나오자 냉각되었다. 티토는 그를 해임하고 그 자리에 니콜라 류비치치(Nikola Ljubičič) 장군을 앉혔다(그도 옛 파르티잔의 지휘관이었고 티토에게 진정한 충성을 바쳤다.[47]

티토의 국제적 위상과 그가 추진한 내정 개혁 덕분에 1960년대에 유고슬라비아는 세계가 볼 때에 가장 인기 있는 유럽 공산국가가 되었다. 유고슬라비아는 소련 진영보다 더 매력적인 공산주의의 모습을 보여주는 것 같았다. 유고슬라비아의 경제성장은 서방의 찬사를 받았고 투자가 쏟아져 들어왔다. 몰려드는 관광객이 국고를 채워주었다. 문화부문의 부분적인 자유화는 외국인 방문자들을 불러 모으는 매력이었다. 티토의 권위는 해외에서뿐만 아니라 국내에서도 정점에 이르렀다.

그런데 겉모습처럼 모든 것이 순탄하지는 않았다. 앞으로 10년 동안에 깊어질 균열이 겉모습 아래에서 시작되고 있었다. 경제성장은 느려지고 있었고, 인플레이션은 불길하게 심해지고 있었으며, 무역적자는 늘어나고 있었고, 높아지는 해외자본 의존성은 미래의 번영을 볼모로 붙잡고 있었다.[48] 온건하고 단계적인 자유화는 경제를 국제적인 시장 세력에게 더 많이 노출시켰다. 티토의 권력은 예전과 다름없이 강력했으나 구조적인 문제를 되돌리기는 물론이고 멈추게 할 수도 없었다. 1970년대에 들어와 이런 상황은 더욱 심화되었고 따라서 각 공화국의 분리주의를 통제하기도 어려워졌다.

티토는 변함없이 유고슬라비아 통합의 상징이었다. 그의 권위가 그 자신이 세운 다민족 사회주의 국가의 기반 전체를 붙잡아주는 접착제였다. 티토가 여전히 나라를 묶어 세우고 있었다. 그러나 유고슬라비아는 여러 면에서 결함이 많은 구조물이었다. 그리고 그 결함은 시발점인 1차 대전 직후부터 존재해왔다. 1972년이 되자 티토는 나이 80대에 진입했다. 그가 세상을 떠난 후 통합은 얼마나 더 유지될 수 있을까?

두 진영 사이에서: 세계적인 정치인

티토만이 유고슬라비아—경제적으로 약하고 중간 규모의 나라, 전쟁 시기의 자랑스러운 기록을 가지고 있으나 군사력으로는 위협적이지 않은 나라—를 국제문제에서 핵심 요소로 부상시킬 수 있었다. 그는 유고슬라비아의 전략적인 중요성 때문에 양대 초강대국으로부터 구애를 받았고, 때로는 매끄러운 외교정책을 통해 두 초강대국을 싸움 붙이고 그 가운데서 이익을 챙겼다. 그는 두 초강대국 사이를 교묘히 오가면서 유고슬라비아를 어느 진영에도 가담하지 않는 나라들의 지도자 자리에 올려놓았다. 전 세계에 흩어져 있던 이런 나라들이 미국과 소련 어느 쪽에도 가담하지 않는 비동맹운동이란 이름의 느슨한 조직을 만들어 두 진영 사이에서 활동했다.

특히 1950년대 중반 이후로 티토는 국제무대에서 중심적 역할을 했다. 그는 혼자 힘으로 유고슬라비아를 소련과 결별한 직후의 초기 고립으로부터 세계무대에 올려 세웠다. 그의 외교 여정은 한 편의 서사시와 같았다. 1944년에서 1980년 사이에 그는 92개 국가를 169 차례나 국빈 방문했고, 국내에서 175명의 국가수반과 100명의 총리와 수백 명의 중요한 정치적 인물들을 위한 환영행사를 주재했다.[49]

스탈린과 결별한 후 그는 국제관계의 지렛대란 새로운 역할을 찾아냈다. 스탈린이 크렘린에 앉아서 위협도 하고 속을 끓이기도 하고 있는 동안에 티토는 소련 진영(동유럽) 내부의 쐐기로서 미국의 주목을 받았다. 전략적인 관점에서 보자면 유고슬라비아는 발칸반도로 들어가는 열쇠를 쥐고 있었다. 소련의 입장에서는 유고슬라비아를 자신의 방패 아래 위성국으로 거느린다면 남부 유럽 대부분 지역으로 영향력을 확대할 수 있었다. 훗날 목격한 바와 같이, 유고슬라비아는 서방세력이 공산주의가 지배하는 유럽의 나머지 절반지역으로 침투해 들어가는 관문이었다. 이 문을 통해 (주로 미국의) 재정지원 — 1950년부터 1953년 사이에 5억 5,380만 달러 — 이 들어와 유고슬라비아의 경제 호황을 뒷받침했다. 한국전쟁이 일어나면서 소련의 확장 의도를 심각하게 염려하던 미국은 유고슬라비아를 서방의 방어계획에 끌어들이기 위해 유고의 무기 확충에도 자금을 지원했다.[50] 뒤에 가서 경제를 성장시켜야 한다는 압력이 높아지자 티토는 미국 자금을 받아들여 경기를 부양했다(그 대가로 서방의 원조에 대한 의존도는 점차로 높아갔고 외채 부담은 늘어났지만).

특히 미국과 영국 — 2차 대전이 끝난 뒤에도 동부 지중해 전역에 군사기지를 유지하고 있어서 여전히 국제관계의 중요한 세력으로 인정받았다 — 에서 티토는 전시의 뛰어난 파르티잔 사령관일 뿐만 아니라 대담함, 강철 같은 의지, 냉혹한 판단으로 혼자서 스탈린과 소련의 힘을 막아낸 비범한 지도자로 평가받았다. 이런 평가는 서방

티토와 소련의 1인자 흐루쇼프(1953).
티토는 강철 같은 의지로 스탈린과 소련에 맞서며 유고만의
독자적인 공산당 노선을 추구했다. 스탈린 사후에 지도자가 된
흐루쇼프는 티토와의 관계를 복원하려고 했다. 이런 관계 개선은
미국과 소련 두 강대국 사이에서 실리 외교를 폈던 티토의
냉정한 판단력과 대담함이 있었기 때문에 가능했다.

세계와 교섭할 때 그의 중요한 이점이었다. 그는 그것을 교묘하게 활용했고 한편으로는 (소련이 너무 가까이 오지 않도록 거리를 유지하면서) 크게 개선된 모스크바와의 관계 ─ 스탈린이 죽은 후 한때 흐루쇼프가 관계를 복원하려 시도했다 ─ 도 활용했다. 티토는 재정지원(과 기술협력) 문제를 두고 모스크바와 워싱턴 양쪽과 협상했다.[51)]

소련 진영이나 서방 진영과의 관계에서 어느 쪽이든 여러 가지 장애물이 있었다. 예컨대, 소련과의 관계는 1956년 헝가리봉기가 일어났을 때 티토가 소련의 개입 필요성을 인정하면서도 봉기의 원인은 소련과 그 위성국가들에서 스탈린주의가 지속되고 있기 때문이라고 비난하자 한동안 모스크바와의 관계는 급격하게 나빠졌다.[52)]

1967년과 1973년의 중동전쟁에서 티토가 아랍 편을 들자 서방과의 관계가 매우 나빠졌다. 유고슬라비아가 독일민주공화국을 승인하자 서독과의 관계는 한동안 단절되었다. 티토가 알제리해방운동 측에 무기를 제공하자 드골이 분노를 터뜨렸다. 그리고 소련은 티토가 1968년 소련의 체코 침공을 비난하자 엄청난 분노를 느꼈다. 이 모든 경우에 한편으로는 모스크바와 워싱턴의 지정학적 이해관계 때문에, 다른 한편으로는 베오그라드의 경제적 이익 때문에 관계가 복원되었다.

1968년 이후로 티토는 소련의 분노를 무시하고 의도적으로 미국에 접근했다. 1970년에는 닉슨 대통령이 유고슬라비아를 방문했고, 다음 해에서는 티토가 워싱턴을 국빈 방문하여 환대를 받았고 돌아갈 때는 10억 달러 가까운 차관을 선물로 받아들고 갔다. 티토가 미국여행을 떠나기 직전 1971년 10월에 소련 지도자 레오니트 브레즈네프(Leonid Brezhnev)가 자존심을 죽이고 베오그라드를 방문했다. 티토와의 회담 분위기는 싸늘했다. 그런데 브레즈네프는 5억 4,000만 달러의 차관 제공을 약속하고 떠났다.[53)]

유고슬라비아가 소련과 결별한 뒤로 외교적 고립을 면하고 국제 무대에서 실력과는 비례하지 않는 비중을 차지할 수 있었던 기획는 앙내 초상대국과의 관계에서 어느 쪽에도 줄서기를 하지 않았던 나라들과 긴밀한 관계를 맺는 외교정책에서 나왔다. 새로운 외교정책은 티토 자신이 주도한 작품은 아니었고, 유엔 안전보장이사회에서 인도와 유고슬라비아 대표 사이의 개인적으로 좋은 관계에서 나온 간접적인 산물이었다. 베오그라드와 뉴델리 사이에 외교관계가 수립되었다. 유고슬라비아 대사 요시프 제르다(Josip Djerda)는 부임 후 얼마 안 가 인도의 지도자 자와할랄 네루(Jawaharlal Nehru)의 구상—초강대국 사이에서 '제3세력'이 독자적인 위상을 확보할 수 있다—에 매료되었다. 1951년에 제르다는 이 문제를 당시 외무장관이던 카르델에게 보고했고 카르델은 (초기에는 관심을 보이지 않던) 티토에게 보고했다. 카르델의 설득에 티토는 미적지근한 반응을 보이다가 마침내 완전히 매료되었다.[54) 첫 번째 과실이 인도방문 초청이었고 티토는 이를 진지하게 받아들였다. 1954년 11월, 티토는 인도를 공식 방문한 첫 번째 유럽의 국가원수가 되었다.

이것이 시작이었다. 티토는 곧 해외순방에 나섰고, 국유 호화 요트 '갈레브'(갈매기)호를 타고 가는 긴 여정인 경우가 많았다. 사하라 이남 아프리카와 라틴아메리카를 방문한 공산국가 지도자는 그가 처음이었을 뿐만 아니라 아시아 국가와의 접촉도 넓혀나갔다. 개인 외교는 중요한 성과를 거두었다.

그는 특히 반식민지 운동을 통해 권력의 자리에 오른 신생 독립국의 지도자들과 좋은 관계를 맺었다. 그중에서 중요 인물로는 네루 이외에도 인도네시아의 수카르노(Sukarno), 이집트의 가말 압델 나세르(Gamal Abdel Nasser), 가나의 콰메 은크루마(Kwame Nkrumah), 탄자니아의 줄리어스 니에레레(Julius Nyerere), 에티오피아의 하일

1956년 7월, 브리오니 섬 3자 회담.
왼쪽부터 인도의 초대 수상 네루, 이집트 대통령 나세르,
그리고 티토다. 티토는 반식민지 운동을 통해 권력의 자리에 오른
신생 독립국의 지도자들과 좋은 관계를 맺었다.
이들은 초강대국의 냉전 지배체제에 맞서 제3세력의
중립주의를 표방했다.

레 셀라시에(Haile Selassie) 황제가 있었다. 그 가운데는 우간다의 이디 아민(Idi Amin) 대통령, 중앙아프리카공화국의 독재자 장-베델 보카사(Jean-Bedél Bokassa) 같은 문제 있는 인물도 있었다.

이질적인 정치체제를 하나로 묶을 수 있었던 강령은 양대 초강대국 진영의 지배에 맞서서 국제정치에 영향을 미칠 수 있는 '제3세력'을 형성하자는 '평화공존'이었다.[55] 1961년 9월, 양대 초강대국 사이의 긴장이 높아지자 티토는 자신이 제안하여 베오그라드에서 열린 회의에 참석한 25개국 대표들 앞에서 평화공존의 실행 방안 — NATO와 바르샤바조약의 해체 — 을 설명했다.[56] 이때가 '비동맹운동'이라 불리게 되는 외교무대에서 그의 리더십이 정점에 이른 시점이었다.

이념으로서는 호소력이 강해도 이질적인 국가들이 집단을 이루었을 때 효율성은 제한적이었다. 비동맹운동은 초강대국 관계에 실질적인 영향을 미치지 못했고 냉전의 긴장을 줄이는 데 거의 또는 전혀 역할을 하지 못했다. 그러나 티토의 활약이 유고슬라비아에게는 기대치 않은 이익을 가져다주었다. 나라의 국제적인 위상이 올라갔을 뿐만 아니라 수출시장이 열리고 한 해에 약 15억 달러의 자금이 유고슬라비아로 흘러들어왔다. 국내적으로는 전통적으로 친소련 성향인 세르비아와 서방지향적인 슬로베니아와 크로아티아 사이의 분열이 봉합되었다. 보스니아의 무슬림도 이슬람문화와 연결이 되어 좋아했다.[57] 국제적인 인지도가 높아지면서 티토는 국내에서도 권위가 높아졌다. 그의 위신은 하늘 끝까지 올라갔고 그의 권력은 누구도 도전할 수 없었다.

스러지는 권력

티토는 노년에 이르러서도 크게 주목받는 일을 했고 권력의 자리에서 물러날 생각을 하지 않았다. 그는 해외활동에 엄청난 에너지를 쏟아 부었고, 해외활동은 화려한 장기 휴가를 공개적으로 즐길 수 있는 기회였다. 1970년대에 그는 (공식적인 유럽국가 방문과는 별도로) 인도 아대륙, 시리아, 라틴아메리카를 여행했고 1975년에는 헬싱키에서 열린 세계적으로 중요한 전유럽안보협력회의(CSCE: Conference on Security and Cooperation in Europe)*에 참석했다. 그래도 그의 건강은 하락하고 있었다. 측근들은 그에게서 확연한 노화의 흔적을 목격했다.[58] 유고슬라비아란 국가의 결정적인 통합력으로서 권좌에 머물렀던 수십 년의 세월이 종점으로 향하고 있는 모습은 감출 수 없었다.

그가 세우고 유지해온 체제는 그가 숨을 거두기 훨씬 전에 접합부에서 삐걱거리는 소리를 내고 있었다. 티토의 독재 권력으로는 경제의 본질적이고 구조적인 문제──증가하는 국가부채, 인플레이션, 생산성 하락으로 인한 실업증가──를 원상회복은 물론이고 멈추게도 할 수 없었다. 본질적인 어려움은 1973년 석유위기 이후로 수입에너지에 의존하는 모든 나라가 직면한 파괴적인 고비용의 충격 때문에 엄청나게 악화되었다. 1970년대 후반에 차관 도입액은 다섯 배나 증가했고 차관 상환 지급이자는 세 배나 증가했다. 해외로부터 소비재

---

* 냉전시기에 '데탕트'를 논의한 중요한 정상회담이었다. 구속력 있는 조약을 체결하지는 않았으나 2차 대전 후 동서 유럽 사이의 경계를 인정하고 정치 군사적 긴장의 완화와 공산주의 진영의 인권개선 조처에 합의했다. 이런 내용을 담은 33개 유럽국가와 미국, 캐나다 정상이 서명한 헬싱키합의(Helsinki Agreement)가 1975년 8월 1일에 발표되었다.

상품을 수입할 여력이 없어졌다. 물가 상승은 필연적이었다.[59] 경제적 불평등도 마찬가지였다. 경제상황이 악화되자 민족 간의 갈등과 분리주의 경향이 강화되었다. 크로아티아와 슬로베니아는 '그들의' 돈이 더 가난한 공화국으로 흘러나가는 데 반대했다. 세르비아와 경제적으로 취약한 공화국들은 비대칭적으로 이익을 보는 보다 부유한 지역과 대립했다. 경제적 사회적 불만이 문화적 차이와 민족적 정체성을 강조하는 흐름을 자극했다. 반대로 유고슬라비아라는 국가적 정체성은 흔들리고 있었다.

유고슬라비아는 1960년대 말에 유럽을 휩쓴 자유화의 압박으로부터 자유로울 수 없었다. 1968년에 학생소요가 발생하자 티토는 양보를 약속함으로써 (약속은 지켜지지 않았지만) 위기를 피해갔다. 소련군이 기습할지 모른다는 두려움이 ─ 소련군의 체코슬로바키아 침공 때문에 엄청나게 확대되었다 ─ 소요를 진정시키는 데 큰 역할을 했다.[60] 더욱 염려스러운 일은 1971년에 자그레브에서 학생들이 크로아티아의 독립을 요구하는 시위를 벌인 것이었다. 티토는 커다란 몽둥이로 대응했다. 그의 강요로 크로아티아의 당 지도부가 사임했다.[61] 200여 명이 체포되었고, 수백 명이 크로아티아 당으로부터 쫓겨났으며, 민족주의 정서가 강한 다른 공화국들에서 대대적인 숙청이 시작되었다. 1972년, 세르비아의 경제부문과 언론부문에 종사하던 5,000명 이상의 자유주의자들이 일터에서 쫓겨났다. 1973년에는 언론자유를 제한하는 중요한 제도들이 도입되었다. 몇몇 영화와 잡지의 상영과 발행이 금지되었다. 베오그라드대학교에서 다수의 교수들이 쫓겨났다. 1970년대 중반이 되자 유고슬라비아의 감옥에는 5,000여 명의 정치범이 수용되어 있었다.[62]

커다란 몽둥이만 사용된 것은 아니었다. 공화국들에 더 많은 권력을 넘겨주는 당근도 동원되었다. 말할 필요도 없이 그 목적은 유고슬라비아의 통합, 나아가 정권의 생존을 위협하기 시작한 긴장을 완화하는 것이었다. 새로운 헌법을 만드는 임무가 카르델에게 주어졌다(새 헌법은 1974년부터 발효되었다). 티토는 헌법에 당과 군대의 우위를 보장하고 자신은 종신 대통령 —1962년에 개정된 헌법에 이미 그런 조항이 들어 있었다 — 이 되는 조항이 포함되어야 한다고 주장했다.[63] 이 완고한 새로운 헌법은 사실상 분리주의의 경향을 완화하지 못했고 점점 높아가는 국가의 와해 위기도 막아내지 못했다.

유고슬라비아의 통합은 점차로 무너지기 시작했다. 티토의 권력을 받쳐왔던 핵심적인 기둥 가운데서 당은 떨어져나가고 연방정부에게 충성하는 기관은 군대와 비밀경찰만 남았다. 티토는 군대는 언제든지 의지할 수 있다고 믿어 의심치 않았다. 그는 여전히 권력이란 지렛대를 쥐고 있었다. 많은 지도자들이 —꼭 독재자가 아니라도— 그랬듯이 그는 이것을 놓고 싶어하지 않았다. 그러나 그가 걱정한 것은 자신이 사라진 뒤의 국가의 미래였다.[64] 그는 자신이 갈수록 유고슬라비아의 분해를 막는 유일한 방파제가 되어가고 있다는 사실을 잘 인식하고 있었다.

1970년대 내내 문제는 쌓여가고 있었지만 티토의 독재는 그가 1980년 5월 4일에 87세의 나이로 죽을 때까지 온전하게 유지되었다. 1930년대와 1940년대라는 지독한 시기에 권력의 자리에 올랐던 유럽의 독재자 가운데서 마지막으로 남아있던 인물이 사라졌다. 생의 마지막 몇 년 동안에 오래 끌어왔던 당뇨병이 악화해 그는 결국 왼쪽 다리를 절단하게 되었고 숨을 거두기 전에는 건강상태가 심각하게 악화해 있었다. 그의 죽음이 알려지자 유고슬라비아 전체가 깊은 슬픔에 빠졌다. 그의 국제적인 위상은 장례식에 128개국에서 저명인사들이 참석한 사실에서 충분히 드러나고 있었다.[65]

남긴 유산

티토처럼 오랫동안 권력을 장악했었고, 죽었을 때 전 세계로부터 광범위한 애도를 받았었고, 평생을 쌓아올린 업적이 10년 안에 무너져 내린 정치인은 없었다. 그러므로 그가 남긴 유산을 의미 있게 요약할 표현도 찾기 어렵다. 오히려 1990년대의 지독한 민족분쟁을 겪으면서 유고슬라비아가 붕괴된 사실이 태생적으로 강한 원심력을 극복하고 그토록 오랫동안 유지될 수 있었던 정치체제를 만들어낸 티토의 업적이 얼마나 기념비적이었는지 선명하게 보여준다. 35년 동안 그는 서로 다른 인종, 언어, 종교적 배경, 경제적 발전단계의 사람들을 통합한 구심점이었다. 한편으로는 유고슬라비아가 붕괴한 속도가 그 나라를 세운 건축가로서 티토의 본질적인 결함을 보여준다. 그 결함이 1970년대에 확연하게 드러난 갈등과 분열을 만들었고, 그 갈등과 분열이 궁극적으로 유고슬라비아를 무너뜨렸다.

복잡한 균형을 추구했던 1974년의 헌법은 티토가 없이는 작동하지 않았다. 시간이 흐르면서 통합된 연방국가를 지키려는 의욕을 가진 기관은 군대뿐이었다. 1980년대 말이 되자 고르바초프의 충격이 국제적인 세력균형을 극적으로 바꾸어놓았고 그 간접적인 결과로 유고슬라비아 해체의 위기는 국제사회의 관심을 벗어나고 있었다.[66] 티토는 역사를 만든 인물이었다. 그러나 그에게는 비인격적 힘―점점 높아져 가다가 결국은 통제할 수 없게 된 민족주의와 분리주의의 압박―이 자신이 만든 유고슬라비아를 붕괴시키고 마침내 지도에서 지워버리는 사태를 막아낼 힘이 없었다. 그러므로 그가 역사에 미친 영향은 의미심장하지만 순간적이었다.

티토의 행위는 유고슬라비아에만 영향을 준 것이 아니었다. 스탈린에 맞섰던 그의 도발은 유럽뿐만 아니라 전 세계에 파급효과를 미쳤다. 개발도상국과 연대를 추구했던 티토의 외교정책 또한 세계적으로 중요한 의미를 지녔었다. 거의 40년 동안 티토는 의심할 나위 없이 자기 나라의 운명을 형성하는 중요한 결정을 혼자서 내려왔다. 그는 독특한 개인적 역할을 했다. 그것은 그가 아닌 다른 누구도 해낼 수 없는 일이었다. 전쟁 시기에 파르티잔 활동의 승리에서도 그랬지만 전후 유고슬라비아에 사회주의 국가를 건설하고 유지하는 데서도 그는 절대적으로 없어서는 안 될 존재였다.[67] 그의 개성과 업적 때문에 그는 분열되기 쉬운 지도층들로부터 충성과 일치된 지지를 확보할 수 있었다. 막스 베버의 기준에 따르면 티토는 '카리스마적인 공동체'의 지지를 받는 '카리스마적인 지도자'였다. 그의 카리스마는 국가 선전기관이 끊임없는 활동을 통해 '티토 숭배'로 발전시킨 작품의 핵심이었으며 그의 대중적 정통성의 기반이자 누구도 그의 권력을 넘볼 수 없게 하는 명분이었다.

티토의 '카리스마적' 권위는 그가 죽을 때까지 지속되었다. 그런데 그 뒤로 그의 카리스마는 곧 허물어지기 시작했다. 권좌에 머물렀던 시기는 재검토되고 다른 시각에서 평가되기 시작했다. 그의 사생활, 사치, 권력욕은 그가 전도했던 사회주의의 이상과는 배치되었다. 그 때문에 정치체제로서 사회주의도, 다민족국가 유고슬라비아의 국가적 통합도 불신받게 되었다. 심지어 전쟁 시기 반파시즘 투쟁의 행적도 과장이라는 의혹이 제기되었고, 이것이 체트니키 부활의 부분적인 원인이 되면서 파르티잔이 저지른 잔혹행위도 폭로되었다.[68]

티토가 국가적 우상에서 격렬한 정치적·역사적 논쟁의 주제로 전환된 것 자체가 유고슬라비아의 비극적 해체의 시작이었다. 그가 숨을 거둔 지 약 10년 만에 그의 이름이 붙여졌던 크로아티아의 거리와 광장, 파르티잔을 기념하는 동상이 사라졌다. 개성의 힘과 무자비한 탄압으로 사회주의 국가의 통합을 유지했고, 국가의 붕괴를 부추기는 민족 사이의 반목을 혐오했던 공산주의 독재자를 존경하고 기념할 공간은 탈공산주의 시대에 인종적으로나 문화적 정체성으로나 살라지고 쪼개진 옛 유고슬라비아에는 남아있지 않았다.

티토는 후계자 양성을 회피했다. 그리고 실제로 다민족 국가 유고슬라비아의 통합을 유지할 능력이 있는 후계자가 나타나지 않았다. 대신에 불과 몇 년 안에 권력의 기반을 만들어낸 '강자들'이 나타나 민족분열의 불길에 기름을 끼얹었다. 세르비아의 슬로보단 밀로셰비치(Slobodan Milošević), 크로아티아의 프라뇨 투지만(Franjo Tudjman), 보스니아-헤르체고비나의 알리야 이제트베고비치(Alija Izetbegović), 보스니아 거주 세르비아인의 지도자 라도반 카라지치(Radovan Karadžić)가 그런 '강자들'이었다.

옛 유고슬라비아를 구성했던 분열된 공화국 정부들은 티토를 끌어내리고 그의 이름과 동의어인 시대에 등을 돌리기 위해 온갖 수단을 다했다. 티토는 그들이 지워버리고 싶어했던 과거를 상징했다. 죽은 뒤 40년 동안 티토는 매우 논쟁적인 역사의 중심인물이 되었다. 유고슬라비아에서 갈라져 나온 여러 국가의 나이든 세대는 아직도 그를 나라의 지도자로 기억한다. 그들은 긍정적인 면과 부정적인 면이 촘촘히 교직된 티토의 오랜 통치시기를 여전히 기억할 것이다.

이제 티토는 과거의 희미한 흔적, 많은 사람들의 일상생활에 실질적인 의미가 없는 인물, 정치사의 시발점을 현존하는 국가—한때는 유고슬라비아의 일부였던—의 수립 시점까지만 소급하는 대부분의 사람들에게는 중요하지 않은 인물이 되었다. 그래도 티토의 신화적인 이미지는 남아 있다. 그는 지금은 사라져버린 통합의 상징이다. 이런 향수를 간직하고 있는 사람은 소수일 뿐이다.[69] 이것이 역사를 만든 정치적 거인—그러나 너무 단기간만 영향을 미친 인물—이 남긴 전부이다.

대처
Margaret Thatcher

국가의 개조

마거릿 대처는 이 책이 선정한 정치적 리더십 사례연구에 포함된 유일한 여성이다. 이것은 20세기 유럽의 정치가 압도적으로 남성의 세계였음을 반영한다. 또한 이것은 1980년대 영국, 유럽, 더 넓게는 세계에서 대처의 위상을 증명한다. 그녀가 12년 동안 수상의 자리에 있을 때 일어난 명백한 영국의 변혁을 이끌어내는 데 그녀는 개인으로서 어느 정도의 역할을 했을까? 당연히 발생하게 되어 있던 변화의 조종간만 잡았을 뿐인가? 아니면 강력한 반대를 뿌리치고 변혁을 이루어내는 데 성공했는가? 영국의 경제를 재구성하고, 포클랜드에서 군사적 승리를 거두고, 광산노동자들의 파업을 꺾었을 때 그녀의 개인적 역할을 어떻게 평가해야 할까? 그리고 영국 해협을 넘어 20세기의 역사에 그녀는 얼마나 중요한 흔적을 남겼을까?

개성과 정치적 부상

마거릿 대처의 강인하고, 거칠고, 심지어 공격적인 성격은 여성에 대한 우월의식과 중하층계급에다 지방출신인 그녀를 무시하는 속물

근성이 가득한, 남성 엘리트가 지배하는 정치 환경과 맞서 싸우는 과정에서 형성되었을 것이다. 그런 환경에서 그녀는 언제나 더 능력 있고, 더 열심히 하며, 누구보다도 더 잘 사태를 파악하고 있음을 스스로 증명해보여야 한다고 생각했다. 완강함, 경쟁심, 도발은 일반적으로 여성적인 특징이 아니라고 인식되고 있다. 그러나 남성적인 정치 환경에서 그녀는 남성들이 존중하는 가치를 똑같이 보여주어야(한다고 생각)했다. 그러면서도 그녀는 자신의 지배욕이 강한 성격과 여성적인 면을 결합하여 유리하게 활용했다.

그녀는 상당한 매력과 감성적인 면모를 보여줄 줄 알았고 개성의 부드럽고 섬세한 부분도 드러냈다. 어떤 때는 섹시한 면을 보여줄 줄도 알았다. 미테랑 프랑스 대통령이 그녀를 두고 "눈은 칼리굴라의 눈이지만 입술은 마릴린 먼로의 입술"이라고 했다는 유명한 평은 약간 거슬리는 표현이기는 하지만 그녀의 여성적인 매력을 강조하고 있다.[1] 이런 모습은 여성적이기는 했지만 페미니스트의 모습은 아니었다. 젠더 문제에 관한 그녀 자신의 태도는 전통주의자였다. 그녀는 주부와 어머니로서의 여성의 역할을 강조했다. 그녀는 페미니스트 운동과 관계를 맺지 않았다. 여성에게도 성공할 수 있는 장점이 많이 있지만 성별 때문에 특혜를 받아서는 안 된다는 것이 그녀의 지론이었다. 그녀는 열심히 노력하여 최적의 자격을 갖추었기 때문에 최고의 자리에 오른 것이지 여자였기 때문에 그 자리에 오른 것은 아니라고 생각했다.[2]

대처는 정치적 논쟁에서 물리치기는커녕 상대하기도 어려운 적수였다. 그녀는 자신의 관점에 대해 비범한 확신을 갖고 있었다. 그녀는 자신이 옳다는 확신에 더하여 빠른 판단력과 날카로운 논쟁기술을 갖추었고 절대로 타협하지 않는 태도를 갖고 있었다. 그런 확신은 유년기에 습득되었고 본능처럼 평생을 따라다닌 가치관이 되었다.

그녀는 1926년 링컨셔(Lincolnshire)주의 상업도시 그랜섬(Grantham)에서 태어났다. 아버지 앨프리드 로버츠(Alfred Roberts)는 감리교 목사였다. 그는 엄격하고 대부분 독학을 통해 배웠으며, 지방의회 의원을 거쳐 그랜덤의 시장이 된 지역사회의 유지였다. 대처가 어머니 베아트리스(Beatrice)에 관해서 언급한 적은 별로 없었다. 1961년에 그녀는 이렇게 말했다 "열다섯 살 이후로 어머니와 나 사이에는 할 얘기가 없었다."[3] 이에 비해 아버지에 대해서는 그녀는 이렇게 말했다 "나는 거의 모든 것을 아버지에게서 배웠다"(열여덟 살 이후로는 얼굴을 본 적이 별로 없었음에도).[4]

그녀는 아버지로부터 질서, 절약, 자립, 노력, 책임, 애국심 같은 빅토리아 시대의 가치관을 물려받았다. 이런 가치관은 그녀의 성격 속에 내재화되었고 옥스퍼드대학에서 화학을 공부할 때나 그 뒤 변호사 시험을 준비할 때도 변함이 없었다. 1951년 데니스 대처(Denis Thatcher)와 결혼한 뒤에 이런 가치관은 더 강화되었다. 데니스는 성공한 사업가였고 아내가 잉글랜드 동남부 지역의 중심지에서 보수당 그룹에 진입하는 데 도움을 주었다. 둘 사이에서 쌍둥이 캐럴(Carol)과 마크(Mark)가 1953년에 태어났다. 재정적인 여유 덕분에 그녀는 가정생활과 정치활동을 병행할 수 있었다.

1959년에 그녀는 북부 런던 핀칠리(Finchley) 선거구에서 보수당 후보로 하원의원에 당선되었다. 그리고 얼마 가지 않아 그녀는 당내에서 자신의 존재를 부각시키기 시작했다. 의회에 진출한 뒤 첫 10년 동안에 그녀는 야당 보수당의 그림자 내각 교통운수 담당 장관으로 올라갔고, 1970년 선거에서 보수당이 승리하자 교육과학 장관으로 내각에 들어갔다. 이미 이때부터 일부에서는 그녀가 영국의 첫 번째 여성 수상이 될 것이란 평이 있었다. 훗날 그녀는 이런 예상에 부정적이었으며 자신의 야망의 정점은 재무장관이었다고 밝혔다.[5] 그 자리도 너무 높은 목표였다.

권력의 전제조건

1970년대 중반이 되자 오랫동안 끌어오다가 1973년 석유위기의 충격으로 급격하게 증폭된 영국경제의 구조적인 문제(취약한 노사관계와 낮은 투자율을 포함한)가 높은 인플레이션(27%, 1975년)과 높은 실업률(100만 명 이상, 1975년)의 결합으로 나타났다. '스태그플레이션'이란 이름이 붙여진 이런 현상은 통제할 수가 없을 것 같았다. 정부지출은 걱정스러울 정도로 높았고 석유위기 이후로 치솟은 수입 비용은 재정적자를 세 배로 늘려놓았다. 1976년, 노동당 정부는 국제통화기금(IMF: International Monetary Fund)에 대규모 차관을 요청해야 하는 수모를 겪었고 그 결과로 공공지출은 축소되었다.

그러나 강력한 공공부문 노동조합은 당연하게도 인플레이션 증가율보다 한참이나 낮은 임금 상승률을 (조합원의 생활수준을 떨어뜨린다며) 받아들이기를 거부했다. 만성적인 불안이 지속적으로 산업생산을 악화시켰고 결국은 악명 높은—파업으로 공공서비스가 완전히 붕괴되기 일보직전까지 갔다—1979년의 '불만의 겨울'로 치달았다. (1973년의 아랍-이스라엘전쟁 뒤에 석유 가격이 네 배로 뛰는 소용돌이 속에서 두 번의 총선거가 치러진) 1974년부터 (대처가 수상이 되는) 1979년 사이에 양대 정당 가운데서 어느 당도 정국을 안정시키거나 해법이 없을 것 같은 경제문제를 제어할 능력을 보여주지 못했다.

1970년부터 수상직을 맡아왔던 에드워드 히스(Edward Heath)는 산업계의 소요를 다루느라 피 말리는 시간을 보내고 있었다. 1974년 2월, 광산노동자 파업의 충격으로 주당 근무일수가 3일로 축소된 상황에서 히스는 '누가 영국을 통치하는가?'란 구호를 내걸고 선거를 치렀으나 패배했다. 그해 10월, 정치적 경제적 소용돌이 속에서 몇 차례의 선거가 치러졌으나 보수당은 다시 패배했다. 그러나 히스는 당수 자리는 내놓지 않았다. 그는 정치적 실패 때문에 사임하지 않을 수 없게 될 때까지 버텼다. 이것이 대처가 보수당의 당수가 되는 길로 나아가는 문을 열어준 운명적인 기회였다.

대처가 히스의 후계자가 되리라고 생각한 사람은 없었다. 2월의 선거에서 패배한 후 이제는 야당 당수가 된 히스가 대처를 그림자 내각의 환경문제 담당 장관—주요 임무는 새로운 주택정책 준비—으로 임명했다.[6] 그 자리는 각광받는 자리는 아니었다. 그러나 대처는 공영주택의 세입자에게 공영주택을 살 수 있는 권리를 주는 것을 포함하여 획기적인 제안을 내놓았다. 그녀가 내놓은 세금감면 제안은 재정정책을 둘러싼 논란, 특히 인기 없는 (지방정부가 징수하는) 재산세(지방세, rates) 문제를 다루었다. 놀랍게도 대처는 보수당이 집권하면 '지방세'를 비롯하여 지방정부의 징세를 축소하겠다고 약속했다.

그해 두 번째 선거운동 기간에 그녀는 보수당의 인기 정치인으로 떠올랐다. 텔레비전에 등장한 그녀는 천부적인 연기능력을 보여주었다.[7] 보수당은 그래도 선거에서 졌다. 그러나 대처 자신은 각광받는 정치인으로 떠올랐다. 여론조사는 그녀가 제안한 정책이 대중의 인기를 얻고 있음을 확인해주었다. 히스가 간신히 버티고 있는 동안 대처는 그가 준 재정담당 장관이란 자리를 활용하여 노동당 정부의 경제정책을 강하게 공격함으로써 자신의 당내 입지를 강화했다.

1975년 초가 되자 당수 자리를 향한 필연적인 도전은 더 이상 미룰 수 없게 되었다. 많은 사람들이 오른쪽으로의 이동을 원했다. 간단하게 말하자면 히스의 퇴진을 원했다. 그러나 히스를 대체할 후보

'철의 여인'으로 불렸던 마거릿 대처(1983).
대처는 1975년에 보수당 최초의 여성 당수가 되고,
1979년 영국 최초의 여성 수상이 되었다.
대처는 세계대전 이후 끊임없이 쇠락해온 영국을 다시
강한 나라로 만들기 위해서는 강력한 리더십을 통해
정치를 근본적으로 바꿔야 한다고 생각했다.

가 될 만한 인물들은 옆으로 비켜나 있었다. 이지적이고 약간은 탈속적인 태도의 키스 주지프(Sir Keith Joseph)가 당의 우파 이론가로서 부상했으나 곧 적격자가 아님이 밝혀졌다. 정치와 사업 사이를 오가던 에드워드 드 칸(Edward du Cann)은 사업에 전념하기 위해 물러섰다. 대부분의 당내 거물들은 사실상 히스 옆에 머물러야 한다는 의무감을 떨쳐내지 못했다. 히스가 선거 패배 후 곧바로 사임했더라면 당수 자리는 윌리 화이트로(Willie Whitelaw)에게 돌아갔을 것이다(그는 스코틀랜드의 지주출신이며 '일국'(一國)보수주의*의 가부장적 가치관을 고수한 인물이었다). 그러나 히스에게 강한 충성심을 갖고 있던 화이트로는 그와 맞서려 하지 않았다. 이런저런 유보요인을 갖고 있지 않았던 대처는 조지프가 출전하지 않자 과감한 변화를 내세우고 당수 자리에 도전했다. 잘 조직된 선거운동팀의 지원을 업고 대처는 1차 투표에서 전반적으로 히스를 앞섰다. 히스는 마침내 후보를 사퇴했고 2차 경선에 화이트로가 참여했다. 그러나 순풍에 돛을 올린 대처를 누구도 멈출 수 없었다. 화이트로의 기회도 날아갔다. 그는 어떤 반발도 하지 않고 자신의 정치적 지향을 새로운 질서에 일치시켰다. 당내 비주류로서 '알맞은 때에 룰렛 판의 교체선수로 들어'왔다는 평가를 받던 대처에게 그는 크게 의존할 수 있는 수 있는 지원군이 되었다.[8]

대처는 필요한 때에 행동에 나섰다. 그녀는 이론가도 아니었고 독

---

* 일국보수주의(One-nation conservatism)는 벤저민 디즈레일리(Benjamin Disraeli, 1804-81)가 제시한 정강이다. 1868년에 수상이 된 그는 날로 심각해지는 사회적 분열을 막기 위해 노동자계급을 끌어안아야 했다. 그는 사회가 지속적으로 존재하고 발전하기 위해선 사회구성원이 서로 도와야 하며, 어느 정도는 상층계급이 하층계급을 의도적으로 도와야 한다고 주장했다. 일국보수주의는 타협을 통한 사회 안정을 추구했으며 이념 위주의 보수주의를 거부했다.

창적인 사상가도 아니었지만 배울 준비가 되어 있고 빨리 배우는 사람이었다. 1970년대 중반에 대처의 스승이던 키스 조지프는 자신이 부족한 리더십을 경제정책의 급격한 전환을 뒷받침하는 주요 이론가가 되어 보완했다. 조지프는 맥밀런과 히스 내각에서 각료를 지냈지만 경기회복을 자극하기 위한 방안으로서 정부의 시장개입을 주장한 1930년대 케인스학파의 이론을 기반으로 한 경제운용 정책을 완전히 거부했다. 히스 내각이 붕괴하기 전까지는 케인스학파의 이론이 전후 보수당 행정부의 모든 정책의 기반이었다. 그런데 조지프는 미국에서 밀턴 프리드먼(Milton Friedman, 시카고대학 경제학 교수)이 처음 발전시킨 통화이론을 전폭적으로 흡수했다. 이 이론은 수요를 자극하기 위한 국가 재정지출을 반대했다. 이 이론에 따르면 실업이 아니라 인플레이션이 경제상황 악화의 주요 요인이었다. 프리드먼가설의 핵심은 인플레이션을 통제하려면 화폐공급을 통제해야한다는 것이었다.

그밖에 핵심 인물들로서 육군 장교 출신이며 컴퓨터 사업으로 큰돈을 번 존 호스킨스(John Hoskyns), 보수적인 싱크-탱크인 정책연구센터(Centre for Policy Studies)의 설립자이자 조지프에게도 영향을 끼친 앨프리드 셔먼(Sir Alfred Sherman)과 런던 경제대학 경제학과장을 지내고 이 무렵 존스홉킨스대학에서 가르치고 있다가 대처의 경제자문으로 임명된 앨런 월터스 교수(Alan Walters)가 있었다. 대처가 복잡한 통화이론을 제대로 이해했는지는 의문이다.[9] 그런 면에서 그녀가 유일한 인물은 아니었을 것이다.

그러나 그녀는 경제철학을 구체적이고 상식적인 개념——가정주부가 가계예산을 관리하듯이 정부는 재정지출을 줄여야 한다는 교훈——으로 바꿀 줄 알았다. 바로 이 지점에서 (그 밖의 모든 면에서도 그랬지만) 그녀의 '세계관'은 유년시절의 그랜덤으로 돌아가 있었다.

그녀는 '대다수의 중부지역 영국인이 어떻게 느끼는지를 자신의 경험을 통해' 파악할 줄 아는 남다른 능력을 갖고 있었다.[10] 1970년대 말 영국의 위기가 깊어졌을 때 대처는 전후 시기 전임자들과 철학적으로 완전히 절연되어 있었으며, 널리 알려진 영국이 쇠락하게 된 경제적 정치적 문제의 근본적이고 구조적인 원인에 대해 강력한 확신과 (일관성 있게 적용되지는 않았지만) 처방을 갖고 있었다.

'불만의 겨울' 때문에 터져 나온 불만은 1979년 3월 28일에 발의된 내각 불신임투표에서 1표 차이로 노동당 정부에게 패배를 안겨주었다. 다음 순서는 총선거였다. 수상 제임스 캘러헌(James Callaghan)은 겨울위기가 시작되기 전인 그 전해 10월에 선거를 치르는 모험을 하지 않기로 결정했다. 이때 선거를 치렀더라면 노동당이 이겼을 것이다. 그랬더라면 대처는 결코 수상이 되지 못했을 것이다.[11] 그 뒤의 사태 전개에서 드러났듯이, 풀뿌리 당원들의 심금을 울리는 정책을 제시한 역동적인 당수 밑에서 선거를 치른 보수당은 활기를 회복했다. 노동당은 유권자들에게 인기가 없었고 풀 수 없는 문제를 붙들고 허우적거렸다.[12] 1979년 5월 3일에 치러진 선거에서 보수당은 야당보다 43석이 더 많은 의석을 확보해 제1당이 되었다. 10년 이상 경제적인 혼란을 경험하면서 국가의 쇠락을 느끼고 있던 국민들에게 나라를 근본적으로 개혁하겠다는 약속을 한 대처는 수상이 되어 다우닝가 10번지로 들어갔다.[13]

주도권 장악

변화를 내건 대처식 처방의 기본 원칙은 화폐공급의 축소를 통한 경제관리, 정부지출의 축소, 노동조합 권력의 축소, '사회주의' 정부들이 부가한 규제로부터 경제의 자유 회복(경제를 시장논리에 맡김),

고비용 복지제도에 대한 의존의 종식이었다. 수상으로서 대처가 구상한 정치 경제 프로그램의 야심찬 목표는 영국의 퇴락을 막고 나라의 영광을 되찾는 것이었다.

정치를 근본적으로 바꿀 수 있는 강력한 리더십만이 한때 위대했던 영국을 끊임없는 추락으로부터 되돌릴 수 있다는 대처의 생각을 많은 사람들이 공감했다. 1970년대의 정치 경제적 혼란은 퇴락하는 영국의 분명한 증거처럼 보였다. 많은 사람들이 공개적으로 드러내지는 않았으나 마음속으로는 잃어버린 세계적 강대국으로서의 위상, 영국이 '파도를 지배하던' 시절, 공업기술의 우위를 바탕으로 하여 '세계의 공방' 역할을 하던 시절을 되돌아보며 탄식했다. 또한 패전국 독일과 일본이 영국을 앞지르며 번영하는 것을 바라보면서 영국은 '전쟁에서는 이겼으나 평화를 잃어버렸다'는 슬픔이 숨길 수 없이 드러나고 있었다. 나라가 퇴락하고 있다는 인식이 널리 퍼져 있었다.

1970년대에는 여러 가지 심각한 문제가 있었지만 그중에서 나라의 쇠락은 유난히 실상보다 과장되어 받아들여졌다. 분명히 다른 나라들의 눈길을 끄는 성장이 있었지만 그것은 세계적인 현대화 흐름의 한 부분일 뿐이었다. 영국은 식민지를 상실했다. 식민통치의 도덕성 문제를 따로 떼어놓고 본다면 제국은 장기적으로는 영국의 자원을 증가시키기보다는 유출시켰다. 그리고 문제가 있었다는 것은 부인할 수는 없지만 영국은 2차 대전 이후로 좀 더 번영하는 나라가 되었고 인구 대부분의 생활수준은 제국시대보다 훨씬 나아졌다. 뿐만 아니라 나라의 규모에 비해서는 남아 있는 세계적 영향력이 아직도 무시 못 할 수준이었다.[14] 하지만 인식이 실상을 압도할 수 있다. 그리고 대처는 영국 사회에 널리 퍼져 있던 국가의 미래에 대한 비관주의를 잘 활용했다.

그녀는 대중에게 기민함과 영리함을 갖춘 굽힐 줄 모르는 투사의 모습을 보여주었다. 그러나 그녀는 수상이 되고난 초기에는 당원과 대중에게 보여주었던 것과 달리 신중한 태도를 취했다. 정책의 집행 과정에서 원칙은 전술적인 조정과 정치적 현실과의 타협을 거쳐야 했다. 그러나 조정과 타협을 넘어서 이념의 핵심이 바뀌지는 않았다. 그 이념은 '이 길뿐이다'(TINA: There Is No Alternative)란 간단한 구호로 압축되어 큰 힘을 발휘했다.[15]

1979년의 선거에서 승리하여 큰 의석 차로 의회의 다수당이 되었지만 대처는 초기에는 인기 없고 분열을 조장하는(것으로 인식되던) 정책을 받아들이도록 자신의 내각 각료들을 조심스럽게 설득해야 했다. 각료들은 수상인 대처 자신을 빼고는 모두 남성이었고 히스 내각에서 일했던 사람들이었다. 그들은 변화의 필요성을 인정하면서도 보수당의 이전 정책과는 완전히 결별한 대처의 구상을 선뜻 받아들이는 사람은 거의 없었다. 많은 각료들이 다음 선거에서 보수당이 얻게 될 성적표와 공공지출을 급격하게 줄이려는 정부 정책과 그에 따른 실업률 증가가 가져올 사회적 혼란을 예상하며 염려하거나 심지어 두려워했다. 이처럼 유보적인 사람들, 대체로 좀 더 전통적이며 가부장적이고 좀 덜 논쟁적인 보수적 정책을 지지하는 사람들 ── 이들에게는 '온건파'(Wets)란 이름이 붙여졌다 ── 가운데는 노련하고 명성이 높은 당의 원로들이 있었다.

대처는 몇 가지 중요한 이점을 이용하여 점차로 넘볼 수 없는 주도권을 확립해나갔다. 영국의 수상이 누리는 본질적인 권력은 '선거에 의한 독재'라는 적절한 용어로 표현되어왔다. 이런 체제에서는 수상이 이끄는 행정부가 입법부보다 우위에 있다.[16] 내각의 원로들이 일치하여 반란을 일으키지 않는 한 (의회의 다수당을 통솔하는) 수상은 해임될 수 없다. 뿐만 아니라 관직을 배분하는 수상의 권한은 막강한 무기이다. 권력의 맛과 권력이 주는 이익을 즐기기 위해 기꺼이 원칙을 포기하려는 정치인이 모자랐던 적은 한 번도 없다.

진로를 바꾸지 않으려는 수상의 의지를 꺾을 수 있는 유일한 수단은 내각 내부의 단호하고 일치된 반대뿐이다. 대처 내각에서 결정적으로 중요한 초기 단계에 단호하고 일치된 반대는 찾아볼 수 없었다. 일부 '온건파'는 다른 각료들보다 대가 약했다. 그들은 정부 정책에 반대하여 통일된 반대 진용을 짜지도 못했고 분명한 대안 정책 비슷한 것도 내놓지 못했다. 나머지 각료들은 이견을 갖고 있더라도 언제든지 거두어들일 준비가 되어 있는 사람들이었다. 그리고 수상이 설정한 진로라면 무조건 따르는 각료들이 있었다. 점차로, 그러나 가차없이 '온건파'는 교체되었다. 내각은 시간이 흐르면서 수상의 모습을 그대로 닮아갔다.

이견이 있을 때 대처가 누리는 강력한 힘은 그녀의 이념적 선명성과 문제가 있더라도 자신의 정책을 밀고 나가겠다는 강철 같은 결심을 돋보이게 했다. 밖으로 드러내지 않는 의문—그녀는 수상에 취임한 직후에 몇몇 사람에게 털어놓았다—을 갖고 있어도 그것이 어떤 장애든 돌파하겠다는 그녀의 의지와 자신이 옳다는 그녀의 확신을 약화시킨 적은 없었다. 다른 사람들은 결심이 흔들릴 때 대처는 확고부동이었다. 그녀는 자신의 이런 태도를 1980년 10월에 열린 보수당 전당대회에서 밝혀 당원들로부터 엄청난 환호와 박수를 받았다. 이때 그녀는 자신의 연설 가운데서 널리 알려진 몇 안 되는 기념비적 연설을 했다. 정책을 바꾸라는 요구를 정면으로 거부하면서 그녀는 이렇게 말했다. "원한다면 당신이 바뀌시오. 숙녀는 이랬다저랬다 하지 않습니다."[17]

그녀는 사실은 겉으로 드러난 완고하다는 이미지보다 더 신중하고, 융통성이 있고, 실용적이었다. 민주주의 체제에서 권력을 행사하려면 어느 정도의 양보와 타협을 하지 않으면 안 된다. 그런데 대처는 최근의 어느 영국 수상보다도 적게 양보하고 적게 타협했다. 그녀는 대립보다는 때가 되면 자신의 이념을 조정했다.

그녀의 통치 스타일에는 또 하나의 이점이 있었다. 대처는 합의―그녀는 이 말 자체를 싫어했다―보다는 거칠고 전투적인 토론을 선호했다. 그녀의 일벌레 습관―정부 문서를 밤늦게까지 읽고, 모든 보고서의 미세한 내용까지 숙지하며, 행정의 세세한 절차까지 개입하는―과 그것에 더해 뛰어난 기억력과 변호사로서 습득한 논리적 분석력은 제대로 준비하지 않았거나 순응적인 성격의 내각 동료들에게 자신의 주장을 수긍하도록 만드는 좋은 도구가 되어주었다. 전통적인 상류층 남성 문화에 거부감을 느끼는 사람들은 그녀의 오만하고 위협적인 태도에서 같은 저항감을 느꼈다. 그녀의 리더십 스타일을 조심스럽게 비판했던 존 호스킨스(John Hoskyns)는 1981년 8월에 이렇게 말했다. "그들은 다른 사람이 있는 데서 여성이자 수상의 질문에 답할 때 존경받지 못한다는 느낌을 갖지 않을 수 없었다."[18]

이렇게 그녀는 자신이 원하는 방향으로 정책을 집행하도록 정부에 대한 장악력을 점차로 높여갈 수 있었다. 처음에 공무원들은 그녀의 선명한 정책방향을 환영했다. 그녀의 곁에는 판단과 그것을 대중에게 알리는 일을 도와주는 두 사람의 중요하고 유능한 참모가 있었다. 찰스 파월(Charles Powell)은 개인비서(공식적으로는 외교문제 담당)였고 버나드 잉검(Bernard Ingham)은 언론담당 비서(타블로이드 신문과의 중요한 연결고리)였다. 그리고 핵심적인 경제정책 영역에서 대처는 처음부터 정치적인 중요성을 부여하고 자신의 철학을 잘 뒷받침해줄 인물을 몇몇 경제 관련 자리에 임명했다.[19] 그 가운데서 가장 중요한 인물이 제프리 하우(Sir Geoffrey Howe)였다. 수상 다음으로 중요한 자리인 재무장관에 임명된 하우는 1980년대 초반에 수상의 충실한 경제정책 관리자였다. 그 밖의 대처 충성파들이 무역, 산업, 에너지 분야에 배치되었다. 대처 자신의 강력한 개성, 착수한 정책노선에서 근본적인 이탈은 하지 않겠다는 결심(일시적인 이탈이나 미세한 U-턴은 있을지라도), 그리고 무엇보다도 중요한 경제 부처를 맡은 각료들의 지지가 장애물을 만나도 처음 시작한 정책을 계속 끌어갈 기본적인 토대였다.

경제개혁

영국 경제를 재건하겠다는 거창한 야망에 비추어본다면 마거릿 대처의 첫 임기 성적은 여러 면에서 낙제점이었다. 1980-81년의 가파른 경기후퇴는 부분적으로는 1979년 이란혁명에 이어 발생한 2차 석유위기의 결과였다. 또한 그것은 부분적이긴 하지만 대처가 추구한 경제정책—정부지출의 축소, 이자율 상승—의 결과이자 북해 유전이 발견되면서 파운드화의 가치가 올라가고 그에 따라 수출경쟁력이 내려간 간접적인 결과이기도 했다. 재정긴축을 기반으로 한 하우의 인기 없는 1981년 예산은 경제적 고통을 더욱 심화시켰다.[20] 그러나 1983년이 되자 경제는 북해 유전에서 나오는 수입 덕분에 불황에서 회복되고 있었다.[21] 그리고 매우 높은 대가를 치르기는 했지만 커다란 성과—인플레이션 통제—가 나타났다. 인플레이션은 1980년 5월의 22%에서 1983년 5월에는 4% 아래로 떨어졌다(당연히 정부는 이 성과를 요란하게 선전했다).

다른 곳에서는 우울한 기록이 나왔다. 국내총생산(GDP)은 떨어졌고, 제조업 생산도 떨어졌으며, 실업률은 거의 3배나 높아졌고(통화론자들은 인플레이션 통제의 불가피한 부작용으로 보았지만), 조세

부담은 정부가 공언한 목표와는 달리 높아졌으며, 통화공급은 통화론자들의 공약과는 달리 늘어났다. 그 가운데서도 가장 충격적인 것은, 1983년의 정부지출이 4년 전 노동당 정권 때보다 사실상 더 높아졌다는 점이었다.[22] 대처 정부를 폭넓게 지지하던『이코노미스트』(*Economist*)지는 대처 정부의 첫 임기 성적표를 경멸하는 투로 다음과 같이 요약했다. '정부는 구조 개편의 약속을 저버렸고,' 복지제도 개혁에는 등을 돌렸으며, 무슨 말로 치장하더라도 과감하고 전략적인 결정을 내리지 못했음은 분명하다.[23]

고실업 비용 때문에 목표로 했던 정부지출 축소는 사실상 실현 불가능해졌다. 대처 재임기간 마지막 2년 동안에야 정부지출은 국내총생산에 비해 의미 있는 하락을 보였다. 인플레이션을 감안하여 환산한다면 사실상 정부지출은 대처 시대에 약간 올라갔다.[24] 통화론은 통화공급을 엄격하게 통제하기에는 운용하기도 어렵고 성과도 만족스럽지 못한 도구임이 밝혀졌다.[25] 그럼에도 불구하고 대처 시대는 경제정책을 수립하는 기본 틀 전체를 근본적으로 바꾸어놓았다.

국가는 더는 기업 운영에 간여할 수 없었다. 앓고 있는 기업은 정부로부터 재정적인 지원을 기대할 수 없었다. (최소한 이론상으로는 그랬지만 실제로 적용하는 데는 시간이 걸렸다. 대처의 임기 첫 2년 동안 고전하던 자동차와 철강업계를 지원하는 국가보조금이 오히려 늘어났다.)[26] 노동조합을 약화시키기 위해 시위와 정치적 목적의 파업을 규제하는 법이 만들어졌다.[27] 인플레이션 통제가 완전고용보다 더 중요한 과제가 되었다. 통화이론에 따르면(1970년대에는 통화이론이 통하는 것 같았다) 인플레이션은 필연적으로 임금인상 요구──노동조합의 힘은 강해지고 국가의 힘은 약해진다──를 촉발할 것이고, 임금인상은 다시 물가상승을 불러오는 악순환이 되풀이될 것이며, 그렇게 되면 경제운용과 국가의 번영 둘 다 무너지게 된다. 그러므로 이론상으로는 통화공급을 엄격히 통제하여 인플레이션을 낮춰야 (중단기적으로는 실업이 급격하게 증가하지만) 경기회복이 가능하다

이 이론의 이념적 의미는 여기서 끝나지 않았다. 경제의 공공영역은 독점적이며, 선택의 자유를 제한하고, 고비용 저효율이라며 비난받았다. 국영기업과 공공시설의 민영화가 시작되었다(얼마 안 가 지나치다는 평이 나올 만큼). 국영기업의 주식 매각과 지금까지 임대해왔던 공영주택의 매각으로 많은 시민이 소규모 자산가로 변신했다.

시장 세력은 사회를 유지하는 데 있어서 지금까지보다 훨씬 더 큰 역할을 맡았다. 그들은 이제 (새로운 형태의 '시장지향적' 관리를 통해) 사회복지와 교육 분야에도—아직 민영화는 되지 않았지만—침투해 들어왔다. 1986년에 일어난 금융 분야의 규제완화 '대폭발'은 런던을 세계 은행체계의 중심으로 변모시켰다. 이제 새로운 부가 영국의 수도로 흘러들어왔지만 그것과 함께 불평등도 심각하게 증가했다. 런던에 집중된 금융기능은 공업과 제조업을 밀어내고 영국 경제의 핵심을 차지했다. 대처가 수상직에 오를 때 이미 시작된 제조업의 쇠락이 가속화되었다.[28] 1970년대의 정체 시대는 멀리 흘러갔으나 부는 점점 런던과 동남부 잉글랜드에 집중되었다.

영국 전체가 탈공업화 시대의 찬바람에 노출되었다. 영국의 석탄 채굴, 철강, 조선업이 급속도로 쇠퇴했다. 이 분야에서 일하던 수만 명의 노동자들은 불안한 미래와 마주했고 그들의 공동체는 정부가 그들을 버리고 있다는 느낌을 받았다. 이런 공동체가 대처 정부가 그들을 다루는 태도 때문에 느끼는 구체적이고 지속적인 분노는 더 부유하고 보수당 표가 더 많이 나오는 지역에서 수상을 향해 쏟아지는 찬사와 극명하게 대비되었다. 스코틀랜드에서, 어느 정도는 웨일스에서도 대처 시대는 보수당 지지가 사라진 시대였고 그로 인한 부담은 대처가 물러난 뒤 거의 10년이 지나서 대처의 유산을 물려받은 보

샐퍼드대학을 방문하는 마거릿 대처(1982).
1980년대 대처는 시장주의 정책을 강력히 도입했다.
시위와 파업을 규제하는 법을 만들어 노동조합의 힘을 약화시키고,
정부의 비효율화를 막기 위한 차원에서 국영기업과 공공시설의
민영화가 시작되었다. 시장 세력은 사회복지와
교육 분야에도 침투해 들어왔다.

수당 정부가 고스란히 떠안게 된다.

수상이 누구인지와는 관계없이 시간이 흐르면서 상당한 폭으로 경제구조의 실질적인 변화가 일어났을 것이다. 1970년대가 되자 전 세계에서 전후 경제학은 더 이상 작동하지 않았다. 전후시기의 경제구조와 결별하려는 첫 번째 움직임은 1971년에 고정환율제를 포기한 미국—영국의 주요 모델—에서 시작되었다. 1973년과 1979년의 오일쇼크가 준 거대한 충격은 케인스 경제학의 종말을 불러왔다.

영국이 경험한 변화는 1980년대에 서유럽 대부분의 국가에서도 일어났다. 이것은 세계적인 경제 추세에 대한 반응이었지 대처주의의 방법론을 모방한 것이 아니었다. 탈공업화와 긴축재정은 새로운 경제현실에 적응하기 위한 필수불가결한 방식이었다. 그런데 이 방식을 도입한 서유럽 국가 가운데서 영국이 개혁을 추진하면서 겪은 트라우마를 경험한 나라는 없었다. 독일의 경우 주요 산업을 그대로 유지할 수 있었던 것을 보면 영국이 경험했던 제조기반의 광범위한 파괴가 가능한 단 하나의 선택지가 아니었음을 알 수 있다.

영국식 개혁은 갑작스러움, 졸속, 과격함이란 점에서 다른 나라와 구분되었다. 그 까닭은 1970년대에 영국 경제가 국제적으로 비교할 때 더 깊은 침체의 늪에 빠져 있었기 때문이었다. 또한 그것은 미국식 통화주의 모델에 매료된 영국정부가 (서유럽 주요국과 비교할 때) 미국을 앞질러 정책에 적용하겠다는 욕심에서 나온 조급함의 결과였다. 이 과정에서 대처가 맡은 개인적인 역할은 정책집행의 어려운 정도, 정치적 반대와 사회적 혼란 때문에 치러야 할 비용에도 불구하고 (실용적이고 전술적인 조정은 고려하지 않은 채로) 초기 단계에서 정부의 정책노선을 완고하게 유지한 것이었다.

포클랜드전쟁

1981년 말에 대처가 수상으로서 일을 잘하고 있다고 생각하는 유권자는 1/4을 넘지 않았다.[29] 그러나 바로 이 시점에서 그녀의 정치적 장래를 바꾸어놓는 운명적인 사건이 일어났다. 아르헨티나의 포클랜드제도(Falkland Islands) 침공은 그녀에게 악몽이 될 수도 있었다. 그런데 그녀 자신의 결정과 행위가 포클랜드를 둘러싼 전쟁을 위대한 승리로 바꾸어놓는 데 도움을 주었다. 이 전쟁은 수상 재임기간 가운데서 전환점이었다.[30]

대서양 남쪽 끄트머리에 있는 포클랜드는 한 세기 반 동안 영국 소유였다. 주민은 2,000명을 넘지 않았고 대부분 영국 정착민의 후손이었다. 그런데 아르헨티나——당시에는 레오폴도 갈티에리(Leopoldo Galtieri) 장군이 이끄는 군부정권이 통치하고 있었다——가 이 섬의 소유권을 주장했다. 아르헨티나군은 1982년 4월 2일에 침공을 시작하여 다음 날 사우스조지아(South Georgia, 포클랜드제도의 부속 섬)를 점령했고 4월 19일에는 그곳에 아르헨티나 국기를 게양했다. 런던의 반응은 분노와 국가적 수치심이었다. 그러나 경고신호도 나왔다. 침략행위는 사전에 파악되었어야 하는데 대처 정부가 경계를 소홀히 했다는 지적이 있었다.

대처 정부는 출범 직후 포클랜드에 대한 주권을 아르헨티나에 양도하고 영국이 장기 리즈백(leaseback)* 방식으로 점유하는 계획을 수립했다. 외무부의 입장에서는 포클랜드는 우선순위가 낮은, 쓸모도 없고 문제만 일으키는 제국주의 시대의 유물이었다. 리즈백 방식은 영토분쟁에서 빠져나오는 고상한 방법으로 보였다. 그러나 대처

---

* 소유한 자산을 매각한 후에 다시 임차하여 계속 사용하는 조건의 매매계약.

는, 이런 방식으로 영국의 영토를 넘겨주는 데 대해 분노하는 보수당 우파에 동조했다.

호전적인 길티에리 장군이 1981년 12월에 아르헨티나에서 권력을 장악하자 리즈백 방식의 해법을 실현할 가능성은 완전히 사라졌다. 그 무렵 영국 국방부는 지출축소 방안의 한 부분으로 대서양 남부해역에서 활동하던 무장 측량선 인듀런스(Endurance)호를 퇴역시켰다. 갈티에리가 권력을 잡기 전에도 아르헨티나 정부는 이것을 포클랜드에 대한 영국의 관심이 사라지고 있는 신호로 해석했다. 1981년과 1982년 초에 포클랜드는 영국 정부의 의제에 이름을 올린 적이 없었다. 다만 침공 직전인 1982년 3월에야 정부와 수상 자신이 위험신호를 감지했다.[31]

영국 영토에 대한 명백한 침략을 용납했더라면 대처 정부는 틀림없이 붕괴했을 것이다.[32] 가만히 앉아서 침략행위를 지켜본다는 것은 수상으로서는 생각도 할 수 없는 일이었다. 그녀는 포클랜드를 회복하기 위한 군사작전이 위험부담이 있기는 하지만 가능하다는 해군의 보고와 건의를 즉각 받아들였다. 망설임 없이 그녀는 남대서양 해역의 전투를 담당할 해군 특별대책반의 구성을 지시했다. 이 지시는 하원의 비상회의가 소집되기 전에 이행되었다.

1982년 4월 3일에 열린 하원 회의에서는 호전적인 보수당 우파의 분노에 노동당 좌파까지 동조했다. 이날 수상이 아니라 의회가 전쟁의 불가피성을 인정하고 특별기동부대의 파견을 결정했다. 이틀 뒤, 포츠머스 항에 국기를 들고 모인 군중은 전함이 시야에서 사라질 때까지 국기를 흔들었다. 전쟁은 그렇게 영국인의 압도적인 지지를 받으며 시작됐다.[33]

특별기동부대의 항해는 전쟁이 임박했다는 신호일 수는 있었지만 그것 자체가 전쟁을 의미하지는 않았다. 특별기동부대가 대서양 남부해역에 도착하기까지 소요되는 6주는 협상을 벌이기에 충분한 시간이었다. 이 시간을 아무 성과 없이 흘려보낸 책임의 대부분은 비타협적 태도를 굳게 지킨 아르헨티나 군사정부의 몫이었다. 그러나 런던의 내각 내부에서도 이견은 있었다. 수상한테서 질책을 피하기 위해 외무장관 캐링턴(Lord Peter Carington)이 침공을 예방하지 못한 책임을 지고 사임했다(사실상 더 많은 책임을 져야 할 사람은 국방장관이었고 수상 자신에게도 일부 책임이 있었다).

수상은 후임으로 프랜시스 핌(Francis Pym)을 임명했다. 그는 '일국보수주의'를 추종하는 구식 보수당원이었고, 2차 대전에 참전했으며, 1979년 이전에는 그림자 내각의 외교담당 장관으로서, 가장 최근에는 국방담당 장관으로서 외교문제에 오랜 경험을 쌓은 인물이었다. 내키지 않는 인물임에도 추천을 받아 그를 외무장관에 임명한 결정은 어떤 분명한 의도를 드러냈다.[34] 핌은 사실은 기질이나 성향으로 볼 때 대처와 정반대의 인물이었다. 대처가 매라면 핌은 비둘기였다. 전쟁을 직접 경험한 핌이 전쟁의 공포를 피하려고 했다면 대처는 갈수록 전쟁의 위험을 적극적으로 받아들였다. 협상을 통한 타협은 성공한다 하더라도 많은 역사적 사례를 살펴볼 때 그 의미는 양보일 수밖에 없다는 것이 대처의 생각이었다.[35]

특수기동부대의 긴 항해 동안, 그리고 그 뒤의 전쟁 동안 대처는 군부 지도자들과 견해가 완전히 일치했다. 중요 결정은 그녀가 내렸다. 그러나 모든 상황을 주도한 것은 측근(또는 전시) 내각이 아니라 (핌도 여기에 포함되었다) 군부였다. 상황을 주도해나간 전시내각 일곱 명의 핵심인사 가운데서 대처 자신을 제외한 다섯 명의 정치인(외교, 국방, 내무, 법무, 당대표)은 어떤 의심이 있더라도 수상을 따랐다. 대처 자신은 전시내각에서 (해군 원수이자 국방참모총장) 테렌스 러윈(Sir Terence Lewin)이 대변하는 군부의 조언을 들었다. 주로 러윈

미사일에 피격된 영국 군함 셰필드호.
1982년 5월, 아르헨티나군이 발사한 엑소세 미사일을 맞은
영국 군함 셰필드호가 침몰해 21명이 전사했다.
포클랜드전쟁의 승리는 대처에게 정치적으로 큰 수확을 안겨주었다.
그녀에 대한 지지도는 두 배로 뛰어올랐다.

과 해군참모총장 리치(Sir Henry Leach)를 통해 군부는 수상이 군부를 전적으로 신뢰한다는 사실을 알 수 있었다. [36)]

수상과 군부 지도자들의 긴밀한 관계는 전쟁개시 행동을 통해 더욱 공고해졌다. 이것은 의사결정 과정을 분명하게 보여준다. 5월 2일에 영국 잠수함이 포클랜드 근처 합의된 출입금지구역 밖에서 아르헨티나 순양함 헤네랄 벨그라노(General Belgrano)호를 격침시켰다(전사자 363명). 이 작전은 특별기동부대 사령관 우드워드(J. F. Woodward, 해군소장)가 러윈을 경유하여 수상에게 승인을 요청했고 수상은 즉각 승인했다. 핵심 결정은 대처 자신이 내렸음은 분명했고 전시내각은(핌은 참석하지 않았다) 이견 없이 동의했다. [37)]

이 작전은 국제적으로 많은 비난을 받았고 영국 내에서도 비판이 있었으나 대처는 자신의 결정이 옳았음을 의심한 적이 없었다. 이 짧은 전쟁에서 대처는 흔들림 없는 결단력을 몸소 보여주었다. 결과는 뻔한 결론과는 거리가 멀었다. 대처는 영국 군함 셰필드호의 피격——아르헨티나군이 발사한 엑소세 미사일에 맞아 침몰했다. 21명이 전사했고 다수의 중상자가 발생했다——에서 재앙이 어떤 것인지를 분명하게 알게 되었다. 영국군이 포클랜드에 상륙한 5월 21일부터 아르헨티나군이 항복한 6월 15일까지는 극도의 긴장이 연속된 시간이었다. 그러나 대처는 흔들림 없이 자리를 지켰고 결국 완전한 군사적 승리를 거두었다.

포클랜드전쟁은 대처에게 정치적으로 커다란 수확을 안겨주었다. 전쟁이 끝난 그 달의 그녀에 대한 지지도는 두 배로 뛰어올라 51%가 되었다. [38)] 당내의 비판자들은 침묵했다. 분열된 야당은 불운했다. 국제사회는 그녀가 독재체제의 침략으로부터 민주체제의 법치를 지켜냈다고 평가했다. 대처의 용기에 대한 찬사가 넘쳐났다. 미국에서는 특히 공화당 우파가 그녀를 찬양했다. 레이건 대통령과의 우정은 확고해졌다(레이건 행정부는 포클랜드전쟁에서 영국의 입장을 점진적으로 지지해오다가 막판에 가서야 전폭적으로 지지했다).

포글랜드선쟁에서 승리한 뒤에 영국에서는 잠시 동안이기는 하지만 의미 깊은 심리적 상승곡선이 나타났다. 지난 10년간 바닥을 헤매던 영국인의 사기가 되살아났다. 정부는 영국이 퇴락하던 시절은 이제 완전히 지나갔다고 선언했다. 신문은 "영국의 위대함이 돌아왔다"고 떠들어댔다.[39] 행복감은 가두어놓을 수 없다. 그런데 얼마 안가 일상생활의 걱정이 대중을 사로잡았다. 포클랜드의 승리는 결코 영원한 유산이 될 수 없었다. 그것은 영국(정확하게 말하자면 잉글랜드 지역) 예외주의를 부활시키고 수명을 연장시켜주었다. 1066년* 이후로 정복당한 경험이 없는 나라, 스페인의 무적함대와 나폴레옹과 히틀러를 물리친 나라는 아직도 무시할 수 없는, 자신의 이익을 지켜낼 준비가 되어 있는, 침략과 위협에 맞설 수 있는 군사적 세력으로 남아 있었다. 제국은 오래전에 사라졌을지라도 영국은 세계무대에서 주요 행위자로서 살아남았다.

포클랜드전쟁에서 승리한 1년 뒤에 대처는 임기 중 두 번째 총선이라는 전쟁에 나섰고 이번에도 행운의 여신이 그녀에게 미소를 보냈다. 야당은 내분으로 자멸했다. 노동당은 1980년 11월에 마이클 풋(Michael Foot)이 새로운 당수로 선출된 후 급격하게 왼쪽으로 옮겨갔다. 당내 반대파들이 1981년에 당을 뛰쳐나와 사회민주당(SDP: Social Democratic Party)을 결성했다. 사회민주당 지도부가 볼 때 노동당은 마르크스주의로 옮겨가고 있어서 총선에서 이길 가망이 없었다. 사회민주당은 곧 노동당과 비슷한 수준의 득표율을 보였다.

---

* 노르만인의 잉글랜드 정복(Norman conquest of England)이 있었던 해. 노르망디 공작 윌리엄 1세(정복왕 윌리엄)가 이끄는 노르만인, 브르타뉴인 군대가 앵글로색슨이 지배하던 잉글랜드를 침공하여 정복했다.

포클랜드전쟁 직전 보수당의 득표율은 30%를 약간 넘었다. 1983년, 경기침체가 풀리고 인플레이션이 극적으로 줄어들었으며 (선거에서 무엇보다 중요한 요소인) 좌파가 완전히 분열한 상태에서 보수당은 포클랜드의 승리가 없더라도 이길 것 같았다. 선거 날이 다가오자 실제로는 승전의 후광은 부분적으로 사라져버렸다. 포클랜드전쟁 때에 보여주었던 수상의 행동은 보수당 지지자들을 훨씬 뛰어넘어 광범위한 칭송을 받았으나 대처 정부의 경제정책에 대한 강한 거부감을 물리치지는 못했다. 나라는 분열되었다.

그러나 영국의 이상한 선거제도는 보수당에게 크게 유리한 쪽으로 작용했다. 보수당의 득표율은 1979년의 43.9%에 비해 약간 떨어진 42.4%였으나 의회 의석은 여전히 다수당의 자리를 지키면서 58석 — 대부분 노동당으로부터 뺏어왔다 — 이 늘어났다. 야당이 크게 약화된 상황에서 선거결과로부터 자신감을 얻은 대처는 영국 개혁의 임무를 계속 수행할 수 있었다.

광부들과의 한판 승부

대학시절에 마거릿 대처는 1944년에 출간된 프리드리히 하이에크(Friedrich von Hayek)의 『노예의 길』(*The Road to Serfdom*)을 읽었다. 이 책은 사회주의는 대중을 노예상태로 이끌며 정부통제에서 벗어난 자유시장만이 자유를 가져다준다고 강력하게 주장했다. 그녀는 통화주의 이론에 빠져 있던 1970년대에 이 책을 다시 읽었다. 이 무렵 그녀는 (그녀가 보기에) 영국 경제의 목을 조이는 속박 — 국영기업과 그 중심에서 권력을 휘두르는 노동조합 — 을 끊어내야 한다는 생각을 굳히게 된다. 그녀는 노동조합을 영국의 위대함을 갉아먹는 질병의 원인으로 보았다. 노동조합의 지배를 끝낸다는 것은 대처에게는 도덕적 사명이었다.

노동조합의 권리, 특히 시위를 제한하는 법률은 첫 번째 대처 행정부 때에 이미 의회를 통과했다. 1984년, 대처는 노동계의 반발과 정부부처의 불편을 예상하면서도 정보통신본부(GCHQ: Government Communications Headquarters)*의 노동조합 활동을 금지하는 결정을 내렸다. 정부가 끝내 이길 수 있었던 데는 노조와 싸워 이기겠다는—심지어 어떤 면에서는 그것을 즐기는—대처의 굽히지 않는 결심과 준비태세가 크게 작용했다. 그런데 큰 시험은 아직 다가오지 않았다.

광부는 노동조합 권력의 가장 강력한 보루라는 평을 들어왔다. 그들은 1974년에 히스 정부를 붕괴시켰고, 이 일은 보수당에게 수치스러운 기억으로 남아 있었다. 1981년, 또 한 번의 광부 파업이 가져올 손실을 염려한 대처 정부는 (미래를 위한 교훈으로 삼으면서) 충돌을 피했다.[40] 한편, 전국광산노동조합 대표로 선출된 전투적인 마르크스주의자 아서 스카길(Arthur Scargill)은 정부와 대결할 기회를 노리고 있었다. 그의 상대는 최근 전국석탄위원회(NCB: National Coal Board)의 책임자로 임명된 빈틈없는 스코틀랜드계 미국인 기업가 이언 맥그레거(Ian MacGregor)였다. 그는 철강업계에서 대규모 해고를 주도한 경험이 있었다. 광부들과의 한판 승부가 불가피해 보였다.

1981년의 교훈을 잊지 않은 정부는 발전소에 석탄을 쌓아놓고 장기적인 파업에 대비할 준비를 마쳤다. 스카길이 빌미를 제공했다. 채탄업은 돈을 벌지 못하고 있었다. 다른 에너지원—석유, 원자력, 천연가스—의 도전으로 석탄 산업은 하락세에 접어들었고 광부의 숫

---

* 영국 정부와 군대를 위해 신호정보 수집과 정보보호 업무를 수행하는 정보보안기관.

자는 1950년대에 비해 절반 이하로 줄었다.[41] 그러나 1984년 봄에 경제성이 떨어지는 스무 곳의 광산이 폐쇄 대상으로 선정되자(보다 광범위한 계획의 일부로서 선정되어 있었으나 당시까지는 비밀에 부쳐져 있었다) 광부 사회의 거대한 분노가 요크셔 지역의 여러 탄광에서 비공식 파업으로 터져 나왔다.

전국광산노동조합은 파업을 공식화하라는 압력을 받았다. 정부의 조처에 분노한 스카길은 기다렸다는 듯이 움직이기 시작했다. 그는 문제가 된 광산들이 비경제적이란 평가를 인정하지 않았다.[42] 봄과 여름철의 광산파업은 노동조합으로서는 전술적으로 미친 짓이었다. 그럼에도 불구하고 파업은 시작되었다. 스카길은 광산 폐쇄와 수만 명의 실직자 발생에 맞서는 투쟁은 어떤 기준에서 보드라도 그가 생각하는 혁명투쟁의 한 부분이란 확신을 갖고 있었다.[43]

그는 지지도를 시험해보기 위해 찬반투표를 실시하지 않고(승리를 확신할 수 없었기 때문에) 광부들에게 파업에 나서라고 촉구했다. 일부 지역의 광부들이 파업을 거부했고 결과적으로 노동조합은 분열했다. 내부 갈등은 거대한 증오와 비난을 몰고 왔고, 오래 끌었다. 요크셔, 스코틀랜드, 웨일스에서는 파업을 확고하게 지지했지만 노팅엄셔 탄전지대의 조합들은 반대했다(이곳에서는 파업을 지지하는 광부와 반대하는 광부들 사이에 충돌이 발생했다). 광산과 발전소 앞에서 대규모 시위가 벌어졌고 경찰과 폭력적인 충돌이 발생했다. 요크셔 남부 오그리브(Orgreave)의 사태가 가장 심각했다.

전통적으로 대중은 광부들의 파업을 동정해왔다. 그러나 대부분의 사람들이 시위대의 폭력에 거부감을 느꼈고 스카길의 혁명적 선동에 대부분의 영국인이 불쾌감을 느꼈다. 한편으로는 텔레비전에서 비쳐주는 오그리브의 광부들을 무력으로 진압하는 경찰의 모습과 진압봉으로 광부를 구타하는 경찰의 모습에 혐오감을 느끼는 사람들은 정부의 반대쪽에 선 사람만이 아니었다.

파업은 가을에 접어들면서 수그러들었다. 그리고 1985년 3월이 되자 (파업에 참가한 광부들이 겨울을 나느라 점점 심해진 어려움을 겪은 후) 노동조합은 투표를 통해 작업에 복귀하기로 결정했다. 파업은 광부들의 철저한 패배이자 정부 측의 승리로 끝났다. 그러나 나라 전체로 본다면 포클랜드전쟁이 끝났을 때처럼 환호하는 분위기는 없었다. 대처는 외부 요인 때문에 발생한 파업을 모두 '내부의 적'(노동조합)의 탓으로[44] 돌리려 했으나 일터로 돌아가는 노동자들의 모습과 그들이 치켜든 깃발에 적힌 구호를 보면 결코 노동조합의 패배에 환호할 수만은 없었다.

어쨌든 정부는 영국에서 가장 강력한 세력인 노동조합을 꺾었다. 수상은 또 한 번 힘을 과시했다. 내각 안에서 그녀의 위상은 누구도 넘볼 수가 없었다. 지금까지 광부들과의 한판 승부를 우려해왔던 사람들은 입을 닫았다. 야당인 노동당의 반대도 약해졌다. 광부 파업의 과정과 성과는 양면으로 해석할 수 있었다. 노동당을 지지하는 유권자들은 노동조합에 대한 지지를 철회하지 않으면서도 스카길의 극단주의에는 거부감을 갖게 되었다.

이번 노조와의 대립에서 대처 자신이 한 역할은 직접적이고 당당했던 포클랜드전쟁 때보다는 덜 공개적이었다. 그러나 그녀는 분명히 독재에 맞서 자유를 지키는 싸움이라든가 폭력에 맞서 법치를 지키는 투쟁이란 호전적인 수사법을 사용하여 대립의 성격을 규정했다. 그리고 그녀는 1983년에 탄광 폐쇄 문제를 두고 노동조합 지도부와 정면대결을 벌이겠다는 의지를 보여주기 위해 이언 맥그레거를 임명했다. 석탄산업의 문제를 처리하는 일은 정부의 몫이 아니라 석탄위원회의 임무라는 것이 그녀의 생각이었다. 이것은 허상이었으나 정부의 공식 입장은 그랬다.[45] 정부의 노선을 대중에게 제시하는

광부 파업을 지지하는 대중시위(런던, 1984).
대처는 노동조합 활동과 파업에 대해 강경했다.
그는 외부 요인 때문에 발생한 파업을 모두 '내부의 적'(노동조합)
탓으로 돌리려 했다. 시민들이 든 피켓의 문구는
정확히 대처의 생각과 반대다. "대처는 내부의 적이다."

사람은 히스 시절에 '온건파'였으며 대처가 에너지 장관으로 발탁한 피터 워커(Peter Walker)였다. 그는 스카길을 꺾겠다는 수상의 강한 결심을 설대석으로 지지하면서도 맥그레거가 보여주었던 거칠고 강인한 이미지를 씻어내는 데 필요한 소통의 기법을 알고 있었다.

수익성이 없는 탄광을 유지한다는 것은 경제논리로는 생각할 수 없는 일이었다. 1960년대 이후로 노동당 정부에서도 보수당 정부에서도 탄광을 폐쇄해왔고 유럽의 다른 나라도 그렇게 하고 있었다. 그러나 폐쇄 방식은 그렇게 과격하지 않을 수도 있었다. 아서 스카길과 마거릿 대처 두 사람의 개성이 대립을 격화시키는 데 기여했다. 스카길은 정부가 그를 위해 준비해놓은 덫 속으로 그대로 걸어 들어갔다. 대처는 광부들을 넘어뜨릴 최적의 순간을 기다리고 있었다. 스카길이 그것을 증명해주었다.

노동조합이 패배하자 스카길이 예언한 대로 탄광 폐쇄를 뒤따라 광구 주변에 자라난 공동체는 공동(空洞)으로 변했다. 서방세계 어디에서나 그랬듯이 대처가 없었더라도 탈산업화 시대, 세계화 시대에 접어들면서 높아지는 환경보호 의식과 시간의 흐름에 따라 석탄 채굴은 위축되었을 것이다. 그러나 광부들을 상대로 승부 겨루기를 통해 이루어진 영국의 석탄산업 정리는 정부에 대한 심각한 증오라는 지워지지 않는 상처를 남겼다. 이것은 대처 혼자서 만든 작품은 아니었다. 그렇다 하더라도 그녀가 남긴 개인적인 발자국은 지울 수가 없었다.

대서양 우선주의와 유럽

대처 권력의 한계는 국내정치보다는 외교 분야에서 더 분명하게 드러났다. 특히 취임 초기에 그녀의 영향력은 미미했다. 일어나는 사건의 대부분은 그녀의 영향력을 벗어나 있었다. 이것은 강대국 영국의 퇴락 그 자체를 반영했다. 그런데 독단적이고 일에 몰두하는 영국 수상과 무감각하고 태평스러운 미국 대통령—로널드 레이건(Ronald Reagan), 1980년에 당선—사이에는 분명히 개인적인 공감대가 형성되어 있었다. 이에 반해 그녀의 '유럽'—구체적으로는 유럽경제공동체—에 대한 태도는 본능적으로 미적지근했고, 싸늘해졌다가, 결국에는 얼음장처럼 차가워졌다.

냉전은 그녀의 정치적 목적의 중심에 자리 잡고 있었다. 그녀는 공산주의란 악에 맞서 자유세계를 지키기 위해 싸워야 한다는 도덕적 자부심을 갖고 있었다. 그녀는 자신의 정신세계에 깊은 영향을 준 (2차 대전에서) 나치 독일의 패배에 대한 기억을 지닌 채 냉전시대에 성장했다. 냉전과 2차 대전의 기억은 유럽에 대해 부정적인 생각을 갖게 했다. 수상 자리에서 물러난 뒤 그녀는 이렇게 썼다. "세계가 직면했던 문제의 대부분이 유럽대륙에서 발생했고 해결책은 유럽 밖에서 나왔다."[46] 2차 대전에서 영국의 강력한 동맹국이었던 미국은 '악의 제국'—레이건이 소련에게 붙여준 이름—과의 싸움에서 서방의 지도자였다. 그녀의 대서양 우선주의와 유럽 경시는 그러므로 그녀의 뿌리 깊은 개성과 정치철학의 한 부분이었다.

미국과의 '특별한 관계'는 비대칭적인 상태를 벗어나지 못했다. 대중이 갖고 있는 이미지가 우호적이라고 해도, 그녀의 세계관이 레이건의 그것과 긴밀한 공명(共鳴)관계에 있다고 해도 미국의 국가적 이익이 걸린 문제에서 대처의 역할은 부차적이었다. 1983년 10월, 미군이 이전에는 영국의 영토였던 카리브해의 작은 섬나라 그레나다(Grenada)를 침공했다. 미국은 이 나라가 미국의 '뒤뜰'을 불안하게 한다는 이유로 마르크스주의를 추종하는 그 나라의 지도자를 권좌에서 끌어내린 후 살해했다.

1983년 9월, 백악관에서 레이건과 대처.
냉전과 2차 대전의 뿌리 깊은 기억은 대처에게 유럽에 대한
부정적인 생각을 가지게 했다. 그것은 유럽을 경시하고 대서양 건너
미국과의 관계를 앞세우게 된 이유였다. 하지만 그 관계는
비대칭적이었고, 미국의 국익이 걸린 문제에서
대처의 역할은 언제나 부차적이었다.

이 사건에서 영국은 사전 통지조차 받지 못했다. 대처는 분노와 모욕감을 느꼈다. 그녀가 심각하게 받아들였던 것은 신뢰의 붕괴였다. 그런데 그녀에게는 기정사실을 참고 받아들이는 것 이외에는 방법이 없었다.[47] 레이건은 그레나다 사건을 가볍게 의사소통의 실수로 처리하고 말았다. 대처의 모욕감은 빠르게 수그러들었다. 그리고 두 사람 사이의 개인적인 친밀감은 회복되었다. 상호 공동관심사, 특히 소련과의 외교문제는 영국과 미국 관계의 지속적인 기반이었다. 대처는 대중의 강력한 반대에도 불구하고 1983년부터 미국의 중거리 미사일의 영국 내 배치에 동의함으로써 냉전에서 비타협적 노선에 대한 전폭적인 지지를 보여주었다.

포클랜드전쟁의 승리 이후로 그녀는 국제무대에서 크게 높아진 자신의 위상에 도취되었다. 그리고 1980년대 중반부터 소련 내부의 변화가 시작되자 그녀는 냉전시대가 빠르게 끝나가는 해빙무드 속에서 부차적이기는 하지만 주목받는 역할을 즐겼다. 대처는 고르바초프가 1985년 3월에 공산당 총서기가 되기 4개월 전에 그를 런던으로 초청했다. 두 사람의 정반대의 이념에도 불구하고 그녀는 그를 좋아하게 되었고 함께 일할 만한 상대로 평가했다.[48] 고르바초프가 최고 권력의 자리에 오르자 두 사람 사이에 좋은 관계가 형성되었다. 이렇게 하여 대처에게 국제무대에서 지금까지보다는 더 중요한 역할을 할 수 있는 길이 열렸다. 소련의 새로운 지도자에게 그녀 자신이 그랬던 것보다 훨씬 더 냉담한 태도를 보이는 레이건에게 그녀는 서방과의 화해를 추구하려는 고르바초프의 진지한 뜻을 전달해주는 중요한 통로 역할을 했다.

레이건은 곧 고르바초프와 독자적인 공감대를 형성했다. 1986년 10월, 두 사람은 레이캬비크에서 만나 핵무기 전량을 폐기하기로 거의 합의했으나 대처의 끈질긴 반대로 레이건의 경솔한 단막극은 중단되었다. 그녀의 개입이 얼마나 결정적이었는지는 알 수 없으나 레이캬비크에서 보여준 대통령의 방침에 놀란 펜타곤에게 이 일은 환영받을 만한 것이었다. 레이건이 그의 충동적인 합의를 이행하려 했더라도 아마 펜타곤의 압력이 틀림없이 레이건을 물러서게 했을 것이다.[49)

1980년대 말, 고르바초프가 제공한 놀라운 계기가 소련 자신과 중부와 동부 유럽에 대한 소련의 지배력을 붕괴시키고 있을 때 대처는—세 번째 수상 임기를 수행 중이었고 국내 정치는 확고하게 장악하고 있었다—유럽경제공동체라는 발생기의 통합 움직임으로부터 거리를 넓혀가고 있었다.

히스가 1973년에 유럽경제공동체 가입을 신청하고 1975년에 비준을 얻기 위해 국민투표를 실시했을 때 대처는 히스를 지지했다. 그러나 히스와는 달리 그녀는 영국의 가입으로 정서적인 귀속감을 갖지는 않았다. 그녀는 냉전 상황에서 서부 유럽의 통합, 특히 NATO에 대한 지지가 필요하다고 보았다. 그리고 영연방뿐만 아니라 기타 국가와의 교역이 급격하게 줄어들고 있는 상황에서 유럽공동시장 회원국이 되면 경제적인 이점을 기대할 수 있었다. 그러나 그녀는 영국의 가입비가 너무 높고 유럽경제공동체 기금에 출연해야 할 영국의 몫이 너무 부담스럽다고 주장했다. 공동체 지도자들은 그녀의 장광설을 싫어했지만 참고 들을 수밖에 없었다. 그녀가 1980년에 자신이 기대했던 것보다 더 낮은 수준의 부담을 결정한 조정안을 받아들였던 데는 자신이 이끄는 내각의 압력이 작용했다.

그러나 그 후 3년 동안 할인을 위한 지독한 협상이 해마다 벌어졌고 결국 그녀는 영국 몫의 분담금을 상당한 규모로 영구적으로 줄이는 데 성공했다. 공동체 지도자들은 그녀의 끊임없는 협박에 결국 굴복하고 영국이 부담하는 금액과 공동체로부터 받게 되는 금액 차이의 2/3를 환불해주기로 합의했다. 이 때문에 영국은 공동체 회원국 가운데서 가장 불편한 상대가 되었다. 여하튼 그녀는 긴밀한 경제적 통합으로부터 영국을 위해 상당한 규모의 이익을 확보할 수 있다는 점을 간파하고 있었고, 그녀가 이끄는 정부는 두 번째 임기 동안에 단일시장—상품, 자본, 서비스와 노동의 이동에 대한 규제를 없애 는 것을 목표로 하는—을 출발시키는 1986년의 결정에서 중요한 역 할을 했다.

유럽경제공동체 회원국의 경제 상태는 정치적 통합과는 별개의 문 제였다. 유럽연합 집행위원회(European Commission) 의장 자크 들 로르(Jacques Delors)—대처는 이 사람의 의장 지명을 지지했다— 가 1980년대 말에 정치적 통합을 추진하자 대처는 그가 구상한 '유 럽프로젝트'에 대해 노골적인 적대감을 드러냈다. 1988년 브뤼허 (Bruges)에서 행한 악명 높은 연설에서 대처는 "영국에서는 우리 뜻 대로 새로운 분야를 열어나갈 수 없고 브뤼셀에 앉아서 새로운 지배 권을 행사하는 유럽이란 초강대국이 유럽 차원에서 설정해주는 대 로 바라보기만 할 수 있을 뿐"이라며 명백한 반대의사를 밝혔다.[50] 이 연설로 그녀는 '유럽연합회의론자'(Eurosceptics)란 별명이 붙게 되는 반대파의 선봉장이 되었다.

'철의 장막'이 걷힐 무렵 레이건은 대통령 임기를 마쳤고, 그의 후 임자 부시(George H. W. Bush)와 대처의 관계는 그다지 긴밀하지 않 았다. 1989-90년에 개봉되는 드라마에서 영국의 상대적으로 미미한 역할은 이처럼 덜 긴밀한 개인적 관계를 드러냈다기보다는 권력의 근본적인 현실을 보여준 것이었다.

2차 대전 종료 후 독일을 점령했던 4대 강국 가운데 한 나라의 정 상이면서도 대처는 소련 진영의 붕괴에서나 뒤이은 독일 통일에서 도—대처는 자신의 확고한 반독일 관점을 한 번도 숨긴 적이 없었지만 사실상 독일 통일을 막을 수 없었다—실질적인 역할을 하지 못했다. 중심인물은 고르바초프, 부시와 독일 총리 헬무트 콜이었다. 대처가 이끄는 영국은 프랑수아 미테랑 대통령이 이끄는 프랑스와 마찬가지로 외교무대의 중심에서 떨어져 구석자리에 서 있었다. 1990년 말이 되자 어떤 기준에서 보든 수상으로서 대처에게 남은 날은 얼마 되지 않았다. 국내에서 그녀의 권위에 대한 도전과 직면하기 전까지는 그녀 자신은 이 사실을 알아차리지 못하고 있었지만.

오만한 권력

대처의 두 번째 임기(1983-1987년)는 보수당 정권에게 무사한 시절이 아니었다. 물론 몇 가지 성공적인 정책이 있었고 그중에서 중요한 의미를 지니는 것은 세입자에게 주택 소유자가 될 기회를 주는 (그리고 동시에 국고도 채워주는) 공영주택 매각 정책이었다. 몇몇 국영기업(브리티시 전신전화[British Telecom], 브리티시 가스[British Gas], 브리티시 항공[British Airways], 롤스로이스[Rolls-Royce])의 민영화 과정이 시작되었고 대중자본주의로 나아가는 성공적인 움직임 속에서 수백만 명이 주식을 사기 위해 몰려들었다(결국은 대형 투자자들에게 먹혀버리게 되지만). 그러나 (다수의 노동조합원을 포함하여) 대중은 이런 정책으로부터 (대처주의자로 개종하지 않고도) 이익을 볼 수 있었다. 광부들과의 대결에서 이겼어도 포클랜드전쟁이 끝난 뒤처럼 대중의 지지도가 급격하게 올라가지는 않았다.

1984년, 브라이턴(Brighton)에서 열린 보수당 전당대회 기간에 대처가 머물던 호텔이 아일랜드공화군(IRA)에게 폭탄공격을 받았을 때 용기 있고 침착하게 사태를 처리한 그녀를 야당까지도 칭송했지만 그것이 그녀를 향한 개인적 호감이나 정부를 향한 정치적 지지로 전환되지는 않았다. 그리고 1985년에는 파산 일보직전인 웨스트 랜드 헬리콥터회사(Westland Helicopters)를 수상이 지지하는 미국 구매희망자에게 매각할 것인지 아니면 국방장관 마이클 헤슬타인 (Michael Heseltine)이 지지하는 유럽 컨소시엄에 매각할 것인지를 두고 벌어진 심각한 논쟁에서 정부는 상처를 입었다. 이 사건으로 정부의 의사결정 방식과 수상 자신의 내각 운영 스타일에 불만을 품은 헤슬타인이 사임했다. 이 무렵의 여론조사에 따르면 대중의 다수가 정부에 대해 호의적인 평가를 하지 않았다.

그런데 1987년 6월에 대처는 세 번째 선거에서 완벽한 승리를 거두었다. 이때의 선거는 4년 전과 마찬가지로 정부에게 유리한 환경에서 치러졌다. 대처의 두 번째 임기 동안 5% 이상 높아진 적이 없었던 인플레이션은 완전히 잡혔다. 실질임금은 올라갔다. 3개월 전에 소득세의 추가 감면과 건강보험에 대한 재정투입을 확대하겠다고 발표했던 재무장관 나이절 로슨(Nigel Lawson)이 경제호황을 조종하고 있었다. 그리고 대처는 소련 방문에서 엄청난 환대를 받고 뛰어난 세계적 지도자로서 이미지를 굳혔다.

이번에도 보수당은 반대당의 분열이란 도움을 받았다. 또한 보수당은 전반적으로 우호적인 언론의 도움을 받았고 홍보 전문기업 사치앤드사치(Saatchi and Saatchi)가 나서서 정책 마케팅도 성공적으로 해냈다. 그런데 대처 자신은 포클랜드전쟁 승리 뒤의 짧은 열광을 제외하면 인기가 전보다 떨어졌다. 실제로 그녀는 더 이상 보수당의 선거 자산이 아니라는 징표들이 몇 군데서 드러났다. 그럼에도 불구하고 선거 결과가 밝혀지자 또 한 번의 승리를 자축할 수 있었다. 득표율 42.2%는 1983년의 득표율과 사실상 같았으나(노동당 득표율은 30.8%, 사회민주당-자유당연합 득표율은 22.6%) 의석수는 21석을 잃었다(보수당 376석, 노동당 229석, 연합 21석).

이 무렵 대처의 지배적인 위상은 완벽했다. 당내 '온건파'는 완전히 힘을 잃었다. 우파는 정위치에 있었다. 열성 당원들은 그녀를 찬양했다. 딩내에서 그녀에게 도전할 만한 인물은 보이지 않았다. 새로운 공직 임명은 후보자의 충성도에 따라 결정되었다. "그 사람 우리 편이야?" 대처가 이렇게 묻는다는 얘기가 널리 퍼져 있었다.[51] 실제로 내각은 순종적이었다. 표면적인 순종 아래에서는 대처 이후의 미래를 두고 소란의 가능성이 잠복해 있었다. 나중에 치명적인 것으로 밝혀지지만, 가장 큰 위협은 대처 자신이 권력에 취한 오만함에서 나왔다. 오만은 포클랜드전쟁 승리 이후부터 커지다가 1980년대 말에는 위험수위에 도달했다. 1987년 BBC 방송과 인터뷰를 하면서 대처는 "계속, 계속, 계속 나아가겠다"고 말했다. 이 말을 듣고 충격을 받은 사람은 야망을 가진 보수당 각료들만이 아니었다.[52]

내정 문제에서 대처의 중요한 정책적 실수가 권력이 대처의 손을 빠져나가고 있다는 사실을 극명하게 보여주었다. 또한 그것은 정치적으로 무엇이 가능한지를 감지하는 그녀의 안테나가 위험할 정도로 기능을 상실했음을 보여주었다. 그녀는 수많은 의문, 비판, 반대를 이겨냈기 때문에 자신은 무적의 존재라는 망상을 갖게 되었다. 그런데 현실세계에서 그녀는 의회의 수많은 평의원들과 단절되어가고 있었다. 권력에 취하여 오만한 그녀는 모든 거슬리는 충고에 귀를 닫는 치명적인 실수를 저지르고 있었다.

그녀의 리더십에 불편함을 느끼는 정서가 당내에서조차 전면에 드러나게 된 계기는 인두세(人頭稅, Poll Tax)란 별명이 붙은 지역주민세(Community Charge)의 도입이었다. 지역재산세(rates)를 지역정부의 행정서비스를 받는 모든 성인에게 똑같이 적용되는 인두세로 대체하려는 구상은 1984년에 처음 검토되었다. 나이절 로슨이 이 세제가 '정치적인 파국'을 불러올 것이라고 경고했으나 대처는 이 정책을 고집했다.[53] 내부의 강한 반대에도 불구하고 그녀는 1988년에 필요한 입법을 지지했다. 관련 작업이 일사천리로 진행되지는 않았다. 정해진 규정에 따라 내각의 관련 위원회에서 세밀하게 검토했다.[54] 그럼에도 불구하고 수상의 권위가 결정적이었다.

인두세에 내포된 불평등성과 사회적 부정의는 누가 봐도 쉽게 알 수 있었다. 인두세는 재산의 형태가 아니라 사람을 기준으로 했기 때문에 가장 가난한 가계나 가장 부유한 가계나 같은 수준의 세금을 납부했다. 이 제도가 1989년 4월 스코틀랜드에 도입되었을 때 많은 사람들이 납세를 거부했고 그다음 해에 잉글랜드의 도시에서는 항의 시위가 일어났다. 그래도 대처는 제도의 철회를 거부했다(인두세는 결국 대처의 후계자인 존 메이저[John Major] 때에 가서 폐지되고 새로운 형태의 재산세로 대체되었다). 이것은 경기과열이 새로운 문제로 대두한 상황에서 한때는 전지전능한 것 같았던 대처 수상이 몰락하는 배경이 되었다.

이 문제는 대처의 1988년 브뤼허 연설 때문에 증폭된 보수당 내부의 유럽에 대한 의견분열과 겹쳐져 더욱 악화되었다. 이때의 연설은 유럽과의 관계에서 그녀가 내각의 두 중진 ― 오랫동안 대처의 충성스러운 참모(당시에는 외무장관) 제프리 하우, 1980년대 말 경제호황의 입안자로서 높은 평가를 받고 있던 재무장관 나이절 로슨 ― 이 선호하는 접근방식에 분명히 반대한다는 신호였다. 유럽중앙은행의 설립과 단일통화를 통해 통화정책을 통제하고 이 계획의 참여 국가들을 유럽통화체제(European Monetary System)의 회원국으로 전환시키려는『들로르계획』(Delors Plan)이 1989년에 출판되자 일이 터졌다.

하우와 로슨은 영국이 환율메커니즘(Exchange Rate Mechanism)에 가입하여 파운드화가 독일 마르크화보다 우위에 서도록 환율을 관리하는 방식을 지지했다. 대처는 이것이 국가주권의 본질인 영국 통화의 완전한 자주적 통제와 배치된다고 보았다. 1989년 7월에 단행된 개각의 핵심 내용은 하우를 외무장관직에서 해임하고 하원 원내 총무로 강등시킨 것이었다. 하우에게는 부수상이란 (의미 없는) 직함이 주어졌으나 위로가 될 수는 없었다.

10월에는 로슨이 사임했다. 최근에 미국에서 불려와 대처의 개인 자문이 된 대표적인 통화론자 앨런 월터스가 제시한 환율메커니즘 가입반대 건의를 대처가 기꺼이 수용하자 자신의 입지가 없어졌다고 판단한 로슨도 사임했다.[55] (유능한 각료를 배척한 이 불필요한 결정은 결국은 많은 압력 때문에, 특히 후임으로 임명된 존 메이저의 건의를 받아들여 대처가 환율메커니즘 가입에 동의하자 또 한 번 관심을 집중시켰다. 영국은 1990년 10월에 환율메커니즘에 가입했다.)[56] 하우의 강등과 로슨의 이탈은 중요한 정책문제를 둘러싸고 정부의 핵심부에서 발생하는 결정적인 분열을 선명하게 드러내 보여주었고 그리고 처음으로 대처의 권위에 어두운 위협이 되었다.

유럽통합으로 한 걸음 더 다가가는 정책을 두고 수상이 또 한 번 도발하자 1990년 11월 1일에 하원에서 수상의 리더십을 통렬히 공격하는 일이 벌어졌다. 이때 날카로운 공격의 칼을 휘두른 사람이 바로 대처의 가장 충실한 신하, 오랫동안 조롱당하다가 끝내 수치스럽게 해임된 제프리 하우였다. 1986년에 웨스트랜드 사건으로 대처와 결별한 마이클 헤슬타인이 이제 그녀의 리더십에 도전했다. 그는 투표에서 졌으나 수상은 이겼어도 많은 대가를 치러야 했다.

내각 동료들이 그녀에게 사임하라고 개인적으로 권고했다. 그녀는 강하게 저항하면서도 이 권고를 따르지 않을 수 없었다. 눈물을 흘리며 수상 자리를 떠날 때 그녀는 배신당했다고 확신했다. "그들이 짜고 나를 궁지에 몰아넣었다." 이것이 그녀가 내린 고통스러운 결론이었다.[57] 그녀의 원한은 수그러들지 않았다. 그녀의 완고한 충성파들이 훗날까지도 배신의 신화를 들고 나와 후임자인 존 메이저 — 대처는 반복적으로 그의 권위를 깎아내렸다 — 를 곤란하게 만들었다. 유럽에 대한 그녀의 입장 때문에 그녀는 보수당 내부의 유럽연합회의론자들의 등대가 되었다.

남긴 유산

대처는 잇달아 세 번의 총선에서 승리했지만 유권자 절반의 지지를 받은 적이 한 번도 없었다. 그러나 영국 선거제도가 채택하고 있는 비대칭적 의석 배분 덕분에 그녀는 하원에서 큰 의석수 차이로 — 1979년에는 43석, 1983년에는 144석, 1987년에는 102석 — 다수당의 지위를 누릴 수 있었다. 이것이 그녀가 자신의 정책을 밀어붙일 수 있는 특별한 기회를 부여해주었다. 국내정치에서 대처가 일찍부터 열렬하게 (향후 수십 년 동안 영국의 경제를 재구성할) 신자유주의 경제이론을 받아들일 수 있었던 것도 이 때문이었다. 신자유주의야말로 그녀가 영국을 위해 남겨놓은 핵심 유산이었다.

그녀가 수상 자리에서 물러날 무렵 영국은 분명히 크게 변모한 나라가 되어 있었다. 노동조합운동을 기반으로 했던 '사회주의'는 쇠퇴했고, 경제 분야에서 국가의 역할은 줄어들었으며(국가의 강제력은 증가하고 지방정부의 희생을 바탕으로 중앙정부의 힘은 강화되었지만), 국유화는 축소되고, 민영화는 확산되었으며, 제조업 중심에서 금융 기반의 경제로 재편되었고, 어디서나 시장의 지배가 강조되었다. 사실상 혼자서 이런 변혁을 일구어냈다는 그녀의 오만스러운 주장 — 열성적인 지지자들은 그렇게 받아들였다 — 은 그럼에도 불구하고 과장이었다.[58]

그녀가 상상했던 것만큼 변혁은 크지 않았다. 그녀가 성취한 대부분의 업적에서 그녀는 뒤에서 밀려오는 강력한 조류를 타고 헤엄쳐 나아갔으며, 부분적으로는 개인주의와 야망의 부름에 충실할 줄 아는 타고난 능력을 활용했다. 포클랜드의 승리 이후로 막판에 가서 자기 힘을 과신하다가 드라마를 망치기 직전까지 그녀는 자신이 이끄는 내각으로부터, 자신이 속한 당의 당원과 의원들로부터 압도적인 지지를 받을 수 있었다. 그 오랜 시기 동안 중대한 의제를 다루어 나가기 위해서는 비범한 의지와 결단력과 용기를 지닌 수상이 필요했다. 그리고 몇 가지 중요한 문제를 다룰 때는 — 예를 들자면, 1980년대 초 산업과 경제정책의 방향을 바꿀 때, 포클랜드전쟁을 결정할 때, 유럽경제공동체 가입 부담금을 줄이기 위한 협상을 벌일 때 — 그녀의 개인적인 역할이 결정적이었다.

이런 문제를 다룰 때 다른 인물, 예컨대 윌리엄 화이트로나 제임스 프라이어* 또는 프랜시스 핌이 수상이었다고 가정해보면 금방 요점이 분명해질 것이다. 대처는 수상의 권력을 평화 시 민주체제에서 행사할 수 있는 한계치까지 사용했다(보다 최근에는 이 한계치가 무너진 때가 있었지만).

하나의 중요한 문제에서 그녀는 거의 아무것도 변화시키지 못했다. 북아일랜드는 그녀의 임기 시작점에서 당혹스러운 주제였던 만큼 임기 말에도 마찬가지로 어찌할 바를 모르는 문제로 남아 있었다. 그녀의 뿌리 깊은 북아일랜드 통합론은 유연한 상상력의 발동을 제약했다. 물론 대처가 아일랜드공화국의 총리 개럿 피츠제럴드(Garret Fitzgerald)와 1985년 11월에 앵글로-아이리시협정(Anglo-Irish

---

* James Prior(1927-2016): 1959년에서 1987년까지 하원의원. 히스 내각에서 농림수산식품부 장관(1970-71), 대처 내각에서 고용부 장관(1979-81)을 지냈다. 대처의 노동조합 탄압과 통화주의 경제정책에 동의하지 않았다.

로열 버뮤다 연대의 사열을 받는 대처(1990년 초).
1987년 6월, 대처는 세 번째 선거에서 승리함으로써
최장기 집권 총리가 되었지만 그만큼 권력에 취한 오만함은
충고에 귀를 닫게 했고 결국 리더십의 위기를 불러왔다.
그녀는 유럽 통합에 반대하다가 당 지도부의 반발을 사서
1990년 11월 자진 사임, 91년 5월 정계를 은퇴했다.

Agreement) ── 영국과 아일랜드 정부 사이의 온건한 협력단계 ──을 체결한 것은 사실이지만 실질적인 행동이 따르지 않았다 대처의 후 세사인 존 메이저 수상 때에 비공개 접촉을 통해 실질적인 진전이 있 었고 그 바탕 위에서 토니 블레어(Tony Blair) 수상 때에 1998년의 혁 신적인 성금요일의 협정(Good Friday Agreement, 또는 벨파스트 협정 Belfast Agreement)이 체결되었다.

대처가 영국을 변화시켰다는 평가는 정도의 차이는 있어도 부인할 수 없다. 하지만 국제문제에서 '그녀의 성공을 세계 여러 나라가 모 방했다'[59]는 주장은 분명히 과장이다. 그녀의 부인할 수 없는 개인 적인 승리 ── 포클랜드에서의 승리 ──는 세계로부터 시대착오적인 유사 식민전쟁이라는 평가를 받았다. 그래도 그것은 대처에게 '철 의 여인'이란 아우라를 씌워주어 국제무대에서 그녀의 위상을 높여 주었고, 생기를 회복한 영국은 다시 한 번 국제문제에서 체급 이상의 펀치를 날릴 수 있음을 보여주었다. 그녀와 레이건의 관계, 다음으로 는 그녀와 고르바초프의 관계가 이러한 이미지에 빛을 더해주었다. 워싱턴과 모스크바 방문을 통해 그녀는 초강대국과 교섭할 수 있는 중요한 국제적 지도자로 조명을 받았다. 그러나 냉전을 종식시키는 데 있어서 그녀는 부차적인 역할만 했을 뿐이다.

대처가 공직을 떠나고 나서 1년이 조금 지난 1991년 12월에 소련 이 해체되었다. 소련이 해체되자 서부유럽 지도자들은 유럽통합을 다시 생각하고 재구성하기 시작했다. 그녀의 유럽경제공동체에 대 한 혐오감은 시간이 흐르면서 더욱 깊어졌다. 브뤼셀에서 벌이는 일 에 대한 그녀의 경멸감과 적대감은 더욱 강해졌다. 그녀는 그것을 유 럽 국가들을 연방으로 통합하기 위해 민족국가의 주권을 축소하는 구상으로 보았다. 하원 연설에서 그녀는 화려하고 대담한 연기를 보 여준 적이 있었다. 그녀는 유럽의 정치적 통합을 향해 나아가자는 들로르의 제안을 거부하면서 세 번이나 소리 높여 "안 돼!"라고 외쳤다.[60] 1992년 9월에 영국이 유럽환율메커니즘에서 불명예스럽게 축출당하자 그녀는 이 기구에 가입을 반대했던 자신의 생각이 옳았다고 확신했다. 그리고 몇 년 안에 유럽연합(European Union)을 출범시켜 단일통화를 도입하고 유럽시민이라는 공동신분을 만든다는 마스트리흐트조약(Maastricht Treaty)의 체결은 당연히 그녀에게는 저주였다.

그녀가 남긴 유산의 핵심 부분은 유럽연합에 대한 적대감이었다. 은퇴 후에도 그녀는 보수당 내부에 이런 적대감을 부추기는 데 힘을 쏟았다. 그녀는 단일시장을 설립하는 데는 반대하지 않았었다. 그러나 그녀는 자신이 받아들인 경제적 조처들이 정치적으로 어떤 결과를 가져올지 예상하지 못했다. 보수당 지도부 안에서 유럽연합회의론자들은 오랫동안 소수파로 남아 있었다. 그녀는 그 소수파의 사라지지 않는 투사였다. 그들은 영국이 유럽에 종속되는 한 영국은 다시는 자신의 목소리를 낼 수 없다고 믿었다. 이들 소수파의 논리와 정서는 훗날 영국의 유럽연합 탈퇴를 지지하는 여론으로 성장하게 된다. 대처는 죽은 후에도 브렉시트(Brexit)의 대모였다.

2013년 4월 8일에 대처는 숨을 거두었다. 생의 마지막 몇 년 동안을 그녀는 갈수록 깊어지는 고립 속에서 비극적인 치매에 시달리며 보냈다. 장례식은 걸출한 국가적 인물에게만 어울리는 런던의 세인트 폴 성당에서 열렸다. 1965년 윈스턴 처칠의 장례식은 나라 전체를 하나로 통합하는 계기가 되었다. 그러나 대처는 나라를 깊게 분열시킨 수상이었다. 그녀는 정치적 견해의 스펙트럼에서 다른 한쪽 끝에 서 있는 사람들로부터는 반대뿐만 아니라 증오까지 불러일으키는 정책을 구상하고 집행하는 데 몰두했다. 그녀의 죽음과 국장으로 치러진 장례식을 두고 여론은 당연히 양극으로 나뉘었다. 다우닝가

10번지를 떠난 후 30년이 더 지나서 마거릿 대처란 이름은 여전히 어느 쪽으로든 극단의 정서를 불러일으키는 힘을 지니고 있었다. 그녀의 정부가 시행한 경세정책으로부터 타격받은 많은 사람들이 안고 있는 상처는 오늘날까지도 치유되지 못하고 있다.

찰스 무어(Charles Moore)는 마거릿 대처를 다룬 기념비적인 3부작 전기에서 그녀를 "지금까지 영국의 국사(國事)를 이끌어간 사람들 가운데서 가장 뛰어난 천재"라고 결론을 내렸다.[61] 이런 찬사는 분명히 정당함을 인정받지 못하고 있다. 그러나 그녀를 좋아하든 싫어하든 그녀가 뛰어난 정치지도자였다는 것은 의문의 여지가 없는 사실이다.

고르바초프
Mikhail Gorbachev

소련의 파괴자, 새로운 유럽의 건설자

'1990년까지는 정치지도자나 평범한 시민이나 다 같이 그를 20세기의 가장 위대한 정치인 가운데 한 사람으로 평가했다.'[1] 이것이 고르바초프에 대한 서방의 의심할 나위 없이 진정한 평판이었다. 서방세계에서는 그를 다른 어떤 사람보다도 냉전을 끝내는 데 중요한 역할을 한 인물로 칭송했다. 서방의 시각으로 보자면 그는 놀랍게도 소련의 과거에 등을 돌리고, 민주주의를 도입하려 시도했으며, 핵전쟁의 위협을 제거하려 애쓴 인물이었다. 중부유럽 옛 소련 위성국 시민의 입장에서 보자면 그는 40년이 넘는 소련의 지배로부터 해방시켜준 인물이었다.

소련 내부에서 보자면 얘기는 달라졌다. 그의 인기가 서방세계에서 치솟았을 때 그의 조국에서는 (1990년부터이긴 하지만) 수직으로 추락했다. 그전까지는 소련에서도 그는 인기 있는 지도자였다. 1991년 말 자리를 물러날 때 국내에서 그에 대한 평판은 매우 낮았다. 그는 일반적으로 소련을 망친 인물로 간주되었다. 그는 1985년에 초강대국의 지도자가 되었다. 6년 뒤, 한때의 초강대국은 쇠약하고, 빈곤하고, 수모를 당하는 나라가 되었다.

그의 리더십에 대한 평판이 어떠하든 고르바초프는 20세기 후반에 우뚝 솟은 유럽인이었다. 그런데, 그가 소련을 이끌던 짧은 시기에 일어난 중요한 사건들을 그는 어느 정도까지 관리해냈을까? 그 시기 유럽의 변혁을 이해하려면 그가 내린 결정만—그의 업적뿐만 아니라 그의 실책까지 아울러—살펴보면 충분할까? 아니면 그는 그의 행위를 결정한 소련 안팎의 압박의 도구였을 뿐인가?[2] 그는 막을 수 없는 소련의 붕괴를 단순히 도왔을 뿐인가, 아니면 실제로 그가 붕괴의 원인이었을까? 소련은 이미 사실상 붙들어 둘 수 없게 된 위성국들을 놓아준 것일까? 아니면 고르바초프의 행위 때문에 혁명적 동력이 쏟아져 나오게 된 것일까? 국제문제에서 그가 한 역할은 핵무기 경쟁에서 미국의 우위에 대한 현실적이고 불가피한 대응이었을까? 아니면 그의 개성이 냉전을 끝낸 핵심적인 요인이었을까?

개성, 그리고 정상으로 가는 길

고르바초프는 전형적인 내부인, 체제순응자, 정권을 받치는 유능한 관료, 마르크스-레닌주의의 충실한 추종자로서 소련체제의 정상에 올랐다. 정상으로 가는 다른 길은 생각할 수도, 가능하지도 않았다. 그런데 왜 그는 자신이 권력을 장악한 체제를 몇 년 안에 그토록 철저하게 바꾸었을까? 그가 청년시절에 추구했던 것들이 잘못된 길이었음을 깨달았기 때문일까? 소련체제는 근본적인 결함 때문에 변화를 요구하는 안팎의 압력에 맞서서 버텨나갈 수가 없다는 사실을 이성적으로 인정했기 때문일까? 그는 비현실적인 개혁적 이상주의 속에 침몰했던 것일까? 아니면 마주치는 상황에 그때그때 적응해나간 단순한 기회주의자였을까? 고르바초프를 이해하기란 그를 잘 아는 사람들, 심지어 고르바초프 자신에게도 어려운 문제일 것이다.[3]

고르바초프의 비상한 개성이란 수수께끼를 풀지 못하면 1985년에서부터 1991년 사이에 소련 내부와 중부 유럽에서 벌어진 놀라운 드라마를 해독할 수 없다. 소련의 권력을 장악했을 때, 자신의 설득력과 끊임없는 에너지로 개혁이 절실히 필요한 정권을 근본적으로 개조할 수 있다는 순진한 낙관주의와 넘치는 자신감이 고르바초프 개성의 강한 특징이었다. 여기에다 전략적인 계획을 세우기보다는 '상황이 흘러가는 데로 두면 해결된다'는 충동적인 면까지 더해졌다. 또한 그는 소련 지도자로서는 드물게 본능적으로 무력 사용을 싫어했다.[4] 특징과 약점은 나란히 갔다. 둘은 그가 권력의 자리에 있는 동안에 소련뿐만 아니라 유럽을 획기적으로 변화시킨 근본적인 요인이었다.

고르바초프는 1931년 프리볼노에(Privolnoe)의 가난한 농민 가정에서 태어났다. 그곳은 북 카프카스 스타브로폴(Stavropol) 지역의 오지 마을이었다. 고르바초프는 스탈린주의의 어두운 그림자와 전쟁의 충격과 폐허 속에서 성장했다. 친할아버지와 외할아버지가 모두 스탈린 치하에서 체포되었으나 굴라그(Gulag)에서 살아남았다. 그의 아버지 세르게이(Sergei)는 전쟁 중에 부상을 입었으나 살아 돌아와—실제로 사망자로 처리되었다—영웅 훈장을 받았다. 그는 이때 경험한 공포를 훗날 그의 아들에게 얘기해주었다. 아마도 이때의 경험 때문에 고르바초프는 훗날 소련제국이 흔들릴 때도 무력동원을 회피했을 것이다.

고르바초프뿐만 아니라 소련의 모든 가정에게 전쟁은 극도의 공포와 고통의 시기였다. 독일 침략자들은 프리볼노에에 잠시 머물렀지만 마을을 폐허로 만들고 떠나갔다. 그러나 고르바초프 가족은 최악은 면했다. 그들은 살아남았다. 전후에 생활과 노동 조건은 극도로 어려웠다. 그런 가운데서도 미하일의 어린 시절은 행복했다. 그는 아버지와 매우 친밀한 관계를 형성했지만 엄격한 어머니 마리아(Maria)와는 그렇지 못했다.

진쟁 시기에 비하일은 빨리 성장하지 않을 수 없었다. 그는 집안의 유일한 아이여서—나이가 열여섯 살이나 차이나는 동생 알렉산드르(Aleksandr)는 1947년에 태어났다—아버지가 집을 떠나 있는 동안(쿠르스크, 키이우, 하리코프에서 격전을 치르고 있었다) 힘들게 생계를 꾸려가던 어머니를 돕기 위해 육체적으로 고된 일을 해야 했다. 덕분에 그는 독립심과 독창성을 키울 수 있었다. 그는 지역 학교에서 자신의 능력으로 두각을 나타냈다. 또한 그는 일찍부터 리더십을 보여주었다. 그는 배우고자 하는 욕구가 강했고 스스로 공부했다. 이 두 가지는 그가 평생 동안 지녔던 성격의 특징이었다. 그는 자신감이 넘치고, 매우 지적이며, 결단력이 비상하며, 자신이 옳다는 것을 증명하고 싶어하는 경향이 강하고, '누구든지 그의 뜻에 따르도록 굴복시키는 재능이 뛰어난' 소년으로 성장했다.[5]

열다섯 살에 그는 콤소몰(Komsomol, Комсомол, 전국 레닌주의 청년공산주의자 동맹)에 가입했고 짧은 시간 안에 지역 지도자가 되었다. 아버지와 함께 집단농장에서 일하면서 그는 농업생산과 관련된 지식을 습득했다. 2년 뒤, 1948년 여름에 그는 아버지를 도와 콤바인을 몰아 수확 경쟁에서 가장 많은 곡물을 거두어 (스탈린이 직접 서명한) '노동자 붉은 깃발 훈장'을 받았다. 그의 부모는 둘 다 문맹에 가까웠다. 그러나 그는 야망을 갖고 있었고 교육이 그를 프리볼노에 집단농장을 넘어선 곳으로 데려다주는 길이라는 것을 알아차렸다. 그의 능력, 노력과 야망이 그에게 돌파구를 열어주었다. 1950년, 그는 명성 높은 모스크바국립대학 입학허가를 받았다(그는 법학을 공부했고, 미래의 아내 라이사[Raisa]를 만났고, 1999년에 라이사가 죽을 때까지 두 사람은 떨어진 적이 없었다). 같은 해에 그는 공산당에 입당했다.

이것이 그가 소련에서 경력을 쌓는 정통 경로를 따라 다른 사람에 비해 가파르게 정상으로 올라간 첫 번째 단계였다. 그는 체제 내에서 권력의 사다리를 어떻게 올라가야 하는지 빠르게 배워나갔다. 누구도 믿을 수 없는 정치의 오르막길을 기어오르자면 전술적 기술이 필요했다. 그는 비정통적 관점을 품고 있지 않았다. 고르바초프는 철저한 공산주의자였다. 1956년 흐루쇼프의 스탈린 격하를 경험하면서 눈을 뜨기 전까지는 그는 스탈린 숭배자였다. 그는 1953년에 관 속에 누운 독재자에게 마지막 경의를 표하기 위해 긴 줄을 섰던 수천 명 가운데 한 사람이었다.[6] 훗날, 강력한 반스탈린주의자가 된 뒤에도 그는 레닌은 여전히 찬양했다.[7]

대학을 마친 뒤 고르바초프는 스타브로폴 시의 당 책임자가 되었다. 1970년, 서른한 살이라는 젊은 나이에 그는 레오니트 브레즈네프에 의해 스타브로폴 지역 전체의 당 책임자로 임명되었다. 그 전해에 체코슬로바키아 침공 —고르바초프는 침공을 지지했다— 이 있은 후 이념 정비작업을 할 때에 상부의 지시에 따라 그는 스타브로폴의 동료가 쓴 체제의 개혁을 제안한 책을 거칠게 공격했다. '우리의 이념과는 이질적'이란 것이 고르바초프가 내린 판정이었다.[8] 이 책의 구상은 사실은 먼 훗날 고르바초프 자신이 실천하려 했던 구상의 일부와 다르지 않았다. 이 무렵 그가 내놓은 공식 발표문은 정통적이었다(브레즈네프에게 우회적으로 아첨하는 내용도 담고 있었다). 그런데 그는 고도로 중앙집권적인 지시경제의 위험한 결과에 대해 비판적인 시각을 드러나지 않게 키워가고 있었다.

고르바초프의 추진력, 독창성, 조직관리 능력, 특히 농업생산을 증대시키고 잦은 가뭄 때문에 황폐해진 지역의 관개체계를 확장한 업적이 상부의 주목과 찬양을 받았다. 그는 몇몇 실력자들과 좋은 관계를 맺기 시작했다. 그가 KGB 책임자이자 스타브로폴 출신인 유리

안드로포프(Yuri Andropov)를 알게 된 것은 장래를 위한 경력관리에 전혀 손해될 게 없었다. 소련의 지도자들은 카프카스 산자락의 온천 휴양지를 좋아했다. 스타브로폴 지역 당의 제1서기로서 고르바초프는 그들을 공식적으로 영접했다.[9] 안드로포프는 그곳에서 휴가를 보내던 중에 고르바초프를 만났다. 1980년까지 인민위원회 의장(수상)이었던 알렉세이 코시긴(Alexei Kosygin)도 그렇게 해서 고르바초프를 알게 되었다.

1978년, 고르바초프는 모스크바로 불려가 당 중앙위원회의 농업 담당 서기가 되었다. 혜성 같은 승진은 계속되었다. 2년 뒤 그는 가장 젊은 정치국원이 되었다. 안드로포프는 고르바초프의 재능을 인정했고, 1982년 브레즈네프가 죽고 자신이 총서기가 되었을 때 고르바초프의 직무를 농업담당에서 전체 경제담당으로 확대해주었다. 취임한 지 2년이 안 되어 이번엔 건강 악화로 안드로포프 자신이 숨을 거두었다. 그는 자신의 피후견인이 후계자가 되기를 바랐으나 보수파들은 콘스탄틴 체르넨코(Konstantin Chernenko)를 선호했다. 그런데 체르넨코도 건강이 좋지 않아 권력의 정상에 1년을 조금 넘겨 머물렀다. 고르바초프는 안드로포프가 살아있을 때 가끔씩 정치국 회의를 주재했고 체르넨코의 투병기간 동안에는 정치국과 당 서기처를 이끌었다. 아무도 그를 선호하지 않았지만—분명한 대안도 없었으므로—사실상 그는 추정 후계자가 되었다. 체르넨코가 숨을 거둔 그 다음 날 그는 만장일치로 당의 총서기에 선출되었다.

권력의 전제조건

1985년 3월 고르바초프가 나라의 지도자가 되었을 때 소련은 경제적으로나 정치적으로도 쇠약한 상태였다. 그러나 불과 몇 년 뒤에 체제의 붕괴를 결정한 것은 경제도 정치도 아니었다. 누구도 그런 사태를 예상하지 못했다. 소련의 근본적인 구조적 약점을 인식하고 있어서 이 체제가 궁극적으로는 생존할 수 없을 것이라고 추론하던 전문가들도 왜 소련이 그토록 갑자기 붕괴했는지 이유를 알 수 없었다. 이 나라는 외채가 많지도 않았고, 심각한 내부혼란에 빠져 있지도 않았고, 군대와 보안기관도 신뢰할 만했다.[10] 권위주의적인 통치체제, 구체적으로는 소련처럼 70년 동안 버텨온 강한 체제가 그처럼 급격하고 극적으로, 대규모 유혈사태도 없이 안쪽으로 파열한 경우란 찾아보기 힘들다.

1985년에 모스크바를 지켜보던 대부분의 관측자들은 소련은 언젠가는 감당할 수 없는 체제의 위기를 맞게 되겠지만 내부적인 어려움은 있어도 아직은 임박한 붕괴의 위험은 없는 안정 상태라고 판단했다. 고르바초프가 아닌 다른 누군가가 1985년에 총서기로 선출되었더라도 체제는 개혁되지 않은 채, 또는 표면적으로만 개혁된 채 몇 년 동안은 더 굴러갈 수 있었다. 고르바초프 통치의 가장 뛰어난 분석가인 아치 브라운은 이렇게 말했다. "위기를 만들어낸 것은 과격한 개혁이었지 개혁을 유발한 위기가 아니었다."[11] 근본적인 개혁은 불가피한 것도 아니었고 경제적인 이유로 결정되지도 않았다.[12] 그것은 고르바초프의 행위의 결과였다.

훗날 고르바초프 자신이 지도자로서 물려받은 암울한 소련의 경제상황을 설명했다. 군사비 지출에서 넘어오는 불균형 ─ 국가 예산의 40% 이상 ─ 은 엄청나서 경제운용 전체를 왜곡시키고, 민간부문의 수요를 충족시킬 조치를 취할 여유를 제약하고, 경제성장의 잠재력을 잠식하고 있었다. 연구개발비 지출은 압도적으로 군사 분야에 집중되어 있었고 민간 영역은 총체적으로 무시되고 있었다. 경제의 생산성을 높일 인센티브는 찾기 어려웠다. 노동, 연료, 원재료의 원가는 서방세계보다 두 배 이상 높았다(고르바초프의 설명에 따르면 농업 분야에서는 열 배나 높았다). 석탄과 석유 등 다른 원재료이 생산성은 높았음에도 불구하고 '최종 산물'은 (고르바초프의 표현에 따르면) 미국의 절반 수준밖에 되지 않았다. 서방과 비교할 때 엄청난 비효율과 기술적 후진성에다 품질까지 조악했다. 빈약한 관리는 뿌리 깊은 문제를 더욱 악화시켰다. 생산량은 현실적 수요를 따라가지 못했고 경직된 중앙집권화는 자발성을 받아들이지 않았다. 부패, 절취, 뇌물, 횡령은 전염병처럼 번져 있었다. 이 모든 것들보다 더 심각한 문제는 누구도 도전할 수 없는 소련의 정치적 이념적 원칙이 독창적인 사고와 현존하는 정통 방식을 검증하려는 모든 시도를 극도로 제약한다는 사실이었다.[13]

1970년대 동안에 소련 경제의 상대적 후진성과 본질적인 경직성은 1973년 아랍-이스라엘 전쟁으로 크게 오른 석유가격 때문에 부분적으로 가려져 있었다. 소련은 풍부한 유전을 갖고 있었기 때문에 처음에는 예상치 못한 유가상승으로 이득을 보았다. 그런데 10년이 지나자 소련 경제는 오를 때만큼이나 가파르게 떨어진 유가 때문에 심각한 충격을 받았다. 동시에 소련의 석유생산이 하락했다. 그러므로 이미 낮아져 있는 소련의 생활수준을 의미 있는 정도로 개선할 가망은 사라졌다. 경제적 쇠락과 사회적 불만의 전망이 어렴풋하게 드러났다.

정치적으로도 고르바초프가 물려받은 유산은 기를 꺾이게 하기는 마찬가지였다. 경제적 어려움이 고조되면서 정치체제가 침체되었다. 브레즈네프의 오랜 통치는 전임자인 흐루쇼프 시대에 잠시나마 나타났던 에너지를 고갈시켰다. 브레즈네프의 후임자 유리 안드로포프가 부패의 고삐를 조이고 사회기강을 다시 세우려 시도했던 1982년에 잠시 희망이 보였다. 안드로포프는 경제의 근본적인 문제를 인식하고 있었고 생활수준을 높이려 노력했다. 정치국에서 보수파에게 포위되어 있으면서도 그는 몇몇 젊은 당 간부를 ─ 고르바초프를 포함하여 ─ 개혁적인 구상을 펼칠 수 있는 자리에 발탁했다.[14] 개혁자들은 소련 사회의 밑바닥 흐름, 특히 농업사회로부터 크게 변신한 교육받고 도시화된 사회가 경제적 후진성과 정치적 제약에 대해 갖고 있는 불만과 기술적 현대화에 대한 열린 태도를 대변했다.[15]

그러나 안드로포프는 정권의 정통성에 도전하지 않는 개혁을 원했다. 그런데 그는 건강이 매우 좋지 않았다. 그의 후임자 콘스탄틴 체르넨코에게서는 개혁의 의지를 기대할 수가 없었다. 체르넨코는 보수파들의 선택이었고, 나이가 안드로포프보다도 많았으며. 의욕은 훨씬 더 떨어지고, 결정적으로는 건강이 좋지 않았다(1985년 3월에 죽었다). 정치국 안의 노인그룹 사이에서도 늙고 허약한 지도자는 이제 그만 뽑아야 한다는 공감대가 형성되었다. 3년 이내에 늙고 허약한 총서기가 세상을 떠난다면 무엇보다도 이제는 정치국 내에 차례를 기다릴 보수파 후보가 없어진다는 것을 의미했다. 이것이 미하일 고르바초프가 1985년 3월 11일에 총서기로 선출된 유쾌하지 않은 배경이었다.

그 시점에서 고르바초프는 54세였다. 그보다 적은 나이에 총서기가 된 인물은 스탈린(43세)뿐이었다. 세 사람의 병약한 노령의 지도자가 짧은 시간 안에 연속적으로 승계한 뒤라 그의 에너지와 역동성이 돋보였다. 고르바초프는 개혁의 필요성을 인식했지만 그것이 힘든 싸움이 될 것이란 점도 분명히 알고 있었다. 고르바초프가 선출될 때 투표권을 가진 정치국원 10명의 평균 연령은 67세였고 그중 다섯 명은 70세가 넘었다.[16] 체제를 운영하는 사람들은 급격한 개혁을 추진해서 지금까지 자신들에게 편안했던 체제를 바꿀 의욕이라고는 전혀 없는 연로하고 보수적인 엘리트들이었다. 그들은 약간의 변화

크레림궁에서 연설하는 고르바초프(1987).
1985년 3월 11일, 고르바초프는 당의 총서기로 선출되었다.
병약한 노령의 세 지도자(브레즈네프, 안드로포프, 체르넨코)에 이어
총서기가 된 그는 젊었던 만큼, 경제적으로나 정치적으로나
쇠약했던 소련에 에너지와 역동성을 불어넣었다.

는 필요하다고 인정했다.

안드로포프는 짧은 통치 기간에 어쨌든 몇 가지 변화를 일으키려고 노력했다. 그러나 그들은 근본적인 변화는 원하지 않았고 기대하지도 않았다. 그들은 고르바초프를 뽑아놓으면 몇 가지 개혁은 이루어질 것으로 예상했다. 그러나 그들은 고르바초프가 국내에서든 동유럽 위성국가에서든 소련의 권력을 위험에 빠뜨리는 수준까지 개혁을 추진하리라는 생각은 전혀 하지 못했다.[17]

고르바초프는 정치국 내에서 의미 있는 변화를 추구하는 유일한 인물이었다. 어떤 경우에 어떤 결과가 나올까? 고르바초프 자신도 몰랐다. 웅대한 전략도 없었다. 그는 머릿속에 명확한 계획을 갖고 있지 않았다. 개혁? 해야지! 개혁이 필요하다는 것은 확신하고 있었다. 모든 흔적들이 그가 체제 내에서의 개혁을 목표로 하고 있었음을 보여준다. 그는 소련 체제는 개혁을 견뎌낼 수 있다는 전제에서 출발했다.[18] 그가 보기엔 의미 있는 경제적 변화를 끌어내기 위해서는 정치적 변화가 필수였다. 또한 그는 정치적 변화는 소련 권력구조의 기반에 상처를 주지 않고 완성될 수 있다고 생각했다. 의도가 어쨌든 그는 당과 국가의 관료체제 안에 자리 잡고 있는 보수적인 '기득권 집단'을 소외시킴으로써 개혁에 대한 반발을 유발하지 않도록 조심스럽게 시작하지 않을 수 없었다. 곧 변화의 추진력—결국은 소련을 파괴하게 되는—이 형태를 갖추었다.

소련에서는 개혁이 파괴적인 방식으로 진행될 수밖에 없었을까? '중국식 해법'은 가능하지 않았을까? 당시에도 그랬고 그 뒤에도 자주 제기되는 질문이지만, 왜 고르바초프는 중국의 덩샤오핑 체제처럼 공산당의 강력한 통제력을 유지하면서 경제를 새로운 형태의 국가자본주의로 바꾸는 점진적 개혁노선을 채택하지 않았을까? 고르바초프는 중국과 소련의 상황을 비교하는 것은 지나치게 단순한 설명이라고 부정했다. 그는 두 나라의 최근 역사는 큰 차이가 있다고 지적했다. 그는 '거대한 인구와 오래된 문명을 가진' 중국에서는 '모든 사람에 의무적이고 획일화된 개발방식을 적용'할 수 있시만 '정치적 안정을 유지하기 위해 중국에서는 가능하기도 하고 필수적인 수단이 여러 면에서 우리의 환경에는 적용될 수 없었다'고 주장했다. 그는 '경제개혁을 먼저 실시하고 뒤에 가서 정치개혁을 하는 방식'은 소련에서는 불가능하다고 확신했다.[19] 덩샤오핑은 경제보다 먼저 정치체제의 개혁을 시도함으로써 소련 공산주의의 생존 자체를 위기에 빠뜨린 고르바초프는 '바보'라고 폄하했다.[20] 고르바초프는 실제로는 동시에 두 가지 다를 추구했다. 그는 정치개혁이 없이는 의미 있는 경제개혁은 있을 수 없다고 생각했다.

개혁을 위한 투쟁

고르바초프의 개성은 정치국에서 그를 둘러싸고 있던 백발의 노인들과는 달랐을 뿐만 아니라 소련이 경험했던 어떤 지도자들과도 달랐다. 돌이켜보면, 굳은 외피에 싸여 신축성을 상실한 소련 체제가 그런 권력구조 자체를 바꾸겠다는 의지로 가득 찬 내부자를 길러냈고 그 인물이 권력의 정상에 올랐다는 것은 놀라운 일이었다. 그러나 그의 경력을 보면 정통적인 궤적을 벗어난 적이 없었고, 체제를 완전히 부식시키게 될 그런 개혁을 꿈꾸고 있다는 기미를 내보인 적이 없었고, 실제로 그런 인물이 될 생각도 없었다. 그는 마주한 문제의 본질 전체와 온건한 개혁을 통해 그것과 맞서 싸울 때의 어려움을 빠르게 파악했기 때문에 보다 급진적인 외과적 조처를 선택했을 것이다.

리더십의 형태로 보더라도 그는 기득권 정치 엘리트의 음울하고 변함없는 권위주의와 선명하게 대비되었다. 그와 접촉해본 사람은 누구나 그의 에너지, 추진력, 역동성을 보고 놀랐다. 그는 선교사의 열정을 갖고 있었다. 그러나 그는 설교하고 가르칠 뿐만 아니라 듣고 배울 준비도 되어 있었다. 그는 격정과 본능적인 낙관주의에다 개인적인 매력, 달변, 지성도 겸비했었다. 그는 이전의 소련 지도자들에게서는 볼 수 없었던 토론에 대한 열린 자세도 보여주었다. 그는 일방적 명령이 아니라 설득을 통해서 상대가 따르게 했다. 정치국 회의는 이전보다 훨씬 길어졌다. 그는 토론과 반대를 기꺼이 받아들였다. 그는 불만을 가진 정치국원을 소외시키지 않기 위해서 반대의견이 있으면 자신의 태도를 바꿀 준비가 되어 있었다.[21] 그러나 그는 자신은 어떤 논쟁에서든 회의론자와 맞서 이길 수 있는 지적인 능력, 지식, 설득력을 갖고 있다는 교만에 가까울 정도의 자신감으로 넘쳤다.

고르바초프는 대중과 직접적인 접촉과 토론에도 각별한 관심을 가졌고 무엇보다도 그들이 말하고 싶어하는 것이 무엇인지 알려고 노력했다. 이것은 품위를 지키면서 대중의 지지를 확보하는 방법이었다. 선발된 대표들이나 당 관료들과의 만남뿐만 아니라 평범한 시민의 목소리에도 귀를 기울였기 때문에 그는 소련의 정치와 경제가 얼마나 침체되어 있는지 깊이 있게 파악할 수 있었다. 취임 초기 레닌그라드와 우크라이나 방문을 통해, 그리고 시베리아와 카자흐스탄 방문을 통해 그는 경제정책이 어느 정도로 실패했는지 파악할 수 있었고, 변화를 가져오기 위해서는 상명하달식 훈계가 아니라 직접적인 의사소통이 필요하다는 확신을 갖게 되었다.[22]

그는 소련 밖에서도 통역을 통해 대화하면서도 탁월한 능력, 사고와 표현의 융통성, 고착된 당 노선의 암송이 아니라 토론을 받아들이는 열린 태도를 통해 설득력 있는 대담자의 모습을 보여주었다. 고르바초프가 총서기가 되기 전해에 영국을 방문했을 때 마거릿 대처 수상은 이념적으로는 극단적으로 대척적인 지점에 있는 그에게서 '평균적인 소련 관료의 딱딱한 복화술(腹話術)'과 대비되는 개성을 발견하고 매료되었다. 대처는 정치적으로 중요하고도 논쟁적인 주제를 두고 설전을 빌일 때 준비된 간단한 보고서에 의존하지 않고 날카롭고도 유머러스하며 또한 지적으로 대응하는 그의 자신감 넘치는 태도를 좋아했다. 그의 교양 있고 지적 수준이 높은 아내 라이사가 준 좋은 인상도 적대적인 관계에 있는 두 지도자의 회담이 좋은 성과를 내는 데 도움을 주었다. 대처는 유명한 말을 남겼다. "그는 함께 일할 만한 남자였다."23) 대처에게 좋은 인상을 남긴 자질이 서방의 보수 우파 지도자들 — 그중에서 가장 중요한 몇 사람을 꼽는다면 로널드 레이건, 조지 H. W. 부시, 헬무트 콜 — 과도 좋은 관계를 맺는 길을 열어주었다.

정치뿐만 아니라 경제의 변화를 동시에 추구했던 고르바초프는 조급하게 서둘러서는 목표를 달성할 수 없다는 점을 알고 있었다. 뿐만 아니라, 총서기가 되기 전부터 체계적이고 구조적인 개혁에 매달려왔지만 그의 구상은 일관된 전략을 형성하지 못했다. 또한 권력을 장악한 후 경제상황이 얼마나 나쁜지를 충분히 파악하고 나서도 (훗날 인정했듯이) 그는 처음에는 "낡은 방식이란 구렁텅이에서 빠져나오는 데 시간을 허비했고 그런 뒤에야 의미 있는 개혁을 시작할 수 있었다."24) 그러므로 총서기로서 초기 단계에서 그는 호소력은 강하지만 각양각색의 해석이 가능한 구호, 독창성과 자발성을 막는 거대한 관료체제 안에서 구체적인 집행수단이 없는 행동방향에만 머물렀다. 1985년 4월, 그는 '국가의 사회 경제적 발전을 가속화하고 우리 사회의 모든 생활영역을 개선하는' 문제에 관한 연설을 했다. 정책의 의도를 밝히는 모호한 연설의 내용에 대해 반대할 사람은 아무도 없었다. 고르바초프가 주장한 대로 '전략적인 정책'이라고 인정하기에는 거리가 멀었지만 연설의 내용은 소련의 전통적인 이상과 완벽하게

일치했다.[25)]

한 달 후, 그는 여전히 모호한 의미의 용어들을 동원하기는 했지만 구체적인 목표를 분명히 밝혔다. 경제의 현대화를 위해 아래로부터의 자발성을 장려하고 중앙의 전략적 지시를 제한해 관리구조를 바꿀 것이다.[26)] 그러나 고르바초프가 자신이 추구하는 개혁정책의 상징으로 자리 잡게 되는 '페레스트로이카'(perestroika, перестройка, 재건)란 용어를 제시한 때는 5월 15일 레닌그라드(훗날 원래 이름 상트페테르부르크로 돌아간다)에서였다. 그는 "분명히 우리 모두는 재건을 경험해야" 한다고 선언했다. "모든 사람이 새로운 방식을 받아들여야 하며 그것 말고는 우리가 선택할 수 있는 길이 없다는 사실을 알아야 한다."[27)] 되돌아보면, 고르바초프는 자신의 레닌그라드 연설을 '글라스노스트(glasnost, гласность, 개방)의 첫 번째 사건'으로 보았다. 이때 외부세계도 소련에서 중요한 변화가 일어나고 있다는 사실을 알게 되었다.[28)] 페레스트로이카와 마찬가지로 글라스노스트도 멈출 수 없는 동력을 확보하게 된다(물론 이 말이 처음 사용된 시점에서는 분명하지는 않았지만). 첫 2년 동안 고르바초프는 확실한 변화로 가는 길을 가로막는 장애물을 뛰어넘는 데 집중했다. 훗날 그 자신이 인정했듯이 이 시기에는 놀랍게도 경제를 압박한 것 말고는 구체적인 성과는 거의 없었다.

초기의 몇 달 동안에 그는 중앙의 권력기반을 재구성하는 데서 좀 더 많은 성공을 거두었다. 그는 전술적인 기교를 동원하여 보수파들을 정치국 권력의 자리에서 몰아내고 그 자리를 여러 명의 지역과 시당 관료들로 채웠다. 그는 개혁을 지지하는 조언자와 조수를 불러 모았다. 오랫동안 외무장관 자리를 지켜왔던 완고한 76세의 안드레이 그로미코(Andrei Gromyko)는 그루지아주 당 지도자 예두아르트 셰바르드나제(Eduard Shevardnadze)로 대체되었다. 셰바르드나제는 서방과의 관계를 급속하게 개선시켜 핵심적이고 충성스러운 동맹자임을 증명해보였다.[29] 고르바초프의 개혁구상에 영향을 주었을 뿐만 아니라 그것을 다듬어 당 중앙위원회에서 지원해주는 핵심적인 역할은 급격한 변화의 열렬한 지지자이자 십년 동안 캐나다 대사를 지낸 알렉산드르 야코블레프(Aleksandr Yakovlev)가 맡았다. 80세의 각료회의 의장(수상) 니콜라이 티호노프(Nikolai Tikhonov)를 대체한 니콜라이 리즈코프(Nikolai Ryzhkov)는 경제문제 전반을 책임졌다. 안드로포프 때 발탁되어 중앙위원회에서 중요한 조직부장의 자리를 맡았던 예고르 리가초프(Yegor Ligachev)가 승진하여 이제 정치국 상무위원이 되었다.[30] 리즈코프와 리가초프는 훗날 고르바초프의 개혁이 좀 더 과격해지자 그에게 반기를 들게 되지만 초기에는 두 사람 다 그의 중요한 지지자였다.

또 하나의 발탁인사는 치명적이었음이 밝혀지게 된다. 스베르들로프스크(Sverdlovsk, 훗날 옛 이름 예카테린부르크(Yekaterinburg)로 돌아간다)시 당 서기 보리스 옐친(Boris Yeltsin)은 리즈코프의 충고를 물리치고 중앙위원회 서기로 선출되었으며 1985년 7월에는 변화의 중요한 장애물이자 핵심적인 자리인 모스크바시 당 서기인 보수 강경파 빅토르 그리신(Viktor Grishin)을 대체했다. 옐친은 고르바초프의 악몽이 된다. 그래도 그는 1985년에는 개혁을 지지하는 또 하나의 강한 목소리였다.

고르바초프는 긴밀한 관계를 맺은 적이 없는 군부를 다룰 때는 신중하지 않을 수 없었다.[31] 그러나 1987년 5월에 독일 청년이 경비행기를 몰고 소련 영공을 가로질러 붉은 광장에 착륙한 사건은 알맞은 때에 (국방지출을 줄이기 위해서는 필수적인) 군 지도부를 교체할 수 있는 계기를 만들어주었다. 국방장관 세르게이 소콜로프(Sergei Sokolov) 원수와 공군참모총장 알렉산드르 콜루노프(Aleksandr

Kolunov)는 사임을 강요당했고, 고르바초프의 개혁정책과 미국과 새로운 관계를 수립하려는 시도에 반대하는 100명가량의 군부 지도 자들이 강압에 의해 전역했다.

소련체제의 어느 분야에서든 의미 있는 개혁을 추진한다는 것은 힘든 일이었다. 고르바초프는 자신의 의도를 실제 행동으로 옮기기 위해 당과 정부의 관료기구란 막강한 도구에 의존했다.[32] 상부로부 터의 지시와 훈계, 전국 이곳저곳을 반복적으로 찾아가는 고르바초 프의 방문으로는 정치와 경제 체계의 모든 단계에 깊이 뿌리내린 보 수주의를 극복할 수 없었다.[33]

사람들은 70년 가까이 자신들에게 편리하도록 관료기구를 작동시 켜왔다. 그것은 수십 년 동안 덜커덕거리며 작동해왔다. 부패, 비효 율, 거짓보고, 관리감독자와 당 책임자가 듣고 싶어하는 것만 말하기 등은 생산체계 안에 전염병처럼 퍼져서 그것을 개혁하려는 노력을 좌절시켰다. 그 결과는 의미 있는 경제발전의 부재라는 암울한 현실 이었다. 1년 이내에 고르바초프는 '모든 것이 타성대로 느리게 움직 이고 있고, 페레스트로이카 정책은 도시의 생활과 기업에 영향을 주 지 못하고 있다'는 사실을 알고 충격을 받았다. 그는 '페레스트로이 카는 꼼짝 못하고 있었으며', '개혁의 길에 댐처럼 서 있는 거대한 당 과 국가 기구에 막혀 있었다'고 인정했다.[34]

그리고 이것은 체르노빌 핵 재앙이란 지독한 충격이 발생하기 전 의 상황이었다. 1986년 4월 26일의 체르노빌 핵발전소 폭발은 고르 바초프에게 '우리 체제 전체의 여러 가지 환부를 있는 그대로 보여 주었다.' 그것은 그에게 '사고와 나쁜 뉴스 감추기, 무책임과 부주의, 작업태만, 보편화된 작업 중 음주 등의 실상'을 보여주었다. 그는 근 본적인 변화를 가져오기 위해 페레스트로이카를 더욱 강하게 밀어 붙이기로 결심했다. 그것은 '급진적인 개혁의 필요성을 확신하게 된 또 한 번의 계기였다.'[35] 그리고 이 사건이 현존하는 체제를 심각하게 흔들어놓았다는 생각을 갖고 있는 사람들 사이에서 개혁을 받아들일 준비가 된 사람들이 많았다.

1987년에 되자 고르바초프의 개혁정책은 갈림길에 서게 되었다. 개혁정책은 사방에서 곤경에 빠진 소련의 구조를 개선하려다가 결국은 실패하고 말 것인가? 아니면 모든 위험을 극복하고 가본 적이 없는 근본적인 변혁의 세계로 나아갈 것인가? 앞날은 예측할 수 없었다. 훗날 체제가 내향성 파열을 일으키고 있을 때 고르바초프는 자신이 시작한 변화의 과정 자체가 다른 선택을 허용하지 않았다고 암시했다. 그는 이렇게 말했다고 한다. "나는 앞으로 나갈 수밖에 없었고 그것이 나의 운명이었다. 만약 내가 후퇴했더라면 나 자신은 물론 개혁의 명분도 사라졌을 것이다!"[36]

이 말은 과장이었을까? 초기의 변화는 소련 내에서 대중적 인기도 있었고 고르바초프가 발탁하여 당과 정부의 요직에 앉힌 개혁가들로부터도 지지를 받았다. 그 자신은 여전히 공산당 총서기로서 권위와 엄청난 권력을 누리고 있었다. 그런데 그의 개혁에 반대하는 만만찮은 규모의 보수세력 잔재—가장 강력한 반대집단인 군 지도부(기존 체제의 최대 수혜집단)를 포함하여—가 남아 있었다. 고르바초프를 소련의 지도자 자리에서 끌어내린다는 것은 어렵기도 하거니와 위험한 방법이었다. 그러나 고르바초프 자신과 그의 핵심 지지자들이 개혁을 늦추고 권력기반을 굳히며, 상대적으로 작은 변화에 만족하고 통치체제를 근본적으로 바꾸지 않는 길을 택할 가능성은 여전히 남아 있었다.

그런데 1987년에서 1989년 사이에 고르바초프는 변화를 추구하는 정책의 속도를 높이고 폭을 넓혔다. 그에게는 당연히 측근 지지자들이 있었다. 그러나 중요한 결정은 분명히 그가 직접 내렸다. 그가 변화의 핵심 추진자였다. 그리고 그 자신도 변화하고 있었다. 개혁을 향한 그의 희망은 소련을 변화시키겠다는 결단으로 변했다.[37] 그는 경제와 경제를 받치는 권력구조의 본질적인 경직성이 완화되어야 하며, 그러자면 일정 정도의 탈중앙집중화와 자유화가 반드시 이루어져야 한다고 생각했다. 제동장치가 풀리자 자유화의 흐름은 필연적으로 민주화를 요구하는 아래로부터의 압력으로 바뀌었다. 고르바초프는 (처음에는 당 내부에 한정된) 이런 진전을 반겼다. 그러나 얼마 안 가 그는 민주화가 모든 권력을 독점한 공산당의 해체와 개방적 다원주의로의 이행을 의미한다는 사실을 깨닫게 되었다.

개혁의 급진화는 1987년 초에 시작되었다. 1월에 열린 공산당 중앙위원회 전원회의에서 고르바초프는 당의 오래된 교조주의를 과감하게 비판하고 페레스트로이카의 필요성을 강조했다. 그는 "사회주의의 가장 강력한 창조적 힘인 자유로운 나라의 자유로운 노동과 자유로운 사고"를 보장해줄 민주주의가 없다면 "페레스트로이카는 질식할 것"이라고 말했다.[38] 그는 모든 단계에서 비밀투표의 도입을 지지했다. 분명히 이것은 서방 스타일의 다원주의는 아니었다. 그러나 당 내의 모든 단계에서 후보 사이의 경쟁을 거치는 선거는 그 자체가 과거 방식과의 분명한 단절을 의미했다.

의미 있는 경제개혁으로 가는 길은 여전히 찾아내기 어려웠다. 자유화를 향한 제한적인 진전이 있었다. 1987년에 제정된 국영기업법은 공장 관리자에게 중앙통제를 벗어난 더 많은 자유와 노동자의 임금과 제품의 가격을 결정할 수 있는 권한을 주었다(실제에 있어서는 품질은 여전히 평범한데 가격만 올려놓는 결과로 끝났지만).[39] 1988년에 제정된 협동조합법은 소규모 민간기업의 창업을 허용했다. 그러나 이렇게 해서 태어난 민간기업의 종사자 수는 30만 명을 넘지 않았고 국가가 운용하는 지시경제에 미친 영향도 미미했다.[40] 고르바초

페레스트로이카 기념 우표.
페레스트로이카(재건)는 고르바초프가 추구한
개혁정책의 상징이었다. 1987년 1월에 열린 공산당 중앙위원회
전원회의에서 고르바초프는 당의 오래된 교조주의를 과감하게
비판하고 페레스트로이카의 필요성을 역설했다.

프에게는 경제 말고도 챙겨야 할 일이 많았다. 훗날 그는 이 점을 인정하면서 다음과 같이 말했다. "정치투쟁이 가열되자 우리는 경제를 돌볼 겨를이 없었다. 대중은 일상 생활필수품과 주요 상품의 공급부족을 해결하지 못한 우리를 결코 용서하지 않았다."[41]

그가 더 많은 성과를 낼 수 있었을지는 확신할 수 없다. 그는 정치적으로는 여전히 줄타기를 해야 했다. 리즈코프와 리가초프 같은 중요한 동맹조차도 개혁에 제동을 걸기를 원했다. 1988년 봄, 보수 반대파는 지도부에 참여하고 있으면서도 개혁노선의 기를 꺾으려는 신문의 공격에 공개적으로 목소리를 보냈다. 그런가 하면 개혁의 속도를 높이자고 주장하는 사람들도 있었다. 그런 급진파 가운데서 선봉장이 보리스 옐친이었다. 이미 몇 달 전에 고르바초프는 더 신속하고 더 넓은 범위의 개혁을 주장하며 목소리를 높여가고 있던 옐친—오만하고 충동적이며 거칠고 권력욕이 강했다—과 결별했다. 1987년 10월 21일에 열린 중앙위원회 전원회의에서 옐친은 페레스트로이카의 성과 부진을 비판하면서 개인숭배 풍조가 부활하고 있다고 공격했다(당연히 공격 대상은 고르바초프였다). 회의 참석자들은 옐친을 지지했고 따라서 고르바초프는 이 독설을 제어할 수 없었다. 옐친은 정치국에서 사퇴했고 그로부터 몇 주 뒤에는 모스크바 시당 서기에서도 물러났다. 고르바초프와 옐친은 그전에도 사이가 좋았던 적이 없었지만 이때부터 두 사람은 직접적인 적대자가 되었다. 옐친은 위험한 적이 어떤 것인지 증명해 보였다.

1988년 6월에 열린 제19차 당 대회를 앞두고 고르바초프의 측근들은 몇 달 동안의 토론을 거쳐 개혁의 목표를 가다듬었다. 대회에서 고르바초프는 참석한 5,000여 명의 대표들 구미에 맞지 않을 개혁안을 통과시키기 위해 총서기로서의 권위를 동원했다(아마도 이때가 그의 권위가 가장 높았던 시점일 것이다). 그는 외교정책 분야에서도 '페레스트로이카를 심화시키고' '정치체제의 개혁'과 함께 '소련 사회의 민주화'를 촉진하자고 제안했다.[42] 이 제안의 핵심 내용은 당의 권력을 축소하고 재구성된 유사 의회인 최고소비에트 ― 구성원의 2/3를 보통선거로 뽑게 되어 있었다 ― 의 역할을 강화하는 것이었다.[43]

그는 (서방의 자유주의와는 아직 거리가 멀었지만) 자신이 바라던 표현과 여론의 민주화를 묘사하기 위해 '사회주의적 다원주의'란 용어를 사용했다.[44] 그해 말에는 당의 구조를 바꾸고 관료의 수를 대폭 줄이는 법안이 통과되었다. 새로운 선거법과 수정 헌법에 따라 1989년 봄에 선거를 실시하기로 되어 있었다.[45]

1988년 한 해 동안에 고르바초프는 돌아올 수 없는 다리를 건넜다. 그때부터 그가 물꼬를 터놓은 흐름이 변혁의 과정을 휩쓸었다. 그리고 그도 그 물결을 따라 흘러갔다. 그는 더 이상 사태를 통제할 수 없었다. 권력의 자리에 있었던 마지막 2년 반 동안 형성된 급진적인 변화의 물결이 결국은 소련을 무너뜨렸다. 1988년에 이미 선명한 경고등이 켜졌다. 카자흐스탄과 카프가스에서는 우려할 만한 혼란의 조짐이 나타났다. 그곳의 '민족문제'가 심각해지고 있었다.[46] 그동안 경제상황도 눈에 띄게 나빠지고 있었다. 점점 길어지는 상점 앞의 대기행렬은 일상생활의 정상적인 풍경의 한 부분이 되었다.

핵 위협 감소

그 뒤로 몇 년 동안 숨 가쁜 변화에 휘말리게 되는 외교관계의 전제조건은 고르바초프가 권력을 장악했을 때는 낙관적이었다. 소련은 1979년 이후로 아프가니스탄 전쟁에 발목이 잡혀 있었다. 미국과의 관계는 나빴다. 소련이 SS-20 미사일을 동유럽에 배치하자 서방은 1983년에 서유럽에 퍼싱(Pershing)과 크루즈(Cruise) 미사일을 배치하여 맞섰다. 같은 해에 소련을 '악의 제국'이라 부르며 외교정책에서는 강경파였던 레이건 대통령이 우주공간에 방어체제를 구축하는 것을 목표로 하는 미국의 새로운 핵 프로그램 전략방어구상(SDI: Strategic Defence Initiative) ― 이른바 '스타워즈' ― 을 도입했다.

1983년 9월 1일, 대한항공 여객기가 실수로 소련 영공에 들어갔다가 군사정찰 활동을 벌인다는 오해를 받고 소련군에게 격추된 사건은 고조된 국제관계의 긴장을 보여주었다. 소련 지도부도 처음에는 1983년 11월의 NATO 군사훈련을 핵 타격의 전초전이라고 해석했다.[47] 핵전쟁 ― 아마도 오해에서 비롯된 ― 의 위험은 분명했다.

초강대국 관계의 음산한 장면 가운데서 유럽과 나아가 외부세계에 미치는 극적인 충격의 가장 분명한 전조(前兆)는 소련 외교정책의 비정상적인 변화였다. 워싱턴 측에서 위험을 고조시킬 것이라고 판단하는 정책에 대한 모스크바의 초기 반응은 방향의 전환이 아니라 기존 정책의 강화였다. 미국의 기술적 우위를 따라잡자면 국방비 지출은 줄어드는 게 아니라 늘어나기 마련이었다. 보수파들이 권력의 자리를 지키고 있었더라면 소련의 강경노선이 지속되었을 것임을 의심할 이유는 없다. 중단기적으로는 최소한 오랫동안 지켜진 소련 외교정책의 우선순위에 실질적인 변화는 없었을 것이다. 군부 기득권 집단이 그렇게 지켜냈을 것이다.

그런데 외교 분야는 고르바초프가 개인적으로 점수를 딸 수 있는 공간이었다. 이곳에서 그는 외무부를 통해 자신의 뛰어난 수완을 보여줄 수 있었다. 외무부 장관은 그가 가장 신뢰하고 생각이 같은 동지인 외무장관 예두아르트 셰바르드나제였다. 고르바초프의 혁신적인 사고는 외교정책 분야에 신선한 공기를 불어넣었다. 외국의 지도자들과 자주 만나려는 그의 의지 자체가 하나의 참신한 변화였다. 소련과 미국 지도자의 이른 정상회담은 진귀한 사건이었다. 그뿐만이 아니라 소련의 지도자로서 일했던 7년 동안 미국의 대통령들과 아홉 차례(그중 세 번은 미국 땅에서) 회담했고 유럽의 지도자들과는 수없이 자주 만났다.[48] 얼마 안 가 외국 방문에서 환대와 찬양을 받게 되고 무시할 수 없는 위상을 가진 세계적인 정치인으로 인정받게 되자 이미 억제할 수 없게 된 그의 자신감은 더욱 높아질 수밖에 없었다.

잇따른 소련 외교정책의 전면적인 개편에서 고르바초프 자신이 핵심적인 역할을 했다. 그의 곁에는 충성스럽고 유능한 셰바르드나제가 있었다. 그리고 최측근 정책 조언자들도 그를 강력하게 지지했는데 그중에 가장 긴밀한 조수 아나톨리 체르나예프(Anatoly Chernyaev)가 있었다. 그동안 보수파의 세력은 약해졌고, 그들은 내정문제에서도 그랬듯이 전통적인 냉전체제로의 복귀 말고는 대안을 제시하지 못했다. 시간이 지나면서 그의 참모들의 새로운 사고가 형태를 갖추었다. 그러나 그가 변혁의 설계자이면서 동시에 추진력임은 의심의 여지가 없었다.

처음부터 고르바초프는 내정의 개혁에서 의미 있는 진전을 보이려면 과도하게 높은 군사비 지출을 재검토하지 않으면 안 되며, 군사비는 소련 외교정책의 우선순위와 긴밀하게 묶여 있다는 점을 인식하고 있었다. SDI 도입으로 드러난 미국과의 기술격차를 보고 그는 새로운 접근방식이 절실히 필요하다는 생각을 굳히게 되었다. 방위비 지출로 경쟁하기보다는—이 분야에서는 소련이 이길 가망이 없었다—핵무기 개발경쟁을 축소하는 것이 논리적이고 (달성만 된다면) 훨씬 더 이익이 되는 정책으로 보였다. 이런 길로 가지 않으면 핵 파국의 가능성은 점점 높아질 것이라는 고르바초프의 불안과 고민은 체르노빌 사건으로 더욱 강화되었다. 이리하여 미국과의 관계개선, 양대 초강대국 사이의 무기 개발경쟁의 완화와 전면적인 핵무장 해제라는 전적으로 새로운 외교정책의 목표가 모습을 드러냈다. 이 목표를 향한 진전 여부는 미국 대통령과 자신의 개인적인 관계에 달려 있다고 고르바초프는 확신했다.

1985년 11월에 제네바에서 열린 레이건과의 정상회담을 시발점으로 하여 고르바초프는 애초에는 회의적인 태도를 보이던 미국 대통령과 강력한 공감대를 형성했다. 두 지도자의 개성이 이념적 차이를 약화시키는 데 중요한 역할을 했다. 레이건—또한 뒤에 가서는 부시 대통령—과의 개인적 교감은 매우 중요한 역할을 했다. 대처 수상이 레이건에게 고르바초프는 이전의 소련 지도자들과는 다른 유형의 인물임을 설득한 것이 적지 않은 영향을 미쳤다. 그런데 1987년 10월에 레이캬비크에서 열린 두 번째 만남은 유쾌하지 못하게 끝을 맺었다. 주목할 만한 것은 양측이 핵무기 비축량의 전면적인 상호 감축을 합의하기 직전까지 갔다는 사실이었다. 고르바초프가 '전략공격무기'의 50%를 1991년까지 감축하고 나머지는 1996년까지 제거하자는 제안을 내놓자 레이건 대통령은 심지어 (미국 측이 작성한 회의기록을 보면) "그 사람이 약속한다면 우리의 핵무기 전체를 제거해도 괜찮다"고 말했다. 고르바초프도 기꺼이 동의했다.[49] 너무 가까운 길은 오히려 가기가 더 힘든 길이다. 정상회담은 실패로 끝났다.

SDI를 실험실 안으로 제한하고 우주공간에서는 시험하지 말라는 제안을 레이건이 거부하자 회담은 교착상태에 빠졌다. 그럼에도 불구하고 논란이 가라앉자 레이캬비크회담은 고르바초프와 레이건 사이의 상호존중을 높여주었을 뿐만 아니라 중요한 성과—중거리핵전력조약(INF: Intermediate-Range Nuclear Forces Treaty). 소련은 SS-20 미사일을, 미국은 크루즈와 퍼싱 미사일을 유럽에서 철수했다—를 낸 1987년의 워싱턴 정상회담으로 가는 길을 열어놓았다. (SDI 프로그램은 즉시 폐기되지 않았으나 냉전이 끝난 후 미국에서 동력을 상실했고 1993년에 공식적으로 종결되었다) 1988년 모스크바에서 있었던 고르바초프-레이건 회담은 구체적인 성과보다는 우호관계의 새로운 분위기를 보여주었다는 점에서 의미가 있었다. 오랫동안 위험한 적대관계였던 두 나라의 지도자가 아직도 무기를 거두어들이지는 않았지만 붉은 광장에 나란히 섰다는 것은 짧은 시간 안에 상황이 얼마나 먼 곳까지 진행되었는가를 상징적으로 보여주었다.[50]

고르바초프가 1988년 UN에서 한 연설은 군비축소와 평화를 향한 그의 매우 진지한 노력을 부각시켜주었다. 그는 1991년까지 소련군 병력 50만을 줄이고 6개 무장 사단을 동유럽에서 철수시키겠다고 선언했다. 또한 그는 평화로운 세계를 만들기 위한 인류의 '공동목표'를 강조했다. 계급투쟁이나 마르크스-레닌주의에 대해서는 아무런 언급이 없었다. 미국의 신문들은 '놀랍고', '영웅적이며', 'UN에서 있었던 모든 연설과 마찬가지로 의미심장한 내용을 담은' 연설이라고 칭송했다.[51]

고르바초프와 레이건 사이에 형성된 따뜻한 개인적 관계는 부시 대통령에게까지 이어졌다(미국 새 행정부의 소련 지도자에 대한 초기 회의론이 사라진 후). 고르바초프와 부시는 중대한 문제에 대해 거의 동일하게 이해했다. 훗날 또 하나의 중요한 정상회담이었다는 평가를 받게 되는, 1989년 12월 거친 폭풍 속에 몰타의 해변에 정박한 소련 함선에서 열린 정상회담에서 획기적인 변화가 일어나고 있었다. 이 무렵 고르바초프는 아프가니스탄에서 소련군을 철수시켰다. 그것은 암묵적으로 시인한 고통스러운 패배 속에서 한참 전에 기한을 넘긴 손실을 정리하는 행위였다. 그리고 독일에서는 정상회담 한 달 전에 있었던 베를린장벽의 철거가 동유럽 위성국가들이 도미노처럼 붕괴되는 사태의 방아쇠를 당겼다.

몇 년 전이었더라면 독일민주공화국의 위기는 화해로 가는 길을

1988년 12월 7일, 뉴욕에서 만난 고르바초프와 레이건.
1985년 11월, 제네바에서 레이건과의 정상회담을
시작으로 고르바초프는 미국 대통령과의 강력한 공감대를 형성했다.
두 지도자는 군비축소와 평화를 위해 진지하게 노력했다.
레이건 사이에 형성된 따뜻한 개인적 관계는
조지 부시(오른쪽) 대통령에게까지 이어졌다.

열어놓는 게 아니라 초강대국 사이의 긴장을 크게 높여 놓았을 것이다. 몰타에서 회담을 가졌을 때 고르바초프와 부시 두 사람 다 유럽 문제의 핵심 의제로 떠오른 독일 통일 문제를 두고 오해가 생길까 매우 조심했다. 고르바초프는 '소련은 어떠한 조건에서도 먼저 전쟁을 시작하지 않을 것이며' 미국은 적대국이라는 표현을 공개적으로 중지하겠다고 약속했다. 부시는 이런 선의에 화답하여 경제문제의 협력과 페레스트로이카에 대한 지지 의사를 밝혔다. 정상회담은 두 초강대국 사이의 개선된 관계를 확고히 했다. 고르바초프가 말했듯이 몰타회담은 마침내 냉전이 끝났다는 표지였다.[52]

'철의 장막'을 걷어내다

중부유럽에 자리 잡은 여섯 나라 ─독일민주공화국, 폴란드, 체코슬로바키아, 헝가리, 루마니아, 불가리아─는 소련에게 매우 중요한 상징적 의미를 지닌 나라였다. 이 나라들은 정치, 이념, 경제, 군사적으로 소련에 종속되어 있었다. 이 나라들의 '형제애'는 '위대한 조국방위전쟁'[*53] 동안 소련 점령의 결과물이었다. 이들 나라는 견고한 진영을 형성하여 '철의 장막' 다른 한쪽에서 미국과 동맹을 맺은 진영과 마주했다. 그리고 그들은 초강대국으로서의 소련의 배경이 되었다.

1980년대가 되자 중부유럽 위성국가들은 이미 악화된 소련경제에 문제를 안겨주었다. 고르바초프는 위성국들이 소련 경제에 짐이 된다는 사실을 인정했다. 위성국 자신의 경제─심각한 국가부채, 높

---

* 1945년 5월 7일 독일은 연합국이 제시한 무조건 항복 문서에 서명했다. 이날 스탈린은 '위대한 조국방위전쟁의 종결'이라는 특별포고를 발표했다.

은 비효율성, 절실히 필요한 현대화──는 소련식 사회주의의 결함을 보여주는 광고판이었다. 1970년대 석유위기가 왔을 때 이들 국가의 서방국가에 대한 채무가 늘어났고 동시에 소련에 대한 석유수입 의존도도 높아졌다. 유가가 하락하자 위성국으로부터 소련으로 들어오는 수익도 줄었다. 그러므로 고르바초프가 권력을 잡았을 때 위성국뿐만 아니라 소련에서도 경제상황은 우려할 만한 수준이었다. 위성국의 생존은 전적으로 소련의 (경제뿐만 아니라 군사적) 지원에 의존했다. 그들의 정권은 소련이 군사력을 동원하여 만들어주고 유지시켜주었기 (또는 위협했기) 때문에 존재했다.

그런데 1980년대가 되자 (1953년 동독에서, 1956년 헝가리에서, 1968년 체코슬로바키아에서 그랬던 것처럼) 비틀거리는 정권을 받쳐주기 위한 군사적 개입은 더 이상 가능하지 않게 되었다. 1981년 폴란드 위기 때는 위기의 해법으로서 군사개입은 선택지에서 배제되었다. 그러므로 위성국은 갈수록 문젯거리가 되어가고 있었다. 그렇다고 그들이 각자의 길을 가도록 풀어주는 것은 생각할 수 없는 일이었다. 그것은 소련 진영의 해체를 수용한다는 의미였다.

위성국 문제는 고르바초프가 권력을 잡았을 때 임박한 위험은 아니었다. 그런데 1988년이 되자 위기가 다가오고 있다는 불길한 조짐들이 나타났다. 10월에 고르바초프는 소련 진영 국가 가운데서 하나 또는 복수의 국가에 경제적인 파산 또는 '사회불안'이 발생했을 때 어떤 조처를 취할 것인지 의견을 묻는 긴급 메모 한 장을 받았다. 그는 이 문제를 정치국에서 논의하게 한 적이 있었다. 다른 문제들에 골몰하여 그는 이 문제의 긴급성을 인식하지 못했다. 그 무렵 그의 최대 관심사는 소련 내부에 쌓여가는 난제의 해법을 찾는 것이었다. 별로 주목받지 못한 이 논의가 있었던 때는 4개월 전이었다. 1989년 초의 분석에서는 두 가지 대안──공산당이 계속 지배하는 '새로운 형태의 사회주의'이거나 '사회주의 이념의 몰락' ─ 이 제시되었다.[54] 고르바초프는 군사적 개입은 배제했으나 그렇다고 다른 대안이 있는 것도 아니있다.

소련 진영 국가들은 고르바초프 통치하의 소련에서 일어나는 변화의 속도를 보고 각기 다른 반응을 보였다. 루마니아의 지독한 독재자 니콜라에 차우셰스쿠(Nicolae Ceaușescu)는 모스크바와 일정한 거리를 두고 자기 나름의 길 ─ 독재적 민족공산주의 ─ 을 가면서 개혁이란 개념에 대해 극렬한 저항감을 내보였다. 불가리아는 입으로만 개혁을 찬양하면서 공산당의 권력독점을 유지할 궁리만 했다.[55] 체코슬로바키아의 강경파 지도자들도 그들의 권력을 위협하는 것이라면 어떤 대안이든 모두 반대했다. 독일민주공화국은 개혁은 필요 없다며 거부했다. 동독 지도자 에리히 호네커(Erich Honecker)의 현란한 말솜씨를 빌리자면 페레스트로이카는 동독과는 맞지 않았다.[56] 체코슬로바키아와 독일민주공화국에서 대중의 불만이 터져 나왔다. 이 두 나라에서는 소련이 지지를 철회했더라면 체제반대파가 충분히 정권을 무너뜨릴 수 있었을 것이다. 헝가리와 폴란드에서는 수년 동안 공산당 일당체제의 틀 안에서 힘을 키워오던 대중적 저항이 소련에서 일어난 합법적인 변화의 영향을 받아 새로운 힘을 갖게 되었다. 이 두 나라의 정권은 양보하지 않을 수 없었다.

고르바초프 정권은 초기부터 소련 진영 정권의 권력을 흔들기 시작했다. 그러나 그 권력은 여전히 강했다. 고르바초프가 앞으로 소련은 위성국의 정권을 떠받치기 위해서 아무것도 하지 않겠다고 밝히자 위성국 정권들이 완전히 흔들렸다. 공산당의 통치를 유지시키기 위해 개입하겠다는 '브레즈네프 독트린'을 결정적으로 부인하는 이 메시지를 소련 진영 국가의 지도자들(과 시민)과 서방의 관찰자들이 이해하기까지는 시간이 걸렸다. 언뜻 들으면 이율배반적인 고르바초프의 메시지를 위성국 지도자들은 서서히 이해하게 되었다. 그는 소련 진영 국가들은 자신의 운명을 '선택할 수 있는 권리'를 갖고 있다고 말했다.[57] 이 말이 결정적이었다. 위성국 시민들은 대담해졌고 권력 엘리트들은 위축되었다.

헝가리 같은 나라에서는 정치적 다원주의를 요구하는 압력이 빠르게 등장했고 헝가리 공산당은 1989년 1월에 일당통치의 종식을 공식적으로 받아들였다. 폴란드에서는 1981년 계엄령하에 체포되었던 정치범들이 1986년에 사면되었고 부분적인 개혁이 시작되었다. 그 무렵 급격하게 악화되고 있던 경제사정으로 촉발된 파업이 정권의 손을 묶어놓았고 다음 해가 되자 파업은 민주적 변화를 요구하는 더 강해진 압력으로 진전했다.

1989년 가을에는 독일민주공화국에서 발생한 극적인 사건에 자극을 받아 소련 진영 전체를 통틀어 가장 결정적인 사태가 벌어졌다. 동독 지도자 에리히 호네커를 2년 동안 지켜본 고르바초프는 그가 꼭 필요한 개혁으로 가는 길을 막고 서 있는 공룡 같은 존재라고 판단했다. 그러나 고르바초프는 그를 자리에서 몰아내려는 어떤 조치도 하지 않았고 동독의 상황이 악화하고 있음에도 개입하지 않았다.[58] 고르바초프가 분명히 밝힌 소련의 급격한 정책 전환에 고무된 동독 시민이 대규모 시위를 일으켰어도 동독 경찰은 개입하려 하지 않았다. 이것은 소련의 지지가 없으면 동독 경찰은 움직이지 않는다는 명백한 의사표시였다. 체제에 대한 압력은 1989년 11월 9일이 되자 도저히 저항할 수 없는 수준에 이르렀다. 이날 중요한 상징성을 지닌 베를린장벽이 무너졌다.

1989년 말, 위성국들의 공산당 정권이 붕괴되자 중부유럽의 소련 제국도 사라졌다. 장기적인 안목으로 보자면 구조적인 문제 때문에 소련 진영은 분명히 지속될 수 없었다. 그러나 소련 진영에서 변화

개방된 베를린장벽의 일부.
"고마워요, 고르비!"라고 적힌 커다란 글귀가 인상적이다.
위성국 정권에 더 이상 개입하지 않겠다는 고르바초프의 정책은
독일 통일과 동구권 붕괴에 큰 영향을 주었다.
하지만 1990년 10월 30일에 독일이 통일되었을 때,
정작 그는 정치적 위기를 맞았다.

가, 그것도 빠른 속도로 일어날 수 있었던 것은 변화를 수용하고 소련의 개입이란 방어막을 치워버리겠다는 고르바초프의 태도 때문이었다. 45년 동안 지속된 소련의 동부유럽 지배의 종결은 명백히 '고르바초프 요인'(Gorbachev Factor)의 결과였다.[59]

중부유럽에서 발생한 지각변동의 결과로 역사적으로나 국제관계에서도 중요한 의미를 갖는 중대한 문제가 부활했다. 그것이 독일문제였다. 베를린장벽이 무너진 뒤 몇 주 동안 서독 지도자들은—그리고 분단된 나라의 양쪽 시민들도—독일 통일이 먼 훗날의 꿈에서 임박한 가능성으로 바뀌었다는 부인할 수 없는 조짐들을 보았다. 2년 전에 고르바초프는 독일 통일의 가능성을 두고 "100년 이내에 일어날 수 있는 일"이라고 말했다.[60] 그러나 가까운 과거에 독일이 자신의 조국에 어떤 일을 저질렀는지 너무나 잘 기억하고 있던 그로서는(그리고 소련 시민들에게는) 가까운 장래에 독일 통일이 이루어질 것이란 전망은 정말로 하고 싶지 않은 상상이었다.

1989년 11월 28일에 헬무트 콜이 한 연설에서 뜻밖에 명백히 독일 통일을 향한 한 걸음 진전된 단계인 독일연방공화국과 독일민주공화국의 '연합' 가능성에 대해 언급했다. 이에 대해 고르바초프는 정서적 거부감을 보였다.[61] 그러나 그의 참모 한 사람의 말에 따르면 그는 사태의 냉혹한 전개속도를 잘 이해하지 못하는 듯했다.[62] 1990년 초가 되자 동서독 양쪽에서 거세지고 있던 통일에 대한 요구가 통제할 수 없는 수준에 이르렀다. 이 시점에서 고르바초프는 물결을 되돌릴 수 없다는 사실을 깨달았다.

그래도 그는 NATO가 한때 동독이었던 곳까지 확장해오는 상황은 고려의 대상에서 아예 제외해놓고 있었으나 1990년 5월 말 미국을 방문하는 동안에 생각을 바꾸었다. 아마도 국내문제에 관심이 집중되어 있었던 탓이겠지만 미국인들은 그가 이전만큼 '당당하지 못하다'는 느낌을 받았다. 그리고 부시 대통령과 회담 중에 그는 느닷없이 통일된 독일은 NATO 회원국이 될지 스스로 결정할 수 있다는 숭대한 양보안을 내놓았다. 이것은 부시 대통령과 측근들을 놀라게 한 돌파구였다. 그리고 이것은 고르바초프가 자발적으로 내놓은 양보였다. 그는 협상테이블에 앉기 전에 참모들과 이 문제를 합의하지 않았다. 오랜 시간이 흐른 뒤 미국인들은 고르바초프가 통일된 독일의 중립을 요구할 수 있다고 생각했던 게 아닐까 추측했다. 훗날 고르바초프 자신은 그때의 양보가 순전히 자주적인 시민은 스스로 결정할 수 있어야 한다는 민주주의 기본 원칙에 대한 인식에서 나왔다고 말했다.[63] 그의 이런 관점은 단기간에 형성되었다. 소련의 약점에 대한 인식이 변화를 바라는 대중의 욕구를 억압하려는 시도는 바람직하지도 않고 가능하지도 않다는 진정한 확신으로 발전했다. 1990년 7월 중순에 모스크바를 방문한 헬무트 콜이 독일은 소련의 안보를 위협하는 어떤 행동도 하지 않겠다고 약속하자 고르바초프는 다음과 같은 분명한 말로 독일 총리를 기쁘게 했다. "통일된 독일은 NATO 회원국이 될 수 있습니다."[64]

돈이 윤활유였다. 소련의 심각한 재정적 곤경 때문에 고르바초프는 서독이 차관을 제공하겠다는 제안을 받아들였다. 치열한 협상을 거쳐 소련군이 독일민주공화국 영토에서 철수하는 비용을 지원한다는 명목으로 150억 마르크를 제공한다는 약속이 성립되었다.[65] 더 많은 약속이 뒤따랐다. 1991년 중반까지 서독이 제공한 차관, 차관보증, 소련군 철수와 이들의 재정착을 돕기 위한 보조금, 동독 대외채무의 대납은 합계액이 600억 마르크에 이르렀다.[66] 그리하여 1990년 10월 3일에 독일 통일은 현실이 되었다. 독일이 통일되었을 때 고르바초프 자신의 생존은 위기에 빠져 있었다.

소련 해체

1989년 가을부터 1991년 가을 사이에 고르바초프의 권력은 약화되다가 결국은 완전히 붕괴했다. 끝까지 싸우기는 했지만 이 2년 동안 그는 사태를 장악한 것이 아니라 서서히 상황에 농락당하고 있었다. 그의 끝없는 개혁의 열망이 통제할 수도 멈추게 할 수도 없는 힘을 풀어놓았다. 판도라의 상자가 제대로 열렸다.

1991년이 되자 소련은 경제적으로 무릎을 꿇은 상태였다. 지시경제가 심각하게 취약해진 상태에서 시장경제는 그것을 완전히 대체할 만큼 확산되지 않았다. 낡은 진리에 대한 비판은 충분히 이루어졌지만 그 진리의 개념 위에 세워진 구조물은 대체로 제자리를 지키고 있었다. 수년 동안의 변화 시도, 개혁에 대한 저항, 혼란과 사기 저하를 겪으면서 경제는 총체적으로 기능정지 상태에 빠졌다. 식료품 배급이 시행되었고 연료, 약품, 생활필수품의 파국적인 부족상태가 나타났다. 당연한 일이지만 정부와 당에 대한 분노가 쌓여갔고 고르바초프 개인에 대한 분노가 높아졌다. 개혁 초기에는 강력했던 그에 대한 대중의 지지가 1990년에는 급격하게 떨어졌다.

1990년 가을과 1991년 봄 사이에 그는 높아가는 보수파의 불만을 차단하려고 시도했으나 성공하지 못했다. 그는 보수파 — (그들이 보기에는 재난을 향해 갈 뿐인) 개혁으로부터 배제되고, 중부유럽에서 소련제국의 상실에 분노하고, 아직도 구체제의 복구를 바라는 세력 — 와 급진파 — 옐친을 앞세워 고르바초프를 정치적 개인적으로 날카롭게 공격하는 세력 — 양쪽으로부터 압력을 받고 있었다. 고르바초프의 유력한 경쟁자로 주목받던 옐친은 1989년 3월에 있었던 러시아인민대표대회(Congress of People's Deputies) 선거에서 공산당의 조직적인 반대에도 불구하고 90%에 가까운 모스크바 시민의 지지를 받아 당선되었다. 옐친의 승리는 러시아공화국 권력의 중심으로 진입하고 결국은 소련의 해체에 이르는 중요한 전환점이었다.

1991년이 되자 명목상 자치공화국들의 독립요구가 기세지면서 소련의 존속 자체도 위협을 받고 있었다. 소련(소비에트 사회주의 공화국연방, Union of Soviet Socialist Republics)은 실제로는 러시아공화국이 지배하고 나머지 공화국은 온전히 70년 동안 모두 러시아공화국에 종속되어 있던 연방이었다. 발트해 국가들(리투아니아, 라트비아, 에스토니아)은 예외였다. 이들 나라는 1940년에 스탈린에 의해 강제로 소련에 병합되었다가 이제 적극적으로 독립을 찾아 나섰다. 1991년 1월 소련의 무력진압——고르바초프의 의지와는 관계없었지만, 그렇기 때문에 그의 정치적 위상이 약화되었다는 신호였다——으로 리투아니아와 라트비아에서 유혈사태가 발생했고 발트해 국가에서뿐만 아니라 모스크바에서도 대규모 항의 시위가 일어났다. 1990년에도 중앙아시아의 공화국들과 카프카스에서 폭력사태가 있었고 이때도 소련군의 잔혹한 진압작전이 벌어졌다. 그루지야에서 독립을 요구하는 대규모 시위가 발생했다. 소련이 출범할 때부터 연방의 뗄 수 없는 한 부분이었던 우크라이나에서조차 독립을 요구하는 운동이 벌어졌다. 이것은 심각한 위험을 의미했다.

이 무렵 체제 전체의 중심이 내부폭발을 시작하고 있었다. 러시아공화국은 소련의 핵심이면서 단연코 가장 큰 공화국이었다. 바로 이곳에서 옐친의 주도로 연방의 이익보다 러시아공화국의 이익을 우선하자는 운동이 일어났다.

고르바초프 권력의 기반은 공산당 총서기라는 직책이었다. 그런데 5년 전이었으면 상상도 못했을 일이 1990년 4월에는 현실에서 일어났다. 공산당이 권력의 독점을 상실했다. 한 달 전, 고르바초프는 새로 만들어진 자리인 소련 대통령에 선출되었다. 이제 그의 권력의 근거는 국가 지도자라는 새로운 권한이었다. 그러나 그의 실질적인 권력은 빠르게 줄어들고 있었다. 고르바초프는 대통령이 되는 빠른 길을 선택했다. 그것은 대중의 직접선거가 아니라 인민대표대회에서의 선출이었다. 이 무렵 고르바초프의 분명하고도 핵심 경쟁상대인 옐친은 유사한 실수를 피했다. 그는 1991년 6월에 직접선거를 통해 러시아공화국의 대통령에 당선됨으로써 국민들로부터 직접 권력을 위임받았다.[67] 1년 넘게 옐친은 기회가 있을 때마다 연방의 이익은 전혀 무시하고 러시아공화국의 이익을 앞세워 대중의 지지를 유도해냈다. 그는 1991년에 공화국들의 옛 소련에 대한 종속관계를 새로운 주권국가 연합에 대한 종속관계로 대체하는 조약을 체결할 때 고르바초프와 만족스럽게 협력했다. 그러나 이때의 협력은 순전히 전술적인 수법이었다. 시간은 고르바초프 편이 아니라 옐친 편이었다.

1991년 한여름이 되자 보수 강경파와 고르바초프 진영에서 이탈한 사람들이 충분한 숫자에 이르렀다. 고르바초프의 정치적 수완은 이 시점까지는 그를 자리에서 끌어내리려는 시도를 막아낼 수 있었다. 그러나 반대파가 세를 불려가고 있었다. 어떤 반동적인 신문에 군부, 경제계, 지식계의 완고한 인물들이 서명한 '국민에게 드리는 말'이 게재되었을 때 고르바초프는 다가오는 위험을 눈치채지 못했다. 이 성명서는 새로운 정책을 정면으로 공격하면서 "우리의 조국은 분해되고 어둠 속에서 미미한 존재로 전락해 죽어가고 있다"고 주장했다. 그중에서 "조국을 사랑하지 않는 자, 외국 후견인에게 머리를 조아리는 자, 밖으로부터 조언과 축복을 구하려는 자"란 표현은 분명히 고르바초프를 겨냥하고 있었다.[68]

그가 8월에 크림에서 휴가를 보내고 있을 때 음모자들이 공격해왔다. 한때는 고르바초프의 신임을 받고 있던 음모자들—그 가운데는 부통령 겐나디 야나에프(Gennadi Yanaev), 총리 발렌틴 파블로프

(Valentin Pavlov), 국방장관과 내무장관, KGB 책임자, 비서실장 발레리 볼딘 (Valery Boldin)까지 포함되어 있었다——이 일으킨 쿠데타는 단명의 실패작으로 끝났다. 쿠데타가 성공했더라면 소련에서는 내전이 일어났을 것이다. 우리가 알고 있는 바와 같이, 고르바초프의 단호한 대응, 음모자들 자신의 무능, 다름 아닌 보리스 옐친이 앞장선 모스크바 시민들의 용감한 저항 덕분에 쿠데타는 3일 만에 실패로 끝났다. 고르바초프는 위기를 넘겼지만 그의 권위는 치명적인 상처를 입었고 그의 존재는 옐친의 그늘에 완전히 가리어졌다. 그는 당분간은 버텨냈다. 그러나 마지막이 시야에 들어와 있었다. 그는 사건의 포로로 변했다.

옐친은 러시아공화국에서 공산당의 활동을 중지(그리고 얼마 안가 금지)시켰다. 그는 새로운 내각을 구성하고 자신이 총리가 되어 전면적인 시장경제를 지체 없이 도입하는 정책을 추진했다. 독립국가연합을 탄생시키는 조약을 체결하려던 고르바초프의 계획은 쓰레기통 속에 처박혔다. 옐친의 지원을 받아 비러시아 공화국들이 잇달아 하나씩 독립을 선언했다. 한때 강력했던 소련에게 가해진 마지막 치명타는 1991년 12월 1일 우크라이나에서 실시된 국민투표에서 압도적인 다수가 독립에 찬성표를 던진 것이었다. 그로부터 한 주 뒤에 러시아, 우크라이나, 벨라루스가 소비에트 사회주의 공화국연방을 대체하는 느슨한 형태의 독립국가연합(CIS: Commonwealth of Independent States)을 구성하는 데 합의했다(다른 8개 공화국도 얼마 안 가 참여의사를 밝혔다). 12월 25일, 고르바초프는 텔레비전 연설에서 소련(소비에트 사회주의 공화국연방) 대통령 자리에서 물러나겠다고 밝혔다. 그 자리에는 모든 권력이 빠져나가 하나도 남아 있지 않았고, 그 자리는 존재하지 않는 것과 마찬가지인 나라를 대표했다. 그의 권력은 승리한 옐친에게 넘어갔다. 6일 후, 소련은 공식적으로

독립국가연합 설립을 결정한 벨라베자조약식.
1991년 12월 8일, 러시아, 우크라이나, 벨라루스 3국 정상은
벨라루스 민스크 근처의 벨라베자 숲(비아워비에자 숲)에서 만나
소련을 해체하고 독립국가연합을 수립하기로 합의했다.
왼쪽 두 번째가 우크라이나 대통령 레오니트 크라프추크,
왼쪽 세 번째가 벨라루스 최고의회 의장 스타니슬라프 슈슈케비치,
오른쪽 두 번째가 러시아 대통령 보리스 옐친이다.

해체되었다.

고르바초프 자신도 변신을 경험했다. 그는 공산주의 교리의 진정한 신봉자에서 서방 스타일의 사회민주주의자로 바뀌었다. 그는 국민에게 순종을 벗어나 자유를 선택할 수 있는 기회를 제공했다. 그는 소련은 구조적으로 (개인적인 선택, 개인의 자유와 정치적 독립성을 기반으로 하는) 사회민주주의와 양립할 수 없다는 사실을 (결국 깨닫기는 했지만) 늦게야 깨달았다. 개인의 선택, 자유, 정치적 독립성 따위는 생활수준이 붕괴되고 나면 의미가 없는 것들이며, (고르바초프 치하에서 점진적으로 경험했듯이) 그것들을 충분히 즐길 수 있게 되려면 소련 체제가 해체되지 않고는 불가능하다.

남긴 유산

고르바초프가 아니었더라면 소련 시민은 기본적인 시민적 자유를 박탈당한 채 살아왔을 것이다. 고르바초프가 없었더라면 중부유럽의 옛 소련 진영 국가들은 무혈혁명을 통해 자유를 획득하지 못했을 것이다. 고르바초프가 아니었더라면 미국과의 화해는 일어나지 않았을 것이고 핵전쟁의 위험은 더욱 높아졌을 것이다. 고르바초프 자신이 가져오거나 촉발한 소련 안팎의 변화는 기념비적인 의미를 지녔다. 고르바초프를 제외하고는 1991년에 한 나라와 한 대륙이 변한 정도의 개혁을 이끌어낸 인물은 없었다.

소련이 해체되기 직전 권력의 자리에서 내려오며 소련 국민을 상대로 한 고별연설에서 그는 전혀 변명하지 않았다. 자신이 추진한 개혁은 필요하고도 정당했다고 주장했다. 개혁으로 전체주의를 극복했고, 민주적 다원주의를 수립했으며, 개방적 자유를 도입했고, 특히 핵전쟁의 위험을 제거했다. 그가 제시한 업적 목록은 소련 시민들에게는 별로 호소력이 없었다. 1991년 말이 되자 대중은 그를 경제적 곤경을 불러왔고, 제국을 상실했으며, 1945년에 (거대한 희생을 치르고) 거둔 승리의 영광을 서방에 팔아먹었다고 비난했다. 그는 초강대국을 상속받았다. 그런데 겨우 6년 뒤에 그것이 사라졌다.

사실은 고르바초프가 아니라 옐친이 소련을 적극적으로 파괴했다. 고르바초프는 소련을 유지하기 위해 최선을 다했다. 그렇지만 고르바초프가 옛 소련 시민들로부터 소련을 파괴했다고 포괄적인 비난을 받는 것은 이해할 만한 일이다. 의학적으로 비유하자면 고르바초프의 개혁, 무엇보다도 1989년에 도입한 경쟁선거는 환자에게 인공호흡기를 달아준 것이었다. 옐친은 플러그를 뽑았다.

고르바초프가 러시아에 남긴 직접적인 유산은 재앙과 같은 옐친 시대였다. 옐친이 자유로운 시장경제를 장려하느라 무모하게 가격 규제를 없애버리자 1992년에 폭발적인 인플레이션이 발생했고 이 때문에 소련 시민의 저축이 증발했다. 같은 해의 급속한 민영화는 어마어마한 국가 자산을 헐값으로 팔아치워 초부자 과두집단을 키워냈고, 이 집단은 마피아식의 폭력을 사용해 러시아를 범죄국가로 바꾸어놓았다. 경제적 혼란과 높아지는 정치적 반대 속에서 옐친은 자신의 권력을 강화하기 위해 군대를 동원하여 의회를 공격했다.[69] 옐친은 자신의 음주행태와 외국 지도자들로부터 당하는 상습적인 수모를 통해 러시아가 당하는 모멸의 표본을 보여주었다. 다른 리더십이었더라면 소련 시민들에게 보다 나은 앞날을 제시했을 것이다. 서방세계는 좀 더 도움을 주었을까? 그랬을지도 모른다. 그런데 파국에 이른 소련 경제를 구해내자면 2차 대전 후의 마셜계획이 소꿉장난으로 보일 정도의 지원이 필요했을 것이다. 그리고 그런 지원이 효력을 냈을지는 누구도 답할 수 없는 문제로 남아 있다.

1999년 이후로 러시아를 이끌고 있는 지도자 블라디미르 푸틴은 무질서, 방종, 재앙의 옐친 시대에 대한 처방을 제시했다. '철권' 독재통치로의 회귀(유사민주주의의 외피를 걸치고 있지만), 서방과 의노석으로 서리를 두기 위한 러시아적 가치의 소환(召喚), 초강대국 지위의 복구 시도는 옐친 시대에 대한 반응일 뿐만 아니라 고르바초프 시대에 대한 반응 수준에 이르렀다. 고르바초프는 옐친을 국가를 혼란 상태에 빠뜨렸다며 극도로 혐오했다. 푸틴에 대해서는 그는 좀 더 모호한 태도를 보였다. 그는 푸틴이 러시아를 옐친 시대의 혼란으로부터 구해냈다고 칭찬했다. 그리고 그는 옐친 시대 이후에 '어느 정도의 권위주의는 필요했다'고 생각했다.[70] 푸틴이 직설적인 권위주의에 빠져들어가자 비판적인 평가를 하기는 했지만 고르바초프는 러시아 대통령에 대해 지지를 완전히 거두어들인 적이 없었다. 2014년에 러시아가 크림반도를 병합했을 때도 그는 푸틴을 지지했다.[71]

고르바초프는 소련의 비범한 정치가, 경세가(經世家), 지도자였다. 분명하게 말하자면 그가 촉발한 개혁은 그 혼자만의 작품은 아니었다. 그럼에도 불구하고 그가 결정적인 동력이었다. 그가 없었더라면 일어났던 일들 가운데서 많은 일들이 일어나지 않았을 것이다. 고르바초프 이후의 유럽 ―더 넓게는 세계―은 매우 걱정스러운 커다란 문제들을 경험했다. 그러나 선택의 여지가 있다고 할 때, 옛날을 기억할 수 있는 사람들이라면 다른 인물이 아니라 바로 고르바초프가 끝을 낸 시대로 돌아가고 싶어하는 사람은 거의 없을 것이다. 단언하건대 그의 리더십은 한 개인이 역사를 바꾼 사례, 그것도 더 좋은 방향으로 바꾼 경우라고 할 수 있다.

콜
Helmut Kohl

통일독일의 총리, 유럽통합의 견인차

'통일총리' 헬무트 콜은 독일의 역사는 물론 유럽의 역사에서도 확고한 자리를 차지할 자격이 있다. 그는 비스마르크 이후로 가장 오랫동안 독일의 총리직을 수행한 인물이다(1982년부터 1990년까지는 서독의 수상으로서, 1990년부터 1998년까지는 신생국가 통일독일의 수상으로서). 그가 2017년에 87세로 숨을 거두었을 때 세계적인 지도자들이 찬사를 쏟아냈다. '2차 대전 이후 유럽의 가장 위대한 지도자 가운데 한 사람', '위대한 정치인', '위대한 유럽인', '비상한 시대의 위대한 정치인', '통합 유럽의 거인', '독일과 유럽 역사에 우뚝 솟은 인물'….[1) 독일과 좀 더 넓게는 유럽은 그가 물러났을 때 바뀌어 있었을까? 그런데 그가 역사를 만들었을까? 아니면 역사가 그를 만들었을까?

  1989년 가을 이전의 어느 시점에서 그가 자리를 물러났더라면 서독의 초대 총리 콘라트 아데나워는 물론이고 직전 전임자인 헬무트 슈미트와 빌리 브란트와 비교할 때 그의 업적은 특별히 내놓을 게 없다는 평가를 받았을 것이다. 서독 내부에서조차도 (지금까지도 그렇지만) 그는 뛰어난 총리로 평가받지 못했다. 그는 당시까지는 독일

밖에서도 특별한 점수를 따지 못했다. 그 시점에서라면 그가 죽었을 때 바쳐진 찬사는 상상도 할 수 없었다. 그의 국제적인 인지도, 그의 유산, 그에 대한 영속적인 평판은 거의 전적으로 1989-90년의 획기적 사건과 그것이 유럽통합 '프로젝트'에 미친 영향 때문에 생겨난 것이었다.

그렇지만 변혁의 과정에서 그의 개인적인 역할에 대해서는 정당한 질문을 제기할 수 있을 것이다. 그 극적인 시절에 유럽, 구체적으로 말하자면 독일을 휩쓴 변화에서 그는 개인적으로 어떤 기여를 했을까? 마스트리히트회담에서, 그리고 그 후에 (독일 통일에 이어서) 유럽통합을 가속화하는 움직임에서 그는 어떤 역할을 했을까? 그는 멈출 수 없는 어떤 힘의 전달자에 불과했을까? 그가 없었더라면 역사는 다른 길로 접어들었을까?

개성과 초기의 경력

헬무트 콜은 눈에 띄는 인물이었다. 사람들이 북적이는 실내에서도 그는 쉽게 드러났다. 거대한 체구—6피트 4인치의 키, 23스톤* 이 넘는 몸무게—는 당당하고, 심지어 어떤 때는 위압적인 모습을 드러냈다. 그는 '거인'(der Riese)이라 불리는 때가 많았다. 큰 키에 몸의 중간 부분이 옆으로 벌어진 체형 때문에 그의 별명이 '배'(die Birne, 梨)였다. 외모와 체구 덕분에 그는 만화가들의 이상적인 모델이었다.

그가 성장한 팔츠(Pfalz, 영어로는 Palatinate)—독일 서남부, 프랑

---

* 영국의 중량 단위로 1스톤(stone)은 6.35킬로그램, 따라서 23스톤은 대략 146 킬로그램이다.

스와 접경인 아름다운 포도 재배지역 ─는 그의 정체성과 개성에 또렷한 흔적을 남겼다. 꾸밈없는 낙관주의, 출신지역에 대한 강한 소속감과 그곳의 관습과 전통에 대한 높은 긍지(Heimatgefühl)는 독일인들이 중시하는 정서이다. 팔츠는 그에게 일체감과 안전감을 주었다. 그런 팔츠는 그의 정치적 기반이 되어주었다. 그곳은 그의 정신세계를 형성하는 중요한 한 부분이었다.

먼 훗날, 독일연방공화국의 수상이자 국제적인 정치인이 되어서도 그는 주말마다 집이 있는 팔츠의 오게르스하임(Oggersheim) ─루트비히스하펜(Ludwigshafen) 교외의 부촌─을 찾아가곤 했다. 전 세계로부터 중요한 손님들이 그곳으로 초대되어 팔츠의 멋진 풍경을 즐겼다. 팔츠의 포도주 생산지역 중심부에 있는 다이데스하임(Deidesheim)의 작은 호텔은 그가 정기적으로 찾아가 그를 위해 준비된 전용실에서 친지들과 파티를 즐기는 곳이었다. 그는 신뢰하는 측근들과의 토론 ─토론을 지배하는 사람은 언제나 그였다─을 통해 영감을 얻었다. 또한 팔츠라는 배경은 국내뿐만 아니라 외국의 정치인과 관계를 형성할 때 분위기를 부드럽게 만드는 데 도움을 주었다.

1983년, 모스크바에서 동독 지도자 호네커를 처음 만났을 때 콜은 호네커가 2차 대전이 일어나기 전에 알고 있었던 팔츠 지역의 공산당 청년조직 활동가들의 이름을 언급하면서 대화를 시작했다. 그러면서 그는 그들 두 사람의 대화를 다른 사람들이 알아듣지 못하도록 팔츠 방언으로 대화하자는 농담을 호네커에게 건넸다.[2] 그의 사투리, 꾸밈없고 때로는 재미없는 표현방식, 팔츠의 특산 음식인 자우마겐(Saumagen. 돼지 위장으로 만든 소시지)을 즐겨 먹는 식성은 사람들에게 그의 따뜻한 인간미를 느끼게 해주었다.

반면에 이런 그의 행태를 얕보는 세련된 사람들도 있었다. 지역 정치인밖에 못 되는 그의 이미지를 정적들은 경멸했다. 그런 사람 가운데 한 사람이 경험이 풍부한 코스모폴리탄이자 세계에 널리 알려진 그의 식선 선임사 헬무트 슈미드였다. 1989-90년의 시건이 일어나기 전까지는 콜은 독일 정계에서는 대체로 낮게 평가되던 인물이었다.[3]

그는 1930년에 루트비히스하펜에서 태어났다. 라인 강변에 자리잡은 루트비히스하펜은 팔츠 지역의 유일한 공업도시이며 거대 화학기업 BASF의 본사가 있는 곳이었다. 그의 가족은 경제적으로 넉넉한 중산층 가톨릭 신자였다. 그의 아버지 한스(Hans)는 1차 대전에 장교로 참전했었고 루트비히스하펜의 재무부서 공무원이었다. 어머니 체칠리에(Cäcilie)는 루트비히스하펜 교외지역—19세기 말에 확장되는 공업도시에 흡수된 뒤에도 농촌지역의 특성을 유지했다—출신이었다. 헬무트는 세 아이 가운데 막내였다. 위로는 나이가 여덟 살 많은 누이와 다섯 살 많은 형이 있었다.

2차 대전—대부분의 독일인에게 그랬듯이 특히 전쟁 말기의 충격적인 몇 달—은 그의 성격에 지울 수 없는 흔적을 남겼다. 예비역 장교였던 그의 아버지는 소집되어 폴란드와 프랑스 전선에 배치되어 싸웠다. 그는 나치는 아니었지만 애국심이 강했다. 콜의 가족들이 굳게 믿었던 가톨릭 신앙은 반기독교 이념을 내세운 히틀러 정권에 대한 전폭적인 지지를 방해하는 장애물이었다. 1941년 이후로 헬무트의 부모는 점차로 독일의 패배를 확신하게 되었고 패배 이후의 독일에 어떤 변화가 올지 두려워했다. 다른 사람들과 마찬가지로 그들은 임박한 재앙을 억지로 끌고 가는 히틀러를 차츰 비난하기 시작했다.

1943년 9월 6일, 대규모 공습이 끝난 후 루트비히스하펜은 폐허로 변했다. 이때 헬무트는 열세 살이었다. 대형 공장이 있던 루트비히스하펜은 전쟁의 막바지 무렵에 독일에서 가장 심한 폭격을 받은 도시 가운데 하나였다. 공습의 공포는 일상생활의 한 부분이 되었다. 1944년 10월, 헬무트의 형 발터(Walter)가 폭격 속에서 죽었다는 사실을 알게 된 가족은 커다란 충격에 빠졌다. 그동안 헬무트의 학교생활도 공습 때문에 영향을 받았다. 그는 히틀러청소년단(Hitlerjugend)의 전 단계 조직이며 모든 소년이 의무적으로 가입해야 하는 독일소년단(Deutsches Jungvolk)의 단원이 되었다. 전쟁이 끝났을 때 그는 (1945년 2월에 입소한) 베리히테스가덴(Berchtesgaden) 부근의 히틀러청소년단 예비 군사훈련소에서 나와 집으로 돌아가는 길을 찾아나섰다. 5주나 걸려 마침내 집에 돌아왔을 때 그래도 부모는 살아있었고 집은 폭격을 면하고 온전하게 남아 있었다.

이 몇 달 동안의 경험은 평생 동안 그를 따라다녔다. 1946년의 뉘른베르크 전범재판은 묵시록처럼 그에게 나치주의의 패망에 대해 눈을 뜨게 해주었다. 이때 그의 나이는 열여섯이었다. 그해에 그는 새로 설립된 기독교민주연합(CDU: Christian Democratic Union)의 외곽 청년조직을 만드는 일을 도왔다. 그의 부모는 바이마르공화국 때에 가톨릭중앙당(Catholic Zentrum)에 투표했다. 그들에게(당연히 헬무트에게도) 전후에 정치적 의사 표시의 논리적 첫 단계는 (이제는 가톨릭교회만이 아니라) 기독교 전체를 대변하는 기독교민주연합에 대한 지지였다. 헬무트의 청년시절 정치적 스승 요하네스 핑크(Johannes Finck)는 지역의 성직자였고 나치가 권력을 장악하기 전에는 팔츠 지역 가톨릭중앙당의 지도자였다. 핑크는 그에게 기독교적 이상을 기반으로 하는 사회적 연대가 미래의 희망이라고 가르쳐주었다.

아직 학생이었던 1949년에 그는 루트비히스하펜 정계에 알려지기 시작했다. 처음에는 프랑크푸르트, 다음에는 하이델베르크에서 공부하던 1950년대에 그는 대학의 방학기간 동안 루트비히스하펜의 화학공장에서 일하며 돈을 벌었다. 그러나 그의 시선은 이미 정치를 향하고 있었다. 그의 열징, 추진력, 조직관리 능력은 빠르게 인정받았고 루트비히스하펜 지역 기독교민주연합에서 그는 너무나 쓸모가 많은 인재였다. 그는 같은 생각을 가진 정치적 동지들 사이의 네트워크를 만드는 데 뛰어난 솜씨를 보였다. 1955년 무렵, 그는 라인란트-팔츠(Rheinland-Pfalz)주 기독교민주연합 지도부의 한 사람이 되어 있었다. 4년 뒤, 그는 주의회(Landtag) 의원이 되었다. 이 무렵 그는 지역 화학공장 경영주들이 제공한 일거리로부터 많은 돈을 벌고 있었다(콜의 당 배경에 주목한 업계 지도자들이 기업이익을 대변해줄 로비스트로서 그의 활동을 기대했다). 그는 라인란트-팔츠 주지사로 선출된 1969년까지 화학기업들과의 밀착관계와 정치활동을 병행했다.[4]

그동안 그는 1960년에 하넬로레 레너(Hannelore Renner)와 결혼하여 아들 둘——1963년에 태어난 발터(Walter), 그보다 2년 뒤에 태어난 페터(Peter)——을 두었다. 그는 아직 40대에 접어들지 않은 나이였고, 정치적으로는 성공했으며, 큰 야망을 품고 전국적으로 기독교민주연합 내부에 자신의 이름을 알리고 있었다. 1973년에 그는 당의 의장이 되었고 이 자리를 1998년까지 지켰다. 그는 이제 기독교민주연합을 지배하는 인물이 되었다.

당의 전국 조직을 움직일 수 있게 되자 지역기반을 확고히 할 수 있게 되었고 튼튼한 지역기반은 전국적인 정치와 권력에 나갈 수 있는 토대가 되었다. 1970년대 중반, 거의 30년 동안 정치경력을 쌓는 데 전념해왔던 헬무트 콜은 본선에 나가 대상(大賞)——연방정부 총리——을 두고 시합할 준비가 끝난 상태였다. 그는 몇 년 동안 총리가 되는 꿈을 꾸면서 노력해왔다.[5] 그의 어려움은 1969년 이후로 집권

당의 자리를 지켜오고 있는 사회민주당의 권력이 강고하다는 것과 연정 파트너인 자유민주당(Free Democrats)의 지지가 변하지 않는 한 그들의 권력이 흔들릴 것 같지 않다는 점이었다.

권력의 전제조건

정치적으로 경험 많고 숙달된 콜이었지만 그의 개성과 기독교민주연합 내에서의 리더십만으로는 최고 권력의 자리에 오르기에는 충분치 않았다. 그 목표를 달성하기 위해서는 상황이 바뀌어야 했다. 1973년의 오일쇼크 때에 서독은 다른 서유럽 국가들보다 타격을 적게 받았다. 그러나 민주적인 정치는 순환한다. 집권당도 길을 잃는다. 그때 당원은 물론이고 영향력 있는 공공 단체의 집권당에 대한 신뢰가 사라진다. 변화의 동력이 쌓여간다. 이렇게 축적된 동력이 1970년대 말에 임계점에 이르렀고, 콜은 1982년에 권력의 문턱에 다다랐다.

그는 1976년 선거에서 헬무트 슈미트를 총리 자리에서 몰아내는 데 실패하자 연방의회에서 야당 기독교민주연합을 이끄는 데 전념하기 위해 라인란트-팔츠 주지사를 사임했다. 기독교연합(Christian Union)* 내에서 그의 경쟁자인 프란츠 요제프 슈트라우스―바이에른주의 왕관 없는 왕이라 불렀다―가 1980년 선거를 앞두고 총리 후보로 선출되었으나 그도 슈미트를 몰아내는 데 실패했다. 이렇게 되자 중도 좌파 정부에 맞선 야당 지도자로서 콜의 위상이 확고해졌다. 2년 뒤, 기회가 왔고 콜이 슈미트를 꺾었다.

---

* 기독교민주연합과(CDU)와 기독교사회연합(CSU)이 맺은 신거연합이다. 기독교사회연합은 바이에른주에서만 활동하며, 전국정당으로 활동하는 독일 기독교민주연합과는 자매관계이다.

기독교연합을 구성하는 양당 사이에 이견이 있었지만 어느 쪽도 결별은 원치 않았다. 물론 그들 사이에는 의견이 날카롭게 대립된 문제 — 대표적인 것이 바더-마인호프(Baader-Meinhof)* 테러활동과 관련된 안보문제와 낡은 산업을 장기적으로 폐기하는 경제정책문제 — 가 있었다. 되살아난 핵전쟁의 공포는 큰 걱정거리였다. 그러나 서독의 경제는 강했고, 정부는 안정되어 있었으며, 정치체제는 잘 정돈되어 있어서 결집력이 강했고, 전통적인 정당정치의 다툼은 상호 존중하는 문명국가의 규칙 안에서 이루어졌다.

서독의 민주주의는 굳건한 토대 위에 세워져 있었다. 기독교연합은 절반에 가까운 유권자로부터 지지를 받았다. 그러나 정부를 구성할 만큼 충분한 의석을 확보하지는 못했다. 가장 유력한 연정 파트너인 자유민주당(FDP: Free Democratic Party)은 기독교연합을 지지할 생각이 없었고 결국 헬무트 슈미트가 이끄는 사회-자유당 연정이 그대로 정권을 유지했다.

그러나 표면 아래서는 어려운 문제들이 쌓여가고 있었고 그것이 마침내 콜이 총리 자리에 오르는 기회를 가져다주었다. 1970년대에 실업과 인플레이션 수준이 악화되었다. 독일에서는 영국과 비교할

---

* 적군파(赤軍派, Rote Armee Fraktion)는 독일의 극좌파 조직이며 안드레아스 바더(Andreas Baader), 울리케 마인호프(Ulrike Meinhof), 구드룬 엔슬린(Gudrun Ensslin), 호르스트 말러(Horst Mahler) 등이 1970년에 결성했다. 이들은 나치 체제에 협력한 부모세대들이 반성 없이 서방제국주의 세력의 하수인이 되어 전후의 독일에 자본주의 체제를 세웠다고 비판하며 공산주의와 반제국주의를 표방했다. 이들 스스로는 공산주의자를 자처했으나 서독정부와 언론은 이들을 테러리스트로 규정했다. 다수의 (주로 기업가에 대한) 살인과 은행강도, 엔테베 공항 납치사건을 저지르며 1998년 공식해산을 선언할 때까지 활동했다. 이들의 활동이 가장 왕성하여 서독사회가 위기에 빠졌던 1977년을 학계와 언론에서는 '독일의 가을'(Deutschland im Herbst, 기록영화의 제목이기도 하다)이라 불렀다.

때 온건하다고 할 수 있는 '스태그플레이션'이 발생했으나 전통적인 케인스 경제학의 처방이 먹혀들지 않았다. 1979년의 두 번째 석유위기가 독일에게 첫 번째보다 더 강한 충격을 주자 노선변경이 필요하다는 인식이 점차 강해졌다. 경제성장이 지체되고 실업률은 올라가는데 인플레이션은 여전히 높은 수준을 유지하고 실질임금은 떨어지며 파산자가 늘어나고 국가부채는 급격하게 늘어났다. 이런 문제를 마주한 연립정부는 자신감을 잃었다. 자유민주당은 곤경에 빠져 허우적이는 경제를 구하기 위해 시장의 힘에 더 많이 의존하고 규제와 재정지출을 축소하려는 신자유주의 처방을 선호했다. 이것은 국가의 개입을 중시하고 높은 수준의 재정 지출을 통한 사회적 보호를 선호하는 사회민주당(SPD: Social Democratic Party)의 전통적인 정책과 충돌할 수밖에 없었다.

1980년에 총리로 선출되었지만 헬무트 슈미트는 2년 만에 연정 파트너의 지지를 잃어버렸다.[6] 1982년에 자유민주당이 연정을 탈퇴했다. 1980년 선거에서 지지율이 11% 미만으로서 지지기반이 좁은 자유민주당이 사회민주당과 결별하고 기독교연합 지지로 돌아섰다. 헬무트 콜은 선거에서 압도적인 승리가 아니라 정치적인 책략을 통해 독일연방공화국의 총리가 되었던 것이다.[7] 그가 16년 동안 ― 아데나워의 재임기간보다 길다 ― 총리 자리에 머물 수 있으리라고 예견한 사람은 아무도 없었다.

총리

콜의 총리 재임 전반기(1982-89)에는 장래에 어떤 변화가 생길지 예측할 수 있는 정책적 단서를 보여주지 못했다. 콜이 뛰어난 총리가 될 것이라는 조짐은 찾아보기 어려웠거나 전혀 없었다. 그를 그저 그런 인물, 카리스마도 없고 전임자인 빌리 브란트나 헬무트 슈미트와 같은 위엄도 갖추지 못한 인물이라고 폄하하는 정적들의 평가 — 같은 평가를 하는 사람들이 적지 않았다 — 를 털어내는 데 실제로 오랜 시간이 걸렸다.

그런데 그는 정치권력에 대한 강렬한 욕망을 갖고 있었다. 그런 그에게 정부란 개인화된 권력의 도구였다.[8] 당내에서 그는 지도부에게는 목적의식과 동기를 부여하고, 당원들에게는 화려한 웅변은 못 되지만 충동적이고 감성적인 연설을 통해 사명감과 자신감을 고취시키는 역동적인 존재였다. 그는 사회의 모든 분야에 기독교민주연합의 지지도를 넓히고 독일 보수주의를 현대화하기 위해서는 기독교민주연합을 재건해야 한다는 확신을 갖게 되었다. 그런데 역설적이게도 그의 리더십은 근본적으로 구식이었고 점차로 개인적인 충성관계에 크게 의존하는 권위주의로 기울어갔다. 그의 긴 총리 재임 기간이 막바지에 이르렀을 때 그에게는 '교황'이란 별명이 붙었다.[9] 그는 자신의 뒤를 이어 기독교민주연합의 당수와 연방 총리에 선출되는 앙겔라 메르켈을 부를 때 교황처럼 근엄한 태도로 아랫사람을 부르듯 '메첸'(Mädchen, 소녀)이라고 불렀다.

청년 시절에 그의 당내 지위는 눈에 띄게 올라갔다. 당내에서는 그가 미래의 총릿감이라는 공감대가 형성되었다. 총리로서 내정에 관한 그의 입장은 실제로는 전통적인 중도 보수주의여서 당내의 보다 진보적인 분파와 보다 보수적인 분파 모두를 아우를 수 있었다. 그는 근본적인 변화가 일어나야 한다고 주장했지만[10] 실제로는 극적인 방향 전환은 없었다. 그의 정책은 평범했고, 반드시 그 때문만은 아니지만 인기가 없었다. 독일인들은 가까운 과거에 수많은 극적인 변화를 경험했다. 그러므로 단조로운 시대라고 해도 경제가 안정되고 번영과 사회복지의 기반을 흔드는 일이 생기지 않는 한 받아들일 만

큰 키에 거대한 체구가 인상적인 헬무트 콜(1986).
그는 비스마르크 이후로 가장 오랫동안 독일의 총리직을 수행하며
동서독 통일을 이뤄내고 유럽 통합에 기여했다.

하다고 생각했다.

많은 유럽 국가들이 그랬듯이 콜 정부는 정부지출 제한, 사회적 비용 증가의 둔세, 노동유연성의 확대, 경쟁력을 높이기 위한 조세 인센티브, 조기 민영화 등의 조처를 시행했다. 그러나 미국 레이건 정부와 영국 대처 정부가 추구했던 통화주의 자유경쟁 시장 모델의 이념은 수용하지 않았다. 그 대신에 콜 정부는 1970년대의 위기 때문에 흔들리는 세계경제에 대응하기 위해 이미 검증된 '사회적 시장경제'— '시장'을 우선적으로 강조하지는 않지만 이전보다는 시장을 강조했다—이론을 적용했다.[11] 2차 대전이 끝난 뒤 필연적으로 현대화된 서독의 공업경제는 이 나라의 시민들에게 전례를 찾기 어려운 번영을 가져다주었다. 현재의 문제가 무엇이든 그들에게는 석유위기를 견뎌낸 경제의 펀드멘털을 서둘러 바꿀 이유가 없었다. 독일에서는 1970년대 영국 경제의 근본적인 문제—투자와 혁신의 부족, 경쟁력을 상실한 공업, 열악한 노사관계—와 유사한 심각한 경제침체도 없었다. 그러므로 서독에서는 1982년 이후 보수파 정당의 연합정권이 지배했던 직전 과거와의 결별도 일어나지 않았고, 영국에서 보았던 사회적 정치적 혼란도 없었다.

또한 콜 정부에서는 (어떤 기준에서 보든 초기에는) 심각한 내부 불화도 없었다. 대부분의 각료는 1980년대 동안 자리를 지켰다. 각료 대부분이 오랫동안 관계를 맺어온 콜의 측근 출신이 아니었고, 내각을 구성할 때 연정 파트너와 자매정당인 (바이에른을 기반으로 한) 기독교사회연합에도 자리를 배분해주어야 했다는 점을 고려한다면 이것은 놀라운 일이었다.[12]

콜은 중요한 자리에 유능한 인물을 앉혔다. 대표적인 인물들이 재무장관 게르하르트 슈톨텐베르크(Gerhard Stoltenberg), 노동 및 사회장관 노르베르트 블륌(Norbert Blüm), 거물 정치인이며 슈미트 내각에서도 (외무)장관을 지냈고 자유민주당(FDP) 당수인 노련한 외무 장관 한스 디트리히 겐셔(Hans-Dietrich Genscher) 등이었다. 기독교 민주연합의 총서기 하이너 가이슬러(Heiner Geißler)는 당이 총리의 충실한 도구가 되도록 이끌어가는 역할을 맡았다. 내각의 집단적인 목소리가 줄어들고 중요한 문제에서 분열이 없었다는 것은 콜의 통치 방식과 적지 않은 관련이 있었다. 이것은 권위주의에 가까운 의사 결정 방식, 기형적인 통제, 일종의 친근감 등이 우두머리에 대한 무조건적인 충성과 결합된 비정상적인 형태였다.[13]

사회민주당-자유민주당 연정 시절에 이룩한 사회발전이 콜 정부에서 후퇴하지 않았다. 예를 들자면, 노동조합의 투쟁이 없지는 않았지만 노동조합의 권리는 전체적으로 확대되었다. 1984년에 주당 노동시간을 35시간으로 줄이라는 요구를 내건 금속노동조합의 7주에 걸친 파업에 맞서 고용주 측이 직장폐쇄로 대응하자 25만 명의 노동자가 영향을 받았다. 정부의 중재로 주당 작업시간은 38.5시간으로 조정되고 파업이 끝났다. 다른 산업에서도 이 타협안을 모형으로 받아들였다. 정부가 바랐던 것처럼 노동조합은 크게 약화되지는 않았다. 정부는 파업노동자에 대한 수당 지급의 수준을 낮추는 데 성공했지만 고용관계에서 실질적인 안정을 보장하는 수단으로서 노동조합의 역할은 흔들리지 않았다.[14] 탄광과 제철소가 폐쇄된 공업지역의 위기극복을 위한 국가지원금은 늘어났다. 사회복지 지출의 감축이란 큰 틀 안에 포함되어 있으면서도 실업해소와 육아지원 시책에 대해서는 몇 가지 확대 조처들이 취해졌다. 이런 방식은 정책의 지속성을 지키면서 부가된 온건한 조정이었다.

1982년에 정부가 시도한 변화를 두고 서독 보수 진영에서는 '전환'(die Wende)이라고 불렀다. 1989년부터 1991년 사이에 독일과 유럽에 충격을 준 극적인 변혁을 묘사하기 위해서라면 전환이란 표현이 훨씬 더 적절하겠지만 1982년 이후 콜 내각이 시도한 변화를 두고 그렇게 부르는 것은 지나친 과장이었다. 그것은 아무리 과장한다고 해도 절반의 전환에도 미치지 못했다.[15]

콜이 물려받은 경제는 앞선 10년 동안 전 세계가 겪은 고통으로부터 영향을 받기는 했지만 그래도 기본적으로 건강하기 때문에 빠르고 완전하게 회복할 수 있는 것이었다. 그리고 행운도 그의 편이었다. 절묘하게도 그가 총리에 취임하자마자 1982년에 미국에서 시작된 경제 활황의 물결이 유럽을 휩쓸기 시작했다. 통화정책이 미국은 물론 유럽의 인플레이션도 잡았다. 독일의 수출은 다시 활기를 찾았고 1989년이 되자 과거 어느 때보다 큰 무역수지 흑자를 기록했다. 이런 성적이 나오기까지 콜이 한 일은 별로 없었다. 물론 경제번영의 환경을 제공한 정부를 이끈 공로는 그에게 있었다. 그러나 1980년대라면 누가 서독의 총리였든 간에 괄목할 만한 경제성장을 이룩하지 않기가 어려웠을 것이다.

새로운 연정을 구성하기 위해 조기에 치러진 1983년의 선거의 결과는 성공적이었고 덕분에 콜은 연방의회 안에서 자신의 위상을 강화할 수 있었다. 콜의 연정 파트너 자유민주당은 지난해의 연정 파트너를 버렸다는 비난 때문에 선거에서 패배자가 되었고 (부분적으로는 새로운 정치세력인 녹색당의 등장 때문에) 사회민주당도 마찬가지였다. 그런데 4년 뒤에 유권자들은 총리로서 콜의 첫 번째 임기는 인상적이지 못했다고 평가했다. 여론 조사에 따르면 그 무렵 대부분의 서독인은 콜에 대해 호의적인 평가를 하지 않았다.[16] 그의 당은 의석을 잃었지만 연정을 파기해야 할 정도는 아니었다. 자유민주당이 지난번 선거에서 잃었던 의석을 대부분 회복했고 반면에 사회민주당은 적기는 하지만 다시 의석이 줄어들었으며 녹색당──핵 발전과 퍼싱-2 미사일의 독일 배치에 대한 반감의 수혜자──은 계속 지지를 받았기 때문이었다. 결과적으로 콜은 선거에서 주목할 만한 승리를 거두지 못했음에도 총리 자리를 지키게 되었다.

외교에서도 대체적으로 연속성이 유지되었다. 1989년 이전에 콜이 이룬 외교적 성과라고 한다면 진정성 있는 관계와 긴밀한 협력을 통해 유럽국가 사이의 갈등과 적대감을 몰아낸 새로운 유럽의 (아데나워 때부터 인식해왔던) 핵심 기반이 될 프랑스 대통령 프랑수아 미테랑(François Mitterrand)과의 긴밀한 관계를 구축한 것이었다. 보수주의자이자 가톨릭 신자로 성장한 콜이 이런 외교노선을 사회주의—명쾌하게 말하자면 소련식 공산주의—에 대한 정면거부와 연결시킨 것은 당연한 일이었다. 그의 이념적인 입장을 이보다 더 간결하게 설명하기는 어렵다. 그의 실제 외교솜씨는 꼴사납고 무감각한 행태를 보이는 경우가 있었다. 1984년에 이스라엘 의회 크네세트(Knesset)에서 한 연설에서 그는 '늦게 태어난 은총'을 언급했다. 이 말은 자신은 너무 어려서 나치의 범죄행위에 가담할 수 없었기 때문에 운이 좋았지만 그래도 그런 범죄행위가 재발하지 않도록 해야 하는 책임은 자신에게도 있다는 의미였다. 그러나 이 연설은 이스라엘과 서독 양쪽에서 전후세대는 독일의 과거에 대한 부담에서 자유로울 수 있다는 의미로 읽혀져 혼란을 불러왔다.[17]

이것만으로는 부족했던지 그에 대한 인상을 악화시키는 '비트부르크사건'(Bitburg affair)이 그다음 해에 일어났다. 2차 대전이 끝난 지 40년이 되는 해에 콜은 화해의 표시로서 전시에 적국이었던 미국을 대표하는 대통령 로널드 레이건과 함께 독일에 있는 전사자 묘지를 방문할 계획을 세웠다. 이 계획은 그 전해에 콜과 미테랑 대통령이 우정의 상징으로서(사진에 보이는 두 사람의 손잡은 모습은 어색했지만) 독일군과 프랑스군 양쪽에서 엄청난 전사자가 나온 1916년 베르됭전투 현장을 찾아가 기념식을 가진 행사의 속편으로 구상된 것

콜 총리와 미테랑 대통령의 화해.
1984년 9월 22일, 두 지도자는 제1차 세계대전 당시
수많은 전사자가 나온 베르됭전투(1916) 현장을 찾아
전몰자를 추도하고 화해의 뜻으로 손을 잡았다.

이었다.

전후 독일-미국의 우정과 화해를 굳건히 한다는 구상은 좋았다. 그러나 그 행사가 열릴 비트부르크 인근의 전사자 묘지에는 나치 무장친위대원들도 묻혀 있다는 게 문제였다. 이 때문에 당연히 미국 쪽에서는 대규모 항의집회가 열렸고, 대통령은 1944년 12월 아르덴 공격전(Ardennes Offensive)에서 미국 병사들을 학살한 나치 친위대가 묻혀 있을지도 모르는 곳을 기꺼이 방문하려 한다는 공격을 받았다. 콜은 행사계획을 취소하지 않을 수 없었다. 행사취소가 "우리 쪽 시민들의 감정을 상하게 할 수 있다"는 콜의 주장은 아무런 도움이 되지 않았다.[18] 따라서 콜과 레이건 대통령의 옛 베르겐-벨젠(Bergen-Belsen) 강제수용소 동반방문도 선전효과를 상실하고 말았다. 이 사건은 서독이 나치라는 과거의 어두운 그림자로부터 벗어나려는 어설픈 시도로 비쳐졌고, 이런 해석은 1986년에 독일 역사학자들이 독일 역사와 민족 정체성 안에서 홀로코스트의 위치가 어디인지를 두고 벌인 공개토론회에서 지지를 받았다.

외교문제에서 콜이 얼마나 어설플 수 있는지를 보여주는 또 하나의 사건이 1986년 10월에 일어났다. 미국 잡지 『뉴스위크』(*Newsweek*)와 인터뷰에서 콜은 소련과 서방세계의 관계개선에 전임자들보다도 큰 희망을 걸고 있던 소련의 새 지도자 미하일 고르바초프를 모욕하는 발언을 했다. 놀랍게도 콜은 고르바초프를 나치의 선전장관 요제프 괴벨스와 비교하면서 '똑같은 선전전문가'라고 말했다.[19] 소련의 분노에 찬 반발은 충분히 예측할 수 있었다. 또한 서방세계도 그만큼 콜의 경솔함에 실망했다. 콜은 언론을 탓했다. 유능하고 외교적 수완이 뛰어난 한스-디트리히 겐셔가 곧바로 나서서 소련과 함께 사태를 수습했다. 겐셔는 특히 중요한 화두인 핵무기 폐기와 관련하여 소련의 새 지도자와 협력할 가능성에 대해 콜보다 먼저 긍정적인 인식을 갖고 있었다.

소련과의 관계는 1987년 10월 콜이 (미국과 소련 간에 전 세계에서 중거리 미사일을 철수하기로 한 합의의 한 부분으로서) 서독 영토에서 퍼싱 미사일을 철수하기로 합의하자 크게 개선되었다. 이 제안은 고르바초프가 먼저 내놓았고 레이건 행정부가 동의했다. 콜은 두 초강대국의 방침을 거역할 수 없었다. 그는 워싱턴 측에 자신의 국방정책─바르샤바조약군의 SS-20 미사일 동유럽 배치에 대응하는 퍼싱 미사일 배치─을 뒤집도록 하는 압력에 대해 불편한 심기를 숨기지 않았다. 어쨌든 그것은 중요한 진전이었고 쉽지 않은 결심이었다. 자매정당인 기독교사회연합은 물론이고 내각 안에서도 국방장관의 저항을 극복해야 했다.[20] 콜은 서독의 국방정책을 바꾼 변화된 현실을 받아들였다. 이것이 고르바초프와 신뢰관계를 형성하는 데 중요한 기반이 되었다.

내각의 각료와 대기업 경영자들이 포함된 콜의 첫 번째 방문단의 1988년 10월 모스크바 방문은 양국 관계개선의 중요한 발걸음이었고 소련 경제를 지탱하기 위한 30억 마르크의 재정차관이 중요한 미끼였다.[21] 고르바초프는 훗날 이때 콜과의 첫 만남의 중요성을 다음과 같이 설명했다.

우리의 자연스러운 상호신뢰는 아마도 그와 내가 소련국민과 독일국민 사이에 좋은 이웃관계를 수립하는 것뿐만 아니라 유럽 전체의 평화를 달성하는 것이 '우리의 정치적 임무'라는 같은 생각을 갖고 있었기 때문에 형성된 것 같다. 그는 자신의 가족과 후손들을 위해 안전한 미래를 만들어 주는 것이 개인적인 의무라고 생각하며 이 의무를 가슴속 깊이 간직하고 있었다.[22]

1989년 6월 본을 답례 방문한 고르바초프는 콜과의 개인적인 공감대를 더욱 깊이 다지게 된다. 두 사람의 이러한 개인적인 신뢰관계는 1989-90년 독일민주공화국이 붕괴할 때 중요한 역할을 하게 된다.

　　바로 이 시점에서 새로운 유럽의 전망이 형성되기 시작했다. 그 과정에서 헬무트 콜은 중요한 역할을 하게 된다. 그래서 그의 업적은 과대평가되기 쉽다. 그런데 그전까지는 그는 '유럽프로젝트'에 대해 확신을 갖고 있었지만 그가 생각한 주안점은 유럽의 정치적 통합이었다.[23] 그가 감성적으로나 이성적으로도 유럽의 통합을 희망하는 열정적인 유럽인이었음은 분명하다. 그러나 베를린장벽이 무너지기 전 '유럽프로젝트'의 방향전환은 다른 사람들이 주도했다. 경제통합으로 가는 근본적인 돌파구가 되었던 1986년의 단일시장 창설을 위한 중요한 결정이 나오기까지 마거릿 대처 정부가 선도적인 역할을 했다. 그리고 전반적으로 정체상태에 빠져있던 유럽공동체의 정치구조에 관한 논의에 새로운 동력을 제공하고 물꼬를 다시 튼 사람은 자크 들로르(Jacques Delors)였다. 이 두 가지 일에서 콜이 한 역할은 부차적인 것이었다.

　　콜이 정치적 운과 대중의 지지도가 하락세를 보이던 1989년 봄에 자리에서 물러났더라면 그는 후대로부터 '모범적인 정당 보스였지만 평범한 총리'라는 평을 들었을 것이다.[24] 그래도 내정의 온건한 개혁과 특히 유럽의 핵무장 축소를 위한 중요한 조처를 수용한 정책은 당연히 인정받았을 것이다. 유럽통합에 대한 그의 한결같은 지지도 평가를 받았을 것이다. 그러나 칭송은 제한적이며 그것을 표현하는 목소리도 작았을 것이다. 말년에 사방에서 그에게 쏟아진 찬사는 상상할 수 없는 일이었을 것이다.

역사를 만들다

고르바초프가 동유럽에서 일으킨 변화의 거센 바람은 1989년 10월
이 되자 엄청난 힘으로 독일민주공화국을 휩쓸고 있었다. 고르바초
프 자신은 그달 초에 동베를린을 방문했을 때 열광적인 환영을 받았
다. 그는 동독의 지도부와는 의도적으로 거리를 두었다. 이 무렵 수
만 명의 시민이 체제의 변화를 요구하는 시위를 벌이고 있었다. 모스
크바의 강력한 영향 아래 있던 동독정권은 무력을 동원한 지원을 받
지 못하자 그대로 흔들리기 시작했다. 그런데 결정적인 순간은 예상
치 못한 곳에서 찾아왔다. 11월 9일, 정권은 1961년 이후 처음으로 동
독 시민이 자유롭게 베를린장벽을 통과하여 서독으로 갈 수 있도록
허용했다.

"총리님, 지금 베를린장벽이 무너지고 있습니다." 콜은 참모가 전
해준 뉴스를 통해 이 사실을 알게 되었다.[25] 그때 그는 독일에 있지
도 않았다. 그는 그토록 엄청난 일이 일어나리라고 기대하지 않았기
때문에 폴란드 국빈 방문에 나섰고, 그래서 이 엄청난 뉴스를 들었
을 때 그는 바르샤바에 있었다. 그러나 그는 신속하게 반응했다. 그
는 서둘러 귀국했고, 다음 날에는 겐셔, 빌리 브란트(20여 년 전에 처
음으로 독일민주공화국을 포용하는 정책을 시행했다), 서베를린 시장
발터 몸퍼(Walter Momper)와 함께 서베를린 시청 앞에 모인 거대한
군중 앞에 섰다. 그는 흥분한 군중에게 침착하라고 권고했다.[26] 브란
트가 먼저 감동적인 연설을 했다. "함께 속했던 것이 이제 함께 성장
하고 있습니다. ⋯분열되었던 유럽이 함께 뭉치고 있습니다." 이것은
영감을 불어넣는 사상이었다. 그리고 이것은 먼 훗날을 가리키는 예
언이 아니었다. 사태가 어떻게 전개될지 아무도 몰랐다.[27]

그런데 콜은 두 번째 전제조건을 맞게 되었다. 첫 번째는 1982년

총리에 취임한 첫해에 모습을 드러냈다. 1989년 11월, 그는 새롭고 도전적인 상황을 맞았다. 이 상황을 만들기 위해 그가 한 일은 없었다. 그러나 그것은 그에게 역사를 만들 수 있는 기회를 가져다주었다. 이미 그달에 그는 자신의 역사를 만들기 시작했다. 그는 분명한 압박과 마주했다. 두 개의 독일의 운명은 독일인들만의 문제가 아니었다. 그것은 옛 전쟁의 동맹국까지 얽혀있는 국제적인 관심사였다. 전후 질서의 보증인인 4대 강국은 (영국과 프랑스가 양대 초강대국에 크게 밀리기는 하지만) 여전히 강력한 발언권을 갖고 있었다.

고르바초프와 레이건의 뒤를 이은 미국 대통령 조지 H. W. 부시 두 사람은 과열된 정서를 이용하여 통일에 관한 얘기를 꺼내면 상황을 불안정하게 만들 수 있으므로 신중하라고 권고했다. 미테랑과 특히 대처는 현재 상태를 변화시키는 어떤 조처에도 반대했다. 역사는 두 사람에게 통일된 독일의 힘과 야망에 대한 두려움을 가르쳐주었다. 통일되고 상당한 규모로 확장된 독일은 유럽의 세력균형을 깨뜨릴 뿐만 아니라 오랫동안 잠들어 있던 민족주의를 깨울 수 있었다. 동독의 새로운 지도자 한스 모드로(Hans Modrow)도 자신의 입지 때문에 통일에 관한 논의를 강하게 반대했다.

그러나 11월 말에는 독일민주공화국과 독일연방공화국 양쪽에서 여론의 주류는 바로 그 통일을 지지하고 있었다. 그러므로 콜은 조심스럽게 발걸음을 옮겨야 했다. 그런데 그 누구보다도 콜이 일어나고 있는 사건들 속에서 획기적인 변화를 예감했고 기회를 잡기 위해 주도적으로 움직였다. 그는 명확한 비전을 갖고 있지 않았다. 그는 행동계획이 아니라 정치적 본능에 따라 움직였다. 그는 한 걸음씩 임기응변으로 대응하며 나아갔다. 그러다가 예상치 못한 때에 갑자기 모습을 드러낸 기회를 붙잡았다. 그는 기회의 냄새를 맡았다. 그는 그 몇 주 동안의 격렬한 정서를 감지하고 그것을 아직은 조직화되지 않았지만 머지않아 오직 한 방향으로 급속하게 나아가게 될 흐름으로 전환시켰다.

그 흐름에 콜의 첫 번째 중요한 참여는 1989년 11월 28일의 연설이 었다. 여기서 그는 독일과 유럽의 분열을 극복할 '10개항 계획'을 제 안했다. 그는 '두 독일 국가 사이의 연방제 구조'를 언급했지만 국제 적으로는 통일된 독일에 대한 두려움을 불러일으키거나 국내적으로 는 조기 통일에 대한 과열된 기대가 일어날 수 있는 표현은 피했다. 연설의 함축적 의미는 '연방'은 장기적인 관계이지 통일로 가는 지 름길은 아니라는 것이었다(독일연방공화국의 성립 이후 통일은 분명 한 궁극적 목표로 남아있었지만).

연설 원고를 작성할 때 핵심적인 역할을 한 인물은 오랫동안 콜의 참모였던 호르스트 텔칙(Horst Teltschik)이었다. 그는 총리실의 연설 문 담당 비서들과 함께 작업했다.[28] 텔칙은 콜이 이미 통일의 가능성 을 생각하고 있음을 알아차렸다. 전임 국방장관 루퍼트 숄츠(Rupert Scholz)가 연설이 있기 한 주 전에 통일의 가능성을 염두에 두라고 개인적으로 콜을 부추겼다. 훗날 숄츠는 자신이 연방제로부터 시작 하는 통일 대비 '프로그램을 짜주었다'고 밝혔다.[29] 연설문은 공동 작업의 결과물이었다. 그러나 핵심 문단은 콜 자신의 생각을 반영했 다. 그리고 콜의 리더십의 특징이기도 하지만 내각은—심지어 외무 장관 겐셔까지도—아무것도 몰랐다. 사전에 내용을 통보받은 사람 은 미국 대통령뿐이었다. 부시 대통령이 처음부터 통일에 대해 원칙 적으로 반대하지 않았기 때문에 콜은 주도적으로 나서겠다는 용기 를 낼 수 있었다.[30]

연설에 대한 유럽 지도자들의 반응은 대체로 부정적이었다. 특히 소련은 무시하는 태도를 보였다. 그래도 콜의 연설은 중요한 전환의 표지였다. 그는 개인적인 자리에서 '연방구조'는 수년 동안—길면

25년—유지될 수 있다고 말했다. 현실에서는 동독과 서독은 물론이고 국제사회에서도 두 독일의 평화공존보다는 예측 가능한 장래에 통일이 이루어질 것이라는 전망이 우세했다.[31]

12월 초에 있었던 고르바초프와 부시의 회담에서 두 사람은 여전히 조기 통일에 대한 거부감을 표시했고 서유럽 몇 개 국가의 지도자들, 그중에서도 특히 대처와 미테랑도 강한 반대의사를 밝혔다. 콜과 마거릿 대처의 개인적인 관계는 어떤 기준에서 보더라도 좋은 편이 아니었지만 프랑수아 미테랑과의 관계는 훨씬 좋았다. 콜은 미테랑에게 통일된 독일은 유럽통합을 스스로의 일로 받아들일 것이라고 확신시켜주었다. 뿐만 아니라 외국 지도자들은 동독과 서독 양쪽에서 통일을 바라는 대중의 압력이 커져가고 있음을 알고 있었다. 그들은 다른 나라에게는 자명한 권리로 인정되는, 한 국가로서 운명을 스스로 만들어나가는 자결권을 독일에게도 인정해주지 않을 수 없다는 점을 인식하고 있었다.

콜 또한 아래로부터의 압력에 밀려가고 있었다. 이런 상황은 그가 1989년 12월 19일에 드레스덴의 폐허가 된 성모교회(Frauenkirche)* 앞 광장에 모인 거대한 군중 앞에서 연설했을 때 분명하게 드러났다. 이때 그는 '연방구조'의 구상에 대해 언급했다. 그는 덧붙여 이렇게 말했다. "나는 전통과 역사적 의미가 깃든 이곳에서 이 점도 밝혀두고자 합니다. 나의 변함없는 목표는 역사의 시간이 허락한다면 우리나라의 통일입니다."[32] 이것은 군중이 듣기 원하던 말이었다. "독일은 조국을 통일했다"라는 합창이 터져 나왔다. 콜은 자신이 받은 환대에 깊이 감동했다. 그는 그것이 통일과정에서 '결정적인 경험'이

---

* 18세기에 지어졌다. 2차 대전 중 드레스덴 폭격 때 완전히 파괴되었으나, 동독 정부는 잔해를 전쟁기념관으로 보낸 채 교회는 방치했다. 독일 통일 이후 복원이 시작되어 2005년에 완료되었다.

었다고 묘사했다.[33] 그는 '역사의 시간'이 오래 지연되지는 않을 것이란 믿음을 가지고 드레스덴을 떠났다.

콜의 안테나는 동독과 서독 양쪽의 여론을 민감하게 포착했다. 그의 연설은 한편으로는 대중의 정서를 제대로 담아냈고, 다른 한편으로는 독일민주공화국의 붕괴를 미리 보여주는 갈수록 많아지는 조짐들이 먼 미래가 아닌 가까운 시간 안에 독일 통일로 연결되기를 바라는 간절한 희망을 자극했다. 콜은 저항하지 말고 껴안아야 할 '역사의 시간'이 실제로 다가오고 있음을 감각적으로 알아차렸다. 그는 이 메시지를 부시와 고르바초프에게 전달하면서 거스를 수 없는 흐름을 정치행위의 틀 안으로 끌어들이기 위해 두 초강대국이 결정적인 조처를 취해야 한다고 설득했다.

통일을 향해 흘러가는 거센 흐름을 알아차린 사람은 콜 한 사람만이 아니었다. 베를린장벽이 무너지기 전에 동독의 시위자들이 부른 합창의 제목은 '우리가 국민이다'였다. 그해 말이 되자 이것이 '우리는 하나의 국민이다'로 바뀌었다. 동독 지도자 한스 모드로는 이제 흐름을 막을 수 없다고 인정했다. 1990년 1월, 그는 고르바초프를 설득했다. "독일 통일은 피할 수 없다고 생각해야 합니다."[34] 되돌아보면 처음부터 피할 수 없는 일이었다. 그러나 그 사건을 당시에 경험한 사람들에게는—평범한 시민이든 지도적인 위치에 있던 정치인이든—베를린장벽이 무너지고 나서 몇 주 동안에 비로소 사태가 통일을 향해 달려가기 시작했다는 게 분명해졌다. 그 사태의 동력을 제공하는 데 콜이 중요한 역할을 했다.

고르바초프의 태도 변화가 이후의 사태 전개에 결정적인 영향을 미쳤다. 2월 10일 모스크바에서 가진 콜과의 회담에서 그는 옛 4개 점령국과 동서독이 참가하는 국제회의—곧 2+4회의란 이름으로 불렸다—를 열어 통일로 가는 과정을 논의하자는 미국의 제안을 받아

1989년 12월 22일, 브란덴부르크 문 개방식에서 연설하는 콜.
콜은 통일을 향해 달려가는 거대한 흐름 앞에 주역이 되어 말했다.
"우리는 평화와 자유를 원하고, 유럽과 세계 평화에 기여하고 싶다."
사진 가장 왼쪽이 동독 총리 한스 모드로이다.

들였다. 그러나 NATO의 위상이 걸림돌이 되었다. 미국은 콜의 10개 항 계획이 나왔을 때 통일된 독일은 그대로 NATO 회원국이 되어야 한다고 주장했다. 고르바초프는 이 수상을 즉각 거부했고 1990년 2월에도 그랬다. 소련의 입장에서는 그것은 위신의 문제였다. NATO의 확대를 받아들인다는 것은 소련이 냉전에서 패배했다고 공개적으로 인정하는 것과 같았다.[35] 그러나 고르바초프의 위상은 부시 대통령도 눈치챌 정도로 눈에 띄게 약해졌다. 그 무렵 미국은 NATO가 독일민주공화국 영토까지 확대되어야 한다고 주장하고 있었다. 고르바초프에게 완강한 입장을 바꾸도록 설득하기란 쉬운 일이 아니었다. 더욱이나 소련 지도자는 이전부터 NATO가 확대되지 않을 것이란 확고한 인상을 받아왔었다.

콜이 다시 한 번 선제적으로 중요한 제안을 내놓았다. 그는 마르크화가 '포커판'에서 좋은 패가 될 수 있다는 사실을 알고 있었다. 총리실은 소련의 재정적 곤경을 상세히 파악하고 있었다. 소련은 이미 1월에 식료품 지원을 타진해왔고 2억 2,000만 마르크를 제공받았다. 2월 24-25일에 미국에서 대통령을 만났을 때 콜은 소련에 대한 재정 지원이 중요한 수단이 될 수 있다고 암시했다. '결국은 가격이 문제였다.'[36] 소련은 값을 부르라는 압력을 피할 수 없었다.

갈수록 악화되는 파국적인 재정상황을 헤쳐 나가기 위해 소련은 5월 초순에 서독에게 차관을 요청했다. 그 달 말에 고르바초프는 NATO와 관련된 서방의 요구를 받아들였다.[37] 6월에 콜이 모스크바를 방문하여 차관 제공을 확인해주었다. 9월, 소련군이 독일민주공화국으로부터 철수하는 대가로 서독이 무이자로 150억 마르크란 거액의 차관을 제공하기로 콜과 고르바초프 사이에 합의가 이루어졌다. 통일의 가장 큰 장애물이 제거되었다. 그사이에 다른 하나의 중요한 국제적 문제도 해결되었다. 1990년 3월, 독일은 2차 대전 이후 폴란드에 귀속되었던 독일의 동부지역 여러 주에 대한 권리를 포기했다. 세부절차를 규정하는 데 시간이 걸렸다. 막후에서 벌어지는 복잡한 외교적 협상은 주로 겐셔가 맡았고 콜은 힘든 국내문제를 기민하게 처리했다. 오데르-나이세 선을 따라 그어진 독일과 폴란드 사이의 국경이 마침내 1991년 6월에 엄숙하게 공포되었다(그해 10월에 의회의 비준을 마쳤다).[38]

1990년 초의 몇 달 동안에 독일민주공화국은 경제적으로나 정치적으로도 붕괴 일보직전의 상황에 놓여 있다는 사실이 명백하게 드러났다. 콜은 비틀거리는 이 체제를 받치기 위한 대규모의 재정지원을 거부했다(긴급 의료지원은 허용되었다). 그러는 동안에 수십만 명의 동독 사람들이 부유한 서독으로 몰려왔고, 이들이 두 나라 모두에게 경제적 부담을 주었다. 2월 6일, 콜은 독일민주공화국에 통화통합을 제의하기로 결정했다. 정치적 통합으로 나아가는 중요한 걸음인 이 결정은 내각과 의회로부터 즉각적인 지지를 받았다.[39] 콜이 모스크바에서 고르바초프를 만났을 때 고르바초프가 이 조처에 대해 청신호를 보내자 일은 급속하게 진행되었다.

3월 18일에 독일민주공화국에서 치러진 선거는 콜의 승리였다. 선거운동을 하는 동안에 콜이 등단하는 집회에는 수만 명의 동독인이 몰려와 그를 열광적으로 환영했다. 그들은 주머니에 곧 들어올 서독 마르크에 매료되어 있었다. 새 동독정부는 가능한 한 빠른 서독과의 통합에 지체 없이 동의했다. 그들은 새로 성립된 5개의 동독 주(Länder)—1952년에 폐지되었다가 1990년 7월에 다시 설립되었다—를 서독 헌법 제23조에 따라 현존하는 독일연방공화국에 편입시키라는 서독의 요구를 받아들였다. 동독 지도부는 이것과 (서독 마르크와 동독 마르크를 1:1의 비율로 교환한다는) 통화통합을 연계시켰다. 통화 교환비율은 매우 중요한 문제였다. 여기서 콜이 다시 한 번

결정적인 개인적 역할을 하게 된다.

실질적인 교환비율은 1:8 또는 1:9 정도였다. 1:1이란 교환비율은 그러므로 지나치게 관대할 뿐만 아니라 통화의 안정성을 해칠 우려도 있었다. 이런 비율이라면 파산 일보직전의 동독 경제는 완전히 경쟁력을 잃게 될 것이다. 그렇게 되면 공장이 문을 닫으면서 대대적인 실업이 발생할 것이고 서독으로부터 대규모 재정지원이 필요하게 될 것이다. 그러므로 서독 중앙은행과 콜 내각 재무장관 테오 바이겔(Theo Waigel)이 교환비율을 1:2로 하라고 강력히 권고했다. 콜은 처음에는 이 권고를 따를 생각이었다. 그러나 교환비율이 언론에 흘러나가자 동독의 유권자들이 분노의 반응을 보였다. 그들은 선거 전에 교환비율은 그들이 고대하는 1:1이 될 것이란 분명한 인상을 받았다. 당연한 일이지만 개인의 입장에서는 더 유리한 교환비율에서 얻어질 개인적인 이득을 생각할 뿐이지 넓은 시각으로 경제 전반의 영향을 살필 이유도, 그럴 지식도 없었다. 동독의 정당들, 서독의 사회민주당과 노동조합과 사회정책 전문가들이 이 비율을 지지했다. 동독에서 곧 치러질 지방선거를 앞둔 콜은 기존의 입장을 거두어들였다. 그는 4,000 동독 마르크 이하의 예금과 연금(65세 이상은 6,000 동독마르크까지)에는 1:1의 교환비율을 적용하고 대형 예금과 기업부채에만 1:2의 교환비율을 적용하는 안을 제시했다. 이 결정은 동독의 선거에서 효과를 냈다. 반면에 서독에서는 콜에 대한 지지도가 떨어졌다. 서독 시민의 3/4이 경제통합과 관련한 동독의 요구가 지나치다고 평가했다.[40]

훗날 콜은 화폐교환 비율이 동독 경제에 미칠 부정적인 영향을 과소평가했다고 시인했다.[41] 통일의 비용은 터무니없이 컸고 1990년대 내내 독일의 경제를 약화시켰다. 옛 독일민주공화국의 경제가 가져다준 부담은 엄청났다. 빈사상태의 기업들이 문을 닫았고 실업이 폭증했다. 동독의 시민들은 일자리를 잃는 대신에 얻은 새로운 자유에 높은 대가를 지불했고 경제적 번영에 대한 기대를 다시 돌아보게 되었다. 예금이 없어서 넉넉한 교환비율로부터 이득을 볼 수 없는 사람들이 특별히 큰 타격을 받았다. 그런데 당시에는 1990년 7월 1일부터 통화통합이 발효되면 독일 통합의 길이 열린다는 데만 관심이 모아졌다. 법적 행정적 문제는 8월 말이 되어서야 해소되었다. 이 일을 훌륭하게 해낸 인물이 내무장관 볼프강 쇼이블레(Wolfgang Schäuble)였다. (오랫동안 콜의 '왕세자'란 평을 들어왔던 쇼이블레는 독일 통일 직후 한 정신병자가 시도한 암살사건에서 심각한 상처를 입고 부분적인 신체 마비 상태에 빠졌다.) 남은 절차는 독일민주공화국이 공식적으로 바르샤바조약에서 탈퇴하고 4대 점령국이 임무를 종결하는 것이었다. 1990년 10월 3일, 헬무트 콜은 베를린에서 환호하는 군중에 둘러싸여 '통일총리'로서 자신의 역사적인 승리를 즐길 수 있었다. 1년 전에는 상상도 할 수 없는 일이었다.

베를린장벽의 붕괴로부터 독일 통일에 이르기까지 단지 11개월 동안에 일어난 놀라운 사건들은 고르바초프의 개혁으로 시작된 소련의 비상한 전환과 그것에 상응하는 중부와 동부 유럽의 위성국에 대한 소련의 변화된 태도 때문에 가능했다. 부시 대통령은 장벽의 붕괴 때부터 독일 통일로 정점에 이르게 되는 과정의 단계마다 아낌없는 지원을 해주었고, 미국 행정부는 특별히 NATO를 독일 전체로 확대하는 정책을 일관되게 추진했다.

그러나 헬무트 콜 자신이 감당했던 역할도 있다. 콜은 변화가 시작되었을 때 그것이 본질적인 변화로 진화할 가능성을 본능적으로 감지했다. 1989년 11월에 제시한 '10개항 계획', 그다음 달에 드레스덴에서 열광적인 분위기에 보인 반응, 대규모 현금투입 ─사실상의 뇌물─이 NATO 확대를 반대하는 소련의 태도를 바꿀 수 있다고

1990년 7월 15일, 코카서스에서 만난 콜과 고르바초프.
베를린장벽의 붕괴로부터 독일 통일에 이르기까지의
놀라운 사건은 고르바초프의 개혁으로 시작된 소련의 변화가
큰 동력이 되었다. 콜은 경제적 어려움에 처한 소련에게
막대한 차관을 제공했고, 고르바초프는 통일독일의
나토 가입을 인정해주었다.

(2월 달에) 부시를 설득한 일(그리고 뒤이어 전화를 통해 성공시킨 교활한 협상), 1990년 3월 독일민주공화국에서 성공한 선거운동, 그리고 7월의 1:1 통화 교환비율을 도입하기로 한 결정 등은 (각료와 조언자들로부터 훌륭한 지원을 받았지만) 모두 콜의 개인적인 작품이었다. 부시, 고르바초프와 신뢰관계를 형성하고 나아가 우정까지 쌓았다는 점에서 콜의 개성도 평가받아야 한다.

독일 통일로 종착점에 이른 드라마에서 고르바초프를 조력자라고 한다면 부시는 후원자, 콜은 동력제공자이자 실행자였다. 결정적인 몇 달 동안 흔들림 없던 콜 자신은 대중의 정서라는 강력한 조류에 올라타고 있었다. 아무리 늦어도 1989년 12월부터는 동서독 양쪽에서 이미 형성된 통일을 향한 여론의 압박을 막아낼 수는 없었을 것이다. 상상하건대 다른 사람이 서독의 총리였어도 콜과 비슷하게 행동했을 것이다. 이 문제는 결국 짐작에 맡길 수밖에 없다. 여하튼 일어난 많은 일들이 헬무트 콜에서 시작되었다.

유럽통합: 권력의 한계

그는 한 번도 자신감이 부족했던 적이 없었다. 그러나 이제 그는 사방에서 쏟아지는 갈채를 받으며 누구도 넘볼 수 없는 위대한 성공을 거둔 사람만이 가질 수 있는 확신을 지니고 독일과 독일을 넘어선 정치무대를 누비고 다녔다. 무슨 일이든 가능해보였다. 주위는 온통 낙관주의로 가득 찼고 콜 자신의 낙관주의도 어느 때보다 커져 있었다. 그리고 독일은 새로운 유럽의 중심으로 위상이 올라갔다.

유럽통합을 향한 그의 열정적 신념을 형성한 요소는 지리적으로 (오랫동안 독일의 주적이었던 나라) 프랑스와 인접한 라인란트–팔츠에서 성장한 배경, 소년시절에 경험한 전쟁의 공포, 조국이 유럽을 어떻게 파괴했는지에 대한 깊은 인식이었다. 한때 유럽의 파괴자였던 새로운 독일은 그가 생각하기에 유럽통합을 이끌어갈 기회를 놓쳐서는 안 되는 나라였다. 통일 이후로 국내정치가 노쇠감에 빠져 있던 1990년 10월 시점에서 상상했던 것처럼 찬란하거나 극적이지도 않고 더 많은 어려움에 시달리게 되자 그는 새로운 유럽의 건설을 자신의 임무로 설정했다.

유럽집행위원회 의장 자크 들로르는 베를린장벽이 붕괴되기 전부터 유럽공동체에 새로운 생명을 불어넣었다. 들로르는 (1993년에 마침내 출범한) 단일시장을 정치적 연합으로 가는 디딤돌로 이용하려 했다. 그는 이런 구상이 10년 이내에 실현될 수 있다고 생각했다. 1990년대가 시작될 무렵, 유럽의 '한층 더 긴밀한 결합'을 형성할 수 있는 특이하고도 예상하지 않았던 기회가 찾아왔다. 독일 통일, 소련의 붕괴, 냉전의 종식이 유럽통합으로 나아가는 흐름에 극적인 동력을 제공했다. 그 흐름의 선두에 콜이 있었다.

1991년 12월에 유럽공동체의 지도자들이 새로 설립될 유럽연합의 청사진을 만들기 위해 마스트리히트에 모였을 때 콜은 유럽의 미래상을 이미 구상해놓고 있었다. 그의 구상은 야심 차고 낙관적이었다. 콜은 유럽의 정치적 연합에 대해 확고한 믿음을 갖고 있었고 순조롭게 실현될 것으로 전망했다. 그는 정치적 연합을 대체적으로 독일 연방공화국의 구조를 모델로 한 연방국가 형태의 유럽을 만드는 것으로 생각했다. "나는 평생에 하나의 목표에 이토록 강한 의욕을 가져본 적이 없다." 그는 1991년에 당의 지도자들 앞에서 이렇게 말했다. "독일 통일 이후 나의 첫 번째 목표는 유럽합중국(United States of Europe)의 설립을 추진하는 것이다." 그는 그것이 본질적으로 서유럽 국가들의 프로젝트라고 생각했다. 그는 언젠가는 동유럽 국가들에게까지 가입의 기회가 확대되어야 하겠지만 상당 기간은 아니라

마스트리히트에 모인 유럽의 지도자들(1991).
1991년 12월, 유럽의 지도자들이 유럽연합의 미래를
논의하기 위해 네덜란드 마스트리히트에 모였다.
아랫줄 가운데 프랑스의 미테랑 대통령과 네덜란드의 베아트릭스 여왕,
그 뒷줄 가운데가 독일의 콜 총리, 그의 왼쪽이 유럽집행위원회
의장인 자크 들로르다. 콜은 유럽의 정치적 연합에 대해 확고한
믿음을 갖고 있었고 순조롭게 실현될 것으로 전망했다.

고 생각했다. 그는 연방국가 형태의 유럽의 기본구조가 1994년이면 갖추어질 것으로 예상했다. 그리고 그는 그것이 불가역적인 전환이라야 한다고 생각했다.[42]

통화통합 뒤에는 정치적인 통합이 따라와야 했다. 콜은 1991년의 의회연설에서 정치적 통합이 없으면 통화통합은 장기적으로 유지될 수 없다고 말했다.[43] 통화통합은 독일식 모델을 기반으로 수립되어야 했다. 이것은 재정지출이 방만한 국가를 국립은행이 나서서 구제해주어서는 안 되며 개별 국가의 통화정책과 가격안정을 감독할 독립적인 유럽중앙은행을 설립해야 한다는 것을 의미했다. 유럽중앙은행의 청사진은 실제로 독일 연방은행(Bundesbank)을 모델로 하여 그려졌다.[44] 그러나 통화통합으로 가는 길은 결코 직선이 아니었다(몇 년 동안 관련 논의가 이어졌다 끊어지기를 반복했다). 통화통합이 정치적 통합에 선행되어야 하는가? 아니면 다른 누구보다도 연방은행 총재가 주장했듯이 정치적 통합이 선행되어야 하는가?[45] 콜은 정치적 통합 하나만 놓고 보더라도 독일 통일 협상이 그보다 간단하다는 사실을 빠르게 간파했다.

얼마 안 가 정치적 통합은 실현 불가능하다는 게 밝혀졌다. 그것은 유토피아―어떤 시각에서는 디스토피아―에 지나지 않았다. 개별 국가는 일부 권한은 남겨두고(독일연방공화국 내에서 바이에른 주나 작센 주처럼) 주권의 대부분과 외교와 국방 같은 핵심 권한을 유럽 중앙정부에 넘기도록 되어 있었다. 이런 방식을 독일헌법재판소가 받아들였을지는 의문이다.[46] 실제로는 정치적 통합이 작동하려면 절대적인 지지가 필요한 유럽 지도자들과의 회담―첫 번째 회담상대는 프랑수아 미테랑이었다―에서 콜은 정치적 통합이 환상임을 분명히 알게 되었다. 프랑스는 물론이고 영국이 외교와 국방 분야의 권한을 유럽 중앙정부에 넘겨주는 일은 일어나지 않을 것임은 너무나 분명했다. 독일이 주도할 것이 분명해 보이는 정치적 통합의 실용성에 대해 전부는 아니더라도 대부분의 회원국이 틀림없이 강력하게 반대하고 나섰을 것이다. 그러므로 정치적 통합이란 목표는 공식적으로 폐기되지는 않았지만 사실상 한바탕 멋진 웅변으로 변하고 말았다.[47] 그래도 한 가지 분명한 결론은 나왔다. 통화통합은 정치적 통합을 앞서가서도 안 되고 뒤따라가서도 안 된다. 통화통합은 정치적 통합의 대역일 수밖에 없다.

유럽 차원에서 콜의 힘은 다른 유럽 국가의 이익과 충돌할 때 분명히 한계가 있었다. 다른 국가의 이익과 맞서지 않고 함께 일했던 마스트리히트회담에서 그가 거둔 성과는 결코 무시해서는 안 되는 수준이었다. 이때 핵심적인 역할을 한 사람은 미테랑이었다. 프랑스 대통령과 영국 수상 마거릿 대처는 독일 통일이 유럽의 평화와 안전에 미칠 영향에 대해 신경을 곤두세우고 있었다. 그들의 걱정은 기우였지만 역사적으로 보자면 이해할 수 있는 것이었다. 마스트리히트회담이 열렸을 때 대처는 권력에서 멀어져가고 있었다. 미테랑의 권력은 아직 강력했을 뿐만 아니라 중추적인 위치에 있었다. 1870년에서 1940년 사이에 라인강을 넘어온 적에게 세 번이나 침략당한 프랑스의 대통령에게 독일을 새로운 유럽 안에 긴밀하게 묶어두어야 한다는 것은 자명한 이치였다. 이것이 프랑스가 통화통합에 관심을 갖게 된 기본 논리였으며, 다른 방향에서 보자면 콜이 정성들여 추구해왔던 목표와도 부합했다. 마스트리히트에서 공동통화를 도입하기로 합의했을 때 처음에는 통화의 이름이 정해지지 않았으나 곧 유로(Euro)로 정해졌다. 유로는 프랑스와 독일의 이해관계가 일치한 결과물이었다. 콜은 새로운 통화를 도입하기 위한 구조정비 작업에 독일이 강한 흔적을 남기게 되어 매우 만족스러웠다.

1992년 2월에 체결된 마스트리히트조약은 유럽통합에 관한 논의를 새로운 차원으로 끌어올렸다. 그러나 콜이 원했던 수준에는 한참 미치지 못했다. 그리고 덴마크와 영국이 통화통합을 (조약이 규정한 몇 가지 면제조항과 함께) 거부했고 그밖에도 몇몇 나라 — 프랑스를 포함하여 — 에서 조약을 소극적으로 받아들였다는 것은 콜이 구상하는 유럽의 정치적 통합까지는 갈 길이 많이 남았음을 의미했다.

권력의 쇠퇴

헬무트 콜의 권력과 영향력은 1989년에서 1992년까지, 베를린장벽의 붕괴와 마스트리히트조약 체결 사이에 정점에 이르렀다. 물론 의기양양한 '통일총리'로서 그의 위신은 국제적으로도 하늘 높은 줄을 몰랐다. 국내에서 그의 당내 지배력에 도전하는 사람은 없었다. 그런데도 그의 대중적 지지도는 곧 쇠퇴하기 시작했다. 그 이유 가운데는 독일경제가 짊어져야 할 높은 통일비용과 우상과 같은 독일 마르크화 — 전후에 이루어낸 번영과 안정의 상징 — 를 평범한 유럽통화로 대체하기로 한 결정이 있었다.

콜이 동독 시민에게 통일은 '꽃이 만발한 풍경'을 가져다줄 것이라고 한 약속은 난처하게도 1990년대 초에 텅 빈 소리를 내고 있었다. 통일의 경제적 대가는 동독사람들에게는 최소한 단기적으로는 극도로 높았다. 독일 전체로 볼 때도 경제는 사실상 1990년대를 통틀어 고통을 겪었다. 올라가는 국가부채, 늘어난 실업, 성장의 감소, 줄어드는 수출, 높은 노동 및 복지의 비용 때문에 경제는 경쟁력을 유지하기 위해 고전하고 있었다. 통일비용 때문에 옛 서독의 가장 부유한 계층까지도 불평을 쏟아내고 있었지만 한편으로는 당연히 통일에 대한 자부심과 기쁨도 있었다. 그리고 긴밀한 유럽통합이란 목표는 광범위한 지지를 받고 있었다.

그런데 이 주제는 콜에게는 매우 중요한 문제였지만 1990년대에 독일의 여론 가운데서는 핵심 화두가 된 적이 거의 없었다. 독일인의 주된 관심사는 그들의 자랑스러운 마르크화가 유럽의 통화통합이란 제단에 희생물로 바쳐지고 있는 상황에 대한 불만이었다. 여기에다 집권 연정 내부에서 터져 나오는 불협화음과 언쟁 때문에 ─ 특히 연정 파트너인 자유민주당(FDP)의 지도자이며 오랫동안 외무장관으로 일하면서 명성이 높았던 한스 디트리히 겐셔가 1992년에 사임한 이후로 ─ 콜에 대한 지지도가 (동쪽에서보다 서쪽에서 더) 급격하게 떨어졌다. 1994년 총선이 다가오고 있을 때 여론조사 결과는 유권자의 1/3만 그를 총리로서 지지하고 있음을 보여주었다.[48] 그런데도 정체 속에서 허약해져 가고 있던 기독교연합이 선거에서 이겼다.

몇 달 전만 하더라도 이길 수 없을 것 같던 선거에서 승리하게 된 데는 콜 자신의 기여가 적지 않았다. 콜은 자신의 개인적인 리더십에 초점이 맞추어진 선거전에서 자신감과 낙관주의가 넘치는 모습을 보여주어 당에 활력을 공급했다. 그는 앞장서서 지치지 않고 뛰어다니면서 대부분 야외에서, 때로는 만 명 이상의 군중이 모인 집회에서 ─ 이제는 4년 전처럼 황홀경에 빠진 듯 열광하지는 않았지만 ─ 100회 이상의 연설을 했다.[49] 그의 국제적인 위상과 텔레비전이란 매체를 (초기와 대비하여) 능숙하게 다룰 줄 아는 솜씨라는 두 가지 장점은 선거전의 주적이며 이렇다 할 특색이 없던 사회민주당(SPD) 지도자 루돌프 샤르핑(Rudolf Scharping)에 비해 크게 돋보였다.

또한 콜은 자신의 개인적 통제를 벗어나 있는 요소들로부터도 이득을 보았다. 하나는 사회민주당이 분열되어 있어서 지도부가 취약한 점이었다. 콜은 사회민주당 좌파를 상대로 마르크스주의라는 색깔을 칠해 부정적인 이미지를 만들어낼 수 있었다. 그는 사회민주당이 권력을 장악하려고 공산주의자들과 손잡으려 한다고 비난했다. 공산주의자란 민주사회당(PDS: Partei des Demokratischen Sozialismus)을 가리켰다. 옛 동독의 공산당을 계승한 정당이었다. 콜은 이 당을 공격할 때 '빨갱이 파시스트'(rot lackierte Faschisten)라는 (종전 후 사회민주당 초대 당수 쿠르트 슈마허가 덧씌운) 터무니없는 이름으로 불렀다.[50] 다른 하나는 선거 몇 달 전부터 경제가 회복되기 시작했다는 점이었다. 이 때문에 콜은 (동독 유권자들을 향해서뿐만 아니라) 자신의 정책이 언제나 옳았다고 주장할 수 있었다.

경제의 상승세는 단명으로 끝났지만 콜을 위해서는 이상적인 시점에 독일 내에서 낙관주의를 부활시켰다. 개표가 끝나자 그는 총리 자리에 계속 머물게 되었다. 그렇더라도 선거는 완전한 승리라고 할 수 없었다. 기독교연합의 득표율은 지난 선거보다 2.4% 떨어졌고 연정 파트너인 자유민주당은 겨우 4%가 올라갔다. 반면에 사회민주당과 녹색당은 약간 올라갔다. 그런데도 연정은 의회 내에서 근소한 차이로 다수당이 될 수 있었다. 콜은 또 한 번 승리했다. 그런데 이 선거는 그가 승리한 마지막 선거가 된다.

1998년에 치러진 다음번 선거에서 경제문제는 다시 한 번 콜의 큰 걱정거리가 되었다. 콜 정부는 분명히 동력을 잃어가고 있었다. 그럼에도 불구하고 선거운동은 다시 그의 의욕을 불러일으켰다. 그는 전국을 누비며 대규모 집회에서 연설했다. 선거운동이 끝나갈 무렵 그는 50만 명가량의 유권자가 자신이 연설한 집회에 참석했다고 추산했다.[51] 열성적인 지지자에게 그의 호소력은 줄어들지 않았다.

그러나 부동층과 무당파층에게 그는 더 이상 확신을 심어줄 수 있는 인물이 아니었다. 그의 개성이 경제의 새로운 하향추세와 우울한 전망을 보상해줄 수는 없었다. 구조적인 경제문제 앞에서 콜의 옛 선거마술은 더는 작동하지 않았다. 기독교민주연합이 오래 집권했으니 이제는 바꿀 때가 되었다고 느끼는, 뭐라고 정의하기 어려운 정서와 싸울 수가 없었다. 여기에다 총리 자리를 두고 경쟁하는 더 젊고, 더 활기차고, 텔레비전 방송에 더 잘 어울리는 게르하르트 슈뢰더는 무서운 적수였다. 그는 많은 사람들에게 미래의 얼굴, (그가 실제로 영감을 받은 영국의 토니 블레어처럼) 경제문제를 해결하고 독일을 다가오는 21세기로 데려갈 능력이 있는 인물로 비쳤다. 선거전이 시작되자 여론조사 결과는 차기 총리로서 슈뢰더가 적합하다고 생각하는 사람이 콜을 지목한 사람보다 두 배나 많았다.[52]

콜은 1994년에는 운 좋게도 경제의 상향추세를 만나(단명으로 끝났지만) 득을 보았다. 그러나 전통적으로 유럽의 경제적 발전소였던 독일이 1990년대 말이 되자 높은 노동 및 복지의 비용, 계속되는 통일비용의 부담과 싸우느라 경쟁력을 잃었다. 실업─1996년의 실업자 수는 공식적으로는 400만이었으나 실제로는 더 많았다─은 경제문제의 가장 우려스러운 징후이자 선거전의 중심 주제였다. 콜에게는 제시할 구체적인 해결책이 없었다. 국가 재정 상태로 보면 정치적으로 위험하지만 복지비용 삭감을 포함한 재정지출의 축소가 최우선적인 대책이었다. 1996년 선거전에서 콜의 지지도가 하락한 전환점은 유급병가의 축소 뒤에 곧바로 나타났다. 뒤따라온 유로화의 도입은 콜의 고통을 가중시켰다. 유로화 도입에 찬성하는 독일인은 21%에 지나지 않았고 52%가 반대했다.[53] 그의 지지도는 수직으로 떨어졌고, 가장 극적으로 떨어진 곳은 옛 동독지역이었다. 한때는 그의 연설에 환호하던 곳에서 이제는 그에게 조롱이 쏟아졌다. 콜은 경제 불안 때문에 많은 사람들로부터 비난받았고 그것을 극복할 에너지도 아이디어도 갖지 못했다는 평가를 받았다.

역설적이게도 바로 이 무렵에 지난 8년 동안 막대한 재정을 쏟아부은 옛 동독의 시민들이 마침내 그들의 생활이 실질적으로 개선되기 시작한다고 느끼고 있었다. 많은 건설 현장이 투자의 감동적인 수준을 말해주었다. 그러나 당연한 얘기지만 주요 문제는 해결되지 않은 채로 남아있었다. 실업률은 옛 서독지역보다 훨씬 높았고 생활수준은 일반적으로 더 낮았다. 동독이 부유한 서독으로부터 버림받았다는 인식이 끈질기게 남아 있었다. 이런 정서를 바꾸기 위해 콜이 할 수 있는 것은 없었고, 서독의 유권자들에게 자신이 경제를 다시 일으켜 세우고 더 높은 생활수준을 약속한다고 설득할 수도 없었다.

콜에게 선거의 결과는 재앙과 같았다. 기독교연합의 득표율은 35%에 그쳤다. 사회민주당은 41%를 표를 얻었고 슈뢰더가 차기 총리로 지명되었다. 당연히 모든 책임을 콜이 떠안았다. 선거 패배의 책임을 그가 개인적으로 져야 할 부분도 상당한 정도로 있었다. 그는 이전보다 완고해져 권고와 건의를 받아들이지 않았고, 자신의 능력에 대해 이전보다 자신감이 더 과도해졌다는 비판이 있었다. 총리 자리를 16년 동안이나 지킨 뒤에도 더 오래 그 자리에 머물려던 욕심, 콜 자신에 대한 지지도가 그가 오랫동안 후계자로 지목해온 볼프강 쇼이블레보다 훨씬 낮은데도 (후계자에게) 길을 비켜주지 않은 오만이 심각한 실수였다는 지적이 나왔다. 오랫동안 권력을 누린 지도자가 대체로 그렇듯이 그는 포기할 줄을 몰랐다. 그는 너무 오래 머물러서 미움을 샀다. 사실을 꾸밈없이 말하자면 간단했다. 그의 시대가 지나갔던 것이다.

그토록 오랫동안 독일의 정치무대를 지배하다가 물러나는 그를 위해 마련된, 휘황한 조명이 비추는 슈파이어 대성당(Speyerer Dom)에서 열린 거창하고 감동적인 의식을 수백만 명이 텔레비전을 통해 지켜보았다. 장엄한 대성당은 팔츠의 유구한 역사전통을 상징하는 건물이었다. 수세기 동안 호엔슈타우펜(Hohenstaufen) 왕조*의 황제들

---

* 호엔슈타우펜 왕가는 중세에 신성로마제국을 지배했던 유서 깊은 가문이다.

이 그곳에 묻혀왔다. 시작은 수수하였으나 그 끝은 상상하기 어려운 성공이었던 한 정치가의 여정이 이렇게 막을 내렸다.

남긴 유산

헬무트 콜은 독일과 유럽에 근본적이고 영속적인 변화를 가져오는 데 중심적인 역할을 했다. 이것은 멋지고도 대단한 유산이다. 물론 그것은 콜 혼자만의 작품은 아니었다. 자신이 설계하지도 않았고 예견하지도 않았던 극적인 사건들 때문에 역사적 변혁에 독특하고도 개인적인 기여를 할 수 있는 기회가 주어졌을 때 때마침 그가 정부의 최고 책임자였다. 그리고 그의 결정과 행위 때문에 역사가 만들어졌다. 오늘날의 독일과 유럽은 결코 적지 않은 정도로 그의 작품이다.

통일독일의 수도를 본에서 베를린으로 옮기자는 콜의 제안은 그가 총리에서 물러난 1년 뒤에 실현되었다. 이를 두고 '베를린공화국'이라는 명칭이 나왔지만 이 일은 그 자체로 영구적인 기념비였다. 그는 경제적으로 강력하고 통일된 독일, 유럽에서 가장 넓고 가장 인구가 많은 나라 독일이 유럽대륙의 중앙에 자리 잡은 지리적 위치 때문에 다시 한 번—이제는 평화와 국제적 협력을 추구하는—유럽의 핵심 세력이 되어 동쪽과 서쪽을 다 같이 아우르는 역할을 하는 모습을 예견했다. 수십 년 동안 이렇다 할 특징이 없이 서독의 평범한 정치 중심지로서 역할을 해온 라인 강변의 작은 마을 본은 유럽의 중심 역할을 하게 된 통일독일의 수도로서는 부족한 점이 많았다.

좀 더 넓게 유럽 전체의 관점에서 보자면 콜이 남긴 핵심 유산은 그가 퇴임하기 직전에 출범한 유로화이다. 그는 프랑수아 미테랑과

한때 이탈리아와 부르군디도 지배했다.

함께 유로화의 핵심 설계자였다. 유로화의 도입으로 그는 자신이 바라던 핵심 목표 하나를 달성했다. 그것은 독일의 미래를 지리적 위치와 함께 좀 더 통합된 유럽에 묶어두는 것이었다. 유럽의 기초는 매우 견실해서 근본적으로 달라질 수가 없다.

퇴임 후 1년이 지나 어느 신문과의 장시간 인터뷰에서 그가 한 말이다. 그걸 그가 어떻게 확신할 수 있을까? "유로화의 도입이 유럽의 미래를 위해 가져다줄 모든 성과", 이것이 그의 답변이었다. "유로화의 도입으로 유럽은 루비콘을 건넜다. ···우리가 유로화의 도입을 성공시켰다는 것은 결정적으로 중대한 일이었다고 생각한다. 내가 독일연방공화국의 총리 자리에 있지 않았더라면 유로화의 도입은 불가능했을 것이라고 나는 확신한다."[54] 이건 과장이었을까? 유럽연합 내에서 통용되는 단일 통화 ─ 유럽통합을 추구하는 사람들이 오랫동안 마음속에 품어왔던 꿈 ─ 는 언젠가는 나왔을 것이다. 그러나 자신과 미테랑에 사이에 깊은 공감대가 형성되지 않았더라면 마스트리히트에서 유로화 도입 합의에 이르지 못했을 것이란 콜의 주장은 전적으로 옳다. 그 뒤로 일어난 일들을 보면 마스트리히트는 유럽의 미래를 바꾼 획기적 전환점이었다.

권력의 자리에서 물러난 이후 헬무트 콜의 말년은 2017년에 죽음을 맞을 때까지 정치적으로나 개인적으로도 비극의 연속이었다. 1999년 거액의 후원금 추문에 연루되었을 때 그는 불법적인 자금을 당에 기부한 사람이 누구인지 끝까지 밝히지 않았다. 이 사건으로 그의 명성은 심각한 상처를 입었다. (익명의 기부자가 1991년 이후 수백만 마르크를 기독교민주연합에 비밀리에 지급했다. 콜이 이 돈을 개인적으로 받았다는 증거는 나오지 않았다. 그럼에도 불구하고 2001년에 콜이 합계 30만 마르크를 ─ 절반은 국가에, 절반은 자선단체에 ─ 내겠다고 합의할 때까지 형사적인 수사는 계속됐다.)

2000년, 그가 사반세기 동안이나 이끌어왔던 기독교민주연합이 총리 자리에서 물러나는 그에게 부여했던 명예 당의장이란 직함을 취소했다.[55] 한때는 그의 측근이자 권력기반의 버팀목 역할을 했던 사람들 가운데서 일부가 이런 조치를 승인하자 콜은 용서할 수 없는 불충(不忠)이라 생각했다. 그래서 그는 한때 그의 충실한 시종이었던 사람들과 의절했다(그중에 볼프강 쇼이블레와 앙겔라 메르켈이 포함되었다). 회고록에서 그는 자신의 명성이 부당하게 상처를 입었으며, 자신의 위대한 역사적 업적이 완전하고도 합당한 인정을 받지 못한다고 주장했다.[56] 그는 자신이 독일 통일의 물꼬를 텄는데 나라가 충분히 감사할 줄 모른다고 생각했다. 외국 지도자들이 그를 향해 찬사를 쏟아내고 있을 때 국내—심지어 그의 당—에는 그에 대한 광범위한 거부의 정서가 퍼져 있는 사실에 대해 그는 깊은 분노를 느꼈다.

개인적인 비극도 잇달아 일어났다. 41년 동안 함께 살아온 아내 하넬로레가 2001년에 스스로 목숨을 끊었다. 이미 질병 때문에 정신적으로 파탄상태에 빠져 있던 그녀에게 정치자금 추문이 타격을 주었다. 그녀는 의사들도 치료할 수 없는 햇볕 알레르기에 시달리고 있었고 증상이 갈수록 심해졌다.[57] 그녀의 장례식에서 헬무트 콜은 의지를 상실한 사람처럼 보였다. 거의 7년 뒤, 2008년 2월에 그는 집안에서 넘어져 몸의 일부가 마비되고 뇌기능도 부분적인 손상을 입어 언어장애가 생겼다. 그는 휠체어가 없이는 이동할 수 없었다. 그런데 놀랍게도 그는 병원에 수용되어 있는 동안에 재혼했다. 상대는 마이케 리히터(Maike Richter), 총리실에서 일했었고 나이가 콜보다 34세나 아래였다. 그녀는 전임 총리 주변에 보호막을 치기 시작했다. 한때 그의 정치적 동지, 친구, 심지어 그의 두 아들까지도 견고한 그 보호막을 통과할 수가 없었다.[58] 정치생활은 헬무트 콜을 완전히 연소시켰다. 그리고 끝에 가서는 그의 가족까지도 삼켜버렸다.

결론: 자기시대의 역사를 만든 사람들

    이 책은 다른 배경과 다른 정치체제로부터 등장한 12명의 유럽 지도자들이 어떻게 권력의 자리에 오르고 권력을 행사할 수 있었는지, 그 권력이 20세기 유럽을 어느 정도로 바꾸어놓았는지를 살펴보고자 했다. 그들이 실제로 역사를 만들었다면 그것은 그들 모두가 (각자의 방식으로 권력을 장악하고 행사할 수 있게 해준) 독특한 환경의 산물이었기 때문이다. 그런 환경이 아니었다면 그들은 역사에 특별한 흔적을 남기지 못했으리라는 추론은 설득력이 있다. 스스로 만들어내지 않은 조건을 성공적으로 이용할 수 있었던 능력 덕분에 그들은 앞장서서 근본적인 (때로는 고도로 파괴적인) 변화를 끌어낼 수 있었다. 그래서 나는 지도자 개인의 행위뿐만 아니라 그의 역할이 가능했던 비인격적·구조적 조건을 살펴봄으로써 역사적 변화에 한 인물의 개성이 어떤 영향을 주었는지 평가하고자 했다.

    이 책에서 살펴본 지도자는 독재자도 있고 민주주의자도 있다. 그들에게 공통점이 있다고 한다면 무엇보다도 그들이 각자의 나라에서 권력을 장악했다는 점이 아닐까? 그가 구속받지 않는 독재자라면 어떻게 해서 그런 위치에 오를 수 있었을까? 그가 민주주의자라고 한다면 어떻게 해서 헌법에서 정한 제약을 극복하고 그런 위치에 오를 수 있었을까? 독재자도 민주주의자도 아니라면 권력행사의 이론적 제약을 뛰어넘을 수 있었던 개성과 환경은 무엇이었을까? 나는 서문에서 같은 문제를 제기했고 구조적인 조건과 개인적 권력의 상호작용에 관한 몇 가지 가설과 추론을 개략적으로 설명했다. 이제 이 결론에서는 지금까지 살펴본 사례연구가 일반화된 가설과 어느 정도로 부합하는지 검증하고자 한다.

서문에서도 지적했듯이 카를 마르크스는 19세기 중반의 프랑스에서 (그가 보기에는 변변찮은 인물인) 루이 보나파르트가 권력을 휘두를 수 있었던 전제조건을 개념적으로 설명하기 위해 '계급간의 세력균형'이란 용어를 사용했다. 이 말은 혁명계급이나 지배계급 그 어느 쪽도 우월한 위치를 차지할 만큼 강력하지 않았기 때문에 국가권력을 장악할 만한 개인적인 자질도 전혀 갖추지 못한 '국외자'에게 열려 있는 공간을 가리켰다. 그런데 '계급간의 세력균형'은 1930년대의 스페인을 제외한다면 상술한 사례연구에 거의 적용되지 않는다.

공산주의 지도자들(레닌, 스탈린, 티토, 고르바초프)의 권력승계에서는 '계급간의 세력균형'이 없었다. 지배계급은 이미 파괴되고 없었다(레닌 치하에서는 러시아왕조를 철저히 파괴하기 위해 잔인한 내전이 필요했지만). 고르바초프의 경우에도 계급간의 세력균형은 관련이 없었다. 공식적으로는 계급간의 차별은 '프롤레타리아독재' 체제에서는 존재하지 않았다. 현실에서는 국가와 당에 대한 봉사를 통해 특권과 물질적 특혜를 받던 관료계층은 소비에트 체제 내내 그러했듯이 고르바초프 통치시대에도 광대한 대중과는 유리되어 있었다. 그러나 그것은 '계급간의 세력균형'은 아니었다.

무솔리니와 히틀러의 경우 이것은 권력의 전제조건이 아니었다.

노동계급의 정치적 힘은 무솔리니나 히틀러가 권력을 장악하기 전에 철저하게 약화되어 있었다. 최근에 권력의 자리에 오른 독재자들은 야만적인 탄압을 통해 노동계급을 파괴했다. 프랑코의 경우 참혹한 내란 끝에 권력을 장악했다. 독재자와 승리한 스페인 지배계급이 노동자계급을 마음대로 처분했다. 민주적인 지도자들(처칠, 드골, 아데나워, 대처, 콜)은 '계급간의 균형상태'라고 할 수는 없지만 현존하는 사회 정치적 권력구조로부터 다양한 도움을 받았다. 드골과 아데나워는 현존하는 정치체제가 전쟁을 거치면서 파괴된 후 권력의 자리에 올랐다(밑바탕의 전통적인 사회구조는 부분적으로만 파괴되었지만).

최근에 갑자기 닥친 코로나 감염사태가 전 세계에 걸쳐 어떻게 사회를 뒤집어놓는지를 경험했기 때문에 우리는 역사적 변화에서 비인격적 결정요인의 역할이 얼마나 중요한지를 굳이 강조할 필요가 없다(지도자 개인의 역할 때문에 비인격적 결정요인의 충격이 더 악화된 사례를 트럼프나 브라질 대통령 자이르 보우소나루(Jair Bolsonaro)에게서 찾아볼 수 있다). 강력한 인물의 역할이 크게 부각된 20세기도 근본적으로는 중요한 정치적 사건들이 연출한 표면적 드라마의 밑바닥에 있는 결정적이며 때로는 드러나지 않는 변화양식에 의해 형성되었다.

예컨대, 유럽의 인구는 출산율 저하와 전쟁, 질병, 기근, 학살로 인한 거대한 인명 손실에도 불구하고 20세기를 통틀어 지속적으로 증가했다. 그 주된 원인은 (근원을 찾아가자면 19세기 후반까지 소급되는 추세이며 부분적으로 놀라운 의학발전의 결과인) 사망률의 하락이었다. 공업화와 도시화는 셀 수 없이 많은 사람들의 생계에 중대한 영향을 주었고, 그것을 촉진하거나 또는 통제하려던 정치지도자들의 시도와는 관계없이 추세는 냉혹하게 지속되었다. 20세기 후반에 들어와 도시의 성장은 계속된 반면에 정치적 리더십의 성격과 관계 없이 탈공업학가 일어났다(대처 시대의 영국 경우에는 정치적 리더십이 탈공업화의 방식에 영향을 미치기도 했지만).

두 차례의 세계대전은 획기적인 변화의 가장 강력한 발동기였다. 전쟁의 원인과 수행방식에서 개인의 영향과 비인격적 요인의 영향을 밝혀내기란 분명히 복잡한 일이다. 1차 대전은 특정한 인물에게 책임을 돌리기 어려운 전쟁이라고 한다면 2차 대전의 기원은 비교적 분명하다. 그러나 히틀러 개인의 역할이 아무리 중요했다 하더라도 그를 (1941년 12월의 충돌로 일본과 미국이 참가함으로써 비로소) 세계로 확대된 전쟁은 물론이고 확대되기 전의 유럽전쟁의 유일한 원인이라 규정할 수는 없다. 1차 대전이든 2차 대전이든 그 원인을 인적 동인(動因)에만 돌릴 수는 없다. 전쟁 지도자의 행위가 군사적인 성공 또는 실패의 길을 닦았던 것은 분명하지만 승리는 개인의 능력을 벗어난 요소인 경제력, 지리, 국제관계, 무기 생산의 규모, 적보다 더 오랫동안 무장병력을 유지할 수 있는 능력이 더 크게 좌우했다.

두 차례의 세계대전은 그냥 파괴적이기만 했던 것은 아니다. 전쟁은 (제트 엔진, 우주기술, 핵분열을 포함한) 기술혁신과 의학의 발전—예컨대 재건수술—을 자극했다. 전쟁으로 왕조와 제국이 붕괴되고 공산주의와 극단적 민족주의가 등장했을 뿐만 아니라 민주화운동이 일어났다. 2차 대전의 종식은 전례 없는 경제성장을 가져왔고, 복지국가를 출발시켰으며, 새로운 수준의 번영을 자극했고, 유럽의 항구적인 평화를 이끌었다. 그 밖의 중요한 세속적 변화—예컨대 기독교 교회의 영향력 축소, 여성평등에 대한 요구, 인권의 강조, 대량 이민의 충격, 컴퓨터 기술의 확산, 더 나아가 기후변화의 후유증—는 유럽 20세기사의 중요한 이정표이지만 아무리 후하게 평가하더라도 정치지도자들 개인의 역할로부터 부분적인 영향만 받았을 뿐이었다.

그렇다고 하더라도 이 책(과 다른 책)에서 고찰한 지도자들의 역할이 없었더라면 20세기에 수백만 유럽 시민의 생활은 엄청나게 달라졌을 것이다. 리더십은 역사발전에 순전히 부차적인 요소는 아니었다. 그것은 역사의 핵심 요소였다. 개인의 통제를 벗어난 비인격적 힘이 지도자의 영향력을 처음으로 가능케 했다. 그런 다음에 지도자의 개성이 중요한 역할을 할 수 있었다.

전쟁은 가장 중요한 조력자였다. 1차 대전이 없었더라면 레닌(과 그의 후계자 스탈린), 무솔리니, 히틀러가 각자의 나라에서 지도자가 될 기회는 사실상 없었을 것이다. 2차 대전이 없었더라면 처칠과 드골이나 티토가 권력의 자리에 올랐을 것 같지는 않다. 극단적인 위기에서는 극단적인 해결책에 대한 요구를 가장 잘 대변할 수 있거나 또는 국가의 구원이란 희망을 제시할 수 있는 유형의 지도자가 등장했다. 이 극단적 위기의 분명한 원인은 전쟁과 그것이 남긴 파괴의 유산이었다. 또한 전쟁은 때로는 놀랍고도 중대한 결과를 가져오는 기회도 만들어냈다. 독일 군부가 레닌에게 러시아로 가는 길을 열어주지 않았더라면 1917년에 레닌이 권력의 자리에 오를 수 있었을까?

어떤 환경에서는 한 인물의 개성이 결정적인 요소가 될 수 있었다. 지금까지 각 장에서 살펴본 인물들은 호환성이 없었다. 다른 개성은 (때로는 엄청나게) 다른 역사를 만들어냈을 것이다. 이것은 독재자의 경우에 분명하다. 히틀러의 리더십이 홀로코스트를 가능하게 했다. 독일이란 국가의 최고지도자가 그가 아니었더라면 유럽 유대인의 실질적인 멸절은 일어나지 않았을 것이다. 그러나 개성의 역할은 민주적인 지도자의 경우에도 마찬가지였다. 1940년 5월에 핼리팩스 ─많은 사람들이 그를 선호했다─가 아니라 처칠 ─정치 기득권 집단은 그를 싫어했다─이 영국 수상에 지명됨으로써 영국의 역사만 바뀐 게 아니었다. 1949년에 아데나워가 독일 수상으로 선출된 것은 냉전시대에 독일은 물론이고 유럽에도 중대한 영향을 미쳤다. 1980년대에 대처가 영국, 유럽, 세계에 준 충격은 다른 사람이 영국의 수상이 되었더라면 복제될 수 없었을 것이다. 고르바초프가 아닌 다른 인물이 소련의 붕괴와 냉전의 종식을 가져온 정책을 선동하고 추구할 수 있었으리라고는 상상도 할 수 없다.

헬무트 콜은 사례연구의 대상이 된 다른 인물들과 대비했을 때 두 가지 면에서 출중하다. 그가 서독의 총리 자리에 오른 것은 중요한 위기의 산물이 아니었다. 또한 외부환경이 그의 총리직에 영향을 미치게 되는 1989년 이전까지는 그의 정치적 위상은 독일을 벗어나지 못했다. 그러다가 앞에서 살펴본 바와 같이 베를린장벽이 무너지고 난 뒤 독일과 유럽이 처하게 된 예외적인 조건 아래서 콜은 국제적으로 중요한 역할을 하게 되었다. 결정적인 것은, 부분적으로는 붙임성 있는 개성 덕분에 그가 초강대국과 유럽의 지도자들과(대처는 제외하고) 개인적인 교감을 할 수 있었고 그들로부터 신뢰와 호감을 얻을 수 있었다는 점이다. 그들은 평화로운 유럽을 위해 콜이 약속한 독일의 핵심적인 역할을 믿을 수 있다고 생각했다. 정치지도자의 개성을 말하자면 콜의 경우에도 그것은 핵심적인 요소였다.

이 책에서 다룬 역사를 만든 열두 인물에게 공통점이 있었을까? 이토록 이질적인 인물들을 하나로 묶어주는 특징은 없다. 그들의 사회적 배경은 크게 달랐다. 그런 만큼 그들의 유년시절 경험도 달랐다. 유년기와 가족사를 뒤져 심리학적으로 설명하려는 시도는 바라는 성과를 전혀 얻어내지 못한다. 이 인물들이 심리분석 전문가로부터 제대로 된 분석을 받아본 적이 없고 가설이란 수십 년이 지나면 추론에 불과할 수밖에 없다는 사실을 감안하지 않더라도, 한 지도자의 행위가 형성되기까지의 엄청나게 복잡한 진화과정을 단순한 생활경험으로 축소 요약하려 한다면 역사적 변화에 대한 의미 있는 해석을 총체적으로 놓치게 될 것이다.

그럼에도 불구하고 개성의 유사한 특징 몇 가지는 찾아낼 수 있을 것이다. 지금까지 살펴본 지도자들은 모두가 권력을 장악하기 전에도 장악한 후에도 비상한 집중력을 보여주었다. 그들은 모두가 비상한 결단력, 고통과 좌절을 이겨내는 정신력, 성공에 대한 집념, 최고의 충성을 요구하고 모든 사람과 모든 것을 원하는 결과에 종속시키는 상당히 강한 자기중심성을 갖고 있었다.

그들은 모두가 '내몰린' 인물이었다. 그들은 '운명적으로' 완수해야 할 임무를 갖고 있다고 느꼈다(그들 중 일부는 실제로 그렇게 말했다). 그런 느낌을 갖는 사람은 거의 없다. 정도의 차이는 있지만 그들은 모두가 본능적으로 권위주의적이었으며 타인을 통솔하려는 마음의 준비가 되어 있었다. 이런 특징은 흔히 불관용과 분노의 위협적인 과시와 함께 나타났다.

독재체제는 당연히 다양한 강압적 통치의 형태를 보여주었다. 가장 폭압적인 지도자는 스탈린이었지만 히틀러, 무솔리니, 프랑코, 티토도 극단적인 독재자였다. 민주적인 지도자는 독재적인 성향을 억제하고 설득을 통해 통치해야 하지만 드골은 (진정한 민주주의자라고 불리기에는) 독재적인 행태를 보였고, 아데나워 또한 독재적이라고 할 수 있었으며, 대처는 반대자들을 (때로는 가까운 동료까지도) 경멸하는 때가 많았다. 처칠은 늘 품위 있게 행동했으나 그도 스트레스가 심할 때는 불쾌할 정도로 동료와 부하들에게 고압적으로 대했다.

민주적인 지도자들까지도 냉혹한 경향을 보여주었다. 독재자들에게 냉혹함이란 자리를 유지하기 위한 필수조건이었다. 민주적이든 독재적이든 지도자는 모두 주변 사람들에게 영감과 자극을 줄 수 있는 능력을 갖추어야 했다. 그들은 이해하기 쉽고 정선된 정책을 언어를 통해 전파하여 그것을 대중의 태도, 열망, 편견으로 정착시키는데 뛰어났다. 이 책에서 살펴본 지도자 모두가 권력에 대해 뛰어난 감각을 갖고 있었고, 일단 권력을 장악한 뒤에는 그것을 내려놓지 않으려는 강한 집착을 갖고 있었다는 사실은 강조할 필요가 없다.

그러나 그들이 중요한 역할을 했던 사태가 다른 방향으로 전개되었더라면 이러한 개인적인 특징은 성과를 내지 못했을 것이다. 러시아가 1차 대전의 재앙에 가까운 충격에서 힘겹게나마 빠져나왔더라면 레닌은 혁명의 실천자가 아니라 망명 이론가로 남았을 것이다. 독일이 1차 대전으로 비참한 처지에 빠지지 않았더라면 히틀러의 목소리에 귀를 기울이는 독일인은 없었을 것이다. 프랑코는 스페인내전을 통해 정치지도자로 밀려 올라가지 않았더라면 군대 안에서 훌륭한 장군으로 남았을 것이다. 독일이 프랑스를 침공하지 않았더라면 드골은 프랑스군 내부에서 경력을 쌓아 올라간, 대중에게는 알려지지 않은 수많은 고위 장교 가운데 한 사람이 되었을 것이다. 전쟁이 없었더라면 처칠은 (그 자신이 표현한) 정치적 황무지에 남아 있었을 것이다.

반면에, 대처와 콜은 서방의 개방적 민주주의의 정당정치 구조라고 하는 정통적인 통로를 거쳐 권력의 자리에 올랐다. 두 사람은 이론적으로는 다른 환경에서도 정부의 지도자가 될 수 있었을 것이다. 그래도 대처는 당시의 영국 정부와 경제의 위기 덕분에 자신의 젠더와 사회적 계급으로서는 (다른 환경에서였더라면) 극복하기 어려운 장애물을 뛰어넘어 권력의 자리에 올랐다. 이 책에서 살펴본 모든 지도자들 가운데서 콜은 선거에서 정상적인 승리를 통해 권력으로 올라가는 기름칠한 기둥을 어떻게든 타고 올라갔을 가능성이 가장 높은 인물이었다. 그러나 콜의 경우에도 위기가 영향을 주었다. 1979년의 석유위기에 노출된 경제의 구조적인 문제를 해결할 능력이 오랫동안 연정으로 유지해온 현재의 정부에게는 없다는 널리 퍼져있던 인식이 콜이 권력을 장악하는 데 중추적인 역할을 했다. 달리 말하자면, 대처와 콜의 경우에도 지도자의 유형은 독특한 조건의 산물이었다.

이제 서문에서 개략적으로 정의했던 개인의 리더십에 관한 일곱 가지 명제의 적용 가능성을 검증해볼 때이다.

1. 기존의 통치구조가 흔들리거나 무너지는 거대한 정치적 격변 가운데서, 또는 그 직후에 개인의 영향력은 최고 수준에 이른다.

이것은 독재 권력이 아무런 제약을 받지 않고 작동하는 상황과 대체로 동일하다. 이때도 어느 정도의 조건이 갖추어져야 한다. 차르정권이 혁명에 의해 붕괴된 후 러시아에서 나타난 대격변이 레닌의 권력기반이 되어주었다. 그러나 레닌의 개인적인 권위가 아무리 강력하다 하더라도 그는 제약에서 자유롭지 않았다. 볼셰비키 당내의 부하 지도자들을 대할 때 그는 설득과 논쟁의 힘에 의존하지 않을 수 없었다. 스탈린의 독재 권력은 레닌이 죽은 뒤 혁명의 소용돌이와 내부의 분파투쟁에서 생겨났다. 그는 당 기구를 장악하고 있었기 때문에 겉으로 드러난 것보다 약했던 볼셰비키의 통치구조—당 대회, 중앙위원회, 정치국—를 지배할 수 있었다. 이 구조의 약화는 심각한 대규모 테러를 동반했고 그 결과 그의 사유화된 권력에 대한 모든 제약이 사라졌다.

무솔리니가 누렸던 행동의 자유는 1차 대전 직후의 혼란이 극심했던 시기—그가 권력을 손에 넣던 시기—에 한정된 것이었다. 그의 권력이 엄청나게 확대된 시기는 1924-25년에 정권의 내부 위기를 극복한 뒤였다. 1930년대가 되자 그의 독립적인 행동은 최소한 외교정책에 있어서는 독일에 대한 높아가는 의존도 때문에 제약을 받았다. 1차 대전 후 극심한 혼란의 시기에 히틀러는 실패자였다. 그로부터 10년이 지난 뒤 그는 권력을 향해 나아가기 시작했다. 그가 권력을 장악하기 전의 오랫동안 끌어온 국가와 사회의 총제적인 위기는 한편으로는 반대당을 약화시키고 한편으로는 지도자와 일체가 된 거대한 정당을 만들어냈다. 그런 상황에서도 힌덴부르크 대통령이 측근 조언자 그룹의 압력에 굴복하지 않았더라면 히틀러는 총리가 될 수 없었을 것이다. 그런데 일단 권력을 장악한 뒤부터 히틀러는 무솔리니보다 훨씬 빠르게 내부의 제약을 제거했다. 1934년 여름에 당내의 준군사 조직의 위협을 제거하고 재빨리 힌덴부르크를 국가 지도자의 자리에서 몰아냄으로써 히틀러는 절대 권력을 장악했다.

민주적인 권력은 혼란과 붕괴가 아니라 안정과 지속성으로부터 이득을 본다. 그리고 민주적인 권력은 결정적으로 헌법의 제약을 받는다. 지도자의 권력은 제약을 받는다. 그런 가운데서도 드골과 아데나워의 경우에서 보았듯이 민주주의는 거대한 혼란 속에서 등장하며 지도자의 성향이 권위주의적이라도 그 권력은 헌법의 제약을 받는다. 1944년 프랑스가 해방되었을 때 드골은 비시정권의 정통성 없음을 날카롭게 지적하고 프랑스란 국가의 법적 연속성을 강조했다. 그러나 그는 유감스럽게도 자신이 전시지도자로서 쌓아올린 명성이 재건된 민주체제에서 간섭받지 않는 정치적 행위로 연결되지 않는다는 사실을 깨달았다. 그는 알제리 위기가 발생하자 불려나와 국가의 지도자가 되었고 제5공화국의 새로운 헌법에 따라 많은 권력을 갖게 되었다. 그러나 많은 부분 의회의 견제에서 벗어났지만 그는 여전히 헌법의 제약을 받아야 했기 때문에 독재자처럼 자유롭게 행동할 수는 없었다.

1945년 독일이 완전히 파괴된 뒤에 아데나워는 서독 총리 자리에 올랐다. 그러나 그의 권력 장악의 전제 자체가 법치를 기반으로 하는 통치로의 복귀였다. 나치 정권이 들어서기 전 쾰른 시장으로서 그는 민주적 권력의 제약 안에서 수완을 발휘했던 정치가였다. 그는 연방 총리가 된 후에도 이 수완을 발휘했다. 그의 분명한 권위주의적 성향은 민주적 체제 안에서 평등의 원칙에 따르도록 견제받았다. 그는 설득의 힘과 함께 정당정치 메커니즘을 약삭빠르게 활용하여 목표를 달성했다. 이것은 대규모 혼란과 기존 통치체제의 붕괴가 권력에 대한 견제의 제거가 아니라 오히려 강화로 발전한 경우였다.

2. 간단명료한 목표에 전념하고 확고한 이념이 전술적 통찰력과 결합되었을 때 특정 인물이 주목을 끌고 지지세력을 획득할 수 있다.

헬무트 콜을 예외로 한다면 이런 일반화는 이 책에서 검토한 모든 인물에게, 그중에서도 특히 독재자들에게 적용될 수 있다. 콜은 분명히 전술적 통찰력을 지니고 있었지만 1989년 가을에 독일 통일을 추진할 수 있는 기회가 찾아오기 전까지는 뛰어난 총리는 아니었다. 그때까지 그가 권력의 자리에 올랐던 방식은 충분히 전통적인 것이었다. 그는 자신이 속한 당에서 최고의 자리에 오르고 연방 총리가 되겠다는 목표에 전념했다. 그런데 권력의 자리에 오른 뒤의 그의 목표는 제한적이었다.

그는 전통적인 정당정치 지도자, 보수적이며 민주적인 지도자의 야망을 갖고 있었다. 그는 명료한 목표를 갖고 있지 않았고 이념적으로도 확고하지 않았다. 그의 경우에 기회가 그를 도왔다. 그는 가까운 장래에 실현 가능한 독일 통일이라고 하는 분명한 목표를 가진 세계무대의 주역으로 변신했다. 다른 민주적 지도자들은 분명한 한 가지 목표를 좀 더 알기 쉽게 제시했다. 그것은 전쟁에서의 승리와 자유 수호(처칠의 경우), 프랑스의 해방(드골), 서방과의 결합을 통한 민주주의의 재건(아데나워), 경제의 족쇄로 간주되는 '사회주의'를 시장의 자유로 대체함으로써 영국의 위대함을 부활시키는 것(대처) 이었다.

파시스트 독재자들은 권력을 장악한 뒤에 시간이 지나면서 분명한 이념적 목표를 구체적으로 갖추어 나갔다. 그러나 이념적 목표가 대중의 지지를 얻는 데 반드시 핵심적인 요인은 아니었다. 무솔리니는 책략의 고수였지만 이념적으로는 지지를 얻기 위해 기회주의적이었다. 그는 권력을 획득하는 과정에서 이념적인 선명함보다는 모호함에 더 많이 기댔다. 양면전술──준군사적 급진주의 세력에게는 혁명가의 모습을, 보수 엘리트 집단에게는 질서 수호자의 모습을 보여주었다──을 성공적으로 구사했다. 히틀러가 갖고 있던 두 가지 개인적인 편집증──유대인 '제거'와 '생활공간' 확보──은 권력 장악의 중심 요소가 아니었다. 놀라운 성적을 거둔 1930년에서 1933년 사이의 선거에서 그의 연설은 10년 전에 실패로 끝난 선거보다 유대인 문제에 집중하지 않았고, 불확실한 미래의 어느 시점에 이루어질 '생활공간'의 확보는 경제적 정치적 위기로 고통받고 있던 대부분의 독일인들에게는 관심 없는 화두였다. 총체적인 위기의 시기에 그는 현재의 통치체제를 청산하고 독일 내부의 적을 파괴하겠다는 약속을 반복적으로 제시했다. 그는 이런 신랄한 공격에다 미래의 '민족공동체', 국가적 자부심과 힘의 재건이란 모호한 개념을 결합시켰다.

무솔리니와 히틀러가 권력을 장악하는 과정에서 더 정교하고 선명한 이념적 목표는 도움이 아니라 장애물이었다. 널리 알려진 파산상태의 통치체제에 대한 극도의 혐오, 혁명적 좌파에 대한 공포감, 새롭고 강하며 역동적인 사회를 창조하기 위한 국가의 재탄생에 대한 약속 등이 조합을 이루었을 때 명확하게 정리된 목표보다 훨씬 더 큰 효과를 냈다. 그것은 지도자의 개성이 결정적인 역할을 할 수 있는 환경을 만들어냈다.

스페인에서는 내전이 일어나기 전 5년 동안의 격렬하고 폭력적인 계급투쟁 과정에서 국가적 위기의 많은 증상이 나타났다. 프랑코에게는 내전 이전에는 대중적 지지기반이 없었고, 그가 갖고 있던 좌파를 완전히 분쇄하고 가톨릭국가 스페인의 영광을 재건하기 위한 국가주의 십자군이란 개인적인 인식은 그의 편에 서서 싸우는 사람들에게 호소력이 없었다. 내전이 끝난 후 그에게 쏟아진 찬사는 군사적 성공 때문이었지 선동능력 때문이 아니었다. 그리고 권력을 장악하고 나서는 가상의 적(국내와 국외)을 상대로 한 지속적인 싸움이란 것 말고는 분명한 이념적 목표가 제시되지 않았다.

공산주의 지도자 레닌, 스탈린, 티토는 모두 카를 마르크스와 프리드리히 엥겔스가 수립한 이념에 대해 공개적으로 존경을 표시했다. 스탈린과 티토는 여기에 더하여 레닌에 대한 숭배의식까지 만들었다. 그러나 마르크스-레닌주의의 이념적 교훈은 대중에 대한 호소력보다는 볼셰비키당의 핵심 지도부 집단의 형성과 통합에 더 큰 역할을 했다. 넓은 지지기반의 구축은 권력 장악 이전이 아니라 이후에 이루어졌다.

3. 개인적인 권력의 행사 방식과 그 범위는 권력을 접수한 상황과 그 직후 권력을 강화한 방식에 따라 대부분 결정된다.

이 명제는 일반적으로 독재자들에게 해당된다. 공산주의자든 파시스트든 독재 권력의 초기 강화는 반대자에 대한 높은 수준의 탄압과 함께 시작된다. 레닌은 내전 시기에 소비에트의 적에 대한 테러를 확대하라고 요구했다. 레닌의 유력한 후계자로서 스탈린은 경제발전 전략을 두고 벌어진 이념투쟁에서 승리했고, 이것이 권력을 사유화할 수 있는 튼튼한 기반이 되었다. 이때부터 그는 현실이든 상상이든 내부의 모든 위협을 대상으로 극단적인 테러를 확대했다. 무솔리니와 히틀러는 초기에 특히 좌파를 대상으로 한 맹렬한 공격에서 성공함으로써 권력을 강화했다. 무솔리니는 지역당의 우두머리들이 '길들여진' 후에야 완전한 우위를 차지할 수 있었나(그래도 아직은 국왕이 정통성의 또 하나의 중심으로 남아 있었다). 히틀러는 1934년 여름에 끊임없이 도전해오던 당내 준군사 조직을 완전히 분쇄함으로써 권력을 노골적으로 개인화하는 길을 닦았다.

프랑코는 내전에서 승자가 됨으로써 실질적으로 권력을 장악했다. 그 결과 누구도 그의 최고 권력에 도전할 수 없었다. 그는 내부의 적을 상대로 (특히 내전 시기와 내전 직후에) 무자비한 테러를 가했다. 그의 개인적인 권력의 기반은 스페인의 지배 엘리트집단이었다. 그는 이들의 이익을 만족시켜주고 이들 내부의 분파를 조종함으로써 지지를 확보했다. 티토의 상황도 이것과 유사한 점이 많았다. 티토는 전시에 쌓은 업적 덕분에 도전자가 없는 권력기반을 만들 수 있었고 이 기반을 특혜(모든 독재자가 다 그렇지만 특히 당, 군부, 보안기관을 만족스럽게 해주었다), 부하 지도자들에 대한 '분할통치' 기법 활용, 그리고 당연히 탄압을 통해 유지했다.

이 명제는 민주적 지도자의 개인적 권력에 대해서는 변형된 형태로만 적용될 수 있다. 민주적 지도자는 일반적으로 규칙 기반의 제도를 통해 당과 정부의 고위직에 선출되며, 규정은 이들이 권력의 자리에 오른 뒤에도 절대적 명령이 아니라 협력을 통해 직무를 수행하도록 요구하고 있다. 대처와 콜은 잘 정비된 정치적 기구를 통해 정부의 지도자가 되었다. 두 사람의 경우 국가의 권력을 장악하고 강화하는 과정이 뒤에 가서 개인화된 권력을 확장하는 기본요소가 되지는 않았다. 권력의 개인화는 대체로 예상할 수 없는 사건에 의해 결정되었다. 포클랜드의 승리는 의심의 여지없이 대처의 개인적 위상과 권위를 크게 높여주었다. 독일민주공화국의 쇠퇴와 붕괴 덕분에 콜은

(평범한) 총리가 되고 나서 7년이나 지난 뒤에 새로운 개인적 권위를 갖게 되었다.

민주적 체제에서도 비상상황에서는 다른 유형의 지도자가 등장한다. 영국에서 1940년 4월과 5월의 위기는 처칠에게 권력을 잡을 수 있는 예상치 않았던 기회를 가져다주었다. 전시 상황에서는 민주적 제약이 축소되었다. 그럼에도 불구하고 자신의 본능적인 욕구와 관계없이 처칠은 여러 당파로 구성된 연립정부의 틀 안에서 권력을 집행했다. 드골과 아데나워는 체제를 물려받기보다는 전반적으로 새롭게 시작하여 체제를 만들어갔다. 두 사람의 경우 이 명제가 적용된다고 할 수 있을 것이다. 아데나워는 강력한 정당 기반을 갖고 있었으나 1949년 선거에서 근소한 차이로 수상으로 선출되었다. 그는 애초에는 불안정했던 권력을 성공적인 정책('경제적 기적')을 통해 점차로 확대해나가 신생 민주체제를 '총리독재'라는 별명이 붙는 모습으로 만들어놓았다. 드골의 권위주의적인 본능은 시종일관 변함이 없었다. 2차 대전의 승리는 드골에게 원하던 정치적 권력을 가져다주지 않았다. 제4공화국의 주기적인 불안정과 알제리 위기 때문에 1958년에 최고 권력의 자리에 복귀한 조건 때문에 드골은 발생기의 제5공화국을 자신의 권력 확대를 위한 도구로 만들 수 있었다. 이 과정은 비록 민주주의의 틀 안에서 이루어졌으나 궁극적으로는 1969년의 그의 몰락으로 이어졌다.

사례연구의 마지막 대상인 고르바초프는 어떤 의미에서는 이례적인 인물이다. 고르바초프는 독재적인 체제를 통해 권력의 자리에 올랐지만 독재자는 아니었다. 레닌주의 정치구조에 헌신적인 인물이었던 그는 민주주의자도 아니었다(나중에는 어느 면에서는 그렇게 변했지만). 공산당의 선출된 총서기란 위상은 처음부터 그에게 막대한 권력을 부여했다. 그러나 그의 개혁 의제는 심각한 논쟁을 불러일으켰다. 그는 강압적인 설득을 통해 권력을 행사했다. 그의 개인적인 권력은 개혁정책에 대한 초기의 대중적 지지를 통해 점진적으로 확대되었다. 그러나 개혁의 효과가 점차로 그의 권위를 무너뜨렸고 결국에는 그의 개인적 권력을 붕괴시키고 마침내 그를 사임하도록 내몰았다. 그러므로 권력을 장악하고 초기에 권력을 강화한 조건은 고르바초프에 대한 제약을 제거했지만 그런 권력행사 자체가 시간이 지나면서 그의 권력을 붕괴시키는 제약으로 변했다.

민주주의를 포함한 모든 체제에서 장기간에 걸쳐 권력을 강화하고 확대할 수 있는 능력을 가진 지도자는 성격상 권력행사에 대한 제약을 없애려는 특성을 보인다.

4. 권력의 집중은 개인의 영향력을 강화하며, 흔히 부정적이고 때로는 파국적인 결과를 불러온다.

이 명제는 독재자들에게는 자명한 진실이다. 위에서 살펴본 민주적 지도자들에게서는 이런 경향이 상대적으로 약하게 나타난다.

레닌의 통치기간은 너무나 짧아 이 명제가 적용될 수 있는 경우인지 판단하기 어렵다. 아무튼 그는 말년에 뇌졸중으로 몇 차례 쓰러져 몸을 움직일 수 없었다. 이 때문에 그는 스탈린의 위험한 성향을 경고했으면서도—이 경고는 당의 상층 지도부에게 전달되었다—그가 후계자로 선정되는 되는 것을 막아내지 못했다. 레닌이 좀 더 오래 살았더라면, 그리고 건강상태가 좋았더라면 볼셰비키 혁명의 설계자로서 이미 도전할 수 없는 권위를 가진 그는 틀림없이 '민주집중제'—권력집중의 교리를 일컫는 소련식 용어—를 통해 개인적 권력을 강화했을 것이다.

스탈린 통치하에서 국가의 지휘 아래 벌어진 대규모의 살인행위는 레닌이 좀 더 오래 통치했더라면 일어나지 않았을 것이다(물론 레닌의 행적을 보면 내부의 적을 대상으로 높은 수준의 폭력은 계속되었으리라 짐작되지만). 스탈린은 1920년대 중반에 주요 정적을 제거한 뒤로 끊임없이 권력을 자신에게 집중시켰다. 이 권력은 견제되지 않았을 뿐만 아니라 지도자의 극심한 편집증을 실증하는 데 사용되었다.

무솔리니와 히틀러는 자신들에게 집중된 권력을 조국의 철저한 파괴를 불러온 전쟁을 자의적으로 결정하는 데 사용했다. 독재체제의 형성기에 그들의 권위는 누구도 감히 도전할 수 없었기에 그들의 결정에 대해 매우 위험한 전략이라고 걱정하거나 비판적이었던 사람들은 그것을 제지할 아무런 힘이 없었다. 지도자의 신성불가침한 지위는—최소한 불시에 찾아온 국가의 파탄 때문에 이탈리아의 경우 파시스트 엘리트들이 무솔리니를 몰아내기 전까지, 독일의 경우 용감한 군 장교들의 실패한 히틀러 암살 시도가 있기 전까지는—부분적으로는 독재체제의 광범위한 지지기반 또는 최소한 암묵적인 지지 때문에 가능했다.

집단적인 의사결정이 가능한 제도적인 틀은 존재하지 않았고 반대당을 결성할 수 있는 공간은 거의 완벽하게 제거되었다. 또한 독재자들은 통치의 핵심적 버팀목인 당, 군대, 보안기관에게 특혜를 주어 충성을 확보했다. 권력이 집중되면서 스페인은 프랑코의 개인적 권력에, 유고슬라비아는 티토의 개인적 권력에 의존하게 되었다. 여기서 차이는, 독재 권력은 일단 기반을 굳힌 뒤에는 대체로 국가를 전쟁과 파괴로 내몰 수 있는 이념적 목표의 달성에 주력하느냐 아니면 권력의 유지 자체를 목표로 삼느냐는 것이다. 프랑코는 일반적으로 인정되고 있는 바와 같이 단지 스페인의 경제와 군사적 능력이 뒷받침되지 못했기 때문에 2차 대전에 참여하지 않았을 뿐이다.

권력의 집중은 민주적인 지도자들, 심지어 드골처럼 권력을 광범위하게 사용하려는 욕망을 가졌던 지도자에게서도 찾아보기 어렵다. 아데나워, 대처, 콜, 그리고 (훨씬 정도는 약하지만) 드골은 그들이 지휘 성향이 어떠하든 통솔력, 제도적 제약, 반대자들의 조직 같은 것들이 집합적으로 견제 작용을 했기 때문에 그ㄴ로 개인화된 독재체제에서보다는 대체로 합리적인 의사결정을 할 수 있었다. 처칠의 충동적인 의사결정 성향은 내정문제보다는 군사 분야에서 더 분명하게 드러났다. 내정문제와 군사 분야 양쪽에서 그는 때로는 내키지 않으면서도 참모들의 조언을 받아들였다.

민주적 통치는 여러 가지 성가신 장애물과 마주해야 한다. 민주적 통치는 내부에서 붕괴될 수 있기 때문에 권위주의적 도전으로부터 스스로를 지켜낼 수 없다(1930년과 1933년 사이의 독일처럼). 민주적 지도자는 행위의 실수나 위험한 결정으로부터 자유로울 수 없다. 1938년 가을 이전에는 여러 정당과 영국의 대중에게 지지를 받았던 체임벌린 수상의 유화정책이 바로 그런 사례이다. 그러나 헌법적 제약(과 어느 정도는 집단적 의사결정)을 통한 지배는 본질적으로 독재적인 통치보다 파국적 결과를 가져올 결정을 내릴 가능성이 훨씬 적다.

고르바초프는 여기서도 독재적인 지도자와 민주적인 지도자의 표준에서 벗어난 예외이다. 소련 지도자의 손에 집중된 권력 때문에 그는 여러 형태의 반대가 있음에도 불구하고 자신의 개혁을 밀고 나갈 수 있는 엄청난 힘을 가졌다. 그의 개혁은 다수의 소련 시민에게 경제적인 손실을 가져다주었다. 또한 개혁은 대중이 갖고 있던 자부심의 원천인 소련의 힘을 약화시키고 궁극적으로는 파괴했다. 그런가 하면 한편으로 개혁은 소련 내부와 수십 년 동안 소련의 지배에 복종해왔던 위성국의 수백만 명을 해방시켰다.

5. 전쟁은 강력한 정치지도자조차도 군사 권력의 압박에 굴복하게 만든다.

전쟁이 영토적 정복으로 귀결되면 평화 시의 한계를 넘어 정치 권력을 확장할 수 있는 전망──독재체제까지 포함하여──이 열린다. 야만적인 에티오피아 정복을 통해 이탈리아 내부에서 무솔리니의 권력과 위신은 새로운 높이에 도달했다. 프랑코는 스페인내전 시기에 정치적 반대세력를 무자비하게 공격함으로써 도전할 수 없는 권력의 기반을 만들었다. 뿐만 아니라, 폴란드 점령과 소련 침공은 히틀러에게 유럽의 유대인을 제거한다는 정책을 구상하고 실행할 수 있는 조건을 만들어주었다. 이른바 '동방총계획'(東方總計畫, Generalplan Ost)은 수백만의 슬라브인을 몰아내고 그 자리에 게르만 인종의 제국을 건설하려는 구체적인 학살계획이었다. 전쟁이 극도의 비인도주의를 확산시킨다 해도 승리와 정복을 가져다준다면 독재자들조차도 그들의 통제를 벗어난 군대의 변덕에 굴복할 수밖에 없었다.

사례연구 대상 가운데서 전시 지도자가 아닌 인물은 아데나워, 콜, 고르바초프뿐이다. 레닌은 권력을 장악한 후 엄청난 대가를 치러가면서 제일 먼저 1차 대전을 청산했다. 프랑코와 티토는 전쟁을 통해 권력을 잡았지만 전후에는 국가 최고지도자로서 외부의 무력충돌과 거리를 두었다. 나머지 인물들은 비교적 군대의 자율성을 강조했다.

히틀러와 무솔리니는 형편없는 군사 지도자임을 증명해보였다. 2차 대전이 장기전으로 변하면서 군비, 전쟁계획, 경제력의 근본적인 약점이 드러나자 전략적인 결정뿐만 아니라 전술적인 결정에까지 그들의 개입은 재앙에 가까운 결과를 가져왔다. 국내에서 아무리 강력한 권력을 갖고 있었다고 해도 그들은 훨씬 더 강한 군사력을 갖춘 적과 맞서 세계대전을 벌이는 자기 나라의 본질적인 한계로부터 제약을 받았다.

그들 자신의 정치적 권력은 일단 시작되고 나면 그들의 통제를 벗어나는 군사작전의 결과에 점진적으로, 그리고 불가피하게 종속될 수밖에 없었다. 독일군 장군들은 히틀러의 때로는 불가능한 요구를 실현하기 위해 애썼지만 군사적 붕괴를 막을 수가 없었고 결국은 정치체제 자체까지 몰락했다. 출발점에서부터 군사적으로 취약했고 갈수록 늘어나는 패배 때문에 수치를 당한 무솔리니 정권은 1943년에 군사력이 부족해 내부에서 무너졌다.

연합국 지도자들도 의사결정에서 군사력의 제약을 받았다. 처칠은 군부 지도자들과 반복적으로 충돌했고 자신의 의지와는 관계없이 대체로 군부 지도자들의 요구를 수용할 수밖에 없었다. 그는 전쟁 말기에 가서는 연합군의 전략을 결정할 때 갈수록 무력해지는 자신의 입지와 미국의 군사적 주도권에 종속될 수밖에 없는 자신의 위상을 한탄했다. 스탈린은 독일 침공에 관한 경고를 무시하고 붉은 군대를 불필요한 패배로 내몰아 막대한 손상을 입히는 등 그의 초기의 전쟁 수행방식은 파국에 가까웠다. 그는 전쟁의 후반으로 가서는 전술을 결정할 때 군 지휘부의 의견을 들어주는 때가 많아졌다(자신이 필요하다고 느낄 때는 계속 개입했고 전반적인 전략적 통제는 자신이 했지만).

자유프랑스의 지도자로서 드골의 권력은 2차 대전 동안에 비시정권의 프랑스 식민지에 대한 지배력이 사라지고 연합국이 우위를 확보한 뒤에야 비로소 전략적 중요성을 인정받게 되었다. 대부분 그의 통제와 지시를 벗어나 있던 군사적 사건들이 2차 대전 후반기에 그의 권력기반을 넓혀놓았다. 그 무렵 그는 1944년 노르망디 상륙작전 계획을 짤 때 대체로 무시당했고 이 때문에 그는 분노했다. 그 뒤로 그의 군사적 권력을 정치적 권력으로 전환시킬 수 없었던 긴 공백기가 있었다. 1958년의 위기 가운데서 그가 프랑스를 이끌도록 소환된 것은 알제리에서 승리를 가져다주리란 기대 때문이었다. 그러나 그는 식민지 독립 세력과 프랑스 군대의 군사적 세력균형을 통제할 수 없었다. 프랑스 군대가 웬만해서는 식민지 전쟁에서 이길 수 없다는 사실이 곧 드러났다. 드골은 강력한 반발—특히 그에게 배신당했다고 생각하는 군대의 반발—에도 불구하고 이 사실을 인정함으로써 정치적 지도자의 자질을 보여주었다.

대처는 1982년 아르헨티나가 포클랜드를 침공한 후 이 섬을 되찾기 위해 전쟁을 선포하는 정치적 대담성을 보여주었다. 핵심 결정을 내린 사람은 그녀였고 전쟁 기간 활동했던 전시내각이 그녀의 결정을 지지했다. 그런데 단기간의 전쟁 동안에 수상의 권력을 받쳐주었던 중요 인물들은 정치인이 아니라 군사령관들이었다. 군사행동은 일단 시작된 후로는 자체의 타성에 따라 발전했으며 런던에서 통제할 수 있는 부분은 일부에 지나지 않았다. 전쟁의 전 과정 동안 대처가 극도의 신경과민 상태에 놓여 있었다는 것은 군사행동 결과의 불확실성과 수상의 정치적 권력이 영국군의 군사적 권력에 의존했다는 증거이다. 전쟁의 승리는 그녀 개인의 승리이자 그녀 자신의 운명의 전환점이었다. 포클랜드전쟁이 패배로 끝났더라면 대처는 정치적으로 생존할 수 없었을 것이다.

6. **지도자의 권력과 운신의 폭은 대부분 지지세력이 갖고 있는 제도적인 기반과 상대적인 힘—무엇보다도 먼저 권력행사의 도구가 되는 부속집단 내부에서, 그러나 또한 광범위한 대중 사이에서—에 의존한다.**

이 책에서 다룬 사례연구는 독재자와 민주적인 통치자를 불문하고 아무리 강한 권력을 가진 인물이라도 지도자의 지시에 순종하는 헌신적인 하부 통치기구가 필요하다는 명제를 풍부한 증거를 통해 입증하고 있다. 이것을 '권력 카르텔'이라고 부를 수 있을 것이다. 이 용어는 지위와 의사결정권의 평등을 의미하는 것이 아니라 지도자는 통치형태를 지지하는 권력 엘리트들로부터 절대적이 아닌 상대적 자주성을 갖고 있을 뿐임을 의미한다.

권력의 자리에 오르거나 또는 권력을 탈취할 때는 처음부터 미래의 독재자가 개성, 이념적 메시지, (어떤 운동이나 파벌의 지도자가) 성공할 가능성을 중심으로 지지집단을 형성한다는 것을 전제로 한다. 막스 베버는 이것을 '카리스마적 공동체'라고 불렀다. 이 집단의 구성원은 대체로 지도자의 초창기 추종자들이었다. 헤르만 괴링, 요제프 괴벨스, 하인리히 힘러, 한스 프랑크는 1920년대 초부터 마지막 날까지 히틀러의 핵심 부하들이었다. 라자르 카가노비치와 뱌체슬라프 몰로토프는 1920년대부터 스탈린이 죽을 때까지 그의 충실한 도구였다. 티토가 독재체제를 세운 후 그와 함께 '사인방' 지도체제를 구성했던 세 사람의 충신──에드바르드 카르델, 알렉산다르 랑코비치, 밀로반 질라스──은 티토와의 관계가 전쟁 시기까지 거슬러 올라갔다(훗날 티토는 랑코비치, 질라스와는 매몰차게 결별했지만). 이런 경우에 충성을 의심받는다는 것은 곧바로 과거의 관계가 어떠했던 무자비한 결별로 이어졌다. 충성을 의심받는 부하에 대한 무자비함에서 스탈린과 비교될 수 있는 인물은 없었다. 히틀러는 나치운동의 초창기부터 가장 중요한 부하 가운데 한 사람이었던 나치 돌격대 대장 에른스트 룀이 자신을 몰아내려는 음모를 꾸미고 있다는 의심이 들자 1934년에 그를 처형함으로써 (숙청은 히틀러 통치의 특징은 아니었지만) 무자비함을 분명하게 과시했다.

독재체제에서 '권력 카르텔'에는 국가안보기관을 통제하는 인물이 반드시 포함된다. 정보기관이 강대해져서 독재자에게 위협이 될 만하면 강력한 지도자는 그를 제거하는 조처를 취한다. 스탈린은 편집증이 심해졌을 때 (사실은 충성스러웠지만 점차로 신임을 잃어간) 정보기관 책임자를 두 사람이나 처형했다. 히틀러는 생의 마지막 날에 정권의 종말이 눈앞에 다가올 때까지 독재 권력의 버팀목 역할을 충실히 해낸 나치 친위대장 하인리히 힘러를 해임했다.

독재자가 자신의 권력을 무너뜨릴지도 모를 별도의 권력기반을 만들려는 부하를 용납하는 경우는 없다. 불충의 낌새가 보이기만 해도, 또는 쓸모가 떨어지면 무시무시한 결과가 나올 수 있다. '분할통치'는 이미 강력해진 독재자가 자신의 은총을 놓고 서로 경쟁하게 만드는 매우 효과 좋은 전략이다. 티토는 이 전략을 능숙하게 구사할 줄 알았다. 스탈린은 정권의 최고위층 인사들에게까지도 직설적인 공포를 보여주는 방식을 선호했다. 히틀러와 스탈린은 집단적인 반대나 비판의 목소리를 낼 수 있는 국가기관을 파괴하거나 위축시켰다. 이와는 달리 무솔리니는 정부와 당 조직을 장악했지만 파괴하지는 않았다. 20여 년 동안 독재체제의 중요한 도구 역할을 해온 당내 고위인사들로 구성된 파시스트 대평의회(Fascist Grand Council)가 1943년에 무솔리니에게 등을 돌리자 그의 운명이 결정되었다. 히틀러는 나치 당 내부에 이런 집합적인 목소리를 내는 조직을 허용한 적이 없었다.

우리가 살펴본 독재체제 모두가 업적과 성공이 '권력 카르텔'을 지도자에게 더욱 밀착시킨다고 인식했고, 반대 목소리를 내는 집단을 배제했고, 대중적 지지기반을 확대시켜 지도층 내부로부터의 도전을 막는 안전판 역할을 하도록 했다. 하급 지도자들은 부분적으로는 두려움 때문에, 그러나 주요하게는 그들 자신의 권력을 보존하거나 확장하고 지위상승을 위해 충성과 의존성을 과시함으로써 자신을 지도자와 더욱 밀착시켰다. 그런데 이런 행태는 지도자 자신의 위상을 높여주고 행위에 대한 내부의 제약으로부터 지도자의 자유를 강화하는 효과를 냈다. 선전수단과 선전활동의 배타적 지배 덕분에 기존의 순수한 대중적 지지를 (지도자의 신문을 부하들의 그것보다 훨씬 높은 수준으로 끌어올려) 개인숭배로 변질시킬 수 있었다. 성공을 약속하고 실현한 지도자는 이런 방식으로 시간이 갈수록 자신의 권력과 지지자들을 자신의 결정에 예속시키는 범위를 확장시켰다(결정에 앞서 누구의 의견도 듣지 않아 그 결과가 값비싼 대가를 치러야 하는 파국이 되더라도).

민주주의자도 독재자도 아닌 고르바초프는 (독재체제의 산물이기는 하지만) 이 책이 다룬 사례연구에서 다시 한 번 독특한 자리를 차지한다. 그에게는 바로 가동시킬 수 있는 '권력 카르텔'이 없었다. 그는 자신이 상속받은 소련 지도층 최상층부의 지지를 기대할 수 없었다. 그들의 뿌리 깊은 보수주의는 개혁프로그램의 심각한 장애물이었다. 그러나 그는 당의 최고 권력자로서 임명권을 이용해 비교적 빨리 같은 생각을 가진 개혁가들을 중요한 자리에 앉혔다. 이렇게 형성된 새로운 핵심 지도부를 통해 그는 개혁프로그램을 밀어붙일 수 있었다(강력한 장애물은 아직 남아있었지만). 그의 강력한 지지세력이었던 이 권력엘리트 가운데 일부가 1980년대 말에 개혁의 속도와 성격에 불만을 품고 떨어져 나가자 그의 권력은 심각하게 약화되었다. 초기에 누렸던 대중의 지지도는 1989-90년에 경제적 정치적 위기가 크게 높아지면서 사라졌다.

권력을 보강하는 민주적 구조는 근본적으로 다르다. 민주적 지도자의 성공과 실패는 지지도를 정기적으로 규칙에 따라 검증하는 선거에서 승리할 수 있는 능력으로 판정된다. 여러 가지 민주주의의 정상적인 규칙이 유보된 전시에 보여준 처칠의 지도력은 예외적이었다. 민주적인 선거가 다시 시작된 1945년에 처칠은 전쟁영웅이지만 선거운동은 정당의 지도자로서 치러야 했고, 그래서 패배했다.

이 책에서 살펴본 민주적 지도자들은 선거에서 승리한 뒤 도전적인 정책을 실행할 더 넓은 공간을 확보할 수 있었다. 아데나워는 연속적으로 4차례나 선거에서 승리했고, 콜 역시 4차례, 대처는 3차례 승리했다. 어느 지도자에게든 지도자의 개성과 정치적 구상에 매료되어 지도자의 우월한 위상을 받쳐주는 버팀목이 되려는 열정을 가진 충성스러운 측근이 필요했다. 드골은 만년에 프랑스 대통령으로서 자유프랑스의 망명 지도자 시절에 형성된 개인적 충성집단을 여전히 불러 모을 수 있었다. 의회 내의 드골 지지자들은 파벌의 이름('드골주의자, Gaullists)에서까지 충성을 표시했다.

1951년에 수상으로 복귀한 처칠도 전쟁 시기부터 그를 추종해왔던 인물들을 정부 요직에 배치했고 그의 뛰어난 업적도 개인적인 충성파를 만들기에 충분했다. 그런데 수상 임기 말년에 그에 대한 지지는 개인적인 관계가 아니라 전통적인 정당정치의 구조 안에서 나온 것이었다. 다시 말해 그에 대한 지지의 주요 기반은 당의 내부 구성원과 내각의 각료들이었다. 수상에 대한 그들의 충성심은 수상의 쇠약해져 가는 정신력과 신체적 능력에 따라 흔들렸다. 처칠은 물러날 생각이 없었지만 수상으로서 더 이상 효율적으로 활동할 수 없게 되자 그는 잘 정착된 통치구조 덕분에 사회적 혼란 없이 정상적인 방식으로 교체될 수 있었다.

정당의 조직과 기구를 지배할 수 있는 지위가 아데나워와 콜의 권력의 기반이었다. 그런데 두 사람도 견고한 측근 지지집단에 의존했다. 그들 가운데 일부는 아데나워와 콜이 정부의 지도자가 되기 전부터 중요한 결정을 내렸을 때 그것을 전파하는 역할을 해왔던 사람들이었다. 권력 카르텔의 지지를 잃었을 때 그들의 시간도 끝났다. 원치 않아도 그들은 권력을 넘겨주어야 했다.

대처는 야당 안에서까지 그녀의 과격한 목표를 지지하고 격려해주는 주언자를 확보했지만 자신의 내각 안에서는 강력한 지지기반을 만들지 못했다. 이런 점에서 대처는 아네나워나 콜과 딜렀다. 오히려 대처는 내각을 이끌기 시작한 초기에는 힘겨운 반대자들과 싸워야 했다. 시간이 지나서야(특히 포클랜드전쟁 이후로) 그녀의 정책에 대해 대체로 비판적이지 않은 내각을 만들어낼 수 있었다. 그때가 되자 일부 각료는 그녀의 맹목적인 추종자로 변해 있었다. 대처의 '카리스마적 공동체'는 그녀의 정책결정이 선거에서 부채로 작용해도 등을 돌리지 않을 만큼 견고하지는 않았다. 그녀가 1990년 11월에 수상 자리에서 물러날 때 배신감을 느꼈다는 것은 개인적인 충성과 (당과 각료들의) 정치적 자기이익의 경계선을 명확하게 구분하지 못했다는 표지였다.

7. 민주적인 정부는 지도자 개인의 자유로운 행위와 역사적 변화를 결정할 수 있는 여지를 최대한으로 제약한다.

이것이 7가지 명제의 가장 솔직한 교훈이다. 반대 목소리도 나오고 심지어 정책의 집행이 차단되기도 하는 연합정부는 분명히 지도자의 자유로운 행위를 제약한다. 독재자들에게는 이런 문제가 일어나지 않는다. 민주적 통치는 성가시고, 불편하며, 결정을 내리기까지 느리다. 그리고 당연히 결정 그 자체와 그것을 정책으로 집행하는 방식이 항상 온당한 것도 아니다. 그럼에도 불구하고 심사숙고하고 신중하게 마련된 정책대안은 독재자의 명령보다는 성공할 기회가 훨씬 더 많다. 지도자에게 제약이 적을수록 무모하고 심지어 파국적인 결정이 만들어질 가능성은 더 높다.

그럼에도 불구하고 지금까지 살펴본 20세기의 뛰어난 민주적 지도자 가운데서 최소한 일부는 기질적으로 독재적인 인물이었고, 어떤 조건에서는 그들의 권위주의적인 성향이 심지어 긍정적인 결과를 내기도 했다. 큰 위기의 시점에서, 특히 전쟁이 일어났을 때 느리고 굼뜬 의사결정 과정은 당연히 적절하지 않다. 이 책에서 다룬 사례 가운데서 처칠, 드골, 대처는 완벽한 민주적 절차를 생략하고 빠른 결정을 내려야만 했다. 그렇다고 하더라도 1940년 5월에 전쟁을 하겠다는 중요한 결정을 내린 처칠과 포클랜드를 되찾기 위해 군사행동을 결정한 대처는 준독재자처럼 고립된 상태에서 결정하지는 않았다. 그들은 결론을 내리기 전에 좁은 범위이긴 하지만 자문을 받았다. 그런데 아데나워의 경우 1952년에 '스탈린 노트'를 거부하는 중요한 결정을 내릴 때, 콜의 경우 조기 통일의 문을 연 1989년의 선제적 조처를 취할 때 깊이 있는 민주적인 자문의 어떤 모양새도 갖추지 않았다. 그들은 신속하게 민감한 결정을 내려야 했기 때문에 사전토론은 적절치 않았고 어쩌면 해로울 수도 있었다.

1958년 정부로 복귀하면서 드골은 국가 비상시에 거의 무제한에 가까운 권력을 행사할 수 있는 권한을 자신에게 부여하는 조항을 헌법에 집어넣었고 내각을 자신의 명령만 듣도록 운영했다. 그러나 그의 방식이 아무리 전제적이라도 프랑스는 입헌 국가라는 본질은 바뀌지 않았다. 정당정치의 활발한 토론은 계속되었다. 의회에 의석을 가진 정당은 제4공화국에서처럼 의사진행을 방해할 수 있는 권리를 마음대로 휘두를 수 없게 되었지만 프랑스는 여전히 민주주의 체제였다.

드골은 의회의 반대를 무력화시키고 자신의 정책을 밀고 나가기 위해 여러 차례 국민투표를 성공적으로 활용했다. 그런데 그는 자신의 결정이 더 이상 대중의 지지를 받지 못한다는 사실을 확인한 1969년에 단호하게 사임했다. 이것은 민주적 지도자의 시험대였다. 선거에서 졌거나 더 이상 지지기반에 의존할 수 없을 때 기꺼이 떠날 준비가 되어 있는가? 이 책에서 고찰한 민주적 지도자들은 기꺼이 권력을 포기하려는 준비가 되어 있지 않았다. 그러나 그래야 할 때가 오자 그들은 모두 떠났다. 그것도 평화롭게.

헬무트 콜이 자리에서 물러나던 1998년은 20세기가 거의 끝나가는 때였다. 새로운 지도자들이 무대에 오르고 있었다. 영국에서는 토니 블레어가, 독일에서는 게르하르트 슈뢰더의 뒤를 이어 (비범하고 생명력이 강한) 앙겔라 메르켈이, 프랑스에서는 니콜라스 사르코지(Nicolas Sarkozy)와 그의 뒤를 이어 프랑수아 올랑드(François Hollande)가 중요한 서유럽 민주국가의 주역으로 떠올랐다. 블레어의 연설솜씨와 열정적인 설득력, 메르켈의 조용한 자신감과 실용주의가 보여주었듯이 지도자의 개성은 의심의 여지없이 여전히 권력 운용의 핵심 요인이었다.

개성이 어떠하든, 아무리 노련한 정치가일지라도 오늘날의 세계에서 마주하는 (20세기의 전임자들이 마주했던 것과는 성격이 전혀 다른) 거대한 구조적 문제를 극복하기 위해 싸워야 한다. 변화무상한 여론에 끊임없이 적응해가면서 짧은 기간 안에 주기적으로 돌아오는 선거에 대비하여 이 문제들을 해결해야 하는 21세기의 지도자들은 전 세계에서 들어오는 긴박한 뉴스뿐만 아니라 소셜미디어로부터도 강력한 압박을 받는다. 이것은 21세기의 지도자들이 마주한 만만치 않은 도전이다.

민주주의 체제가 문제들을 해결할 능력이 부족해 보일수록 강력한 지도력에 대한 요구가 높아져간다. (사회의 거울인) 의회정치는 민주주의의 어려움 속에 권위주의의 유혹이 잠복해 있다. 이 유혹은 이 책에서 다룬 사례연구의 일부가 보여주듯이 과거에는 민주주의를 파괴했다. 이 유혹이 다시 그렇게 할 가능성을 배제할 수 없다. 그리고 이 책도 보여주듯이 권력을 잡은 후 헌법적 제약을 배제할 수 있는 힘이 생기면 강력한 지도자의 행위는 재난을 불러왔다. 흔히 이을 수 없는 분열 속에 빠질 뿐만 아니라 (반대자가 적이 되는) 적대적 분위기에 빠진다.

서방 스타일의 개방적 민주주의는 분명히 유지하기가 더 힘들어졌다. 국민을 무엇보다 높이 받드는 포퓰리즘은 오랫동안 지켜온 민주적 가치를 무너뜨릴 수 있는 힘을 가진 정치세력이며 대항하기 힘든 세력이다. 포퓰리즘의 원천이라고 할 수 있는, 감성에 호소하는 정체성 정치(identity politics)는 이성적인 논쟁을 수용할 준비가 되어 있지 않다. 부분적으로는 깊어진 생활수준의 불평등(대체적으로 세계화와 신자유주의 경제의 결과물)을 동력으로 하는 포퓰리즘은 대량이주로 발생한 문제를 부각시키고 소셜미디어 플랫폼의 새로운 동원능력을 활용하여 민주적 통치의 전통적인 구조를 붕괴시키고 정치엘리트의 정통성을 공격했다.

대규모 시위 — 멸종항의운동(Extinction Rebellion)*, 노랑조끼운동(Mouvement des Gilets Jaunes)**, 미투(Me Too)운동, BLM운동(Black Lives Matter)*** — 는 전통적인 민주적 치안력으로는 통제하기 어려웠다. 이런 운동의 위험성은 그 방식이 표방한 목표를 달성하기에 효

---

* 세계적인 환경보호운동. 비폭력 시민불복종운동을 통해 정부를 압박하여 기후변화의 임계점을 피하고 생물 다양성과 생태계 붕괴의 위험을 예방하는 정책을 세우도록 요구한다. 2018년 5월에 영국에서 시작되었다.

** 노랑조끼운동(프랑스어: mouvement des gilets jaunes, 이탈리아어: gilet gialli, 네덜란드어: gele hesjes, 영어: yellow jackets movement)은 2018년 10월 프랑스에서 처음 시작된 후 11월 17일 대규모로 전개되어 주변국(이탈리아, 벨기에, 네덜란드)으로 번진 대규모 시위다. 시위대는 정부의 부유세 인하, 긴축 재정과 유류세 및 자동차세 인상을 주요 골자로 한 조세개혁이 중산계급과 노동계급에게만 부담을 지운다고 주장하고 있다. 처음에는 경제정의를 요구하다가 정치제도의 개혁 요구로 확대되었다. 시위는 SNS를 통해 빠르게 확산했다.

*** 흑인에 대한 차별철폐를 요구한 네트워크형 정치 사회운동이다.

율적인 것이 아닐 뿐만 아니라 그 반작용으로 권위주의적 흐름과 우파 포퓰리즘을 불러올 수 있다는 것이다. 헝가리의 빅토르 오르반(Viktor Orban)은 '비자유민주주의'(illiberal democracy)*를 자랑스러워했다. 권위주의로 기울어진 헝가리는 유럽연합의 입장에서는 가시와 같았다. 폴란드 역시 권위주의를 강화하기 위해 민주주의를 이용했다. 이와 같은 경우에 높은 대중적 지지도를 업고 민주적으로 선출된 정치인들 자신이 민주주의를 파괴하고 있다.

유럽의 자유민주주의 국가의 지도자들은 그들의 세력이 상대적으로 약해진 상황에서도 지구상에서 가장 큰 몇 나라의 강력한 권위주의와 맞서 싸워야 했다. 21세기에 들어와 러시아에서 푸틴이, 터키에서는 에르도안이, 인도에서는 모디(Narendra Modi)가, 그리고 가장 중요하게는 중국에서 시진핑이 등장하면서 국제정치의 세력균형은 새로운 형식의 현대 권위주의 쪽으로 기울었다. 이 가운데서 중국의 권위주의가 장래에 가장 큰 지정학적 문제를 일으킬 가능성이 높다. 시진핑은 분명히 엄청나게 강력한 권력을 가진 인물이다. 그러나 잠재적인 위험은 그가 가진 권력보다 훨씬 크다. 지금까지 언급한(물론 그 밖의) 권위주의적인 지도자들과 대비할 때 시진핑은 잘 정돈된, 그리고 지금까지는 매우 성공적인 통치체제를 이끌어가고 있다. 그리고 이 체제는 특정 인물의 개성이 아니라 정치, 경제, 이념, 군사적 권력이 독특하게 융합된 기초 위에 서 있다. 이 체제는 시진핑의 개

---

* 선거는 실시되고 있지만 시민은 누가 진정한 권력을 행사하는지 알 수 있는 정보로부터 차단되어 있는 체제를 말한다. 이 체제의 지도자들은 권력에 대한 헌법적 제약을 무시하거나 경시하고 소수집단의 의견을 무시하는 경향이 있다. 선거는 새로운 지도자를 선출하기 위해서가 아니라 현재의 권력을 강화하기 위해 과정과 결과가 조작된다. 어떤 학자는 선거권위주의, 경쟁적 권위주의, 연성(軟性)권위주의라 부르기도 한다.

인적 영향력보다 더 오래 살아남을 기반을 갖추고 있다. 중국은 20세기 대부분의 시기 동안 가장 강력한 지정학적 위험으로 간주되던 소련보다 더 견고하고, 재건능력이 더 뛰어나고, 궁극적으로는 더 강력한 권위주의 체제인 것 같다.

어떤 면에서 보자면 민주주의는 후퇴하고 있다. 도널드 트럼프가 미국 대통령으로 재임했던 4년은 한 인물의 개성이 어떻게 세계에서 가장 앞선 민주주의 체제에 도전할 수 있는지(그리고 왜곡시킬 수 있는지) 놀라울 정도로 분명하게 보여주었다. 미국 헌법은 트럼프가 안겨준 타격으로부터 간신히 살아남았고, 미국인들이 자랑해왔던 견제를 통한 균형은 알려진 것보다 취약함이 드러났다. 유사 군주에 가까운 대통령의 행정권은 트럼프가 보여주었듯이 너무나 포괄적이어서 그것이 나쁜 사람의 손에 들어갔을 때는 민주주의 자체를 위험에 빠뜨릴 수 있다는 사실을 증명해 보였다. 미국과 세계의 민주주의에 상처를 준 트럼프의 자기도취적이고 독단적인 리더십의 폐해가 어느 정도인지 아직은 제대로 평가하기 어렵다. 그러나 그는 권위주의 세력, 특히 중국과 맞서 싸울 때 미국이 더 약하다는 인상을 국제사회에 남겼다.

이 책에서 살펴본 20세기 권위주의적 지도자들의 개성의 특징과 그들의 통치를 받쳐온 구조는 21세기 권위주의적 지도자들의 통치에서도 어렴풋이 감지할 수 있다. 21세기의 후배들이 어떻게, 그리고 어느 정도로 세계의 발전방향을 결정할 것인지, 그것이 유럽의 미래를 만드는 데 얼마나 영향을 미칠지는 알 수가 없다. 이 미래는 정치지도자의 행위뿐만이 아니라 장기적인 사회경제적 문화적 흐름과 소용돌이 ─ 기후변화와 같은 세계적 관심사 ─ 에 의해, 또한 가장 강력한 권력을 쥔 인물이라도 통제할 수 없는 예상 밖의 사건에 의해 결정될 것이라고 추측할 만한 근거가 있다. 그럼에도 불구하고 20세기와 마찬가지로 정치지도자의 개성이 그들의 권력행사를 통해 수백만 명의 생활에 직접적인 영향을 미치는 결정을 내릴 것이다.

이 책의 사례연구에서 다룬 인물들은 모두 역사를 만든 사람들이었다. 역사적 변화를 결정하는 데 있어서 한 인물의 리더십은 분명히 중요한 요소였다. 그러므로 특정한 형태의 리더십을 만들어낸 개성의 특징도 중요하다. 그렇다고 해서 이 책에서 다룬 지도자들이 '위대한' 인물이란 뜻은 아니다. 나는 이 책의 서문에서 '위대함'이란 정치적 리더십을 평가할 때는 폐기되어야 하는 개념이라고 주장한 바 있다. 역사적 영향이란 그것과는 전혀 별개의 것이다. 논쟁의 여지는 있지만 20세기 전반기에 최대의 영향을 미친 인물을 꼽는다면 도덕적인 기준에서는 가장 깊은 혐오의 대상이었던 히틀러, 스탈린, 레닌이었다. 어쨌든 이 책에서 간략하게 살펴본 12명 지도자들의 행위가 그들의 사회, 유럽, 최소한 부분적으로는 세계에까지 영향을 미쳤다는 사실은 부인할 수 없다. 그들은 중요하고도 부정적인 유산을 남겨놓았다. 그들은 역사를 변형시켜놓은 지도자였다.

한 인물이 아무리 강한 권력을 쥐고 있었다 해도 그가 남긴 유산은 시간이 흐르면서(어떤 경우에는 오랜 시간이 지난 뒤) 사라져갔다. (시간을 초월한 유산을 남긴 인물은 소수의 종교지도자뿐이라고 할 수 있다.) 레닌이 남긴 유산은 1991년 소련이 붕괴될 때까지 지속되었다. 스탈린이(그에 대한 개인숭배는 이미 1956년에 흐루쇼프의 비판으로 사라졌음에도 불구하고) 간여한 동유럽의 종속화는 40년 이상 유지되었다. 두 경우에 영향의 지속성을 결정한 것은 강력한 기반을 갖춘 통치체제에 안에 내재화된 지도자 개인의 리더십이었다.

반면에 같은 공산주의 체제인 유고슬라비아의 경우에서 보듯이 체제의 정통성은 형식적으로는 공산주의란 이념을 바탕으로 하였으나 실제로는 지도자 티토에게 전적으로 의존했을 때 지도자의 죽음과 함께 (정통성 자체의) 수명도 끝났다. 매우 억압적이었던 이탈리아와 독일의 파시스트 독재체제는 그들이 지도자와 떼어놓고는 생각할 수 없다. 그러므로 지도자와 그의 정권이 군사력에 의해 폐지되었을 때 유일하고도 직접적인 유산은 파괴였다. 히틀러, 무솔리니, 프랑코의 체제는 그들과 함께 죽음을 맞았고 지금까지도 서성거리는 소수의 네오파시즘 분위기만 남겼다. 물론 도덕적 흠은 별개의 문제였다. 히틀러의 도덕적 불명예는 오늘날까지도 (결코 독일에 국한되지 않고) 지속되고 있지만 무솔리니의 도덕적 불명예 — 그렇게 불린 적도 없지만 — 는 사라졌다. 스페인에서는 거의 반세기가 흐른 지금까지도 프랑코 통치의 유산을 두고 논란이 벌어지고 있다.

민주적인 체제에서 권력의 자리에 오른 지도자들이 남긴 유산은 대부분 수명이 짧았다. 이것은 반대당이 집권했을 때 일어난 정책의 중요한 수정이나 번복에 따른 자연스러운 결과였다. 그러나 유산이 최소한 어느 정도는 다른 방식으로 — 지도자 개인의 통제를 벗어난 역사변화의 장기적이고 강한 흐름 때문에 — 축소될 수도 있었다. 식민시대의 산물이었던 처칠과 드골 두 사람 모두 조국의 권력과 영광의 중심은 제국이라고 생각했고 제국을 보존하기 위해 싸웠다. 그런데 처칠은 살아있는 동안에 영국제국의 멈출 수 없는 몰락을 목격했다. 드골은 자신이 프랑스제국의 해체작업을 이끌었다. 식민제국의 붕괴를 가져온 반식민운동은 자체의 정신적인 지도자를 갖고 있었다. 그런데 반식민운동은 정신적 지도자들이 창조한 것이 아니었다. 그것은 식민지적 의존상태를 더 이상 받아들이지 않겠다는 (점차로 높아진) 의식의 표현이었다. 유럽의 지도자들은 — 잔혹한 방식으로 제국주의를 강요하려 했던 히틀러와 무솔리니이든, 제국을 보존하려 했던 처칠과 드골이든 — 때로는 가장 잔혹한 탄압에도 굴복하지 않고 정복자들이 강요한 통치를 거부하는 민중의 제어할 수 없는 저항에 부딪혔다.

이 책에서 살펴본 12명의 지도자들은 각자 유럽의 20세기를 만드는 데 독특한 기여를 했다. 그러나 그들은 20세기를 만들기만 하지는 않았다. 20세기—달리 말하자면, 그들이 자기 특색의 권력을 행사할 수 있었던 특정한 조건—가 그들을 만들기도 했다. 그들 대다수는 20세기 전반기의 이러저런 형태로 극적으로 파괴적이며 변혁적인 시대성격의 산물이었다.

역사적 중요성이란 기준에서 볼 때 가장 핵심적인 인물은 논란의 여지는 있겠지만 레닌, 스탈린, 그리고 히틀러였다. 레닌은 자신의 조국을 완전히 바꾸어놓고 유럽 전체에 영속적인 이념적 균열을 일으킨 전혀 새로운 정치적 경제적 체제를 설계하고 토대를 만들어냈다. 스탈린은 상상하기 어려운 잔혹한 방식을 동원하여 그 체제를 2차 대전에서 승리를 거두고 유럽의 절반을 위성국으로 만든 공업과 군사적 거인 소비에트 연방으로 키워놓았다. 이것은 전반적으로 동유럽과 소련 서부지역에서 히틀러의 독일이 일으킨 믿기 어려울 만큼 참혹한 전쟁에 대한 반응이었다. 이 전쟁과 그것이 유럽대륙 전체에 몰고 온 (물질적 인도적) 파괴의 주요 범인은 히틀러였다. 역사에 유례가 없는 파괴가 그 시대의 표지라고 한다면 그 속에서 히틀러의 영향이 단연 돋보인다.

20세기의 후반기는 건설과 번영, 그리고 무엇보다도 평화의 시기였다. 그러나 이 시기는 냉전과 핵전쟁의 공포가 지배했던 시기였다. 1980년대가 되자 냉전의 후유증으로 소련 경제가 빈사상태에 빠졌고, 이런 조건이 미하일 고르바초프에게 소련뿐만 아니라 유럽의 역사에서 개인으로서 중요한 역할을 할 수 있는 기회를 만들어주었다. 그는 소련을 파괴했다. 그러나 냉전을 끝내고 소련 자신이 안고 있는 엄청난 문제를 해결해가면서 유럽과 나아가 세계를 새로운 시대로 이끈다는 것은 분명히 예전과는 다른 일이기도 하거니와 논란의 여지는 있겠지만 2차 대전의 직접적인 여파 이후로 유럽에서 가장 중요하고도 결정적인 사건이었다. 그리고 '철의 장막'을 제거하고 둘로 나뉘어 있던 유럽 대륙을 통합하는 과정에서 미하일 고르바초프의 행위는 중요도로 치자면 정점을 차지했다.

개성과 권력행사 면에서 히틀러와 고르바초프만큼 극명하게 대비되는 경우는 상상하기 어렵다. 그들의 방식은 극단적으로 대립되지만 히틀러는 20세기의 전반부에서, 고르바초프는 20세기의 후반부에서 획기적인 역사의 변화가 일어날 때 한 인물의 역할이 얼마나 중요한지를 선명하게 보여주었다.

감사의 말

코로나 바이러스 대유행이 가져다준 제약에도 불구하고 로런스 리스(Laurence Rees)가 이 책의 초고를 보고 내게 보내준 격려와 지적 자극, 값진 논평, 그리고 오랫동안 변함없는 그의 우정에 대해서도 특별한 감사의 뜻을 전하고 싶다. 그를 이어서 완성된 원고를 본 후 다듬어준 닉 스타거트(Nick Stargardt)와 크리스티안 괴셸(Christian Göschel)에게도 특별한 감사의 뜻을 전한다. 그리고 나의 세세한 질문에 대해 전문가로서 충고해준 로버트 서비스(Robert Service), 스티븐 스미스(Stephen Smith), 제프리 호스킹(Geoffrey Hosking), 폴 프레스턴(Paul Preston), 매리 빈센트(Mary Vincent), 매튜 케리(Matthew Kerry)에게도 감사 인사를 빠뜨릴 수 없다. 언제나 그랬듯 사이먼 윈더(Simon Winder)는 모범적인 편집자였다. 펭귄사의 편집팀, 특히 에바 호지킨(Eva Hodgkin)과 리베카 리(Rebecca Lee)가 뛰어난 솜씨로 많은 도움을 주었다. 뉴욕 펭귄의 스콧 모이어스(Scott Moyers)는 격려뿐만이 아니라 중요한 몇 가지 제안도 해주었다. 데이비드 왓슨(David Watson)은 책을 꼼꼼하게 읽고 멋진 카피를 만들어주었다. 훌륭한 색인은 마크 웰스(Mark Wells)의 솜씨다. 와일리 에이전시(Wylie

Agency)의 제임스 풀런(James Pullen)은 항상 그랬듯이 최고의 일처리 솜씨를 보여주었다. 이들 모두에게 진심으로 감사의 인사를 전한다.

나이가 들어가다 보면 피할 수 없는 것이 친척과 좋은 친구들을 잃는 아픔이다. 겨우 마흔두 살에 우리 곁을 떠난 며느리 베키(Becky)의 죽음은 우리 가족을 크나큰 슬픔에 빠뜨렸다. 우리의 여러 독일 친구들 가운데서 트라우데와 울리히 슈페트(Traude, Ulrich Spät) 부부는 늘 우리 마음속에 특별한 자리를 차지해왔다. 이 책을 집필할 때부터 깊은 관심을 보여주었던 트라우데가 책의 출간을 보지 못하고 숨을 거둔 일은 그러므로 나의 깊은 슬픔이다. 가족은 언제나 내가 하는 모든 일의 든든한 기초였다. 지금까지 써온 모든 책에서 그랬듯이 아내 베티(Betty), 두 아들 데이비드(David)와 스티븐(Stephen), 손주 소피(Sophie), 조(Joe), 엘라(Ella), 올리비아(Olivia), 헨리(Henry)에게 한량없는 사랑과 감사를 보낸다.

무엇이 그들을 권력에 자리에 오르게 했는가

• 옮긴이 후기

이 책은 이언 커쇼(Sir Ian Kershaw, 1943-)의 *Personality and Power: Builders and Destroyers of Modern Europe*, Allen Lane, 2022를 우리말로 옮긴 것이다.

커쇼는 20세기 독일사회사를 연구한 영국 출신의 역사학자이다. 그는 학계에서 아돌프 히틀러와 나치 독일 연구의 세계적인 권위자로 인정받고 있으며, 특히 그의 히틀러 전기는 걸작으로 평가된다. 그는 독일의 역사학자 마르틴 브로샤트(Martin Broszat)의 수제자였으며 은퇴할 때까지 셰필드대학에서 가르치고 연구했다. 커쇼는 브로샤트를 나치 독일을 이해하는 데 '영감을 준 스승'이라고 말했다. 커쇼는 BBC 방송이 역사 다큐멘터리를 제작할 때 여러 차례 자문학자로 참여했는데 그중에서 널리 주목받은 것이 「나치스: 역사가 보내는 경고」[1]와 「세기의 전쟁: 히틀러와 스탈린의 싸움」[2]이었다.

---

1) The Nazis: A Warning from History. 1997년 9~10월에 6회로 나뉘어 BBC에서 방영되었나.

2) War of the Century: When Hitler Fought Stalin. 1999년 10월에 4회로 나뉘어 BBC에서 방영되었다.

커쇼는 옥스퍼드에서 박사학위를 받았다. 원래 그의 전공은 서양 중세사였으나 1970년대에 들어와 현대 독일사회사로 연구방향을 바꾸었다. 그는 맨체스터대학에서 강사로서 중세사를 강의하다가 중세 독일의 농민반란을 연구하기 위해 독일어를 배웠다. 1972년에 바이에른을 방문한 그는 뮌헨의 한 카페에서 만난 독일 노인과의 대화에서 충격을 받았다. "당신네들 영국인은 바보야. 당신네들이 우리 편에 섰더라면 우리는 같이 볼셰비즘을 무너뜨리고 세계를 지배할 수 있었을 거야! 유대인은 기생충이야!" 이 대화를 계기로 커쇼는 왜 평범한 독일인이 나치즘을 지지할 수 있었는지 연구하기 시작했다.

1975년에 커쇼는 브로샤트의 '바이에른 프로젝트'에 참여했다. 이 작업에서 브로샤트는 커쇼에게 평범한 시민들이 히틀러를 어떻게 바라보았는지 살펴보라고 자극을 주었다. 이렇게 하여 커쇼의 나치 독일에 관한 첫 번째 저작 『히틀러 신화: 제3제국 시기의 이미지와 현실』이 나왔다.[3] 이 책은 요제프 괴벨스가 어떻게 '히틀러 숭배'를 발전시켰는지, '히틀러 신화'가 사회의 어떤 집단에게 호소력을 가졌었는지, 히틀러 신화는 어떻게 일어나 어떻게 소멸했는지를 밝혔다. 또한 바이에른 프로젝트를 통해 커쇼는 '일상사'(日常史, Alltagsgeschichte)에 주목하게 되었고 그 결과물이 『제3제국의 여론과 정치적 반대자들』이다.[4] 이 책에서 커쇼는 바이에른 사람들, 함축적으로 말하자면 독일인들이 나치 시대에 일상적으로 경험한 일들을 서술하려 했다.

---

3) Ian Kershaw, *Hitler Myth: Image and Reality in the Third Reich*, Oxford, 1987, rev. 2001. 독일어판 *Der Hitler-Mythos: Volksmeinung und Propaganda im Dritten Reich*가 1980년에 먼저 나왔다.

4) Ian Kershaw, *Popular Opinion and Political Dissent in the Third Reich. Bavaria, 1933–45*, Oxford, 1983, rev. 2002.

그는 나치당이 유대인 혐오정서를 조장하기 위해 수많은 캠페인을 벌였으며 바이에른의 반유대인 활동의 절대다수는 소수의 열성 나치당원들이 벌인 것이라는 증거를 찾아냈다. 커쇼가 알아낸 바에 따르면 총체적으로 보아 대중의 분위기는 유대인의 운명에 대해 무관심했다. 제2차 세계대전 기간에 대부분의 바이에른 사람들은 홀로코스트에 대해 어렴풋이 알고 있었으나 그들의 압도적인 관심사는 '유대인 문제의 최종적인 해법'이 아니라 전쟁이었다. 커쇼는 이렇게 표현했다. "아우슈비츠로 가는 길을 닦은 것은 증오였지만 그 길을 포장한 것은 무관심이었다."[5]

1985년에 커쇼는 나치 독일의 역사를 연구하는 경향에 관한 저작 *The Nazi Dictatorship: Problems and Perspectives of Interpretation*을 내놓았다. 이 책에서 그는 나치시대의 역사를 해석하는 몇 가지 관점들을 살펴보았다.[6]

1) 나치시대를 독일성(獨逸性, Deutschtum)의 절정으로 보는 관점과 나치즘을 자본주의의 절정으로 보는 마르크스주의적 관점.
2) 특수경로(Sonderweg, 중세 이후 독일 역사발전의 독특한 경로)를 주장하는 관점과 이 개념을 부정하는 관점.
3) 나치즘을 전체주의의 한 형태로 보는 관점과 파시즘의 한 형태로 보는 관점.
4) 독일 관료주의를 강조하고 홀로코스트를 일시적 목적을 달성하기 위한 임기응변적 과정으로 보는 '기능주의적'(functionalism) 관점과 히틀러 개인에게 초점을 맞추고 홀로코스트를 히틀

---

5) Richard Evans, *In Hitler's Shadow*, New York: Pantheon, 1989, p. 71
6) Daniel Snowman, "Ian Kershaw", *History Today* Volume 51, Issue 7, July 2001, pp. 18 – 19에 수록.

러의 정치경력 초기부터 준비된 계획으로 보는 '목적주의적'
(intentionalism) 관점

커쇼가 지적했듯이 상이한 관점들, 그중에서도 특히 홀로코스트를
임기응변적 과정으로 보는 기능주의적 관점과 홀로코스트를 준비된
계획으로 보는 목적주의적 관점 사이에는 접점을 찾기가 어려웠다.
그래서 그는 이 문제에 관한 안내서가 필요하다고 생각했다.

마찬가지로, 나치즘을 자본주의의 절정으로 보는 마르크스주의적
관점을 받아들인다면 나치는 보편적인 현상이며 파시즘은 자본주의
경제체제를 가진 사회에서라면 어디서나 권력을 잡을 수 있게 되지
만 나치즘을 독일성의 절정으로 본다면 나치는 독일의 지역적 특수
현상이 된다. 커쇼는 이 시기를 다룬 모든 역사저작은 이 시기와 관
련된 '역사적-철학적', '정치적-이념적', 도덕적 문제를 고려하지
않을 수 없으며 따라서 이 시기에 대한 연구는 역사학자의 특별한 도
전과제라고 생각했다. *The Nazi Dictatorship*에서 커쇼는 여러 역사문
헌을 섭렵하고 상이한 접근방식에 대한 자신의 평가와 견해를 제시
했다.

커쇼는 나치즘을 (소련과 공통점이 더 많은) 전체주의의 한 유형으
로 보는 관점과 (파시스트 이탈리아와 공통점이 더 많은) 파시즘의 한
형태로 보는 관점 사이에서 벌어진 논쟁을 두고 전체주의 접근방식
이 가치가 없는 것은 아니지만 나치즘은 근본적으로 파시즘의 한 형
태, 그중에서도 매우 극단적인 파시즘의 한 형태로 보아야 한다고 주
장했다. 특수경로론에 대해서 커쇼는 왜 나치시대가 존재하게 되었
는지 만족할 만한 역사적 설명은 온건한 특수경로론 접근방식이라
고 평가했다. *The Nazi Dictatorship*에서 커쇼는 '미치광이' 한 사람(히
틀러)이 '혼자서' 유럽의 2차 대전을 일으켰다는 주장을 날카롭게

비판했다. 같은 맥락에서 커쇼는 나치즘은 예상 밖의 불행한 '사고' (Betriebsunfall)였다는 해석을 강하게 비판했다.[7]

나치의 외교정책을 둘러싸고 벌어진 논쟁에서 커쇼는, 원래 히틀러의 구상은 영국과 동맹을 맺고 소련을 붕괴시키는 것이었으나 영국이 이 동맹에 관심을 보이지 않자 1939년의 정세에서 보듯이 애초적으로 설정했던 소련을 동맹으로 받아들이고 동맹으로 설정했던 영국을 적으로 돌려 전쟁을 일으켰다는 해석을 지지했다. 동시에 커쇼는 히틀러는 외교정책에서 '구상'을 갖고 있지 않았으며 그의 외교정책은 국내의 경제적 압박에 대한 자동반응이자 대중적 지지도를 유지하기 위한 수단이었다는 관점을 받아들였다.

브로샤트와 마찬가지로 커쇼는 나치 독일의 발전과정을 설명하자면 히틀러(또는 이 일과 관련된 어느 개인)의 개성보다는 나치 국가의 구조가 훨씬 더 중요하다고 본다. 특히 커쇼는 나치 독일은 서로 영속적으로 권력투쟁을 벌이는 경쟁관계에 있는 관료집단의 무질서한 집합체라는 해석을 지지한다. 커쇼는 나치 독재체제는 전체주의적 단일체가 아니라 국가사회주의 독일노동자당(나치당), 대기업, 관료집단, 군부, 친위대/경찰이라는 '권력카르텔'로 구성된 여러 집단의 불안정한 연합체였다고 해석한다(더 나아가 이들 개별 '권력집단'은 그 내부에서 여러 파벌로 분열되어 있었다).[8] 커쇼의 해석에 따르면 좀 더 '과격한' 집단——예컨대 친위대/경찰과 나치당——이 1936년의 경제위기 이후로 점차 다른 집단을 누르고 우위에 서게 되었다.

커쇼는 히틀러의 중요성은 독재자 자신이 아니라 독일 민중의 히

---

7) Ian Kershaw, *The Nazi Dictatorship Problems and Perspectives of Interpretation*, London, Arnold Press, 2000, pp. 7 – 8.

8) Ian Kershaw, *The Nazi Dictatorship: Problems and Perspectives of Interpretation*, London: Arnold Press, 2000, p. 58.

틀러에 대한 인식이라고 보았다. 커쇼는 자신이 쓴 히틀러 전기에서 그를 따분하고 단조로운 인물, 요아힘 페스트가 말한 "부정적인 위대함"조차도 없는 인물로 묘사했다. 커쇼는 역사의 위대한 인물론을 부정했으며 나치 독일에서 일어났던 모든 일들을 히틀러의 의지와 의도의 결과로 설명하려는 관점을 비판했다. 커쇼는 나치시대의 독일 역사를 오로지 히틀러를 통해서 해석하려는 것은 불합리하다고 주장했다. 나치시대에 독일 인구는 6,800만 명인데 6,800만 명의 운명을 한 사람의 프리즘을 통해 설명하려는 것은 결함이 많은 방식이란 게 그의 생각이었다. 커쇼는 홀로코스트나 2차 대전을 히틀러 개인의 의학적 또는 다른 결함 탓으로 돌리는 '개인화' 이론을 낮게 평가한다.

커쇼의 히틀러 전기는 히틀러의 권력에 대한 고찰이 주제다. 그는 어떻게 권력을 획득하고 유지했는가? 커쇼는 이 주제로 1991년에 첫 저작을 낸 이후로 히틀러의 리더십은 막스 베버의 카리스마적 리더십 이론의 표본이라고 주장해왔다.[9] 1998년과 2000년에 나온 두 권으로 된 히틀러 전기에서 커쇼는 "나는 히틀러를 내가 이미 공부해왔던 사회적·정치적 맥락 속에 끌어들이려 했다"고 말했다. 커쇼는 '협잡꾼'(기회주의적 모험가)으로서의 히틀러의 모습에 만족하지 못했고 히틀러가 얼마나 '위대했는지' 밝혀내려는 시도를 의미 없다고 생각했다.

총체적으로 커쇼는 나치정권을 1914년에서부터 1945년 사이에 유럽사회를 괴롭힌 보다 광범위한 위기의 한 부분으로 본다.

기능주의-목적주의 논쟁에서 커쇼는 기능주의 학파에 기울기는

---

9) Ian Kershaw, *Hitler 1889–1936: Hubris*, New York: W. W. Norton, 1998, p. xxvi.

했지만 두 학파의 통합을 지지했다. 커쇼는 두 권으로 된 히틀러 전기에서 히틀러는 유대인 학살 정책을 수립하는 데 결정적인 역할을 하기는 했지만 홀로코스트에 이르는 여러 조처는 특혜를 기대한 하급 공무원들이 히틀러의 지시 없이 저지른 것이었다고 분석했다. 커쇼는 나치의 극단적인 반유대주의를 부정하지는 않으면서도 홀로코스트는 관료집단의 끊임없는 권력투쟁과 나치 엘리트 내부가 극단적 반유대주의로 전환한 탓에 생겨난 나치 독일의 '누적적 극단화'의 결과라는 해석을 지지했다. 커쇼는 역사서술에서 기능주의적 관점을 유지하면서도 2차 대전에서 히틀러의 역할에 대한 자신의 평가는 목적주의적 관점을 따랐다고 말했다. 커쇼는 목적주의 역사가들이 그려놓은 광적인 이데올로그로서의 히틀러의 모습을 받아들였다. 히틀러는 사회적 다원주의, 인종주의적 반유대주의(유대인은 종교 때문이 아니라 생물학적으로 나머지 인류와 다른 인종이라는 주장), 군사제일주의에 사로잡혀 있었고 '생존공간'의 필요성을 확신하는 인물이었다.

커쇼는 홀로코스트가 목적주의자들이 주장하듯 하나의 일관된 계획이 아니라 기능주의자들이 규정한 대로 나치국가의 '누적적 극단화'가 만들어낸 과정이라고 보았다. 커쇼는 자신의 히틀러 전기에서 미국 역사가 크리스토퍼 브라우닝(Christopher Browning)의 저작을 인용해 1939-41년 시기에 '유대인 문제의 최종적 해결책'이란 구호는 '영토적 해결책'을 의미했을 뿐이며, 그 시기에는 '니스코계획'(Nisko Plan)과 '마다가스카르계획'(Madagascar Plan)[10]이 심각하게

10) 니스코계획은 1939년에 폴란드의 독일점령 지역에 살고 있는 유대인을 니스고 지역으로 추방, 집중시키려는 작전계획이었다. 이 계획은 1940년 초에 취소되었다. 마다가스카르계획은 유럽의 유대인 인구를 마다가스카르 섬으로 강제 이주시키려던 나치독일 정부의 계획이었다. 이 계획은 프랑스가 함락되

고려되었으며 '최종적 해결책'이 학살을 의미하게 된 것은 1941년 후반의 일이라고 주장했다.

커쇼는 나치 독일 시대에 독일의 국가와 당의 관리들은 히틀러의 (추정되는) 희망을 달성하기 위해 자발적으로 나서거나 히틀러가 느슨하고 불분명하게 밝힌 희망을 정책으로 구현하려 시도했다고 주장했다. 커쇼는 히틀러가 "제3제국의 주인"의 권력을 가졌지만 나치 독일이란 국가의 일상적인 운영에는 관심이 별로 없는 "게으른 독재자"였다고 주장한다. 유일한 예외는 외교정책 영역과 군사적 결정이었다. 히틀러는 1930년대 후반부터 이 두 분야에 대한 간여를 늘려왔다.

1993년에 발표한 「총통의 뜻을 헤아려 일하자」(Working Towards the Führer)란 제목의 논문에서 커쇼는 독일과 소련의 독재체제는 유사점보다는 차이점이 더 많다고 주장했다. 커쇼는 히틀러가 스탈린과는 선명하게 대비되는 서류작업을 극히 싫어하는 비관료주의적 지도자였다고 주장한다. 커쇼의 평가에 따르면 스탈린은 일상적인 의사결정에 제한적이며 변덕스럽게 참여했던 히틀러와는 달리 국가 운영에 매우 깊이 간여했다. 커쇼는 소련체제는 극도의 잔인성과 무자비함에도 불구하고 후진적인 나라를 현대화한다는 국가 목표의 추진에서는 근본적으로 이성적이었으며, 나치의 특징인 점진적으로 비이성적 목표를 향해 나아가는 '누적적 극단화'와 비견될 만한 행태는 보이지 않았다. 커쇼의 평가에 따르면 스탈린의 권력은 막스 베

기 직전에 세워졌다. 독일정부는 프랑스 식민지였던 마다가스카르를 독일에게 양도하는 조건을 평화협정에 포함시키려 했다. 이 계획은 영국공군을 붕괴시키려던 독일의 작전이 실패로 끝나면서(유대인을 수송할 수단으로서 영국 상선단을 동원하려던 구상이 무산되면서) 취소되었다. 이 계획을 입안한 인물은 독일 외무부 유대인 담당국장 프란츠 라데마허(Franz Rademacher)였다.

버가 말한 관료주의적 권위의 표본이며 히틀러의 권력은 베버가 말한 카리스마적 권위의 표본이라고 할 수 있다.

독일에서는 1933년 이후로 히틀러의 카리스마적 권위가 1933년 이전까지 존재했던 '합법적-이성적' 권위를 압도하면서 독일의 모든 질서 있는 권위체계를 점차로 파괴해나갔다. 1938년이 되자 독일이란 국가는 희망이 없는, 상호 경쟁적인 행위자들이 모두 (정치적 정통성의 유일한 원천이 되어버린) 히틀러의 총애를 얻기 위해 다투는 흔들리는 다두체제(多頭體制)였다. 커쇼는 이런 경쟁관계가 독일의 '누적적 극단화'의 원인이라고 보았다. 그는 히틀러가 어떤 문제에서든 항상 가장 극단적인 해법을 선호하기도 했지만 독일의 관리들 자신이 대부분의 경우 총통의 인정을 받기 위해 '유대인 문제' 같은 경우 히틀러의 지시를 기다리기보다는 주도적이며 점진적으로 '극단적인' 해법을 적용해나갔다고 주장한다.

이스라엘의 역사학자 오토 쿨카(Otto Dov Kulka)는 '총통의 뜻을 헤아려 일한다'는 개념이 홀로코스트의 발생 원인을 이해하는 데 ('기능주의'와 '목적주의'의 장점을 결합하면서 단점을 피해가는) 가장 좋은 방식이라고 찬양했다. 커쇼의 관점을 따르면 독일은 일인지배체제(monocracy)이면서 다수지배체제(polycracy)였다. 히틀러는 절대권력을 쥐고 있었지만 그것을 행사하는 방식을 선택하지 않았다. 나치국가의 경쟁하는 제후들이 히틀러가 모호한 언어로 밝힌 희망과 애매하게 규정한 지시를 달성하고 실천하기 위해 '총통의 뜻을 헤아려' 일했다.

커쇼는 2008년에 은퇴한 뒤 2010년에 20세기 유럽사를 폭넓게 다룬 2부작을 냈다. 하나는 『지옥여행: 1914-1949년의 유럽』(*To Hell and Back: Europe, 1914-1949*), 다른 하나는 『롤러코스터: 1950~2017년의 유럽』(*Roller-Coaster: Europe, 1950–2017*)이다. 히틀러, 나치체제, 나치체제와 스탈린체제의 비교분석으로 진화해간 커쇼의 연구는 유럽의 20세기사로 확산되었고 그 결과물이 이 2부작이다.

『지옥여행』은 20세기에 일어난 두 차례의 세계대전이란 대참사에 대한 역사학자의 해석이자 평가이며 20세기 전반부의 시기를 다룬 고전적 저작이다. 커쇼는 유럽의 1914–49년을 상상을 초월하는 파괴와 잔인성의 시기, 전쟁과 학살의 시기, 퇴화와 기근의 시기로 묘사한다. 1815년에 끝난 나폴레옹전쟁 이후 100년 가까이 문명세계의 선도자로 자부해왔던 유럽대륙은 1914년과 1945년 사이에 야만의 구렁텅이로 떨어졌다.

어찌하여 이런 일이 일어났을까? 커쇼는 전통적인 해석을 강하게 지지한다. 1914년 8월에 일어난 (필연적이지는 않았지만 예견할 수 있었던) 전쟁이 너무나 많은 파괴 — 인명, 경제, 가치관, 제도, 국경, 왕조 — 를 가져왔기 때문에 이어진 '평화'의 시기는 1939년 9월에 더 나쁜 전쟁이 일어나기 전까지의 짧은 휴식기에 불과했다. 커쇼는 이런 파국의 원인으로서 서로 긴밀하게 연결된 네 개의 요인을 제시했다. 1) 차별적 인종주의의 폭발, 2) 영토 재조정을 바라는 강력한 욕구, 3) (러시아에서 볼셰비키 혁명이 일어나면서 목표가 분명해진) 심각한 계급투쟁, 4) 오래 끌어온 자본주의의 위기(자본주의는 종말에 이르렀다고 생각한 관측자들이 많았다).

역사상 가장 악명 높은 선동정치가들이 이 중독성이 강한 요인들을 부추기고 활용한 덕분에 수많은 유럽인은 현실세계에서 지옥을 경험했고, 그 과정에서 엄청난 인명 손실이 발생했다. 2차 대전 동안 6,000만 명 이상이 목숨을 잃었다. 희생자 가운데 전투원보다는 민간인이 더 많았고 600만 명의 유대인이 명확한 목표를 가지고 세워진 수용소로 끌려가 체계적으로 살해되었다.

그런데 커쇼는 20세기 전반에 일어난 이 재앙이 피할 수 없는 것이 아니었다고 주장한다. 1914년에 강대국들이 벼랑 끝에서 한 걸음만 물러섰더라면 유럽은 다른 길을 걷게 되었을 것이다. 대공황의 전조인 미국 주식시장이 붕괴하지 않았더라면 독일의 민주주의는 생명을 이어갔을 것이다. 그리고 히틀러가 독일의 패권을 추구하기 시작했을 때 영국과 프랑스가 초기부터 강력하게 맞섰더라면 2차 대전은 피할 수 있었을 것이다.

현대 독일역사 전공자로서 커쇼는 유럽의 가장 어두운 시기의 역사를 서술할 충분한 자격을 갖추고 있다. 『지옥여행』은 유럽대륙 전체를 다루고 있지만 유럽뿐만 아니라 세계의 운명을 결정하는 데 가장 큰 역할을 한 하나의 국가는 독일이었다. 1914년의 주요 교전국에서부터 냉전시대 긴장의 핵심지역에 이르기까지 독일은 20세기 유럽에서 일어난 역사적 변화의 축이었다. 독일이 군국주의 왕조에서 출발해 혼란스러운 민주체제를 거쳐 히틀러 치하에서 권력과 야만의 정상에 이르기까지의 과정을 커쇼는 완벽하게 분석하고 있다. 또한 그는 1917년에서 1930년대 후반 사이에 러시아가 경험한 혁명적 격변기에 관해서도 설득력 있는 분석을 제시하고 있다(이 시기에 희생된 러시아인 수는 '위대한 조국수호전쟁'의 희생자 수에 버금간다). 독일의 정치적 혁명이 유럽의 평화를 흔들어놓았다고 한다면 러시아혁명의 파장은 (서유럽의 정치가들이 두려워했던 것과는 달리) 러시아 국내에 국한되었다.

『롤러코스터』는 1950년 이후로 복잡하게 전개된 유럽사를 서술하고 있다. 2차 대전이 끝난 뒤로 유럽은 곡절과 기복, 끊임없는 변화, 점점 빨라지는 엄청난 변모를 경험했다. 커쇼는 그런 상황을 스릴과 공포로 가득 찬 롤러코스터로 비유했다. 유럽은 거대한 불안의 시대에서 또 다른 불안의 시대로 이어진 수십 년 동안 휘청거렸다. 그러면서도 유럽은 궤도를 이탈해 붕괴하지는 않았으며, 여러 도전을 이겨내면서 결국 살아남았고, 그 과정에서 번영과 평화, 민주주의라는 기본 가치를 확고하게 정착시켰다.

커쇼는 20세기 후반 이후 유럽이 가장 먼저 맞닥뜨린, 그리고 가장 심각한 곤경으로서 '철의 장막'으로 상징되는 동유럽과 서유럽 사이의 냉전시기를 든다. 40여 년 동안 동서로 분단된 유럽의 각 절반이 경험한 내적 발전은 너무나 상이해서 (1989~91년 사이에) 공산주의가 몰락할 때까지 양쪽을 통합하는 일은 불가능했다. 이 기간 서유럽에서는 소수의 국가를 제외하고는 국내정치의 만성적인 불안정에 빠졌고 1960년대 후반에는 이른바 '68운동'으로 불리는 청년세대의 저항이 거세게 몰아쳤다.

20세기 후반에 들어와 유럽의 일부 강대국들은 탈식민화의 난제와 씨름했다. 영국은 비교적 평화적으로 제국을 해체하는 데 성공했지만 프랑스와 포르투갈은 독립을 요구하는 식민지 현지세력과 힘든 전쟁을 치르고 나서야 탈식민화를 완성할 수 있었다. 경제면에서는 몇 차례의 석유위기와 2008년의 금융위기가 경제성장에 제동을 걸었다. 유럽은 몇 가지 과격한 경제정책으로 위기를 돌파했으나 빈부격차가 확대되면서 저소득층 유럽인은 고통 속으로 빠져들었다. 1990년대 이후로는 '지구화'가 진행되면서 정치적·경제적 난민이 서유럽으로 몰려왔고 이는 상시적 불안 요인으로 자리 잡기에 이르렀다.

커쇼는 그러나 1950년부터 2017년까지 유럽이 정치·경제·사회적으로 위기만 경험한 것은 아니라고 주장한다. 첫째, 이 기간에 유럽인들은 어느 때보다도 평화롭게 살았다. 유고슬라비아가 해체된 뒤 일어난 발칸전쟁, 아프가니스탄과 이라크 전쟁에 일부 유럽국가의 참전이 있었지만 유럽 사회의 안전이 근본적으로 흔들리지는 않았다. 둘째, 이 기간에 유럽인들은 역사상 어느 때보다도 경제적으로 부유한 삶을 살았다. 유럽이 이렇게 번영을 구가할 수 있었던 데는 NATO라고 하는 군사동맹을 통해 미국이 유럽의 안보를 지켜준 배경이 크게 작용했다. 마지막으로, 20세기 후반에 유럽에서는 거의 모든 국가에서 민주주의가 정착되었다.

그렇다면 이런 긍정적 추세는 장래에도 계속될까? 커쇼는 이렇게 대답한다. "유일하게 확실한 것은 미래의 불확실성이다. 유럽의 (20세기사의) 특징인 파란만장과 우여곡절은 분명히 계속될 것이다." 커쇼는 유럽이 현재 당면하고 있거나 장래에 부닥칠 과제를 다음과 같이 열거한다. 기후변화, 인구변동, 에너지 공급, 대규모 이주, 다문화주의의 갈등, 자동화, 소득격차, 국제안보….

*Personality and Power: Builders and Destroyers of Modern Europe*은 커쇼가 평생 연구해온 유럽 20세기사의 파란만장한 전개과정의 고비에서 정치권력을 장악하고 역사진행의 방향을 결정했던 12명 권력자들의 행적을 살펴보고 그들의 역사적 공과를 평가한 전기다. 이 책에서 커쇼는 역사를 연구하면서 품었던 권력자의 역할에 대한 근본적인 질문 몇 가지를 제기한다. 두드러진 개성을 가진 정치지도자는—민주적 지도자와 독재자를 포괄하여—분명히 역사에 큰 흔적을 남긴다. 그런데 무엇이 강한 개성을 가진 인물을 권력의 자리에 오르게 하는 것일까? 그리고 무엇이 그들의 권력사용을 지지하거나 제약하는가? 정치지도자가 행사하는 권력유형을 결정하는 사회적·정치적 조건은 무엇인가? 권위주의적인 지도자가 많은 업적을 낼까, 아니면 민주적인 지도자가 융성할까? 권력을 획득하고, 권력을 행사할 때 개성 그 자체는 얼마나 중요한가? 그런데 지도자는 겉으로는 힘 있어 보여도 사실은 그들의 통제 밖에 있는 힘에 의해 제약받고

있는 것은 아닐까?

커쇼는 위와 같은 의문에서 출발한 12명의 권력자에 대한 사례연구를 통해 다음과 같은 보편적인 명제를 검증해보었나.

- 기존의 통치구조가 흔들리거나 무너지는 거대한 정치적 격변 가운데서, 또는 그 직후에 개인의 영향력은 최고 수준에 이른다.
- 간단명료한 목표에 전념하고 확고한 이념이 전술적 통찰력과 결합했을 때 특정 인물이 주목을 끌고 지지세력을 획득할 수 있다.
- 개인적인 권력의 행사 방식과 그 범위는 권력을 접수한 상황과 그 직후 권력을 강화한 방식에 따라 대부분 결정된다.
- 권력의 집중은 개인의 영향력을 강화하며, 흔히 부정적이고 때로는 파국적인 결과를 불러온다.
- 전쟁은 강력한 정치지도자조차도 군사 권력의 압박에 굴복하게 만든다.
- 지도자의 권력과 운신의 폭은 대부분 지지세력이 갖고 있는 제도적인 기반과 상대적인 힘—무엇보다도 먼저 권력행사의 도구가 되는 부속집단 내부에서, 그러나 또한 광범위한 대중 사이에서—에 의존한다.
- 민주적인 정부는 지도자 개인의 자유로운 행위와 역사적 변화를 결정할 수 있는 여지를 최대한으로 제약한다.

커쇼가 이 책에서 제기한 권력자의 역할에 대한 근본적인 질문과 검증해낸 보편적 명제는 유럽의 20세기사뿐만 아니라 어느 시대 어느 국가의 역사를 고찰하든 적용하고 검증해야 할 질문과 명제라고 할 수 있을 것이다. 그러므로 이 책은 오늘 우리가 역사를 배워야 하는 이유를 일깨워주는 의미 있는 지침서다.

이언 커쇼의 주요 저서와 논문

Bolton Priory Rentals and Ministers; Accounts, 1473–1539, ed. Leeds, 1969.

Bolton Priory. The Economy of a Northern Monastery, Oxford, 1973.

'The Great Famine and agrarian crisis in England 1315-22' in Past & Present, 59(1973).

"The Persecution of the Jews and German Popular Opinion in the Third Reich", pp. 261-289 from Yearbook of the Leo Baeck Institute, Volume 26, 1981.

Popular Opinion and Political Dissent in the Third Reich. Bavaria, 1933–45, Oxford, 1983, rev., 2002.

The Nazi Dictatorship. Problems and Perspectives of Interpretation, London, 1985, 4th ed., 2000.

The "Hitler Myth": Image and Reality in the Third Reich, Oxford, 1987, rev., 2001.

Weimar. Why did German Democracy Fail?, ed., London, 1990.

Hitler: A Profile in Power, London, 1991, rev., 2001.

"'Improvised genocide?' The Emergence of the 'Final Solution' in the 'Wargenthau", pp. 51-78 from Transactions of the Royal Historical Society, Volume 2, December 1992

"Working Towards the Führer: Reflections on the Nature of the Hitler Dictatorship", pp. 103-118 from Contemporary European History, Volume 2, Issue No. 2,

1993; reprinted on pp. 231–252 from The Third Reich edited by Christian Leitz, London: Blackwell, 1999

Stalinism and Nazism: Dictatorships in Comparison (ed, with Moshe Lewin), Cambridge, 1997.

Hitler 1889–1936: Hubris, London, 1998.

Hitler 1936–1945: Nemesis, London, 2000.

Making Friends with Hitler: Lord Londonderry and the British Road to War, London, 2004.

"*Europe's Second Thirty Years War*", pp. 10–17 from History Today, Volume 55, Issue # 9, September 2005.

Death in the Bunker, Penguin Books, 2005.

Fateful Choices: Ten Decisions That Changed the World, 1940–1941, London, 2007

Hitler, the Germans and the Final Solution, Yale, 2008

Luck of the Devil. The Story of Operation Valkyrie, London: Penguin Books, 2009. Published for the first time as a separate book, Luck of the Devil is taken from Ian Kershaw's bestselling *Hitler 1936-1945: Nemesis.*

The End: Hitler's Germany 1944–45, Allen Lane, 2011.

To Hell and Back: Europe, 1914–1949, Allen Lane, 2015.

Roller-Coaster: Europe, 1950–2017, Allen Lane, 2018. The American edition is titled *The Global Age: Europe, 1950–2017.*

Personality and Power: Builders and Destroyers of Modern Europe, Allen Lane, 2022.

주(註)

서론: 개인과 역사적 변화

1) 물론 정치학자들이 대체적으로 추상적인 모델이나 리더십 유형을 설명하기 위해 정치적 리더십을 연구해왔다. 이러한 작업의 의미 있는 ─ 대부분이 뛰어난 ─ 결과물이 다음 책에 실려 있다. R. A. W. Rhodes and Paul 't Hart, *The Oxford Handbook of Political Leadership,* Oxford, 2016, esp. 89, 150, 157, 210–11, 220, 230, 322–3, 343, 382–4 and ch. 22–8.

2) 예컨대, 다음 책을 참조하라. E. H. Carr, *What is History?*, London, 1st edition 1961, 2nd edition 1984, reprinted with an introduction by Richard J. Evans, London, 2018, ch. 2, 'Society and the Individual', and Evans' introduction, xvi–xvii.

3) Leo Tolstoy, *War and Peace,* trans. Louise and Aylmer Maude, Wordsworth Editions, Ware, 2001, xi, 541–4, 777–8, 889–92, 929–58.

4) Imanuel Geiss, 'Die Rolle der Persönlichkeit in der Geschichte: zwischen Überbewerten und Verdrängen', in Michael Bosch(ed.), *Persönlichkeit und Struktur in der Geschichte,* Düsseldorf, 1977, 23.

5) Volker R. Berghahn and Simone Lässig(eds.), *Biography between Structure and Agency,* New York and Oxford, 2008, 19.

6) Hans–Peter Schwarz, *Das Gesicht des Jahrhunderts. Monster, Retter und Mediokritäten,* Berlin, 1998, 18. Margaret MacMillan, *History's People. Personalities and the Past,* London, 2017은 과기에 지도사가 수행한 역할의 위상을 비인격적·경제적·사회적, 그리고 문화의 구조와 흐름이란 보다 넓은 맥락에서 파악하려는 다섯 편의 주제별 논문을 제시한다.

7) Jean-Baptiste Decherf, *Le grand homme et son pouvoir*, La Tour d'Aigues, 2017, 7-59는 '위대한 인물'이란 이미지의 뿌리와 발전과정을 탐구한다.

8) Thomas Carlyle, *On Heroes, Hero-Worship, and the Heroic in History*, London, 1841, reprint, n.d., ii.

9) Carlyle, cxxvi.

10) 1945년에 마지막 순간이 다가오고 있던 베를린의 참호에서 히틀러는 칼라일이 쓴 프레데릭 대왕(Frederick the Great)에 관한 '영웅적' 전기를 읽고서 눈물을 흘렸다고 한다. H. R. Trevor-Roper, *The Last Days of Hitler(1947)*, Pan Books edn., London, 1973, 140을 참조하라.

11) Jacob Burckhardt, *Weltgeschichtliche Betrachtungen*(1st edn., Berlin-Stuttgart, 1905. 여기서 인용한 판본은 위르겐 오스터함멜[Jürgen Osterhammel]의 해제가 있는 C. H. Beck판이다), Munich, 2018, 217-19.

12) Burckhardt, 219.

13) Burckhardt, 238, 246.

14) Burckhardt, 258.

15) Burckhardt, 250-51.

16) Burckhardt, 222-3.

17) Lucy Riall, 'The Shallow End of History? The Substance and Future of Political Biography', *Journal of Interdisciplinary History*, 40/3(2010), 375-97; Lucy Riall, *Garibaldi: Invention of a Hero*, New Haven and London, 2007, 390-97.

18) Riall, *Garibaldi*, 387.

19) Riall, *Garibaldi*, 397.

20) Joachim C. Fest, *Hitler*, London, 1974, 3-9; Joachim C. Fest, 'On Remembering Adolf Hitler', *Encounter*, 41(October 1973), 19.

21) Geoffrey Best, *Churchill. A Study in Greatness*, London, 2001, 329-30은 "그는 전쟁과 정치 영역에서 쌓은 업적 때문에 가장 위대한 인물로 평가받을 수 있는 자격을 갖추었다"고 강조하면서 "그는 가장 위대한 인물이 할 수 있는 일을 해냈다. …그는 역사의 진로를 바꾸어놓았다"고 주장한다. Geoffrey Wheatcroft, *Churchill's Shadow*, London, 2021, chs. 19-21은 그가 죽고 난 한참 뒤에도 처칠 '신화'가 매우 널리 퍼져 있음을 보여준다.

22) Andrew Roberts, *Churchill. Walking with Destiny*, London, 2019, 786-9.

23) Max Weber, *Economy and Society*, ed. Günther Roth and Claus Wittich, Berkeley-Los Angeles-London, 1978, 1449-53. Arthur Schweitzer, *The Age of Charisma*, Chicago, 1984는 베버의 관점을 여러 현대 정치지도자들에게 적용하고 있다.

24) Frank Dikötter, *How to be a Dictator. The Cult of Personality in the Twentieth Century,* London, 2019는 몇 가지 흥미 있는 예를 보여준다.

25) Karl Marx, *The Eighteenth Brumaire of Louis Bonaparte,* Moscow, Progress Publishers edn, 1954, 10. (필자가 약간 수정하여 번역했다.)

26) *The Eighteenth Brumaire,* Amazon reprint, n.d., 35-7.

27) Archie Brown, *The Myth of the Strong Leader,* London, 2014, 24, 61.

28) Heather Elizabeth Mitterer, 'The Role of Personality in Leader Effectiveness', 2014. 1. 22,
https://sites.psu.edu/leadership/2014/01/22/the-role-of-personality-in-leader-effectiveness/, 2021년 11월 접속.

29) Michael Mann, *The Sources of Social Power*, vol. 3: *Global Empires and Revolution,* 1890–1945, Cambridge, 2012, 5-13.

30) Weber, 53.

31) Mann, 13.

32) Brown, 45를 보라.

33) Ruth Ben-Ghiat, *Strongmen,* New York, 2020은 트럼프와 그 밖의 대중적 지도자들을 등장이 발생학적으로 20세기의 주요 독재자들과 연결된다고 보고 있다.

1 레닌 | 혁명의 지도자, 볼셰비키 국가의 창시자

1) 이름을 바꾼 경위에 대하여는 Robert Service, *Lenin. A Biography*, London, 2000, 134-5를 보라.

2) Hans-Peter Schwarz, *Das Gesicht des Jahrhunderts*, Berlin, 1998, 231.

3) Geoffrey Hosking, *Russia and the Russians,* London, 2001, 362-85.

4) Michael Mann, *The Sources of Social Power*, Vol. 3: *Global Empires and Revolution, 1890-1945*, Cambridge, 2012, 174-90, esp. 182-3, 188-9.

5) Service, *Lenin,* 232.

6) Dimitri Volkogonov, *Lenin. Life and Legacy,* London, 1995, 110, 156.

7) Service, *Lenin,* 204, 212, 247, 274.

8) Mann, 175.

9) Mann, 184.

10) Victor Sebestyen, *Lenin the Dictator. An Intimate Portrait,* London, 2017, 22-3.

11) Sebestyen, 156-7.

12) Service, *Lenin,* 200, 232.

13) Service, *Lenin,* 19, 22; Robert Payne, *Lenin,* New York, 1964, 14.

14) Service, *Lenin,* 197은 14곳의 유럽 도시를 열거하고 있다.

15) Sebestyen, 30, 184-7.

16) Summaries in Payne, 147-54; Sebestyen, 138-41; Service, *Lenin,* 135-9.

17) Service, *Lenin,* 152-3.

18) Service, *Lenin,* 171, 176.

19) Hosking, *Russia,* 361.

20) Service, *Lenin,* 259.

21) Service, *Lenin,* 263-5; Martin McCauley(ed.), *The Russian Revolution and the Soviet State 1917-1921: Documents,* London, 1975, 54-5.

22) Lars T. Lih, '"All Power to the Soviets!" Biography of a Slogan', *International Relations,* 24 July 2017, https://socialistproject.ca/2017/07/b1454/, 2021년 11월 접속.

23) Service, *Lenin,* 269.

24) Volkogonov, ch. 5에는 이들 모두를 한 사람씩 그린 펜화 초상화가 실려 있다.

25) Mann, 185-6.

26) Geoffrey Hosking, *A History of the Soviet Union,* London, 1985, 43.

27) Sebestyen, 337.

28) Leonard Schapiro, *1917,* London, 1985, 131-2.

29) Isaac Deutscher, *The Prophet Armed. Trotsky,* 1879-1921, Oxford, 1970, 311-12.

30) Service, *Lenin,* 308-9.

31) Deutscher, 325; Robert Service, *Trotsky. A Biography,* London, 2009, 191.

32) Robert Gellately, *Lenin, Stalin and Hitler. The Age of Social Catastrophe,* London, 2007, 42-3.

33) Robert Service, *A History of Twentieth-Century Russia,* London, 1998, 73.

34) Schapiro, chs. 9-10; Service, *Lenin,* 314-19.

35) Sebestyen, 381; Payne, 426.

36) Schapiro, 147-9; Service, *Russia,* 74-5.

37) Orlando Figes, *A People's Tragedy. The Russian Revolution 1891-1924,* London, 1996, 631, 642; Gellately, 46-8.

38) Figes, *People's,* 630-31.

39) Volkogonov, 313(also 306, 311).

40) Figes, *People's,* 627-9.

41) Volkogonov, 148-9(와 레닌의 측근 다섯 사람의 펜화 초상화를 실은 ch. 5).

42) 군대의 병력 규모에 관해서는 Evan Mawdsley, *The Russian Civil War,* London,

2000, 7을 참조하라.

43) Service, *Lenin,* 336-40(인용문의 출처는 339); Mawdsley, 42-6.

44) Service, *Trotsky,* 216.

45) Service, *Lenin,* 403.

46) Figes, *People's,* 618, 622-3; Orlando Figes, *Revolutionary Russia 1891-1991,* London, 2014, 153.

47) Service, *Lenin,* 363; Gellately, 53.

48) Volkogonov, 233-4.

49) Volkogonov, 235-40.

50) Figes, *People's,* 640, 647, 649(627-49는 총체적으로 테러의 확산상황을 묘사하고 있다).

51) Service, *Lenin,* 443(레닌이 테러를 옹호한 좀 더 구체적인 사례에 관해서는 395, 411-12, 431, 435, 444를 보라).

52) Figes, *Revolutionary Russia,* 159.

53) Service, *Lenin,* 408-9; Volkogonov, 388; Sebestyen, 460-61; Payne, 525; Service, *Trotsky,* 272-8.

54) Mawdsley, 349-61.

55) Service, *Lenin,* 412, 418-19.

56) Hosking, *Soviet Union,* 134-5.

57) Figes, *Revolutionary Russia,* 166-7, 190.

58) Service, *Lenin,* 422-33.

59) Figes, *Revolutionary Russia,* 189-94.

60) 이 문단은 Service, *Lenin,* chs. 26-7을 바탕으로 하여 기술되었다.

61) Stephen Kotkin, *Stalin. Paradoxes of Power 1878-1928,* London, 2015, 498-501.

62) Archie Brown, *The Myth of the Strong Leader,* London, 2014, 217.

63) Service, *Lenin,* 475-81에 마지막 몇 달 동안의 레닌의 모습이 담겨 있다.

64) Jan Plamper, *The Stalin Cult,* New Haven/London, 2012, 22.

65) Arthur Schweizer, *The Age of Charisma,* Chicago, 1984, 167.

66) Moshe Lewin, *The Making of the Soviet System,* London, 1985, 57-71.

67) Plamper, 24.

68) Figes, *Revolutionary Russia,* 181-2.

69) https://www.rferl.org/a/russia-lenin-positive-role-levada-poll/28441045. html, 2021년 11월 접속.

70) https://www.wilsoncenter.org/blog-post-why-lenins-corpse-lives-putins-russia, 2021년 11월 접속.

2 무솔리니 | 파시즘의 아이콘

1) 무솔리니는 대서양 건너 미국에서도 '광범위한 인기를 누렸다' John P. Diggins, *Mussolini and Fascism. The View from America,* Princeton, 1972, 23을 참조하라.

2) Winston S. Churchill, *The Second World War,* Vol. 2: Their Finest Hour, London, 1949, 548.

3) Denis Mack Smith, *Mussolini,* London, 1983, xiv, 122; 인용문의 출처는 A. J. P. Taylor, *The Origins of the Second World War*, Harmondsworth, 1964, 85; R. J. B. Bosworth, *Mussolini,* London, 2002, 424.

4) R. J. B. Bosworth, *The Italian Dictatorship,* London, 1998, 76-81은 무솔리니를 '돌팔이 독재자' 또는 '카이사르 인형'—사실상 가장된 허상—이라 멸시하는 평가가 얼마나 끈질기게 유포되어 있는지를 고찰하고 있다.

5) Louisa Passerini, *Mussolini Immaginario,* Rome/Bari, 1991, 70-76, 99-101.

6) Hans Woller, *Mussolini. Der erste Faschist,* Munich, 2016, 57-8.

7) Woller, *Mussolini,* 59-60; Bosworth, *Mussolini,* 110; Mack Smith, 33.

8) Emilio Gentile, 'Paramilitary Violence in Italy: the Rationale of Fascism and the Origins of Totalitarianism', in Robert Gerwarth and John Horne (eds.), *War in Peace. Paramilitary Violence in Europe after the Great War,* Oxford, 2012, 89에 수록.

9) Adrian Lyttelton, *The Seizure of Power. Fascism in Italy 1919-1929,* London, 1987, 77; Robert O. Paxton, *The Anatomy of Fascism,* London, 2004, 117-18.

10) Dominique Kirchner Reill, *The Fiume Crisis,* Cambridge Mass., 2020, 16-21.

11) Gentile, 'Paramilitary Violence', 89-92; Michael Mann, *Fascists,* Cambridge, 2004, 100-118; Wolfgang Schieder (ed.), *Faschismus als soziale Bewegung,* Hamburg, 1976, 75.

12) Roger Griffin, *The Nature of Fascism,* London, 1991, 26-7.

13) Michael R. Ebner, *Ordinary Violence in Mussolini's Italy,* New York, 2011, 25-34; Matteo Milan, 'The Institutionalisation of Squadrismo', *Contemporary European History,* 22/4 (2014), 556; Jens Petersen, 'Violence in Italian Fascism, 1919-25', in Wolfgang J. Mommsen and Gerhard Hirschfeld (eds.), *Social Protest, Violence and Terror in Nineteenth—and Twentieth—Century Europe,* London, 1982, 280-94는 광범위한 폭력에 관한 통계를 제시하고 있다.

14) 1919년 공약의 폐기에 관해서는 Lyttelton, *Seizure,* 44-6; Mack Smith, 52를 보라.

15) Paul Corner, *Fascism in Ferrara 1915-1925,* Oxford, 1975, 170-76.

16) Frank M. Snowden, *The Fascist Revolution in Tuscany, 1919-22,* Cambridge, 1989,

60-61, 102. 147.

17) Emilio Gentile, 'Fascism in Power: The Totalitarian Experiment', in Adrian Lyttelton(ed.), *Liberal and Fascist Italy*, Oxford, 2002, 144에 수록.

18) MacGregor Knox, *To the Threshold of Power, 1922/33*, Cambridge, 2007, 328; Woller, *Mussolini*, 72-4; Bosworth, *Mussolini*, 157-62; Pierre Milza, *Mussolini*, Paris, 1999, 282-9.

19) Knox, *Threshold*, 329.

20) Marco Tarchi, 'Italy: Early Crisis and Fascist Takeover', in Dirk Berg-Schlosser and Jeremy Mitchell(eds.), *Conditions of Democracy in Europe, 1919-1939: Systematic Case-Studies*, Basingstoke, 2000, 304-13에 수록.

21) Knox, *Threshold*, 268-81, 327.

22) Giulia Albanese, *The March on Rome: Violence and the Rise of Italian Fascism*, London, 2019, x, xiii, 74-7, 86-7.

23) Mack Smith, 62-3.

24) Albanese, 91-2.

25) Woller, *Mussolini*, 67.

26) Schieder, *Faschismus*, 80-83는 당의 성장과 사회적 성격의 변화를 다루고 있다.

27) Adrian Lyttelton, 'Fascism in Italy: the Second Wave', in George L. Mosse, *International Fascism: New Thoughts and New Approaches*, London/Beverley Hills, 1979, 45, 48.

28) Bosworth, *Mussolini*, 199; Lyttelton, *Seizure*, 250.

29) Lyttelton, 'Fascism in Italy', 47-8.

30) Bosworth, *Mussolini*, 203; Lyttelton, *Seizure*, 265-6; Milza, 345-50.

31) Woller, *Mussolini*, 115-17.

32) Millan, 550; Lyttelton, *Seizure*, 269-307은 파리나치의 서기직 임명과 당의 쇠퇴를 깊이 있게 다루고 있다. Milza, ch. 12는 무솔리니 아래 권력구조의 구성요소를 개괄하여 보여준다.

33) Ebner, 48-71.

34) Gentile, 'Fascism in Power', 169.

35) Amedeo Osti Guerrazzi, 'Das System Mussolini. Die Regierungspraxis des Diktators 1922 bis 1943, im Spiegel seiner Audienzen', *Vierteljahrshefte für Zeitgeschichte*, 66/2(2018), 217-25.

36) Woller, *Mussolini*, 118-19.

37) Emilio Gentile, *The Sacralization of Politics in fascist Italy*, Cambridge, Mass, 136-9.

38) Stephen Gundle, Christopher Duggan and Giuliana Pieri(eds.), *The Cult of the*

Duce. Mussolini and the Italians, Manchester, 2015, esp. 2-4, 27-40; Christopher Duggan, *Fascist Voices,* London, 2012, xi, 230, 241, 279; Piero Melograni, 'The Cult of the Duce in Mussolini's Italy', Laqueur, *International Fascism, in Mosse,* 73-90에 수록; Frank Dikötter, *How to be a Dictator,* London, 2019, 14-19; Woller, *Mussolini,* 114-15; Milza, 555-62; Paul Corner, *The Fascist Party and Popular Opinion in Mussolini's Italy,* Oxford, 2012, 210-11, 280; Paul Corner(ed.), *Popular Opinion in Totalitarian Regimes,* Oxford, 2009, 122-46.

39) Corner, *Popular Opinion,* 138-41; John Gooch, *Mussolini's War,* London, 2020, 33.

40) Mack Smith, 220-21.

41) MacGregor Knox, *Mussolini Unleashed 1939-1941,* Cambridge, 1986, 9-10.

42) *Ciano's Diary 1937-1943,* London, 2002, 102(18 June 1938), 110(17 July 1938), 152-3(4 November 1938), 208(27 March 1939).

43) 이 표현은 Hans Mommsen, *Beamtentum im Dritten Reich,* Stuttgart, 1966, 98 n. 26에서 처음 사용되었다.

44) MacGregor Knox, *Common Destiny. Dictatorship, Foreign Policy, and War in Fascist Italy and Nazi Germany,* Cambridge, 2000, 142-3.

45) Christian Goeschel, *Mussolini and Hitler,* New Haven/London, 2018, 45-52.

46) Goeschel, 89-90.

47) *Ciano's Diary,* 201(15 March 1939).

48) Knox, *Common Destiny,* 137-44; Gooch, 15-17.

49) Gooch, 33.

50) Joe Maiolo, *Cry Havoc: The Arms Race and the Second World War 1931-1941,* London, 2010, 196-202; Gooch, 55-6; Knox, *Common Destiny,* 150-51.

51) Corner, *Popular Opinion,* 138-41; Christian Goeschel, 'Mussolini, Munich and the Italian People', in Julie Gottlieb, Daniel Hucker and Richard Toye(eds.), *The Munich Crisis. Politics and the People,* Manchester, 2021, 156-8, 161, 165-6 에 수록.

52) Hans Woller, *Geschichte Italiens im 20. Jahrhundert,* Munich, 2010, 153-61; Woller, *Mussolini,* 164-71; Bosworth, *Mussolini,* 338-44.

53) Michele Sarfatti, *The Jews in Mussolini's Italy,* Maddison, Wisconsin, 2000, x, 42-3, 53-4.

54) *Ciano's Diary,* 264(24 August 1939).

55) Knox, *Mussolini Unleashed,* 104-5.

56) Woller, *Mussolini,* 209.

57) Knox, *Mussolini Unleashed,* 18-30.

58) Woller, *Mussolini*, 200.

59) Gooch, 296, 350.

60) Filippo Focardi, 'Italy's Amnesia over War Guilt: The "Evil Germans" Alibi', *Mediterranean Quarterly*, 25/4(2014), 8; Woller, *Mussolini*, 233-4.

61) Claudia Baldoli, 'Spring 1943: the Fiat Strikes and the Collapse of the Italian Home Front', *History Workshop Journal*, 72/1(2011), 181-9; Gooch, 365.

62) Bosworth, *Mussolini*, 403-4.

63) Woller, *Mussolini*, 298-301; MacGregor Knox, 'Das faschistische Italien und die "Endlösung" 1942/43', *Vierteljahrshefte für Zeitgeschichte*, 55(2007), 53-5, 77-9, 91-2; Meir Michaelis, *Mussolini and the Jews*, Oxford, 1978, 323, 348-50, 389-90, 408-14.

64) Claudio Pavone, *A Civil War. A History of the Italian Resistance*, London, 1991, 2014, ch. 5; Woller, *Geschichte Italiens*, 197-8; H. James Burgwyn, *Mussolini and the Salò Republic 1943-1945*, Cham, 2018, 335-6.

65) Hans Woller, *Die Abrechnung mit dem Faschismus in Italien 1943–1948,* Munich, 1996, 279.

66) Paul Ginsborg, *A History of Contemporary Italy. Society and Politics 1943–1988*, 92.

67) Woller, *Die Abrechnung*, 271-3; Filippo Focardi and Lutz Klinkammer, 'The Question of Fascist Italy's War Crimes: the Construction of a Self-acquitting Myth (1943-1948)', *Journal of Modern Italian Studies*, 9/3 (2004), 330-48.

68) 독재자에 대한 지지의 정도에 관한 논쟁은 volume 4, *Mussolini il duce. Gli anni del consenso 1929-1936,* Torino, 1974가 출간되면서 일어났다. De Felice의 방법론, 관점, 평가에 대한 강력한 비판이 Wolfgang Schieder, *Faschistische Diktaturen,* Göttingen, 2008, 50-55에서 제기되었다.

69) Michael A. Ledeen, 'Renzo De Felice and the Controversy over Italian Fascism', *Journal of Contemporary History*, 11(1976), 269-82; Renzo De Felice and Michael A. Ledeen, *Fascism: An Informal Introduction to Its Theory and Practice*, London, 2017(1976).

70) Gundle, 252-4.

71) Ruth Ben-Ghiat, *Strongmen,* New York/London, 2020, 79-83과 244-5는 '강한 인물' Silvio Berlusconi와 Matteo Salvini의 호소력을 강조한다.

72) Angelo Amante, 'Half of Italians Want "Strongman" in Power, Survey Shows', https://www.reuters.com/article/us-italy-politics-survey-IDUSKBN1YA1X5, 2021년 11월 접속.

73) Woller, *Mussolini,* 317-23; Bosworth, *Mussolini*, 413-19.

74) https://en.wikipedia.org/wiki/Benito_Mussolini, 2021년 11월 접속.

3 히틀러 | 전쟁과 학살의 선동자

1) Jeremy Noakes and Geoffrey Pridham(eds.), *Nazism 1919-1945*, vol. 3, Exeter, 1988, 764-5(also 740). 이 장의 축약되지 않은 내용을 보려면 (필자가 쓴 2권으로 된 전기) Ian Kershaw, *Hitler, 1889-1936*, London, 1998과 *Hitler, 1936-45*, London, 2000을 참조하라. 그 밖의 유용한 전기로서는 Alan Bullock, *Hitler. A Study in Tyranny*, 2nd edn, Harmondsworth, 1962; Joachim C. Fest, *Hitler*, London, 1974; Volker Ullrich, *Hitler*(2 vols.), London, 2016, 2020; Peter Longerich, *Hitler: A Life*, London, 2019가 있다. Brendan Simms, *Hitler: Only the World Was Enough*, London, 2019는 유일하게 히틀러의 중심 이념이 미국 자본주의였다고 주장한다.

2) 히틀러에 대한 변화된 태도에 관해서는 Ian Kershaw, *The 'Hitler Myth': Image and Reality in the Third Reich*, Oxford, 1987, 264-6에 정리되어 있다.

3) Hans Mommsen, 'Nationalsozialismus', *Sowjetsystem und demokratische Gesellschaft*, vol. 4, Freiburg, 1971, column 702에 수록.

4) Claudia Schmölders, *Hitlers Gesicht*, Munich, 2000, 7-14.

5) Eberhard Jäckel and Axel Kuhn(eds.), *Hitler. Sämtliche Aufzeichnungen 1905-1924*, Stuttgart, 1980, 69.

6) Thomas Weber, *Hitler's First War*, Oxford, 2010, 250-55, 345-6.

7) Noakes and Pridham, vol. 1, Exeter, 1983, 13.

8) 요즘의 권위 있는 판본은 Institut für Zeitgeschichte가 출간한 *Hitler. Mein Kampf. Eine kritische Edition*, ed. Christian Hartmann et al., Munich, 2016이다.

9) *Mein Kampf*에 대한 최초의 체계적인 분석서인 Eberhard Jäckel, *Hitlers Weltanschauung. Entwurf einer Herrschaft*, Tübingen, 1969, 140-41에서 이 점이 강조되었다. 같은 관점의 연구서로서 가장 최근에는 Laurence Rees, *Hitler and Stalin*, London, 2020, 1-2가 있다.

10) Lothar Machtan, *The Hidden Hitler*, London, 2001, 88-93(인용된 부분은 93).

11) Anton Joachimsthaler, *Hitlers Liste*, Munich 2003은 알려지지 않은 에피소드, 특히 여성과의 관계를 들려준다.

12) Otto Gritschneder, *Der Hitler-Prozeß und sein Richter Georg Neithardt*, Munich, 2001, 51.

13) Gregor Strasser는 1927년에 나치당의 핵심가치인 지도자와 추종자의 관계를 묘사하면서 '제후와 가신'이란 봉건적 용어를 사용했다. Noakes and

Pridham, vol. 1, 54.

14) Kurt Sontheimer, *Antidemokratisches Denken in der Weimarer Republik*, München, 1962, 271.

15) Richard J. Evans, *The Coming of the Third Reich*, London, 2003은 다층적인 위기에 관해 심층적인 해석을 제공하고 있다.

16) Martin Broszat, *German National Socialism, 1919–1945*, Santa Barbara, 1966, 58-9.

17) Heinrich August Winkler, *Weimar 1918-1933. Die Geschichte der ersten deutschen Demokratie*, chs. 14-18은 깊어가고 있던(결국은 종말에 이르는) 정치적 위기의 복잡한 내막을 알려주는 훌륭한 안내서이다.

18) Dietrich Orlow, *The History of the Nazi Party 1919-1933*, Newton Abbot, 1971, 294-6.

19) Benjamin Carter Hett, *Burning the Reichstag*, Oxford/New York, 2014는 공산당원 경력이 있는 네덜란드 청년 마르티뉘스 판 데르 뤼버(Marinus van der Lubbe)의 단독범행이라는 오랜 주장에 의문을 제기한다.

20) 손꼽히는 헌법학자들이 이 점을 강조했다. Noakes and Pridham, vol. 2, Exeter, 1984, 200, 476, 486.

21) Noakes and Pridham, vol. 2, 200.

22) Franz Neumann(ed.), *Behemoth: the Structure and Practice of National Socialism*, London, 1942, 75는 히틀러의 카리스마적 권력의 중요성을 처음으로 강조한 저작이었다. Laurence Rees, *The Dark Charisma of Adolf Hitler*, London, 2012는 카리스마적 권력의 충격을 강조한다.

23) Noakes and Pridham, vol. 2, 207.

24) Heike B. Görtemaker, *Hitlers Hofstaat*, Munich, 2019는 베르그호프 '신하집단'의 구성과 성격을 탐구한다.

25) Leonidas E. Hill(ed.), *Die Weizsäcker-Papiere 1933-1950*, Frankfurt, 1974, 162.

26) Helmut Krausnick and Hans-Heinrich Wilhelm, *Die Truppe des Weltanschauungskrieges*, Stuttgart, 1981, 86.

27) Christopher R. Browning, *The Origins of the Final Solution*, Jerusalem, 2004, 241.

28) Gerald Fleming, *Hitler und die Endlösung*, Wiesbaden, 1982, 86.

29) Elke Fröhlich(ed.), *Die Tagebücher von Joseph Goebbels*, part 2, vol. 2, Munich, 1996, 498.

30) Noakes and Pridham, vol. 3, 1049.

31) Peter Longerich, *The Unwritten Order: Hitler's Role in the Final Solution*, London, 2001, 106.

32) E.g., Peter Witte et al., *Der Dienstkalender Heinrich Himmlers 1941/42*, Hamburg, 1999, 294는 유대인은 빨치산과 동등하게 제거되어야 한다는 주장에 대해 1942년 12월 18일에 히틀러의 동의를 얻었다고 기록하고 있다. Fleming, 62-8, 163-5는 자신의 조치는 히틀러의 승인을 받은 것이라는 힘러의 주장을 밝히고 있다.

33) Longerich, *The Unwritten Order*, 119.

34) Nicolaus von Below, *Als Hitlers Adjutant 1937-45*, Mainz, 1980, 398.

35) Ralf Dahrendorf, *Society and Democracy in Germany*, London, 1968, 402, 404.

36) Mary Fulbrook, *Reckonings*, Oxford, 2018, 245-58.

4 스탈린 | 국민을 공포에 떨게 한 지도자, '위대한 조국방위전쟁'의 영웅

1) Nikita Khrushchev, *Khrushchev Remembers*, London, 1971, 587.

2) 주로 Robert Service, *Stalin. A Biography*, London, 2004; Robert C. Tucker, *Stalin as Revolutionary 1879–1929*, London, 1974(= Tucker 1); Simon Sebag Montefiore, *Stalin. The Court of the Red Tsar*, London, 2003; Edvard Radzinsky, *Stalin*, New York, 1996과 최근의 방대하고도 자세한 연구결과인 Stephen Kotkin, *Stalin. Paradoxes of Power 1878-1928*, London, 2015(= Kotkin 1)에 의존했다.

3) Service, *Stalin*, 10-11이 이 주제를 잘 정리해놓았다.

4) Laurence Rees, *Hitler and Stalin. The Tyrants and the Second World War*, London, 2020, xxvi.

5) Khrushchev, 307.

6) Stephen Kotkin, *Stalin. Waiting for Hitler 1929-1941*, London, 2018(= Kotkin 2), 234-5, 492-3.

7) Montefiore, 305-6.

8) Montefiore, 259-61.

9) Kotkin 1, 422.

10) Evan Mawdsley, *The Stalin Years. The Soviet Union, 1929-1953*, Manchester, 1998, 80.

11) Service, *Stalin*, 165-6을 보라.

12) Adam B. Ulam, *Stalin. The Man and His Era*, Boston, 1989, 218-19; Tucker, *Stalin as Revolutionary 1879-1929*, London, 1973, 288-9.

13) 몇 차례 거듭된 뇌졸중 때문에 1923년에는 거의 전신마비에 빠졌던 레닌이 실제로 이 문서를 작성하거나 구술했는지는 의문이다. 레닌의 아내 크룹스카야

가 스탈린뿐만 아니라 다른 경쟁자들을 비방하는 말을 남겨 승계 문제에 영향을 미치려 했다는 설득력 있는 분석이 Kotkin 1, 498-501에 나온다.

14) Service, 147에는 다음과 같은 구절이 나온다. "그가 1917년 9월에 죽었더라면 (분명히) 누구도 그의 전기를 쓰지 않았을 것이다." 이 날짜는 1924년과 레닌이 유언장을 쓴 날로 미루어질 수도 있을 것이다.

15) Moshe Lewin, *The Making of the Soviet System*, London, 1985, ch. 11, 'The Social Background of Stalinism'을 보라.

16) Robert Service, *A History of Twentieth-Century Russia*, London, 1998, 162.

17) 경쟁관계의 상세한 내용은 Tucker 1, 299-303을 보라.

18) Kotkin 1, 662-76; Alec Nove, *Stalinism and After*, London, 1981, 29-37.

19) Ian Kershaw and Moshe Lewin(eds.), *Stalinism and Nazism: Dictatorships in Comparison*, Cambridge, 1997, 75-87에 수록된 Hans Mommsen, 'Cumulative Radicalisation and Progressive Self-Destruction as Structural Determinant of the Nazi Dictatorship.'

20) Kershaw and Lewin, 62-3에 수록된 Moshe Lewin의 논문 'Bureaucracy and the Stalinist State'가 1928년에서 1939년 사이에 관료의 숫자가 15% 증가한 상황을 설명해준다.

21) Kotkin 2, 162; Moshe Lewin, *The Soviet Century*, London, 2005, 84-9; Richard Overy, *The Dictators. Hitler's Germany, Stalin's Russia*, London, 2004, 65, 169.

22) 스탈린 숭배는 1929년에 이 독재자의 50회 생일에 맞추어 터져 나왔고, 아마도 스탈린이 집단화에 반대하는 폭동과 연결되는 것을 피하려는 의도에서인지 그 후 3년 동안 잠복했다. 그러다가 1933년 중반 이후로 더욱 확장된 형태로 다시 등장했다. Jan Plamper, *The Stalin Cult*, New Haven/London, 2012, 29, 36을 참조하라.

23) Robert C. Tucker, *Stalin in Power. The Revolution from Above, 1928-1941*, New York, 1990(=Tucker 2), 444.

24) Kotkin 2, 497.

25) Kotkin 1, 739.

26) Kotkin 2, 131.

27) Archie Brown, *The Myth of the Strong Leader*, London, 2014, 256.

28) Service, *Russia*, 215.

29) Kotkin 2, 391-3, 479, 542, 586, 618-19, 740.

30) Lew Besymenski, *Stalin und Hitler. Das Pokerspiel der Diktatoren*, Berlin, 2004, 282-90.

31) Richard Overy, *Russia's War 1941-1945*, London, 1999, 117.

32) Overy, *Russia's War*, 287-8.

33) Laurence Rees, *War of the Century,* London, 1999, 323-3; Rees, *Hitler and Stalin,* 390-91; Service, *Stalin,* 512.

34) Rees, *War of the Century,* 152-3.

35) Jörg Baberowski, *Scorched Earth. Stalin's Reign of Terror,* New Haven/London, 2016, 362-71; Sean McMeekin, *Stalin's War,* London, 2021, 317.

36) Baberowski, 376-7.

37) Baberowski, 316-17.

38) Baberowski, 328-34, 382-4; McMeekin, 146-9.

39) Geoffrey Roberts, *Stalin's Wars,* New Haven/London, 2006, 22.

40) Roberts, 20-22.

41) Montefiore, 334; Dmitri Volkogonov, *Stalin. Triumph and Tragedy,* London, 1991, 413; Geoffrey Hosking, *A History of the Soviet Union,* London, 1985, 272; Radzinsky, 472.

42) Radzinsky, 472-3; Baberowski, 358.

43) Rees, *War of the Century,* 70-73; Ian Kershaw, *Fateful Choices. Ten Decision that Changed the World 1940-1941,* London, 2008, 289-90.

44) Rees, *War of the Century,* 63-4는 키이우(Kiev)가 함락되고 60만 명의 붉은 군대가 독일군의 포로가 된 참담한 패배의 책임을 스탈린에게 돌리고 있다.

45) John Erickson, *The Road to Stalingrad,* London, 1975(1998 edn), 335, 337-8; David M. Glanz and Jonathan House, *When Titans Clashed. How the Red Army Stopped Hitler,* Kansas, 1995, 105-6.

46) Erickson, 347, 349.

47) Marshal of the Soviet Union G. Zhukov. *Reminiscences and Reflections,* Moscow, 1985, vol. 2, 71-5, 86; Rees, *War of the Century,* 123-4; Roberts, 122-6; Rees, *Hitler and Stalin,* 196-202.

48) Zhukov, 79; Erickson, 370-71.

49) Zhukov, 87-100.

50) Roberts, 159-62; Glanz and House, 129, 198-201, 259, 266; Rees, *Hitler and Stalin,* 369-70.

51) Laurence Rees, *World War Two Behind Closed Doors,* London, 2008, 211, 240-42; McMeekin, 507-11, 600-602.

52) Radzinsky, 497.

53) Hans-Peter Schwarz, *Das Gesicht des Jahrhunderts,* Berlin, 1998, 260-61; Overy, *Russia's War,* 291.

54) *War Diaries 1939-1945. Field Marshal Lord Alanbrooke,* ed. Alex Danchev and Daniel Todman, London, 2001, 301(14 August 1942).

55) Service, *Stalin*, 512; Montefiore, 436-7.

56) Service, *Stalin*, 583.

57) Service, *Stalin*, 561, 563-4

58) Service, *Stalin*, 630.

59) Lewin, *Making*, 9; Lewin, *Soviet Century*, 10-11.

60) Brown, 255.

61) McMeekin, 652-5.

62) Service, *Stalin*, 635-6.

63) Roberts, 3.

5 처칠 | 영국의 전쟁영웅

1) David Reynolds, *In Command of History*, London, 2004, xxi에서 "역사가 처칠이 수상 처칠에 대한 우리의 이미지를 만들어냈다. 이것이 그의 확고한 의도였다"고 기술하고 있다.

2) Roy Jenkins, *Churchill*, London, 2001, 593.

3) Archie Brown, *The Myth of the Strong Leader*, London, 2014, 88; Jenkins, 775-7.

4) Andrew Roberts, *Churchill*, London, 2019, 904-6.

5) Roberts, *Churchill*, 113

6) Thomas Jones, *A Diary with Letters 1931-1950*, Oxford, 1954, 204.

7) Roberts, *Churchill*, 210-11.

8) Roberts, *Churchill*, 294, 310, 314-16.

9) Hans-Peter Schwarz, *Das Gesicht des Jahrhunderts*, Berlin, 1998, 373.

10) Geoffrey Best, *Churchill. A Study in Greatness*, London, 2001, 138.

11) Roberts, *Churchill*, 183.

12) N. J. Crowson, *Facing Fascism. The Conservative Party and the European Dictators 1935-40*, London, 1997, 185.

13) Clive Ponting, 1940. *Myth and Reality*, Chicago, 1993, 57.

14) Winston S. Churchill, *The Second World War*, vol. 1: *The Gathering Storm*, London, 1948, 601.

15) Andrew Roberts, *'The Holy Fox'. The Life of Lord Halifax*, London, 1997, 197.

16) Jenkins, 577-82; Roberts, *Churchill*, 494-500이 논쟁의 상세한 과정을 기록하고 있다.

17) Ponting, 57.

18) Jenkins, 583-5; Roberts, *Churchill*, 507, 500-11; Ponting, 65-6; Roberts, *Holy*

Fox', ch. 21.

19) Ponting, 103-11; John Lukacs, *Five Days in London. May 1940*, New Haven/London, 2001; Ian Kershaw, *Fateful Choices. Ten Decisions that Changed the World, 1940-1941*, London, 2008, ch. 1.

20) Ponting, 110-11.

21) Roberts, *'Holy Fox'*, 220.

22) 외무부는 처칠의 승인을 받지 않은 상태에서 6월 중순까지도 스웨덴을 중재자로 하여 평화협상을 추진하는 안을 고려하고 있었다. Ponting, 111-19를 보라.

23) Max Hastings, *Finest Years. Churchill as Warlord 1940-45*, London, 2009, 76-7, 93이 여러 실례를 소개하고 있다.

24) 이 문단은 대체로 다음 저작을 기초로 했다. Richard Toye, *The Roar of the Lion. The Untold Story of Churchill's World War II Speeches*, Oxford, 2015, 227-32; Roberts, *Churchill*, 535-6, 715-16.

25) Roberts, *Churchill*, 572, 747.

26) Toye, 206.

27) Lord Moran, *Winston Churchill. The Struggle for Survival 1940-1965*, London, 1966, 292.

28) Roberts, *Churchill*, 689-90; Hastings, 211-12.

29) *War Diaries 1939-1945. Field Marshal Lord Alanbrooke*, ed. Alex Danchev and Daniel Todman, London, 2001, xx-xxi.

30) Roberts, *Churchill*, 734.

31) Jenkins, 622-4; Roberts, *Churchill*, 573-4.

32) Jenkins, 777-8; Hastings, 246-7; Roberts, *Churchill*, 715. 폭격의 효과에 관한 가장 상세한 분석은 Richard Overy, *The Bombing War. Europe 1939-1945*, London, 2013에 나온다.

33) John Colville, *The Fringes of Power. Downing Street Diaries 1939-1955*, London, 1985, 183; *War Diaries*, 251.

34) Hasting, xx; Roberts, *Churchill*, 736.

35) Hastings, 43-4.

36) Hans-Peter Schwarz, *Das Gesicht des Jahrhunderts*, Berlin, 1998, 384.

37) Hastings, 124-30; Roberts, *Churchill*, 683.

38) Jenkins, 642; Hastings, 117; Colville, 315.

39) *War Diaries*, 282-6; Hastings, 312-14.

40) Hastings, 478-82

41) Hastings, 493-6.

42) *War Diaries*, 458-9; Hastings, 409-21.

43) Colville, 574.

44) Roberts, *Churchill*, 812.

45) Laurence Rees, *Behind Closed Doors. Stalin, the Nazis and the West*, London, 2008, 155-63.

46) Roberts, *Churchill*, 884.

47) Hastings, 359-60.

48) Rees, 214.

49) Moran, 141.

50) Rees, 221, 239, 309, 315-17.

51) Diana Preston, *Eight Days at Yalta*, London, 2019, 117, 245; Hastings, 551.

52) Geoffrey Roberts, *Stalin's Wars*, New Haven/London, 2006, 220-21.

53) Best, 332.

54) Jenkins, 792; Brown, 89.

55) Paul Addison, *The Road to 1945: British Politics and the Second World War*, London, 1975가 이것에 관해 명쾌하게 분석했다.

56) Paul Addison, 'The Three Careers of Winston Churchill', *Royal Historical Society*, 2001, 183에 수록된 논문.

57) David Carlton, *Churchill and the Soviet Union*, Manchester, 2000, 131, 136, 141-3.

58) Hugo Young, *This Blessed Plot. Britain and Europe from Churchill to Blair*, London, 1998, 6, 10-18(인용된 부분은 13쪽).

59) Young, 19-22.

60) Jenkins, 818.

61) Roberts, *Churchill*, 948-9.

62) Roberts, *Churchill*, 963.

63) Addison, 'The Three Careers', 185.

64) Roberts, *Churchill*, 959와 John Charmley, *Churchill, The End of Glory*, London, 1993은 제국의 상실과 제국을 지키려 했던 처칠의 노력의 상호모순을 강조하지만, 냉혹한 제국의 붕괴과정을 지나치게 처칠 리더십의 실패 탓으로 돌리고 있다.

65) Roberts, *Churchill*, 943-4.

66) Jenkins, 818.

67) 'Edward Heath, "a Euro- sceptic"? Churchill? Never', *Independent*, 1996년 9월 27일자 기사. https://www.independent.co.uk/archive, 2021년 11월 접속.

68) Roberts, *Churchill*, 960.

69) Young, 6.

70) 이 글을 쓰고 난 뒤에 처칠의 유산에 대해 비판적으로 평가한 Geoffrey

Wheatcroft, *Churchill's Shadow*, London, 2021이 나왔다.

6 드골 | 프랑스의 영광을 복원하다

1) Julian Jackson, *A Certain Idea of France. The Life of Charles de Gaulle*, London, 2019, 377(1959년의 연설); Jean Lacouture, *De Gaulle. The Rebel, 1890-1944*, London, 1990, 215(이하에서 Lacouture 1로 표기함).
2) Hans-Peter Schwarz, *Das Gesicht des Jahrhunderts*, Berlin, 1998, 208.
3) Schwarz, 216.
4) Jackson, 305.
5) Charles de Gaulle, *War Memoirs*, vol. 1: *The Call to Honour 1940-1942*, London, 1955(이 책은 아래에서 DG 1로 약칭함), 3.
6) Lacouture 1, 3; Jackson, 19.
7) Schwarz, 208.
8) Jackson, 329.
9) Jackson, 29.
10) Winston S. Churchill, *The Second World War*, vol. 2: *Their Finest Hour*, London, 1949, 142.
11) John Colville, *Downing Street Diaries 1939-1955*, London, 1985, 159-60.
12) DG 1, 86; Lacouture 1, 203-12; Jackson, 119; Paul-Marie de La Gorce, *De Gaulle*, Paris, 1999, 252.
13) Schwarz, 204.
14) DG 1, 89; Lacouture 1, 223-6; Jackson, 3-6; Gorce, 254-5; Éric Roussel, *Charles de Gaulle*, Paris, 2002, 126-31.
15) Jackson, 140.
16) Rod Kedward, *La Vie en bleu*, London, 2006, 278.
17) DG 1, 256-9, 262; Lacouture 1, 309-19.
18) Jackson, 162.
19) Lacouture 1, 252-5; Roussel, 154-6.
20) Jackson, 186.
21) Kedward, 276.
22) Jackson, 133-4, 149.
23) *Charles de Gaulle, War Memoirs*. vol. 2: *Unity 1942-1944*, London, 1959(이 책은 이하에서 DG 2로 약칭함), 38-9; David Schoenbrun, *The Three Lives of Charles de Gaulle*, London, 1966, ch. 5(97-140).

24) Jackson, 153.

25) DG 2. 15-17, 75-9, 101-2, 114-18은 두 사람의 긴장된 관계를 보여준다.

26) Schoenbrun, 94-5.

27) Jackson, 158-9.

28) Joseph Bergin, *A History of France*, London, 2015, 230.

29) DG 1, 273-5; Jackson, 198-200; Lacouture 1, 378-80; Gorce, 353-9; Roussel, 267-9.

30) Lacouture 1, 445; Gorce, 457-8; Roussel, 362-3; Jackson, 271.

31) DG 2, 151-8.

32) DG 2, 226-7; Lacouture 1, 520-3; Jackson, 312-13; Gorce, 516-18; Roussel, 425-8.

33) Jackson, 315.

34) Lacouture 1, 529.

35) DG 2, 305-9; Roussel, 450; Lacouture 1, 575; Jackson, 328.

36) Jackson, 329; Lacouture 1, 577-8; DG 2, 311-14.

37) Charles de Gaulle, *War Memoirs*, vol. 3: *Salvation 1944-1946*, London, 1960(이 책을 이하에서는 DG 3로 약칭함), 64-82; Jackson, 356; Roussel, 470-77; Gorce, 678-82; Jean Lacouture, *De Gaulle. The Ruler, 1945-1970*, London, 1991(이 책은 이하에서 Lacouture 2로 약칭함), 47-54. 스탈린은 드골에게 드러내놓고 자신의 잔혹한 통치를 자랑했다. 관련해서는 Laurence Rees, *Behind Closed Doors,* London, 2008, 331을 참조하라.

38) Diana Preston, *Eight Days at Yalta,* London, 2019, 117.

39) DG 3, 233-6; Robert Gildea, *France since 1945*, Oxford, 2002, 37; Schoenbrun, 79, 83.

40) DG 3, 278-9.

41) Max Weber, *Economy and Society*, ed. Günther Roth and Claus Wittich, Berkeley, Los Angeles and London, 1978, 1449-53. Arthur Schweitzer, *The Age of Charisma*, Chicago, 1984, 288-96는 2차 대전과 관련되었을 때만 드골은 카리스마적 지도자라고 주장한다. 그밖에 Schoenbrun, 179도 참조하라. Jean-Baptiste Decherf, *Le Grand Homme et son pouvoir,* La Tour d'Aigues, 2017, 220-26은 자신은 운명적으로 프랑스의 민족영웅으로 태어났다는 드골의 신낭만주의적 자기인식을 지적한다.

42) Gildea, 38.

43) Jackson, 389; Lacouture, 1. 129-31(연설원고, 130); Roussel, 534-5; Gorce, 749-50.

44) Kedward, 381.

45) Jackson, 395.

46) Gildea, 45.

47) Jackson, 429.

48) Jackson, 434-40; Lacouture 2, 154-5, 188-9; Gorce, 825-9.

49) Jackson, 464-5.

50) Gildea, 50-51; Kedward, 339; Bergin, 245

51) Natalya Vince, *The Algerian War, the Algerian Revolution*, Cham, 2020은 알제리 사태의 복잡한 역사해석의 덤불숲을 헤쳐 나가는 유용한 안내서이다.

52) Jackson, 549.

53) Jackson, 487-8과 Roussel, 603은 둘 다 의도된 모호성을 강조한다. 또한 Lacouture 2, 186도 참조하라. Gorce, 923은 드골 연설문을 수록해놓았다.

54) Gildea, 32.

55) Jackson, 619.

56) Jackson, 641-2; Lacouture 2, 223-5; Gorce, 1034-8; Roussel, 622-3.

57) Jackson, 638-40.

58) Jackson, 639. 장관위원회는 드골이 대통령이 되기 전 총리였을 때도 '장식품'에 지나지 않았다. Serge Berstein and Pierre Milza, *Histoire de la France au xx. Siècle: III. 1958 à nos jours*, Paris, 2006, 12.

59) Jackson, 562-5; Bernstein and Milza, 39-49.

60) Jackson, 669-71; Gildea, 58-9; Bernstein and Milza, 62-3.

61) Kedward, 392-4.

62) Jackson, 758; Lacouture 2, 572-6; Gorce, 1317-19; Roussel, 906-7.

63) Jackson, 761; Lacouture 2, 581.

64) Eugen Weber, *The Hollow Years. France in the 1930s*, New York, 1996의 제목에서 빌려온 표현이다.

65) Jackson, 480-81.

66) Decherf, 14, 220-40.

67) Jackson, 781.

68) Jackson, xxix.

7 아데나워 | 서독을 건설하다

1) Hans-Peter Schwarz, *Adenauer*, vol. 1: *Der Aufstieg*, Munich, 1994(이 책은 이하에서 Schwarz 1로 약칭함), 128.

2) Schwarz 1, 347.

3) Schwarz 1, 344-5.

4) Klaus-Jörg Ruhl, *Neubeginn und Restauration*, Munich, 1982, 124.

5) Klaus-Dietmar Henke, *Die amerikanische Besetzung Deutschlands,* Munich, 1996, 367-72; Schwarz 1, 429-34.

6) Schwarz 1, 467-73; Christopher Knowles, 'How It Really Was. Konrad Adenauer and His Dismissal as Mayor of Cologne by the British in 1945', blog, 30 March 2008, https://howitreallywas.typepad.com/how_it_really_was/2008/03/konrad-adenauer.html, 2021년 11월에 접속.

7) Schwarz 1, 473, 477-8, 500-503, 508-9.

8) Schwarz 1, 432, 436, 619.

9) Andrea Hoffend, 'Konrad Adenauer und das faschistische Italien', *Quellen und Forschungen aus italienischen Bibliotheken und Archiven,* 75(1995), 481.

10) Schwarz 1, 293-5, 333.

11) Karl Dietrich Bracher, *The German Dilemma,* London, 1974, 152.

12) Schwarz 1, 522-7; Ulrich Herbert, *Geschichte Deutschlands im 20. Jahrhundert,* Munich, 2014, 586-7; Dennis L. Bark and David R. Gress, *A History of West Germany,* vol. 1: *From Shadow to Substance 1945-1963*, Oxford, 1989, 113-14.

13) Schwarz 1, 567, 619.

14) Bark and Gress, 236-44, 250-51.

15) Schwarz 1, 909-17; Bark and Gress, 298-300; Heinrich August Winkler, *Germany: The Long Road West, 1933-1990*, Oxford, 2000, 136-8; Klaus-Jörg Ruhl(ed.), *'Mein Gott. Was soll aus Deutschland werden?' Die Adenauer-Ära,* Munich, 1985, 130-31, 143-4; Herbert, 637-8.

16) Elisabeth Noelle and Erich Peter Neumann(eds.), *The Germans. Public Opinion Polls 1947-1966,* Allensbach and Bonn, 1967, 471.

17) 다음 저작들을 참조하라. Schwarz 1, 920-24; Bark and Gress, 299-300; Wolfram F. Hanrieder, *Germany, America, Europe*, New Haven and London, 1989, 155-7; Herbert, 638; Winkler, 137-8; Arnulf Baring, *Im Anfang war Adenauer*, Munich, 1971, 246-54; Ruhl, 122-52; Rolf Steininger, *Eine Chance zur Wiedervereinigung? Die Stalin-Note vom 10. März 1952,* Bonn, 1985, 75.

18) Hanrieder, 154.

19) Schwarz 1, 926.

20) Herbert, 636, 639; Konrad Adenauer, *Erinnerungen,* 4 vols., Stuttgart, 1965-8, vol. 1, 570, 563; vol. 2, 298, 301-4.

21) Bark and Gress, 330-3; Winkler, 151-2.

22) Bark and Gress, 270; Winkler, 133.

23) Alan S. Milward, *The European Rescue of the Nation-State*, London, 1992, 136-7.

24) Bark and Gress, 381.

25) Hans-Peter Schwarz, *Adenauer*, vol. 2: *Der Staatsmann, 1952-1967*, Munich, 1994(이하에서는 이 저작을 Schwarz 2로 약칭함), 287-91(인용 부분은 291).

26) Schwarz 2, 285.

27) Noelle and Neumann, 505.

28) Bark and Gress, 427; Winkler, 167-8.

29) Bark and Gress, 431-4; Hanrieder, 13-14.

30) Bark and Gress, 454-7.

31) Bark and Gress, 494.

32) Ruhl, 466-70(조약 전문); Bark and Gress, 516-17; Winkler, 198; Schwarz 2, 810-26.

33) Schwarz 2, 814-15.

34) Bark and Gress, 496.

35) Bark and Gress, 518; Winkler, 197-8.

36) Schwarz 2, 824-6.

37) Noelle and Neumann, 195, 200, 241, 243; A. J. and R. L. Merritt(eds.), *Public Opinion in Occupied Germany. The OMGUS Surveys,* 1945-1949, Urbana, 1970, 30-31.

38) Noelle and Neumann, 240-41.

39) Schwarz 2, 796.

40) Winkler, 184-5.

41) Winkler, 162.

42) Winkler, 167.

43) Winkler, 155-6.

44) Norbert Frei, *Adenauer's Germany and the Nazi Past: the Politics of Amnesty and Integration,* New York, 2002, 311.

45) Merritt, 93-4, 121-3, 161; Mary Fulbrook, *Reckonings,* Oxford, 2018, 216-19.

46) Winkler, 155.

47) Herbert, 663 - 5.

48) Ekart Conze et al., *Das Amt und die Vergangenheit*, Munich, 2010, 493.

49) Fulbrook, 250-51.

50) Schwarz 1, 658.

51) Fulbrook, 242.

52) Reinhard-M. Strecker, *Hans Globke. Aktenauszüge. Dokumente,* Hamburg, 1961 은 Globke가 참여한 반유대주의 활동 관련 자료를 모아놓았다. Globke는 독

일민주공화국에서 열린 시범(궐석)재판에서 사형선고를 받았다. Fulbrook, 242.

53) Noelle and Neumann, 296.

54) Pertti Ahonen, *After the Expulsion. West Germany and Eastern Europe 1945-1990*, Oxford, 2003, 104-5, 110-13; Winkler, 139.

55) Schwarz 2, 530.

56) 사회개혁 프로그램에 관해서는 Ruhl 231-45를 참조하라.

57) Winkler, 193-5; Herbert, 756-69.

58) Schwarz 2, 868에 인용된 *Die Zeit*, 1963년 10월 18일자 기사.

59) https://en.wikipedia.org/wiki/Unsere_Besten; 'First German Chancellor wins TV Search for Greatest German', *Independent*, 2003년 12월 1일자, https://www.independent.co.uk/news/world/europe/first-german-chancellor-wins-tv-search-for-greatest-german-94160.html, 2021년 9월 접속.

60) Schwarz 1, 902-3; Winkler, 149.

61) Hansard, *Foreign Affairs, House of Commons Debate 11 May 1953*, vol. 515, columns 889-90, https://api.parliament.uk/ historic-hansard/commons/1953/may/11/ foreign-affairs, 2021년 11월 접속, 독일어 번역. Ruhl, 164.

8 프랑코 | 국민파 십자군

1) Hans-Peter Schwarz, Das Gesicht des Jahrhunderts, Berlin, 1998, 198.

2) 프랑코의 청소년기 생활과 내전 이전의 경력에 관해서는 다음 책을 참조하라. Paul Preston, *Franco. A Biography*, London, 1993, chs. 1-4와 Stanley G. Payne and Jesus Palacios, *Franco. A Personal and Political Biography*, Madison, Wisconsin, 2014, chs. 1-4(이 저작은 이하에서 P&P로 약칭함).

3) Preston, *Franco*, 12.

4) Preston, *Franco*, 323; Enrique Moradiellos, *Franco. Anatomy of a Dictator*, London, 2018, 29.

5) Paul Preston, *A People Betrayed. A History of Corruption, Political Incompetence and Social Division in Modern Spain, 1874-2018*, London, 2020, 7, 19-24.

6) Mary Vincent, *Spain 1833-2002. People and State*, Oxford, 2007, 99.

7) Preston, *A People Betrayed*, 61, 81.

8) Vincent, 104-7; Frances Lannon, 'Iberia', in Robert Gerwarth(ed.), *Twisted Paths. Europe 1914-1945*, Oxford, 2008, 143-5.

9) Walther Bernecker, 'Spain: The Double Breakdown', in Dirk Berg-Schlosser and Jeremy Mitchell(eds.), *Conditions of Democracy in Europe, 1919-39*, Basingstoke, 2000, 405-6.

10) Preston, *A People Betrayed*, xii - xiii; Bernecker, 410-12.

11) Alejandro Quiroga and Miguel Ángel del Arco(eds.), *Right-Wing Spain in the Civil War Era*, London and New York, 2012, 52.

12) Preston, *A People Betrayed*, 228-9; Vincent, 120-22; Stanley G. Payne, *A History of Fascism 1914-45*, London, 1995, 254.

13) Preston, *A People Betrayed*, 237; Vincent, 122.

14) Michael Mann, *Fascists*, Cambridge, 2004, 329.

15) Vincent, 134.

16) Matthew Kerry, *Unite, Proletarian Brothers! Radicalism and Revolution in the Spanish Second Republic*, London, 2020, ch. 6(153-80). 희생자 수를 밝혀놓은 Dr Kerry 에게 감사한다. Preston, *Franco*, 104-7; Vincent, 133-4에도 희생자 수가 밝혀 져 있다.

17) Moradiellos, 33.

18) Helen Graham, *The Spanish Republic at War 1936-1939*, Cambridge, 2002, 76.

19) Preston, *Franco*, 124, 129-30, 131-2; P&P, 114-15, 505.

20) Preston, Franco, 134-5.

21) P&P, 119-20.

22) P&P, 505.

23) Preston, *Franco*, xviii.

24) Preston, *Franco*, 164.

25) Preston, *Franco*, 182-5; P&P, 143-7.

26) Moradiellos, part 2(57 - 147)는 카우디요(Caudillo) 숭배의 근원과 활용방식을 개괄적으로 설명하고 있다.

27) Preston, *Franco*, 187 - 9.

28) P&P, 168.

29) Paul Preston, *The Spanish Holocaust. Inquisition and Extermination in Twentieth-Century Spain*, London, 2012, 151 -3, 191 -2, 229 -35, 665 -71; Vincent, 139 -40.

30) Paul Preston, *Comrades. Portraits from the Spanish Civil War*, London, 1999, 54; Preston, *Spanish Holocaust*, xi.

31) Zara Steiner, *The Triumph of the Dark. European International History 1933–1939*, Oxford, 2011, 192, 196 -7, 220, 231.

32) Preston, *Spanish Holocaust*, xi. 좀 더 적은 평가는 P&P, 198 -9, 203에 나온다.

Heinrich August Winkler, *Geschichte des Westens. Die Zeit der Weltkriege,* Munich, 2011, 817은 또 다른 평가를 보여준다.

33) Preston, *Spanish Holocaust,* 505 – 6.

34) Michael Richards, *A Time of Silence. Civil War and the Culture of Repression in Franco's Spain, 1936–1945,* Cambridge, 1998, 47.

35) Preston, *Spanish Holocaust,* xi.

36) Preston, *Spanish Holocaust,* 119.

37) P&P, 193 – 5.

38) Stanley G. Payne, *Falange. A History of Spanish Fascism,* Stanford, 1961, 158 – 76; Sheelagh M. Ellwood, *Spanish Fascism in the Franco Era,* Basingstoke, 1987, 40 – 45; Moriadellos, 99 – 100, 127 – 9.

39) Preston, *Franco,* 344 – 5.

40) Preston, *A People Betrayed,* 358 – 9.

41) Stanley G. Payne, *The Franco Regime 1936–1975,* Madison, Wisconsin, 1987, 282, 333; Xavier Moreno Juliá, *The Blue Division. Spanish Blood in Russia, 1941–1945,* Eastbourne, 2015, 67, 70 – 71, 288, 297, 303 – 4; Xosé M. Núnez Seixas, 'Spain', in Jochen Böhler and Robert Gerwarth(eds.), *The Waffen-SS—A European History,* Oxford, 2017, 99 – 100.

42) Preston, *Franco,* 517-25; Payne, *Franco Regime,* 337.

43) Payne, *Franco Regime,* 397-8.

44) P&P, 299, 316.

45) Payne, *Franco Regime,* 397.

46) Payne, *Franco Regime,* 469-70.

47) Vincent, 167.

48) Payne, *Franco Regime,* 437 – 8, 470 – 71.

49) Moradiellos, 76 – 80, 188 – 9.

50) Sasha D. Pack, 'Tourism and Political Change in Franco's Spain', in Nigel Townson(ed.), *Spain Transformed. The Late Franco Dictatorship, 1959–75,* London, 2010, 55.

51) P&P, ch. 16(391-413), ch. 18(431-46), (515-16)은 논란의 소지는 있지만 프랑코를 스페인의 '명백한 현대화추진자'이자 '개발독재자'로 묘사하고 있다.

52) Payne, *Franco Regime,* 23, 234.

53) Preston, *Franco,* 337.

54) Preston, *Franco,* 783

55) Payne, *Franco Regime,* 407 – 11.

56) P&P, 365 – 6.

57) Payne, *Franco Regime*, 400 – 401; J. P. Fusi, *Franco. A Biography*, London, 1985, 43.

58) Payne, *Franco Regime*, 399; Preston, *A People Betrayed*, chs. 12 15.

59) Moradiellos, 81 – 8.

60) Moradiellos, 197은 프랑코를 '보나파르트주의 군사독재자'로 묘사하고 있다.

61) Fusi, 45.

62) 죽기 직전 1975년 10월 1일의 연설에서 그는 여전히 '좌파 프리메이슨의 음모'를 공격했다. Fusi, 167.

63) Preston, *Franco*, 706 – 7; Preston, *A People Betrayed*, 406 – 7; Payne, *Franco Regime*, 405 – 7.

64) Preston, *Franco,* 752.

65) 일정 부분을 프랑코의 공적으로 돌리는 민주화의 '스페인 모델'(P&P, 520)이란 주장은 좀 지나친 것 같다.

66) Moradiellos, 3, 7 – 8; Julián Casanova, 'Disremembering Francoism: What is at Stake in Spain's Memory Wars?', in Helen Graham(ed.), *Interrogating Francoism*, London, 2016, 206 – 7.

67) Preston, *A People Betrayed*, 547.

68) Townson, *Introduction*, 8.

69) Vincent, 240.

70) Preston, *A People Betrayed*, 549.

71) 어떤 분석에 따르면 1975년의 스페인은 '프랑코가 등장하지 않았던 시대의 사회경제적 발전단계와 근접해 있었다'고 한다. Edward Malefakis, 'The Franco Dictatorship: A Bifurcated Regime?', in Townson, 253.

72) Townson, *Introduction*, 12 – 13; Pablo Martin Aceña and Elena Martínez Ruiz, 'The Golden Age of Spanish Capitalism', in Townson, 45 – 6.

73) William J. Callahan, 'The Spanish Church: Change and Continuity', in Townson, 191.

74) Graham이 편찬한 책의 ch. 9에 수록된 Casanova의 논문 Interrogating Francoism이 선명하게 보여주고 있다.

75) Moradiellos, 5 – 6.

76) Preston, *A People Betrayed*, 539 – 43.

77) Frankfurter Allgemeine Zeitung, 6 June 1986에 실린 에른스트 놀테(Ernst Nolte)의 기사 제목('Vergangenheit, die nicht vergehen will'). 이 기사는 독일에서 '역사가들의 논쟁'(Historikerstreit)이라고 불린 거대한 논쟁에 불을 붙였다.

9 티토 | 사회주의 유고슬라비아의 왕관 없는 왕

1) 그의 설명에 따르면 그의 출신지역인 크로아티아에서 티토란 이름은 드문 이름
은 아니라고 한다. 그는 '순간적으로 이 이름이 머리에 떠올라' 사용했다고 한
다. Vladimir Dedijer, *Tito Speaks. His Self Portrait and Struggle with Stalin,* London
1953, 80-81.

2) 인용문의 출처는 Milovan Djilas, *Tito. The Story from Inside,* New York, 1980, 4,
15, 33, 40, 46, 67, 116이다. Marie-Janine Calic, *Tito. Der ewige Partisan,* Munich,
2020, 95와 Jože Pirjevec, *Tito and His Comrades,* London, 2018, 391도 참조하라.

3) Pirjevec, 385.

4) Fitzroy Maclean, *Eastern Approaches,* London, 1949, 308, 311, 325-6.

5) Calic, *Tito,* 96-101. Ridley, *Tito. A Biography*, London, 1994, 344는 엘자가 숙
청을 면하고 1990년까지 소련에 살았다고 주장하나 그리 신빙성이 높은 얘기
는 아닌 듯하다.

6) Dedijer, 35.

7) Dedijer, 90-91.

8) Calic, *Tito,* 101.

9) Pirjevec, 35-7.

10) Calic, *Tito,* 86-8, 96-101, 104; Pirjevec, 43-4.

11) Edvard Radzinsky, *Stalin,* New York, 1996, 412.

12) 실질적으로는 고르키치(Gorkić)가 처형된 1937년부터 그 자리를 맡고 있었다.
Ridley, 134-5.

13) Calic, *Tito,* 105; Pirjevec, 46.

14) Ridley, 245.

15) Djilas, 26-9.

16) Calic, *Tito,* 106; Pirjevec, 48.

17) 이들이 2차 대전 중에 티토에게 얼마나 중요한 존재였는지 Maclean, 326-8
에 잘 드러나 있다.

18) Calic, *Tito,* 145.

19) Pirjevec, 75, 111; Calic, Tito, 119, 149, 166, 179.

20) Calic, *Tito,* 136.

21) Hans-Peter Schwarz, *Das Gesicht des Jahrhunderts,* Berlin, 1998, 584; Pirjevec,
132.

25. Pirjevec, 134-7, Misha Glenny, The Balkans 1804-1999, London, 1999, 532.

22) Djilas, 12-13.

23) Calic, *Tito,* 132, 134는 1941-44년 티토의 행군 노정을 보여주는 지도를 싣고

있다.

24) Djilas, 13.

25) Pirjevec, 134 – 7; Misha Glenny, *The Balkans 1804-1999*, London, 1999, 532.

26) Maclean, 504 – 14는 소련 군대의 영향을 상술하고 있다.

27) Calic, *Tito*, 168, 182.

28) Archie Brown, *The Myth of the Strong Leader*, London, 2014, 221.

29) Richard West, *Tito and the Rise and Fall of Yugoslavia*, London, 2009(1996), 204 – 9; Pirjevec, 150 – 51; Calic, *Tito*, 206 – 7; Ridley, 260.

30) Calic, *Tito*, 195.

31) Calic, *Tito*, 198.

32) Geoffrey Swain, *Tito. A Biography*, London, 2011, 92, 187.

33) Robert Service, *Stalin. A Biography*, London, 2004, 631.

34) Marie-Janine Calic, *Geschichte Jugoslawiens im 20. Jahrhundert*, Munich, 2010, 191; Calic, *Tito*, 239, 243. Pirjevec, 199는 3만 명의 죄수가 골리 오토크(Goli Otok)와 '그와 유사한 시설들'에 수용되어 있었다고 주장하지만 이처럼 많은 숫자의 근거는 제시하지 않고 있다.

35) Pirjevec, 152 – 3.

36) Calic, *Tito*, 203.

37) Pirjevec, 187, 190 198에 여러 사례가 적시되어 있다.

38) Djilas, 21, 31, 92 – 116; Pirjevec, 144 – 9; Swain, 183.

39) Calic, *Tito*, 239 – 40.

40) Calic, *Jugoslawien*, 203.

41) Calic, *Jugoslawien*, 198 – 200; West, 244.

42) Pirjevec, 228 – 9; Calic, *Jugoslawien*, 192 – 3; Calic, *Tito*, 248 – 9; Djilas, 74 – 6.

43) Djilas, 161 – 2.

44) Glenny, 579, 581.

45) Pirjevec, 326 – 38; Calic, *Tito*, 323 – 6.

46) Glenny, 582.

47) Pirjevec, 338 – 9, 353 – 4.

48) Geoffrey Swain and Nigel Swain, *Eastern Europe since 1945*, London, 4th edn, 2009, 151.

49) Calic, *Tito*, 283.

50) Calic, *Jugoslawien*, 197; Ridley, 306 – 7.

51) Calic, *Tito*, 293.

52) Pirjevec, 275 – 7.

53) Calic, *Tito*, 310 – 11.

54) Pirjevec, 265 – 7.

55) Calic, *Tito,* 286 – 8.

56) Ridley, 358.

57) Calic, *Jugoslawien,* 202.

58) Pirjevec, 440 – 41

59) Calic, *Jugoslawien,* 255 – 6.

60) Glenny, 583 – 5.

61) Barbara Jelovich, *History of the Balkans. Twentieth Century,* vol. 2, Cambridge, 1983, 196, 397.

62) Calic, *Jugoslawien,* 253 – 4; 257 – 8; Calic, *Tito,* 331 – 7; Swain, 181.

63) Pirjevec, 394; Glenny, 576.

64) Pirjevec, 345.

65) Calic, *Tito,* 375.

66) Glenny, 623.

67) 티토가 권력을 잡지 않았더라면 특히 크로아티아는 다른 길로 나아갔을 것이다. Dejan Jović, 'Reassessing Socialist Yugoslavia, 1956 – 90. The Case of Croatia', in Dejan Jović and James Ker-Lindsey(eds.), *New Perspectives on Yugoslavia. Key Issues and Controversies,* Abingdon, 2011, 117 – 29는 크로아티아를 전후에 수립된 유고슬라비아에 통합시킨 티토(부계 혈통이 크로아티아인)의 독특한 역할을 강조한다.

68) Calic, *Jugoslawien,* 286 – 7; Calic, *Tito,* 380.

69) Calic, *Tito,* 384 – 5; Mitja Velikonja, *Titostalgia— a Study of Nostalgia for Josip Broz,* Ljubljana 2008, 129 – 34; Ridley, 420

10 대처 | 국가의 개조

1) Hugo Young, *One of Us,* London, 1990, 383; John Campbell, *Margaret Thatcher,* vol. 2: *The Iron Lady,* London, 2003(이하에서는 Campbell 2로 약칭함), 303; Charles Moore, *Margaret Thatcher. The Authorized Biography,* vol. 1: *Not for Turning,* London, 2013(이하에서는 Moore 1로 약칭함), 745 note.

2) Young, 393 – 13.

3) John Campbell, *Margaret Thatcher,* vol. 1: *The Grocer's Daughter,* London, 2000(이하에서는 Campbell 1로 약칭함), 19.

4) Campbell 1, 2, 32, 446; Moore 1, 8 – 9.

5) Young, 98.

6) Campbell 1, 270 – 77; Moore 1, 259 – 63; Young, 82.

7) Steve Richards, *The Prime Ministers. Reflections on Leadership from Wilson to May*, London, 2019, 151 – 8.

8) Peter Hennessy, *The Prime Minister. The Office and Its Holders since 1945*, London, 2000, 408.

9) Campbell 1, 264.

10) Andrew Gamble, 'The Thatcher Myth', *British Politics*, 10/1 (2015), 9 – 10.

11) Campbell 1, 414.

12) Moore 1, 412 – 13.

13) Dominic Sandbrook, *Who Dares Wins. Britain, 1979–1982*, London, 2019, 9, 48, 50, 57.

14) Robert Tombs, *The English and Their History*, London, 2014, 759 – 61, part 7은 영국의 쇠락이 환상이었음을 설득력 있게 보여준다.

15) 이 구호를 만들어낸 사람은 대처가 아니라 제프리 하우였다. Nigel Lawson, *The View from No.11,* London, 1992, 100을 참조하라.

16) Campbell 2, ch. 11에서 대처 수상과 각료들의 관계를 평가할 때 이런 표현을 썼다.

17) Moore 1, 533.

18) Moore 1, 641.

19) Hennessy, 405 – 7.

20) Young, 212 – 16; John Hoskyns, *Just in Time. Inside the Thatcher Revolution*, London, 2000, 275 – 85; Margaret Thatcher, *The Downing Street Years*, London, 1995, 132 – 9.

21) Lawson, 98 – 9, 246; Robert Skidelsky, *Britain since 1900,* London, 2014, 339.

22) Young, 203, 316, 318.

23) *The Economist*, 21 May, 4 June, cit. Young, 321.

24) George Eaton, 'How Public Spending Rose under Thatcher', *New Statesman*, 8 April, 2013, https://www.newstatesman.com/politics/2013/04/how-public-spending-rose-under-thatcher, 2021년 11월에 접속.

25) 실제로 1980년의 '중기 재정전략'은 매년 통화공급을 축소해 나간다는 목표를 달성하지 못했으나 정부 자체의 실책으로 인한 경제불황(실업의 급격한 상승)이 인플레이션을 크게 떨어뜨려놓았다. Skidelsky, 341.

26) Young, 144.

27) Young, 193 – 5, 353.

28) Simon Rogers, 'How Britain Changed under Margaret Thatcher. In 15 Charts', *Guardian*, 8 April, 2013 https://www.theguardian.com/politics/

datablog/2013/apr/08/britain- changed-margaret-thatcher-charts, 2021년 11월에 접속.

29) Young, 241.

30) Hennessy, 412.

31) Young, 263; Thatcher, 177 - 9.

32) David Cannadine, *Margaret Thatcher. A Life and Legacy,* Oxford, 2017, 47.

33) Sandbrook, 761 - 4.

34) Campbell 2, 135.

35) Moore 1, 700 - 703; Thatcher, 205 - 8; Hennessy, 419.

36) Young, 275 - 6.

37) Young, 276; Moore 1, 712; Campbell 2, 145 - 6; Thatcher, 214.

38) Cannadine, 49; Sandbrook, 834는 대처의 지지율(6월 초)을 53%로 기록하고 있다.

39) Sandbrook, 837 - 8.

40) Thatcher, 139 - 43; Lawson, 141, 144; Hoskyns, 274 - 5, 289 - 91; Young, 366.

41) Tombs, 817.

42) Richards, 178.

43) Charles Moore, *Margaret Thatcher. The Authorized Biography,* vol. 2: *Everything She Wants,* London, 2015, 146 - 7은 1984 - 5년의 실업자 수를 추산하고 있다.

44) Campbell 2, 361 - 2.

45) Moore 2, 151; Campbell 2, 359 - 60.

46) Campbell 2, 796; Hennessy, 428.

47) Campbell 2, 273 - 9; Moore 2, 117 - 35.

48) Thatcher, 463; Young, 303; Moore 2, 240.

49) Campbell 2, 292; Moore 2, 610.

50) Campbell 2, 605; Cannadine, 101 - 2.

51) Cannadine, 98.

52) Moore 2, 693; Cannadine, 95.

53) Lawson, 574.

54) Lawson, 561 - 2; Thatcher, 666 - 7; Hennessy, 428.

55) Lawson, chs. 71 - 7(888 - 971).

56) Charles Moore, *Margaret Thatcher: The Authorized Biography*, vol. 3: *Herself Alone,* London, 2019(이하에서 Moore 3으로 약칭힘), 561 - 6, 580 - 84, 587 - 92; Campbell 2, 701 - 6; Anthony Seldon, *Major. A Political Life,* London, 1998, 110 - 16.

57) Campbell 2, 744.

58) 다음 저작들을 보라. Cannadine, 96; Campbell 2, 800; Peter Clarke, *Hope and Glory. Britain 1900–1990*, London, 1996, 400.

59) Moore 3, 853.

60) Moore 3, 645 – 6.

61) Moore 3, 853.

11 고르바초프 | 소련의 파괴자, 새로운 유럽의 건설자

1) William Taubman, *Gorbachev. His Life and Times*, New York, 2017, 539.

2) Taubman, 5.

3) Taubman, 1 – 5.

4) Vladislav M. Zubok, 'Gorbachev and the End of the Cold War: Perspectives on History and Personality', *Cold War History*, 2/2 (2002), 61 – 100은 가치 있는 분석을 제공하고 있다(인용지수 75). 이 논문을 필자에게 소개해준 크리스티안 괴셀(Christian Göschel)에게 감사한다.

5) Taubman, 36.

6) Archie Brown, *The Gorbachev Factor*, Oxford, 1996, 29.

7) Taubman, 215 – 16; Brown, *Gorbachev Factor*, 92.

8) Taubman, 125.

9) John Miller, *Mikhail Gorbachev and the End of Soviet Power*, London, 1993, 61.

10) Stephen Kotkin, *Armageddon Averted: The Soviet Collapse, 1970–2000*, Oxford, 2001, 27, 173 – 4.

11) Archie Brown, *The Myth of the Strong Leader. Political Leadership in the Modern Age*, London, 2014, 166.

12) Brown, *Gorbachev Factor*, 90 – 91.

13) Mikhail Gorbachev, *Memoirs*, London, 1997, 277 – 9.

14) Miller, 62.

15) David Lane, 'The Roots of Political Reform: The Changing Social Structure of the USSR', in Catherine Merridale and Chris Ward(eds.), *Perestroika. The Historical Perspective*, London, 1991, 95 – 113에 수록.

16) Archie Brown, *Seven Years That Changed the World*, Oxford, 2008, 32.

17) Brown, *Myth*, 165.

18) Brown, *Myth*, 167 – 8.

19) Gorbachev, 638 – 9.

20) Taubman, 480.

21) Brown, *Myth*, 169 – 72.

22) Gorbachev, 224 – 9.

23) Margaret Thatcher, *The Downing Street Years,* London, 1995, 459 – 63.

24) Gorbachev, 280.

25) Gorbachev, 214, 280.

26) Gorbachev, 223.

27) Robert Service, *A History of Twentieth- Century Russia,* London, 1998, 441.

28) Gorbachev, 259 – 60.

29) Taubman, 207 – 10; Brown, *Seven Years,* 64, 202 n. 28.

30) Taubman, 198 – 8, 219 – 20; Brown, *Seven Years,* 50, 64.

31) Brown, *Gorbachev Factor,* 71; Miller, 54.

32) Brown, *Gorbachev Factor,* 131.

33) Brown, *Seven Years,* 13.

34) Gorbachev, 241 – 2.

35) Gorbachev, 248. Miller, 64 – 5는 1986년은 고르바초프가 체제의 개혁자에서 급진적 도전자로 변신한 중요한 해였다고 기술하고 있다. 그런데 변신은 돌발적이었다기보다는 점진적이고 누적적이었던 것 같다.

36) Service, 486

37) Brown, *Gorbachev Factor,* 155.

38) Taubman, 309; Brown, *Gorbachev Factor,* 166.

39) Service, 452; Brown, *Gorbachev Factor,* 147.

40) Brown, *Gorbachev Factor,* 145; Service, 460.

41) Brown, *Myth,* 166.

42) Brown, *Gorbachev Factor,* 178.

43) Service, 461.

44) Brown, *Seven Years,* 110 – 11.

45) Taubman, 317 – 2.

46) Taubman, 365 – 71.

47) Brown, *Gorbachev Factor,* 227.

48) Brown, *Gorbachev Factor,* 216.

49) Taubman, 300.

50) Taubman, 416.

51) Gorbachev, 592   7(인용된 문단은 596쪽에 나온다).

52) Taubman, 498.

53) Richard J. Crampton, *Eastern Europe in the Twentieth Century and After*, London,

1997, 407.

54) Taubman, 480 – 81.

55) Gorbachev, 626; Ivan T. Berend, *Central and Eastern Europe 1944–1993*, Cambridge, 1996, 280.

56) Gorbachev, 625.

57) Brown, *Seven Years,* 263.

58) Zubok, 85 – 7.

59) Brown, *Gorbachev Factor,* 247 – 51; Zubok, 85 – 93.

60) Brown, *Gorbachev Factor*, 244.

61) Taubman, 493.

62) Taubman, 488.

63) Taubman, 552 – 3.

64) Taubman, 564.

65) Brown, *Gorbachev Factor,* 246 – 7.

66) Taubman, 569, 767 n. 101.

67) Brown, *Gorbachev Factor*, 198 – 204, 289.

68) Taubman, 586.

69) Service, 522 – 5.

70) Taubman, 677, 685.

71) *The Sunday Times*, 23 May 2016, 13; *Guardian,* 21, 22, 24 March 2017; Taubman, 676 – 81, 684 – 6.

12 콜 | 통일독일의 총리, 유럽통합의 견인차

1) https://en.wikipedia.org/wiki/Helmut_Kohl, 2021년 11월 접속.

2) Helmut Kohl, *Erinnerungen 1982–1990,* Munich, 2005(이하에서는 Kohl 2로 약칭한다), 270 – 73.

3) Gernot Sittner(ed.), *Helmut Kohl und der Mantel der Geschichte,* Munich, 2016, 26.

4) Helmut Kohl, *Erinnerungen 1930–1982*, Munich, 2004(이하에서 Kohl 1로 칭함), part 1(15 – 108); Hans–Peter Schwarz, *Helmut Kohl. Eine politische Biographie,* Munich, 2014, part 1(15 – 133).

5) Patrick Bahners, *Helmut Kohl. Der Charakter der Macht,* Munich, 2017, 21.

6) Kohl 1, 596 – 7, 60 – 69, 621.

7) Kohl 1, 629 – 44, 649.

8) Bahners, 120.

9) Sittner, 94.

10) Kohl 2, 52.

11) Kohl 2, 261 – 8.

12) Kohl 2, 27 – 30, 120 – 24.

13) Schwarz, 309 – 21, 특히 312 – 16; Bahners, 112, 122 – 5, 162, 281; Sittner, 82 – 95, 196 – 201.

14) Edgar Wolfrum, *Die Bundesrepublik Deutschland 1949–1990,* Stuttgart, 2005, 450.

15) Schwarz, 326.

16) Schwarz, 383.

17) Wolfrum, 455; Kohl 1, 43 – 4.

18) Ulrich Herbert, *Geschichte Deutschlands im 20. Jahrhundert,* Munich, 2014, 1018; Schwarz, 377 – 9; Bahners, 181.

19) Schwarz, 383.

20) Schwarz, 444 – 51에서 상세한 내용을 볼 수 있다.

21) Schwarz, 460.

22) Mikhail Gorbachev, *Memoirs,* London, 1997, 565(또한 669 – 71도 참조하라).

23) Schwarz, 398.

24) Schwarz, 491.

25) Kohl 2, 965.

26) Kohl 2, 970 – 71.

27) Peter Merseburger, *Willy Brandt 1913–1992*, Munich, 2002, 837; Wolfrum, 537 – 8.

28) Kohl 2, 990 – 95.

29) Schwarz, 531 – 3.

30) Herbert, 1108; Kohl 2, 996.

31) Schwarz, 534 – 5.

32) Kohl 2, 1025.

33) Kohl 2, 1020; Bahners, 138.

34) Gorbachev, 682.

35) Wolfrum, 542.

36) Helmut Kohl, *Vom Mauerfall zur Wiedervereinigung. Meine Erinnerungen,* Munich, 2009, 218; Schwarz, 570 – 72; Herbert, 1123.

37) Herbert, 1125 – 6.

38) Heinrich August Winkler, *Geschichte des Westens. Vom Kalten Krieg zum Mauerfall,* Munich, 2014, 1064; Wolfrum, 544.

39) Kohl, *Vom Mauerfall*, 194 – 6.

40) Schwarz, 585 – 7.

41) Kohl, *Vom Mauerfall*, 271 – 2.

42) Schwarz, 692, 712 – 13.

43) Heinrich August Winkler, *Geschichte des Westens. Die Zeit der Gegenwart*, Munich, 2015, 19.

44) Schwarz, 691 – 3.

45) Kenneth Dyson and Kevin Featherstone, *The Road to Maastricht: Negotiating Economic and Monetary Union*, Oxford, 1999, 32.

46) 그 뒤로 2007년의 리스본조약 관련하여 연방헌법재판소가 내린 판결은 2007 기본법(헌법)은 주권의 위임을 제한하고 있다고 지적함으로써 유럽연합(EU) 자체가 하나의 국가가 될 수 있는 가능성을 사실상 배제했다. Dieter Grimm, *Europa ja–aber welches? Zur Verfassung der europäischen Demokratie*, Munich, 2016, 233.

47) Bahners, 293.

48) Schwarz, 736.

49) Sittner, 114 – 15.

50) Timothy Garton Ash, *History of the Present. Essays, Sketches and Despatches from Europe in the 1990s*, London, 1999, 147.

51) Schwarz, 847. 콜의 선거운동 스타일에 관해서는 Sittner, 134 – 43도 참조하라.

52) Schwarz, 848.

53) Schwarz, 796(831 – 2도 참조할 것).

54) Sittner, 294.

55) Schwarz, 870 – 96은 '사건'의 개요를 설명하고 있다. 그밖에 Bahners, 191 – 5, 224 – 5, 240 – 41, 246 – 9와 https://www.dw.com/en/the-scandal-that-rocked-the-government-of-helmut-kohl/a- 5137950(2021년 11월 접속)도 참조하라.

56) Sittner, 389.

57) Bahners, 253 – 7.

58) Bahners, 267 – 70, 275, 303; Sittner, 394 – 403, esp. 399 – 400.

사진 출처

찾아보기

지은이 이언 커쇼(Ian Kershaw, 1943-)

20세기 독일사회사 연구에 정통한 영국 출신의
서명한 역사학사나. 그는 학계에서 아돌프 히틀러와
나치 독일 연구의 세계적인 권위자로 인정받고 있다.
옥스퍼드 머튼 칼리지에서 박사학위를 받았고,
맨체스터대학과 노팅엄대학을 거쳐 1989년부터 2008년까지
셰필드대학의 현대사 교수로 재직했다.
본래 서양 중세사 연구자였던 커쇼는 1970년대에 들어와
'영감을 준 스승' 마르틴 브로샤트의 '바이에른 프로젝트'에
참여하면서 '일상사'(日常史, Alltagsgeschichte)에 주목하며,
평범한 시민들이 히틀러를 어떻게 바라보았고,
왜 나치즘을 지지하게 되었는지 본격적으로 연구한다.
커쇼는 "아우슈비츠로 가는 길을 닦은 것은 증오였지만
그 길을 포장한 것은 무관심이었다"는 주목할 만한
주장을 했는데, 역사에 대한 그의 인식과 통찰을 보여준다.
대표 저서로는 탁월한 전기로 평가받는 『히틀러 I · II』,
20세기 유럽사를 조망한 『지옥여행: 1914-1949년의 유럽』과
『롤러코스터: 1950-2017년의 유럽』, '개성과 권력'을
주제로 20세기 유럽의 정치지도자 12명을 분석한
『역사를 바꾼 권력자들』(한길사, 2023)이 있다.
2000년에 최고의 역사 저작에 수여하는 '울프슨상'을,
2012년에 '라히프치히 북 어워드'를 수상했다.
1994년에 독일연방공화국공로훈장, 2002년에 역사학 분야에
기여한 공로로 영국 여왕으로부터 기사 작위를 받았다.
이 책은 30여 개국 언어로 번역·출판되었다.

옮긴이 박종일(朴鍾一)

1950년에 태어났으며 1975년 고려대학교 정치외교학과를 졸업했다.
이후 기업에서 30여 년간 일한 뒤 은퇴하여 번역가로 활동 중이다.
주요 번역서로는 『벌거벗은 제국주의』(2008), 『중국통사 上, 下』(2009),
『다원주의와 지적 설계론』(2009), 『생태혁명』(2010), 『라과디아』(2010),
『학살의 정치학』(2011), 『아편전쟁에서 5·4운동까지』(2013),
『근세 백년 중국문물유실사』(2014), 『중국의 형상 1, 2』(2016)가 있으며,
한길사에서 펴낸 위르겐 오스터함멜의 『대변혁: 19세기의 역사풍경』(전 3권)과
이언 커쇼의 『역사를 바꾼 권력자들: 인물로 읽는 20세기 유럽정치사』가 있다.

역사를 바꾼 권력자들

지은이 이언 커쇼
옮긴이 박종일
펴낸이 김언호

펴낸곳 (주)도서출판 한길사
등록 1976년 12월 24일 제74호
주소 10881 경기도 파주시 광인사길 37
홈페이지 www.hangilsa.co.kr
전자우편 hangilsa@hangilsa.co.kr
전화 031-955-2000~3 **팩스** 031-955-2005

부사장 박관순 **총괄이사** 김서영 **관리이사** 곽명호
영업이사 이경호 **경영이사** 김관영 **편집주간** 백은숙
편집 박희진 노유연 최현경 이한민 박홍민 김영길
마케팅 정아린 **관리** 이주환 문주상 이희문 원선아 이진아
디자인 창포 031-955-2097
인쇄 예림 **제책** 경일제책사

제1판 제1쇄 2023년 5월 2일

값 40,000원

ISBN 978-89-356-7824-2 94080
ISBN 978-89-356-6427-6 (세트)

한길그레이트북스 인류의 위대한 지적 유산을 집대성한다

●한길그레이트북스는 계속 간행됩니다.